亚当·斯密全集

法理学讲义

[英]亚当·斯密/著

R.L. 米克 D.D. 拉斐尔 P.G. 斯坦/编

冯玉军 郑海平 林少伟/译

Lectures on Jurisprudence

中国人民大学出版社
·北京·

中译本序一

克里斯多弗·J. 贝里*

现在的学者是幸运的，因为他们能拥有亚当·斯密在格拉斯哥大学任道德哲学教授期间的两份法理学讲义。除法律外，斯密当时还要执教许多其他的科目。而他的这部分道德哲学讲义构成了其第一本著作《道德情操论》的重要内容。① 虽然这本书在斯密在世时曾六度再版，而且经过了较大的修改，但其中心论点和论证方法均未变动。斯密执教的其他课程还包括修辞学等，学生的笔记同样被辑录成册，收

* 克里斯多弗·J. 贝里，英国格拉斯哥大学经济学教授，他是从事政治哲学及苏格兰启蒙运动研究（Scottish Enlightenment）的国际著名学者，曾出版 *Social Theory of the Scottish Enlightenment*（1997）、*Human Nature*（1986）、*Idea of a Democratic Community*（1989）等十余部专著。本序译者林少伟，系西南政法大学民商法学院副教授，特华博士后科研工作站博士后；伦敦大学国王学院法学硕士，爱丁堡大学法学博士。

① *The Theory of Moral Sentiments*，A. MacFie and D. Raphael（eds），Indianapolis：Liberty Press，1982 by book. part. chapter. paragraph. Inserted in text as TMS.

录在格拉斯哥大学版的《亚当·斯密作品集》中，与《法理学讲义》（本书为该著作译本）一同出版。[①]

此序分成三部分。第一部分简单介绍亚当·斯密的生平，重点讲述他在格拉斯哥大学求学和任教的经历；第二部分论述斯密研究传统法理学的意义，虽然他的理论背离了传统法理学的一些重要主张，但其对斯密最重要的观点的形成有着深远的影响；最后一部分阐述作为亚当·斯密整体思想体系有机组成部分的这两份讲义，与当今的中国有着怎样的关联。

但在入正题以前，我想稍加讨论出版讲义笔记的学术地位。如果问及为何要出版手稿，我们可以从手稿作者出版过的其他著作中得到答案。如果授课者不是公认的具高素质和影响力的思想家，那么其讲义笔记也不大可能具备学术重要性。卡尔·马克思在19世纪40年代初的手稿就经得起这样的考验，因为通过手稿我们能掌握其思想的发展，从而更好地研究他的著作《资本论》。亚当·斯密的这些讲义笔记就有着同样的重要性，它们不仅有助于我们更好地研究他的著作《国富论》[②]，同时也让我们更全面地了解其思想背景以掌握其完整的思想体系。这一点从他在道德哲学课堂上运用的一些关键概念和相互参照中可见一斑。

一

亚当·斯密1723年出生于苏格兰东海岸的柯卡尔迪。其父亦名亚当·斯密，是一名律师，在儿子出生前六个月就已去世。母亲玛格丽特29岁产子，终身未再婚，一直与儿子相依为命，并于1788年仅早亚当两年离世。

自8岁开始，亚当·斯密就在柯卡尔迪当地的一所学校就读，新校长要求严格但充满热忱，斯密获益匪浅。1737年，年仅14岁的亚当·斯密入读格拉斯哥大学（1451年成立），这在当时亦很不寻常。由于早年在学校熟读古典文学，因此在格拉斯哥大学期间，斯密免修了低年级的拉丁语和希腊语课程。至于他为何选择格拉斯哥大学，至今不得而知。有的说是因为他在格拉斯哥有亲戚（他的姨母或姑姑），斯科特推测，这也许是玛格丽特允

① *Lectures on Jurisprudence*, R. Meek, D. Raphael and P. Stein (eds.), Indianapolis: Liberty Press, 1982. Inserted in text as LJA for 1762/3 version and cited by section. paragraph and as LJB for 1766 version and cited by paragraph.

② *An Inquiry into the Nature and Causes of the Wealth of Nations*, R. Campbell and A. Skinner (eds), Indianapolis: Liberty Press, 1982. Cited by book. part. chapter. paragraph. Inserted in text as WN.

许亚当·斯密就读格拉斯哥大学的重要考虑因素之一。[①] 而伊恩·罗斯则发现亚当的父亲曾被授予格拉斯哥自由民的地位（有权在当地居住并经商），提出这可能是影响亚当选择这所大学的原因。[②]

在格拉斯哥大学求学期间，亚当·斯密有幸得到当时几位泰斗级学者的教导。罗伯特·斯姆森教授数学，亚当·斯密称其为当时两位最伟大的数学家之一。而对亚当·斯密影响最深的则是道德哲学教授弗朗西斯·哈奇森。亚当·斯密晚年曾在一封信中对这位道德哲学教授大加赞颂，称赞其过人的能力和优秀的品德[③]，虽然他曾在《道德情操论》中公开表示与老师关于仁慈和道德观念的观点不一致。

1740 年，亚当·斯密获得斯奈尔奖学金（该项奖学金保留至今），赴牛津大学贝利奥尔学院求学，在那里一直待到 1746 年。他对学校的教育并不看重（当然是同格拉斯哥大学相比），在此期间，他继续追求自己的科学兴趣，培养语言技能，而且据杜格尔德·斯图尔特推测，他还发展“对人性各个层面尤其是人类政治史的研究”[④]。

1764 年返回苏格兰后，斯密便回到柯卡尔迪与母亲同住。1748 年，他移居爱丁堡，在卡梅斯爵士（1699—1782）的资助下，受邀进行有关修辞和法律的系列演讲，大获成功（并受邀重讲）。1751 年，亚当·斯密被任命为格拉斯哥大学逻辑学教授。虽然当时还有另一位候选人，但亚当·斯密仍然全票当选。1752 年，斯密毫无竞争地被任命为道德哲学教授，并一直担任该职位，直到 1764 年结束学术生涯。1762 年，格拉斯哥大学授予斯密法学荣誉博士学位，以表彰其“举世公认的文学造诣，特别是在本校教授法理学多年且备受赞誉”。他在格拉斯哥大学任教授的数年，就已埋下了撰写《道德情操论》和《国富论》的种子，虽然后者直至 1776 年才出版。这些讲义的意义之所以如此重大，部分原因是我们可以从中发现，早在格拉

① W. Scott，*Adam Smith as Student and Professor*（1937），New York：Kelley，1965，p. 28 cf. 235 that reprints a letter to Smith in inferential evidential support.

② I. Ross，*The Life of Adam Smith*，2nd Ed.，Oxford：Oxford University Press，2010，p. 28.

③ *Correspondence of Adam Smith*，E. Mossner & I. Ross（eds），Indianapolis：Liberty Press，1987. Letter number 274. Inserted in text as Corr and cited by letter number.

④ D. Stewart，'Account of the Life and Writings of Adam Smith'. In A. Smith，*A Essays on Philosophical Subjects*，W. Wightman，J. Bryce，I. Ross（eds.），Indianapolis：Liberty Press，1982，Section I paragraph 8.

斯哥大学的课堂中，斯密就已经在考虑这两本著作中的许多重要议题，其中包括：运用生产大头针的例子解释劳动分工，这已成为《国富论》中的代表性例子；提及人类以物易物、物物交换的自然秉性；批判限嗣继承；等等。在斯密的授课过程中，曾详述了《国富论》中的主要论据，对于这一判断，从他之前的学生及同事约翰·米勒（1735—1801）教授身上，都得以印证。米勒常回想起亚当·斯密在课堂上曾讲述"那些维生之道和累积财富的技巧，以及其所带来的相应的法律变动和政府行动"①。

后来，亚当·斯密离开格拉斯哥大学，从事一份收入更为丰厚的工作——担任18岁的巴克勒公爵的家庭教师。1766年，斯密的家教生涯因为巴克勒公爵兄弟的不幸去世而匆匆告终。虽然任教时间较短，斯密还是获得了一笔可观的报酬，使他此后免于为生计而奔波劳碌。返回苏格兰后，他又到柯卡尔迪和母亲同住。1777年，他被任命为海关专员，于是带上母亲移居爱丁堡。这份工作收入不错，自然也并非闲差，亚当·斯密认真尽责地完成工作任务，虽然说起来似乎有点矫情，可亚当·斯密认为这份工作打断了他的"文学追求"。

这些追求包括再版《国富论》和《道德情操论》，尤其是后者。《道德情操论》的最后一版即第六版，也就是随后大量评论所指的版本，当中做了很大的改动。此时，亚当·斯密可能还在试图完成"另两部还处于筹划中的巨著：一部类似于哲学史，内容包括文学、哲学、诗歌及修辞等；另一部有关法律和政府的理论与历史"。但到最后，亚当·斯密放弃了这个念头，他在《道德情操论》第六版（1790）的出版广告中提到，他原封不动地保留了第一版的倒数第二段，当中表达了自己的这一意图，即"讲述法律和政府的一般原则以及两者在不同社会时期经历的种种变革"。我们有理由相信，当中至少有一些素材来源于本书的讲义。亚当·斯密的手稿数量不明，因为他在临终前指示遗嘱执行人将其尽数销毁，只有部分得以保存并在1795年出版（包括稍显"稚嫩"的《天文学史》手稿）。1790年，亚当·斯密与世长辞。

---

① D. Stewart, 'Account of the Life and Writings of Adam Smith'. In A. Smith, *A Essays on Philosophical Subjects*, W. Wightman, J. Bryce, I. Ross (eds), Indianapolis: Liberty Press, 1982, Section I paragraph 19.

二

《法理学讲义》由格拉斯哥大学出版，本书的编者曾在序言中说明，此处的“法理学”其实涵盖了一系列话题，由此可见本讲义的重要性。讲义本身是建立在对自然法的历史性讨论基础之上的。在此，我想简单介绍一下这段历史及其与亚当・斯密的渊源。

格肖姆・卡迈克尔是格拉斯哥大学首位道德哲学教授，他曾撰文评论塞缪尔・普芬道夫的《人和公民的义务》，该书是普芬道夫的著作《自然法与国际法》的缩略版。作为卡迈克尔的学生，后又承继其衣钵，弗朗西斯・哈奇森认为这一评论是“有史以来最出色的”①。从编者原文的脚注可以看出，亚当・斯密继承了格拉斯哥大学（独特少见）的传统，在教学中使用普芬道夫的著作。在《法理学讲义》（下册）的开篇，亚当・斯密明确雨果・格劳秀斯在系统阐述“现代版”自然法中的领导地位，托马斯・霍布斯作为“著名作家”次之，普芬道夫紧随其后（最后还附有寇克乌对格劳秀斯（1744—1752 年间）的评论）。说格劳秀斯“现代”，是因为其重新系统地阐述了自然法理论。当时，学术正发生普遍转向，盛行的基督教化亚里士多德目的论视角被削弱，而对自然法的重新阐述正是顺其潮流，成为其中的一部分，同时格劳秀斯又是以基督教内的宗教冲突为写作背景（“三十年宗教战争”）。格劳秀斯发现似乎不得不更加标榜这一主张，即无分信仰，人皆理性，方能真正创立自然法，赋予其权威，在战争和和平年代的重要领域指导人类行为。②

普芬道夫也跟随其后，宣称即使没有神的协助，自然之法仍可通过理性力量得以证明。③ 卡迈克尔在其作品中表示，普芬道夫对这一理论的发展尤为重要。但这并不表明他赞同普芬道夫，相反，他认为普芬道夫及其他学者如莱布尼茨受霍布斯的影响太深。④ 普芬道夫虽然承认霍布斯一派曾深

---

① F. Hutcheson, *Short Introduction of Moral Philosophy* (1747), L. Turco (ed), Indianapolis: Liberty Press, 2007, p. 3.

② H. Grotius, H., *The Rights of War and Peace* (1625 tr. 1738), R. Tuck (ed), Indianapolis: Liberty Press, 2005. Book I - Ch. 1 - Par. 12.

③ Pufendorf, S., *On the Law of Nature and of Nations* (1672), tr. C. & W. Oldfather, Oxford: Classics of International Law, 1934. Book II - Ch. 3 - Par. 13.

④ G. Carmichael, *Natural Rights on the Threshold of the Scottish Enlightenment*, J. Moore & M. Silverthorne (eds), Indianapolis: Liberty Press, 2002.

入探究人性及市民社会的结构，但同时又明确反对霍布斯将理性思考降格为单纯的计算，以及他的公理性断言，认为自然状态就是人人互相争斗。①

普芬道夫构建了强大的理论，该理论在17世纪后期及18世纪成为政治和道德哲学共同的基础框架。对此，如前所述，就算仅出于其在法理学教学中的实用性，亚当·斯密也几乎无法回避。然而，虽然没有道明，这些讲义也反映了他与普芬道夫之间的重大分歧。亚当·斯密对普芬道夫的几点重要假设加以排斥。从方法论的角度而言，普芬道夫沿用了笛卡儿的演绎法，这一点从对自然状态的假设便可见一斑。② 对这一假设必要的对应方法论则是"契约论"，用以解释向市民社会的过渡。普芬道夫就政府的由来做了详尽的阐述——从最初以契约形式建立政权，到颁布法令确立政体，最后到再次通过契约使统治者保证为公民提供安全保障，公民接受统治。③

亚当·斯密从根本上抵制这些假设，尽管其公开将约翰·洛克的观点确定为目标。约翰·洛克同意普芬道夫对现代哲学的后霍布斯式阐述，但却否认霍希斯所得出的激进结论。根据亚当·斯密的道德哲学，人是具有社会性的，在某种理论建构中假设存在独立分离的个体毫无意义，将契约或合同作为理性思考的产物并以此解释公民政府的起源更是荒谬可笑，这里他赞同大卫·休谟在《论原始契约》一文中对洛克直率的评判。休谟对洛克有关默许一说的批判尤为严苛。在《法理学讲义》（上册）中，亚当·斯密几乎一字不落地重复了休谟的比喻，说这种默许就如在睡梦中被抬上船，醒来后，发现要么继续待在船上听任船长摆布，要么就得纵身跳船，溺身大海。在下册中，亚当·斯密表述得更为直截了当，称"契约因此并不是服从公民政府的原则"。

亚当·斯密对休谟的认同表明其思想正在超越法理学的常规，这也正是格拉斯哥大学先辈们所追求的。从这些讲义我们可以看到其学术发展的轨迹，这也是《法理学讲义》之所以有价值的最重要原因之一。当涉及法律及政府的根本问题时，由于受休谟经验主义的启发，亚当·斯密会寻求历史佐证并进行比较研究，因而我们发现他在政府与财产的关系这一问题上给出了独到的见解。洛克对此用规范性术语做出表述，即保护财产是政府应有的职责，而亚当·斯密则通过对社会机构的解释将其历史化。对

① Pufendorf, *Law of Nature*, II-2-9; II-2-5.

② Ibid., II-2-1.

③ Ibid., VII-2-7/8.

“四段论”的权威论述就出现在本书的讲义中。在 1762—1763 年的版本中，他提出“人类发展经历了四个不同阶段”，即狩猎人、牧羊人、农民和商人；而在 1766 年的版本中（也许在 1764 年已经提出），其被改称为狩猎、放牧、农耕和商业。两个版本的语境完全一致，都是有关占有财产权。四段论被用以例示一条基本原则，即有关财产取得的“规章”须根据当时的社会状态和所处的历史时期而异。在最初的狩猎—采集阶段，没有正式的政府，某些人凭其个人品质如长久积累的力量和智慧便可做出决定，其他人从一开始就只能临时默许；只有在第二阶段，即放牧时期，才有足够的财产，保证更加稳定的统治基础。这一稳定性源于对畜群享有差别化的所有权。因此，这种统治表面上从洛克的观点来看是为了保护财产，但实际上（有证据显示），这只是富人（牧主）为维护其财产而对穷人的统治；第三阶段仍然在重复同样的以财产为基础的等级制；直到商业时期，情况才有所改变，因为此时财产所有权被分散，而政治统治也走向去个人化，并逐渐为法治所取代。①

虽然在自然法学的教学上亚当·斯密与主流教学存在种种重大差异，但这一视角确实为亚当·斯密提供了一套关键框架。依我之见，这一点比对“公民人文主义”（civic humanism）的深入研究还要重要，尽管他曾在某些段落中（大多被误读）为学生总结出数条对商业比较典型的批判。在亚当·斯密的学术生涯中，他一直都得益于将法学理论化，尤其是通过对制度的强调，特别是财产制度和政府制度。因此，甚至在他对这些制度进行历史化研究的过程中，也仍然假定，正是这些研究，为我们提供了理解社会变革和定位社会差异的标准。

三

在中国，“文化大革命”带来了巨大伤害。这场浩劫结束后，邓小平审慎决策，带领中国投入现代化建设，开始“接受”西方思想。亚当·斯密作为“（市场）经济之父”，其大名在中国早为人所知。中国实行“市场改革”后，其作品也受到越来越多的追捧。严复在 1900 年译毕《国富论》后指出，早有前人研究市场经济，因此称斯密为“鼻祖”难免有失偏颇。严复认为，斯密最关键的影响在于其著作的实用性定位和对重商主义及决策

---

① C. J. Berry, *Idea of Commercial Society in the Scottish Enlightenment*, Edinburgh: Edinburgh University Press, 2013, Ch. 2.

者的批判性分析，因为当时中国正步入同样的歧途。[①] 于伦（音）和他的导师吴汝纶（曾为严复作序）当时并不知道《法理学讲义》，部分版本也只是于 1896 年才出版。二人要是在当时就获悉此书，必能从中找到理由为商人辩护，以对抗根深蒂固、轻视商人的偏见，也能在中国社会文化等级制度的一片轻商氛围中觅得知音。在其后持续动荡的数十年间，中国人对亚当·斯密的关注度有所减弱也是情理之中的事，直到上个世纪最后二十年，才重新兴起对亚当·斯密的研究。承接这种势头，多个《国富论》和《道德情操论》的中译本陆续推出，如今《法理学讲义》也出版了中译本，由此可见，中国近几年对亚当·斯密的研究可谓不断深入。在西方国家，这股研究热同样盛行，以往大家对他的普遍印象是“市场力量”的倡导者，政府调控的反对者，以及创造最优经济价值的所谓“无形之手”的信奉者，后来人们才发现这与其说是真实的写照，不如说是漫画手法的夸张。只有“认真品读”过他的作品，才会发现斯密是个富有经验的反教条主义思想家。他兴趣十分广泛，不仅是经济学的先驱，还是细腻伟大的哲学家、富于洞察力的史学家、感怀天下的社会学家、文化以及文学的分析学家。

《法理学讲义》出版中译本，足见中国在研究亚当·斯密方面与时俱进。既然我们已经认识到亚当·斯密是一位多面的思想家，就需要对他的思想进行全面理解，这对于希望研究其论著和见解的中国读者尤甚。诚然，亚当·斯密在《法理学讲义》中甚少论及中国，通常只是把中国作为实行一夫多妻制国家，从而导致人口众多的例证，这与普通大众的想法背道而驰。但除了这点分歧外，他和多数人的想法一样，都认为中国的一夫多妻与专制独断的政府不无关系。不久以后，这一观点得到加强，他发现中国人全然不知法律能惠及自身，虽然他只是在谈论所谓的君王的“残暴血统”时顺带提及这一点。这是一个致命缺点，亚当·斯密认为，“法律和政府的设立是人类远见和智慧的最高体现”。他在《国富论》中曾论及这一点与中国的关系，他说，中国所积攒的财富，已经达到其法律和制度所能承受的最高限度，同时指出有证据显示（在我看来这是采用了倚重杜赫德著作的

① Y. Fu, ‘Foreword to the first Chinese edition of the Wealth of Nations’, tr. C－C Lai. In *Adam Smith Across the Nations*, C－C. Lai (ed), Oxford: Oxford University Press, 2000, p. 29.

孟德斯鸠的观点[①]）中国已有好长一段时间停滞不前了。他认为要是法律和制度与现在不同，中国可能会更加富有。对此，亚当·斯密举出两个例子。第一，一个国家“轻视或忽视对外贸易”就等于限制其商业发展，中国近些年的发展恰好证明其采纳了亚当·斯密的这一建议。亚当·斯密提出的中国停滞不前的第二个原因意义更为重大。他指出富人安享太平，但“穷人和小资本家”却处处危机，而且“假借正义之名”，他们更是“随时都可能遭受强抢掠夺”。受其自身形成的法学理论的影响，斯密的著作通篇都在强调法治下的正义和自由。没有正义，“社会终将崩溃瓦解”，没有自由，安全从何谈起，继而也不会出现贸易。政治自由和经济自由间的辩证关系，是贯穿亚当·斯密思想的永恒和中心观点。为促进经济健康（公平）发展，中国目前正努力进行司法和经济制度的全面变革，自然将面临如何处理好两者关系这一难题。

由于亚当·斯密的道德哲学理论涵盖了人际和社会关系的方方面面，且并不将经济学作为独立于伦理学的领域，这正好为中国解决上述难题提供可资借鉴的基础。诚然，此译本不会提供现成的解决办法，但作为亚当·斯密发展观点的佐证，本书是中国在求解过程中一个很有价值的参考。[②]

① J-B du Halde, *Description de la Chine* [short title], Paris: 1735. 该书是耶稣会传教士传述的汇编。孟德斯鸠在《论法的精神》一书中将中国作为专制国家的一例，并认为专制的目的在于获得安定（第5章、第19章以及其他章节）。在论及中国“礼仪”时，孟德斯鸠认为它牢不可破，中国的道德原则也因而不会轻易改变。

② 非常感谢周保巍对本序言初稿所提的意见。

中译本序二

克雷格·史密斯*

1895年，埃德温·坎南发现爱丁堡某出庭律师收藏了一套笔记，经确认，该笔记实为亚当·斯密在格拉斯哥大学期间的讲学记录。自此，世人才有幸探索这位伟大苏格兰哲学家人生和作品中先前未为人所知的一面。随后于1958年，在福布斯-里斯家族图书馆内新发现了另一套类似笔记，先前发现的笔记才得以补充凑合。虽然亚当·斯密已经是享誉世界的一流哲学家和经济学家，但在这套笔记面世前，人们对他的认识仅限于其两本已出版的著作：《道德情操论》(1759) 和《国民财富的性质和原因的研究》(《国富论》) (1776)。斯密曾在其遗嘱

---

* 克雷格·斯密博士，现为格拉斯哥大学社会和政治科学学院专攻苏格兰启蒙运动研究的亚当·斯密讲席教授。本序写于2013年3月。本文译者林少伟，系西南政法大学民商法学院副教授，特华博士后科研工作站博士后；伦敦大学国王学院法学硕士，爱丁堡大学法学博士。

中写道，他的其他大部分论文和笔记应在过世后烧毁，由其遗嘱执行人约瑟夫·布莱克和詹姆斯·哈顿确保遗嘱的执行。斯密身后还发表了两篇文章，分别是《以天文学史为观照，论引领并指导哲学探索的诸原则》和《古代逻辑学和形而上学的历史》（这两篇被斯密自嘲为“不成熟”的论文获许幸免，未被烧毁）。除此之外，鲜有可供研究斯密思想发展历程的材料。尽管斯密生前认真详尽地对其两本出版的著作进行了编辑，但要研究他早期有关道德和经济的思想，可供参考的材料少之又少。斯密认为不宜出版讲稿供学生使用，这一点有别于苏格兰启蒙运动的许多其他思想家，包括他在格拉斯哥大学求学期间的教授弗朗西斯·哈奇森，和好友爱丁堡大学道德哲学教授亚当·弗格森。换言之，这些文件便成为我们手头有关斯密在格拉斯哥大学讲学详情的唯一资料。

本书是首次为中国读者出版的斯密学生随堂讲稿记录的中译本，其内容涉及斯密作为格拉斯哥大学道德哲学教授在两个不同年份的讲义。从1752年到1764年，斯密任格拉斯哥大学道德哲学教授，根据我们今天的分类标准，授课内容涵盖了哲学、神学、法学、政治学和经济学。1737年至1740年，当斯密还是格拉斯哥大学学生时，曾修读过弗朗西斯·哈奇森教授主讲的类似课程，这位让他“永志难忘的恩师哈奇森教授”对当时还年轻的斯密及其随后学术发展的影响无疑是深远的。但当斯密接过恩师衣钵当上教授之时，他便立志要开创自己的一片天地，在革新授课结构和内容上留下自己的印记。

18世纪中叶，格拉斯哥这座城市正经历着社会和经济的迅猛发展。到了18世纪下半叶，城市居住人口从27 500人跃升至77 400人。1707年，随着苏格兰与英格兰议会合并，格拉斯哥作为同北美英国殖民地之间往来的贸易中心得以迅速发展。而当时推动经济活动发展的主要商品就是烟草。与英格兰其他港口相比，格拉斯哥前往弗吉尼亚州的航程更短，这就为格拉斯哥商人提供了一条更加快捷可靠的供货路线。频繁的经济往来带来了方方面面的转变，为格拉斯哥在随后整个19世纪的工业发展打下了基础，使之成为当时大英帝国的第二大城市。

在格拉斯哥经济发展的初期，亚当·斯密就生活和工作于此，他多与一班商人打交道，正是这班商人引领格拉斯哥从一个无名落后小镇发展成经济活动的中心。随着经济的发展，格拉斯哥这座城市的生活方式也经历着一场真正变革。1560年，苏格兰开始宗教改革，从原来的罗马天主教过渡到长老会。自此一直到18世纪斯密生活的年代，格拉斯哥一直都被视为虔诚信奉新教的城市。教会牧师掌握大权，足以影响当地居民的社会生活，其触角甚至延伸至格拉斯哥大学（1451年成立），早在斯密成为格拉斯哥大学教授前，（基督教长老会的）教务评议会已有权干涉格拉斯哥大学的人事和教学。仅凭猜测威廉·李察曼、罗伯特·西摩松和弗朗西斯·哈奇森等人的教学存在异端邪说，教务评议会便试图对其提起控诉，从这点便可见一斑。而在斯密在该大学任教期间，其好友大卫·休谟未获大学录用似乎就是因为长老会教务评议会担心其对宗教持有怀疑态度。在斯密讲授本书收录的课程期间，要不是教会势力有所削弱，且其在教学上回避对宗教有明显敌意的话题从而使自己的授课有了一定的保障，斯密也可能会被逼认同西敏斯特信纲，即苏格兰教会的信条。①

格拉斯哥大学早在18世纪就率先推行一系列教学方法和课程设置改革，正是这些改革将大学教育转变为我们今天所熟知的模式。此前，教学采取的是“学监制”，由一名讲师负责全班学生的所有科目和课程。到了斯密在格拉斯哥大学任教时，这种模式已被取代，变成教授专注于特定学科的研究，学生由相关专家授课。术业专攻意味着给学生授课的都是各个学科的专家，学生获得的是各个学科最前沿的知识，这本身也是斯密在本书开篇讨论劳动分工的一个实例。

亚当·斯密治学严谨。他关爱学生，注意观察学生们的课堂反应，不断提高自身教学水平。② 其实，仅仅数年前，斯密也和现在的学生一样，坐在台下，加之性格认真笃学，使其平易近人、广受欢迎。尼古拉斯·菲利普森在斯密的传记中提到，斯密深受学生爱戴，大家甚至愿意花钱买这位最受欢迎老师的半身塑像。③ 除了在学业上关心学生，斯密还欢迎学生来家中寄宿，帮助全面指导他们的大学生涯。

在格拉斯哥大学期间，斯密在哈奇森指导下的学生生涯对其确有裨益，与此形成鲜明对比的是随后作为斯奈尔奖学金获得者在牛津大学贝利奥尔学院的经历。在《国富论》的一个非常著名的段落当中，斯密曾描述牛津

---

① Kennedy, Gavin, ‘Smith on Religion’ Marx’, in C. J. Berry, M. P. Paganelli & C. Smith (eds.), *The Oxford Handbook of Adam Smith*, Oxford: Oxford University Press, 2013, pp. 464-483.

② Phillipson, Nicholas, *Adam Smith: An Enlightened Life*, London: Allen Lane, 2010, p. 135.

③ Ibid., p. 136.

大学各学院的教授对自身教学水平颇不重视。他将此归咎于薪酬未与工作表现挂钩。相比之下，格拉斯哥大学教授薪金中有一项直接由学生支付，这在斯密看来促使教授对其教学工作更加积极，同时也意味着授课越受学生青睐，教授获得的报酬就越多。斯密很受学生欢迎，课堂人数在当时也算大班了。当他受邀成为巴克勒公爵的家庭教师，辞去格拉斯哥大学教授一职时，本打算把下学期的费用退还给学生，但许多学生出于对这位老师的爱戴都婉言拒绝了。

每一学年（10月至次年6月），斯密天天授课。早上7点30分开始给道德哲学班全班讲课，11点在讨论会上对班上约三分之一的学生进行测验。此外，他每周有三天小班教学，亦采用类似的先讲课后讨论的形式。起初，斯密试图模仿弗朗西斯·哈奇森的授课风格，在教室里来回踱步，从不照读讲义，而是自由发挥。但他很快发现这种方式并不适合自己的性格。① 他腼腆且不善言辞②，但又希望能向学生尽量清晰地表达自己的思想，于是形成了自己的风格，站在讲台上的固定位置，时而参考笔记授课，时而即兴发挥，稍稍离题，引用例证进行拓展，向学生解释要点。③ 而在给个别学生指导时，他会变得更加活跃放松一些，在论证某一问题时也常常变得“和蔼热情”。④

能够发现学生的课堂笔记并集结成册本身也不乏讽刺意味，因为斯密压根就不喜欢学生在听课时做笔记。他之所以“讨厌抄写员”⑤，原因有二：一是他可能担心有人会利用这些笔记，未经许可出版成册；二是他十分看重11点的课后讨论，希望通过口头测试了解学生对课堂讲授内容的理解和看透问题的能力，而不是让学生囫囵吞枣般地死记自己讲过的某些细节。

斯密授课不乏最新的观点和研究，他渴望使学生接触来自世界范围的新思想。同时他还身兼部分学校行政工作，包括财务、建筑物维护，以及

---

① Ross, I. S., *The Life of Adam Smith*, 2nd ed., Oxford: Oxford University Press, 2010, p. 123.

② Haldane, R. B., *Life of Adam Smith*, London: Walter Scott, 1887, pp. 21 - 22.

③ Stewart, Dugald, ‘Account of the Life and Writings of Adam Smith LL. D.’, in *Adam Smith Essays on Philosophical Subjects*, (ed.) W. P. D. Wightman, Indianapolis: Liberty Fund, 1982, pp. 275 - 276.

④ Ibid., p. 275.

⑤ Ross, I. S., *The Life of Adam Smith*, 2nd ed., Oxford: Oxford University Press, 2010, p. 123.

图书馆图书采购等。[①] 根据现存记录，斯密曾订购法国启蒙时期巨著——狄德罗主编的《百科全书》，并鼓励学生多阅读与其授课相关的书籍。格拉斯哥大学的档案管理员最近发现斯密时期的图书馆借阅记录，当中就有斯密签字的学生借阅申请。总而言之，格拉斯哥大学道德哲学课的领先地位与自然科学可谓不相伯仲（格拉斯哥大学是最先采用牛顿物理学作为教学基础的学校之一）。

同校的民法教授约翰·米勒是斯密的同事和好友，从他那里我们得以大致了解斯密授课的结构。他将斯密的道德哲学课分为四个部分：自然神学、伦理、正义和政治。本书的授课笔记主要涉及其中的“正义”和“政治”两部分，故其名曰《法理学讲义》。米勒指出，“伦理”这部分已被基本纳入《道德情操论》，而“正义”和“政治”这两部分则是撰写《国富论》的基础。将这些讲稿命名为《法理学讲义》，难免会让当今读者误认为斯密涉足的是律师培训这一领域，其实不然。此处，法理学指的是法律的理论或原理，而非法律从业人员要掌握的具体法律知识。

以往苏格兰律师都在北欧的大学接受教育，尤其是荷兰的莱顿大学。但在斯密任教时，苏格兰的法律教育由专攻法律的大学教授授课与法律人从实践中学习的学徒制共同构成。因此，在斯密的道德哲学课上，有些学生可能在苏格兰早已投身法律工作，但这并非该门课程的唯一目标。正如先前所述，在18世纪，道德哲学这一学科包括许多我们今天认为是相对独立的社会科学学科。当时苏格兰所发展的教育制度，其一大特色就是培养通才而非专才。从本书的讲义我们可以了解到，亚当·斯密熟知大量历史和理论知识及实例，足以使学生大开眼界，通览人类社会发展的历程。

就讲义内容而言，米勒表示，斯密对后两个部分“正义”和“政治”的内容进行了区分。“正义”关注的是我们所称的“交换正义”，涉及对建立稳定法律秩序所必要的正当行为准则，而稳定的法律秩序对建立稳定的社会来说绝对是至关重要的。“政治”，或斯密称之为“警察”，涉及的则是逐利——集体行为的组织关注点，如经济发展。这一区分非常重要，原因在于其表明，亚当·斯密认为特定的法律形式不但有特定的效果，同时也为我们推行“政治”（或我们称之为“公共政策”）提供了条件。

这一区分同《道德情操论》中的区分也相互呼应，该书中，斯密将其

---

① Ross, I. S., *The Life of Adam Smith*, 2nd ed., Oxford: Oxford University Press, 2010, p. 153.

对“正义”的讨论限于出现实际伤害时涉及个体之间关系的问题。他指出，当某一行为对他人造成直接有形伤害时，构成社会的个体就会心生怨恨，希望将罪犯绳之以法。但要是缺乏助力，心怀仁爱的大众也未必会有上述反应。因此，斯密认为，要想绝对“公正”，只需“静坐无为”。斯密此处的观点并不是说我们对他人没有道德义务，而是强调道德义务从性质上有别于正义义务。这是道德范畴的问题，与我们的政治生活无关。

亚当·斯密分析的基础是希望了解不同形式的社会生活。他并未对某一国家的特定法律制度进行历史性的阐述，而关注的兴趣在于法律整体，即将法律视为人类经验的普遍体现，从这一点来说，其路径是理论性的。斯密认为，法律形式的差异可以通过普遍人性对社会生活中普遍问题的不同反应予以解释，尽管问题存在的情景略有不同。斯密对此进行分析时采用了两种基本方法：首先，要求我们想象在任何社会都有可能出现的问题，以找出法律经验的普遍之处；然后，他运用比较法说明在具体法律制度中，人们是如何制定法律来解决这些问题的。

在亚当·斯密研究的众多概念中，最重要的就是财产。他认为，如果没有某种财产概念，就不会形成社会。在任何社会中，人们都将进行交往，都需要划定界限，免受权利和所有权纠纷之扰。在《法理学讲义》中，亚当·斯密就财产和法律的历史发展提出著名的四段论。[①] 借助于维持生计乃人之所需这一原则和不同社会达到这一目的的方式各有不同这一事实，斯密才能将此作为分析财产法多样性的分析模式。这四个阶段分别是狩猎、放牧、农耕和商业——每一阶段都会产生与各自社会经验和需要相适应的法律秩序。每一阶段亦会产生适合该社会情况且具有特殊形式的政治机构。这种分析方法是苏格兰启蒙时期著名的“猜想史”或“理论史”方法论的一种[②]，也是《法理学讲义》最具影响的特色之一。事实上，该问题在《国富论》中仅略为提及，而在本书中则有较为详尽的探讨。斯密著作的这一

---

① Meek，Ronald，*Social Science and the Ignoble Savage*，Cambridge：Cambridge University Press，1976.

② Stewart，Dugald，‘Account of the Life and Writings of Adam Smith LL. D.’，in *Adam Smith*，*Essays on Philosophical Subjects*，（ed.）W. P. D. Wightman，Indianapolis：Liberty Fund，1982，II. 49/ 293.

方面被证明对其后卡尔·马克思的思想有着深远的影响。[①]

讲义中有关财产的讨论进一步阐明和补充了《国富论》的观点。亚当·斯密确信，劳动分工的优势是否能够发挥要视乎我们开展贸易的能力。贸易要发展到商业社会中存在的复杂劳动分工这一水平，意味着我们需要稳健的财产权制度。财产所有权和易物权必须得到保障，否则没有人会冒险专攻某一个特定领域。

另外，亚当·斯密将一般规则置于“正义”这一标题之下进行讨论，将逐利置于“政治”下进行论述，这一区分使我们能深刻了解他对于政治的范畴和作用的看法。如此分割显然是要说明对“政治”的追求（包括公共政策和经济活动）须遵守法律秩序。换言之，政治不得超越法律设定的界限。追求公共政策的自由度过大，就会对法律制度的稳定性及个人权益的保障造成威胁。在此后出版的《国富论》中，这点对亚当·斯密观点形成的影响可见一斑，他认为政府的作用应限于国防、司法行政和提供特定“公共工程”。

由此可见，亚当·斯密的授课采用的是辩论的形式。教学方法是先摆出问题，然后通过讨论历史案例得出各种可能的答案。其目的并不是简单地向学生传授信息，而是引导学生深入研究理论形成，注重论证过程，充分思考，最后得出合乎逻辑的结论。这样一来，斯密在授课中先表明自己的立场，对历史材料进行特定分析论证，运用诸如四段论这样的概念模式，解释一般社会生活的本质，由此便可得出结论，适用于他所处时代的政治。

要是问及《法理学讲义》译本对当代中国读者有何吸引力，我可以不假思索地说出两个原因。首先，这部讲义具有历史和学术价值，能让我们更全面地了解亚当·斯密的思想。亚当·斯密闻名世界，他的思想促进了对当今世界的塑造，深受美国、欧洲以及中国政治人物的敬仰，因此，更深入地研读其著作将有助于了解他的影响和理解其观点的由来。《法理学讲义》同时也对其更有名的著作中的论证进行了补充，通过这本书我们了解到，斯密在随后出版的《国富论》中将其论证置于社会和政治发展这一更为宽泛的理论框架之中。

其次，也许更重要的是，从这部讲义当中，当代读者也能吸取教训。

---

① Pack, Spencer, 'Adam Smith and Marx', in C. J. Berry, M. P. Paganelli & C. Smith (eds.), *The Oxford Handbook of Adam Smith*, Oxford: Oxford University Press, 2013, pp. 523-538.

如前所述，亚当·斯密创作的年代，正值欧洲高等学府发展学术自由初期。没有了长老会教务评议会对授课进行形式审查的威胁，斯密便可教授给学生最前沿的学问。而他对理论和论证的讨论方式也使学生见识到他活跃的思维，随时都在思考当下最值得关注的问题。中国经济发展水平惊人，带来了高校的不断扩张。这位伟大的思想家不仅热爱教学事业，还殷切希望和学生们就自己的最新观点互相切磋，这无疑成为创新高校教育、注入发展潜力的最佳榜样。

而就内容而言，我们会发现有两个地方特别值得留意。斯密在概述法律体系演进时特别注重分析商业社会的发展。其成功的关键在于逐渐形成的稳定财产制度和公正的法律制度体系。承认这一观点后，我们就能重新观察我们的社会，并试图领会在经济飞速发展过程中起作用的根本原则。其中值得特别关注的是，商业发展的过程同城镇化进程有着密切的联系，这一点在讲义中显而易见，并在《国富论》中得到进一步阐述。[①] 斯密在城镇化这一背景下追溯法律和政治的发展历程，其讨论的正是当前中国随处可见的城镇化进程。

世界各地的学生都在学习亚当·斯密及其思想，这部讲义则使我们得以窥探斯密老师上课到底教的是什么，深刻理解他认为学生应该学习和思考的重心为何。通过阅读这些学生笔记，我们仿佛能够亲临格拉斯哥大学的课堂，亚当·斯密就是在这儿开始思考和研究那些随后为他带来巨大影响和名望的宏大理论。

① Campbell, R. H. & Skinner, A. S., *Adam Smith*, London: Routledge, 1982, p. 117.

译者序

冯玉军　彭　浩

亚当·斯密是享誉世界的哲学家和经济学家，在哲学、政治经济学、法学、神学、历史学、伦理学甚至天文学等领域有广泛影响，被称为“种子思想家”“政治经济学之父”“最著名的经济学家”。但长期以来，人们对他的认识也仅限于其两本已出版的著作，而对其他作品所知寥寥。这两部杰作分别是1759出版的《道德情操论》[①] 和1776出版的《国民财富的性质

① 《道德情操论》主要阐述了作为社会和谐稳定根基的人性伦理问题。斯密在综合了哈奇森和休谟相关理论观点的基础上，从人类的情感和同情心出发，认为只要人能从中立旁观者的角度来看待自己的情感和行为，道德世界的形成就是可能的。人完全有能力遏制欲望与激情，遏制商业社会所带来的道德腐化。该书被誉为市场经济良性运行不可或缺的“圣经”。中文版参见亚当·斯密：《道德情操论》，谢宗林译，北京，中央编译出版社，2008。

和原因的研究》[①]（以下简称《国富论》）。前者被视为资本主义社会的商业伦理，后者则为资本主义古典政治经济学奠定了理论基础，由此也确立了斯密在西方启蒙思想史上的崇高地位。

40年前，格拉斯哥版《亚当·斯密作品和通信集》（*The Glasgow edition of the works and correspondence of Adam Smith*）开始出版。而出版的目的之一是为了纪念《国富论》出版两百周年。1776年，当斯密将这本书付梓之时，恐怕连他自己都没有想到，它可以成为人类思想史迄今为止最为重要的文本之一。虽然，这本书的内容受到了诸多质疑，例如熊彼特就讨巧地评论："虽然《国富论》不含有真正的新思想，虽然它作为智力上的成就不能与牛顿的《自然哲学的数学原理》或达尔文的《物种起源》相提并论，它却仍是一部伟大的著作，仍无愧于它所取得的成功。该书的性质和取得成功的原因是不难看出的。当时正是做协调整理工作的时候。斯密极为出色地完成了这一工作。"[②] 而罗斯巴德则直接将《国富论》定义成"一本如此多地模仿他人、具有如此深刻的缺陷、并且远远不如其前辈著述更有价值的书"[③]。但实际上，《国富论》以及斯密的思想并没有随着时间的流逝而逐渐淡出人们的视线，反而在21世纪的今天焕发出新的生机。这不得不让人思考，到底斯密的思想真是平淡无奇，只是后人人云亦云的推崇才使他得以保全诸多名号，还是他的思想真的能让作为现代人的我们在面对当代问题时获得灵感？最重要的是，现代人在现代社会中应如何自处？这些无疑都需要通过深入研究其原典思想才能得到答案。《法理学讲义》可被宽泛地理解为斯密的第三本著作，只不过与其生前正式出版的两本成书不同，它是根据亚当·斯密在格拉斯哥大学讲授道德哲学课程时的讲义和学生笔记汇编而成的。该书遵循孟德斯鸠的阐述方式，尽力探寻法律（包括公法与私法）逐渐从最原始到文明时期的发展进程，并发掘法律与政府在

---

① 简称《国富论》，在该书中，斯密从人性自利的交换倾向与分工出发，阐述了人类社会的商业本性。交换和分工促使人类生产的技艺不断改良，并使社会不断进步。利润、工资和地租是构成人们收入的主要部分。财富的发展有一个从农业到制造业再到商业的自然进程。财富的性质就在于劳动者的劳动，而创造最大的财富的原因就在于交换和分工的自由，劳动权利和财产权的安全保障，只有在最自由的自然秩序下才能实现财富的自然发展与最大化。政府所采取的公共政策应该符合自然秩序，应当保障最下层劳动者的生存与幸福。中文版参见亚当·斯密：《国民财富的性质和原因研究》（上、下），郭大力、王亚南译，北京，商务印书馆，2004。

② ［美］约瑟夫·熊彼特：《经济分析史》（第一卷），289页，北京，商务印书馆，2009。

③ ［美］默瑞·N.罗斯巴德：《亚当·斯密以前的经济思想：奥地利学派视角下的经济思想史》（第一卷），679页，北京，商务印书馆，2012。

保障生存、积累财富中的作用以及在历史发展过程中的演变。通过这本书的翻译和研究，虽然无法为现代人提供一份现成有效的生存指南，却或许能为思考前述问题的人们提供一些启示。

本序总共有五个部分。第一部分，简要地回顾斯密的生命经历，重点考察与本书最为相关的斯密在格拉斯哥大学的求学和任教经历。第二部分，将对“jurisprudence”一词的翻译问题加以简要阐释，同时较为完整地梳理斯密法理学文本在其生前身后的辗转命运。第三部分，对《法理学讲义》做一个基本的梳理工作，展示出《法理学讲义》的体系性。第四部分，对理解斯密法理学思想的关键理论——“公正旁观者”与“历史四阶段理论”做一个简洁的说明，并由此着重展示出斯密的法理学思想对于理解斯密整体思想的重要意义。第五部分，阐述整体性地理解斯密思想对于当今中国有着何种意义。

一

1723年6月5日，亚当·斯密（1723—1790）在柯卡尔迪的圣布莱斯老教区教会接受了洗礼。[①] 作为一名遗腹子，斯密终生未婚，一生大部分时间都与母亲玛丽格特·道格拉斯相依为命。[②] 斯密先后求学于格拉斯哥大学、牛津大学，又先后在爱丁堡大学、格拉斯哥大学担任教职。1759年，在格拉斯哥大学任职期间，斯密出版了自己的第一本著作《道德情操论》。17年后，斯密的第二本书《国富论》出版。1790年5月，《道德情操论》第六版出版。两个月后，斯密与世长辞，葬于坎农格特教区墓地。

1737年，14岁的斯密离开柯卡尔迪，来到了随着大英帝国的扩张而欣欣向荣的格拉斯哥，进入格拉斯哥大学求学。毫无疑问，斯密后来能够成为一位声名鹊起的学者，不得不归功于在格拉斯哥大学求学期间打下的坚实基础。在格拉斯哥大学，逻辑学、形而上学、气体力学、几何学、希腊

---

① 巧合的是，在斯密出生前后十几年间，托马斯·里德（1710—1796）、大卫·休谟（1711—1776）、亚当·弗格森（1723—1816）、约瑟夫·布莱克（1728—1799）、詹姆斯·瓦特（1736—1819）等苏格兰启蒙运动的代表人物先后诞生在苏格兰不足八万平方公里的土地上，登上了历史舞台。这些天才在哲学、经济、科学等方面的卓越贡献改变了西方乃至整个人类的物质生活与精神世界。

② 斯密的母亲先于斯密去世。

文等都是斯密学习的内容。在此求学期间，弗朗西斯·哈奇森[①]成为斯密的老师，对斯密的思想产生了重要的影响。《亚当·斯密传》（*The Life of Adam Smith*）的作者约翰·雷以十分肯定而明确的表述概括了哈奇森与斯密之间的联系："无论是教育家还是作家，没有任何人能像哈奇森那样启迪他（斯密）的智慧，指引他的思想。斯密有时候被认为是休谟的学生，有时候被认为是魁奈的学生，然而，如果一定要说斯密是什么人的学生的话，那他只能是哈奇森的学生。"[②] 无论是斯密学术方面的财产理论、道德理论等，还是他生活中的宗教态度、政治态度，都与格拉斯哥大学求学时哈奇森的教诲密切相关。斯密自己也表示"能力与美德永远不会被忘记的哈奇森博士"曾在格拉斯哥大学奉献出最好的道德哲学课程。[③] 斯密不仅是哈奇森最优秀的学生之一，也是哈奇森在格拉斯哥大学教席的隔任继任者——斯密后来在格拉斯哥大学同样教授道德哲学课程。

斯密认为在格拉斯哥大学任教的13年是对他"最有好处因而也是最快乐和最荣耀的时期"[④]。1751年1月，斯密成为格拉斯哥大学逻辑学教授；10月，斯密接替患病的托马斯·克雷吉教授讲授道德哲学课程。从现有资料来看，斯密在1751年的课程中就已经开始讲授法理学的相关内容。斯密授课所依据的主要教材是1742年格拉斯哥大学出版的哈奇森的《道德哲学、伦理学及自然法理学基础续》（*Philospohiae moralis institutio compendiaria，ethicis&jurisprudentiae naturalis elementa continuens*）。[⑤] 此外，斯密之前在爱丁堡大学大获成功的讲座的材料也应该会被他纳入这门课程中。作为直接听过斯密道德哲学课程的学生，约翰·米勒对斯密课程情况的回忆无疑较为可靠。米勒对斯密课堂的回忆记载于斯图尔特的《亚当·斯密生平与著作》（Account of the life and writings of Adam Smith）一文。据米勒回忆，斯密在格拉斯哥大学的道德哲学课程分为四部分。第一部分是自然神学，斯密考察了上帝存在的证据和上帝的特征，以及作为宗

---

① 弗朗西斯·哈奇森是苏格兰启蒙运动中的代表人物，他从1729年起任教于格拉斯哥大学，直到1746年去世。1737年，14岁的斯密进入格拉斯哥大学学习，哈奇森正是当时最受学生们欢迎且影响最大的教授之一。

② ［英］约翰·雷：《亚当·斯密传》，10页，北京，华夏出版社，2008。

③ 参见［英］欧内斯特·莫斯纳、伊恩·辛普森·罗斯编：《亚当·斯密通信集》，473页，北京，商务印书馆，2012。

④ 同上书，473页。

⑤ 参见［英］伊安·罗斯：《亚当·斯密传》，180页，杭州，浙江大学出版社，2013。

教信仰基础的人类大脑的工作原理。第二部分是严格意义上的伦理学，主要包括一些斯密后来发表在《道德情操论》里的学说。在第三部分，斯密则用大量的篇幅讨论了道德哲学中与正义相关的部分，这部分的内容能够得出明白准确的法则，因而可以进行全面且着重的阐述。米勒认为，在这一部分斯密遵循了孟德斯鸠的阐述方式，尽力探寻法律（包括公法与私法）逐渐从最原始到文明时期的发展进程，并发掘法律与政府在保障生存、积累财富中的作用以及在历史发展过程中的演变。在第四部分，斯密对那些以权宜性原则而非正义原则为基础的行政法令进行了考察——这些政令以促进一国富裕繁荣为目的，涉及与商业、财政、宗教、军事有关的政治制度。第四部分中的许多内容后来直接成为《国富论》的一部分。①

斯密在格拉斯哥大学道德哲学课程的第三部分内容便是本书的主要内容。1764 年，斯密离开了工作生活 13 年的格拉斯哥大学，以游学导师的身份前往欧洲大陆。在游历欧洲大陆之后，斯密对于法理学的思考是否又发生了许多新的变化，这已经基本不可考。现在人们能够做到的是，通过本书及其他相关资料，探究斯密在格拉斯哥大学任教期间对于法律和政府的基本原则做出了怎样的思考。

二

1.“法理学讲义”还是其他名称？

如何使用中文准确表达“Lectures on Jurisprudence”，这是译者首先要面对的问题。尤其是斯密口中的这个“jurisprudence”的翻译问题需要反复考量。在汉语世界，对于斯密的“Lectures on Jurisprudence”的翻译主要

① See Smith A., *Essays on Philosophical Subjects*, Edited by W. P. D. Wightman and J. C. Bryce, with Dugald Stewart's Account of Adam smith, Edited by I. S. Ross, Oxford: Clarendon Press, 1980, pp. 274 - 275.

有“法学讲义”[①]“法学演讲录”[②]“法理学讲义”[③]“法理讲义”[④]“法理学讲稿”[⑤]等。显而易见，无论将“lectures”翻译为“讲义”“演讲录”抑或“讲稿”，都没有本质性的差别。这些中文翻译之间最为核心的区别在于“jurisprudence”一词究竟应该翻译成“法学”还是“法理学”。

必须明确的是，斯密的这个“jurisprudence”必须放在18世纪的道德哲学体系中来理解。斯密所讲授的“jurisprudence”在道德哲学体系中介于伦理学与（后来的）政治经济学之间。而我们现在所熟知的西方世界的法理学（jurisprudence）实际上是在19世纪才逐渐形成的，而且这个19世纪逐渐形成的“jurisprudence”很大程度上是学科自觉与规范化的产物。在如今中国语境中，当我们提及法理学时，虽然并不与当今西方的“jurisprudence”完全对应，但是也认可用法理学来对应19世纪之后的“jurisprudence”。所以，如果将“jurisprudence”译为法理学很容易就习惯性地将斯密的“jurisprudence”的概念限定在已经“祛魅”之后的“jurisprudence”范围内。使用“法学”一词翻译斯密的“jurisprudence”也会出现同样的问题。所以，需要认识到斯密使用的“jurisprudence”既不同于当今西方学界的“jurisprudence”，也不同于汉语世界中“法理学”“法学”的固有含义。在此基础上，通过具体内容的考察可以发现，斯密将“jurisprudence”描述为一种与指导公民政府的规则相关的理论。[⑥]更为详细的描述则是：“每个政府或国家都竭尽所能，且能够做到，运用社会强制力约束那些忌惮社会强制力而不敢破坏或侵扰他人幸福的人。出于这个目的而制定的这些规则，构成了各个特定政府与国家的民法与刑法。这些规则所根据或应根据的原则是一门特定学科的研究对象。这门学科在所有学科中最为重要，却又或许是迄今为止得到发展最少的学科。这门学科就是自然法理学（natural jurisprudence）。”[⑦]

---

① 参见罗卫东：《情感、秩序、美德——亚当·斯密的伦理学世界》，北京，中国人民大学出版社，2006。

② 参见［英］唐纳德·温奇：《亚当·斯密的政治学》，南京，译林出版社，2010。

③ 参见［丹］努德·哈孔森：《立法者的科学：大卫·休谟与亚当·斯密的自然法理学》，杭州，浙江大学出版社，2010。

④ 参见陈卫国：《亚当·斯密的法理思想：从个人伦理导向社会协调》，载《环球法律评论》，2015（2）。

⑤ 参见武阳：《“斯密问题”的法理学解释》，重庆，西南政法大学，2014。

⑥ See LJ（A），i. 1.

⑦ Smith，A.，*The Theory of Moral Sentiments*，Edited by D. D. Raphael and A. L. Macfie，Oxford：Clarendon Press，1976，p. 218.

通过这两处斯密自己的描述可以发现，斯密实际上还是将“jurisprudence”定位为研究政府以及法律的基础理论。在这个意义上，“jurisprudence”大致相当于现代学科的政治学理论与法学理论的混合。所以，“jurisprudence”被翻译为“法理学”更为适宜。但是需要注意的是，斯密的法理学不仅带有自然法所具有的应然与批判气质，同时也兼具历史感——同样关注政府形式与法律规则在历史发展中的变迁。在《法理学讲义》中，这两个方面都占据了一定篇幅。有学者据此概括出斯密法理学的三个方面，即分析法理学、批判法理学以及历史法理学。①

2.“法理学讲义”的三次发现

1759年，《道德情操论》出版。在《道德情操论》第一版文末，斯密认为西塞罗和柏拉图的法学不是“正义的法学”（law of justice)，而是“警察②的法学”（law of police)。基于这种不满，加之对格劳秀斯构建自然法体系尝试的赞同，斯密表明了自己法理学写作计划的内容：“法律与政府的普遍原则以及它们在社会的不同年代与时期所经历的种种变革，在其中不仅考虑正义，也考虑警察、岁入、军备以及法律的其他对象。”③

在1785年致罗什富科公爵的信件中，斯密谈及了自己的繁重工作。除夜以继日地修订《道德情操论》之外，他还在奋力撰写两部篇幅巨大的著作：一本为各种学科的历史如哲学史、诗歌史和雄辩史等；另一本为法律和政治历史的理论。而且斯密坦露已经为这两本书积累了大量材料，一些部分也已经整理出头绪，但是由于年龄愈大自己也没有把握能否在生前完成前述两本书中的一本。④

1790年5月，《道德情操论》第六版面世。在这一版中，斯密撰写了一篇告读者（advertisement）附在目录之前，其中涉及对《道德情操论》第一版的最后一段法理学写作计划的说明。“在《关于国民财富的性质和原因的

① See Haakonssen, K., *The Science of A Legislator: The Natural Jurisprudence of David Hume and Adam Smith*, London: Cambridge University Press, 1981.

② 必须说明的是，(斯密所在的）18世纪“police”的概念区别于当代意义上的警察。斯密将警察的职能概括为三个方面：一是负责公共卫生；二是负责安全问题；并在前两者的基础之上追求一国物产的廉价与富足。这个意义上的警察大致反映的是政府的各项治理，范围较现代的“警察”更为广泛。

③ Smith, A., *The Theory of Moral Sentiments*, Edited by D. D. Raphael and A. L. Macfie, Oxford: Clarendon Press, 1976, pp. 341-342.

④ 参见［英］欧内斯特·莫斯纳、伊恩·辛普森·罗斯编：《亚当·斯密通信集》，439～440页，北京，商务印书馆，2012。

考察》[①] 中，我部分完成了这个承诺（即法理学写作计划）；至少在有关警察、岁入和军备的内容上是如此。余留的长期计划中的法理学部分，我至今仍无法完成，同样的俗事也一直妨碍我修订此书（即《道德情操论》）。”[②] 两个月后，斯密逝世，他的法理学写作计划就此永久搁浅。

在斯密所处的时代，无论出于对自己及亲友隐私的保护或是不满意自己的作品，销毁自己的私人文件是很平常的事。早在 1773 年，当时健康状况极糟的斯密准备离开柯卡尔迪，与好友休谟联系，决定委托休谟作为他的遗稿保管人。在 1773 年 4 月 16 日的信中，斯密向休谟明确了对自己随身携带的文稿（《国民财富的性质和原因的研究》与《道德情操论》）之外余下文稿的态度：“有一部篇幅很大的著作是讲述笛卡儿时代以前相继流行的天体学说史，它的断编残简还是有出版价值。……其余散乱的文稿，有的也在那张写字台上，有的在我卧室中装有玻璃折门的矮衣柜里。这个矮衣柜里还有 18 本左右对开的文稿，页数都不多。这些手稿，我想好了，毁掉就是，不必翻看。”[③] 怎料休谟先斯密而去，遗稿保管人的身份后来落到约瑟夫·布莱克与詹姆斯·赫顿二人身上，而斯密对于身后自己文稿的处理态度并未发生改变。去世前一周，斯密要求布莱克与赫顿二人销毁他未出版的大部分书稿。布莱克与赫顿按照斯密的要求烧掉了书稿，只留下前述那本“有出版价值”的讲述笛卡儿以前天体学说史的小册子。随着所有文稿（当然包括法理学方面的文稿）销毁工作的完成，斯密法理学思想也就此隐匿，成为巨大空白与遗憾。

当斯密让布莱克等人在潘缪尔大楼销毁自己的手稿时，他绝没有料到在百余年后，自己的授课内容会以学生笔记的形式再次出现。

1895 年，埃德温·坎南发现一本斯密法理学课程笔记的誊抄本，这是斯密法理学笔记的第一次发现，还原与研究斯密法理学思想开始成为可能。

---

① 即《国民财富的性质和原因的研究》(*An Inquiry into the Nature and Causes of the Wealth of Nations*) 一书。此处原文书名为 *Enquiry Concerning the Nature and Causes of the Wealth of Nations*。

② See Smith, A., *The Theory of Moral Sentiments*, Edited by D. D. Raphael and, A. L. Macfie, Oxford: Clarendon Press, 1976, p. 3.

③ [英] 欧内斯特·莫斯纳、伊恩·辛普森·罗斯编：《亚当·斯密通信集》，255 页，北京，商务印书馆，2012。

坎南对自己发现这个文本的过程及其价值进行了详细的叙述。[1] 同时，坎南将这本笔记进行编辑，使之能够更符合时人的阅读习惯，并于 1896 年将编辑完成的笔记以《亚当·斯密在格拉斯哥大学关于法律、警察、岁入及军备的讲义》(*Lectures on Justice, Police, Revenue, and Arms, delivered in the University of Glasgow by Adam Smith*) 为书名出版，后来直接称之为《法理学讲义》(*Lectures on Jurisprudence*)。

1958 年，通过数次拍卖竞价，约翰·M. 洛西安获得了两套斯密的课程笔记：一套是斯密的修辞学与纯文学讲义，课程时间为 1762—1763 学年；另一套则是斯密的法理学讲义，课程时间同样为 1762—1763 学年。[2] 为区分先后发现的两个版本的"法理学讲义"，一般将洛西安版的法理学讲义称为"Lectures on Jurisprudence (A)"，简称 LJ (A)，而将坎南版的法理学讲义简称为 LJ (B)。[3]

1970 年，A. H. 布朗发现了一套安德森日常备忘笔记，这套笔记中记载着关于斯密法理学课程的内容。这套笔记的发现着实偶然。布朗起初研究的对象是谢苗·德斯尼茨基[4]。在研究过程中布朗发现德斯尼茨基在格拉斯哥大学求学期间曾与约翰·安德森[5]发生过争论。于是，布朗转而对收藏于斯特拉斯克莱德大学的安德森文本进行查阅，以求能深度把握德斯尼茨基与安德森之间的这场争论。安德森日常备忘笔记便是安德森写作的这些文本中的一本。在查阅的过程中，布朗在安德森日常备忘笔记中便发现了

---

① 参见［英］坎南编著：《亚当·斯密关于法律、警察、岁入及军备的演讲》，3～28 页，北京，商务印书馆，1962。

② See Smith, A., *Lectureson Jurisprudence*, Edited by R. L. Meek, D. D. Raphael and P. G. Stein, Oxford: Oxford University Press, 1978, p. 9.

③ 除非出现有必要使用全称的情况，本文将一律使用两个版本的简称。

④ 谢苗·德斯尼茨基（1740—1789）是 18 世纪俄国著名法学家，曾求学于格拉斯哥大学并亲身听过斯密的道德哲学课程，他是第一位在法律研究上挑战普芬道夫的权威的俄国教授，也是第一个将斯密与休谟的学说引进俄国的人，被 A. H. 布朗（即发现安德森笔记的那位布朗教授）誉为俄国法理学之父。更多介绍可参见德斯尼茨基的英文维基百科（http://en.wikipedia.org/wiki/Semyon_Desnitsky）。

⑤ 约翰·安德森（1726—1796）是 18 世纪苏格兰自然哲学家，从 1756 年开始在格拉斯哥大学先后担任东方语言学与自然哲学的教授。作为工业革命中苏格兰的著名人物，他支持瓦特对蒸汽机的改良，又与富兰克林熟识并安装了格拉斯哥第一根避雷针。与此同时，激进的政治观点使他对法国大革命抱有同情与支持，晚年他一手创建了如今的斯特拉斯克莱德大学。罗杰·爱默森将安德森作为在苏格兰启蒙运动重镇格拉斯哥进行宗教意味浓重的启蒙运动的代表，参见［英］亚历山大·布罗迪编：《剑桥指南：苏格兰启蒙运动》，22 页，杭州，浙江大学出版社，2010。

安德森对斯密法理学课程内容的记录。[①]

1976年，格拉斯哥版《亚当·斯密作品和通信集》开始出版。1978年，囊括LJ（A）、LJ（B）和《国富论》早期手稿以及两份劳动分工残篇的《法理学讲义》（*Lectures on Jurisprudence*）作为格拉斯哥版《亚当·斯密作品和通信集》第五卷出版。

本书即是这本《法理学讲义》的中文版。其实早在50多年前，陈福生和陈振骅两位译者就译出了LJ（B）的中文版，名为《亚当·斯密关于法律、警察、岁入及军备的演讲》，并于1962年由商务印书馆出版。虽然在当时资讯与交流十分匮乏的条件下，这本书的引介工作开展得并不算十分滞后，但这本书的价值却一定程度上被掩盖了。当时翻译这本书很大程度上是因为看重其中与斯密经济思想直接相关的部分——最主要是指“警察”部分，而林森木对这本书的简介也是以“亚当·斯密早期的经济思想”为主题。[②] 但是实际上，法律部分才是这本书的最重要之处。更让人遗憾的是，在资讯与交流如此频繁的今天，作为研究斯密的重要文献之一，在《法理学讲义》编辑出版30多年后却仍未见中文版问世，实在令人遗憾，也正是在这个意义上，译者希冀通过本书的出版来尽量填补这一空白。

2011年初，中国人民大学出版社辗转托人找到我，说人大出版社在激烈的竞争之后，终于拿到了这本书的中译版权，想找一位兼通法学和经济学的学者担纲主译。老实说，仔细拜读斯密这部厚达610页的大部头巨著之后，我的内心是非常忐忑的：我当然知道这本书翻译到中国的重大意义，其对哲学人文社会科学诸多领域的研究都有无可替代的促进和深化作用。但是众所周知，斯密的思想涉猎广泛、内容十分庞杂。就《法理学讲义》的实体内容而言，涉及政治经济学、哲学、道德哲学、法学、历史学、政治学等学科，讨论了英格兰、苏格兰和其他欧洲诸国以及西方以外许多地方的法律与政府在保障生存、积累财富中的作用以及在历史发展过程中的演变。就《法理学讲义》的技术性问题而言，该书的主体部分使用的是200多年前的古英语，其中穿插了大量拉丁语、法语、意大利语、德语、土耳其乃至小亚细亚的有关资料和用语，有不少古希腊、古罗马的名词典故和专有名词；同时，作为一本课堂讲义和演讲稿的汇纂，哪些内容是斯密本

---

① 这个版本的斯密法理学课程笔记一般直接被称为安德森笔记（Anderson Notes）。

② 参见［英］坎南编著：《亚当·斯密关于法律、警察、岁入及军备的演讲》，1～7页，北京，商务印书馆，1962。

人的远见卓识，哪些内容是他引用前人、别人（如休谟、哈奇森）甚至哈奇森所著授课教材《道德哲学、伦理学及自然法理学基础续》的既有内容，处理起来十分困难；加之由于学生及后世编者的理解和转述不同，致使书中部分内容不连贯，令人无法推知斯密本意。

需要特别说明的是，这部汇编书使用了两种注解方法：一种是比较正常的研究性脚注和说明，可以直接翻译（但有不少编者脚注标明的是“此处留白”“语焉不详”之类的话语，其能否全面说明正文意思尚未可知）；另一种是本书编者特意点在正文下方、脚注上方的特殊处理（总体上可说是编者对文本空白、个别语词使用是否有误等的编辑意见，使用英文字母表排序，其缺乏特别含义，只有编辑技术意义上的功用。若翻译时“依样画葫芦”，必然给读者带来巨大的阅读障碍，最终译者毅然决然地统统删去。

三

《法理学讲义》的主要内容是 LJ（A）和 LJ（B）。

LJ（A）共有六卷。第一卷除了导言部分，其他均为有关所有权（property）的讨论。[①] 第二卷依次讨论了除所有权之外的其他对物权（real right）以及三种对人权（personal right）。第三卷完成了家庭法的讨论。第四、五卷展现了政制形式在“历史四阶段”中的纷繁变化。这两卷许多内容都出现在了《国富论》“关于主权者与国家的支出”（Of the Expence of the Sovereign or Commonwealth）一章里。第六卷则是有关“警察”（police）的一卷。

与斯密在课程开始时所计划的框架以及 LJ（B）的课程内容相比，LJ（A）显然不够完整。具体而言，在 LJ（A）中，家庭法部分的“主仆”一节缺失了奴仆地位的讨论；同时，LJ（A）的家庭法也没有“监护”“家庭犯罪及其刑罚”两小节的内容。此外，LJ（B）271 页及其之后的讨论都无法在 LJ（A）中找到对应内容。这些内容包括了警察部分最后的十三至十七小节[②]，以及岁入部分[③]和军备、国际法部分[④]。虽然 LJ（A）在体系上并

---

① 最后一种取得所有权的方式——自愿移转的相关讨论放在了第二卷的开头。

② See LJ（B），270－307&326－333.

③ See LJ（B），307－326.

④ See LJ（B），334－358.

未完全还原斯密的法理学课程，但是从内容上讲，LJ（A）却比 LJ（B）多了接近 1.5 倍。换言之，LJ（A）虽然不够完整，但却比 LJ（B）厚实得多。[①]

从课程讲授逻辑上讲，LJ（B）与 LJ（A）大同小异。其中最为显著的区别是斯密改变了法律部分从“个人作为一个人”到“个人作为家庭的一员”，再到“个人作为国家的一员”的授课思路，而从“个人作为国家的一员”开始，然后讨论“个人作为家庭的一员”，最后论述“个人作为一个人”。在 LJ（B）中，斯密对这一变化解释道：“财产权和政府在很大程度上相互依存。保护财产和占有财产的不平等是最初建立政府的原因，而财产权的状态总是随着政府的形式而有所不同。民法学家先讨论政府，然后讨论财产权和其他权利。其他研究这个问题的作家先讨论财产权和其他权利，然后讨论家庭和公民政府。每种方法都有它特有的一些优点，但总体而言，民法学家讨论方式似乎更胜一筹。”[②] 另一较为明显的变化是，在 LJ（A）中，“原始契约学说”“功利与权威原则”两小节是“个人作为国家的一员”的最后总结性讨论；而在 LJ（B）中，这两小节放到了“个人作为国家的一员”的开头。

理顺了文本结构和逻辑，综合 LJ（A）和 LJ（B），对斯密法理学课程进行梳理，最终反映出课程体系大致如下表：

<table>
<tr><td rowspan="11">法理学课程体系</td><td rowspan="11">法律部分</td><td rowspan="11">作为个人（私法）</td><td rowspan="2">人身</td><td colspan="3">身体伤害</td></tr>
<tr><td colspan="3">限制自由</td></tr>
<tr><td>名誉</td><td colspan="3">……</td></tr>
<tr><td rowspan="8">财产</td><td rowspan="8">对物权</td><td rowspan="8">所有权</td><td>占有</td></tr>
<tr><td>添附</td></tr>
<tr><td>时效</td></tr>
<tr><td>继承</td></tr>
<tr><td>自愿移转</td></tr>
<tr><td>役权</td></tr>
<tr><td>质押与抵押</td></tr>
<tr><td>独占权</td></tr>
</table>

① 在这个意义上，只收录了 LJ（B）的商务印书馆编辑出版的亚当·斯密全集很难被称为“全集”。

② LJ（B），11。

续前表

<table>
<tr><td rowspan="28">法理学课程体系</td><td rowspan="22">法律部分</td><td rowspan="3">作为个人（私法）</td><td rowspan="3">财产</td><td rowspan="3">对人权</td><td>契约</td></tr>
<tr><td>准契约</td></tr>
<tr><td>过失</td></tr>
<tr><td rowspan="5">作为家庭成员（家庭法）</td><td colspan="3">夫妻</td></tr>
<tr><td colspan="3">父母与子女</td></tr>
<tr><td colspan="3">主仆</td></tr>
<tr><td colspan="3">监护人与被监护人</td></tr>
<tr><td colspan="3">家庭内部犯罪及其刑罚</td></tr>
<tr><td rowspan="14">作为国家的成员（公法）</td><td colspan="3">政府的原则</td></tr>
<tr><td colspan="3">政府的本质和社会发展的初级阶段</td></tr>
<tr><td colspan="3">共和制政府的引入</td></tr>
<tr><td colspan="3">自由的失去</td></tr>
<tr><td colspan="3">军事君主制及其解体</td></tr>
<tr><td colspan="3">自主地政府</td></tr>
<tr><td colspan="3">封建制政府</td></tr>
<tr><td colspan="3">英国议会</td></tr>
<tr><td colspan="3">英格兰政府变为专制政体</td></tr>
<tr><td colspan="3">自由的恢复</td></tr>
<tr><td colspan="3">英国法院</td></tr>
<tr><td colspan="3">欧洲规模较小的共和国</td></tr>
<tr><td colspan="3">主权者的权利</td></tr>
<tr><td colspan="3">公民权利（对主权者权利的限制）</td></tr>
<tr><td rowspan="3">警察部分</td><td colspan="4">清洁</td></tr>
<tr><td colspan="4">安全</td></tr>
<tr><td colspan="4">价廉与物丰</td></tr>
<tr><td rowspan="3">岁入部分</td><td colspan="4">财产税</td></tr>
<tr><td colspan="4">消费税</td></tr>
<tr><td colspan="4">公债</td></tr>
</table>

续前表

<table>
<tr><td rowspan="7">法理学课程体系</td><td rowspan="3">军备部分</td><td>国民军</td></tr>
<tr><td>军队纪律</td></tr>
<tr><td>常备军</td></tr>
<tr><td rowspan="4">国际法部分</td><td>战争理由的合法</td></tr>
<tr><td>战争手段的合法</td></tr>
<tr><td>中立国的权利</td></tr>
<tr><td>大使的权利</td></tr>
</table>

四

作为同时代影响斯密思想最深的两个人，哈奇森和休谟的道德哲学中都有一个“旁观者”。这个“旁观者”实际上是道德立场的中立性的拟人化。虽然哈奇森和休谟都没有直接用“公正”对旁观者加以修饰，但这种旁观者进行道德判断的理论隐含了对于公正的要求。斯密则在自己的旁观者理论中直接使用了“公正旁观者”（impartial spectator）这个称谓。

在《道德情操论》中，斯密精巧地展示了自己的旁观者理论。在社会中的人，对于自身美丑的最初印象来自别人，而对于自己的情感、动机和行为的判断同样也是基于此。社会中的其他人成为判断自身合宜性的一面镜子。一个人想要对自己做出客观的自我评价，需要在一定距离以外观察自己的情感、动机和行为，这种一定距离的外部观察实际上与用他人之眼来评判自己是一致的。同时，“我们据以自然地认可与否定自己行为的原则，似乎与我们判断他人行为的原则完全相同”①。所以，社会中的人站在他人角度来审视自己是可能的：“我们可以通过设身处地地换位思考，用他们的眼光来反观自己表现出了什么，以此审视自己的情感与行为，并考虑自己的情感与行为在它们面前是何种状态。”② 但是，这个“他人”在许多情况下并非真实生活中的某个人。一方面，没有一个“他人”可以24小时盯着自己；另一方面，也没有一个可以完全真正理解自己的“他人”。所

① Smith，A.，*The Theory of Moral Sentiments*，Edited by D. D. Raphael and A. L. Macfie，Oxford：Clarendon Press，1976，p. 109.

② Ibid.，p. 112.

以，这个“他人”是一个想象中的人，是另一个“我”。在这里，作为观察者的“我”与作为行为者的“我”分离了。其中这个作为观察者的“我”就是那个“公正旁观者”。当“公正旁观者”赞同我时，我的行为具有合宜性；当“公正旁观者”对我的行为感到愤恨、厌恶时，则我的行为不具有合宜性。

在《法理学讲义》中，公正旁观者秉持的最为核心的价值是正义。理解这个公正旁观者必须借助这样一对概念：完全权利（perfect rights）与不完全权利（imperfect rights）。斯密指出，完全权利与不完全权利的区别在于人们是否有权（title）在要求得不到满足时强迫他人做出符合自己要求的行为。[①] 在LJ（B）之中，斯密运用了一个有些戏谑但十分贴切的例子对此进行解释：“当我们说牛顿作为哲学家并不比笛卡儿更伟大，或者说蒲柏作为诗人并不比他那个时代的普通诗人更出色时，我们并没有侵害伊萨克·牛顿爵士和蒲柏先生（的名誉）。我们的这些评价没有给牛顿和蒲柏应得的称赞，但我们也没有侵犯他们，因为我们并没有把他们贬低到他们所在专业领域的一般水平之下。”[②] 由这段表述可以看出，斯密认为，法律只有在一个人被贬低到一般水平之下时才登场，未给予应有的正面称赞并不属于法律管辖范围。法律不能强迫人们去称赞某人，但拥有防止人们贬损某人的强制力。换言之，斯密理解的法律保护对象只是相对于不完美权利更加消极的完美权利。

这就引出了斯密的消极正义观。“在极大多数情况下，正义只是一种消极美德，只是阻止我们伤害邻人。一个不去侵害他邻居人身、财产或者名誉的人，的确没有什么积极的优点。然而，他实现了所有被强调为正义的规则，并做了其他人根据合宜性强迫他去做的或者他不去做就会惩罚他的所有事情。我们通常只是静观其变而无为就可以实现正义的全部规则。”[③] 对正义消极性质的强调反映出斯密的社会观。虽然斯密也希望且承认仁慈、热爱等美德能够维持一个完善的社会，但即使不大量产生甚至不存在这些美德的地方，社会依然能够存在；但是如果正义被抛诸脑后，社会纽带就

① 普芬道夫在同样意义上对权利进行了区分，有关内容参见［德］普芬道夫：《自然法与国际法》（第一、二卷），22、130～133页，北京，北京大学出版社，2012。

② LJ（B），7.

③ Smith，A.，*The Theory of Moral Sentiments*，Edited by D. D. Raphael and A. L. Macfie，Oxford：Clarendon Press，1976，p. 82.

将被撕裂，而社会将不复存在。斯密为何将正义这一消极美德作为社会大厦的“主要支柱”，可以在“我们更渴望向我们的朋友倾吐我们的不快而不是愉快”这一事实中得以理解。斯密认为，人们普遍最渴望自己不愉快而非愉快的情感得到他人同情，这形成一种十分强烈的社会需求。归根到底，则是人们对减轻痛苦的需求往往大于增加快乐，而作为消极美德的正义所衍生出的对不义行为的报复、反抗、阻止，正是在减轻或避免不该有的痛苦。作为消极美德的正义在社会中的基础性因此在斯密的理论中得以确认。

在《法理学讲义》中，秉持正义的公正旁观者出现过许多次。以所有权部分为例，公正旁观者就反复出场对占有、添附、时效、继承以及自愿移转五种所有权取得方式逐一进行审视。

在占有一节的开端，斯密认为获得所有权的方式随着政府与社会的变迁而产生变化。因此，要阐述所有权的发展，很自然地需要阐述历史，历史四阶段理论便顺理成章地出现在《法理学讲义》中。“人类历史经历了四个不同的阶段，首先是渔猎时代；第二个是游牧时代；第三个是农耕时代；第四个是商业时代。”[①] 在农耕阶段下，又可以细分为农耕阶段、采邑制阶段以及封建阶段。与许多学者一样，斯密将前一阶段进入后一阶段的发展动因很大程度上归结为生存的需要。例如斯密就将游牧时代的兴起描述为：“他们发现打猎所获得的生存来源太不稳定，他们需要谋求其他方式来养活自己。……最自然的想法就是把他们捕获的野生动物中的一些驯养起来。”[②] 在这样一种历史性的描述中，斯密不仅是在解释历史各阶段的演变过程，也是在寻找财产权产生、演变的脉络，这正是在占有（整个财产权具体内容的第一小节[③]）的讨论开始时就引入历史四阶段理论的原因。

需要注意的是，斯密的历史四阶段理论代表了社会和经济发展的过程，但这并非精确的历史描述。[④] 历史四阶段理论可以看作是历史发展通常如此，这对于认知社会整体演进有一定作用。但更重要的方面在于，历史四阶段理论的运用有助于斯密厘清诸如财产权、司法、劳动分工、市场等各

---

① LJ（A），i. 27.

② LJ（A），i. 28－29.

③ 因为斯密几乎并未对人身、名誉两类自然权利展开具体讨论，所以这一小节实际上也是整个 LJ（A）文本具体内容的第一小节，可参见前文所给出的课程体系表。在第一小节开篇引入历史四阶段理论是斯密有意为之，这使整个文本都带有“历史”与“经验”的意味。

④ 参见［美］帕特里夏·沃哈恩：《亚当·斯密及其留给现代资本主义的遗产》，81 页，上海，上海译文出版社，2006。

种要素的产生、发展与变化。[①] 虽然斯密并非历史四阶段理论的首创者[②]，而且通过现有已发现的原始材料也无法精确考察出斯密是如何将普芬道夫、哈奇森等人的历史四阶段理论发展成了一个更加成熟的理论。但是可以确定的是，《法理学讲义》的诸多讨论均以成熟的历史四阶段理论为基础，而在历史场景中对诸多问题的讨论，尤其是对警察、岁入和军备的阐述，成为《国富论》的直接来源之一。换言之，历史四阶段理论奠定了斯密政治经济学的基础。[③] 而《国富论》的讨论的确被历史四阶段理论所笼罩——农业社会、商业社会等都是历史的某一个阶段。

通过上述对《道德情操论》《法理学讲义》《国富论》三个文本的逻辑勾连，斯密思想中的一条前后一致的线索逐渐明晰。这条线索就是：从《道德情操论》酝酿而出的公正旁观者在《法理学讲义》中秉持着正义作为基本价值，对随具体历史阶段发展而变化的各种形成社会、政府的要素进行审视，而《国富论》则是以这种审视为底色，对具体历史阶段的社会、政府等方面的展示。

由形而上的角度出发来审视这条线索，可以发现斯密将《国富论》中的社会、政府、法律与《法理学讲义》中那些不完善的样本一样，也不过是看作自然正义有缺陷的实现。自然正义为人类社会勾勒出一个高于现代商业社会的轮廓，而《国富论》则只展示出了斯密有关自然正义的部分领悟。[④] 如果由形而下的角度出发来审视这条线索，则可以确认商业社会并非一个完美的社会模型，但具体历史阶段中的法律（制度）有效、良好地保障了社会的联结与运行——斯密“现实”地建立起了经济形态与社会中法

---

① 由于历史四阶段理论凸显出社会经济发展的过程，所以有学者将与经济关联紧密的要素抽出来作为斯密历史四阶段理论的动力因，认为历史四阶段理论证明了斯密是一位历史唯物主义者。然而，这种观点有待商榷。一方面，从历史四阶段理论本身来看，并不见得能从中得出经济要素是社会机器的驱动力这样的结论；另一方面，“历史唯物主义者”的身份也与斯密思想的整体气质并不相符。

② See Meek, R. L., *Social Science and the Ignoble Savage*, Cambridge: Cambridge University Press, 1976; Pescarelli, E., 'On Adam Smith's lectures on jurisprudence', *Scottish Journal of Political Economy*, Vol. 33, No. 1, 1986.

③ See Kennedy, G., *Adam Smith: A Moral Philosopher and His Political Economy*, New York: Palgrave Macmillan, 2008, pp. 63 - 64.

④ See Lieberman, D., 'Adam Smith on Justice, Rights, and Law', in Knud Haakonssen, ed., *The Cambridge Companion to Adam Smith*, New York: Cambridge University Press, 2006, pp. 242 - 243.

律类型之间的联结，而这正是人类社会不断走向完善的前提。因此，斯密在讨论奖励金制度时曾对法律做过的一番评述也就真正被理解："尽管有这些和其他二十条不合理的商业条例，但仅就英国法律给予每个人都能享有自己劳动果实的安全感就足以让任何国家繁荣；这种安全感因革命而在法律上有效，而奖励金制度也几乎同时建立起来。每个人都能在自由与安全之中为改善自身境况而自然努力这条原则是如此有力，以至于它不需要其他任何协助就能单独为社会不仅带来财富和繁荣，而且还能克服无数顽固的阻碍——人类法律的愚蠢之处与这些阻碍常使得社会无法运转。"[①]

这条线索为整体性地理解斯密思想提供了初步的可能。如果没有《法理学讲义》，这条线索几乎不可能重新出现在人们眼前。这也正是《法理学讲义》对于理解斯密的重要意义之一。总之，如果人们仅求助于《道德情操论》和《国富论》而尝试对斯密思想做出一个整体性的解释，极有可能歪曲了《道德情操论》，或者误解了《国富论》。

五

18 世纪，非法律材料的增加和新研究领域的出现逐渐形成了冲破道德哲学原有框架的趋势。斯密正是受此趋势影响最为典型的样本之一。就斯密本人的研究而言，他对自己庞大的研究计划一直感到心有余而力不足，认为无法完成自己的老师哈奇森所自然而然地完成的工作——提出一套完整的自然哲学或社会科学体系。[②] 斯密在晚年对《道德情操论》的修改，加紧写作有关法律和政治历史的理论巨著，也正是为了尽量完成自己的计划，缝合自己思想的两端。因为对斯密而言，经济领域还没有本身的法则可以作为区别善恶的标准。[③] 一方面，斯密是将政治经济学从道德哲学体系中完全释放出来的第一人；另一方面，斯密又试图将道德领域的判断逻辑向经济领域推演。虽然斯密尝试着在这两方面都做出努力，然而他没有料到（或者无力控制）的是，政治经济学的发展冲破了道德哲学原本的体系，实际上带来了伦理与经济的加速分裂。而现代社会在很大程度上正是延续了

---

① See Smith, A., *An Inquiry Into the Nature and Causes of the Wealth of Nations*, Edited by R. H. Campbell and A. S. Skinner, Oxford: Clarendon Press, 1976, p. 540.

② 参见［美］约瑟夫·熊彼特：《经济分析史》（第一卷），224 页，北京，商务印书馆，1996。

③ 参见［英］卡尔·波兰尼：《巨变：当代政治与经济的起源》，210～211 页，北京，社会科学文献出版社，2013。

这种伦理与经济的分裂状态。

斯密曾说："人类生活的不幸与混乱的主要根源似乎在于高估了一种境况与另一种境况之间的差别。贪婪高估了贫穷与富裕之间的差别；野心高估了个人地位与公众地位之间的差别；虚荣高估了默默无闻与声名远播之间的差别。受那些过度的激情所影响的人，不仅在他的实际境况中陷入灾难，也时常为了达到他愚痴的目的而侵扰社会和平。然而，最随便的观察也可能使他确信，好的心态在人类生活的所有平常境况中可以保持同样的平静、同样的高兴、同样的满足。有些境况无疑比另一些境况更佳，但它们中没有任何一种值得我们怀着那样一种激情去追求，那种激情会驱使我们违反审慎和正义的规则；以至于将来我们回想起自己的愚蠢行为而羞愧，或者由于对自己的不公行为的厌恶而产生懊悔，从而打破我们内心的宁静。"[①] 显而易见，现代经济学理论中常说的"经济人"的特征与斯密对道德精神的描述已经是天壤之别。曾经一个有血有肉、有伦理道德的人创造财富的行为，如今仅仅被理解与规范为冷冰冰的资源分配的选择逻辑。在这个转变过程中，现代人能够展现出的人性的深度与丰富程度已经大大降低。回到斯密这样一个理解伦理与经济关系的典型样本，无疑有助于重新理解现代社会中伦理与经济二者的关系，重塑社会生活中的人。

进一步讲，对伦理与经济二者间关系的思考反映出现代人必须回答的基本问题：现代社会如何得以存续，而人在现代社会中应如何自处，据以自处的根基又是什么？这正是斯密毕生所反复思索的问题。《道德情操论》《法理学讲义》《国富论》三个文本正是"从一个人人可察觉和辨认的人性观点出发，阐明了一个跟人类生活有关的广阔体系"[②]。通过这个体系，斯密重新为经济社会中的"人"寻找到新的根基。

同时还需要单独提及的是，在这个整体性的框架之下，斯密确立了法律对于社会发展的重要意义。他认为："如果一国不具有规范的司法行政制度，人民对于他们拥有的财产无法感受到安全感，对契约的信任得不到法律保障，政府的权力被设想为并不经常运用于强制有偿还能力者偿还债务，则商业与制造业不可能实现在这样的国度中长期繁荣。简而言之，如果人

---

① Smith, A., *The Theory of Moral Sentiments*, Edited by D. D. Raphael and A. L. Macfie, Oxford: Clarendon Press, 1976, p. 149.

② ［美］约瑟夫·克罗普西：《国体与经体：对亚当·斯密原理的进一步思考》，30页，上海，上海人民出版社，2005。

们对政府的公正缺乏确定的信心，商业和制造业不可能出现（长期的）繁荣。”[①] 在《法理学讲义》中，斯密也同样强调：“政府制度的首要的设置是维护正义，进而防止社会成员侵犯他人财产或夺取不属于自己的东西。这一设置保障每个人安全且和平地拥有他自己的财产。”[②] 换言之，斯密将公正的法律确立起的财产制度视为商业社会成功的关键所在，而这恰巧回应了当下中国的现实。

或许用现代的眼光来考察，斯密的思考过于古典。但是斯密对于伦理与经济关系的思考，以及更深层次对于社会何以可能和人自身生活的关注，都为当代中国的发展留下了一些启示。而这一切正是建立在整体性地理解《道德情操论》《法理学讲义》《国富论》三个文本的基础上。所以，这种整体性的理解不仅是对斯密的尊重，更是今日中国所需。我们不能把斯密的思考仅看作死的知识，而应看作活的智慧；更不能把斯密思考适用的对象仅限于西方遥远的历史，它也可能包括中国当下的现实。

本书的翻译由冯玉军、郑海平、林少伟共同完成，我们分工协作、反复沟通、相互订正，最终确保了整体工作的顺利开展。三位译者的具体分工如下：冯玉军（编者导语、第1～199页）；郑海平（第200～330页，第397～437页）；林少伟（第331～395页，第438～586页）。全书由冯玉军统稿，并逐一校对了缩略语、致谢、索引等内容。译事维艰，在翻译校对及至最终出版的六年光阴里，海平先后经历了博士后出站、应聘对外经贸大学法学院、成家生子等诸般考验，少伟从爱丁堡大学博士毕业返回母校西南政法大学工作，也备尝种种艰辛。在此我要衷心感谢他们两位的合作和耐心，让本书的翻译工作顺利、愉快、圆满！

中国人民大学法学院的郑爱青、李钧、喻文光几位教授，对讲义中的一些法语、拉丁语、德语内容作了订正，刘晔、褚蓥协助我校对了部分译文，在此一并表示感谢。

---

① Smith, A., *An Inquiry Into the Nature and Causes of the Wealth of Nations*, Edited by R. H. Campbell and A. S. Skinner, Oxford: Clarendon Press, 1976, p. 910.

② LJ (A), i. 1.

缩略语

A. 格拉斯哥作品

ED	《国富论》的早期手稿，爱丁堡户籍登记中心
FA，FB	劳动分工的两个残篇，巴肯文集，格拉斯哥大学图书馆
Imitative Arts	论所谓模仿艺术中模仿的本质（收录于《哲学论文集》）
LJ（A）	《法理学讲义》（1762—1763），格拉斯哥大学图书馆
LJ（B）	《法理学讲义》（1766），格拉斯哥大学图书馆
LRBL	《修辞学和文学讲义》
Stewart	杜格尔德·斯图尔特：《亚当·斯密的生平与著作》（收录于《哲学论文集》）
TMS	《道德情操论》
WN	《国富论》

B. 其他作品

A. P. S	《苏格兰议会法案 1124—1707》，T. 汤姆森和 C. 英尼斯编，12 卷（1814—1875 年版）

Anderson Notes	安德森笔记，第一卷，安德森尼安图书馆，斯特拉斯克莱德大学
C.	查士丁尼法典
C. Th.	狄奥多西法典
Cocceius	塞缪里斯·西西里男爵：《格劳秀斯第 12 篇论文简述》（1748 年版）
D.	查士丁尼学说汇编
Dalrymple	约翰·达尔林普尔爵士：《大不列颠封建所有制通史》，1757 年版，1759 年第四版
Erskine	约翰·厄斯金：《苏格兰法的原则》，1754 年版
Grotius	雨果·格劳秀斯：《论战争法权与和平法权》，三卷本，1625 年版
Hale	马修·黑尔爵士：《王室诉讼的历史》，两卷本，1736 年版
Harris	约瑟夫·哈里斯：《论钱和硬币》，第一和第二部分，1757—1758 年版
Hawkins	威廉姆·霍金斯：《论王室诉讼》，两卷本，1716 年版
Heineccius	约翰·戈特利布·海内西斯：《古罗马宪法》，1719 年版，1742 年第六版
Hume，*Essays*	大卫·休谟：《论道德、政治和文学》，T. H. 格林、T. H. 格鲁斯编，两卷本，1875 年版，1889 年新版
Hume，*History*，I and II	大卫·休谟：《大不列颠史：从朱利叶斯·凯撒到亨利七世》，两卷本，1762 年版
History，III and IV	大卫·休谟：《大不列颠史：都铎王朝》，两卷本，1759 年版
Hutcheson，*M. P.*	弗朗西斯·哈奇森：《道德哲学导论》，1747 年版，译自《道德哲学体系概要》，1742 年拉丁文版
System	弗朗西斯·哈奇森：《道德哲学体系》，两卷本，1755 年版
Inst.	查士丁尼法学总论
Kames，*Essays*	亨利·霍姆（凯姆斯勋爵）：《英国古代史论文集》，1747 年版

Law Tracts	亨利·霍姆（凯姆斯勋爵）：《法律史论文集》，两卷本，1758 年版
Locke，*Civil Government*	约翰·洛克：《政府论》（下篇），1690 年版
M'Douall	安德鲁·莫多奥（班克顿勋爵）：《苏格兰民权法研究》，三卷本，1751—1753 年版
Mandeville	伯纳德·曼德维尔：《蜜蜂的寓言》，第一部分（1714），第二部分（1729），F. B. 开耶编，两卷本，1924 年版
Montesquieu	查尔斯·德·塞孔达·孟德斯鸠男爵：《论法的精神》，1748 年版
Pufendorf	塞缪尔·冯·普芬道夫：《自然法与国际法》，八卷本，1672 年版
Rae	约翰·雷：《亚当·斯密传》，1895 年版
Scott	威廉姆·罗伯特·斯各特：《亚当·斯密的学生时代和教授生涯》，1937 年版
Stair	詹姆斯·达尔林普尔、威斯康特·斯蒂尔：《苏格兰法律制度》，1681 年版

致谢

本书的编者们非常感谢 J. A Boyle 教授、J. A Crook 先生、J. Diggle 博士、A. D. Fittion Brown 教授、M. C Meston 教授、Dorothy Owen 女士、J. Riley-Smith 博士、A. S Skinner 先生、D. E. C. Yale 先生对我们的特别帮助。同样感谢为本书的出版做出慷慨贡献的格林威治爱麦克斯公司。

D. D. 拉斐尔和 P. G. 斯坦希望大家知晓的是，R. L. 米克承担了本书大部分内容的编校工作。

编者们充分利用了埃德温·坎南所做的无价注释，这些注释来自坎南编订的 1896 版的 LJ（B）。

R. L. 米克
D. D. 拉斐尔
P. G. 斯坦

目　录

编者导语

I. 亚当·斯密在格拉斯哥大学的课程

1751 年 1 月 9 日，亚当·斯密被授予格拉 1
斯哥大学逻辑学教授职位，1 月 16 日开始任职。他没有立即开始在这所大学授课，而是等到下一个学期，即 1751 年 10 月才开设了他的第一门、而且是唯一一门逻辑学课程。

在约翰·米勒提供给杜格尔德·斯图尔特的这批著名的亚当·斯密授课笔记当中，1751 年第二学期的逻辑学课程是这样描述的：

> 当斯密就任最初的哲学教授职位之后，很快就发现不遵循前任授课计划的必要性，因之他就可以让学生获得比简单照本宣科更有趣并且实用的逻辑和哲学知识。这样一来，他向学生们展示了智识能力的一般

> 性理解，也花了很大功夫讲解古典逻辑学及与之相关的必要且充分的推理方法以满足大家的好奇心，后者一度占据了学者们全部的注意力。主课工作之外，他用剩余的全部时间讲授了修辞学和纯文学体系。①

我们估计这套“修辞学和纯文学体系”是以亚当·斯密任教格拉斯哥大学之前在爱丁堡大学的有关课程讲义为基础的。而根据我们获得的一名学生撰写的报告②，其内容大概也和他后来讲授的道德哲学辅助课程讲义相类似。在他讲授的前半部分逻辑学课程当中，亚当·斯密展示了关于“智识能力的一般性理解”，并对“必要且充分的古典逻辑学”详加解释——我们之所知仅限于米勒对此的叙述。

在1751—1752学年，斯密不仅教逻辑学课，还教伦理学。那个时候，正巧伦理学教授托马斯·克雷吉生病了，校务会议于1751年9月2日做出决定，在克雷吉因病缺席的情况下，伦理学课程按照如下计划由其他三位教授分担：

> 2 神学教授罗斯先生和摩尔先生参加会议。斯密先生自愿在公共课和个人选修课教学中以如下方式协助他们授课：两位教授使用哈奇森·艾斯克斯所著第一本书主讲自然神学，斯密先生则使用哈奇森·艾斯克斯所著另两本书讲授自然法学和政治学课程；罗斯先生和摩尔先生还承担指定选修课。会议一致同意了这个方案……③

斯密在“自然法学和政治学”课程中所讲授的内容④，我们一无所知，只是通过斯密的个人声明了解到他授课当中所阐述的思想已于前一年冬天在爱丁堡讲过一些，并且这是1751—1752学年以后他讲课中“不变的主题”。⑤

---

① Stewart，I. 16.《亚当·斯密的生平与著作》原稿，由斯图尔特在1793年1月21日、3月18日向爱丁堡皇家学会解读，米勒未参与解读工作。

② See below，pp. 4，9，11，and 15－17。

③ 1751年9月11日格拉斯哥大学召开的校务会议记录片段。

④ （我们）要引用斯密在其摘要中提到的一封于1751年9月3日他写给威廉·卡伦的信。斯密在信中写道：“我非常乐意分担克雷吉教授的授课任务，你所提到的自然法学和政治学，是克雷吉教授授课任务的重要组成部分，它合乎我的研究趣味，我也十分乐意讲这两门课程。”

⑤ See Stewart，IV. 25. 斯图尔特专门提到斯密在1755年写的一篇文章，他指出：“斯密热衷于提出自己关于政治和文学的独家见解，以驳斥那些有可能误入歧途的其他观点，他认为自己有充分的理由这样做。”斯图尔特还逐字逐句地照录了斯密的如下论述：“这其中所列举的大部分观点都是我六年前还在爱丁堡时的课堂上所讲到的，这同我到格拉斯哥大学的第一年（第一个冬天）接过克雷吉教授教鞭时所讲授的内容一脉相承，其间没有太大变化。我所讲的内容有很多人（不论是爱丁堡的还是格拉斯哥的）可以作证，他们全都能证明这些是我的思想。”

1751年11月，克雷吉去世。几个月后，斯密由逻辑学教授职位改任空缺的道德哲学教授职位。他在1752年4月22日获此头衔，4月29日正式任职，并于1752—1753学年开始讲授道德哲学全部课程，一直到1764年1月中旬①因接受巴克勒公爵家庭教师的工作而离开格拉斯哥大学。

为了对斯密讲授的道德哲学课程有一个全面系统的认识，我们有必要 3
回顾一下约翰·米勒的记录：

> 大约在斯密先生成为逻辑学教授一年以后，他被遴选为道德哲学教授。他的课程可分为四个部分。第一部分包含自然神学，其中他讨论了上帝的存在和贡献，以及建立宗教所依赖的人们意识当中的信念。第二部分严格来说，包括所谓的伦理，并且涵盖了之后在他的《道德情操论》中提到的德操信条。在第三部分里，他探讨与公平正义有关的道德观，以及微妙而精确的法则，后者能为这种道德观提供一个全面和特定的解释。
>
> 在这个题目的基础上，他按照孟德斯鸠提出的设想，致力于研究法理学逐步发展的过程，涉及公共领域和私人领域，从野蛮时代到文明时期，说明法律制度对于人类生存和财富积累的影响，以及由此产生的法律制度本身的进步和调整。他曾经打算把自己工作的这一部分成果公之于众；这个愿望在其《道德情操论》的结论部分有所提及，只可惜他没能在有生之年实现。
>
> 在他讲课的最后（第四）部分，他揭示说这些政治原理并非仰赖**公正**准则而成立，而是以是否**有利于**增加社会财富、强化权力和实现国家繁荣的实效原则为基石建立起来的。根据这一观点，斯密仔细思考了同商业、财政、教会、军事相关的政治制度的建立。他发表的关于这一主题的思想成果集中体现在《国民财富的性质和原因的研究》（《国富论》）当中。②

---

① 我们不知道斯密最后离开格拉斯哥大学的确切时间，但能大体推算出来。他将要从该校离职的公开消息最早是在1763年11月8日召开的学校院长会议上宣布的；两个月后，也就是在1764年1月9日召开的一次教师会议上，斯密说道，他将很快离开这个地方，而且已经如数退还了学生所交的学费。再进一步分析，斯密在此之前还参加了格拉斯哥大学于1764年1月4日举行的教师会议，据此我们有充分的理由确定斯密主讲的最后一堂道德哲学课就应该在这两次教师会议之间（即1月4—9日），而根据泰勒的笔录，正是在这堂课上斯密退还了学生们的学费。斯密最后一次以格拉斯哥大学职员的名义参加的校内会议是在1764年1月10举行的，接下来所有的线索都指明斯密是在这次会后的几天之内离开格拉斯哥的。Cf. Rae，169－170；Scott，97；and A. F. Tytler，*Memoirs of the Life and Writings of Lord Kames*（2nd edn.，Edinburgh，1814），i. 272－273.

② Stewart，I. 18－20.

迄今为止，这份听课笔记看起来是直观而准确的，但还有一些重要的问题没有弄清楚。前面所引米勒的记录还只是斯密作为道德哲学教授所讲授的、被称为这门课的“公开课”的部分。但通常格拉斯哥大学的道德哲学教授也会提供关于其他主题的补充课程，被称为“私人课”（选修课）。[1]他们在补充课程中所讲的主题，据我们所知[2]，与“公开课”并不存在“必然联系”，而是“同教授们的专题研究有直接关联，并且对于学习这些知识
4 的人极为有益”。例如，哈奇森用其余时间来“解释和阐明阿利安、安东尼*以及其他希腊哲学家的著作”，里德用这些时间来“深入讲解他在其后所发表的哲学论文中业已公开的信条”。亚当·斯密则用这些时间再次讲授修辞学和纯文学。一个学生撰写的关于斯密 1762—1763 学年的修辞学课上的报告，于 1958 年在阿伯丁被约翰·M. 洛锡安教授发现[3]，与此同时，一份新修订的斯密手稿副本也将收录于《斯密的著作和信函》第四卷中正式发表。

我们回过头再看米勒关于斯密道德哲学公开课的记述，这门课程被分为四个部分。对课程第一部分（自然神学）的内容，我们一无所知，对第二部分（严格意义上的伦理学）的内容，我们知道的也仅限于米勒的介绍，即主要在 TMS 中讨论的内容。[4] 但对第三和第四部分，也就是亚当·斯密在格拉斯哥大学最后两年授课的相关内容[5]，我们却知道得相当多——这当然要感谢那两份法理学讲义的发现，它们构成了这部法理学讲义的主要内容。

---

① Cf. Rae, 51; David Murray, *Memories of the Old College of Glasgow* (Glasgow, 1927), 516; and *Discourses on Theological & Literary Subjects, by the late Rev. Archibald Arthur... with an Account of some Particulars of his Life and Character, by William Richardson* (Glasgow, 1803), 514-515.

② By William Richardson, loc. cit.

③ See John M. Lothian (ed.), *Lectures on Rhetoric and Belles Letters delivered... by Adam Smith* (1963).

④ 这看起来好像是斯密伦理学课程中的一部分，在 TMS 格拉斯哥版的附录二中予以重印并加以讨论。其中，该书的引言部分 I (a) 为斯密讲授这些课程的特点提供了进一步的证据。

⑤ 除了安德森的笔记可供大体揣测之外，确实没有多少直接的信息来证明他们所设想的斯密在格拉斯哥大学第一年的授课内容。正是这份笔记的全部正文和一条注释与斯密讲授的课程联系了起来。See R. L. Meek, ‘New Light on Adam Smith's Glasgow Lectures on Jurisprudence’ (*History of Political Economy*, vol. 8, Winter 1976).

* 阿利安（86—146），希腊历史学家。马克·奥勒留·安东尼（121—180），古罗马皇帝（161—180），著名的“帝王哲学家”，新斯多葛派哲学家。——译者注

“法理学”这个术语，经常被斯密用在一个相当宽泛的语境之下。它不仅出现在米勒描述的第三部分（即道德哲学中同**正义**相关的部分）中，也出现在第四部分政治原理（依照**便利性**原则，而非**正义**原则）中。在两份报告的其中一份中，“法理学”被定义为“指导民选政府的规则的理论”①，在另外一份中则被称为“法律和政府的一般原则理论”②。在斯密看来，任何国家法律体系存在的目的都应该是维持**正义**，供养**警察**以促进富裕，提高**财政收入**（旧称“岁入”），以及为了保卫国家而建立**军备**。以上四个方面，可以被认为是所定义的“法理学”的四个分支或者四大部分；在两份报告中，该主题实际上都是这样分的。显而易见，报告当中就如何看待**正** 5
义的内容同米勒所描述的斯密道德哲学课程的第三部分相关，而如何对待**警察**、**岁入**和**军备**的内容则与第四部分也即最后一部分有关。

Ⅱ. 关于斯密法理学讲义的两份报告

这两份报告，均与斯密的法理学课程有关，第一份与 1762—1763 学年的课程有关，第二份则与 1763—1764 学年的课程有关。在后文中，我们在提到这两份报告时将分别称之为 LJ（A）和 LJ（B）。我们的说明从 LJ（B）开始比较合适，因为在这两份报告当中，LJ（B）是先被发现的，况且它由于埃德温·坎南教授在许多年前就已刊印的版本而为广大读者所熟知。该书的修订版是以《1766 年的讲座报告》为题出版的。

1895 年，坎南集中精力研究一份由爱丁堡某位律师保管的手稿，由其首页可以看到这份手稿题为《法理学》（JURIS PRUDENCE）以及《格拉斯哥大学亚当·斯密教授的道德哲学课关于法律、警察、岁入和军备的讲义笔记》。在 1896 年坎南所公布的手稿修订版里③，他对这份手稿的物理特征做了如下描述：

> 这份手稿……是一个 9 英寸高、7.5 英寸宽、1.125 英寸厚的八开纸本子。外面套着一个结实的小牛皮封皮，但是这个封皮的边缘和本

① Below，p. 5.

② Below，p. 398. Cf. TMS Ⅶ. iv. 37.

③ Edwin Cannan (ed.)，*Lectures on Justice*，*Police*，*Revenue and Arms*，*delivered in the University of Glasgow by Adam Smith* (Oxford，1896).

> 子的后面已经完全裂开了。在本子后面有一些镀金的断面线，红色标签上有镀金的JURIS PRUDENCE这两个词（这两个词分成两行）。一共192页。有两页是不同质地纸张的空白页，被贴在前后封皮的里面。其他页都是带着“L. V. 格林文森”水印的同样特征的纸。
>
> 这份手稿在提前画好的由四条红线组成的矩形里面双面书写，这个矩形有一个三分之一英寸的页边空白。除了那两个空白页之外，还有三页是空白的，其中后面有一页，前面有两页。
>
> 我们看不出上面的内容是先写在分页的纸上然后再装订的，或者写在空白的笔记本上然后再重新装订的，还是直接写在上面描述的本子上的。[①]

这是关于这个听课笔记细致而准确的描述，而且现在也没有需要增加的内容。1897年曾修补了封皮的后面，1969年又重新装订了这个笔记（包
6 括重新誊写了书脊）。这些操作的结果是原来的两个扉页和一张或是两张空白页不见了。[②] 除此以外，这个本子前面有两张空白；在一张的正面写着标题；接下来的179张（连续编为1～358页）上写着正文；还有一张没有字（但是有画好的页边空白）；还有四张没有编写页码，上面写的是目录（占用了八页中的七页）；还有三张空白的——加起来一共190张。新装订的本子很结实，如果将其撕开，很难把其中的任何内容拿出来。

正如手稿封皮上所写的那样，坎南毫不怀疑这份文件的来源，它的确是亚当·斯密在格拉斯哥大学讲授法理学课程的原始记录。笔记正文部分与米勒关于斯密道德哲学课程的第三和第四部分内容的描述，以及《国富论》一书中相应的段落意思完全相符[③]，这使得坎南的结论变得无可置疑；更何况他对此的论断不仅来自对LJ（A）的新发现，还从斯密时代就已经开展起来的斯密学术研究中得到了充分的佐证。

LJ（B）的首页显示日期为“MDCCLXVI”（亚当·斯密于1764年1月离开格拉斯哥大学）；字迹华丽精美；几乎没有缩写；所出现的错误看起来更像是看错的而不是听错的。这些情况使坎南得出结论（这一点也已得到充分证明）：这个笔记手稿是一名专业抄写员（估计在1766年）完成的，而

---

① Cannan，op. cit.，xv－xvi.

② 这个本子开始部分的一页看起来好像是原始的书皮废纸，但是一个字母印在那里，以至于很难确定实际情况究竟是怎么回事。

③ Cannan，op. cit. xxxv－ix.

并非课堂上的原始记录。[1] 很少的缩写词、相对较少的错误、相对流畅的英语表述等等因素，都强有力地证明了这一观点。而这正是坎南所担心的，尽管从实际情况看：其一，抄写员尽力使他的抄本同原件内容相一致（大概因为目录已经存在）；其二，不同页的内容很不平均。这两个情况倒是告诉坎南，抄写员起码是直接对照一份课堂笔记的原件，而不是按照一个重 7
写的版本再次抄写的。[2] 实际上，每页内容的不平均情况并不像坎南所理解的那么严重，也不比一个学生重新抄写其课堂笔记时出现的（合理预期的）不平均现象更糟糕。[3] 很显然，这个抄本很有可能来自一个重写的版本。

制作这个重写版本的目的何在？到底是原来做笔记的人为了自用而抄写，还是（本人或者他人重新排版）为了出售？这是一个更难解决的问题。我们知道，在那个年代，“利用学生所记录的广受欢迎的教授的课程笔记制作的手抄本，是经常在书店出售的”[4]。我们可以对 LJ（A）——它是原来做笔记的人出于自用而非出售目的的重抄本——和 LJ（B）做一个有趣的比较。LJ（A）比 LJ（B）内容更多，修饰更少，其中有更多的缩写、语法和拼写方面的错误以及空格等等。LJ（A）还真实地再现了许多斯密会经常在开始新课程时做的关于上一次讲座的总结，也记录了相关讲座的日期，这些特征 LJ（B）都没有。LJ（A）中没有在 LJ（B）结尾出现的精心制作的目录。这些情况，尽管不是结论性的，但暗示了 LJ（B）是抄写出来用于出售的可能性，以及从最初的课堂笔记经过两到三个步骤之后才成为 LJ（B）本身的可能性。当然，最重要的还是这份文件的**可信性**：是否准确如实地记录了在最早做笔记的课堂上所说过的话？现在，既然我们有其他的版本来与之进行比较，我们就能相当肯定地回答这个问题。就两个文本的基本特征而言，如果把 LJ（A）视为斯密在讲座上所有论述的忠实记录，那么 LJ（B）虽然不像坎南归纳得那么准确可信，但也没有差到哪儿去。[5]

---

① Ibid.，xvii-xviii. 在詹姆斯·博纳所著《亚当·斯密图书馆目录》第二版（伦敦，1932）附录 5 的一篇文章中，斯科特根据一枚藏书票的剩余部分推断出这个结论，这张藏书票之前粘在原本属于默里菲尔德的亚历山大的封面内页，因此，斯科特猜测这份手抄本是为他而制作的。

② Cannan，op. cit.，xviii-xix.

③ 很确定在 LJ（A）和修辞学课程中没有发现更多的东西。

④ Rae，64.

⑤ LJ（B）的开始部分逐字重复 TMS 结尾部分的一些语句，这貌似是一段高度准确的记录。

究竟是把哪个学期的讲座内容转化成了 LJ（B)?[1] 坎南就此问题[2]的敏
8 锐评析，极大地降低了经常依赖相关参考资料的可能性。例如将“七年战争”当成“后来的”或“最后的”战争，以及“认为在和平时期报告撰写人或者抄写员会将‘这场战争’或者‘现在的战争’转换为‘后来的战争’的说法再自然不过了”等等，这些都是有完全根据的。至于发生在 1760 年 4 月的赎回里奇菲尔德的船员[3]的有关材料则清楚地说明——几乎可以确认——斯密的讲座绝不可能在 1761—1762 学年以前进行，尽管斯密的讲座**就在**这个学年进行也不是没有可能。但是，坎南却指出更可能是“在亚当·斯密离开（格拉斯哥）之前的 1763—1764 学年的某个时间或者是 1762—1763 学年……”

作为 LJ（A）发现的一个顺带结果，这个问题变得更加清楚了，LJ（A）毫无疑问（由于很多讲座准确地标注了日期）是 1762—1763 学年的课程笔记。此中的关键是 LJ（A）的主题顺序与 LJ（B）迥然不同。在 LJ（B）中斯密说，“民法学家”[4]：

> 从思考政府开始，继而是处理财产和其他权利。这一方面的其他作者先讨论财产权和其他权利，然后讨论家庭和公民政府。每种方法都有它特有的一些优点，但总的说来还是民法学家的方法似乎更胜一筹。

在 LJ（B）中，斯密采取了民法学家的方法，先从讨论政府开始，接着处理“财产权和其他权利”。但在 LJ（A）中，他却以完全相反的方式，采取了与“其他人在这个主题上”的同样写作方法，先是讨论“财产权和其他权利”，然后考虑“家庭和公民政府”。因此我们认为，LJ（B）不可能与 LJ（A）同一年，而是一定（包括有决定性作用的里奇菲尔德的证明资料）与 1761—1762 学年或者 1763—1764 学年有关。其实现在已经能清楚、容易地看出它不可能与 1761—1762 学年有关。在 LJ（B）中有一条关于佛罗里达“回到我们手里”的备注[5]；而在 LJ（A）[6] 当中这条备注的相应段落则显示这与七年战争结束后根据 1763 年 2 月签订的《巴黎条约》割让佛罗里

① 在这里我们假设这些课程是一个整体，也就是说这些课程原始的笔记都是在同一个学期记录下来的，对此我们无法找到相反的证据证伪。

② Op. cit.，xix - xx.

③ Below，p. 432.

④ Below，p. 401.

⑤ Below，p. 435.

⑥ Below，p. 324.

达相关*。因此，我们几乎可以断定 LJ（B）与 1763—1764 学年的开课有关。

当坎南谈到 LJ（B）与 1763—1764 学年有关的可能性时，（如果确实如此）他似乎就想证明，这个课堂笔记所记录的讲座一定是在“亚当·斯密从格拉斯哥离开前”① 的那个学年的某个时间举行的。但是，这必定会使 LJ（B） 9
封面上“亚当·斯密讲授”的说法显得过分夸张。实际上，在斯密离开格拉斯哥之后，他的“课程的日常教学”均由一个名叫“托马斯·杨”的人承担，（至少根据泰勒的笔记）斯密将“用于课程讲授的讲义”② 留给了他。那么，根据目前资料显示，如果斯密本人已将其讲义稿做了妥当安排，而托马斯·杨在之后的教学当中又严格地按照这些笔记上课，那它就完全有可能被听课学生在 1763—1764 学年记下来，这便是这份名为 LJ（B）的讲课笔记振振有词所强调的。

我们再来看 LJ（A），这是一份以《1762—1763 学年的笔记》为题经过

---

① Above，p. 8. Cf. Scott，319.

② Tytler，op. cit.，i. 272. 关于托马斯·杨，我们知道的并不多。在 1762 年 6 月 26 日召开的一次学校院长会议上，我们发现他的名字排在一份有六个神学院学生名单里的首位，他们被推荐参加一场由财政法庭的法官主持的选拔，他们中的一位可以自 10 月 10 日之后前往威廉姆斯国王学院学习三年的神学课程。在 1763 年 6 月 24 日举行的一次大学会议上，财政法庭的法官选择托马斯·杨在即将来临的圣马丁节之后开始修习为期三年的神学课程。邀请杨接替斯密讲授道德哲学课程的决定，是在 1764 年 1 月 9 日举行的一次教师会议上做出的。经过数分钟的讨论，“这次会议接受了斯密的建议，同意挑选合适的人来接替他。斯密向大家推荐了神学院的学生托马斯·杨，杨本人也表示同意”。于是杨就成为接替斯密道德哲学课程的候选人，并且得到了布莱克和米勒的支持。1764 年 1 月 23 日，布莱克在给斯密的报告中提道：“托马斯·杨表现得非常好，他受到了学生的尊敬”。1764 年 2 月 2 日，米勒在给斯密的报告中用同样的语调说：“杨迄今已经获得了学生极大并且普遍的认可，他无论何时都用平易近人的语调和流畅的演讲，这是我本人都很难企及的”。See Scott，256 - 257. 还有一封 1764 年 1 月 23 日写自约瑟夫·布莱克的信件，以及 1764 年 2 月 2 日写自约翰·米勒的信件。托马斯·杨最终没有得到这个席位（这个席位给了托马斯·里德），关于杨之后的事业和人生我们一无所知。

* 七年战争（1756—1763）是欧洲两大军事集团即英国—普鲁士同盟与法国—奥地利—俄国同盟之间为争夺殖民地和霸权而进行的一场大规模战争，其中汉诺威、葡萄牙为英普的盟友，法奥俄的盟友则为西班牙、萨克森、瑞典，所以又称英法七年战争。英国是七年战争中最大的赢家，法国在《巴黎和约》中被迫将整个加拿大割让给英国，并从印度撤出，只保留 5 个市镇，英国成为海外殖民地霸主，迈向日不落帝国的传奇。但英国将这次战争的战费转嫁到北美殖民州，引起了当地居民的不满。七年战争结束后 13 年，美国独立战争爆发。七年战争后，法国完全丧失了北美大陆的路易斯安那地区，不过它被一分为二：密西西比河以东的全部土地、加拿大和新法兰西都由法国之手转到英国手中；密西西比河以西地区转属西班牙，作为报答，西班牙将佛罗里达转让给英国。——译者注

编辑处理的首次公开的版本。该文件的发现者约翰·M. 洛锡安教授写道："在 1958 年秋天的几个不同时间"，"曾经残存于怀特豪郊区图书馆的一些重要文献，在阿伯丁举行的拍卖会中四散了"。在 18 世纪，怀特豪地方曾属于里斯家族，后来则属于福布斯—里斯家族。洛锡安教授买到的不同时期怀特豪郊区图书馆收藏的书籍和文件当中有两份听课笔记（很显然是学生记录的）。其中一份（下文中称为 LRBL）是斯密的修辞学与纯文学讲义，课程时间为 1762—1763 学年；另一份则是斯密的法理学讲义，课程时间同样为 1762—1763 学年。[①]

LJ（A）的手稿共有 6 卷，每一卷的尺寸大概都是 120 毫米×195 毫米，用四分之一小牛皮制作的当时流行的封皮和大理石花纹纸以及上等皮纸边
10 缘装订着。每卷的书脊上都有序号——第一卷，第二卷，等等——用镀金的字体写在红色标签上。我们对每一卷的说明如下：

> **第一卷**：本卷由一个 4 印张（也即 8 张纸、16 页）的集合开始，带有"C. &I. Honig"水印。第一张粘在前面的封皮里面作为一个扉页；第二张是一个空白页；这两页都是空白的。第三张纸的正面是第一卷内容的列表（但只有部分完成了）；第三张纸的反面和剩下的 5 张纸都是空白的。接下来的是带有"L. V. Gerrevink"水印的 170 张纸（其中有 3 张空白），上面写着笔记。本卷以一张空白页和一张卷末衬页结束，这两页都是空白的。
>
> **第二卷**：本卷以一个空白页和一个扉页开始，这两页都是空白的。接下来的是带有"L. V. Gerrevink"水印的 170 张纸（其中有 1 张空白），上面写着笔记。本卷以一张空白页和一张卷末衬页结束，这两页都是空白的。
>
> **第三卷**：本卷以一个空白页和一个扉页开始，这两页都是空白的。接下来的是带有"L. V. Gerrevink"水印的 150 张纸（最后 2 张其中有 1 张空白），上面写着笔记。然后是 8 印张（也即 16 张纸、32 页）的集合，带有"C. &I. Honig"水印，都是空白的。本卷以一张空白页和一张卷末衬页结束，这两页都是空白的。
>
> **第四卷**：本卷以一个空白页和一个扉页开始，这两页都是空白的。接下来的是带有"L. V. Gerrevink"水印的 179 张纸（没有空白），上

① John M. Lothian, op. cit., xi－xii.

面写着笔记。本卷以一张空白页和一张卷末衬页结束，这两页都是空白的。

第五卷：本卷以一个空白页和一个扉页开始，这两页都是空白的。接下来的是带有“L. V. Gerrevink”水印的151张纸（没有空白），上面写着笔记。本卷以一张空白页和一张卷末衬页结束，这两页都是空白的。

第六卷：本卷以一个空白页和一个扉页开始，这两页都是空白的。接下来的是带有“L. V. Gerrevink”水印的172张纸（最后1张空白），上面写着笔记。然后是8印张（也即16张纸、32页）的集合，带有“C. &I. Honig”的水印，都是空白的。本卷以一张空白页和一张卷末衬页结束，这两页都是空白的。

我们相信，在第一卷开始和第三卷、第六卷结束部分带有“C. &I. Honig”水印的空白页是很容易解释的。就第一卷而言，记录者要求装订者在前面插入几个空白页来给内容列表留出空间：这个列表已开始制作，却没有完成。关于第三卷和第六卷，所有的迹象能够表明当记录者装订这个本子时，他还有一些相关的内容要写在上面，因此他要求装订者在后面插入几个空白页，以便该卷笔记装订好后他可以补录相关的内容。
但是，很显然该记录者再一次没有按照计划使用这些空白页。 11

从这份听课笔记的外包装形式上可以很明显地看出，记录者开始是把笔记写在散页纸上，这些散页纸折起来形成一个集合，后来分别装订成六个本子。除了第四卷以外，几乎所有的集合都包括了两张放在一起，折叠一次，成为四张（八页）。每一个集合装订前都在左上角编上了第一页的页码。主要内容都只出现在本子的正面，背面则是空白或者是评论、说明、更正和各种补充资料。

手稿的字号、字体和清晰度在每处都有所不同——这种情况给人一种印象（至少是初步印象），好几个人都为它的完成贡献了力量。然而，根据进一步的调查，这些不同更可能是由于使用不同的笔和墨水，书写速度不一，以及记录者想要在一页内记录内容的多少有差异而造成的。事实很有可能是，LJ（A）正面的主体内容，以及背面①的全部或者大部分补充资料

① 第一卷的主干部分只有少许纠正和校对，这很有可能是二手材料，尽管这不能完全确定。这样的例子在后面几卷里很少发现。

都是同一个人书写的。其笔迹与 LRBL 中正文的笔迹非常相似[①]；这一事实与该笔记手稿在结构上的相似性一起[②]，强有力地证明 LJ（A）和 LRBL 中的正文是同一个人书写的。

LJ（A）的正文是在斯密讲座之后（而不是在讲座进行时）连续书写的，它以课堂上完整的听课笔记为基础，可能至少部分内容还是速记的。[③]逐字抄写完成后，再对这个笔记在不同方面的更正和补充加以描述。对于
12 这份笔记是否被准备用来出售，我们并没有这种印象。但是，手稿当中各式各样的学习笔记的标记，令人信服地说明它起初是一个聪明而用功的学生自用的。

LJ（A）背面的补充资料的来源和用途并非一个容易解决的问题，而且似乎也没有一个简单、唯一的答案。首先，最重要的是这些背面的注释是否与正文是同一人书写的。笔、墨水、字号等等的不同使我们很难确定这一点（尤其是在 MS. 的第一卷，其背面的注释有很多），它也许至少有一些内容是由其他人书写的——同学、后来的拥有者，也有可能是原来的拥有者后来书写的。但是，我们的总体印象是大部分背面的注释是原来的拥有者书写的，而且是在正面的内容书写后不久完成的。我们认为，其中一部分注释是根据记忆所做的解释性注释，它或者也可能是其个人阅读的结果。其他注释则可能是参考了至少一份他人笔记的结果。我们觉得，其他的可能是记录者参加斯密每天都有的“测试”环节的结果。我们获悉讲授人将有机会“对讲座中没有被学生理解的部分做进一步解释”，在这个时候，斯

① 我们在此讨论的仅仅是指 LRBL 的主体部分，而非 MS.，因为在 MS. 中存在着大量的纠正和校对，这无疑是经过二手处理的。

② 参看上面提到的 LJ（A）的介绍以及 LRBL 里的 MS.，op. cit.，195。另一个非常显著的相似之处是 MS. 中一节课平均所占的页数大致与 LJ（A）中的 15.5 和 LRBL 中的 15.3 相同。这两种 MSS. 在特定方面实际是不同的，但是在这里的区别却不是很显著，究其原因，根据格拉斯哥大学装订工的说法，它们可能都来自同一家装订工厂。

③ 我们关于其中部分原始笔记有可能采取速记的方式记录下来的结论，主要是根据大量的尤其是过往教师讲课时话锋急转的记录。举个例子，1763 年 4 月 7 日所做的课程报告（below，pp. 355-374），在 MS. 中包括了第 18、20 页以及第 16 页 1/2 处。在这些报告中几乎没有填补，其中包含了大量错综复杂的细节，甚至包括他们关于斯密说法的大体上可靠、准确的解释的每一个原因。这真让人难以置信，抄写员抄录的笔记稿件和普通书写记录下来的原始笔记同样完整和准确。

密常常会讲解很多“附带的和题外的说明，甚至于讨论”。[①] LJ（A）中一些较长的背面注释就有不同的题外话的特征[②]，其全部可能的来源就是这样。[③]

第一卷之后背面注释出现的频率开始降低，在第三卷的三分之二处有特别明显的减少。在第一卷中，共有 64 页（总计 170 页）背面注释；在第二卷中，共有 44 页（总计 181 页）背面注释；在第三卷中，共有 20 页（总计 150 页）背面注释，在最后 50 页中只有一个背面注释；在第四卷中，共有 14 页（总计 179 页）背面注释；在第五卷中，共有 5 页（总计 151 页）背面注释；在第六卷中，共有 5 页（总计 172 页）背面注释。出现频率降低的同时，背面注释的平均长度也大为缩减；在后三卷中，绝大部分注释都非常短（事实上只有三个超过六行），而且大多数看起来都是根据（对上课的）回忆而不是其他角度来的题外内容。或许对于 MS. 有各种各样很不相同的可能性解释，但是从没有哪一个解释能比其他的猜测更有价值。 13

对 LJ（A），我们还有一点需要说明。尽管一般来说 LJ（A）文本中涉及个人话题要比 LJ（B）多一些，但是 LJ（B）的主题覆盖面却比 LJ（A）更为广泛。一个非常重要的事实是：LJ（B）的内容跨度是从讲座开始一直到课程结束，而 LJ（A）则到整个课程三分之二处，即斯密的法理学讲座到“警察”部分就戛然而止了。这一点最有可能的解释是 LJ（A）原本还有第七卷，而该卷与其他部分散开了而且迄今仍未被发现；当然还有其他可能的解释——比如：记录者恰到此时停止参加课程。

---

① 我们此处的权威说法又一次来源于威廉·理查德森在其《亚瑟的生平》（op. cit.，507－508）中的描述。其完整的陈述如下：“在格拉斯哥大学里，伦理学或者道德哲学教授每天会花费两个小时给同学们授课。先讲授课程，适当的休息之后，他们开始按照常规讲解考试相关事宜。这样的考试对那些上课集中精神听讲，对所讲解的知识娴熟理解，并愿意向老师请教自己上课时没能完全理解的问题的学生是非常有利的。那些听过斯密课程的学生，会对很多相似或者有争议的问题以及讨论时的内容系统地重新梳理一遍，所涉及的不仅仅有道德问题，而且包括在上课时问与答的过程当中，斯密在其滔滔不绝的演讲中即兴提出的有启发性的问题和批判性看法。在斯密讲解西塞罗哲学作品的时候，以及同学们对其学说（这是道德哲学考试中非常有用和重要的主题）的学习和了解过程中，他们都是这么做的。”

② See，for example，the verso notes reproduced on pp. 20－21，128－129，and 153－154 below.

③ 可是，按照托马斯·里德的陈述（quoted below，p. 14），对一个学生来说，在一个学年里同时参加道德哲学课程、逻辑学课程还有日常的其他考试是非比寻常的，但是 LJ（A）的作者当然可能根据那些的确已经参加过考试的学生们的笔记进行逐一校对。

Ⅲ. 亚当·斯密 1762—1763 学年讲座的时间表

LJ（A）中很多讲座以及所有（或者是几乎所有）LRBL 中的讲座都被记录者标注了日期，这一事实使重建 1762—1763 学年斯密讲座的时间表成为可能。在没有日期的地方，当然要大胆推测，并且有些结论是很容易推测的。这项工作当然是值得进行的，然而，（这需要）这件事本身有趣味，而且能够给我们提供一些有用的信息，这些信息在我们开始整理这篇编者导语的下一部分内容以及整理 LJ（A）和 LJ（B）的相关问题时十分有用。

在托马斯·里德显然是写于 1794 年左右的《格拉斯哥大学的统计报告》中，标题下面有这样的记号——**“讲座进行时间，C.”**：

> 14 在这所大学，每学年的教学，按照一般的**日程表**[①]，都是从 10 月 10 日开始；其中一些课程到来年 5 月中旬结束，另一些持续到 6 月 10 日……
>
> 在这段时期中，学院的工作持续进行不被打断。[②] 讲授人类学或者拉丁语、希腊语课程的教授每天花三个小时（每周有两天达到四个小时）给学生做讲座和举行考试，布置练习并加以更正；讲授逻辑学、道德哲学和自然哲学课程的教授每天花费两个小时，学期中的某一段时间还将会达到三个小时（除了星期六以外），在周六，公共课学生有一个常规会议，只有一个讲座。[③]

至少在 17 世纪 90 年代早期，对于格拉斯哥大学讲授道德哲学课程的教授来说，“每天花费两个小时，学期中的某一段时间将会达到三个小时”[④]给学生“做讲座和举行考试”都是很普遍的情况。我们现在必须要问的一

---

① 根据里德的陈述，“什么叫作‘课程’，或者公共教育的一般课程，当时主要包含五门功课——拉丁语、希腊语、逻辑学、道德哲学和自然哲学。这些分支被理解为是对五个相互分离课程的学习”。See *The Works of Thomas Reid*，ed. Sir William Hamilton（Edinburgh，1846），732.

② 换言之，那时并没有现在这样的期末假期，假期穿插在学期中的某些日子里。David Murray，*Memories of the old College of Glasgow*，461 - 462.

③ *The Works of Thomas Reid*，773 - 774.

④ 里德将其描述为日常的程序，除了只有一个讲座的周六。无论 18 世纪 90 年代的具体情况如何，没有证据显示斯密曾经在 1762—1763 学年的周六做过讲座。

个问题是，这是否也是30年前，即斯密在格拉斯哥大学的最后两到三年里的普遍情况，若果真如此，那么根据他的特殊情况究竟是如何分配时间的。

令人惊叹的是，托马斯·里德代替斯密成为道德哲学教授后，在1764年11月14日写给朋友的信函当中，又一次提供了决定性的证据。在这封信中，他如此描述了他的讲座时间表：

> 我必须早上出发，到达学院……7点30分，我向大约100个听众连续演讲一个小时。11点的时候，我根据早上的授课内容举行一个小时的口试；这时我的听众便只有早上的三分之一多一些。有一个或两个星期，我必须在一周中的三天里，在中午12点针对一个不同的主题发表第二次演讲，这时我的听众主要是早上听我演讲但未能参加11点考试的人。在第一学期，学生们在固定时间参加上午的教授演讲和11点的考试；在第二学期以及下一年，学生们则将听取两场演讲，但却并不安排考试。①

在这封信中没有迹象（或者，据我们在任何其他地方所发现的）表明，里德在接手道德哲学课程之后对这些讲座安排做了某种变化；所有的迹象 *15* 都表明，斯密至少在格拉斯哥大学教学的最后一年里，按照几乎同一个日程行事：每天（除了星期六）早上7:30到8:30有一场讲座；上午11点到中午，围绕着“早晨演讲”再举行一场“考试”；除此以外，在学期的一段时期里，还会从中午到下午1点“针对一个不同的主题发表第二次演讲”。对斯密而言，7点30的“早晨演讲”是他道德哲学的“公开演讲”；11点的“考试”（从理查德森的报告中已经得知，斯密讲授了很多“附带的和题外的说明”）与“早晨演讲”直接相关；他中午的“针对一个不同的主题发表的第二次演讲”是他关于修辞学和纯文学的“私人”讲座。

我们尝试重建1762—1763学年斯密讲座的课表，修辞学课程时间的还原相对容易，而法理学课程时间的还原却比较困难。修辞学的第一次讲座以“第二次讲座”为标题，日期为11月19日，星期五。从标题中的“第二次”，即这次讲座的讨论从中途开始的事实，我们有理由推测在11月19日前的某一天，斯密已经做了一场修辞学课程的初步讲座，但由于一些原因这场讲座并没有记录在这些笔记中。从之后讲座日期的格式来看，这个初步的讲座可能在11月17日。从这个日期开始，斯密1762—1763学年的修

① *The Works of Thomas Reid*, 39.

辞学课程可能还原如下①：

讲座次数	讲座日期
[1]	[1762年11月17日，星期三]
2	1762年11月19日，星期五
	——
3	1762年11月22日，星期一
4	1762年11月24日，星期三
4②	1762年11月26日，星期五
	——
5	1762年11月29日，星期一
6	1762年12月1日，星期三
7	1762年12月3日，星期五
	——
16 8	1762年12月6日，星期一③
	——
9	1762年12月13日，星期一
10	1762年12月15日，星期三
11	1762年12月17日，星期五
	——
12	1762年12月20日，星期一
13	1762年12月22日，星期三
14	1762年12月24日，星期五
	——

① 第一栏的讲座次数是按照阿拉伯数字依次排列的，这当然要归功于每一次课程的报告者，从第一次讲座到最后一次讲座的情况都是可推测的（推测的情况用方括号圈起表示）。第二栏的讲座日期实际上也要归功于每一次课程的报告者，第一次讲座和最后一次讲座的日期都用方括号圈起，用以表示它们是被推测出来的。这些讲座是分周进行的，所以，每一周的最后一节课后都插入一条规则的线条以特殊标记。

② 学生错误地将数字4标注给两节连续的课程。

③ 第9节课的观点貌似和第8节课的观点在逻辑上是一致的。因此我们推测斯密从12月6日的星期一开始，在星期三或者星期五讲授修辞学课是合适的。

15　1762[①]年12月27日，星期一[②]

——

16　1763年1月5日，星期三

17　1763年1月7日，星期五

——

18　1763年1月10日，星期一

19　1763年1月12日，星期三

20　1763年1月14日，星期五[③]

——

21　1763年1月17日，星期一

22　1763年1月21日，星期五

——

23　1763年1月24日，星期一

24　1763年1月26日，星期三[④]

——

25　1763年1月31日，星期一

26　1763年2月4日，星期五

——

27　1763年2月7日，星期一[⑤]

——

28　1763年2月14日，星期一 *17*

---

① 在MS. 中，26是一个明显的错误。

② 在第15节课和第16节课的连续性之间没有明显的中断，这表示斯密在1762年12月27日星期一到1763年1月5日星期三这段时间没有教授修辞学课程，这理应被记载下来，可是在这段时间他虽然没有讲授修辞学课程，但是从LJ（A）中却可以相当清楚地看出，这段时间他确实讲授了三次法理学课。See below，p. 18.

③ 从前文的观点可以知道，每周正常的修辞学课程数量好像从三节减少到两节，星期三的课程通常被认为是删减掉的那一节。

④ 通过排除法，这周的第二节修辞学课是在星期三而不是星期五进行的。一个可能的原因是斯密将星期五的课调到了星期三，因为星期五被认为是一个假期。

⑤ 第28节课的观点和第27节课的观点在逻辑上是一致的。斯密在1763年2月11日星期五讲授了法理学课程，但是看起来好像因为某些原因，这段时间的修辞学课程的安排被取消了。

29　　1763 年 2 月 18 日，星期五①

[30]　　1763 年 2 月 21 日，星期一

斯密讲授的 1762—1763 学年修辞学课程从 11 月第三周开始——从中还可以看到，两年以后②里德关于“不同主题”的课程**大约**也是在同一时候——到 2 月末③结束。其中有个一般的（课程安排）套路可以辨别出来，即从开头直到 1 月中旬，每周都要进行三场讲座，之后每周两场。这也可以帮助我们解释里德每周针对“不同主题”④做三场讲座的说法同理查德森只有两场讲座的陈述之间的矛盾。⑤

我们接下来看看法理学课程，重建（复原）这个时间表要更加困难些，这是因为学生们记录的准确的课程时间更少，时间间隔更长，尤其是在课程的第一部分。困难可以说从一开头就开始了。首次法理学讲座的上课日期是 1762 年 12 月 24 日⑥，星期五，但是在 MS. 的第一卷直到第 90 页才出现了一个准确的讲座日期——1763 年 1 月 6 日，星期四举行的一场新的讲座。问题是要弄清楚：(a) 从 12 月 24 日到 1 月 6 日共举行了多少次讲座；(b) 每一次讲座从哪里开始，又在哪里结束；(c) 在已知的讲座日期里都做了什么内容的讲座。

通过探究我们所谓的“推测间歇”方法，我们可以从 MS. 文本自身得到一些帮助。我们可以通过指出一些停歇点，例如从明显的空白、墨水或者笔的变换、不常见的大量破折号、对之前讨论的一段总结，或者其他一些迹象，来确定一次讲座结束、另一次讲座开始。一个具体的例证是：在
18 MS. 第 9 页中间就有这样一个“推测间歇”，它显示一个新的讲座就从这一

① 在这个日期下面报告者的笔记变得不寻常的庞杂，而且实际上他们所总结的两节课的主题也并不统一，因此我们合理的推测是，最近一次修辞学课程，或者更严格地说，在这一系列笔记中记录的最后一次修辞学课，是在 1763 年 2 月 21 日星期一进行的。

② 在第 14 页引用的信中，日期是 1764 年 11 月 14 日，里德不同主题的课程将会在未来的一周或两周内进行。

③ 我们不是很确定它是否在 2 月份完成，但在 2 月份之后完成的可能性非常小，由于在这些笔记中没有任何剩余的课程被记录下来，这给我们造成了很大的困惑。

④ Above，p. 14.

⑤ William Richardson，op. cit.，514.

⑥ 从 10 月到 12 月，斯密将要讲授自然神学和伦理学课程。斯图尔特告诉我们自从 TMS 出版之后，斯密讲授伦理学课程比先前简单多了。

点正式开始，进而可以推测出 1762 年 12 月 27 日是下一个可能的讲座日期。[①]

从这次明显的间歇到下一个准确的讲座日期（1763 年 1 月 6 日，星期四，MS. 第 90 页）的笔记材料在 MS. 中占了 81 页。而后来的（有准确日期的）每次讲座的平均笔记长度是 15～16 页，从中可以推测出 MS. 文本中从第 9 页到第 90 页的材料实际上源自五次讲座——这一推测由我们在第 9 页到第 90 页的材料中发现的四个明显的间歇（分别在第 23、40、53 和 68 页）来支持。至于确切时间，我们还不清楚。我们知道斯密在 1763 年 1 月 5 日星期三做修辞学讲座，所以我们大概可以推测这一日期他也进行了法理学讲座。我们还知道在 1763 年 1 月 3 日星期一他（该做却）没有做修辞学讲座（也许因为这一天是假期），所以我们大概也可以推测这一日期他也没有上法理学课。我们还可以推测，因为 1762 年 12 月 31 日星期五这一天确定是假期，他绝对不会做讲座。[②] 即便如此，我们推测出来的太多可能的讲座日期，也无法与确切讲座内容相对应，所以我们的工作必然要退回到仍只是猜测的实际状态之中。

考虑到所有这些因素，我们大胆地假定斯密的法理学讲座开始的日期是 1762 年 12 月 24 日星期五到 1763 年 1 月 6 日星期四，在 MS. 中可以插入的具体的讲座日期可能是下面这些[③]：

讲座开始的 MS. 的卷次和页码	**讲座日期**
i. 1	1762 年 12 月 24 日，星期五
	——
[i. 9]	[1762 年 12 月 27 日，星期一]
[i. 23]	[1762 年 12 月 28 日，星期二]
[i. 40]	[1762 年 12 月 29 日，星期三]
	——
[i. 53]	[1763 年 1 月 4 日，星期二]

① 斯密在 1762 年 12 月 27 日星期一讲授了修辞学课程，所以我们可以合理地推测他在那天也讲授了法理学课程。

② 圣诞节和新年也是假期，但是在 1762—1763 学年这两个日子都在周六，所以道德哲学课程无论如何都无法进行了。

③ 和之前一样，在方括号里的讲座次数和日期表示是推测的，那些没有方括号的是报告者提供的。

[i. 68]	[1763年1月5日，星期三]
i. 90	1763年1月6日，星期四

19 1763年1月3日星期一开始的那一周的时间表可以（推测）通过增加下面的内容来完成：

[i. 104]	[1763年1月7日，星期五]

我们可以在类似的基础（而不是转移"工作"到脚注）上对斯密的法理学讲座的剩余课程时间表进行还原，直到记录者结束其记录工作为止。其结果如下：

讲座开始的MS.的卷次和页码	讲座日期
i. 115	1763年1月10日，星期一
[i. 129]	[1763年1月12日，星期三]
[i. 143]	[1763年1月13日，星期四]
[i. 146]	[1763年1月14日，星期五]①
ii. 1	1763年1月17日，星期一
[ii. 13]	[1763年1月18日，星期二]
[ii. 26]	[1763年1月19日，星期三]
[ii. 41]	[1763年1月20日，星期四]
ii. 56	1763年1月21日，星期五②
[ii. 71]	[1763年1月24日，星期一]

① 这周的时间表实际上是可以推测的。其中，唯一确定的日期是1763年1月10日（星期一），但是我们确实知道斯密在1763年1月12日（星期三）和1月14日（星期五）讲授了修辞学课程，我们因此推测他在那些天里同样也讲授了法理学课程。最大的困难是在MS.里没有充分的材料可以证明，即使把MS.中145页和321页的空缺部分那些神秘的笔记可能的暗示都包括在内，也很难再现对完整的五天课程的总结。看起来似乎星期二或者星期四的课程被取消了：我们曾冒险预测这实际上是MS.中146页中的星期二，并且似乎标志着一个真实的间断，因为那时斯密曾提出要对一些近期的课程进行总结，这些事情，他通常好像是在新课程开始的时候才做的。

② 我们将这三个周内的日期归因到MS.中特定时间点上是有部分推测成分的，即每一件事情都是合适的，因此大体上这种归因看起来也是合理的。

ii. 87	1763 年 1 月 26 日，星期三①
	——
[ii. 105]	[1763 年 1 月 31 日，星期一] 20
[ii. 121]	[1763 年 2 月 1 日，星期二]
[ii. 131]	[1763 年 2 月 2 日，星期三]
ii. 144	1763 年 2 月 3 日，星期四
[ii. 162]	[1763 年 2 月 4 日，星期五]
	——
iii. 1	1763 年 2 月 7 日，星期一②
iii. 6	1763 年 2 月 8 日，星期二
[iii. 23]③	[1763 年 2 月 9 日，星期三]
iii. 48	1763 年 2 月 10 日，星期四
iii. 65	1763 年 2 月 11 日，星期五
	——
iii. 76	1763 年 2 月 14 日，星期一
iii. 87	1763 年 2 月 15 日，星期二

① 除了 1763 年 1 月 26 日星期三和 1763 年 2 月 3 日星期四这两个确定的时间点外，本周以及下周的时间表实际上也是可以推测出来的。第一个困难是在 1763 年 1 月 21 日星期五讲座开始和 1763 年 1 月 26 日星期三讲座开始这段时间，在 MS. 中只有区区 31 页，这不足以呈现一段足足有三天的课程。我们只好推测斯密应该在 1763 年 1 月 24 日星期一上法理学课，但是由于某种原因在 1763 年 1 月 25 日星期二的法理学课程实际上并未进行。第二个困难是在 1763 年 1 月 26 日星期三讲座开始和 1763 年 2 月 3 日星期四讲座开始这段时间，在 MS. 中只有区区 57 页，这不足以呈现一段足足有六天的课程。在 LJ（A）的 MS. 部分，确实有几个较长的空缺，但是与 LJ（B）相比较可以看出，其实没有记下的并没有像报告者认为的那么多。在这 57 页长的文稿当中，最能合理推测的是 MS. 中的 105 页、121 和 131 页。如果我们假设在 1763 年 1 月 26 日星期三和 1763 年 2 月 3 日星期四这段时间实际上有三节课，其中的一节是在 1763 年 1 月 31 日星期一进行的，1763 年 1 月 28 日星期五是一个假期，所有这三节课一定在星期二、星期一和星期四，或者星期二、星期一和星期三，或者在星期一、星期二和星期三。在文中的时间表里，我们将第三种组合作为最终选定的方案，但我们并非声称这种方案相比其他两种方案更加合理。

② 在 MS. 笔记中与这节课相关的材料只有一小部分，它们好像在句子写到一半处就结束了，并且随后的空白页面表示这些笔记是学生先前遗漏的，或者因为某些原因未能将剩下的笔记补充上。与 LJ（B）相比，在这点上 LJ（A）没有包含相应的内容，这更加证明了我们的假设。

③ 我们无法证实中断点是在这个地方，但是根据所有已知的事实推断这是最有可能出现间断的地方。

	iii. 105	1763 年 2 月 16 日，星期三①
	[iii. 131]	[1763 年 2 月 17 日，星期四] ②
	—	[1763 年 2 月 18 日，星期五]
		——
21	iv. 1	1763 年 2 月 21 日，星期一
	iv. 19	1763 年 2 月 22 日，星期二
	iv. 41	1763 年 2 月 23 日，星期三
	iv. 60	1763 年 2 月 24 日，星期四③
		——
	iv. 74	1763 年 2 月 28 日，星期一
	iv. 91	1763 年 3 月 1 日，星期二
	iv. 104	1763 年 3 月 2 日，星期三
	iv. 121	1763 年 3 月 3 日，星期四
	iv. 134	1763 年 3 月 4 日，星期五
		——
	iv. 149	1763 年 3 月 7 日，星期一
	iv. 164	1763 年 3 月 8 日，星期二
22	v. 1	1763 年 3 月 9 日，星期三
	v. 15	1763 年 3 月 10 日，星期四

① 对于1763 年 2 月 16 日星期三这节课的笔记最有可能的结论是在 MS. 第 130 页的结尾部分，因为出现了几个破折号。这导致仅仅一节课的笔记变得非常长，但是 1763 年 3 月 29 日星期二的笔记也是同样的情况。

② 我们推测定在 1763 年 2 月 17 日星期二的课程报告在 MS. 的第三部分的结尾部分被突然地在句中删减了，正在进行的关于奴隶的获得的讨论永远不能完整呈现了。LJ（A）中没有关于雇工、警卫和家庭犯罪的讨论的相关部分，这些都是在 LJ（B）中继奴隶的获得讨论之后的。所有的证据显示其实斯密在 1762—1763 学年是按照正常的顺序进行讲授的，但是因为某些原因，学生没能记录下有关课程材料的任何笔记。事实上，斯密努力在第三部分的结尾为这些大量的补充笔记留下空间。在这部分的最后集合中，第三个和第四个空缺已经被空出来了，这已经在上文中的笔记中提到了。有多余的 16 个空缺已经被插入，可能是装订工在学生的要求下做的。第三部分的最后集合有 126 页，第四部分的第一次集合有 129 页。在所有这些情形下，我们可以合理地推测斯密确实在 1763 年 2 月 18 日星期五做了关于雇工、警卫与家庭犯罪的课程讲授，而正是这一天我们确定他在讲授修辞学课程。

③ 没有任何证据证明在 1763 年 2 月 25 日有任何课程进行，因为这是 2 月的最后一个星期五，很有可能是一个假期。

v. 31	1763年3月11日，星期五
	——
v. 44	1763年3月14日，星期一
v. 58	1763年3月15日，星期二
v. 72	1763年3月16日，星期三
v. 84	[1763年3月17日，星期四]①
	——
v. 99	1763年3月21日，星期一
v. 111	1763年3月22日，星期二
v. 127	1763年3月23日，星期三
v. 140	1763年3月24日，星期四②
	——
vi. 1	1763年3月28日，星期一
vi. 24	1763年3月29日，星期二
vi. 50	1763年3月30日，星期三③
	——
vi. 63	1763年4月5日，星期二
vi. 81	1763年4月6日，星期三
vi. 101	1763年4月7日，星期四
vi. 117	1763年4月8日，星期五
	——
—	[1763年4月11日，星期一]④
vi. 135	1763年4月12日，星期二
vi. 155	1763年4月13日，星期三

① 与MS. 第84页的实际时间不符，以星期五出现的这周的这一天以及以18出现的本月的一天已经被改为了17。这很有可能是因为3月的倒数第二个星期五是一个假期，因此我们推测这节课实际上被调到了1763年3月17日的星期四。

② 没有证据显示在这个点上有学生错过了这节课。星期五的课程很可能被取消了。

③ 没有证据显示1763年3月21日星期二、4月1日星期五以及4月4日星期一这三天有课，因为复活节正好在4月3日，很有可能星期二、星期五和星期一是假期。

④ 如下文（p. 31，note 40，and p. 380，note 53）所示，很有可能关于斯密在这段时间讲授的课程很大部分的材料被遗漏了，也许是意外的结果。

在 MS. 第六卷结尾，第 16 页之后，学生的报告结束了，没有办法来重建法理学课程剩下部分的斯密的讲座时间表。尽管如此，我们有理由推测，到此处为止的这些讲座相当一致的模式能够透露出这些讲座一直持续到学期末或者将近学期末课程结束的时候。

Ⅳ. LJ（A）和 LJ（B）的整理情况

我们可以看出[①]，LJ（A）源自 1762—1763 学年的亚当·斯密法理学课程，LJ（B）很有可能是 1763—1764 学年的课程。整理与同一课程讲座有关的这两份学生笔记发现，由于是连续的两学年课程，一般没有特别的不同。尽管如此，在现在的情况下，由于我们上面已经注意到的这些文件的三个特点，仍有一些混乱之处。

首先，尽管讲座的具体**内容**（作为一个整体）这两个学年没有特别的不同，但是，如我们所知[②]，在讲座的主要话题的**顺序**上展示出可以感知的不同之处。在 LJ（A）中，顺序是财产和其他权利、民法、政府、警察；在 LJ（B）中，顺序则是政府、民法、财产和其他权利、警察。

23 其次，报告的**来源**不同。如果我们的观点是正确的，LJ（A）是一位学生在课堂上如实记录、打算作为学习资料自用的斯密讲座笔记的重新抄写版本。这个笔记相对来讲内容广泛，记录的学生有时候（尽管不是经常地）花一些精力来填补空白，改正错误，并增加一些补充材料。相反，LJ（B）则是一份专业抄写员制作的精美拷贝，它是斯密讲座的凝练概括报告——尽管大部分是原始的，可以推测是在课堂上用**普通写法**记录的笔记。[③]

再次，报告覆盖的**话题排列**有不同之处，简单来说，LJ（B）比 LJ（A）更加完整。在一些情况下，LJ（A）的作者由于遗漏了一次讲座或者是其他的原因，没有记录斯密关于一些特定话题的讨论，这些特定的话题在 LJ（B）中有记

---

① Above, pp. 7 - 9.

② Above, p. 8.

③ 另一方面，在 LJ（B）实际措辞与 TMS 与 WN 相应段落之间，经常可以发现非常相似之处，而这种在原始笔记中高度精确的相似与我们关于 LJ（B）起源的假设不一致——当然，除非我们假设斯密当时（或更早）在这些相关的地方进行了口述。另一种可能是，LJ（B）是一套本来长得多的笔记的总结（可能制作用于出售）的副本。

录。并且，更重要的是，我们发现[①] LJ（A）至斯密讲座关于“警察”内容之后就停止了，大概占全部课程三分之二，而 LJ（B）则一直持续到课程结束。

这些考虑因素很大程度上揭示了我们下面所使用的特定整理方法。我们所做的是将 LJ（B）中的主题作为起点，根据坎南在他的 LJ（B）修订本中给出的连续分段标题来分段，然后在一些情况下重新整理和扩大这些标题，进一步细分的部分使得整理更加容易。LJ（B）中的 MS. 有这些标题的具体页放在第二列；在与上述内容并排的第三列，我们标注了在 LJ（A）手稿上找到的与这些标题相应段落的页码。如果我们发现两个文本对同一个标题的处理有明显不同的话，则在本节结尾的“整理注释”中对这些不同细加描述；而相应的整理注释序号在第四列给出。在其他情形下，如果第四列没有注释参考，可以认为两个文本在这个标题上大体**一致**——也就是说，即使（一般情况下）LJ（A）中处理方式更加广泛，两个文本大体上说是用同样的顺序记录同样的内容。

24

所讨论的专题介绍		LJ（B）	LJ（A）	校对说明
1. 自然法著作		1－4	—	(1)
2. 课程的划分		5－6	i. 1－9	—
第一部分　法律				
导言		6－11	i. 9－25	(2)
第一章　公法				
1. 政府的原则	(a) 功利原则与权威原则	12－15	v. 119－124&129/132	(3)
	(b) 原始契约学说	15－18	v. 114－119&127－129	(3)
2. 政府的本质和社会发展的初级阶段	(a) 政府的形式	18－19	iv. 1－3	—
	(b) 早期政府形式的演进	19－30	iv. 3－55	(4)
3. 共和制政府的引入		30－36	iv55－74&109－110	
4. 自由的失去		36－43	iv. 74－95	—
5. 军事君主制		43－46	iv. 95－99&104－109	(5)
6. 军事君主制的解体		46－49	iv. 99－104&109－113	(6)

① Above，p. 13.

续前表

所讨论的专题介绍		LJ（B）	LJ（A）	校对说明
7. 自主地政府		49 - 52	iv. 113 - 124	—
8. 封建制政府		52 - 57	iv. 124 - 145&149 - 151	—
9. 英国议会		58 - 59	iv. 145 - 148&151 - 157	—
10. 英国政府的专制		59 - 61	iv. 157 - 167	—
11. 自由的恢复		61 - 64	iv. 167 - 176&v. 1 - 12	(7)
12. 英国法院		64 - 75	v. 12 - 45	—
13. 欧洲规模较小的共和国	(a) 这些共和国的成立起源	77 - 78	v. 45 - 50	—
	(b) 选举的方式	78	v. 51 - 53	—
14. 主权者的权利		78 - 86	v. 54 - 86	—
15. 公民权		86 - 91	v. 86 - 102	(8)
16. 主体权利		91 - 99	v. 102 - 114，124 - 127&132 - 149	(9)
25 第二章　家庭法				
1. 夫妻	(a) 简介	101 - 102	iii. 1 - 5	—
	(b) 所谓忠诚	102 - 105	—	(10)
	(c) 结婚与离婚	105 - 111	iii. 6 - 23	(11)
	(d) 一夫多妻	111 - 118	iii. 23 - 52	(12)
	(e) 财产利益	118 - 120	iii. 52 - 58	(13)
	(f) 禁婚亲等	120 - 123	iii. 58 - 69	(14)
	(g) 私生子	123 - 126	iii. 69 - 77	—
2. 父母与子女		126 - 130	iii. 78 - 87	—

续前表

<table>
<tr><th colspan="2">所讨论的专题介绍</th><th>LJ（B）</th><th>LJ（A）</th><th>校对说明</th></tr>
<tr><td rowspan="6">3. 主人与奴仆</td><td>（a）奴仆制存在的条件</td><td>130－133</td><td>iii. 87－101</td><td>（15）</td></tr>
<tr><td>（b）不同社会形态中的奴仆制</td><td>134－138</td><td>iii. 101－111</td><td>（16）</td></tr>
<tr><td>（c）奴仆制进一步的不便</td><td>138－140</td><td>iii. 111－114，126－130 &134－141</td><td>（17）</td></tr>
<tr><td>（d）废除奴仆制的缘由</td><td>140－142</td><td>iii. 114－126</td><td>（18）</td></tr>
<tr><td>（e）奴仆的获得方式</td><td>142－145</td><td>iii. 141－147</td><td>（19）</td></tr>
<tr><td>（f）奴仆的地位</td><td>145－146</td><td>—</td><td>（20）</td></tr>
<tr><td>4. 监护</td><td></td><td>146－148</td><td>—</td><td>（20）</td></tr>
<tr><td>5. 家庭犯罪及其刑罚</td><td></td><td>148</td><td>—</td><td>（20）</td></tr>
<tr><td>第三章　私法</td><td></td><td></td><td></td><td></td></tr>
<tr><td>1. 占有</td><td></td><td>149－152</td><td>i. 25－63</td><td>（21）</td></tr>
<tr><td>2. 添附</td><td></td><td>152－154</td><td>i. 63－76</td><td>（22）</td></tr>
<tr><td>3. 时效</td><td></td><td>154－155</td><td>i. 76－90</td><td>—</td></tr>
<tr><td rowspan="4">4. 继承</td><td>（a）罗马法中的法定继承</td><td>155－158</td><td>i. 90－104</td><td>（23）</td></tr>
<tr><td>（b）近代国家的动产继承</td><td>158－159</td><td>i. 104－114</td><td>（24）</td></tr>
<tr><td>（c）不动产继承</td><td>159－164</td><td>i. 114－148</td><td>（25）</td></tr>
<tr><td>（d）遗嘱继承</td><td>164－169</td><td>i. 149－167&ii. 1</td><td>—</td></tr>
<tr><td>5. 自愿转让</td><td></td><td>169－171</td><td>ii. 1－13</td><td>（26）</td></tr>
<tr><td>6. 役权</td><td></td><td>172－173</td><td>ii. 13－19</td><td>—</td></tr>
<tr><td>7. 抵押质押</td><td></td><td>173－174</td><td>ii. 19－26</td><td>—</td></tr>
<tr><td>8. 独占权</td><td></td><td>174－175</td><td>ii. 26－41</td><td>（27）</td></tr>
<tr><td>9. 契约</td><td></td><td>175－180</td><td>ii. 41－84</td><td>（28）</td></tr>
</table>

续前表

所讨论的专题介绍		LJ（B）	LJ（A）	校对说明
10. 准契约		180-181	ii. 85-88	(29)
11. 过失（delinquency）*	(a) 惩罚的基础	181-182	ii. 88-94	—
	(b) 谋杀	182-189	ii. 94-121	(30)
26	(c) 针对他人的其他侵害	189-192	ii. 121-135	(31)
	(d) 侵害名誉	192-194	ii. 135-144	—
	(e) 侵害财产	194-199	ii. 144-161	(32)
	(f) 对人权的消灭	199-200	ii. 161-174	—
	(g) 总体评论	200-201	ii. 174-180	—
第二部分 治安				
第一章　社会安全		203-205	vi. 1-7	—
第二章　价廉与富足				
1. 人类的自然需求		205-209	vi. 7-16	—
2. 所有工艺均服务于人类自然需求		209-211	vi. 16-21	—
3. 劳动分工产生的富足		211-213	vi. 21-28	(33)
4. 劳动分工何以增加产量		213-218	vi. 28-43	(34)
5. 什么引起了劳动分工		218-222	vi. 44-57	(35)
6. 劳动分工须与商业发展相匹配		222-223	vi. 63-66	(36)

* 原文 delinquency 一般指过失，但此标题对应的文本内容不仅包括过失，也包括故意，既有罗马法上的私犯（delictum），也有公犯（crimen）。——译者注

续前表

所讨论的专题介绍			LJ（B）	LJ（A）	
7. 决定商品价格的因素	（a）商品的自然价格	223－227	vi. 58－63&67－69	（37）	
	（b）商品的市场价格	227－229	vi. 70－75	—	
	（c）自然价格与市场价格的关系	220－235	vi. 75－79	（38）	
8. 货币是一般等价物和交换媒介	（a）价值的衡量	235－237	vi. 97－103	—	
	（b）交换媒介	237－244	vi. 103－126	（39）	
9. 国富不在货币	（a）货币流通，银行，纸币	244－247	vi. 127－132	（40）	
	（b）对银行的进一步论述	248－251	—	—	
	（c）富足不在货币	251－256	vi. 133－146	—	
10. 禁止铸币出口		256－260	vi. 146－158	（41）	
11. 贸易的平衡		261－266	vi. 158－168	—	*27*
12. 对任何国内消费均无害的看法		266－270	vi. 169－171	（42）	

整理注释

（1）LJ（B）1～4页的自然法哲学部分内容没有与其相匹配的LJ（A）内容。对这个现象的一种推测是，在1762年刚开设这门课时，斯密并没做过多的评述；另一种推测是，斯密在当时做了该部分的评述，但学生们并没有将其当作是斯密授课的正式部分，仅仅认为那是序言。相关证据表明，根据我们前述已经指出的“推测间歇”方法判断，第9页确实是少了一半的内容，这意味着这一页有一半的内容记录的是和此节课相关的笔记，剩下的一半则记录的是后续课程的笔记。

这样的衔接还有一处有意思的地方：在公开出版的一本书中，乔治·萨克指出，久负盛名的俄罗斯法官 S. E. 杰斯尼茨基，曾于 1761—1769 年在格拉斯哥大学求学。在 1768 年 6 月 30 日，他在莫斯科大学演讲的时候，一字不落地阐述了亚当·斯密对自然法 LJ（B）1～4 页这部分的评述。杰斯尼茨基可能还运用了一套和 LJ（B）副本相同的讲座笔记，或者［因为出现在他的一些论述中的内容，并没有出现在 LJ（B）中，包括 17 世纪自然法方面专著作家理查德·坎伯兰］和它非常相近的其他版本。

（2）LJ（B）11 页的最后五个句子在 LJ（A）中没有与其匹配的句子。斯密做出“财产与公民政府互相依存”这一重要论断，还研究了在法理学上表达法律主题的两种可能的方法。

（3）在 LJ（A）中，这两个话题放在政府环节的最后（关于限制自治权）部分来讨论。而在 LJ（B）中，这两个话题与 LJ（A）中的位置相反，置于政府环节的**开始**部分，更利于拓展讨论。再有一点值得一提的是，在 LJ（B）中，更强调雄厚的财富对提供权威的重要作用，然而在 LJ（A）中，这部分内容只是作为上节课的内容捎带提过。

（4）在这个标题下，LJ（A）和 LJ（B）陈述的基本是同一个观点，只不过顺序不同罢了。LJ（A）比 LJ（B）进行了更多详细拓展的论述，包括列举历史上与这一观点相关的例子。

28 （5）关于 LJ（A）95～99 页，相对应 LJ（B）45～46 页提及罗马和亚洲威权政府的差别并没有更多的追溯。这部分在亚当·斯密 LJ（A）107～109 页做了更为详尽和系统的说明。

（6）LJ（A）103～113 页的这些观点，在 LJ（B）没有记录。

（7）LJ（A）在专题处理上，相较于 LJ（B）显得更加宽泛。比如，LJ（A）卷四 167～170 页讲到的“英国的地位和处境”，在 LJ（B）中只是一笔带过。此外，LJ（B）并未提及“与安全相对、自由的**危险**”。而在 LJ（A）中，分别在卷四 179 页、卷五 5 页和 12 页列举了关于危险这个话题的相关内容。

（8）这两部分在本标题下的观点基本上是一致的，但是顺序却并不完全一致。

（9）LJ（A）114～124、127～132 页讨论了契约原则以及使用性、权威性原则。正如注释（3）所描述的，这部分内容在 LJ（B）中出现在政府环节的**开始**部分，而非**最后**。在 LJ（B）93 页也有涉及这些段落的内容。

(10) 关于忠诚和不忠问题，在 LJ (A) 中没有内容能和 LJ (B) 102～105 页的内容相对应。或许其原因在于 LJ (A) 的记录者没上这次课的前半部分，因此就没做斯密关于夫妻忠诚问题的笔记。LJ (A) 的记录者对结婚和离婚问题的笔记也缺失了，这部分内容反映在 LJ (B) 105～106 页。在 LJ (A) 卷三 6～7 页有缺失记录的总结。

(11) 上面注释 (10) 提到的内容，LJ (A) 和 LJ (B) 都做了一定讲解，只是顺序不同，尤其是中间部分，有些地方不能严丝合缝地一一对应。

(12) LJ (A) 48～52 页记载了斯密早年授课中对婚姻类型的讲解，这部分内容在 LJ (B) 中体现在 117～118 页。

(13) LJ (A) 和 LJ (B) 的大体顺序相差无几，但是后文中关于苏格兰和英格兰法律的不同之处，由于 LJ (A) 对部分内容的记载缺失，使其不能够完全地细致展开。在 LJ (B) 中，对这部分也只做了粗略的记录。

(14) LJ (A) 和 LJ (B) 都做了一定讲解，只是顺序不同。LJ (A) 65～66 页的总结是对先前关于家庭问题的总结。LJ (B) 123 页显然没有 *29*
LJ (A)64 页提到的关于 1762—1763 学年的授课。

(15) LJ (A) 和 LJ (B) 中很多地方的顺序是一致的。但是也有不同，LJ (A) 92～93 页关于波里奥的故事、100 页奥维德的引证在 LJ (B) 直到 135 和 136 页都还没出现。

(16) LJ (A) 和 LJ (B) 中所强调的内容也是有所差别的。特别是 LJ (B) 中波里奥的故事 (见上面注释 (15)) 是用来说明君主会被奴仆影响的这一趋势，而不是像 LJ (A) 那样解释奴仆的悲惨待遇。可见下面注释 (18) 倒数第二个句子。

(17) LJ (A) 和 LJ (B) 在一些问题上存在不同。两者都提到了奴隶制度的存在不仅对奴仆本身有害，对经济也是有害的。LJ (B) 紧接着讲矿工和盐工，以此说明奴仆制度的缺点。然而，LJ (A) 直到 134～141 页讲完奴仆制度的废除问题后才提到这些。LJ (B) 中讲完矿工和盐工之后，接着就说奴仆制度"减少了自由人的数量"。但是，LJ (A) 在 134～141 页才说到这一问题。LJ (A) 131～134 页提及奴仆制度"对人口的重要性"，但这一观点却丝毫也没有在 LJ (B) 中反映出来。

(18) 在这部分，LJ (B) 开门见山地介绍了从附属在土地上的**农奴**到承租人的转变。与此相对应，LJ (A) 在 114～117 页就为什么世界上大多数地方都限制奴仆废除这一问题进行了长篇大论。LJ (A) 着重讲了所谓的

“支配和暴政的爱”，而蜻蜓点水地陈述了奴仆的废除对奴隶主有害这一客观事实。LJ（A）详细阐述的两个话题在 LJ（B）134 页略有体现。在后文中，LJ（A）争论的要点和 LJ（B）大体一致，只不过论述点不同罢了。

（19）LJ（A）和 LJ（B）之间也存在着显著的不同。LJ（B）列举了五种购买奴仆的方式，在第五种方法中提及古罗马公民除了从“投票选举候选人”获得补贴之外，没有其他的补贴；然后继续讨论了西印度的奴仆问题。LJ（A）讨论了购买奴仆、人民要求废除债务的原因，**这之前**，这个文本就在 141～144 页讨论了罗马人通过投票获得补贴这一话题。LJ（A）关
30 于购买奴仆的方式的讨论十分简短，且毫不连贯（卷三的最后提到了西印度）。Cf. above，pp. 20 - 21，note 69.

（20）LJ（B）中的三个话题，在 LJ（A）里面没有提及。事实上斯密在 1762—1763 学年讲过这些，由于学生的原因未能记录下来。Cf. above，pp. 20 - 21，note 69.

（21）LJ（A）与 LJ（B）分别在 25～26、149 页，列举了财产获得的五种方式。随后提出了四阶段理论，即社会发展的狩猎、放牧、农耕、商业这四个发展阶段（LJ（A）27～35 页，LJ（B）149～150 页）。不同的是，LJ（B）在讲述**占有**时在这相互承接的四个阶段略有不同；然而在 LJ（A）讲述**财产获得**的相关法律法规时指出了四个阶段的不同之处。继而，LJ（A）和 LJ（B）都不约而同地以相同顺序阐述了相同的问题，只不过 LJ（A）讲得更为具体一些。

（22）LJ（A）和 LJ（B）中很多知识点都是一致的。只不过 LJ（A）在讲述“四阶段”体系的时候更加完善和详细。

（23）LJ（A）比 LJ（B）更注重具体的讲解。讲求两部分完全的一一对应实属不易。

（24）LJ（A）和 LJ（B）所讨论的主题差不多，只不过 LJ（A）阐述得更加具体翔实，LJ（B）对一些问题只是圈圈点点的零散陈述。

（25）LJ（A）与 LJ（B）很多观点出现的顺序也是一致的。LJ（A）进行的拓展和发散比较多，这些或许在 LJ（B）中无法一一对应。而 LJ（B）163～164 页的内容在 LJ（A）中缺失。从 LJ（A）145 页奇怪的笔记和三页半的空白可以看出这或许是由于学生的原因没能完整记下课堂笔记。在 LJ（A）146～147 页的末尾处有斯密先前授课时关于这一话题的总结。

（26）尽管 LJ（A）和 LJ（B）在很多问题上的观点和探讨的顺序都是

一致的，但是收尾的地方 LJ（A）比 LJ（B）处理得更具体。

（27）LJ（A）和 LJ（B）都阐述了一些相同的内容，但是在顺序的处理上还是有所不同的（比如在讲发明的时候）。LJ（A）的 37～41 页提到的磨粉劳役就没有体现在 LJ（B）中。

（28）LJ（A）和 LJ（B）的要旨相差无几，但具体观点的顺序有所不同，LJ（A）在这方面也做得更为细致，所以很难严丝合缝地对应。再比如，LJ（A）56 页及其后概括地说明了采用了多少先前课程的内容。而且 LJ（A）中讨论的牧师职责、商业发展的影响和**过失**这三方面在 LJ（B）中都无法找到。

（29）尽管 LJ（A）和 LJ（B）的要旨是相同的，但是各自的举例却并 *31*
非完全一致。LJ（B）181 页关于破产的阐述无法在 LJ（A）中找到与其相对应的内容。

（30）尽管 LJ（A）和 LJ（B）在很多问题上的观点和探讨的顺序都是一致的，但 LJ（A）在结尾之处对于一些观点的解释比 LJ（B）处理得更具体。

（31）LJ（B）192 页关于债券的相关内容，在 LJ（A）中没有与此部分相对应的内容。事实上 LJ（A）在这里是有缺失的，人们没能完全记录下相关内容。然而 LJ（A）和 LJ（B）在很多问题上的观点都是一致的，除了有几处顺序处理不一样的地方。

（32）LJ（A）和 LJ（B）都阐述了一些相同的内容，但是在顺序的处理上还是有所不同的。尤其是在临近结尾的地方，两者在内容的顺序安排上有所差异。

（33）LJ（A）24～27 页，总结了先前课上的一些观点。

（34）LJ（A）忽视了一些具体的运算，只是一笔带过。在 LJ（B）中提到的一些数据无法完全与 LJ（A）相吻合。

（35）LJ（A）和 LJ（B）都介绍了一些相同的内容，在顺序上也相差不大，但也有例外。比如 LJ（B）218～219 页提到的“塞奈斯特里斯法”，这一问题在 LJ（A）中早在 54～55 页总结先前课程的时候就已经阐述过了。

（36）在这个标题下，LJ（B）的一些主要观点，LJ（A）放在了后面的故事里来阐述。LJ（A）与 LJ（B）对应的部分早在阐述先前课程关于商品的时候就提出来了。

(37) 尽管 LJ (A) 和 LJ (B) 很多内容和顺序都是一致的，但 LJ (A) 并不是那么连贯，比如它穿插了先前课程的一些内容。

(38) LJ (A) 包括了很多先前课程的内容。

(39) LJ (A) 和 LJ (B) 很多内容都是一致的，但顺序有时不一致。LJ (A) 包括了很多先前课程的内容。

(40) LJ (A) 127～132 页关于货币发行量、银行、纸币的记述在 132 页时戛然而止。这一点与 LJ (B) 246 页最下面的“有一种趋势……国家的富足”这句话可以对应起来。LJ (B) 253 页新起的一段内容，LJ (A) 里没有相应的对照。后面这种观点在 LJ (A) 133 页最上端再次出现，LJ (A) 133～146 页与 LJ (B) 253～236 页的内容是吻合的（除了 LJ (A) 中有但
32 LJ (B) 中没有的一些数据）。关于 LJ (A) 缺失部分的解释，在 380 页注释 53 及下文其他地方，都有很多相关的材料。

(41) LJ (A) 和 LJ (B) 很多内容都是一致的，但顺序有时不一致。LJ (A) 包括了很多先前课程的内容。

(42) 直到 LJ (B) 268 页下方，LJ (A) 和 LJ (B) 讲很多问题的顺序大体上是一致的。在这一页的最后一句话，LJ (A) 就终止了这种一致性。

Ⅴ. 关于 1762—1763 学年报告中一些问题的特别说明

正如我们撰写的其他文章中提到的那样，我们并没有用导语来展示个人对亚当·斯密思想的见解。LJ (A) 首次出版之后，我们认为，简短恰当地列举这些文档的发现，会对研究亚当·斯密在格拉斯哥时期的思想带来新鲜的血液。

从三个方面来看，一些话题在 LJ (A) 中比在 LJ (B) 中扩展得更广。这种事实说明，第一，LJ (B) 中有很多模糊之处，需要参照 LJ (A) 才能知晓亚当·斯密的观点。第二，LJ (A) 中的一些地方（比如占有、合同等）额外拓展材料的加入是必需的。在一定程度上，着重讲解这些“题外话”使整个篇幅显得有所不同。第三，有时候，我们在寻找斯密之路上走得比坎南还要深，因为坎南的编辑工作从一定学术角度来看稍有欠缺，恰巧 LJ (A) 又比 LJ (B) 显得更详细，所以就有了更多的资源和线索。举个

例子，LJ（B）清晰地记载了斯密引用孟德斯鸠的观点，而他在**历史**和**文献**上对休谟的依赖这一点体现在LJ（A）中。

具体来说，在LJ（A）的卷一到卷五中，一个很重要的地方是，亚当·斯密在讲授道德哲学后半部分的时候，同他的老师——弗朗西斯·哈奇森之前在格拉斯哥的讲授是有所不同的。LJ（B）被发现之后，很多学者（包括坎南、斯科特）注意到哈奇森和斯密在授课上很多相类似的地方。如
果我们比较哈奇森和LJ（A）中记载的斯密对一些问题的看法，结果是很 33
令人惊奇的。因为LJ（A）中对于一些专题处理的顺序与哈奇森有着很多相似之处，而这与LJ（B）却是有所差异的。[①] 还有一处一样重要的地方是，在讨论的时候，斯密是把四阶段理论当作一种概念的框架来对待的。这种认知能更贴合语境和切合实际地衬托出四阶段理论，在这一点上LJ（A）比LJ（B）处理得更为具体。[②]

比较LJ（A）卷一到卷五和相对应的LJ（B）部分，还会有其他的不同存在。在这里，我们拿出其中的四个来举例子。第一，LJ（A）详细说明的关于占有后的财产取得权问题，在LJ（B）中只是简短的总结概括。这个思想伴随着斯密对TMS的公正旁观，显然，这与洛克的著名论断是一致的。[③] 第二，LJ（A）中讲解的自由的“**危险**”暗示了其在“英格兰的情况”，LJ（B）对此只是宽泛的讨论，只有**安保**问题被提及。第三，正如上文所述，LJ（A）所讲的“农奴对人口的重要性”这一有趣的论断在LJ（B）中没有涉及。另一方面，LJ（B）中有一段讲解了曾在美国被奴役的黑人后来在英国的处境，此外还提到了1762年法院著名的判决。[④] 第四，LJ（A）中花很多段来讲的独占权问题，在LJ（B）中无法找到对应的部分。事实上斯密概括地讲了一些制度在根源上对当今社会的危害，但在一定程度上这些制度也有存在的意义。[⑤]

接下来我们看LJ（A）卷五，它介绍了亚当·斯密关于“警察”的授课内容，第一遍读的时候，无论读得快慢，都无法立刻理会，我们希望这

---

① Cf. R. L. Meek, ‘New Light on Adam Smith's Glasgow Lectures on Jurisprudence’, 452 - 453 and 461 - 462.

② Cf. R. L. Meek, *Social Science and the Ignoble Savage* (Cambridge, 1976), 116ff.

③ Below, pp. 16 - 17 and 459.

④ Below, p. 456.

⑤ Below, pp. 85 - 86. 在86页，这一部分也包括了关于交易的分离的一段简短的讨论，为稍后第六部分中关于劳动力的分离的讨论做了铺垫。

能为理解亚当·斯密的经济思想有所启发。然而，LJ（A）在讲警察这部分的时候，在讲到大约三分之二的时候戛然而止，所以对于剩下的部分，LJ（B）
34 就成为我们研究的唯一资源。[①] 就像在“正义”部分那样，LJ（A）相对于LJ（B）在此部分也没有太多的附加拓展。最后但并非不重要的是，在LJ（B）中有一处非常重要的点误解了亚当·斯密的论断，LJ（A）的记录人却好像是和我们作对一样，并没有给出相关内容的记载。

当一个人近距离地看一个事物时，就会发现有趣的事。比如，有一点很重要，LJ（B）关于“劳动力，而不是金钱，才是真正衡量价值的尺度”[②]这一观点在LJ（A）中没有体现。LJ（A）关于禁止出口金银的影响使亚当·斯密对休谟关于货币流通的理论深信不疑，对这一点讲解得比LJ（B）更为清楚。在LJ（A）中，斯密对于农民和劳工在现代政府中相对贫穷的论述最后，有一句“以何种方式”开头的话，可以看作是对这些段落的强调，而这在LJ（B）中相当不同。[③] LJ（A）中对劳动分工的处理，是关于斯密劳动分工观点发展的隐性证明。LJ（A）中有几处详细地计算了生产别针的成本（这在LJ（B）中是一笔带过的[④]），这让斯密的论断更加有力。[⑤]

段落本身的重要性也是一个展现出来的问题。很多学者从LJ（B）出发，认为斯密在格拉斯哥讲的关于资本流通的重要性并没有像后来在WN讲得这么重要。作为阶层收入范畴的资金利润的问题仍然是缺失的。资金利润的正常比率也是缺失的。如今，我们有了另一份更加充实的斯密格拉斯哥讲座的报告来协助（修正），而一些判断可能被修正——尽管需要修正的判断并不多。与此相关的是资本的作用，很多对这一问题感兴趣的学者或许都会看亚当·斯密的一篇文章，斯密试图计算“股票王国”的价值。[⑥]这些学者试图参考斯密文章中提到的工业生产力的问题，当工业生产力提高时，就会“给一些大人物带来相当的利润[⑦]”。对于利润率的问题，学者们定会对斯密这样的一番话感兴趣，斯密说商品的价格必须足够偿还教育

---

① 同样，这也是有关税收和军队的整个部分。

② Below，p. 503.

③ Below，pp. 385－389.

④ Below，p. 341.

⑤ Cf. R. L. Meek and A. S. Skinner，'The Development of Adam Smith's Ideas on the Division of Labour'（*Economic Journal*，vol. 83，Dec. 1973）.

⑥ Below，pp. 381－383.

⑦ Below，p. 343.

支出和实习费，“不仅是本钱，还包括我从中可以获得的利息和利润”；他
们也可能对另一处斯密对当交易存在“溢出利润”（overprofitable）时，竞 35
争市场所发生的情况进行的刻画感兴趣。

Ⅵ. 誊校文本时的原则

在准备 LJ（A）和 LJ（B）点校出版的过程中，我们遇到过不少困难，尤其是在 LJ（A）这一原版编辑的特殊方式上。

正如上文所说[①]，LJ（A）正面的笔记是连续记载的。在课堂部分之后（并非课堂部分期间），这些在课上记下来的完整笔记或许是速记的。显然，记录人十分用心，尽量准确地记载斯密上课所说的话。然而，记录人专心的**程度**却并非时时一致，笔记原本的目的就是供自己学习之用，他并没有过多关心其易读性、语法、拼写的准确性、标点、首字母大写以及段落。字迹差别也很大，有的字工整，有的难以识别，文中还有大量的缩写、重复、删除、行间书写等。拼写有时候也很粗心，前后不一致，标点和首字母大写使用不够规范，行间距极小。

LJ（A）的编者最开始面临的困难，是要在怎样的程度上，才能使这些不完美的地方变得更具可读性。一种观点认为，稿子的出版需要编者对斯密在课上所说内容进行重新构建，这意味着，出版的文本不一定与原记录者完全一致；还有一种观点认为，文本不能仅仅是一个新作品，需要一部分原记录者的手稿呈现，连同那些显而易见的小错误。

最后，我们在这两种观点之间选择了一个合适的折中方式。第一种观点大大地给予了编者个人主观判断的空间，然而却无法让读者们一睹 LJ（A)的原貌。第二种观点使大量的原稿展现出来，我们有必要适当地加一些注解和脚注，以增加文章的可读性。

LJ（A）在誊校的时候采用了一种限制原则，这与 LJ（B）文本的对比
比较明显。总的来说，LJ（B）更具可读性，文章中有很多的更正和添加，
拼写和段落的处理得当合体，标点使用比 LJ（A）更合理，但首字母大写这 36
一问题和 LJ（A）一样，略显随意，若不更正，会给读者的阅读带来困扰。

① p. 11.

誊校的基本原则让这些分散的不完美的手稿变得可以识别。一种观点认为应该在出版的过程中直接加以更正，第二种观点认为不予以更正，以原貌出现，用不用注解的方式来进行补充都无关紧要。我们在处理标点、首字母大写、明显重复赘余、中间插入行、缩写等这些需要标准化的问题上采用第一种观点。对于第二种观点，我们决定，让这些不完美之处保留，尤其是一些拼写错误、遗漏、不恰当的分段、缺失、替换等，这些小错误都原封不动地呈现出来，在必要的时候加以注释或以其他方式予以说明。这些区别对待在一定程度上确实有些武断[①]，但是经验告诉我们，这种处理方式可以尽量满足广大读者以及研究亚当·斯密学者们的需要。

再一个就是关于数字和章节符号、语言规范等处理的问题。我们都很清楚，这种规范是很复杂的，编者们认识到，如果他们不做些努力来统一数字和章节符号，无论是对专业人士还是对非专业人士来说，阅读将变得十分困难。对此，我们做了三个决定：

37 (a) 主要的符号方式为三种不同类型的括号——方括号［］处理多余的字词，尖括号〈〉处理缺失的字词，大括号｛｝处理 LJ（A）反面的笔记部分。[②]

(b) 采用尽可能简单的方式来对待脚注、缺失、替换、难辨字词以及有歧义的句子。

(c) 文中的脚注有两种形式，分别以斜体字母和阿拉伯数字来体现。脚注本身自始至终都是简明英语，让读者的阅读没有更多其他符号的障碍。

上述三个决定最终凝结成一些具体的原则，最重要的是如下几点：

i. 页码

在最原始的 LJ（A）第一卷中，正面的记录是用 1，3，5，7，9 一直到 39 这样记载的。收录笔记说明的第一页也被编号。在我们的文本中，没有

---

① 举例说明，在重写与替换之间没有明显的逻辑界限。可是记录 LJ（A）中所有的重写部分，是一项不可能完成的工作：因为有数以万计的重写部分，而且很多是不确定的或者难以辨认的，大部分也是没什么价值的。另一方面，在很多 LJ（A）中的替换部分，是相对比较重要的，因为这些部分代表着他们试着改变原始的模式，以便更好地与斯密讲授的课程保持一致，或者改善观点的逻辑性。

② 方括号也经常用来标示特定页码的手稿，并且经常因为一些其他目的用在文章脚注里。在 LJ（B）中，在原稿的奇偶页记载的正文中，大括号加大括号在文本中作为一种括号形式来使用。

体现这些数字，每一卷的正面都以 1，2，3，4 等这样的顺序进行标记。每一卷都是分开单独标记的，反面部分（以及正面的空白部分）都没有进行标记。[1] 文本中，缺失的地方以及下一页起始部分都用垂直的线段标注出来，在空白处进行相关页码的标号。比如，空白处的 23 就代表了在相应的这一行垂直线段插入的地方，是 22 页缺失和 23 页开始之处。[2] 如果一页中最后有几个单词是遗漏的，在下一页又出现这种情况，就会在重新出现的地方重复标记出来。这在 LJ（A）中是很常见的。LJ（A）中一卷结束另一卷开启之处，表示新的一卷的数字会体现在这里。比如说，空白处标记出来的Ⅲ就代表了从这一行开始，第二卷结束了，新的第三卷的内容开始了。

在 LJ（B）中这些位置表示就没那么复杂了，因为正文是在正反双面写 *38*
的，所有的内容都出现在一卷里面，原稿的部分（尽管索引中没有），无论上面有没有写字，都被誊抄者连续编了页码。在我们的文本中，这些页码也会被提及。表明一页结束另一页开始所采用的惯例（细节上做必要的修改），和 LJ（A）所采用的一样。然而，几处文字在一页末尾并在下一页开头重复的情况，将被特别标注。

文本的脚注，LJ（A）和 LJ（B）的页码，如果没有以“p.”标注的话，就是**缺失的部分**；如果用“p.”标注出来了，就代表着**当前的这部分**。

ii. 标点

正如上文所说，LJ（A）中的标点有时候处理得比较随意，LJ（B）在这一点上做得好一些。为方便阅读，在两种文本中标点都做了一些处理。特别是对句子之间缺失的句号做了补加，还有就是对句子之间内部的停顿，也视情况添删了分号、逗号。我们不敢保证**所有的标点**都使用正确，但是在处理特殊段落的时候还是做了一些调整。

iii. 大写问题

在两种原文本中存在有大量的字母没有首字母大写的情况。有时候还前后不一致，某个单词到底用不用大写也不确定。为阅读需要，我们采用了现代通用的大写规则，尽力确保 LJ（A）和 LJ（B）中标点使用的合理性

---

① 第一卷的开始部分包含不完全内容的页面没有标注页码。

② LJ（A）的偶数页标记页码有关的惯例，见下文第 42 页。

和一致性。一些情况下我们保留了原文对大写的处理，比如为了强调一个新介绍的概念。

iv. 重复替换和行间距问题

一个单词以重复书写的方式被替换了，这种情况在 LJ（A）中出现很多，在 LJ（B）中也偶尔出现。比如，用“there”来替换一开始写错的“then”，就在空白处写一个“there”来替代“then”。正如上文所说的那样，
39 有时候替换的单词无法辨认，也没有过多的扩充和脚注，这就妨碍了阅读。事实上，除了一些地方做了特殊处理，这些并没有体现在文本中。类似地，直接的行间书写——例如明显是对部分文本的有意整合，并不包括已删除文字的替换——除非存在特殊之处，否则也没有必要特别指出。

v. 缩写问题

LJ（A）中缩写的单词有“the”“against”“with”“that”“neither”“either”“betwixt”“which”以及“brother”，文本中这些单词没有进行再加工，都拼写出来了。其他的一些缩写单词，即都是用一种缩写符号代替的那些，比如第一、第二用 1st，2nd，也都拼写出来了。M^{r}、D^{r}、S^{r} 被认为是 Mr.、Dr.、Sir 的缩写。所有的 & 符号拼写出来了，以及 &c.（或者 &ca.）代表 etc.（或者 etca.）。不同表示镑的符号被统一为£。其他一些缩写的单词、象征符号、计数单位、数字等，为方便阅读，都在文本中进行了再编辑。

vi. 拼写错误和遗漏等

文本中关于 MSS. 部分的拼写哪怕是错误的也被保留了，我们并没有刻意去追求完整性。当原稿文字拼写错误，正文的拼写则使用原稿其他地方的惯常拼写或者（如果这个标准无法实行）正确的现代拼写。类似地，语法错误、无意的字母遗漏和重复等，也将同样以前述方式处理。

然而，可能严重影响阅读的错误、遗漏等将以下述方式处理。

（a）MS. 遗失部分中明显不该加的字词用方括号处理。比如：

MS.：the spirit of the of the Roman Law

文本：the spirit of the [of the] Roman Law

（b）MS. 遗失部分该有没有的字词用尖括号处理。比如：

MS.：this vioated the constitution

文本：this vio〈l〉ated the constitution

（c）在 MS. 部分明显缺失的字词，在编本书时采用了合理的推测，并 40
在推测的字词前加问号，用尖括号〈 〉的形式插入到文本中。比如：

MS.：the law of Scotland and were different

文本：the law of Scotland and〈? England〉were different

（d）在 MS. 部分明显缺失的字词，无法合理地推断出缺失内容，用尖括号内加问号的形式表示。比如：

MS.：when the king was he summoned his

文本：when the king was〈?〉he summoned his

（e）若仍有除上述情况之外无法处理之处，则用插入脚注的方式处理。

vii. 段落问题

LJ（A）的段落很短，也很好理解，主要是因为每一个新起的自然段的第一句话并不难理解。在 MS. 中，有时新段落的第一句话用破折号标记出来，紧跟破折号后面的是第二句话。破折号也经常出现在句子的最后，从而引出段落的最后一句话。① 有时候 MS. 中墨水颜色的变化或是字体的改变，或者另起一段，都代表着主题的变化。在我们编的文本中，当原文表达模糊不清，遗失部分影响阅读时，就会另起一段。

LJ（B）中的段落清晰合理，几处例外我们也在文本中做了纠正。

当在新的一页开启新的段落时，垂线会出现在段落的开始而不是结尾。

viii. 删除和替换等问题

（a）当文本中出现需要删除而非替换的字词，会以脚注的形式进行说明，脚注出现在被删词原来的位置，如：

MS.：from what he had for a long time

文本：from what[a] had for a long time

——

[a]he 被删除

（b）当新段落的第一个词被删除的时候，脚注会出现在这一段的开 41

① 破折号出现在段落中间在文本中是非常正常的；作为对段尾的解释出现在段尾的破折号，经常被忽略。可是，当几个破折号出现在段尾的时候，它们在正常情况下会重复，因为它们可能表示同样的停顿。

端，如：

MS.：~~Thus~~ Contracts，when they were first

文本：[b]Contracts，when they were first

——

[b]thus 被删除

（c）在文本中间出现一个单词被删除且由其他单词替换，在这个替换词后加脚注，如：

MS.：the balance of property ~~has~~ so small a

文本：the balance of property confers[c] so small a

——

[c]替换 has

（d）文本中某一行某些字词被删后，由其他字词替换，在替换部分的最后一个单词处回插入脚注，如：

MS.：~~with~~ themselves and multiply their

文本：about their land[d] themselves and multiply their

——

[d]用“about their land”这三个词来替换“with”

ix. 歧义，难辨识的词，原文中的空白等问题

“阅读歧义”“最后两个单词不知所云”等这样的脚注表明了编者在读这部分原文时也很难理解。相关的脚注就会出现在难懂字词的最后。

在遇到难识别的字词、空缺单词的时候就会在相应处插入脚注以备说明。如果编者仅仅是提示而非进一步说明，则以文内注释用斜体字标明的方式出现。若编者又做了进一步的阐述说明，则脚注以阿拉伯数字的形式出现在页面下方。

如果行文中出现了空白，也会采取上述的处理方式。① 文本中空缺大小与原文预留的空间保持一致，用脚注的方式来进一步说明。

如果编者仅仅是提示此处有空白不再进一步说明，则以文内注释用斜体字标明的方式出现。若编者又做了进一步的阐述说明，则脚注以阿拉伯
42 数字的方式出现在页面下方。

① 在一些情况下，关于这种事实的脚注，以斜体的方式插入到文本中。例如，一页中的大部分，或者大部分页码，都留有空白部分。

当遇到难辨字的数量无法确定的时候，会以脚注的形式做一个大体的推测，如“两到三个难辨字”。当出现一个单词中仅仅有一部分无法辨别的时候，脚注此时会根据原文来推测遗漏之处。

x. 对 LJ（A）反面笔记的处理

LJ（A）反面笔记与正文并不相一致，它会以括号的形式出现在恰当的位置。前一页笔记的背后，也就是反面笔记，是用来记录遗漏的内容。如果在正文 28 页出现了括号括起来的一段，且没有其他相应的说明，这就是原文中写在 27 页背面的内容。如果反面笔记写到了下一个正面，就会相应用方括号的形式来进行解释。如果在正文 64 页出现了括号括起来的一段，在这一段出现了［v. 64］，这就表明了此处是 63 页背面的内容，延伸到 64 页正面上来了。

xi. 相互对照问题

正如编者导语中所说，LJ（A）和 LJ（B）中具体的相互对照的问题只是在特殊情况下会提到。对斯密其他书籍中出现的对应问题的处理也是十分严格的，在格拉斯哥出版协会的统一政策规定下，斯密每一部作品中出现的对照问题都需要与之前已经发表的内容相对应。① 这样的政策迫使我们将手头的文稿与之前的《国富论》统一。在《国富论》中，也有很多相互对应是与早先出版的卷册对应的，这样读者们就能够发现斯密不同时期出版物的关系了。

① WN 也包含大量的对于安德森笔记的参考，在文本中呈现的版本可以参考原文第 4 页的相关脚注。

1762—1763 年的讲座报告

结　构

第 1 卷

法理学的定义

- 政府的目标（正义）
  - 1. 财产安全
  - 2. 警察（行政）
  - 3. 财政收入
  - 4. 军备，国家法，等等

- 人之为人有着各种不同的权利
  - 1. 一个人
    - 1. 本人
    - 2. 名誉
    - 3. 财产
  - 2. 一个家庭的成员
    - 妻子
    - 子孙后代
    - 奴仆
  - 3. 一个国家的公民

注：以上（目录）是第 1 卷第 3 页正面上不完整的目录的复制（参见编者导语第 10 页）。页码数字是报告者自己记载的，对应的是他为原稿前 39 页的编码（参见编者导语第 7 页）。第 3 页的背面，以及之后的 5 页，都是空白的。

1762 年 12 月 24 日　星期五

法理学是指导民选政府治理国家的理论。 5

它既体现为不同国家的不同政府体系的建构基础，也表明了其政权体系的建构具有何种程度的合理性。

我们会发现，在每个政权成立之初都要具备四大要素：

第一，政府制度的首要的设置是维护正义，进而防止社会成员侵犯他人财产或夺取不属于自己的东西。这一设置保障每人安全且和平地拥有他自己的财产。{正义的终极目标在于切实保障公民享有其“完全权利”。} 当这个目标最终实现，也即被我们称作内部和平或者国内和平得以保障的时候，政权体系接下来还会大力推进使国家富裕的各项措施。由此就产生了公共治理。在一国范围内，不管是贸易活动、商事往来、农业生产还是制造业领域的规范，都属于公共治理的范畴。

当某位①先生向阿尔让松请求辞去他在巴黎某部门②的职位时，他说国王要求担任他这个职位的人注意这样三个问题：其一，廉洁奉公；其二，有利于维护安全；其三，供应的商品价廉。——第一条太细小和微不足道，以至于都不能被列入法理学体系。第二条则分两种情况：一种是在遇到火灾或者其他事故时保护居民的安全。这点同样也太微不足道以至于不能算作法理学研究的一个分支。另一种则是保障居民不被他人伤害，这个目的
借助于看守和巡警阻止此类犯罪的发生来实现，或者引用成文法对侵害者 6
施以惩罚，以及鼓励发现罪犯并将其交付审判来实现。——这可以称作公共治理的正义，而且因为它和之前的法理学部分紧密相连，因此我们应当在维护正义的前提下考虑公共治理。关于公共治理的第三条，即供应的商品价廉，就能让市场中的各类商品都能充分供应。这不仅包括促进城镇和乡村的自由交流（我们姑且称之为国内经济），也应当包括促进同邻国贸易的繁荣兴旺。

---

① 手稿空缺。见下一条注释。

② 手稿空缺。Baron Bielfeld，*Institutions politiques*（1760），I. 7（*De la Police*），1：“哈雷的总裁收到巴黎警察总局的中尉阿尔让松一封信，要求其在任期间应该注意：国王要求先生您做到安全、清晰和价格合理。” 阿尔让松伯爵在 1677 年接管这个部门。

这正是公共治理最重要的分支，同时也是当我们探讨如何进行公共治理时需要深思熟虑的；在我们贯彻实施公共治理时，要考虑不同政府体系制定的不同法规，以及这些法规在多大程度上回应了立法时政府的初衷，而不管这些法律法规是古代的还是现代的。

第三*，尽管一个国家可能非常富裕，但其政府体系只要缺少资金支持就无法运转，所以我们接下来要考虑一下政府应采取什么办法获得资金。所有事例都说明这个负担最终一定会落在那些勤勉劳作的人身上。不管（1）这些资金来自领地租金，也即来自那些由国王或国家所有土地上的租金，这剥夺了人们对这些土地的占有权，自然也就成为强加在他们身上的负担，还是（2）来自居民们所有土地上缴的税款，这些钱虽然不是国王出租土地所得之租金，但却是从人们土地租金中抽取所得。当然最后也可以通过对制造业、出口等征税的方式来获取收益，这几种方式都能立即从人们手中拿到钱。由此可见，在所有上述情况中，政府的全部开支都是由民众支付的。这些征收来用以支付政府各项开支的资金，我们称作政府税收。在如何看待这块同政府息息相关的法理学分支时，我们应该首要考虑的是各国政府为获得必要的资金而采取的不同办法，这些办法在何种程度上可以适用，以及如何最大限度地避免损失或不对勤勉居民造成损害。这也能展示出不同资金取得方式的不同效果：采取某些方式会极大打击人们勤勉刻苦的积极性并影响国家的进步，而采取另一些方式的副作用则会大为减少。

第四，除了财产安全、公共治理和王国（国家）税收这三个要素之外，如何保证国家不受外来侵略也是很重要的议题。尽管一个国家内部不可能一直特别和平，但是如果没有国家安全就没有公民个人财产的安全。这种
7 危险对居民们来说，并不比他们对国内问题的担忧少；这时候，不仅个人安全处于危险之中，国家也处于危难之中。因此我们需要武装部队来保护国家不受外来侵略或者专门惩治危害国家的个人或组织。在这件事上，我们要考虑古代和现代所使用的各种武装力量，同时观察其与不同性质的政府的匹配程度。

这就很自然地引导我们考虑第四个要素：战争与和平法。其基本意思是说，不同独立国家间的不同法规，有关和平时期的相互交流以及由此给

* 缺第二，原文如此。——译者注

他们带来的好处，有关战争胜利的影响，以及那时不同国家之间的战争哪些是被法律所允许的。把这些记在心里，我们可以比较古代的战争法和现代正在适用的法律，显示出在何种程度上后者更现代化和人性化。同时也要指出在社会完善的过程中，对战争法越来越多限制的原因。我们也要看这些法律在不同的国家体制（共和制、君主制、贵族政治）的影响下是如何变化的，这会引导我们考虑不一样的国家赋予陌生人不一样的权利，比如外国人等。

据我观察，所有民选政府规划的第一要素就是保证国家成员之间的公平和保证个人不受本国其他成员的侵害。也就是说，保证所有人能享有自己的完全权利。当有人被剥夺权利时，可以正当地向其他人主张，或我们没有由来地伤害他时，正义就被侵犯了。让我们来思考一下，存在着多少种可能损害正义的方式，即人有可能在哪些方面遭受侵害？第一，他（作为）个人（享有的权利）可能受到侵害；第二，（他）作为家庭成员（享有的权利）可能被侵害；第三，（他）作为国家的公民和成员（享有的权利）可能被侵害。任何伤害人的方式都可以最终归于以上一个类别，然后在这三种方式里，个人都可以在不受影响的情况下被伤害。——当一个人企图杀害另一个人的时候，他是把对方当成一个个体来伤害的；当一个人失去老婆或者他老婆被虐待时，他是作为一个丈夫被伤害的；或者当他失去儿子，或者他儿子没有好好对他时，他是作为一个父亲，或者一名家庭成员 8
被伤害的。——如果一个人不尊重另一个有头有脸的人物，这是把对方当成一名公民来伤害的，因为他的卓越地位是建立在民定宪法之上的。如果一个人没有正当的理由承担某种贵族的头衔，这是对与他平级的人的伤害，因为他们把他当成了比自己等级高的人，同时也是对比他等级高的人的伤害，因为他们把他当成了平级而其实他是下级；伤害是因为考虑到国家公民或者成员的身份和地位等状态而产生的。在这些例子里，伤害的种类随着人的身份而变化。一个人作为父亲被伤害的事实不会影响他个人，同样地，一个人作为国家公民受到伤害不会影响他作为个人或者家庭成员，伤害全是基于他作为国家公民产生的。

我们首先要考虑的是一个人作为独立个体的权利，因为这些权利通常都很简单并且通俗易懂，而且通常也不会因为别的条件变化而改变。

一个人以个体的身份被伤害通常有三种情况，不是人身伤害，就是名誉伤害，或者是财产伤害。第一种情况即人身伤害大致存在以下两个可能：要么将人杀害、伤害、致残，或者采取了任何伤害其身体的行为；要么限制他人自由。——这些权利就是普芬道夫称作自然权利的东西，而那些一个人作为家庭成员或政府成员的权利则被称为既得权利。[①] ——在这些他们定义的自然权利当中，它们优先于人们的行为（而产生），或者说它们不是因人的行为而引起，这些自然权利包括生命权、身体权、贸易自由权、与他人自由交易的权利、婚姻自主权等等和完整纯粹的估价权，或者以上所有的权利不得受到侵害的权利。现在这些都可以归为上文提到的三种方式。那些伤害一个人身体的行为都可以并到第一类，经商自由和婚姻自由的权利等等受到侵犯的时候也就是这个人的行动和思想自由受到侵犯。

当一个人试图把另一个人的道德标准降低到社会基线之下的时候，另
9 一个人的名誉就受到了损害。如果一个人被人叫作傻子、无赖或者流氓，这个人的名誉就被人诋毁了，因为他没有得到社会中99%的好名声。但是，同时，如果一个人称另一个人是诚实的好人，虽然也许他比这个要好得多，他也不能抱怨说他的名誉受到了伤害，因为这个特征是人类共有的。我们在这儿可以探讨普芬道夫之后的哈奇森先生关于权利的论述。他把权利分成了两类：完满的权利和不完满的权利，也就是完全权利和不完全权利。[②] ——完全权利就是我们有权利要求，同时在被拒绝了之后还能迫使另一个人履行的权利。不完全权利是和义务相关的：他人可以选择履行，但是不履行的话我们也没有权利迫使他人履行，他人有绝对的选择权。因此，一个博学多才的人值得赞赏，但是我们没有权利要求别人一定要赞赏他。一个乞丐也许是我们施舍慈善的对象或者他有权利要求这些，但是当我们在这里说权利的时候它只是个比喻，并不合适。我们通常理解的权利，是我们所说的完全权利，是与交换正义相关的。不完全权利，指的是分配正义。前者是我们可以考虑的权利，后者不属于法理学的范畴，但又不像道德体系一样不属于法律的管辖范围。[③] 因此，我们要决定什么属于完全权

---

① 自然权利和既得权利的区别来自哈奇森，《道德哲学导论》，Ⅱ.4.2（比较《道德哲学体系》，Ⅰ.293）："前者即自然权利很自然地给了所有人，没有任何人授予或者制定，而后者即法定权利有赖于人的行为或者法律规定。"普芬道夫，Ⅲ.4.3，区分了自然义务和法定义务。

② 普芬道夫，I.1.19；I.7.7；哈奇森，《论美与德性观念的根源》（1725），VII，6；《道德哲学导论》，II.2.3，II.4.2（比较《道德哲学体系》，Ⅰ.303）.

③ 斯密区分了交换正义和分配正义，没有涉及完全权利和不完全权利，但是在实际效果上这种区分殊途同归。

利，什么属于交换正义。———

一个人最可能受到侵害的就是他的财产。

现在，我们把什么称为一个人的财产呢？无非是（1）他现时占有的物品，不仅是关于他自己的物品，比如他的衣服等，而且是不论何地或者何种条件他都能通过主张而占有。{可以对任何占有人主张权利。}不论何种情形，一个人都拥有保护其实际占有之物的权利。或者（2）通过借贷或者合同，比如买卖等等。第一类是我们所说的真正权利，或者对于特定物所有的权利。第二类是对人权，或者是针对特定人所有的权利。{对人权是指仅对特定人可以主张的权利，与对特定物、特定的奴役或价值的权利相 10
对。[1]}

{一项对人权有时候会与某些特定的东西相排斥，但是这也只是当这个东西属于特定人占有的时候。因此，比如一个人卖给另一个人一匹马，但是马并没有交付，所以买方针对卖方有对人权。他可以随时要求卖方交付马。但是假设卖方将马卖给了另一个人，并且另一个人已经善意地占有了马，那么第一位买家便不能向已经占有马的第二位买家主张权利，即便他能向卖家主张损害赔偿。但是如果买方收到了马的话，这又是个不同的情况了；因此如果马交付之后买方希望卖方先照顾这马几天，但是卖方把这马又卖给别人了，先买的人就可以找后买的人要马，尽管他是一个善意占有人。}

首先我们来考虑一下对物权。对物权在民法中一共有四项：所有权（Dominium）、地役权（Servitus）、质权（Pignus）、继承权（Haereditas）。所有权又称财产所有权。根据这一权利，一个人排他地拥有关于某个物品的一切，他能随意地使用，同时他愿意的话也可以毁坏或者糟蹋这个东西。就这项权利而言，如果物品丢失或被窃取，权利所有者可以向任意占有者主张权利，而且即使占有者有充分的理由，他也不能主张任何赔偿，必须归还给所有人。当他找到在他之前采取错误的方式占有物品的人时，他也许真的能向那个人主张赔偿。财产所有权是排他性的权利，我们可以避免别人通过各种形式使用它。比如一个拥有农场土地的人不光可以防止别人拥有土地的产品，也可以不让别人从他的土地上经过。当特定人同意放宽或放弃一部分排他性权利时，地役权便扩大了。

① “对人权是在某特定方面仅能对抗特定人的权利”：哈奇森，《道德哲学导论》，II.5.1。

因此，对物权的第二种就是地役权。这些是名副其实地放弃一些财产的举动。如果一个人的农场是在我和公共道路或任何集镇之间，我也许会因为协议约定或者法律规定（待会我们会讨论）拥有地役权（即排他性权利的放宽），我就被允许骑马、步行或者驾着马车穿过他的农场。

{所有关于别人财产的主张都是要求别人放宽其对于所有权的排他性，
11 无论这些主张是否被设计成一种保障的方式。首先被我们称为保证，抵押，或者抵押权。剩下的那些被称为地役权。因此地役权的要素[①]就是一个人对排他性权利的放宽，即如果某种行为对墙有妨害的话，则他可以阻止任何人使用他的墙。}

一个人也许有机会借给别人钱，但是不能确定是否安全，他也许会拿走借钱者的一些财产。保证和抵押就在这种方式下建立起来了。这里没有适当的获得物，因为在前面的案例里，被抵押的财物被认为和被保证的借款具有同等价值，但是如果钱没有被还回来的话，他便拥有了抵押物的财产权，也可以主张通过保证获得赔款。

第四种是继承权。如果我们考虑后裔继承父辈财产的权利，我们会发现这是一个对物权，尽管和财产权不尽相同。继承人对继承有排他性的权利。别人没有权利去动那些财产直到继承人放弃它，并且他能随时把那些被毁损的或者被添附的东西要回来。同时在他同意接受这些财产的那一刻起，他就变成了它的绝对所有人。

{因此，如果我们考虑继承权是一个对物权，它确实也是，基于相同的原因，其他排他性的优先权也都是对物权，因为独占权是民法所赋予的优先权，比如作家对于他的书的权利，发明家对于他的机器或者药物的权利，只要他是唯一制作或出售机器或药品的人。这些往往构成了一个人财产的大部分或者全部，它们都是各国民法的产物。有些其他的权利也是自然权利的衍生，比如捕猎权；但是在自然界能找到的最优先的权利就是继承权，之后我们也会解释为什么这些权利符合宪法的本质。}

我们也许会发现不仅是财产权，其他的所有排他性权利都是真实权利。因此在这个国家，作家和发明家会对他的书和机器享有14年的专利权，这个是真实权利。在这段时间之内，他可以主张收回，或者向刊印他的书或者复制他的机器的人索要赔偿，这样视为他对它们享有真实权利。

---

① 最后一处的阅读有疑问，搭梁役权，就是在邻居的墙上搭建一个房梁的权利。

现在我们将从以下三个来源中讨论对人权：（1）合同；（2）准合同， 12
即现在所称的契约，或者求偿权；（3）—[1]

第一，对人权可能是从合同开始的。这个权利的来源是一个人对许诺人的承诺如实履行的期待。因此，假设一个人承诺另一个人给他 5 英镑，那么在承诺做出的时候便自然地产生了收到 5 英镑的期待；对于他的期待的丧失，许诺人有义务给予补偿。

第二，准合同。这不再是我们已经观察到的，而是求偿的权利。——如果一个人发现某样东西，如一只手表，是属于他人的财产，那么他势必要在发现手表的时候，把它归还给所有人，而不能有任何主张。

但是，例如，如果一个人猜想他的父亲欠我父亲 5 英镑，同时我猜想确实有这样一笔债务，并且收到了这笔假定债务的付款。——然后，另一个人发现金额已经付过，债务已经清偿。如果这笔钱被花掉了，他对这笔钱并没有真正的请求权。因为他能向我要求的那特定的 5 英镑已经不存在了。尽管如此，我有义务补偿他 5 英镑。他们说的遗产中的他人（所有）之物，即是说在我的继承物中有一些是别人的财产。同样地，当我没有正当的权利却因他人财产获得利益时，我有义务进行赔偿（归还）。（返还）他人之物所具有的价值[2]，这不仅是在原物还在的情况下，原物被消耗掉也一样要补偿。{因此，很多民法中提及的行为出现了，它们被称为非债返还（之诉），要求返还不当得利和无因管理之诉，就像当一个人在主人不在的时候帮主人维修了房屋以防止其被毁，他就有权提起无因管理之诉；尽管他没有得到房主的一分钱，但因为房主受益了，并且占有着用他的钱购买的财产，房主有义务对他在房屋上的花费做出补偿。}

第三，侵权行为。不论任何原因，一个人将他人财产据为已有，都需归还财产，如果没有更有力的原因，他势必要弥补他人因他而致的损害。
这里的损害更容易被感知并且影响我们更多，因为是故意的侵害或犯罪忽 13
视了给受害人增加的极大不安。{我们认为，一个蓄意伤害我们的人比一个仅仅没有履行承诺的人对我们的伤害要大。} 因此，当我们提起对另一个人损害赔偿的若干主张时，它是否产生于他们所说的之前的过失，或者蓄意伤害，出于故意。这些是几项对人权。

① 本行末尾“3”后有一空白处。对人权的第三个来源被斯密认为是侵权行为。

② 在某种程度上我增加了他人的财产。

面对权利，首先就要考虑这些权利的起源或产生的基础是什么。

现在我们可能察觉到，所谓最伟大的自然权利的起源无须解释。在一个人受伤或者疼痛时，他受到了侵害，这是显而易见的，无须任何解释；同样地，当一个人的自由受到了各种限制，也是受到了侵害；在这种情况下，任何人都会第一时间意识到侵害发生了。受侵害的人当他被诽谤的时候，在人群中他的好名声被损害了，这是不需要任何讨论来证明的。一个人一生主要的课题之一就是得到一个好名声，来提高他的声望并在某种程度上使声望更好。因此，当一个人的名誉被损害，甚至被贬低到人们普遍的等级之下，这个人便受到了最令人同情的和残忍的伤害之一，这种伤害可以是强加给他的。——这种情况下，自然权利不是与生俱来的，而是从财产中产生的。它最初没有明显的证据，例如，某样东西其他人可能和我一样适合拥有甚至比我更适合拥有，但是仅仅因为它在我的控制之下，它就应当专属于我，不属于别人；又例如，一个苹果，对于其他人来说无疑同样有用，但它完全属于我，并且其他人都被排除在外，仅仅因为我已经把这个苹果从树上摘下来了。

我们会发现关于财产权的产生有五个原因。第一，占有，之前不属于他人的财产，处于我们的控制之下。第二，移转，财产自愿地从一个人转
14 移到另一个人。第三，添附，某部分的财产附着于一个主物，与这个主物相比它更小，或是主物的一部分，那么它将属于主物的所有权人，例如牛奶和动物幼崽。第四，时效或者取得实效，一件物品长期不在所有人的占有之下，却在他人的占有之下，那么权利将转移给后者。第五，继承，最近的亲属或者遗嘱的继承人，有权利继承其亲属遗嘱中的财产。——这些都是有顺序的。[①]

论占有

在我们讨论占有或取得财产的其他方式之前，恰当的做法是观察那些根据当时的国家或社会做出显著改变的法规。人类历史经历了四个不同的阶段：首先是渔猎时代；第二个是游牧时代；第三个是农耕时代；第四个是商业时代。

我们假设十或十二个不同性别的人在一个无人居住的岛上定居，他们

---

① 这些对象在实际使用时的顺序是：占有、添附、时效、继承、移转。

为了生计实施的第一个方法，就是用这个小岛提供的野生水果和动物来供养他们自己。他们唯一的职业就是狩猎或者捕鱼。摘野生水果很难成为一项职业。在这些活动中，唯一一个应该得到职业称呼的就是狩猎。这就是渔猎时代。随着时间的推移，由于他们人数的增加，他们会发现打猎对于他们的供给来说太不稳定了。他们需要发明其他方法来供养他们自己。最
初，当他们在相当长的时间里成功地供养了自己，他们会尝试储备。但是 15
这种情况不能维持很长时间。——他们能想到的最自然的办法就是驯服一些他们抓到的野兽，并通过给予比野兽自己可以在别处得到的更好的食物，让它们在人类的土地上继续存活，并丰富它们的种类。由此，产生了游牧时代。他们更可能先开始繁殖动物而不是植物，因为这需要较少的技能和观察。最重要的是要知道什么食物适合他们。我们相应地还发现在几乎所有的国家，游牧时代都先于农耕时代。鞑靼人和阿拉伯人几乎完全依靠他们的牛羊生存。阿拉伯人有一点儿农业，但是鞑靼人则完全没有。全部靠羊群生存的野蛮民族都没有耕作土地的观念。唯一与这个规则相悖的是北美印第安人的情形。他们没有牛羊的概念，然而却有一些农业观念。他们的女人在他们的小屋后面种植一些印第安小麦的茎。但是这几乎不能称为农业。小麦没有成为他们食物的重要部分，它仅仅作为调味品或者给他们平常的捕猎增添一些乐趣。——因此，当他们发现通过狩猎来生存很困难的时候，牛羊成为最重要的资源。

但是，当一个社会人口越来越多的时候，他们会发现通过放牧牛羊来维持生计是困难的。于是他们便自然而然地开始开垦土地、种植草木，以便生产那些他们需要的食物。他们会观察到那些撒在干燥裸露的土壤或岩石上的种子几乎生长不出什么，但是那些进入土壤的种子一般都会长出植物并且能收获与播种时一样的种子。这些观察结果，他们将会扩展应用到那些能够产出食物并且富有营养的不同的花草树木上。通过这种方式，他们逐步进入了农耕时代。随着社会的进一步发展，人们原来为生活所需而习得的技艺不能满足需要；人们的技艺就开始有了分类，人们各有侧重，有人学习耕种，有人从事其他。他们会把他们生产出的多余的物品拿去交换，来换取一些他们所需但是自己没有生产的物品。这种商品交换随着时
间的流逝，不仅在同一社会的个体间发生，还延伸到了不同国家的个体之 16
间。因此，我们将衣服、铁器和其他小饰物送到法国来换取他们的酒；将多余的玉米送到西班牙和葡萄牙来换取那里的酒。就这样，商业时代来临

了。因此，当一个为国家储备了我们需要的牲畜，土地能够生产我们所需的粮食和必要的其他商品以维持我们的生存，或者当我们把多余的自然产品和人工产品用来出口以换来其他的必要物品时，至少还能保证居民的基本需要，这样的一个社会便可以保证生活的安逸和便捷。

我们很容易看到，在每个社会的不同阶段，关于财产方面的法律法规，总会有很大的不同。在鞑靼，正如我们所说，居民的生活依靠牛羊，在那里**盗窃**会被处以死刑；而在北美，同样以捕猎为生的地方，盗窃却没有那么受重视。由于他们几乎没有财产，剥夺他们的猎物是对他们唯一的伤害。当社会处于这个阶段时，几乎就不需要法律法规，所涉之范围也不会太广，对侵犯财产之行为也不会科以重刑。正如我们所说，盗窃在这样的社会阶段并没有受重视，并且也很少有机会实施，在很大程度上也不会伤害受害者。——但是，当牛羊被当成财产来饲养的时候，盗窃范围就会扩大，人们之间便有更多机会互相伤害，并且对于受害者来说是极其有害的。这样的国家，就会需要设立更多的法律法规，这样虽然盗窃和抢劫很容易实施，但后果将会是最严厉的惩罚。在农耕时代，他们也许很少接触到盗窃或公开抢劫，但是随后财产作为主体被侵害的方式将会大大增多。因此，这时的法律尽管不那么严格，但数量会比一个畜牧国家的数量大得多。在商业时代，作为财产的主体大大增加，法律也就会相应地增多。社会越发展，居民维持生存的方式就越多，防止侵犯财产权利、主持正义的法律法规数量就越多。

以上的论述，我们把财产看作是通过占有取得的。首先我们要关注的就是，仅仅占有一个对象，怎么就能赋予我们对这个对象拥有排他性的权利，并且可以想象到当这个对象被他人夺走时，会给所有者带来的伤
17 害。——更具体而言则是，为何一个人摘下苹果就对苹果拥有了所有权，便可以有权排除其他所有人对这苹果的干涉？按照我刚刚所解释[1]的理论体系，你会记得我告诉过你：一个公正的旁观者认为他的权利被侵害了，就会出于对他的关心与他一起捍卫对财物的拥有，并且使用武力来收回被不当夺走的财物。这可能是在上述情况下会出现的案例。在我们刚提到的场景中，旁观者会证明先前所有权人在受侵害时捍卫自己的权利并为自己复仇。之所以公正的旁观者在此情形下能够与所有权人形成反应的一致性，

---

[1] 此处为《道德情操论》的道德标准体系，在斯密的课程中无疑早有论述。Cf. TMS II. ii. 1. 5.

是因为当每个人占有某物时，都会形成一个使用此物的合理预期。这种期望在旁观者心中为所有者之行为提供了合理性，尽管该所有者在他人夺走其所有之东西时会采用防卫之行动，或凭借暴力将之夺回。——旁观者跟随着自己的感觉走，但是他无法得知那个取走别人东西的人的想法。由此，第一位所有者的合理预期是基于财产权是通过占有取得的。事实上，你可能会问，既然这个苹果像适合我使用一样适合你使用，那么我有什么资格从你手中扣留它？你可以走入树林（花费时间与其他的成本），摘下另一个苹果。你用我的方式来回答我。而且，这也是比较合理的，因为我已经走了并且付出了时间和痛苦来取得这个果实。[①]

在解释了占有这个行为赋予占有人财产权这个基础后，接下来要关注的就是经占有的财产什么时候开始生效。——是在我们看到这对象的时候呢，还是当我们把它事实上占有的时候？在大多数情况下，直到我们实际占有这个对象，它才会被开始认为是财物。一只野兔一开始并不在我们的掌控范围之内，我们也许会有得到它的期望，但是它仍旧有可能从我们手 18
中逃脱。如此，则旁观者将不会与我们持有一致意见，即认为他人抢夺超出我们权利范围之战利品而令我们受到伤害，因此我们有权主张获得赔偿。——然而，在这一点上，我能看到罗马法学家的观点就有很大的不同。就像查士丁尼告诉我们的[②]那样，特雷巴修斯认为一个动物是从受伤的时候开始成为我们的财物的，这样就给了我们一个公正的资格，所有者就可以对任一占有者主张提起所有权之诉并依据判决迫使其（返还动物的所有权）再次辩护。[③] 其他更严格的罗马法学家，比如普罗库卢斯和萨宾纳斯，他们坚持认为只要没有实际占有，东西就不是我们的。弗雷德里克·巴巴罗萨在完善了特雷巴修斯的学说之后，在动物受伤的方式上进行了区分。[④] 如果是用投射武器将它射伤的，他认为不应当立即成为财产；但是如果是用握在手中的武器，像矛或剑，那么这野兽，假设是一只野猪，便立即成为这位捕猎者的财产。{这毫无疑问是完全处在他的控制之下，他相信整只野猪

① 比较，洛克，《政府论》，§§ 27-28，但是斯密对于通过占有获得权利的解释似乎是对洛克解释的一种替代；参见42页。

② 特雷巴修斯的观点在 *D.* 41.1.5.1，这仅仅是其最具代表性的反面观点。查士丁尼认同他的观点：*Inst.* 2.1.13。普罗库卢斯和萨宾纳斯在公元1世纪是两个相互竞争的学派的领袖。

③ 主旨是，所有者对于受伤动物的行为能够使得占有人归还动物。

④ 戈托弗雷杜斯的笔记，*D.* 41.1.5.1（从拉德维库斯，《意大利史书中记载的腓特烈史》，I.26），由普芬道夫引证，IV.6.10。

属于他。} 在这一点上，不同的国家有不同的法律规定。在伦巴第人[1]制定的一条法律中，一只受伤的雄赤鹿，如果在 24 小时后被杀死，那么它将一部分属于那个射伤它的人，一部分属于那个杀死它的人，因为前者与这只雄赤鹿的死亡有关。我想可以将一条腿和四根肋骨给第一位捕猎者。同样地，现在，去格陵兰岛捕鱼的船只会依据谁射伤的鲸与谁最终杀死了鲸分割鲸。[2] 如果在同一季节中，在捕到的鱼身上发现了鱼叉，则该鱼的一部分应归投掷该鱼叉的渔船所有，因为是它令这条鱼受的伤，对捕获这条鱼有贡献。在大多数情况下，人们都认可形成对物的实际占有之时就是取得其所有权的开始。— — — — —

下一件应当关注的事是，多长时间、在什么情况下财产权会继续存在，并且什么时候视为结束。

19 起初，人们设想财产权灭失与财产权取得一样。他们设想，当我们失去对一件物品的财产权时，我们便不再拥有它。一只我们捕到的野兽，当它逃出我们的控制时就不再属于我们。但是，一个人与他失去的某物之间的联系，比他获得此物之前会更紧密。所有权将被认为会有所延伸，而其原因不仅包括我们当时占有该物而且包括我们曾经占有，尽管它们此时已经脱离我们的控制。换言之，只要我们追寻它们，将拥有恢复占有它们的可能。

假设我想摘一个苹果并且已经伸出了手，但是另一个人更迅速并且在我之前摘下了它。一个公正旁观者会想到良好的举止和文明，却想不到这是一种对财产权的侵犯。——假设我摘到了苹果之后不小心掉到了地上，被另一个抢走了，这可能是一种更不文明甚至令人发指的屈辱，几乎就是对财产权的侵犯。但是当一个人企图从我手中抢走我已经实际占有的苹果，旁观者便会立即认为我的财产权被侵犯了，并且赞同我取回它，甚至为此也许我会使用暴力也在所不惜。下面我们把这些应用到猎人身上。当我开始猎野兔，我有可能会抓到它，它也可能逃脱。旁观者这时便不会一致认为我能抓到野兔，因为很多意外会导致我抓不到它。在这种情况下，如果一个人过来并且拿走了我击中的猎物，这是对公平捕猎原则的一种巨大的侵犯；但是公正地讲，我会对这个犯规者不满意。一些国家的护林人可能会对这样的冒犯者罚款。如果在我捕到了野兔或其他野兽之后，它们

① 《伦巴第法典》，I. 22. 4，6；由普芬道夫引证。

② Stair，II. 1. 33.

有机会逃跑，而如果我继续追逐它们并且让它们保持在我的视线内，旁观者便会更自然地赞同我的期望；一个试图阻止我的人会违反公平狩猎原则并且非常接近侵犯财产权。{但是在此之后事情便超出了我的能力范围，因为尽管我能看到它，但我和它之间不再有任何联系；由于我没有多大的可能抓到它，我便不能再主张对它有相比于其他动物更大的权利。}但是，如果他采取暴力的或者是偷盗的方式夺走我实际占有的财产，这就显然是对我财产权利的恶意的侵犯。在旁观者眼中，我想拿回它的努 20
力被不当地剥夺了。——因此，这个阶段的社会，财产权的行使不可能超越占有。

但是，当人们开始想要驯服并且亲手养大这些野生动物的时候，财产权就必然扩大了许多。我们一般认为动物有三个种类。第一种，野生的动物，比如总是处于野生环境。第二种，半驯养的动物，就是那些已被驯服，被我们放掉之后又习惯性地回到我们身边的动物；尽管会有其他同种类的动物，例如鹿、野兔、野鸭等，它们中有些是野生的，有些则是被驯养的。第三种，温顺动物，像牛一样被发现时就是驯化的。当人们最初开始饲养家畜时，它们都还属于半驯化动物，正如已经有一些其他动物是野生的一样。即使是在这样的情况下，占有灭失时，财产权并不立即失效也是绝对必要的。该所有人无法总是把驯服的动物都带在身边；所谓维持这种财产之存在乃是十分必要的，这可以使其持续的时间长一点。因此，他们认为，对于先占的人来说，所有的动物仍然是那个人的财产，只要那些动物有在特定的时间回到他身边之习惯。① 这种情况还会延续到那些温顺的动物，或者我们叫作驯服的动物上。——{老鹰、鹿等，当它们不再处于他们所有者控制之下的时候，它们就被割让给了占有人。}随着时间的流逝，当某种动物不再在野外出现，而是真的沦于准驯服动物之状态时，其便失去了它们原有的名字，开始变成了驯养动物。通过引入财产概念的方式做扩大解释，只要这些动物能够被辨别是他们自己的就被认为是主人的财产；尽管很长时间它们不再处于他的控制之下，但是仍被全部看成是他的财产。这无疑是对财产概念的一个巨大的延伸。紧接着将是农业的介绍。看起来似乎是在土地种植后，并没有私有财产；随着他们住所的固定和城市的建造，私人之间的土地分割首次被引入。② ——财产的概念似乎在最开始设立时就

① *Inst*. 2. 1. 15.

② 洛克，《政府论》，§38。

仅局限于人，以及他可能有机会得到的他的衣服和任何工具。这自然会成为猎人之间的习惯，他们的占有导致他们不断改变他们的住所。{沙勒沃伊
21 告诉我们一个加拿大女人有一串精美的贝壳项链①，她非常喜欢它以至于她从来没有让它离开过她的视线。一天她带着去她收获玉米的地方。那里没有树，但是邻居家有。于是她在这棵树上挂上了她的项链。另一个女人正在一旁观察，然后拿下来走了。项链的主人想要回来，那个女人拒绝了，这件事要村里的首领裁断，他发表了自己的看法，即在严格执法的情况下项链应当属于从树上摘下来的那个人，而另一个人则因为放弃了对它的占有而失去了主张财产所有权的权利。但是假设那个女人不倾向于实施很可耻的行为并且不那么贪婪（在那个国家这是一种非常见斥的行为），她应当替所有者保管起来。}

牧人的住所较为固定，但仍然非常不确定。他们征得部落同意搭建的棚屋属于建造者。否则一开始就无法解释为什么一个人在他已经离开属于他的棚屋之后，这个棚屋依然是他的财产而不是别人的财产。一个山洞或洞穴将被认为是属于实际占有它的人，只要他持续住在里面；但是，今天晚上住在这里并不表示明天晚上他对于这个洞穴还有所有权。关于房屋所有权的引入，应该会得到一些部落或社会成员的赞同。因此在这种情况下房子本身以及房屋里面的物品都被认为是建造者的财产。{我们已经观察到甚至在渔猎时代，也可能有家庭固定居住，但是财产可能不会扩展到除了房子以外的东西。}但是财产依然不会延伸到土地或者牧场。一个牧人的生活要求他经常改变他的位置，或者至少他放牧的地点，为他的牛找到牧场。他一离开这个地方，他在这个地方所建的房产就会被视为终止，同样地，当戏院里的席位或者一个海岸上的小屋不再被他们占有时，也就不再属于他们。他们很难想象一个像有土地一样广度的对象，应该属于体形矮小的
22 个体。他们更容易想到像民族一样的更大的主体应该对土地享有所有权。相应地，我们发现在很多民族中不同的部落拥有他们自己独有的领土，其他人不敢侵犯（如同鞑靼人和几内亚海岸的居民）。但是这里的财产被认为属于私人的时间不会比他实际上占有这个对象的时间长。放过牧的田地，会被认作属于这个人的时间并不比他真正待在上面的时间长。——即使在

① 手稿空缺。根据沙勒沃伊的著作《新法兰西概况以及国王九月美洲访行记》（第三卷，巴黎，1744年）III. 275－276里面的描述："The woman wore a 'collier de Porcelaine', i. e. a string of polished shells.""贝壳项链"这个词是从手稿空白处推测出来的。

农业时代到来之后，土地的私有也经历了一段时期。起先整个社区共同耕作一块土地；他们根据每个家庭的人数和这些人的等级，把这块土地生产出来的农作物在各个居民间进行分配。任何个人的倾向都不够构成他任何一块土地的所有权，如果他可以的话，只能持续一个季节；剩下的人可能会冲他大喊，因为他正在侵犯和侵吞本应该属于他们共有的财产。同样地，我们之中的任何公司或社会都不会允许他们团体中的任何人留出他们共用田地的任何部分或者田地中的任何树等等供他个人使用，因为他们应该得到这些共有东西的共有果实。{作为对这一点的证实，我们从塔西佗那里学到，每一个从事农业的民族耕作一些土地，生产出来的产品在社区成员之间分配。} 最初私有财产的起源很可能是人们定居下来并且在城市中住在一起，这可能是每一个进步的社会中存在的情况。当人们住在一起时用这种方式耕作的土地应该是那些离他们最近的土地。随着他们住的地方变得稳定，看来似乎他们把土地一次性划分是最简便的方式，而不是给每年分配产品制造不必要的麻烦。这种设计的结果，就是这个社区或者国家的主要负责人，如果你愿意在这种情况下用那个光荣的名称来称呼他们的话，就应当把共用的土地分给每一个个人或家庭。同样地，我们发现荷马[1]和亚里士多德，不论什么时候他们关于任何殖民地的定居的叙述，提及的第一件事就是土地的划分。亚里士多德[2]也提到了这件事是以何种方
式进行的。他告诉我们离新建的城市最近的土地被划分为不同块，因为这 23
对每个个体来说最方便，但是那些更偏远的土地还是允许保持共用的形态。

有一种观念认为地方管理者划分的土地所有权不能优于耕种和畜牧。有一个事实强化了这种观念，在这个国家，一旦土地上的农作物离开了土地，土地上的牲畜不再被看管而变成自由放养，那这些土地看上去才能被分配所有。尽管这种观念与国会法案相违背，但这个国家的人非常执着于土地的所有权不能优于耕种和畜牧的观念，而且没有可能让人们去遵守法案，即使法案明确了实施这种观念的行为是要受到处罚的。

最后一种类型的财产，即土地，是所有权最大限度的延伸。接下来我们将要考虑在不同国家以何种方式限制土地所有权。

---

① 例如，*Odyssey*，vi. 9－10。

② 在《政治学》VII. 10（1330^{a}9 ff.）中，亚里士多德建议区分公共和私人土地，而私人所有的土地的进一步细分，使得每位公民都能够拥有靠近城市或者接近边境的土地。

根据上述我们提到的，财产几乎可以涵盖所有的对象。然而，仍然有一些事情必须遵循平等的规则。因此，首先野兽不是所有权的对象；即那些凭借迅捷或凶猛而免于被人类力量所俘虏的动物；罗马的法学家把这些动物以及和这些动物一样未被驯服的动物称为野生动物。

封建政府的专制和人们尽可能地敲诈他们下属的欲望，在一定程度上使得一些对象成为财产。根据古代大多数国家的民法和宪法的规定，猎物对每一个人来说都是可以随意捕杀的。这显然是最能被接受的理由。因为没有人可以对野生动物施加任何权力，也不能声称这是他的财产，因为刚刚它在他的牧场，也许下一刻它就到了另一个人的牧场里。封建政府建立起来以后，这个原则虽一定程度上依然流行于欧洲的所有政府中，但国王和他的贵族们将他们能够私占的一切据为己有，而并未出现引发奴役者愤怒的高危状态。在其他的侵犯之中，野生动物应当仅仅属于国王和他的贵族们以及被赋予射杀动物权利的人，这成为了规则。在亨利七世的时候，一条法律是这样规定的：禁止射杀动物，除非得到国王的授权或土地主人
24 的同意[1]；詹姆斯一世时期规定了另外一条：一个人如果没有一个 100 英镑的土地租赁或者一个 99 年价值 150 英镑的长期租约，或者终身租赁，则不得进行狩猎，即使是在自己的不动产上。[2] 在乔治一世和乔治二世的时候，法律规定一个人若有武器或猎物将被处以 5 英镑的罚款，除非他有以上所提及的租赁条件[3]；这个王朝的其他法规规定，不仅地方法官，任何人都有权利索要罚款。[4] ——这个宪法在公理上可以说是没有理由的；如果一个人给所有人造成了损害，那么他有义务给予赔偿，但是如果任何人都同土地所有者一样可以无忧无虑地捕猎，就不存在损害。他们给出的理由是，这一禁令的用意在于防止较低层的人花时间在那些无利可图的事情上；其实真正的原因是我们之前提到的，即狩猎带来的喜悦和掳掠一切的欲望。同样地，大海和河流中的鱼类，自然地属于共同所有；但因同样的侵害思想，使得专供给国王和他的贵族们的猎物扩大到了鱼类。因此，凡是较大的鱼类，由于它们有更大的重要性，被视为只属于国王或者那些有权得到他们

① 11Henry Ⅶ，c. 17 (1495).

② 1 James Ⅰ，c. 27 (1603) 允许自由持有价值在 10 英镑每年的土地所有者或者价值在 30 英镑以上每年的土地长期租赁者进行猎杀动物的活动。

③ 3 George Ⅰ，c. 11 (1716)；9 George Ⅰ，c. 22 (1722)；31 George Ⅱ，c. 42 (1758).

④ 8 George Ⅰ，c. 19 (1721).

的大臣。鲸、海豚、鲟鱼等均属于此类。{这些大型的鱼类被称为皇家鱼类。}同样地，鲑鱼[①]，除非国王在宪章中明确授权，否则不能猎取。鱼类和猎物一样不能成为财产的对象；因为它们不在我们的控制之下，也因为经常改变地方而不能被视为属于某个地方，所以它们应当是人们共有的。——另一种对较低阶层人的侵害方式体现在法规对被丢弃的赃物的规定上。就像他们说的，（小偷丢弃的所盗物品）如果一年之内没有人来主张权利，那么国王或者发现该物品所在地方的领主，或者被授权可以取得赃物特权的人将得到它。[②] 这同时也被扩大到了所有无主物品。同样地，那些已经离开自己主人的动物在其他人的土地上被发现时，并不属于发现者，
而是庄园主人的财产。显然，根据衡平法，这些财产应当像其他财物对象 25
一样归还给合法所有者，好比一只手表理所当然地属于一个人，只要这个人能够证明他的财产中有这只手表，那么手表就理所当然归他。法律这样规定的唯一理由是，想让人们更加注意防止家畜走失，并且在适当的时候能更留意主张他们自己的权利。但出现这样的情况，即为什么它们当然地不属于占有者，而是给了没有资格的国王或者领主，甚至连时效都没有。——同样地，除非国王授予土地所有人发现埋藏物的权利[③]，否则土地所有人不能将从他土地上发现的财物据为己有，更不用说是他在别人土地上发现的。这些埋藏物往往成了国王收入的很大一部分，虽然它们现在很少了；但是，在财产还非常不安全的混乱时期，一个人被他人得知很富有是十分危险的，因为法律不能保障他的占有，没有什么比一个人埋了他拥有的东西更具有公有性。现在，在土耳其和莫卧尔王朝，几乎每个人都拥有自己的财富，一个人要和他的继承人说的最后的事情之一就是他的财产被发现的地方。在那时，拥有埋藏物的权利是非常重要的。贵族阶级制定这些法律的原因就是，在这种情况下人们更容易接受被掠夺。一个人对于他短时间占有，且本该通过巨大的痛苦和努力才能得到，却不费吹灰之力得到的这个东西并不形成感情的依属（正如此处的例子一般），因此，他丧失这个东西时也不会认为自己受到了极大的伤害。

---

① Stair，II. 3. 69.

② 占有被小偷丢弃的无主物的特权；参见 *Quoniam Attachinamenta*（一本 14 世纪法庭审判的手册），in Stair Society，vol. 11，c. 48，sec. 14.

③ 对于财产所有者的特权就是能够取走无主的贵金属，而且这些贵金属是在无主的土地下埋藏的。

除了已经提及的那些，还有很多其他东西也应当被看作大家共有，因为它们不会减少或因使用而受损，也不会令使用者受到伤害。由此，空气应当是被大家共同呼吸的，它也不会因为别人使用而减少或变得不适合吸入。流动的水同海水一样自然地为人们所共有。[①] 路旁的泉水不会因为有人从里面取水饮用而变坏，其土地所有者也不能阻止他人在那里喝水。但是假设泉水出现在一块地的中央，土地所有者有权阻止他人饮水，因为他人不可能在不侵害他的情况下到达泉眼处（除非他在所有者的地上有苦役要做。如驱赶牛（牲畜）前往水源）。——河水与引水权、导航或航海权，以
26 同样的方式被人们共有。没有人会因为他人在使用而受侵害；一个人在某站的船只，不会篡夺该站的财产；他只有在占有它时享有权利，那时他的确可以在他人企图取代他时捍卫自己的权利，但是一旦他离开了它，这权利就让渡给了下一个占有者。{海岸似乎应该以同样的方式被全社会共有，增加的部分也属于整个社会共有，但是国王将这些都归为他自己的财产，就在林肯郡[②]，那里频繁地增值和减值。某个人由于海岸的增加有了100亩地，但却不能占有，包括从海岸到丹麦的所有土地，因为这些地没有被指定，整个让渡给了国王。} 尽管海航权应以同样的方式自然地属于共同所有，但是那些临近河流或海湾的国家和民族经常会篡夺司法统治权（尽管没有支配权或财产权），在没有他们的许可下，其他船只不得进入。[③] 究其原因，是因为这样会将他们自己暴露给敌人和陌生人，并且让他们进入自己国家的心脏地带。然而，他们并不试图拥有这些河流的水权，仅仅是限制航海权。

海湾与毗邻的处于管辖之下的土地仅有细微的差别，例如克莱德湾、福斯湾、墨累湾。另一方面，波罗的海，尽管它在很大程度上受到丹麦国王的管辖，但是并没有被认为是土地或者土地的附属物，而是直到国王提供了灯塔作为他的贡献才开始的。瑞典和丹麦，尽管它们的沿岸领土都比现在大得多，却在这方面没有任何贡献。同样地，河流和小水湾被认为是土地的一部分或附属，所以大海和海岸都以同样的方式被管辖。对于陌生人，没有允许则不能航行或钓鱼。特别是在任何有炮的炮台附近，没有船

① Cf. Hume, *Treatise of Human Nature* (1739 - 1740), III. ii. 2 (ed. Selby-Bigge, 495); *Enquiry Concerning the Principles of Morals* (1751), III. i (ed. Selby-Bigge, § 145).

② Robert Callis, *Reading on Sewers* (2nd ed., London), 1685), 47 - 48.

③ Grotius, II. 3. 13.

只会被允许经过或在那钓鱼，除非了解了它的管辖。不允许陌生人钓鱼是有一些自然基础的，大部分的支持来自大量的居民，他们会自然地认为如果允许陌生人来打扰，他们会受到侵害。除此之外，这海洋和河流中的鱼也不是取之不尽用之不竭的。然而，共同体或政府对经过它领域的航海的限制和对河流的利用，是基于领土的添附原则，即较小的土地让与它附着的大块土地。 27

{添附是接下来要讨论的。这两个是获得财产的最初方法。其他的是次要的，都是根据死者的遗愿或继承，或者通过自然人之间自愿的移转。} 在不同的社会阶段，这种取得财产的方式也经历了非常大的改变。{在渔猎时代，没有添附的空间，人们所有的财产都集中在他们捕到的动物身上。} 在游牧时代，添附除了牛奶和动物幼崽之外几乎不会用在其他东西上。它们自然地给了驯养动物的人。尽管驯养人并没有想要得到牛奶的意图，但是将它让给别人的行为似乎是不当的。像很多其他例子中一样，这样做不是不方便，而是不合适。{当动物被驯养并且被特定的人占有之后，该动物的奶水被当作共有的，这无疑是荒谬的。我们很自然地倾向于某人拥有完整的一件财产，或者一整套房产地产，而不是纠结于房子和地的哪个角落到底属于谁。} 甚至是占有的权利，像我们说的那样，看起来都是建立在明显的不当的基础上的。由此可见，动物幼崽应该是属于母亲的添附而不是父亲的。受孕、怀孕、生产以及哺乳等行为在母子之间产生了比父子之间更强的联系。{除此之外，刚出生不久的幼崽和母乳一样都被视为母亲的一部分，但是是很小的组成部分。} 除了天鹅之外所有动物都不例外，天鹅的规则是幼崽的一部分归于父亲，一部分归于母亲。其理由是，雄性只能与一名雌性同居，其除了幼崽之一部分外，其他一无所有。在男人眼中，孩子被看作是母亲的财产，除非母亲是她丈夫财产的一部分，由此，后代属于父亲，因为孩子是母亲的添附。这是在婚生子女国家旧有法律中出现的情况，非婚生子女是母亲的财产并且通常取母亲的姓。——{一些罗马法学家认为不能以添附的名义赋予年轻母亲拥有孩子的权利，他们称之为“腹 28
中的权利”[①]；但是上述情况表明，所有情况下，添附的权利都应该被规定在宪法中。}

① Cocceius，XII. 271. 表达方式并不是罗马式的。

尽管在游牧时代，添附的机会很少，但是，当农业和私人土地财产被引入的时候，它们的数量会无限增加。然后当国家一致同意土地能分割的时候，他们将拥有的是各自土地的所有权，以提高作物的产量。但是自然而然，这来源于其所拥有财产的主要部分，将土地之上（后来经过发展也包括土地之下）的树木、石头矿物等附着物当作土地的添附等。最初的原因可能是，无地表伤害的情况下不能取得该财产，但是对于在农场中的矿物质、矿产资源，在同样条件下，却涉及其他的财产所有人，毋宁看作一种消耗。但地表资源与地下资源之间的联系是如此之大，以至于地表与地球中心之间的规则呼之欲出，如果他能走这么远，那么地表与地心之间的任何事物都归其所有。——{最初，这项权利转移到私人所有者时确实是犁地、播种、收获果实或者农牧的权利。更简单周详地说，他拥有土地所有权，也即有权出售或转让。正因为地表就是作为财产来转让的，土壤表面和土地内部的东西会很快被视为附属于同一所有人。尽管土壤及其他的东西可能会在没有侵害地表的情况下获得，但这样的特征会使得这些看起来不公正，然后引入当时的法律，也就是整个土壤全都属于地表所有者。}这同样也是民法与封建法的区别，因为在民法中所有的矿产都被看作是土地占有者的财产。那些国家的土地，我们所说的完全私有[①]，也就是完全属于财产所有人，因此国家不能限制所有人使用他自己的任何地产。但是在封建政府，国王被看作是直接支配者，拥有一笔可观的收入。作为用益物
29 权的占有者，则只是国王的佃户，被称为持有者。因此，一个有林地租赁权的佃户，尽管没有明文规定，其对灌木丛和树林下的草丛有权利，对为所有人保留的木材没有权利，所以诸侯们被认为可以对价值较低的矿物享有所有权，比如煤、铅、锡、铁、铜等，但是那些金银却被当作是直接支配权的保留，即为国王自己使用。因此，一个人只能以价值较低的矿产作为个人财产，金或者银却不可以，除非得到宪章的授权。

同样地，土壤及气体物质被看作是地表的添附，无论添附因为大海的退潮还是河流的改道都被认为是属于未来所有毗邻人的。但是在不同的国家这些添附受到不同的规制。在那些地势较高的国家，如意大利和大不列颠的大部分，那里的河流沿岸都大大高于水流本身，土地添加就不会非常多，无论是大海的退潮还是河流的改道；在所有的这些国家，因为添附对

① 自由地由所有者享有完全的所有权，而封建土地由长官（即依条件服从）所有。

相邻土地的影响甚微，所以被认为是该地的财产的添附。然而在那些地势平缓的国家，像埃及和恒河沿岸的国家，以及那些地势较低的国家，大海经常退潮，河流也经常改道，添附不应该被认为是毗邻土地的，而应该是本国的财产。[1] 在林肯郡，根据法律，添附被认为是毗邻土地的，但是这些土地必须被指定，否则即属于国王。

这类问题的所有情况都不难确定添附的所有人。唯一可能有疑问的地方就是添附的所有人与原物的所有人不同。{就像我们用别人的木头造船，用别人的葡萄做红酒，用别人的金属做杯子一样。} 因此，当一个人在他人土地上建造房屋时，房屋应当被认为是土地的添附还是土地应当被认为是房屋的添附呢？这是个问题。仍需要观察的是添附的所有人和原物的所有人不同的情况，问题不在于谁应该独享权利，而是在于谁应当被视为委托人，并且有权要求另一方给予所有人补偿，只要他是盈利的。因此，在上 30
述情况下提出的问题在于房屋是否应该被认为是主物，并且房屋的建造者有权在为土地或适当租金支付合理价款后占有房屋；还是另一方面，土地的所有人将与其收益相当的价款支付建造者后，是否对房屋享有权利（它所值的价值额度[2]），尽管这支出可能大大超过他在这房子上所花费的。在这种情况下，所有的律师都确定，土地的所有人应该有权主张对房屋的权利。在大多数情况下，房屋确实比土地本身具有更大的价值，但是这里的规定则是，任何人都不应该因为他人的行为而失去自己的财产。不使任何人因他人的行为而丧失自己的财产。[3] 在他受益的范围内，这种一般的规则能较好地处理大部分情况，但是有些情况判决很难与规则相匹配。假设一个人在木板或者帆布上画了画，那么这个画画者很难放弃这幅可能会有很大价值的画，因为它被视为是无价值的木板或者帆布上的添附。依据中间派普罗库卢斯和布莱克的意见，将添附的权利给予了画画者；但是严格派比如卡西乌斯和萨宾纳斯[4]，坚持普遍规则，认为画并没有改变木板的本

---

① Pufendorf，IV. 7. 12.

② 在某种程度上它是丰富的。

③ 不能让任何人因为他人的行为失去自身对财产的所有。Cf. Pufendorf，IV. 13. 6.

④ 普罗库卢斯、卡西乌斯和萨宾纳斯是公元1世纪的罗马法学家。普罗库卢斯是普罗库里学派的领袖，而卡西乌斯和萨宾纳斯是萨宾学派的领袖。

质，所以应该保护前所有人的财产权利。[①] ｛这幅画并没有改变事物本身；木板还是一块木板，其理由可能是，他们的墙壁全是由石膏或石头建成的，只有画能挂在墙上，据此就区分了画布。｝在许多情况下会出现同样的难题，比如一个人用他人的葡萄或大麦制作了葡萄酒或麦芽酒，或者用别人
31 的金属银做了只杯子，又或者用别人的木头做了船只。严格的律师们会判决物质本身的所有人应当继续所有，即使它已经改变了形式。其他人认为，在这种情况下，加工者应当被认为是大部分的所有人。[②] 但他们可能不会违背他们的一般规则，这不是一种严格意义上的添附，物质本身产生的是一个新事物，依其属性为新的物，正如葡萄变成葡萄酒之后便不再是葡萄，大麦变成了麦芽酒，银变成了杯子，因此物质的所有人不能因为此物质产生了新东西而主张权利。保罗[③]和在他之后的特里波尼安[④]以及查士丁尼都想出了一条折中的办法，尽管比其他任何人都异想天开。他们制定的规则是，当权利对象能够还原到原有状态，那么它应该属于原物所有者，但是当它不能还原时，物质本身将被看作是形式的附属。根据这一规则，金属无论被制作成什么奇特的样子，都仍被认为是原所有人所有物的一部分，但是船只、葡萄酒以及麦芽酒都应当被视为加工者的作品。——这一规则是没有合理的基础的，并且只能在物质和所有人之间的微小联系中适用。当它能够恢复原状时比不能恢复原状时联系更大，然而物质还都是一样的。但在许多情况下，这一规则根本不会被认可，例如雕刻。看起来物质本身在许多情况下被视为添附似乎更为合理，因为这样物质的所有人可能会得到加工者给他的全部补偿；而如果实体支配者应该拥有添附，加工者大概会因为仅仅得到了实体支配权而损失一大笔。这种情况通常会发生在画作、雕刻艺术等作品上。｛这一定论向我们展示出，法学家们意见的形成所凭借之联系是多么的微妙。｝

还有很多非常类似的情况，例如，当一个人的宝石被镶嵌在了另一个

---

① 根据保罗在 *D.* 6. 1. 23. 3 和盖尤斯在 *D.* 41. 1. 9. 2 中的观点，在法学家中就书画是否是木板的添附或者相反，这里并没有在像普罗库里学派和萨宾学派之间产生这样的分歧。斯密可能在整理的过程中对此分歧比较迷惑。查士丁尼决定木板从属于书画：*Inst.* 2. 1. 34。

② 萨宾学派的学者们将物质的所有权归于物质所有人；普罗库里学派的学者们将其归于物质的制造人：Paul in *D.* 41. 1. 24，*Inst.* 2. 1. 25。区别就在于新种类的制作者。Cf. Hume，*Treatise of Human Nature*，III. ii. 3（ed. Selby-Bigge，513，note）.

③ 公元 3 世纪早期的罗马法学家。

④ 《查士丁尼法典》的主要编者。

人的黄金中，宝石尽管更具价值，但是它只被看作是黄金的添附，无论是使用还是镶嵌其中，都只是黄金的装饰。然而，他们不再认为宝石是黄金 32 的添附，尽管它镶嵌其中，并且当它们分开时，宝石就成了先前所有者的财产。为此，他们想出了逃避严苛法律的办法，并且给宝石的所有人以帮助来对抗另一人，通过展示，即看它一眼，当它被分开时，他可以主张权利。[①] 在这里道理同样看起来在宝石所有者这一边，因为他也许没有就宝石得到充分的赔偿，而另一人却因黄金而得到了充分的赔偿，因为其全部价值将被这个合成戒指的所有者得到。

以上这两个是取得财产的全部原始方式。其中第一个叫作派生[②]，即对一件物品的财产权已经在其他物品的占有之下。{时效，即一个人在长时间占有后对任意对象的权利，否则，没有占有即没有任何权利。最初引入这种取得财产方式的根源看起来在于此。} 当财产被长时间占有后，物品也被认为应当属于前占有者的财产，即便它不在他的控制范围内很久，我们发现，如果一个人以满足时效（权）的方式占有某物却无法取得该物的所有权，那么在社会层面看来，该物的所有权将处于不确定的状态之中。这个权利的基础是占有者对长期占有的物品可能会及于塑造出的附件[③]，物件长时间脱离所有人的控制就会使得其影响力变弱，从而使物件分离。{时效之所以能够取得所有权，与占有有着极其类似的逻辑与原则。旁观者可以以同样的方式期望第一个占有者能够拥有他所占有物品的使用权，并且认为从他手中夺走是对他的侵害；同样地，时效的权利来自旁观者的意见，认为占有者长期的占有能够使他拥有占有物的使用权，并且先前所有人已经丧失了对它的所有权利，也没有使用它的期望，因为这会使得现在的占有者因为被剥夺而受到侵害。这两项原则，占有者的附属物权以及先前所有 33 者的物权被剥夺是下述权利之基础，其得到了不同的先决条件之确认。这些先决条件被引入，即持续占有足够的时间，从而使得财产权可以通过这种方式转移。}

时效的第一个条件是善意，即占有人自认为是某物的合法所有权人。如果一个人明知某物属于他人，即使永久占有也不可能给他带来该物的所有权。除此之外，他所占有的物品应当有合法的来源，也就是他应当占有

---

① *D.* 10. 4. 6；D. 6. 1. 23. 5. 此行为是指将宝石视为独特的物件，此物件与黄金分离。

② Grotius，II. 3. 1.

③ Kames，*Essays upon Several Subjects in Law*（1732），IV（‘Of the Doctrine of Prescription’）.

可以被合法转让的财产。因此，如果一个人在市场上或者其他地方买了东西，他便有一个合法来源，并且可以合理地认为他拥有这项财产的权利。但是如果他发现了例如道路上的手表，并没有交给警察，即使他占有了手表100年，当物主或物主的继承人来认领时，他也有义务归还手表。——{很少会发生一个人对所有东西都有权利，除非他得到它的来源合法。但是如果一个人十分愚蠢，占有将不会导致所有权之发生。在很多情况下，资格还是必要的，尽管它是非常轻微的。在动产当中，没有对资格的要求，只要是善意占有就将获得权利；但是占有就需要确认权利的文书。}一块土地在没有资格的情况下不能被占有。就像国王被认为是所有土地的所有人，没有转移权利的标志，这些土地是不能给别人的。这是一个许可证或羊皮文书。因此，一个人除非能够证明他有这项权利，否则他不能参与土地遗产的继承。但是，一个原本没有资格的人，如果其父亲被赐予封地，则其便可凭此得以继承。{之前提到的必要条件确定了所有者对其所有物的添附拥有所有权。还可确定的是之前的所有者已经与此物分离，诸如此类。}占有不能中断也是一个必备条件，不仅以公正的方式，也包括不公正的方式。在这个国家，只有原所有权人主张所有权是导致时效中断的唯一合法方式。在这种情况下所有者必须行使中断权。在这种情况下，物品必须在索要人（地主）的掌控之中，在中断占有权时，法律没有要求地主对物品完全掌
34 控。[①] 因此，它不会反对一个缺席或者剥夺其行使中断权利的人。{例如，未成年人、精神病人、丈夫生前的妻子；被不公正放逐的人，正如在1648年僭主奥利弗·克伦威尔的时代。}惯例是对未成年人不发生时效；占有者有权在未成年人达到法定年龄后继续他的占有。人们认为，事物的自然天性并没有指出诉讼时效发挥作用之准确时间，占有持续时间的长短，1年、2年、3年、10年、40年等时间长度都曾为立法者们所选择。

但是仍需要一些时期是确定的，以给予他对占有物的权利，因此我们发现这些时期在各个国家已经被确定。在罗马的第一阶段，当社会已经没有太大的进步，财产变得十分不确定时，《十二铜表法》的制定者想出一整年的动产时效期间以及两年的不动产时效。后来这一期间被延长至3年，之后在意大利又更改为3年动产时效和10年不动产时效以及一些地方20年的

---

① *Contra non valentem agere non currit praescriptio*（原文）：法规没有禁止地主对中断物品主张占有权时有一部分没有在掌控之下。Stair，II. 12. 27；Erskine，III. 7. 15.

不动产时效。[①] ——同样地，在封建政府，当土地所有人占有国王的土地时，他应当为国王提供某些服务，比如从军打仗或者在他的议会上随时响应号召，任何人不能占有财产，除非由履行义务的人的占有成为了必然，这是必要的。因此，如果有人想抛弃他的地产但是一年没有履行那些义务，这时有另一个人占有了他的土地并且履行他应该履行的义务，那么后者（由于他所做的都是取得权利的必要条件）便拥有了对土地的所有权，另一方面，没有履行其职责的人无权主张赔偿。{国王也许的确会宣称，他没有国王特许状，但是先前的占有者却不能主张。} 但是当政府将要大变并且地产权不再依赖于个人义务的履行时，当宪法也不能解决财产问题和不确定性时，一个人在如此短的时效之内不再享有地产权看起来是不公平的。所以，两种时效都不应该规定为那么短的时间；因为不是占有者形成了附属品，就是所有人不再能控制原物。亨利一世时期，他们走向了另一极端，财产在丧失占有后很长时间将继续持续；没有固定的时间作为时效的发生。这就引起了极大的混乱和财产的不确定性。为了弥补这一缺陷，亨利二世 35
规定，任何行为不得对抗占有，这一范围回溯到了他的祖父亨利一世在位期之前很远。[②] 亨利三世制定了相同的宪法，他们只能延长时间到亨利二世时。[③] 爱德华三世也将理查一世[④]的时间延长到理查二世。从这个时期一直持续到亨利八世，几乎没有地产不能够被主张权利，亨利八世宣布没有主张能在 60 年时效之后有效，如果资格是财产回收权[⑤]，在 50 年后没有人主张它，或者 30 年后原告已经开始主张此项财产的所有权。[⑥] 在苏格兰，查尔斯二世的法律规定，时效是在 40 年没有中断的占有后开始的。[⑦] 英格兰和苏格兰动产时效起初是 1 年；后来在英格兰延续下去，而苏格兰现在仅仅对被丢弃的赃物有这个时效 1 年的限制。以前，在一年零一天之后，做出声

① *Inst.* 2. 6pr，在两党都居住的省份，时效是 10 年，在两党不同的省份，时效是 20 年。

② 亨利一世的死亡时间是 1135 年 12 月 1 日。

③ The Statute of Merton，20 Henry Ⅲ c. 8（1236），在亨利二世加冕礼上修改，1154 年 12 月 19 日。

④ The Statute of Westminster Ⅰ，c. 39（1275），在理查一世加冕礼上修改，1189 年 9 月 3 日；此条例之后一直没有修改直到 1540 年爱德华三世。

⑤ 手稿空缺。此处为推测。

⑥ 32 Henry Ⅷ，c. 2（1540）：没有一项合法财产能够在一个权利令状中构建一个主张，除非在权利令状发布之日起 60 年内，但是所有者的行为规定为 30 年。

⑦ Act，1617，c. 12（A. P. S. IV. 543，c. 12）确定了取得时效为 40 年。在查尔斯二世统治时期有一些限制的规定。

明，所有丢失的物品或者被我们称作遗失物①的，都被判决给了国王的官员以及那些被赋予特权的陪臣。②

关于时效的条款各有不同，通过长期占有确认权利的必要条件也是不同的。就我们观察到的，在苏格兰，时效期间比较长，为40年，并且不需要占有者是善意的；他们认为这个必须从属于正义的要求，并且占有没有被打断——几乎不会发生财产时效被规定在50或60年内，因为一些例外或间断③会发生。因此，增加时效权利是合乎惯例的，并且大多数的律师都一致赞同。同样地，在间断之后时效继续并且不会重新开始。在苏格兰法律中，除非先前占有者或他的继承人主张权利，否则没有间断能够对抗时效。由于战争或其他外界原因造成的间断是没有效力的。——在英格兰，占有
36 期间会更长，主观善意和来源合法都不是必要条件，每件事都是在人为地缩短时间；因为几乎没有财产可以被规定时效少于70或90年。——{在人的一生中，时效为30年，但是这不会发生。}在民法中，时效在很短的时间内发生，这另一方面也对所有人主张权利有利。因此，不仅因为他自己的中断，连敌人入侵的中断，例如他们在他的土地上固定营地，都足以构成一次中断。除此之外，这一中断不仅能阻却时效的继续，还能使占有无影响和义务优先，占有者从中断停止时开始重新计算，以任何方式中断。{在我们的法律中，主张以同样的方式优先。}然而，在民法中有一项对时效极为有利的条件，就是主观善意只在开始的时候被要求，即使他之后能证明他不是善意的，时效也已经开始了。{赃物同样不会有任何时效限制，但是在这个国家，赃物在被宣告之后有一年零一天的时效。④}

另一方面，在普通法中，根据法律规则调整所有事情应该是考虑主观善意的，当基于良知已经暴露出不善意的时候，时效不能生效，因为这个人一定是故意要扣留他人物品的。⑤ 民法再一次对人性的弱点给予了更多的关注。

一些作家从不同的来源追溯时效权利。格劳秀斯⑥的理论基于假设论证

① ἀδέσποτα，没有主人的物品。Cf. 57 above.

② See above，p. 24.

③ 针对所有者的少数群体时效并不起作用：Stair，II. 12. 18.

④ 在苏格兰，被偷的物件可以取得消极时效，就像其他动产和一年零一天的无主物一样。（消极时效是一项质疑丢失物件的权利，就像积极时效是通过得到新的头衔一样。）

⑤ Pufendorf，IV. 12. 3. 宗教法庭被称为“良心的法庭”，而不只是考察一个人的外部行为。

⑥ II. 4.

了从没有主人的物品上获得占有权，但是我们认为，没有人会愿意放弃具有相当价值的财产，特别是土地。这忽视了只有那样才能阻止某人像其祖先那样占有这些占有物（其是有权如此的）。科齐乌斯男爵[1]的理论是基于购买获得占有权。

手稿中有 1/4 页空白

时效制度最大的好处在于，它减少了争议的数量。——如果没有土地
可以被占有，那么就没有原始权利，就没有任何东西是有保障的，那么我 37
们将不得不像洪水一样把我们的权利追溯回来。

下面我们应该更全面地解释一下时效[2]，它的发生对抗所有权利，对人并对物。我现在只需注意，国家的法律都同样规定，时效应当在主权国家或国王之间发生。国王不得不遵循的是，他的财物对象适用时效制度与土地或其他财产唯一的使用权有同样的理由。长期占有在占有者国王和其臣民间形成了一种附属关系，并形成了一种期待，即国王应该统治他们，并使之前的国王不再能影响和控制人民的感情和期望。长久的占有切断了所有的主张。被威廉驱逐出境的撒克逊国王的直系后裔本可以证明他们的血统，没人能想象他们竟会被排除在目前的家族之外；或者，查尔斯或希腊皇帝驱逐法国国王或土耳其皇帝也是如此。但是说到人类的不幸，那些统治者，尽管他们可以调解财物的纷争，却不能总是结束他们自己的纷争，而是选择采用一些荒诞的主张，这些主张由于一些意外情况可能会引发他们自己和邻居的不安。这样的索赔相继被撒丁区，以及 200 年后的塞浦路斯岛、塞浦路斯和克里特岛的威尼斯人，从大不列颠国王到法国国王，从法国国王到纳瓦拉国王使用。普鲁士国王向西里西亚主张索赔也是同样的情况。因为《威斯特伐利亚条约》他已经有 100 多年没有占有自己的农场了。但是他说，我不应该被剥夺权利，因为我的祖先是温厚、慷慨的，并且傻到在我出生之前就与农场分离。但是这本身没有任何效力。因为当一个人没有放弃他的权利时，将永远不会需要孩子或亲属来主张权利。

① Cocceius，XII. 297 ff.

② ii. 165 - 66 below.

1763 年 1 月 6 日　星期四

讨论完取得财产的前三种方式后，现在要讲的是第四种方式即继承。继承指将死者生前的财产转归生者。继承有两种途径，按照法律的直接规定或遵照死者意愿或遗嘱。接下来，我将对第一种途径即法定继承作论述。

38 大多数以国家法为题材的作家[1]发现这一继承方式是在揣测死者的意愿。法官要考虑死者（如果他立下遗嘱）想把财产给谁，而对于这位最佳继任者，死者的财产需要经过公共机关的鉴定。如果法定继承的基础当真是死者分配遗产的意愿，那么按此逻辑推演应该是遗嘱继承先于法定继承出现。因为如果死者表达的财产分配意愿不具有任何效力，我们就无法合理地推断出揣测的意愿会有任何法律效力，更不用说更大的效力。因此，所有国家遗嘱继承必先于法定继承。然而事实却恰恰相反——几乎所有国度中遗嘱继承的出现均比法定继承晚许多。鞑靼地区及非洲海岸的一些国家，目前都有执行继承的特定法规，虽然那里的人们对于遗嘱毫无概念。古罗马在《十二铜表法》[2] 中才第一次出现遗嘱继承，而在此之前遗产继承均只能以库里亚大会[3]所制定的法律为依据；雅典的遗嘱继承产生于梭伦时期[4]，同样迟于法定继承；而英国将遗嘱继承纳入法律比法定继承晚了 600 年。{除了法定继承人有继承财产的优先权外，我们还须遵循这样一条规定：在几乎所有国家法定继承人比遗嘱指定的继承人更有利；而且如果缺少了一些程序，遗嘱将被视为无效。而当法定继承建立在对立嘱者假定的意愿之上时，这种优先权就不存在了：因为于情于理，假定的意愿都不能胜过他本人所清楚表达的意思。同样地，这也表明了[5]遗嘱继承权是我们可以想到的对于所有权的最大程度的延伸之一，也因此这项权利未被更早地应用于社会中。——} 因为法定继承总是优于遗嘱继承，而当法定继承以立嘱者的假定意愿为基础之时又完全相反，我们不能从死者的意愿而必须

① 例如，Grotius，II. 7. 3；Pufendorf，IV. 11. 1；M'Douall，III. 4. 1. 3。

② Heineccius，II. 10. 2，5.

③ 基于亲属的一个流行的集合。

④ Montesquieu，V. 5，引自 Plutarch，*Life of Solon* [21]。

⑤ 149 ff. below.

从其他方面来探究法定继承的基础。

{在渔猎时代，基本没什么遗产可言，也就不存在继承一说，死者的 39
弓、箭袋等物品均随着遗体付之一炬。到游牧时代，一个人的财产大量增加，继承真正登上历史舞台，除部分物品焚烧外，其余部分为家庭其他成员获得。很久以后，人们找到了埋葬物品这一习俗的一些痕迹。}

于此最合理的描述或许是这个①，即孩子和父母共同生活，且丈夫的财产得益于整个家庭的共同劳动——这才是法定继承的基础，即家庭内部的共同劳动奠定了法定继承最初以家庭内部成员为继承人的规则基础。没有性别的界限，不论儿子女儿，只要为这个家庭做出贡献，在一家之主②死后都应分得均等的一份财产。{因此，从整体上来说，继承之所以产生是由于孩子及其他家庭成员和一家之主所有财产之间的关系而非一家之主的个人情感或是对他分配意愿的猜测。——其他家庭成员并不是通过揣测死者的意愿而继承财产，他们只是继续接管他们曾经给予支持、共同创造并因此而得以生存的那份财产。——随之发生的现象也证实了这一论断。}我国的继承法在这方面大体和罗马人的相同，唯一较大的差异是由不同国家妻子的地位所引起的。在罗马人中，妻子被视为和女儿③同等的角色{因此妻子
和女儿一样可以继承相同份额的财产，而且被冠以和女儿相同的名 40
义——家女}，但是依照这个国家的习俗，妻子却是一个更受尊敬的人物。其中的原因之后将会详述。我们现在应该先来探讨罗马人的继承顺序。我们遵循所有的孩子都应该均分父亲或一家之主的财产，但是这仅仅适用于那些属于家庭一员的孩子。如果儿子从家族中解放出去并因此脱离这个社会，或者被人领养、成为俘虏、被放逐或人格减等，他将无权继承任何财产。同理④，嫁出去的女儿，无论出嫁时是否有嫁妆，因她已成为其他社会的一员也无法分配到财产。{如果她的丈夫先于她去世，那么她丈夫的那份财产将归她父亲所有，而且也正如先前说的那样，因其已成为夫家的一员，她本人也有权获得一份财产。}同样地，被他人领养的儿子也不能分得财

① Cocceius，XII. 281.

② 原文如此。可能这里的意思是“主人或者首领”。

③ 涉及婚姻的描述是妻子离开了她自己的父亲后，因此而丧失了她父亲死后的财产继承权，而且从属于她丈夫的权威，她与自己的女儿在继承其丈夫财产的权利上是相同的。这种形式的婚姻在早期的罗马是非常普遍的，不过在共和政体是非常少见的：Heineccius，III. 1. 5 ff.。

④ 解放是一个儿子从他父亲的父权之下自愿解放出来；人格减等要么是失去自由或者公民权，要么是失去家庭的地位。

产；他们已由其他家庭供养并成为另一个家庭的一员，因此也没有必要再接受一份财产。当人们有了通过遗嘱转交财产的权利后，他们更愿意把财富给已经很富裕的后代而非那些境遇窘困的，因为富人更受敬重。{这或许不太公平，但是人们自然而然地倾向于这么做。} 不仅死者的直系后代可以继承财产，已逝儿子的孩子也可以。（如果儿子仍在世，孙子无权继承，因为该财产须由儿子继承。）原因在于，与更富裕的时代不同，在更早更纯朴的时代，一个家庭的需求很少，儿子即使成婚也不脱离父亲的家庭，儿子婚后仍然和他的家人生活在同一屋檐下，继续贡献着他的力量来维护共同财产。因此，当父亲去世后，为共同财产付出过的孩子也应平等地继承。但是如果儿子死后留下了孩子，因为这些孩子仍然生活在这个家庭中，他们可以分得的财产应与其父亲在世时应得的份额相当。因为两兄弟的孩子们都是同一个家庭的成员，他们之间的这种关系使得堂表兄妹的婚姻被视作乱伦，兄弟姐妹间的婚姻也一样。后者推论的基础是，兄弟姐妹间交往的大好机会使得切断他们结合的任何希望变得更为必要；同样的原因，如
41 果兄弟们住在父亲家中，他们和表姐妹同样也有必要被禁止交往。而我们也发现事实确实如此；在所有的国家，兄弟姐妹间的婚姻都被视为乱伦，堂表兄妹间的婚姻最初也被看作如此。即使当初的理由已不存在了，这一习俗还在延续，正如其他所有的习俗一样；在儿子脱离父亲长久地生活于不同的家庭后，罗马人旧俗不改。直到一个保民官看上了他的堂表妹[①]，为了满足他的欲望人们才第一次更改了这项习俗。——堂表兄某种程度上被视为关系更疏远的兄弟。因此西塞罗这样称呼他的兄弟昆图斯·西塞罗，“我的兄弟，生来确定的堂兄弟，我的有亲情的兄弟”[②]。那么很显而易见地，昆图斯就是西塞罗的堂弟。很明显表兄妹/堂兄妹这个词在德语中，根据其词尾可以看到，这是一个形容词，所以堂兄弟、表兄弟是指叔叔姑妈舅舅姨娘的孩子。[③] ——举例说明，如果在一个家族中，一家之主去世了，留下了三个孙子（由先于一家之主死亡的儿子所生）和两个儿子，遗产将

① Montesquieu，XXVI. 14，引自 Plutarch，*Quaestiones Romanae*［6；事实上他并没有成为民众保护者］。规则的修改禁止堂兄弟姐妹之间的婚姻，参见 Livy，XLII. 34；Tacitus，*Annals*，XII. 6。

② *De Finibus*，V. 1；西塞罗举例说他和堂兄弟卢修斯·西塞罗“血缘上是堂兄弟，感情上是亲兄弟”。

③ Patruelis 严格指父亲兄弟的孩子，Consobrinus 指母亲姐妹的孩子，但是后者涵盖了所有的德语中的堂（表）兄弟姐妹。

被分为三份：每个儿子可以得到遗产的三分之一，每个孙子可以得到那三分之一的三分之一，也就是整个财产的九分之一。这种按照血统分配遗产的方式，与人均分配不同，看上去似乎与一般规则相矛盾。但是关于这个问题的回答，从血缘上，祖孙关系确实比父子关系疏远，他们并不是以自己的权利来继承遗产，而是作为他们父亲的代表来继承。因此这种制度也称为代位继承制度。——在罗马共和国时期，这一制度发展得非常迅速，但是在我们国家，此制度在其建立之前发展十分缓慢。这一点是由国家的自然属性决定的。除了后面我们将会提到的几点原因之外，一个影响很大的原因是，在这个国家，法律往往支持外甥而不支持叔父一方[①]，支持未成年人而不支持成年人，也就是说，法律通常支持弱者。相反地，这一制度在罗马共和国能够发展的原因，正是因为在罗马，法律通常支持强者。因此，这一制度在罗马推行起来更为方便和容易。家父去世之后，留下一个儿子以及两个孙子（他们的父亲先于家父死亡）。两个孙子，因为他们对其父亲作为儿子的财产有着相同的占有权，所以应该会主张分得同等的遗产； 42
但是在另一方面，他们的叔父则会抱怨这样的分割方式会让他失去对他哥哥去世那部分的法定继承；其理由是在其兄弟去世后，他不仅失去了自己的兄弟而且继承份额也相应减少。因此叔父（即家父之子）作为强者一方要求获得与其兄弟在世时一样的继承权。但是在封建制国家就会出现相反的情况。

同样地，对于孙子与曾孙，当他们的父亲或祖父去世之后，他们即获得相应的继承份额。由女儿所生的孙子以及其他后代，因为不属于家庭成员，不享有继承份额，女儿也一样。——继承制度确立后，由关系最近的父系亲属[②]继承。由此可知，当一人去世之后，若其无子，则其遗产将由关系最近的继承人继承。然而这一制度的确立较少考虑遗产的自然属性，例如两兄弟各自的家庭等等，他们会分开，并且不会像父亲和他的直接后代那样还存在着同样的联系。{但是此制度的建立也没有充分考虑继承者与遗产之间的关系以及财产的存续期间，因为一些事件会自然将这些问题提出来。因此，如果两兄弟对一份遗产有继承权，很快其中一人死去，一两年后其父亲去世，那么活着的那个，就会被剥夺一半的遗产。这一制度渐渐演变成惯例，即兄弟可以继承。由于我们后面即将提到的原因，这一适用

① Dalrymple，169.

② 父系亲属是指拥有唯一男性共同祖先遗传的人，而亲属是有任何血缘关系的人。

范围很快将扩展到堂兄弟等。} 这一规则是根据一条法律[①]提出来的，对这一法律的使用，像其他任何一种新的关系或权利被规定到法律中一样，适用起来非常严格。所以如果死者近亲拒绝继承遗产，那么遗产也不会因此转继承到下一位最近的亲属，而是马上被收归国库。这一制度后来发展到可以适用于七服以内的亲属并得到了执政官的认可。{从人类的基本属性讲，人们天生会寻求每种事务的公正和完善，甚至通过这种方式丰富宪法的内容。因此所有的法律所规定的权利都来自人们对一项制度的扩张解释。} 当遗产没有继承人继承时，则遗产将被裁判为公共所有。也就是说，无主财产将收归国有，这样可以解决无主财产的争夺以及由其产生的一系
43 列复杂情况。同样地，在这个国家，国家的最高统治者，在没有其他国王的情况下，享有对所有土地的所有权，因此其可以继承所有无主遗产并且不需要代表。{显而易见的是，血缘继承并不适用旁系亲属继承的情况。一个人死亡且没有立遗嘱，留下一个兄弟和两个侄子，那么他的兄弟继承他所有的财产。同样地，其侄子排除了其堂兄妹和远堂兄妹。如果死者有三个侄子为其已经死去的兄弟所生，两个侄子由另一个兄弟所生，一个侄子由第三个兄弟所生，则其侄子每人继承遗产部分的六分之一，即遗产是平均分配的，并非按血缘分配，也非按代表分配。东罗马帝国皇帝查士丁尼后来允许此种继承范围可适用于一服血亲之间，如堂兄弟之间，以及叔侄之间等等。[②] 不能在旁系亲属中按宗系进行继承的原因是，若按照此办法分配遗产，则继承人人均获得部分较少，也就失去了继承的意义。因为一个人很有可能有 20、30 个或者 40、50 个堂兄妹甚至两代继承人，这就使得每个人的继承份额非常少。}

在更早的时期，家庭里的子女不能得到任何东西，只要他们还是其父亲家庭中的一员；他们劳动所得的所有财产都归其父亲所有，并且当他们死去时，他们所占有的财产作为其父亲的财产同时归还给其父亲。独立成家的儿子实际上拥有了自己的财产，但当其死后，其父仍然享有其财产的所有权，这一所有权的取得并不是基于继承，而是基于监护人的地位而取得，就如同奴隶主对获得自由的奴隶的财产享有所有权一样。——恺撒随后建立了有利于军人的财产制度，即参与战争的军人在战争中获得的财产

---

① 《十二铜表法》：Heineccius，III. 2. 3。

② Novel 118.

无条件地归自己所有，其父不享有所有权。这被称为军役特有产。[①] 关于艺术品的继承制度随后也建立起来。这些艺术品与父亲的联系更弱，可以很容易地从其手中剥离，并且从母亲处继承来的财产也一样。[②] ——这些物品儿子都是可以依照遗嘱享有处理权的。因为父亲不享有此物的所有权，所以有必要将父亲作为遗产的法定继承人，那么儿子如果没有后代的话，应该支持其父继承遗产。因此如果儿子没有继承人的话，则其父继承其所有 44
遗产。{这一规则后来也适用于祖孙之间等。} 这种继承方式称作对尊亲属的继承。[③] 亲属关系最近的人便享有优先继承权，如父子之间就比兄弟之间有更亲密的联系；兄弟之间有一个阶梯的间隔，而父子之间则没有间隔。[④] 这种制度直到阿德里安时期慢慢失去效力，因为离婚家庭越来越多，经常会发生夫妻之间分居，各自成立家庭并有独立房产的情况。因此法律规定，儿子死后，其遗产由其父母[⑤]继承，各享有一半份额。如果父母中有一方去世，则发生转继承，即若父亲死亡，则其继承的一部分转为死者的祖父母继承，死者的另一部分遗产则依然由其母亲继承。这样就排除了旁系继承，即使他们之间的血缘关系比优先继承人的更近。——另外一种情况是，若双方离婚后，女方并不需要男方支付相应的抚养费，那么女方的遗产其可以自由处理，她的孩子将会被认为是法定继承人，儿子可以继承母亲的遗产，同样地，母亲也是儿子遗产的继承人。

在这三种继承方式，即直系、旁系和转继承中，第一种产生远早于其他；这显然是以法定继承人之间的关系以及死者遗产为基础建立的。另两种并不是以此为基础建立的，而是以立遗嘱者的意愿为基础的[⑥]；正如我们

---

① 儿子在履行军事义务的时候获得的财产。根据 Augustus，*Inst.* 2.12pr，这些财产首次被当作是他的所有物。斯密可能被 Heineccius，II.9.2 所误导。他是在这个关系中与尤利乌斯·恺撒有关的人。

② Bona adventitia：一个孩子从他母亲那里继承的财产是可以由他自己保管的。

③ 也就是优先继承权。

④ 旁系亲属关系的层级是根据共同被继承权人进行计算的，兄弟之间的层级是两层之外，而叔侄的层级是三级。

⑤ 作为哈德良时期最高统治机关的 Tertullianum 的元老院决议，给予一个母亲获得她儿子不动产的权利，但是这种权利从属于（低于）她丈夫或者其他儿子的权利。根据排位的优先继承权是《查士丁尼法典》第 118 条至第 127 条的产物。早前，东罗马帝国皇帝允许母亲和她的儿子们一起享有她儿子的财产。

⑥ 也就是已故的无遗嘱的人。

所说，这不能适用于直系亲属继承中。这就是我们提到的[1]，所有国家都优先适用遗嘱继承；其他方式都较后适用，且可能由遗嘱继承发展而来，并且在死者没留下遗愿的时候揣测死者的意愿。

45 我现在要考虑的是现代国家十分盛行的继承顺序问题。我们会发现，在罗马国家，动产继承恰好建立于相同的原则，并已在许多方面与一般继承顺序相同；在欧洲自由政府时期，土地财产的继承都直接适用相同的方式。

我们首先应当分析的是动产继承。家父去世后，他所拥有的动产将被平分为三份。其中一份给妻子，另一份在孩子中间分｛由于同样的原因，我认为在家庭中的孙子们，如果有，也应该分得一部分｝，第三份被视为是死者的；设置这部分最早是出于慈善的目的或者其他类似的目的，因为他们希望死者的灵魂得到安息｛这也许是死者愿意处置的方式｝。但是当这些迷信仪式开始声名狼藉时，抚养孩子成为最虔诚地使用这些动产的方式，这部分动产给了孩子｛除了仍有一小部分用于虔诚的宗教信徒使用｝，这样的分产方式显然与罗马国家适用同一原则。在丈夫的一生中，家庭被视为由三部分组成，每部分都有各自拥有的份额，这也将持续到他死后｛这种方式是继承开始前一种最为合适的保存共有财产的办法——并且只有第三份，在遗嘱继承建立后，有可能让与其他人，尽管在他一生当中他可以花掉作为家庭共有的每一个先令；以上的情况都要刨除他留下的动产在看守人的看守下的情况。——在丈夫活着的时候，妻子没有权利转让任何财产，更不用说孩子，他们占有的所有财产都会变回共有财产。——｝，这样的分产方式同样建立于孩子与父亲财产的关系，而并不是孩子与死去的父亲的关系。嫁出去的女儿不再是家庭的一分子，不享有孩子的那部分遗产，在这个国家被称为小孩儿的部分。同样地，正如在罗马国家被解放的儿子们，脱离父母而独立的[2]儿子们在我们这恰恰与他们相同，即不继承遗产。——
46 因为双方的便利，他们不与父亲住在同一屋檐下，在其他地方安顿下来并且不再被视为家庭的一分子，他们之中搬出的时候分得一部分财产的与没分到财产的没有任何区别；即他们都不能主张继承他们父亲的遗产。确实在以前曾经有过这样的情形，即一个儿子不能被认为完全脱离父母而独立，

① 91 above。

② 相当于苏格兰解放的福瑞斯家庭是一个儿子在与他的家人分离后，凭借自己的能力建造房子。

除非他将他那份财产的处置权完全给了他的父亲。——这种情况下，他不能主张任何的遗产份额。但是如果他没有将其处置权给父亲，那么即使他在离开家的时候得到了一些财产，他也要将这部分财产加入到在英格兰叫财产混同的财产之中[①]，即他要参与孩子那部分的遗产继承并且分享他自己那部分，就当他之前没有得到过财产一样。因此，如果任何一个独立的儿子拿到了 100 英镑，然后他的父亲去世并留下 1 500 英镑和另外三个孩子，那么孩子的份额将是 500 英镑；在他将 100 英镑加入之后，每个孩子将得到 150 英镑。这样的成文法，即儿子除非将其财产[②]给予父亲，否则不被视为脱离父母而独立；那些离开家的孩子，无论是否得到了财产，都被视为完全脱离父母而独立，这就是这些文字含有的意思。

在英格兰，我们会发现继承制度的进展与以上所说的相差无几。[教会法是诸法中规定继承权的法律，它主要建立在查士丁尼新律的基础之上。它对于继承权的规定在多数方面与新律中 18、19 条确立的规定相同。[③] ——法定的财产分配] 在第一个时期，主教是欧洲绝大部分地区继承权问题的常任法官，负责分配遗产。由于主教是神职人员，被视为不会犯错，他不对任何人负责。但到后来，他们滥用权力，为己牟利，教会私吞了很大的一部分财产，损害了债权人的利益。到爱德华一世时期，人们发现有必要令这些常任法官对债权人负责。[④] 这给他们带来了大麻烦。他们任命委托人解决遗产分配的问题，但他们只对他们的政府负责，通过这种方 47
式，他们保证了自己的利益份额。为了阻止这种情况的发生，规定受任命的委托人不对教会审判官员负责。但是由于教会法官仍然有权利选择让谁来当委托人，这些不会轻易让权的好主教们，往往事先就和委托人商量好如何解决遗产纠纷，甚至还会为他提供担保，让他为了自己的私人财产而支出他们需要的钱，自己拿来用，让他们自己偿还，他们借口这些钱都花在了虔诚的事业上。为了对付这些诡计，又进一步规定委托人只能是死者最近的亲属。但是符合条件的委托人可能往往不少，比方说，有六七个兄

---

① 在苏格兰，这叫作“斋日的点心”。

② 在苏格兰（这）不是成文法而是普通法：M'Douall，III. 8. 1. 16。财产混同（指将遗产合并，以便在继承人中平分）的原则规定在英国的《分配法》中，22 and 23 Charles Ⅱ，c. 10 (1670)。

③ Novel 118.

④ 13 Edward Ⅰ，c. 19 (Statute of Westminster Ⅱ，1285)；cf. Kames，*Essays*，IV（‘On Succession or Descent’），177.

弟，二三十个堂兄弟，教会法官还是有权在这群人里选择自己中意的那一个，可能与先前一样与他挑中的人达成协议。为了阻止这一情况的发生，处理物品分配的宪法在英国诞生，和苏格兰采取了基本相同的方式。[①] 在此规定之前，被教会法官称为继承关系的规定由教会法设立，主要以查士丁尼新律为基础。其方法是新律 19 条任命的方法。

这种分配方式和罗马人最后采用的分配方式主要的区别就是妻子在财产继承中可获取较大的份额。这个是由于基督教婚姻和罗马婚姻不同。在罗马，丈夫有权以任何他觉得恰当的借口和妻子离婚。（其实后来仅限于一些事项，并且妻子也有权和丈夫离婚。）由于离婚总是如此频繁，妻子极度依赖丈夫，人们不认为妻子和丈夫的财产有什么大的关联。但是基督教确立一段时间以后，婚姻几乎坚不可摧，因为除了宗教法庭批准的涉及重大罪过的情况，别的离婚请求一律得不到批准。这样使得离婚不那么容易，妻子在人格上更受尊重，使得妻子很大程度上独立于丈夫。她由此成为家庭里重要的一员，跟男主人和孩子一样有分家产的权利。因此，丈夫死后，妻子可以和孩子一样共分剩下的两部分家产。

48 另一个相当大的差别来自这两个国家的宪法的区别。——大、小贵族，即贵族和士绅，是唯一有东西可以继承的人，因为他们确实是少数拥有财产的人。众所周知，租户那时处于受奴役的状态，没有自己的财产，他们所获得的一切都归其主人所有。尽管没那么广为人知，不过可以确信的是，城镇的市民和交易者虽然有一定的自由，但也处于被奴役的状态。从最早给他们的特许状里就可以明显地看出这一点，那时特许状保证了他们根据自己的倾向选择结婚时间和对象的权利，把女儿嫁人以及继受财产的权利，其他类似的事情直接表明拥有这些权利的那些人并不处于卑微的奴役状态；事实上，所有的市民都绝对地依附于国外或者临近地区的一些地位显赫的人。那么，举国唯一能给他们留点东西的就只有贵族和士绅了。地位低一点的人的生活方式可能和别国更穷的人一样，儿子结婚后不会离开父亲的房子，他们所有的家庭成员将会组成一个社会团体。但是他们可能对继承的确立没什么影响，因为他们没有什么可继承的。另一方面，作为唯一能继承的人群，贵族们有足够的钱追求上流社会的华丽外表，他们不愿两家住在一起。那种生活方式与他们期望的华丽与须维持的状态相悖。{他们的

① 22 and 23 Charles Ⅱ, c. 10 (1670); cf. Kames, *Essays*, 180.

孙子在父亲死后也不会随其母住在外公家，而是和母亲继续住在父亲的房子里。}出于便利之目的，继承法遂做出如下规定：那些脱离父母独立的儿子不能参与继承，在其父母都无权继承的时候，基于血缘的继承更不能发生。当此类习惯在这些国家盛行的时候还没有代位继承。对于这个国家脱离父母而独立的儿子，这些苛刻的规定后来变松了，在英格兰，孩子可以按顺序继承父亲的遗产，这还没有被引入到苏格兰，尽管可能不久之后会引入。

另一个能够共存于苏格兰法律和民法的差别源于封建法律确立的在不可分割的对象方面的继承方法；根据封建法律，我们将稍后介绍，旁系亲属继承比直系亲属继承更好。这是因为他们认为旁系亲属要比直系亲属与遗产关系更近，并让他们先继承财产。因此在这个国家，如果一个人死了， 49
他的兄弟继承他的财产，他父母的任何一方都没有财产。在英格兰情况则相反。如果一个人去世，剩下一个父亲，那么他的父亲得到全部的遗产；然而如果他剩下一个母亲，那么母亲与其他孩子平分遗产。[①] ——苏格兰和英国法律还有这一点区别：在苏格兰，血缘继承就从未发生过；但是在英格兰，孙子辈可以分得父辈继承的遗产。这一差别与另一分配法规[②]一样，都是从查士丁尼新律中直接借鉴过来的；不同的是，不存在旁系亲属的代位继承，而在英国这种制度被允许，正如我们提到的查士丁尼所允许的那样。

1763 年 1 月 10 日　星期一

因此对于所有的遗产——在罗马城邦中包括不可分割的财产和可分割的财产，在现代的欧洲各国中仅限于可分割的财产，因为在大多数欧洲国家中继承（无遗嘱继承）都由相同的法律进行管理（但确实有不同的情况。在（手稿中地名空白）女性不允许继承遗产，据说在雅典正是如此；但是这在某种程度上是不确定的。[③] 比如我们知道，在罗马，女性与男性就享有相同的继承份额。）——继承的方法是完全建立在共有财物的基础之上的。

---

① 和她的孩子一起（继承）；1 James Ⅱ，c. 17（1685）允许没有遗嘱的死者的母亲和死者的兄弟姐妹一起（继承）。

② 22 and 23 Charles Ⅱ，c. 10（1670）；110 above.

③ Meursius，*Themis Attica*（1685），II. 13，citing Demosthenes，*Against Macartatus*.

这在以前所有的欧洲国家中是通用的规则；被继承人的所有遗产被平均地分配给每个孩子。{例如哥特人、匈奴人、汪达尔人等都是采用这种继承方法的。} 但是现在引进了一种不同的继承方法，我指的是长子继承权。既然这种如此违背自然、理性和正义的继承方法是由封建政权的本质引起的，那么应当解释这种政权构成或组织的本质和特征，由此这种权利的产生基础就会更加明晰。

自从来自北方的野蛮民族横行于罗马帝国的土地并且定居在西欧的某些地方，财产开始被非常不平均地分割。与此同时，所有的手工艺全都被忽视。这使得占有最多财产的那些人掌握了大部分的权力。同样明显的是，财产的平等分割将使那些占有它的人获得比在一个更加高雅有教养的时代
50 里占有同样份额财产的人多得多的权利上的优越性。在这些时代，一个一年赚 10 000 英镑的人可能会被称作是赚了能养活 1 000 个人的钱——如果这个人会约束自己花费适量的生活费的话，比如只花费足以养活一个人并供给（他的）衣食的费用。但是我们看到人们并不是这样花钱的。这 10 000 英镑只能养活他自己和几个家仆。如今充分发展的手工艺给了他一个把全部资产花在自己身上的机会。他拥有建筑师、泥瓦匠、木匠、裁缝、家具商、珠宝商、厨师和其他众多的侍从，雇用各种各样的仆人给了他一个花掉他所有收入的机会。他不会无偿地赠与任何财产，因为人们是如此的自私以至于当他们有机会把钱都花在他们自己人身上时，即使是花在没有价值的东西上，也绝对不会想到把钱给那些需要它的人利用在最好的地方。[①] 他雇用的那些商人不会认为他们应该感激他；他们已经为他付出了与他们从他那里得到的报酬等价的时间和劳动；而且尽管他们可能承认因为他偏爱光顾他们而使他们得到了一些小恩惠，但是他们也不会认为他们应该非常感激他，就好像他们从他那里得到了无偿的赠与一样。在近代，花光所有钱的做法是财富平衡的首要原因，而财富平衡使得权力的优势很小。一个商人可能会为了保住你的光顾而在选举中投你的票，但你不能指望他会为你战斗。另一方面，当西欧第一次被野蛮民族占领的时候，手工艺的发展还处于一个很低的阶段。建筑和施工技术还几乎不为人知；那些最富有的人住的房子并不比本国偏远地区的人们的房子好多少。其他的手工艺也

---

① 比较 TMS IV. 1. 10。但是，斯密说，富人，“除了他们本质上的自私和贪婪，……被一只无形的手引导着去平均分配生活必需品，正如地球被平均分配给了所有的居民一样”。在下面的 iii. 134 ff. 中也可以看到。

都差不多没有得到发展。在这个国家的人不可能把他所有的财产都花在自
己身上；他处置财产的唯一方法就是把它给其他人。那么一个在当时占有
相当于10 000英镑财产的人就能够养活 1 000 个人。由于这使得这些人都依
靠他而生活，就给了他巨大的权力。没有比把土地分配给别人更容易的处
置他拥有的土地的方法了；占有这些农场的人只需付给农场主一小笔租金
作为对他们的依附关系的承认，而不是作为土地的价值。那么也没有比把 51
这些租金给予那些来请求他提供食物的人更容易的处置租金的方法了。于
是土地的租金花在粮食上；而且“农业土地”这个词表示专门用粮食来偿
付租金的土地；在古撒克逊语和德语中，“农田”这个词表示粮食的意思[①]；
永久租赁地、采邑制或封建制表示另一种占有土地的方式，后文会进一步
解释。由于领主或大人物无法自己用掉所有的农田，那么这些农田就被用
来养活那些他招待的人，而且经常是大部分都被用来养活那些付租金的租
户。那时的热情好客是我们现在所无法理解的；领主通常每年都要养活所
有那些租他的地的人 3、4、5 或 6 个月。{而且以相同的方式，较小的领主
养活他的佃农，较大的领主养活较小的领主，国王又养活那些依附于他的
人；因为（像此后会解释的那样）不同的领主最终会互相依赖。} 我们读到
沃里克伯爵一年中每天在这个国家他不同领地的餐桌上与大约 30 000 名食
客进餐；这是在亨利七世统治时期。[②] 在亨利二世时期给予著名的托马斯·
贝克特的嘉奖令中，作为他奢华和讲究的表现，讲述了他总是将他客厅的
地板铺满灯心草。[③] 这样，当那些与他一起进餐的贵族和大人物坐在地板上
时就不会弄脏衣服了。与此同时，这或许也向我们展示了那时极度的热情
好客和他们对于各种手工艺技术的巨大渴望。而且如果领主们在亨利二世
时期是如此的野蛮，那我们可以推断出在阿尔弗雷德和埃德加的时期他们
一定更加野蛮，与那时比起来，亨利时期的领主们会显得更有礼貌和教
养。——威廉·鲁弗斯大厅，现在称作威斯敏斯特大厅，有 300 尺长和与之
成比例的宽。而在那时对于他和来参加会议的贵族来说，这个大厅作为餐
厅并不是太大。由于这些依靠者在各个方面都完全由这些私有土地的领主
（像他们被称作的那样）供给衣食和所有他们享用的东西，那么自然而然地

① H. Spelman，*Tenures*，cap. 7，cited by Dalrymple，27。现代词汇“农田”（farm）现在被认为来源于中世纪的拉丁文 firma，意思为固定支付。

② Hume，*History*，II. 361.

③ Ibid.，I. 272。

他们应该为领主作战并在他被其他领主或其依靠者伤害时保护他。这些依靠者无论是在平时还是在战时总是跟他们的领主在一起；在平时他们是他的食客，在战时他们是他的士兵。在一开始建立政权的时候，这些佃农依照他们的领主的意愿占有土地，可能会因为没有参加战争或其他违规的行为而被驱逐，然后他们的土地被转而给予那些领主喜欢的人。在这个国家
52 这种情况持续了一段时期，直到由于租户的需求和为了保障他们的服务，领主开始让租户们终生租用土地。{这种终生拥有的土地被称作采邑，而那些依领主的意愿给予的土地被称作私献公地（munera）。从此牧师的圣俸也被称作 benefice，因为这也是终生的事业。①} 德国皇帝康拉德二世是第一个引入终身占有制度的，称作永久租赁地。② 在他开始向意大利远征时，他的士兵们抱怨说既然他们将要去遥远的国度进行危险的远征，而且不确定是否能回来，那他们中很多人的妻儿的生活将会完全没有依靠。为了平息这些抱怨并使他们能安于服役，他向他们保证他们的妻子和子孙一定会继续占有那些土地。这种习惯很快就传播到了西欧的其他地方。直到诺曼人征服了英格兰若干年后，英格兰法律中才提到“采邑制”这个词，而在法国，直到康拉德时代结束 50～60 年之后，法律中才提到采邑制。这些时期都或多或少地迟于上面提到的康拉德引入永久租赁地制度的时期，这表明大部分的作者所发表的永久租赁地是在野蛮人毁灭了罗马帝国之后很快就建立起来的言论弄错了封建政权的起源，因为它是在公元 5 世纪在永久租赁地制度引入德国和一些其他国家之前起源的，而且是在英国建立永久租赁地制度之前大概 500 年起源的。③ 在这一时期（上面提到的）之后，出现了封建制和完全私有地这些词语的区分。完全私有地是一个蛮族词语，语源不确定。④ 它表示田地或各种财产，正好与拉丁文中的土地（praedium）和农庄（fundus）同义。但是当封地（feuda，feoda），现在称作封地（fee lands，来自单词 feu 和 fee），表示租金（rent 或 hire，作为仆人的酬劳）的意思，被命名为完全私有地，这些土地就免于这种负担而且不用支付任何租金。与此同时，那些表示占有和持有土地的单词都是以相似的方式从所有权

① Dalrymple，161；cf. iv. 127 below.

② Craig，*Ius Feudale*，I. 4. 8.

③ Ibid.，I. 7. 1 ff.

④ Cf. P. Bouquet，*Le Droit public de France*，*éclairci par les monumens*（1756），32－33。这个词被认为来源于古日耳曼语 allod，全部财产的意思。

(habere)、占有（possidere)、拥有（to have)、占有（to possess)、保持（to tenere)、持有（to hold）这些词变化而来的。由于它是从德国起源的，这种土地持有方式很快传遍了欧洲的大部分地区。随着时间的变化，当一些小领主被其他人侵犯并且无法保护自己的时候，他们没有其他的方法来
得到援助，只能求助于其他掌握着更大权力的完全私有地的领主。他们必 53
须做出让步才能得到援助，而他们最经常达成的意向就是小领主必须从大领主那里租借土地。{这比起小领主不得不以私献公地或采邑的方式持有大领主的土地来说已经是较小的让步了。除此之外，在这些野蛮时期，他们时刻准备着缔结合约，可能是因为他们对于约束他们的合同义务没有非常严格的定义。} 这些大领主随后又受到来自其他人或联盟的威胁，他们最终只能求助于国王，并且在同样的条件下获得帮助，比如他们必须从国王那里租借土地。通过这种方式，在罗马帝国毁灭后 500～600 年后，整个西欧都进入了封建制政权。

{注意最好能读一下关于在领主和长官为了维持他们的统治而施加负担之前的司法权的内容，因为这是这个阶段的结束。}

我们能看出这种形式的政权要求财产的占有者要参加他们领主的战争，或在平时参加会议，所以就必须使每一项财产都为一个能够承担责任的人占有。因此，这个情况很快变成当一项财产落到一个小领主的手中时，领主就会作为小领主的监护人拿走他的财产并把它分配给能够为领主服务的人。监护制就通过这种方式引入了。而且这种把领主视为所有属臣的监护人的观点也引入了其他责任。由于一个受监护人未经父亲的同意而结婚会被视为是严重的冒犯，所以在这种情况下，一个受监护人未经他的领主和对他享有唯一管理权的监护人的同意而结婚，将被视为比冒犯更加严重的十恶不赦的行为。通过这种借口，同时正如他们所宣称的没有人会嫁入一个与领主为敌并通过这种方式撤销效忠义务的家庭，他们在封建臣子中建立起了婚姻制度，通过这种制度，没人能在未经他的上级同意的情况下结婚。婚姻制度以与监护制度同样的方式建立了起来；由于女人不能免除履行属臣的义务，那么她嫁的男人就必须愿意并能够履行这些义务。由于这个原因，也没有任何的女继承人能够未经遗产管理者的同意就结婚。

由于领主已将小领主的财产归入他的管理之下，而且在领主的法庭中，当受监护人成年时必须经过一定的程序才能恢复财产的占有，那么国王或者
领主的仆人必须交纳一定的费用，而且必须确定这个总数应该是多少。在有 54

的地方是一年租金，在其他地方是两年或几年的租金。这被称作领地继承贡金。除此之外，无继承人的财产被认为理应由领主继承，或转归领主所有。[①]通过这些方式，所有的土地最终都主要为国王和他下面的高级领主所有。这些制度有：(1) 君臣关系，即在任何情况下都是领主的属臣或仆人；(2) 对其忠诚；(3) 骑士义务，或在战争中对领主效忠的义务；(4) 监护制度；(5) 婚姻制度；(7)* 领地继承贡金制度；(8) 无继承人财产转归领主所有制度。

我们可以看出这种政权并没有完全脱离平民政权或警察。国王确实比其他人拥有更多的土地，但他并没有比别人多拥有太多的权力。在这个国家的偏远地区，唯一掌权的人是长官或领主。那么人们如何收回远方的债务？比如，一个伦敦的商人如何从一个远在约克郡居住的人那里收取债务？或者在苏格兰，一个远方的人如何收回他的财物？无论在哪种情况下，无论是在苏格兰的任何一个城镇还是在高地最贫穷的村庄，国王都没有任何常备军或者警卫部队。如果有人给国王派遣信使，他们会毫不犹豫地吊死他，而国王只能通过他和首领之间的战争进行纠正。唯一的方法就是得到领主的同意；如果同意的话，国王可能通过增加所谓的地方武装团队[②]来进行补救；如果不同意，也就没有其他补救方法了。通过这种方法就建立起了所有的持有国王土地的领主和大人物（例如领主中的首领，尽管他们的财产有时跟别人一样多，但通常在他们的领地内拥有司法权和土地私有权）应该在他们自己的城邦里实行司法权的制度；几乎所有的大人物都拥有这种权力。直到叛乱时期洛希尔城的卡梅隆先生[③]，使这种特权得到了普遍的实施，甚至会吊死任何反对者。因此所有通过君臣关系、忠诚义务、骑士
55 义务、监护制度、婚姻制度、领地继承贡金制度和无继承人财产转归领主所有制度归属于国王的领主都有同样的权力并对他们的属臣享有司法权。我们稍后将说明什么是长子继承权。

几个大的私有地领主（和一些封地首领）在所有方面都被认为是这个王国的小君主。（封地主们实际上向他们的长官支付了一点承认费用并被一些制度所约束，但是他们的权力仍然是很大的。）他们在自己的领地内制定

---

① 无继承人财产转归领主所有制度是将土地归还给领主，这是由于佃户死后没有继承人或者是佃户做出了一些冒犯的行为。

② 郡县的人民武装力量，郡长可以指挥他们保卫本地的和平。

③ 唐纳德·卡梅隆（1695？—1748），卡梅隆家族的族长，他在 1745 年带领他的家族支持了查尔斯王子。

* 缺序号（6）。——译者注

规则，对他们的佃农行使司法权，并且通常不会向国王的法庭提出任何上诉。他们有权让他们的佃农参加战争并与敌人达成和平协议。那时的法律（我们讲政权起源的时候将会解释）没有规定，实际上为了臣民的安全也不能规定。在像这个时期德国的大小君主一样的国家里，如果能够靠自己的力量有效地驱逐敌人，每个所谓的公国都自己提供防御措施；但是如果他们没有资源，他们就不得不向一些邻近的领主或国王寻求帮助，而那些领主和国王也要保卫自己的领土，并且如果他和他的佃农不能保护自己，他也同样必须向一些私有地领主寻求帮助。在这个国家，一项小财产一定是非常不安全的，因为它不能保护自己而必须完全依赖于一些邻近的大领主的帮助。而现在，一项最小的财产和一项最大的财产是一样安全的；1 英亩地和 10 000 英亩地一样可以安全地被主人占有，而且由于法律保护私有财产，在这种情况下就不会出现把不动产依个人意愿分成若干份的危险。但是由于在另一种情况下唯一的安全来自占有者的力量，那么小的财产可能就处于不安全之中。因此如果一项在联合起来时能够轻易地保护自己不受所有邻居侵犯的财产像动产那样在所有兄弟之间平均分割，那它就根本无法与之前拥有远远优越于此的财产相平等。

我们总能发现一种更加有害的行为，更能削弱这个王国，那就是把它分割给去世国王的孩子们。在法国的前两代国王中正是这种做法。整个王国被分割给去世国王留下的儿子们，比如如果一个国王留下两个儿子，那么他们每人都拥有这个王国的一半。尽管他们的领土被这般分离，但都处于君主的主权统治之下。这些兄弟们都在他们父亲政权的培育下成长，与 56
整个王国的贵族熟识并建立友谊。因此，当这个王国被分裂的时候，每个政权内都将为另一个兄弟建立一个政党。这一政党中的人会用尽一切办法鼓励和煽动该继承人把他们从一个他们不喜欢的国王手中解放出来，自己取得整个王国，而这本来就是他应得的，继承人本身也自然有此倾向。这种情况不仅在一个人的政权中发生，同样的阴谋也在其他的领土上策划着，同样的煽动和鼓励也会被施加在其他继承人的身上。通过这种方式兄弟们之间的内战就几乎是不可避免的了，直到整个国家统一到一个人的统治之下。我们据此可以看到，在法国前两代国王的时期，一个国王去世后通常会有五六个不同的君主，但是最多四五年后就会减少到只有一个君主，这个幸存的国王不仅是这个国家的征服者也是谋杀他的兄弟的凶手。与国王的儿子们之间分割国家相同的坏结果也发生在私有财产的分割过程中。戈登的财产，或者道格拉斯的财产，本来是能够在一个人的领导下自行对抗其他的邻居的，比如说弗雷泽家族，但是一旦这些财产被分给七八个儿子，如果他们没有服从于一些有权势的、能够保护他们免受伤害并可能自己做国王的邻居，那么就没有任何一部分能够靠自己对抗其他邻居，或对抗其他兄弟的谋划。{我们应该注意，不是封建政权和军事领地的引入导致了长子继承权的产生，而是完全私有制财产的独立和分割这类财产的不便导致的。实际上引入长子继承权的时间和建立军事领地的时间恰好很相近，而直到人们充分体会到分割土地的不便，才显示出引入这样一种如此违背自然的制度的必要性，因而这一制度的实施遇到了如此多的障碍。私有制政权由于只存在了 300～400 年的时间，并没有足够的时间来实施这一制度。但是在封建政权建立后，尽管大领主们还没有太独立，但他们几乎都同样经历了那些不便并开始在私有财产中实行长子继承权。}尽管存在着所有的这些不便之处，长子继承权在私有制政权引入后相当长一段时间内都没有建立起来。但是当人们忍受了上述提到的这些困难一段时间之后，他们发现土地财产应该只给其中的一个儿子。当人们在这一点上达成共识时，决
57 定由哪一个儿子来继承财产应是毫无疑问的。用来决定这个选择的特征应当是一个不会产生疑问的特征；这不能是美貌、智慧或强壮；这些都是有争议的；这个特征应该是年长。这一点总是能够得到毫无疑问的确定。{除此之外，在文化教育发展程度较低的蛮族中，智慧只能通过经验来获得，因而比起书信、交谈和其他人为地获取知识的方式被引入之后的时代，年龄在那时能得到多得多的尊重。父亲是一个人能授予另一个人的最尊贵的头衔。兄弟是与他平等的人；儿子，是他的下级。年龄是如此地受尊重以至于在有些国家继承权并不是授予长子而是家族中年龄最大的人。在鞑靼人中，当国王死后，王室会举行一次会议来选择一位新国王，其实就只是询问谁是王室家族中最年长的人。}但是长子继承权的引入并不是很早，而这并不奇怪；弟弟们会认为把他们完全排除出父亲的遗产继承而只能成为长子的臣民和依赖者而不是同他一样，是非常冷酷无情的。人民也会加入他们而更便于他们自己从中夺取一部分。因此，直到 10 世纪或 9 世纪末期时长子继承权才得到广泛的实施。我们发现在撒克逊政权的末期一些土地是通过这种方式继承的（例如大私有地主拉沃瑞克和奥瑞克的财产）[①]，但

① 拉沃瑞克，麦西亚伯爵（他逝于 1057 年）；奥瑞克，麦西亚伯爵（他逝于 1004 年左右）。

是更多的还是像以前一样继续以土地均分制[①]的方式平均地分配给所有的儿子。我们之前提到[②]在法国这种方式持续了两代国王的时期。在第二代国王统治的后期，这种方式得到了越来越多的拥护者，并最终得以稳固确立。

但是不管在长子继承制的引入过程中有多少困难，在代表继承的引入中遇到的困难还要远远大得多。{它甚至被之前引入的长子继承制所阻碍，因为这种继承方法对儿子们形成的伤害还要远远大得多。} 如果说长子在继承中排除他的弟弟们是很冷酷无情的，那么侄子在其父亲死后仍然排除叔叔们的继承权也是很冷酷无情的。一个本来能够自然地拥有他自己的安全保障而且依赖他们给予保护的人，不仅不再依赖于他们，反而他们，作为成人，必须服从和依赖于这个通常是他们的后辈或只是一个婴儿的人。{他们会说，他们只能将儿子代表父亲继承理解为儿子由于亲戚关系代表了父 58
亲，在年龄上他无法代表父亲。他的父亲是由于年长而被选为继承人，但他不具备这一条件。} 这一类动机促使弟弟们从他们哥哥的孩子那里夺取继承权，而且正因如此，代表继承权是在长子继承权引入很久之后才产生的。旁系亲属继承也像代表继承那样经历了很多困难。{它经常会引起关于继承的巨大争议和辩论。} 很难说因为父亲在几年前已经去世了，儿子就应该被剥夺父亲财产的最好部分的继承权；而如果他活得比他的兄弟们更久，他就能毫无疑问地继承所有的财产。如果他处在一个正产生期望的年龄，他一定已经对他父亲财产的继承产生了合理的期待。——同样遭到反对的是这个年龄的人无法对他们的上级承担责任。据此我们可以看出，这种权利的发展进程缓慢而且遇到了相当多的困难。在那些主张不同的继承权的人们中存在着观点的分歧。古老的苏格兰法律书籍《英国皇家》(*Regiam Majestatem*)[③] 的作者认为由去世父亲的儿子还是兄弟来继承遗产是一个非常困扰他的问题。我认为，更应由儿子来继承财产，特别是在他已经为了土地向他的长辈效忠的情况下。但是他认为在所有的情况下，可能最终都是由一场战斗决定的。这种权利的不确定性在布鲁斯和巴里奥[④]之间引起过争

① 手稿空缺。此处推测为平均继承制习惯。这种制度可能是撒克逊时期英格兰的习俗。依照这种制度，土地由所有的儿子共同继承。

② 131 above.

③ II. 33 (Skene's numbering)；Dalrymple，172；Kames，*Essays*，139.

④ 最根本的原因是由于苏格兰王位的继承权。巴里奥和布鲁斯是从两姐妹那里得到继承权的，巴里奥是姐姐的孙子，布鲁斯是妹妹的儿子。Dalrymple，180 ff.

议。按照我们的看法，巴里奥享有毋庸置疑的权利，因为他是长女的后裔。但是我们在一些提到这场争议的外国作家那里看到，按照当时的观点，布鲁斯更具优势，因为他与这个家族的关系更为亲密。而爱德华一世做出了更有利于巴里奥的判决，仅仅是因为他对爱德华一世做出了一些从布鲁斯那里得不到的让步，因为他的性格更加的慷慨和活泼。书中介绍了著名的约克家族与兰开斯特家族之争。[①] 兰开斯特家族的主张建立在代表继承权的基础上；约克家族的主张建立在更加密切的关系基础之上。这时已经有一
59 个支持代表继承权的先例，也有一些反对代表继承权的先例。在撒克逊时期盛行的继承方式现在看起来会非常奇怪。继承王位的阿尔弗雷德大帝是第三个儿子[②]，他的哥哥们死后都留下了孩子。兰开斯特家族总是倾向于代表继承权，因为先例越多他们的主张就越有力。而相反，继承王位的约克家族（他们是根据那些在兰开斯特家族通过代表继承权继承了王位三四次后开始怀疑他们的继承权的人们的意愿取得的王位）则不遗余力地反对代表继承权。但是在那时这种继承方法已经开始在全欧洲建立起来。然而在有些地方这种继承方式很晚才出现。例如在德国的选帝侯中，在勃兰登堡、布伦瑞克和汉诺威都很晚才接受这种继承方式。当这种继承制度在广泛实施并很快完全建立起来时，如何继承就毫无疑问了，因为长子的直系卑亲排除了其他所有人的继承权（在这个国家中无论直系卑亲是男是女都是如此），然后继续由下一个长子继承，以此类推。王室继承王位也是按照这样的规则。{并且由于同样的原因，在这种情况下不会有对旁系亲属代表继承的反对，因为总是能够确定谁来自家族中的嫡系一支，所有的财产，由于是不动产，都归他所有，而且他能够排除相同序列的其他所有继承人。但是根据我们观察到的，在动产中并不是这样的，因为它们是可分的。} 我们可以把唐塞巴斯蒂安[③]想让他兄弟的女儿继承葡萄牙的王位作为说明实行代表继承权的困难的实例。他们认为由于代表继承权是从罗马法中借鉴过来的，应该考虑这一制度会在本国产生怎样的影响。如果一个人去世了，除了他的孩子，还有比他先死的儿子的孙子，那么孙子应该享有与他们的父

① 原文如此。推测应为介绍了著名的家族纷争。兰开斯特家族的亨利六世是从爱德华三世的儿子那里得到继承权的，而约克家族的理查是从第二和第四个儿子那里得到的（通过后者，他与爱德华的关系比亨利更近）。

② 实际上是第四个儿子。

③ 他是约翰三世一个儿子的遗腹子；于 1557 年继承他的祖父而成为国王。

亲相同的份额，而且应在各方面代表他们的父亲。那么可以说这个孩子取代了他的父亲作为儿子的地位；但是如果考虑长子继承制，这个孩子除了亲戚关系，在其他方面都不能代表他的父亲；孩子不能在年龄和性别上代表他的父亲。父亲是因为年长和在智慧与年龄上具有优势才被弟弟们选为继承人。但是他的女儿不仅在年龄上而且在性别上都处于劣势，是否应选她做继承人呢？她应该比他父亲的姐妹离继承权更远，因为她们和她在性别上是平等的，但在年龄上比她有优势。这或许能表现出在代表继承权实施道路上的重重困难和建立这一制度花费的大量时间。

在封建政权的初期不允许女性继承，因为她们不能像对国王和贵族的佃农要求的那样服役；她们既不能在田地中服役，也不能在议会中任职；由于她们不能继承，她们的后裔也不能继承。{由于同样的原因，私有制政权也不允许女性继承，因为女性既不能领导臣民们去战斗，也不能主持会议或行使司法权。但是在那时，军事领地在大多数情况下被认为是一种财产，且并不总是需要在田地中服役，而是缴纳一定的费用就可以免除。缴纳这种费用，称作免役税[①]，通常比实际的服役更受到尊重，而且在这种情况下新的领地被分配了出去。现在领主们和封建君主们不会自己行使司法权，而是由他们的管家行使。在这种情况下，女性能够和男性一样继承财产；她们能够像男性一样雇用一个管家根据原则来审判。因此从这时开始承认女性的继承权。} 但是随着这种服役不再如此必要，封建政权给予了封建土地与财产一样的特权，它们都能够被男性和女性继承；而且与此同时这种继承权也扩展到了他们与此财产有关的后裔。女性的旁系亲属排在男性的旁系亲属之后。 60

在引入女性继承之后，封地分成了两种，男性的和女性的。男性封地是古代撒利族法典所坚持的，女性和女性的后裔不允许继承。在女性封地，如果没有男性，女性和她们的后裔是允许继承的。法国王室是以男性封地的方式来继承的。而与此相反，大英帝国的王位是以女性封地的方式来继承的；在目前的王室中，已故的威尔士王子本应从他的父亲那里继承王位，但是他去世之后继承权就归于他的儿子，目前的国王，如果他去世了就归于他最年长的弟弟，并且以此类推，如果他的所有男性亲属都去世了，那

① 手稿空缺。免役税，英格兰称为 escuage；苏格兰称为 taxtward。

么就归于他的女儿们继承。[1] 如果没有女儿的话就由坎伯兰郡公爵和他的亲属继承，如果他们也去世了的话，就由长公主和她的儿子们继承，以此类推。一些德国学者提到了第三种封地，称作混合封地。在这种封地中继承权先归于儿子们，然后是长子的后裔，以此类推。在任何国家，无论是公
61 共财产还是私有财产，我都找不到这种继承方式的案例。如果这种方式曾经出现过，也只能是通过限嗣继承的方式建立的，并可能建立起其他愚蠢的继承方式。

因此长子继承制、代表继承制和女性继承制都是在土地不动产的基础上建立起来的，现在在苏格兰和英格兰以同样的方式扩展到了所有不可分割的财产，除了下一讲中我们提到的一些案例。

我们看到尽管女性最初不被允许继承私有财产和封地财产，但是有两种继承权是她们一直拥有的。（1）关于动产的继承女性与男性享有同样的权利，因为对于可分割的财产没有特权或责任加诸其上。[2] （2）储备地。[3] 大的私有地和封地的领主为了能有人在战争中服役，把他们大部分的地用作军事封地。其他的部分有的用作收取一定的租金，有的用作完成一定工作。剩下的称作储备地。住在这个国家的人在手中保留一部分土地用来维持他们的家庭。他们不会让自己的佃农去种植这些土地，而是由承租人去种植，因此称作储备地。在这个国家里仍然有很多人以这种方式持有土地。以这种方式持有土地的人通常是没有很多财产的人；他们对自己能够保护自己的财产没有抱任何合理的希望、想象和期待；因此他们必须依赖于其主人。这就没有任何理由不分割继承权，因为它在这个人的手中与在那个人的手中一样安全。而且因为此时在这个国家中女性能够跟男性一样工作，就没有理由去排除她们的继承权，因为她们也能服役。相应地，她们有储备地的继承权，被承认为继承的分配者。——我的笔记在此处有一块空白，

---

① 弗雷德里克，威尔士王子，乔治二世的长子，先于他的父亲去世。他的儿子在 1760 年即位成为乔治三世。威廉·奥古斯都，坎伯兰公爵（1721—1765），卡洛登战役的胜利者，是弗雷德里克的弟弟。

② 104 ff. above.

③ 储备地是一种通过履行确定的义务来占有的土地，与骑士义务相对。

而你的笔记这里也是“等等”和插入符号，其他人也没能记录下来。[①]

此处手稿有三页半空白

在之前的几讲中我一直致力于解释不同的无遗嘱继承方法。这种不同 62
是由财产是否可分割决定的。对于可分割的财产，有两种普遍的继承方法：要么是（1）平均分配给所有的孩子和妻子，将妻子视为女儿一样进行分配；要么是（2）妻子分得三分之一，孩子们分得三分之二，其中三分之一是他们自己的份额，另外三分之一是继承父亲的遗产。在罗马和大多数的古代国家中盛行第一种方式。所有的现代欧洲国家普遍采用第二种。对于不可分割的财产同样有两种继承方式，那就是男性封地和女性封地。这一点可以以法国和英格兰的王位继承为例。我们也可以看到苏格兰和英格兰的继承方法不都是男性封地或女性封地的形式，而是在一些细节上与两者不同。我们看到这些不同只发生在旁系亲属继承和上行继承中。在后裔的继承方式中几乎没有什么变化；人们更清楚后一种继承方式，因为这种方式在自然生活中更常见。但是对于另一种方式，人们的意见就不太统一，而且在很多不同的情况下可能有不同的分歧。{而且很多人在关于同父异母或同母异父的继承、母系亲戚的继承和上行继承问题上总是反复无常。}我们已经考虑到了在苏格兰和英格兰法律之间所有不同的继承方法，以及它们与罗马法之间在继承顺序上的不同，而且从政体的本质上解释了它们形成的原因。还有另外两种与上述都不同的继承方法。第一种称为男子土地均分制[②]。这种方式发生在撒克逊的一些国家和英格兰的一些地区中。通过这种方式，继承权平均分配给所有的儿子而排除女儿的继承权，只有当没有儿子在世时才由女儿继承。据说这种方式在早于梭伦时代的雅典人中是

① 在“继承的分配者”之后的文字是由一种不同的墨水和钢笔写的，但是与手稿主文的笔迹相同。上面给出的文字，特别是我们视为“空缺”和“其他”的那些，实际上是非常有疑问的。但是，如果这些文字是正确的，那这个笔记可能表明记笔记者没能记下斯密在这次演讲最后部分说的话，因此他在笔记中留下了下面的三张半纸的空白，希望他的一个同学能够提供这些没记下来的材料。但是在与其他的笔记对照后——可能是与一个他平时经常与其核对笔记的朋友——他发现后者也遇到了同样的困难而只在相应的位置写了一个“等等”和一个插入符号。我们推测，经过进一步的询问，他发现其他的同学也没有更多的材料了，这个记笔记的人，可能是为了他朋友的利益，潦草地写下了在这个地方出现在文中的词，然后就将它作为一项未完成的工作放弃了。

② 原文是“gavelhaide”。但是毫无疑问这里应该是“gavelkind”。这种制度存在于肯特郡。

为法律所规定的；但这一点并不确定。另一种方式，至今仍在英格兰的一些地区和欧洲的其他一些国家中采用，称为幼子继承制[①]；这种继承方法是
63 由最小的儿子在父亲去世后继承所有的财产。这样做的原因可能是在农田中，儿子一长大成人，父亲就会给他一块田地让他在其中定居。这样的话，经常就会出现所有的儿子在父亲去世之前都已经离开家庭失去了继承权，只有最小的儿子还与父亲生活在一起，因此所有的遗产就都归于他了。法官们必须根据惯例规范化他们的判决，当他们发现由最小的儿子在父亲去世后继承所有的遗产成为普遍的做法后，就在发现这一惯例的城镇和国家中将其确立为一项法则。

现在我们开始讨论遗嘱继承。没有什么比我们认为人们所享有的处置自己死后财产的权利更难以解释的了。那么这种权利[②]在什么时候发生呢？就在人们失去自己处置财产的权利的时候；因为遗嘱继承者直到立遗嘱人死的那一刻起才对立遗嘱人的财产享有权利；在那之前他甚至都不能对继承财产有任何合理的期待，因为立遗嘱人可能会修改他的遗嘱。一个人在一生中都被认为有任意处置自己财产的权力；所有权的准确定义就是指所有人可以使用、让与或用任何他愿意的方式处置财产。所有权从一开始就毫无疑问地确定一个人可以用任何他喜欢的方式处置他猎得的野兽。但是人们如何能享有在死后以自己的意愿处置财产的权力呢？那么社会必须处在这样的一种约束下，那就是人们要在立遗嘱人去世后对任何事都没有愿望和意识时，按照他生前的指示来处置财产。{因此我们应该选择遗嘱继承人作为继承人，而不是法定继承人，如果他有的话。}这里存在着巨大的困难，以至于普芬道夫以灵魂不灭来说明这一点。[③] 他说，我们按照死者的意愿去执行，是假定死者仍然在世并且一样拥有意愿；出于这种原因，我们使死者的遗嘱生效。但是我们不用绕这么远去为这种行为找一个理由。——我们对垂死之人意愿的自然尊重就足以解释这一点。在那时，每
64 件与死者有联系的事情都自然而然地变得如此重要。垂死之人的建议、要求，甚至是非常愚蠢的行为比其他任何时候都对我们有更大的影响力。在

---

① 幼子继承制（Borough-English），是一种由最小的儿子来继承遗产的习惯，之所以这样命名是因为这种制度主要出现在英格兰地区。

② 在这里，这个学生插写了单词“right”和“conveyed”，前者被删除了，而且一部分被后一个单词覆盖了，这可能表明这个句子应该是“For at what time is it that this right is conveyed”。

③ Ⅳ.10.4，引自莱布尼茨的观点。

这时我们对他的要求充分尊重；在他死后，我们不是去考虑他应该怎么做，而是考虑如果他还活着他的意愿是什么：就像我们说的，我们会想，如果他从坟墓中看到事情与他的愿望背道而驰时，他会怎么想。设想一个人临死前躺在床上，将他的朋友都叫过来并且恳求、哀求、祈求他们按照这样那样的方式处置他的财产（像他们看待他和他的孩子那样去看待这个朋友等等）。他们最终会因为对死者的怜悯而按照他希望的方式处置他的财产；他们会想象，如果他看到他们以与他郑重请求的方式相悖的方法处置他的财产的话，他会怎么想。但是这种对死者的怜悯是人性的体现，是高雅的情操，我们不能期望一个没有受过相当的文明教化的人也能这样做。因此，我们发现在大多数国家里，遗嘱继承很晚才被引入。在早期的罗马没有遗嘱继承的方式，但是在议会法案（Act of Parliament），即一个在公民大会上由所有人一起通过的法令中指出：如果一个人没有儿子，则由全体人民指定一个人作为他的儿子。[①] 所以这更像是一种收养而不是遗嘱；并且我们得知这种情况只有在一个人没有孩子的情况下才被允许。自然地，一个人在这种情况下会想让他最亲密的朋友来继承他的财产，代表他的家庭。直到《十二铜表法》引入私人遗嘱之前，没有人想到过这种方式，《十二铜表法》可能是从雅典法律中借鉴的这一形式。遗嘱也是由梭伦引入雅典的[②]，在他之前的时代处于德拉古法律的统治之下。[③]

同样，在英格兰，相当长的一段时间之内也没有遗嘱的存在（对于超过父亲份额的财产，也就是说，如果他有妻儿的话就是财产的三分之一，如果没有妻儿的话就是财产的二分之一）。亨利八世赋予人民通过遗嘱处置财产的自由，现在所有的财产可能都是以这种方式继承的。[④] 在苏格兰，不能用遗嘱来处置土地；土地只能通过在世的人移转财产的方式处分。[⑤] 在亚 65
洲和非洲的蛮族中，遗嘱继承还不为人所知，继承完全是法定的；一个人

---

① 当集会是为了批准收养和遗嘱时，民众大会就是库里亚大会（above，92）。主持会议的地方法官问："民众们，你们希望并要求这样做吗？"文中用"年轻人"代替了"民众"（古罗马市民）。Heineccius II. 10. 2，citing Aulus Gellius，V. 19；Kames，*Law Tracts*，I. 186 - 187。

② Cf. 92 above.

③ 这里看起来在手稿中有一个空白。

④ 32 Henry Ⅷ，c. 1（1540），随后被 34 and 35 Henry Ⅷ，c. 5（1543）所修改，赋予了遗赠所有的农役租佃地和三分之二以骑士义务而持有土地的权利。

⑤ 这种转移实现了土地的财产让与，是在死者去世后由一个代理人来执行。Dalrymple，130 - 131.

的财产总是由他最亲近的男性亲属继承，他没有处置他死后遗产的权力，哪怕是最小的财产。直到社会发展到相当的程度，人们才对死者的意愿给予充分的尊重；对死者的怜悯对于蛮族来说是太过于深奥的规则。尽管对于死者的怜悯和对于遗嘱人意愿的尊重使我们倾向于在他去世后依照他的意愿处置他的财产，但是我们不能自然地认为这种尊重能够持之以恒。在几年内，通常是在几个月内，我们对于遗嘱人意愿的尊重就会消失殆尽。一个 100 年前去世的人，他的意愿不会再得到尊重，就像他根本没有存在过一样。我们不能自然地认为一个人能够决定他的财产比当时更长时间之后的去向；一旦他去世，他的继承人继承了他的财产，这些遗产就被另一个与已故人有着同样的权力随意处置财产的人占有了。因此在罗马，限嗣继承在遗嘱继承出现很长时间以后才出现。唯一有相似之处的是一种本土流行的未适婚人的补充指定。前者建立在这样的基础之上：这个继承权带来了巨大的负担以至于被他选作继承人的人，可能是个富有的人，都不愿去接受这份财产和与之而来的麻烦，那么在这种情况下立遗嘱人可以按顺序选择几个继承人（一个人不能在死后没有任何一个继承人，这会被认为是不光彩的）。但是这种方式也不比其他的继承方式更加先进，因为如果有人接受了继承权，那么所有的遗产都归他和他的继承人所有，其他人都被排除在外了。另一种方式是：如果一个人最亲近的亲属或者任何他指定的遗产继承人[①]仍在监护之下因而没有能力制定遗嘱，而且有一些比该继承人的法定继承人令他更加属意的人，那么遗嘱人就可以为其继承人指定一个继承人以防他在成年之前去世。但是在这种情况下遗产继承也没有更进一步。

66 但是这时限嗣继承已经引入罗马，而且它又带来了信托遗赠[②]，那么我们有必要解释一下它的本质和起源。在古代婚姻中的共食婚或买卖婚，妻子完全成了丈夫的奴隶。[③] 丈夫对妻子有绝对的权力，包括处死和离婚。在那时妻子不能对丈夫的财产做出任何大的贡献。她们不带来任何财产或只有很少的一点财产，7 英亩的土地就会被认为是很大的一笔财产了。因此在

---

① 监护替代是当被监护人是立遗嘱者的后裔，他在立遗嘱者死后，在到达青春期（男子是 14 岁）之前就独立了，他就有能力去表达自己的意愿。在到达年龄之前，他的利益由监护人去保护。*Inst.* 2.15，16.

② 信托遗赠是拉丁词语 fideicommissum 在苏格兰语中的形式。

③ 共食婚（一种礼仪餐）、买卖婚（购买新娘）以及时效婚（约定）都是产生夫权婚姻的形式，使得妻子服从于丈夫。Cf. 94 above.

那时妻子不会得到太多尊重。{而且如果一个男人跟一个女人一起生活了一年并且分开不超过三个晚上，她就和他之前那些通过仪式迎娶的妻子并无两样。她不仅按照惯例成为他的妻子，而且还和动产的规定一样。} 但是当罗马人从极度贫穷的人成为极度富有的人之后，在文明而富有的国家中的女性也得到了比在贫穷而野蛮的国家中更多的尊重，她们开始拥有大笔的能够给予她们的丈夫的财产；她们不会服从于旧式的婚姻，她们的朋友也不会允许她们服从。因此她们就与丈夫们签订特定的契约；丈夫们考虑到他们或许能得到一大笔钱，就放弃了他们的一部分权力，而女性则允许她的丈夫在世的时候使用她的嫁妆。这些条款是在一部称作嫁资契约①的文书中订立的，稍后我会讲到这种文书②，它们就像婚姻的祭祀形式一样，是妻子和情妇之间的主要区别，后者的孩子不能继承遗产，也不被承认与父亲有任何关系。这样在婚姻中丈夫和妻子可以在任何时候分开；而且妻子至少应该订立一个夫权的约定③，如果她每年离开丈夫三个晚上就会打破这个约定。

由于这些做法对古代的规则、对加图和欧比乌斯④的方式的严肃性以及其他纪律严格的信奉者们都是极大的冒犯，因此他们极力想要约束妻子们，让她们像以前那样服从；他们试图去减少妻子们的嫁妆。出于这样的目的， 67
他们制定了沃科尼法。⑤ 有些人认为这部法律颁布后男性不能将超过他的遗产四分之一的部分留给女性，但是他们没有足够的理由来说明这一点。可以肯定的是，女性的财产在某种程度上受到了限制。{由于女性被认为不能承担公职或者是从事更加赚钱的工作，她们唯一能够取得大量财产的方式就是继承，当这一点也被限制的时候，她们的财产就一定会减少。} 另一点很明显的是，与派瑞松乌斯⑥和其他人的观点相反，这个法律的适用范围扩展到了无遗嘱继承人和遗嘱继承人，但是它可能被无遗嘱的死者避开了。

---

① 嫁妆契据。

② iii. 8 - 9 below.

③ 原文是“usû conveniret in manum”，即有夫权的婚姻。

④ 波尔奇乌斯·加图，长者，因其在公元 184 年作为检察官时的严厉而臭名昭著。欧比乌斯，在公元 213 年担任保民官，支持欧比亚法律，限制女性的财富。加图曾在 195 年试图阻止该法的废除，但是失败了。

⑤ 沃科尼法，颁布于公元 168 年，禁止富有的遗嘱人将女性作为他们的继承人，而且禁止遗赠的遗产超过继承人得到的遗产。Montesquieu，XXVII. 1.

⑥ Jacobus Perizonius，*Dissertationum Trias*（1679）II（*De lege Voconia feminarumque hereditatibus*，99 ff.).

为了规避这个令富人和有权势的人非常不满的法律，他们发明了这样一种做法：例如一个男人[①]想要把财产留给他的女儿或姐妹，他就指定一个他信任的朋友作为他的继承人，并要求这位朋友庄严保证为他的女儿保留这些财产。通过这种方式他们就能够隐藏死者的转让行为，因为这一法律不能规范生前赠与行为。这种方式称作委托继承制。——有时这种方式不被认为是完全有约束力的，尽管不去执行遗嘱会被认为是可耻的行为。也存在一些没有被执行的例子，其中的一些西塞罗提起过。——第一个使这种方式具有完全约束力的人是奥古斯都。他是以这种方式取得继承权的[②]，他不仅自己执行了委托继承，而且使之前和之后的委托继承都具有了完全的约束力，并指定执政官去监督法律的遵守。这种制度最终被称作执政官监督委托继承制。这种法规废除了沃科尼法，所以我们会发现在奥古斯都的时代过后沃科尼法就几乎再也没有被提及。

执政官监督委托继承制给予执政官监督委托继承是否充分执行的职权，其中涉及的三个人应该履行各自的责任。这三个人是委托继承人，他设定了委托继承；受托继承人，他依遗嘱的要求[③]将财产转交给第三人，即真正
68 的继承人[④]。在委托继承中，受托继承人可能会被要求在某个特定的时候归还继承权或者在他去世的时候将继承权转给一个大家都尊重的人。后一种方法可能会在立遗嘱者死后持续很长时间。实际上这种制度被瓦伦提尼安和西弗勒斯[⑤]的著作在四个方面做了限制，但是在一段时间内它是没有约束的，也就是从大约图拉真时期开始到瓦伦提尼安时期，委托继承得到了充分的实施。尽管这样，罗马人从来没有采用过限嗣继承。他们从未允许过一个应该把遗产留给瓦罗的人在死后将遗产留给赛乌斯，而不是他所有的孩子和其他亲属。如果这被允许则是完全的限嗣继承。但是大多数的欧洲国家都是这样的。横行欧洲的日耳曼民族没有遗嘱继承；每一项遗产都被分给了所有的孩子；在他们中唯一有遗嘱继承的想法的是牧师（在基督教传入之后）。他们必须懂拉丁文以便能读懂祷告；他们也必须读一些讲述罗马法的书籍，从这些书籍和他们接受教育的国家的实践中，他们懂得了对

① 原文以“e. g. am”代替了“a father”。推测可能是想写“e. g. a man”。

② 关于从何处取得继承权，手稿空缺。Lentulus：*Inst*. 2. 25pr and 2. 23. 1；Cicero，*De Finibus*，II. 55，58.

③ Verbis precariis，意为“依照要求”。

④ 原文为“fiduciarius”，推测应为“fideicommissarius”（受益人）。

⑤ 实际上是查士丁尼新律第 159 条。

死者意愿的尊重。他们教育他们的人民去适应这种文化，作为一种不能免除的对死者的怜悯，并且通过这种方式逐渐让人们认识到要尊重死者对于财产分配和继承人选择的意愿。由于牧师是遗嘱继承的引入者，所以他们被认为最适合来裁决这种继承，因为他们最熟悉相关规定；因此每个主教教区的主教，甚至是每个教区的牧师，都曾是所有遗嘱继承的裁决者。实际上在英格兰被征服之前，这个国家的主教和郡长（郡实际上与郊区的范围相同）是坐在一起进行审判的。[①] 根据在这个国家盛行的风俗，国王将遗嘱继承的事项从民事审判中独立出来，并指定由这个宗教法庭独自审判所有的遗嘱继承事项。在东欧是由地方法官根据民法管理的，牧师与遗嘱无关，迦太基第四议会的裁定[②]明确禁止主教干涉遗嘱继承事项。但是主教仍然继续裁决所有的遗嘱继承。限嗣继承在某种程度上也是在遗嘱继承引入 69
后不久出现的。当依死者的意愿分配遗产的理念走出了第一步后，就不难想象它会更进一步发展。但是人们发现还是会出现一些回避限嗣继承的情况，直到赠与法[③]制定之后，规定了立遗嘱者的所有赠与都应以他指定的方式实现，没有一个限嗣继承的继承人能够转让限定只能由他和他的继承人继承的财产，而且当财产转移到最后一个限嗣继承人手中时，在他死后财产不能再进行转移而是归王室所有。但是人们却设法去规避这一法规，实际上这部法规关于限嗣继承的内容被废除了。[④] 但是在苏格兰，在法律上有效的限嗣继承只有在没有排他的、限制的和无效的事由[⑤]的情况下才能实现。第一项原因阻碍一个人把财产留给除指定的继承人以外的其他人，但是不妨碍他将财产转让。[⑥] 第二项

---

① H. Spelman, ‘Of the Probate of Wills or Testaments’, *English Works* (1723), II. 128.

② 手稿空缺。此处为推断。迦太基第四议会的裁定，c. 18：主教对于遗嘱的保护不被支持，应该是指禁止主教对遗嘱进行特殊的保护或者干预，这一条包括在格里提安的敕令中，*D.* lxxxviii, c. 5。

③ Statute of Westminster Ⅱ, 13 Edward Ⅰ, c. 1 (1285).

④ 手稿空缺。限嗣继承是被关于赔偿的程序事项所禁止的（这是一个精心的假设）。4 Henry Ⅶ, c. 24 (1490) 提出土地所有权的转让（在最终达成一致的情况下）只有在特定的情况下才能被禁止：Dalrymple, 136。

⑤ 禁止的、无效的和解除的事由：Kames, *Law Tracts*, I. 201 ff.。无效事由使得与契约规定相反的行为无效；解除事由剥夺了冒犯者的权利。

⑥ 在这里似乎有一个小的插入符号，可能是想要在页边上插入一些字，即“burthened with debts so as to ma”。

手稿中有五到六行空白

这种方式的限嗣继承是在詹姆斯二世时期1682年[1]的一部法律中开始有约束力的，现在也依然有约束力。——｛这里有一个问题，在这一时期之前建立的这种契约是否有效。我们最杰出的律师们[2]认定这些契约是无效的。——还有一个问题就是这些契约在普通法上是否是无效的。｝现在没有什么比这种限嗣继承的习俗更荒谬的了。一个人应该有决定在他死后如何处置自己的财产的权力，这种做法是符合我们对死者的怜悯的，而且并不与常理相悖。但是让他拥有决定他的继承人如何处理财产的权力，而且是永远拥有，就不是建立在怜悯死者的基础上，而且是世界上最荒谬的事情。世界是每一代人的财产，这是人们最普遍认同的道理。祖先约束后人如何
70 使用财产是非常荒谬的；财产是属于后人自己的，就像在祖先的时代，财产是属于祖先的一样。设想一下生活在500年前的祖先拥有处置现在所有土地的权力，这无疑是荒谬的。但是在那时人们有指定限嗣继承的权力，我们能够对我们后代的财产宣布权力，不只是500年，而是永远。困难就在于确定我们何时能终止我们这种赋予死者的处理他的财产的权力。并没有一个确定的终止时间。而正是这种不确定性使制定限嗣继承的权力被引入欧洲各国。最好的规定或许是允许垂死之人在他能预见的范围内处置财产，也就是在与他同时期生活的人中决定如何分配财产。由此我们可以推测他可能会产生一些影响；我们可以允许他在这些人中合理地决定财产的分配。但是他不能影响那些还没有出生的人。我们对死者最大程度的怜悯也不能延伸到他们身上。

这种权利不仅荒谬到极致，而且对社会也是最有害的，因为它使得土地完全无法进行交易。——从国家的利益来看，要求土地应像其他财产一样最大限度地进行交易。而制定限嗣继承的权力就完全排除了这种可能性。稍后我会更详细地说明，现在只是提一下，长子继承权和制定限嗣继承的权力是导致这些方式盛行的国家里农业几乎完全衰落的根源。当土地还能

---

① 实际上是1685年，c. 22（A. P. S. VIII. 477，c. 26）；Kames，loc. cit.；Dalrymple，142。

② Kames，op. cit.，216：“我们最近在英格兰发现了限嗣继承，是通过模仿的力量发展起来的，这使我们认为限嗣继承在这里也应该平等地拥有法律效力；我们忽视了或是没有提到在英格兰限嗣继承的全部效力都是源于法规的。”

进行交易并且经常更换主人时，土地能得到更好的管理；那些通过交易或其他方式得到财产的人通常能用他们的投资去赚钱。他们通常也是有计划有设计的人，所以他们也在最大程度上有增值的欲望和能力。相反，那些拥有家族古老财产的人很少会有赚钱的欲望。家族每年的奢侈花销就花掉了所有的收入。因此我们看到大城镇附近那些经常更换主人的土地比那些离城镇很远而且长期属于一个家族的土地要种得好得多。——这种大家族的土地很少有机会能比现在这样发展得更好。领主不会在这些土地上花钱而承租人也不会引导他们去开发土地。如果土地被分成一小块一小块的，每一块都有一个不同的主人，那它很快就会耕种到很好的程度。用于长期出租或作为封地的土地对国家的发展做出的贡献是最大的。短期租赁的土地可以随意出租，不会吸引承租人去改善这块土地，因为他投入的资金不会是他的，而成了别人的。但是即使是在长期租赁中，承租人可能也要用 71
收成的三分之一作为租金支付。这是一件很让人沮丧的事。但是如果所有这些农田都转为财产，那么所有被其主人耕种的土地很快就会生长得很好。然后人们很快就会知道土地不能仅为了满足家族的虚荣心而以违反常理的长子继承和限嗣继承的方式继承。

手稿第一卷结束

1763 年 1 月 17 日　星期一

现在我来谈论取得所有权的最后一种方式——自愿移转。自愿移转需由两方面的条件构成：第一，所有权人明确表示出移转的意志；第二，移转的现实交付或者象征交付。财产所有人的意愿，无须移转，只需表明他有移转财产给他人的意思，但是对于受让人，除非财产已经在其权力控制之下他才能说他取得了该财产。像占有，财产原始取得的一种手段，是无法实现的，除非该财产至少已经在占有人权力控制之下并通过这种方式与原所有人分离。因此一个人的财产不能成为另一个人的财产，除非他放弃了他的控制权。

由于财产所有人的意愿和移转都是必不可少的条件，因此在这两个条件分离和同时满足的情形下所产生的效果也是截然不同的。财产所有人的意思表示将会给予受让人（如果我们可以这样称呼）一项针对财产所有人的诉讼权，通过此诉讼，受让人可以要求和强迫财产所有人完成其所承担的义务，但这却无法使受让人对财产所有人意思表示中的财产拥有任何实际的权利，这种权利只有在移转行为也同时存在于财产所有人所表示的财产中时才会被受让人取得。（我们发现有移转行为但没有财产所有人的意愿也无法构成对移转之物的任何权利。）举个例子来说，如果一个人要卖他的马，并收下了买方的钱，甚至还领买方去马厩里看了马，但他并没有将马置于买方的权力控制之下，如果他之后又把马出卖并交付给了另外一个人，
72 那么第一个买方将会起诉这个卖方赔偿他所付的钱以及其他可能遭受的损失，但却无法向第二个买方索要马，因为他从未真正拥有过这匹马。但是如果在讨价还价之后财产所有人将这匹马的控制权转给了买方，比如买方通过接过缰绳或是其他任何能表示他拥有了这匹马的行为，但后来卖方仍想再把马留下来一段时间，如果卖方在这段时间里把马又卖给了其他人，则第一个买方可以向任何占有者（通过物权诉讼）索要马。格劳秀斯[1]对移转行为的必要性表示怀疑，他认为在很多情形下仅需财产所有人的意愿就能完成财产的移转。他给出了一些例子，比如说，抵押人的财产被移转给受押人，质押人移转给受质人，寄存人或托管人转给受托人。他说，在全部这些情形中，只有移转人的意愿而无移转行为便完成了移转。但是让我们来想想为什么要有移转行为，它的目的是什么，其实它最终的目的就是将控制权移转给受让人。只是因为在所有权人表示出移转的意志之前，抵押权人、质权人已经占有抵押物或质物。所以在原所有权人表示出移转的意志之后，不再需要进行移转交付。但这并非是不存在移转交付，只是不存在表示出意志之后的交付。他还援引了西哥特人的一部法律，这是一个位于法国西南部的野蛮民族，它的法律规定财产权应始于移转行为发生之后｛合同或是所有权移转书，在文字出现后取代了口头意思表示｝，但是我们在格劳秀斯没有援引的其他部分发现，立法者虽然认为财产权始于移转意愿的表示，但也发现这很难运用于各种不同的情形。比如说，如果受让人在移转行为发生前死亡，他在几经犹豫后决定财产权应归于财产所有人和他的继承人，但是如果财产这时已经发生移转，财产就必须属于受让人

① II. 8. 25，引自《西哥特法典》，V. 2. 6。

和他的继承人，与之前的移转人将毫不相干。我们还注意到，这些民族的法律都是由牧师制定的，它们根据教会法的结构而来，而教会法又是由教徒带头遵守的查士丁尼法典的一部分。这两部法，无论是公法还是私法，都尽力去扩大合同和义务的效力，一直到超出它们的实际效力，或是将野蛮民族置于他们自己的裁量权之下。{古罗马法强调财产只能通过时效占有 73
和移转实现。[①]} 我们能够很容易想象到，动产的移转是以一种怎样的方式实现的，比如说一匹马或是一本书等等，因为这些财产可以很容易地移转至受让人的控制之下。但是那些大件财产的移转就没那么容易想象得出，如房子和土地，如果通过移转行为很难实现移转，因为受让人无法占有该财产的每一部分。这种情形下的移转一直是通过一种象征性的移转行为实现的，比如说通过移转门的钥匙或是打开门来把占有权让渡给受让人。同样的方式还有移转谷仓的钥匙。在这个国家，当买卖粮食时，如果移转一节茎秆或是割下一捆茎秆则代表了所有庄稼的移转。同样的方式还有通过移转一块草皮或是一块石头来表示一整块土地的移转；如果土地被骑士所拥有，可以通过移转一把权杖或者一块盾牌来表示土地移转。——{在英格兰，土地的移转须受让人实际莅临土地，从原地指出它的位置，但这也并不能完成移转，除非他之后占有了该土地。——在英格兰，移转一部分土地时，新的取得人要亲自接触每一处土地而且是实质性接触。但是在苏格兰一部分土地的移转即代表了全部移转的完成，无论其他几部分是否在同一个地区。由于在一个庄园上的每一个人（或是男爵领地或是贵族领地）都应该知道他所管的土地的每一处发生了什么，同样也要知道在他的所辖范围内发生了什么，基于上述原因，登记制是必要的。}

我们发现在封建社会的早期，那时它还处于旺盛时期，任何一个佃农，不管是国王的佃农还是领主的佃农都不能在未经他的上级同意的情况下移转他的土地，无论是他自己控制下的土地或是他上级控制下的土地。由于他们是以服军役为条件获得的土地所有权，他们并没有权利去决定谁会成为他们的仆人。但很快佃农们有权移转其土地给其他人占有，尽管他们被禁止移转其对土地所有的权利。——正如佃农不准移转对土地享有的使用权和收益权，他们的上级也不准在未经占有者同意的情况下移转他们所有土地上的财产，无论他们是通过高尚的服军役的方式而获得的土地所有权，

① “通过长期的占有和交付”：C. 2. 3. 20。

74 还是通过不太高尚的方式如前文[①]提到过的农役土地保有的方式取得的土地。这是因为如果他们属于高尚方式的一类，不仅他服侍的主人在残酷的现实中也处于他人的支配下，而且他的主人会在他邻居的影响下经常发生变动，可能与敌人达成和解，敌人可能放弃对主人的敌意却转而把矛头指向佃农，而佃农也就经常被这样毁灭了。如果他们通过不那么高尚的方式取得土地，第一个论点在此处同样是强有力的，因为他们永远占有他们的土地，或者至少可以像封建社会刚开始之时那样在他们自己的有生之年占有该土地。——在这种情形下，封建社会中两种财产合并在一起，一种是由领主授予佃农，同时领主享有对佃农一定的征战和服役的权力，与此相对，佃农取得了土地的收益权，而且（适用于所有的共同所有人）他们二者都无权在未经对方同意的情况下移转该土地。如果佃农打算移转他所占有土地的任何一个部分，他将必须交给他的上级[②]，或是为了永恒持续[③]或是受到优待。第一种情形中，土地被完全交还到所有者手中，并在此后享有占有和使用的权利。另一种情况下，土地被交给上级，上级支持第三人以与当前佃农相同的方式占有土地，而且上级想把土地移转给他。在后一种情形中，如果上级不愿意把土地移转给某个特定的人，土地将会以前面提到的同样的方式交还给佃农而无视移转书的存在。上级的这种同意起初都是自愿的。他被迫同意的第一种情形出现在土地被移转给债权人时。在这被法定化之后，上级在任何情况下都有可能被迫同意。对于一位想移转他的土地的佃农，在他接受了移转土地的价款后他就只需开一张债券给受让人，受让人以此作为债权人要求上级被迫同意此土地的移转。——在另一方面，上级也拥有了无须经佃农承认[④]移转土地的权力。这是在封地所有
75 权开始被认为是一种财产而等级只是很小的阻碍后逐渐引入的，当佃农们不再完全依赖于上级的保护而是由土地法来保护他们的财产时，他们就无所谓归属于哪个主人了。在这种情形下，他们对于佃农的承认就不必那么在意了。在这里我们也注意到，在英格兰上级对佃农土地移转的同意很快就被免除了；并且尽管来得有点迟，佃农的承认对于上级来说不再被认为

---

① i. 144 above.

② 在苏格兰，这种制度持续到乔治二世 20 年被废除，c. 50（1747）。

③ 手稿空缺。*Ad perpetuam remanentiam*：Stair，II. 11. 1；M'Douall，III. 2. 2. 8.

④ 手稿空缺。Contournement，即英文单词“attornment”（承认），即佃农知道上级的变更以及他对于新的上级的忠诚义务。Cf. Dalrymple，211.

是必需的。另一方面，在苏格兰，从三四百年前佃农的承认[①]就已经不必要了，然而直到 16 世纪末 17 世纪初通过买方移转的方式才被债权人的特点所影响；而且这种方式在一些情况下仍在继续。

后来英格兰有一种不必通过移转而实现转移财产的方式。它是这样被引入的：在封建社会，地主们经常被征召去打仗而被迫离开他们的财产，他们发现很有必要为了保存财产而将财产的使用权转移给一些人占有，直到他们主张要回来为止。在这种情况下，卖出土地的交易者可能开始并延续买主土地的使用权，但是人们不会认为这是买主替卖主在占有土地。而且如果土地的所有者在买主拥有使用权期间想要把它卖给其他人，买主本可以采取一些个人的行动来反对他，以保护他所有的财产的价值，并索要赔偿，但是他没有做出任何实际的行动来保护任何一个占有人。但是当使用权法[②]宣布了持续持有使用权后，移转已经不再是必要的，因为前一个所有人，即在买卖完成后被视为买主的仆人或代理人的人，他享有的占有权与他自己占有土地是相同的，而且当他实际占有土地的时候，我们不认为他是占有了别人的土地，而只是持续了他自己的占有权。——卖方从交易开始时是替他占有。

现在在英格兰普遍使用的还有另一种无须移转的转移财产的方式；这就是租借和停租。这种方式是说，卖方为其利益计划向买方出租土地来获 76
取一定金钱，自己保留了一定的责任和义务；随后他停租土地的时候，他宣称他应该免除所有他之前出租土地的时候保留的责任和义务。从那时起买主就成了土地的完全所有者。这种方式主要是在英格兰使用，买卖和使用的方法也与之相联系。因为买主要在租借和停租之间占有这些土地很不方便，所以现在通常是由所有人来替他占有这些土地。

我们已经讲了五种不同的获取财产的方法，现在我们开始讲物权的第二部分。

地役权

地役权是一个人把义务或权利加在另一个人财产上的权利。罗马人认为地役权是对物权或是对人权，即在特定的人或特定的物之上的权利。他们也将地役权分为城市地役权和乡村地役权。第一种是在一国内一块田地在另一块田地上建立的役权，例如关于水的役权。另一种是在城镇中一块

① 手稿空缺。
② 27 Henry Ⅷ, c. 10 (1536).

土地在另一块土地上建立的役权。我们看到所有的地役权本来都是对人权；如果我们考虑到地役权引入的方式的话，这一点就很容易看出来。举一个常见的例子，我们假设一个人的土地处于干道或集市城镇和他邻居的土地之间。如果前者能够享有从他邻居的土地上通过的自由，那将会非常方便。这样他的邻居可以从他手中获得一些报酬，而他的职责是赋予前者通过的权利。这种权利不是因为这个人而给他的，是因为他占有了这块地而给他的，这种权利不只会赋予他，也会赋予他的后裔和继承人等等。而且如果他后来要卖掉或处置他的土地，他可以将这种自由作为他财产的一部分，而且可以跟土地本身一样从买方那里要求一些合理的补偿。——但是让我们假设供役地的所有者要处置他的土地，而且他需要根据与需役地[①]主人的协议使买方继续赋予需役地主人之前规定的自由；这块地可能以这种方式
77 转三四手；而第四任占有者拒绝再赋予他之前约定的自由。那么要怎么去强迫他来履行这一义务呢？第四任占有者确实受到第三任占有者的约束，但是不受需役地主人的约束，那么需役地主人[②]就不能采取任何反对他的措施。他只能对第一任供役地的主人采取措施主张权利，让他履行他的义务。那么第一任主人就回去强迫第二任主人，然后第二任去强迫第三任，第三任去强迫第四任；或者他可能采取措施让第一任主人将其对第二任主人的权利转移给他，而且对第二任和第三任也是一样。为了防止这种通常会很麻烦的行为大量发生，就实施了抵押担保之诉，后来又实施了准抵押担保之诉[③]，一开始只有一部分，后来大部分的地役权都被认为是物权。

在罗马存在着大量不同的地役权，包括城市地役权和乡村地役权。[④] 后者包括在道路上步行、驾牛和行车的权利，抽水的权利和将牛赶到水中的权利，等等；城市地役权包括将雨水排到他人土地上的权利，在他人的墙上插入横梁的权利，支撑自己墙壁的权利，等等。它们中大多数和其他很多别的种类的地役权都为我们所使用。{终身租用、第二代使用的房屋或者其他东西的使用权，例如奴隶的工作或作品，一旦合法后可能也被认为是地役权，当出卖土地权益的时候也要附带这种责任。} 我们看到，所有的封

① Dominans praedium，需役地是因为它的利益地役权才存在的。

② Dominantis praedii dominus，需役地主人。

③ 抵押担保之诉和准抵押担保之诉并没有强制实施地役权，而是使对于财产拥有抵押权的债权人能够从第三人手中取回财产，从而使抵押权成为“物权”。地役权是通过确认权益之诉得到实施的。

④ *Inst*. 2. 3.

建租种地都会被认为是地役权，而且最初同样被认为是私权。佃农最初是在服兵役或提供其他服务的情况下持有土地的，而且完全依靠土地的所有者。这项财产是归属于土地的所有者的，佃农只是拥有土地的使用权。进入封建社会，租种地开始可以继承，所有权依然在上级的手中；哪怕是由于服务中最小的瑕疵或者侵入了上级的土地或其他他未占有的土地，佃农都会被驱逐出去，他的土地会被上级剥夺。没有上级的同意以及新佃农所履行的与前一户佃农相同的服役，土地不能被移转给他人。同样，后裔不能参与继承，除非他对他的上级表示尊敬并宣誓对其忠诚。而且如果这个 78
后裔恰巧是未成年人，他就不能参与继承，他未成年期间所有财产的收益都归上级所有，而且他无法重新获得这些财产，除非他付了领地继承贡金，这笔钱最初是一笔武断而专横的盘剥。由此显而易见的是，属于上级的财产中佃农享有的地役权实际上只是一种人权，因为租种地是很不稳定的。——但是随着时间的推移（通过一个我们将更详细解释的过程），佃农在他们的土地上变得更加安全；佃农的服役义务转变成了一种既定的租金或免役税[①]，而且领地继承贡金也固定在了一个确定的数目，这一数目与整个土地的价值相比是很微不足道的。{这笔钱是付给国王或其他拥有财产的人，无论他们是直接还是间接占有财产。}所以在这里我们认为土地的主人获得了管理权，佃农获得了利益，而仅需要对上级承担很少的劳役。同时，就像上面提到的，所有其他有价值而且必要的地役权都被认为是物权；而那些曾在罗马人中出现，现在只作为个人意愿使用的没太大价值的地役权则被认为只是对人权。我们应该明白这种转变只是从一部分地役权开始的，其他的仍将持续，实际上很多永远都不会成为对物权。

加诸财产上的所有权利和义务，由于只能够从契约中产生，所以最初一定是对人权，因为契约只能产生对人权，不能产生其他的权利。这些权利变成对物权只是由于法律的介入。这一点与第三种对物权是相同的，那就是——

抵押权

这是指一个人把财物典当或抵押给另一个人来换取一笔借款。现在如果抵押物并不在抵押权人的手中，抵押权人就无法支付，那么要向谁主张

① 每年支付租金代替了骑士役。Cf. i. 141 above.

权利呢？如果他向占有人主张权利，那么占有人会拒绝归还抵押物；因为他不是所有者，所以无法对占有人采取任何行动；抵押权人向抵押人，也就是所有权人要求权利的唯一方法就是宣称其为所有权人（“quocumque possessore”原意为“无论何时何地的占有者”）。为了避免这种迂回的麻烦，法律规定抵押权应当被认为构成了一种物权。典当或抵押与出质的区别就是在前者的情况下，物品从成为当物或抵押物的时候起就交到收当人或抵押权人的手中，而在后者的情况下允许出质人仍保留质物。这种区别
79 或许可以被认为是动产抵押权或小件物品抵押权与不动产抵押权的划分。当动产被抵押时通常会交给抵押权人占有。因此如果一个人想要借 5 基尼的话，他就要把他可能值 10 基尼的手表交给借给他钱的人，并且告诉这个人如果他还不了钱的话，这块手表就归其所有。现在这种约定是完全合法的，因为双方可以达成他们想要的任何约定来处置他们自己的财产。如果他们做出了这样的约定，就没有理由不去履行它。有一条众所周知的准则是这样说的：“既然缔约双方都已经明示，那么就让它成为法律吧。”① 这种让与财产的约定可以被认为是一种赌博｛这时债权人应该借钱，因为人们在困难②时期都乐意达成这样的一种协议，他们通常都希望他们能够赚到比借的更多的钱｝。

现在在这样的情况下，在解约条款被禁止之前③，如果抵押人不能在约定日期之前还款，或者在没有规定还款日期时，在款项借出一定时期之后，所有的抵押物都归抵押权人所有，这对于抵押人是一个巨大的损失，因为抵押物的价值往往比借款和利息的总额要高得多。但是人们发现事情总是这样发展：因为如果债权人不催的话，债务人自己通常不会着急，所以债务人通常还钱还得很慢，那么法律这样规定就会更加公正：如果债务没能按指定的时间或在借出一定时间之后归还，那么抵押物不应从那天起就归抵押权人所有，而应允许抵押权人以合理的价格卖掉它，首先归还借款和利息以及诉讼费用，｛剩下的仍归抵押人或他的继承人所有。｝在苏格兰也

---

① 原文是“uti contrahentes verbis nuncupaverant ita jus esto”，意为“基于合同主体宣告的言辞，它具有法律效力”，这句话源于《十二铜表法》，VI. 1。

② 在最后的三个词上面写着单词“agreement”（契约），后面跟着括号和“which”的常用缩写形式。可能在“such a time”（在这样的时期）后面应该跟着“在困难时期的人们很愿意去签订契约，因为他们通常”这样的文字。

③ 没收财产的事由，允许抵押人在无法按时还债时将财产完全授予抵押权人。这种情况被君士坦丁禁止了；应为“before the *lex commissoria* was prohibited”，意为解约条款。

是这样的；但是在英格兰，所谓的收当人，更准确地说是典当物持有人，因为他们不处理经纪业务，如果典当物到期或在典当人死前没有被赎回，而这通常是不容易赎回的，因为他们会收取一笔巨额的利息，收当人就会取得所有的当物。所以无论是典当人自己还是他的继承人都没有权利对抗 80
收当人。因为达成这种协议的人，会当掉衣物的人，并不愿意他们的交易让别人得知，众所周知这种交易是他们处于贫穷和困难境地的显著象征。因此收当人的许可证，我们稍后会讲到，是英格兰的法律中最大的麻烦事，特别是在一些大城市。在罗马和苏格兰的法律中关于不动产抵押的规定与动产的抵押是相同的。一项可以继承的不动产债务通常不规定还债时间，只规定应在债权人要求时还债。因此在债权人提出要求之后的一定时间内债权人可能会卖掉不动产，来归还本金和利息以及届时产生的费用和损害。然而在英格兰，如果债务没有在债权人要求时归还，土地或其他不动产就立即归抵押权人所有；但是根据法律规定，所有的土地在四十年内是可赎回的，然后才失效。但是大法官宣布在这种情况下他只允许抵押人在二十年内赎回不动产①，这一期间从抵押权人主张权利之时算起。除此之外，在罗马人中还有很多由协议构成的法定抵押权，很多都被我们所接受了。但是所有这些的影响就是形成了一种对拥有抵押权的人更有利的主张权利的方式。因此一个出租房屋的人除了租客的家具和财产之外没有其他的方式保障他收取租金，相比别的债主，他更容易从该租客处拿到偿款。古代在这个国家中他可能会有一种更好的方式，不仅针对他手中持有他们财产的那些人，而且包括所有的债务人。由佃农和奴隶种植土地的方式不再使用了之后，最常见的农田就是那些以钢弓的方式种植的土地，在法国又称作对分佃耕制。这种方法是指在佃农租种土地的时候地主会给他一套牛拉的犁，五六个牛轭，而佃农有义务归还由诚实之人评判的相同价值的东西。每季收获完成后地主和佃农会按捆平分粮食。在这种情况下地主既拥有了财产又拥有了粮食，而且如果佃农要在未经地主同意的情况下移转任何一部分财产，那么在他得到对方支付的价钱之前，他必须声明这些财产是自己所有的而不是占有的。这种出租土地的方法，稍后会说明这是付诸实施的所有方法中最坏的一种，如今在这个国家的大多数地区已被搁置了，只剩下少数偏远地区还在实行，但在法国仍有超过六分之五的地区在实行这 81

① M. Bacon, *New Abridgement of the Law*, s. v. Mortgage, III. 654.

一方式。即使这一方式已经被搁置，地主仍被认为拥有这些财产，所以如果佃农未经他的同意就出卖的话他仍可以主张权利。在不久前这一点被最高民事法院的法令所限制了，而且议会法案也坚持了这一点[①]；所以现在地主只比其他的债权人享有优先受偿权，但是不能在佃农未经其同意而移转财产时主张权利，特别是当买方是善意的时候，即买方在交易时没有骗取地主租金的故意，而且没有与佃农有这样的合谋。[②]（罗马人还有一些其他的法定抵押权，那些都没有被我们的法律所允许。例如一个人若借钱来造船或房子，由于房子或船中的一些东西是用债权人的钱买来的，那么这一债权人对这些财产就比其他债权人享有优先受偿权。但是现在已经不允许这样做了。）（在意大利，土地同样或是被仆人和奴隶耕种的，这些人同样是地主的财产，或是由佃农通过类似于对分佃耕制的方式来耕种的；地主和佃农共同拥有财产，因此地主同样可以在佃农未经其允许转让财产而尚未支付对价之前主张权利。）

现在我们来讲第四种物权，即——

独占权

在民法中的四种物权是指我们已经提过的三种，即所有权、地役权、抵押权和第四种继承权。

很明显，在继承人继承财产之后继承权就不能被认为是一种不同种类的物权了，因为他拥有了和死者一样的权力，并被视为同一个人，在各方面完全地拥有财产。只有在上一任所有人死后到继承人继承财产这一段时间内，继承权才能被认为是一种新的物权。那么继承人在进入继承之前拥有的是何种权利呢？那就是排除所有其他人的占有权直到他决定是否作为
82 继承人的权利。在他做出决定之前，其他排序在后的继承人不能主张继承权，但是在他拒绝之后，接下来的继承人就享有了与他相同的权力。因此如果将继承权看作是一种物权，那么所有其他的独占权都应该是物权。它们中有一些是建立在自然理性的基础上，另一些则完全是民法的产物。继

① 1469，c. 37（A. P. S. II. 96，c. 12）；Kames，*Law Tracts*，I. 233。

② 在此处行与行之间插入了一句话“在这之前先读下一个括号”。如果这句在行间插入的话是正确的话，那么就意味着从“在意大利”开始的那个加括号的段落，它出现在稍微靠下一点的位置，应该在紧跟着这句话之后的那个加括号的段落之前。这个解释被出现在后者段落开头边缘的数字“2”证实了，而数字“1”出现在前者段落的开头。

承权是完全建立在自然理性和公平的基础上的。但是还有一些权利也是建立在这个基础上的。例如如果一个人开始去猎一头鹿，而且当他正在追逐时，有另一个人参与进来，并且在他放弃抓住鹿的希望之前捕获了这头鹿，那么这个人很明显就违反了良好的行为要求而且可能会因此受到森林法的处罚。但是这不能认为是侵犯了所有权，因为这种权利直到这头野兽被追逐者实际占有的时候才生效。[①] 如果在那之后有人占有了这头野兽，这会被认为是一种盗窃或抢劫。——这种犯罪很明显是对猎人已经开始享有的追逐野兽之独占权的侵犯。——在 1701 年，一支英国战舰跟一队由战船护航的法国商船交战，当英国战舰快要俘获它们的时候，一艘苏格兰私掠船到来并且把这些快被俘获的轮船带走。英国战舰的首领向当时存在的苏格兰枢密院起诉了私掠船船长；他认为如果他们没有追捕法国战船的话，私掠船船长就不可能带走这些商人，而且如果私掠船没有出现的话，法国商船就不可避免地要落入英国战舰的手中。因此他要求私掠船船长归还法国商船。枢密院同意了他的要求并判决私掠船船长归还法国商船，指明他侵犯了所有权。[②] 但是如果他们说得更恰当的话，他们应该说他侵犯了独占权。因为如果他侵犯了所有权，那他就不应被判归还财产，而是应该作为海盗被审判，但是实际上并不是这样的。对独占权的侵犯是指一个人追逐并侵占了别人侦察和追踪的船。如果这艘船是在士兵的占有下而这个人在夜里杀了他们，这就是海盗行为和对所有权的侵犯。

但是独占权最主要的部分是民法的产物。这些主要部分对社会非常有
害。实际上有一些是完全无害的。例如根据这个国家的法律，一种新机器 83
或者其他的发明创造的发明者享有独占的制造和出售这种发明创造的权利长达 14 年的时间，以作为对他的独创性的一种奖励[③]，并且这和他开始享有独占权时是一样的。立法机关确定了应该给新机器等的发明者金钱上的奖励，他们之前从未像这样精确地分配发明创造的价值。因为在这里，如果这项发明创造是好的，对人们有利，他可能就能通过这项发明来发财；但是如果这项发明创造是没有价值的，他也不会得到任何利益。同样，一

① Cf. i. 38 – 44 above.

② *King's Advocate* v. *Rankine*（1677），M. 11930，在斯戴尔的书中有对这个案子的解释，II. I. 33。对比参照乔治·麦肯齐先生对于这件案子的议论：没有积极地抓住而仅仅通过持续的追逐是不能获得对船的民事权利的（应指所有权）（苏格兰国王查理一世在位期间一场政府诉讼辩护，*Works*，I（1617），115）。

③ Statute of Mouopolies，21 James Ⅰ，c. 3（1623）.

本书的作者有出版和出售他的书籍 14 年的独占权。[①] 实际上，有些人主张根据自然理性的法律，书籍完全是作者的新产品，因此理应永远归属他和他的继承人，而且除了作者授权的人之外不允许任何人印制或售卖这本书。但是很明显，印刷只是一种更快的书写方式。现在假设一个人写了一本书并把它借给其他人去复制，然后把书的复印件卖给第三人，那么有没有理由认为作者的权利受到了侵害呢？我认为是没有的，而且关于印刷也是一样的。从自然理性法的角度来看，一个人因写书得到的唯一利益就是他拥有第一块市场，而且可能因此成为一个很大的受益者。但是法律授予了他 14 年的独占权，作为对一个有学问的人做出的努力的鼓励。而且这可能也适用于其他作品的实际价值，因为如果这本书是非常有价值的，那此时这种对于这本书的需求可能会给作者带来一大笔财产。但是如果这本书没什么价值，那作者能从中得到的好处就很少了。——因此这两种独占权因为不会造成任何伤害，有时还会带来好处，所以没有遭到谴责。但是很少有这种无害的独占权。特别是所有的垄断权都是极端有害的——国家的财富蕴含在供应品和所有其他生活必需品及便利品的廉价中；即相对于这个国家金钱的数量来说，人们只需要花很少的钱就能买到必需品；或者说他们能够很容易地得到生活必需品。同样，一个国家的贫穷则体现在获得生活必需品的不易和困难中。现在所有的垄断权都明显地导致了国家的贫穷，
84 或者说在垄断下人民感到不安。例如，如果在王国中一个人能得到生产和销售丝绸的独占权，他就能自己决定大幅提价；他可能会将产量减少到现在的十分之一，并且成比例地提高价格；通过这种方式，他能够在大家都有生产售卖的自由时以更少的材料和劳动力创造最大的利润。商品的价格会因此提高，而生活的必需品、装饰品或便利设施的数量同时会减少，因此生活会比之前更加不舒适。同样的坏结果会随着所有其他的垄断而来。拥有独占权的公司和其他社团的建立都是同样有害的。城镇里的一些公司都有在城镇的范围内进行交易的独占权，{没有人被允许从事商业活动，除了那些在城镇里有学徒身份的人；以前是只有那些父亲是本市市民的人才能从事商业活动。} 现在，比如说屠宰公司独占屠宰和买卖市场上所有生肉的自由。在这里独占权不是被授予一个人，而是被授予数目固定的一群人，他们会乐意达成协议保持商品价格一致，并且向市场提供质次的生肉。——以

① 8 Anne，c. 19 (1709).

同样的方式，面包店、酿酒厂、制革厂等等都有进行交易的独占权。——现在这种独占权会对社会造成巨大的伤害已经很明显，它使得所有的生活必需品都不容易得到。{除此之外，商品的质量也变坏了；因为他们知道没人能以低于市价出售，所以他们保持价格一致，而且因为他们也知道没有其他人能出售这些商品，所以他们不关心商品的质量。} 这是毫无疑问的。但是对于这些公司来说，他们不会承认这种权利是有害的。这并不会因此而影响这件事的真实性。如果一个地方还有一家公司，那这个社团的利润会是巨大的，因为它处在最有利的位置，可以低价买入高价卖出。但是因为总会有很多这样的公司而不止一家，独占权就变得没有价值了。他们卖的东西很贵，但是同样他们买的每样东西也都很贵。实际上他阻碍了那些购买了他的物品的人的合流回到市场，同时其他人也阻碍了这种合流，如果这种交易对其他的交易者是免费的话；通过这种方式所有商品的价格将会回到适当和自然的标准，因为如果有人不愿意以低价售出的话，其他人也会愿意的。此外，因为这些公司，居民的数量也大大减少了；而且任何定居在这个城市的人也会阻挠这种垄断。通过这种方式，通常在每个城市附近都有两三个大村庄。如果公司减少了竞争者的数量，它也减少了顾客 85
的数量。稍后我们会更充分地讨论这一问题。

现在我们已经讨论了很多对物权，不仅有所有权，还有地役权和抵押权，而且我们说到，这些权利起初只是对人权，但是由于立法机关为了防止产生困惑而进行了确认，它们最终变成了一种对物权。我也尽力去说明，一些封建责任严格地说都是地役权，而且是这个国家内迄今为止最大最重要的地役权。但是这种通常叫作地役权的权利实际上并不是地役权；它是土地所有者以特定的方式而不是其他方式磨碎玉米的义务。人们通常将这称为必须要到固定地方磨粮食的义务，而律师[1]则称这种义务为法定地役权。但是很明显这并不是一种地役权，而是一种独占权。因为在周围的一些土地也有义务将粮食磨到一定的程度，但它们并不都是对地役权负有责任，这说明它是一种他物权。这是一种关于磨碎种植在一定区域内的所有粮食的独占权。这种独占权延伸到了苏格兰几乎所有的低地；那里几乎没有任何的其他土地，只有磨粮食的磨坊。在现在的国家中，这是一条最好废除的旧法规；而且还有很多这一类的法规。但是尽管有着这样的规定，

① 例如，Mackenzie，*Institutions of the Law of Scotland*，II. 9。

它在一开始设立和确定磨盘的时候还是很方便的。风磨或水磨比人工完成工作更轻松而且用时更少。因此当一些人建了这些机器来为邻居服务的时候，就有必要确保他们会以某种方式稳定地得到合理的利益；因此后来一定范围内的邻居和他们的继承人都有义务将他们磨粮食的工作交给这个人做；通过这种方式能够保证这个人的生活。但是那时这样的规定不但没用，而且是非常有害的，因为它不鼓励工业发展和手工艺的改进。在很多地方这种规定都引起了相当大的不满，而且给在此规定下的人带来了很大的负担。可能是因为这个原因，律师们就称它为地役权，意味着这是一种责任。

正如我之前尽力去说明的那样，公司的独占权也同样对社会有害，但是对于每个公司中的人来说最初可能非常方便且必要。一些人决定在一个社会中居住在一起时，他们应该拥有保护自己抵御邻居进攻的权力，这是
86 必要的，也就是说他们应该拥有一定范围内的司法权，而我们发现所有的城市都有这样的权力。因此为了保护人们的安全就建立了一些预防措施，但是同样有必要为他们财产的安全提供一些保护措施。人们发现，在那些不会立刻取得食物的交易，比如面包、肉类等等，甚至是大多数人们赖以生存的食物都存在之前，社会必须发展到相当先进的程度。一个木匠或一个织布者不能完全依靠他们的工作生活，他必须参加这种交易作为附属的生活方式。而且现在在这个国家的一些偏远或荒芜的地区，织布者或铁匠除了他们自己的生意之外也会种一小块田并由此经营两份生意，做农夫和织布者。因此为了使商业的分工比社会自然影响的进程更快一些，而且避免人们将这些交易合到一起的不确定性，就有必要给他们一种舒适生活的保证。——为了这个目的，立法机关决定人们应该有经营他们不同的生意的独占权，而不用害怕由于竞争者的增多而切断了他们的营生。因此在手工业发展的第一阶段有必要给人们一个适当的改善，这是非常合理的，而且为欧洲所有国家的普遍实践所证实。但是由于这一时期已经完全结束了，人民就更希望这种独占权和许多其他旧法规的残余都能被去除。

现在我们已经讲完了所有关于物权的问题，下面我们来讲——

对人权

这是指一个人能够要求另一个人履行某种义务的权利。前面所讲的物权被民法称作 jura in re（物权）。这种权利被称为 jura ad rem 或 jurapersonalia（对人权）；它被定义为“对人的一种权力或权利，此人有义务做某事或

给出某物”[①]。很明显，所有的人权都必须起源于一些义务。现在这种义务主要分为三类。它们（1）是由契约产生的；（2）是由民法学家所称的准契约产生的，这是指，一个人负有将他自动地或是以其他方式占有的他人的任何财产归还给所有人的义务；（3）是由一些他造成的伤害或他的侵权行为而产生的。

我们首先考虑由契约和合意产生的义务；在讲这部分义务之前，我们 87
应该先谈论一下在产生义务的契约中到底是什么引起了履行合同约定事项的义务。[②] 很明显，只是意思表示是不能产生义务的。这只能意味着做出意思表示的这个人目前有做这件事的计划；而且他合法做出意思表示的全部条件就是意思表示真实，就是说，在当时他确实有意愿像他说的那样去做。如果后来他受到环境的影响改变了他的想法，我们不能说他违反了一项义务；如果他这样做了，我们或许只能轻蔑地指责他反复无常，轻易地改变他的计划。在这种情况下唯一能够产生义务的方式是公开而清楚地声明他愿意对意思表示的相对人实现他的诺言。我们通常用这样的语言做出宣告：我发誓要做什么，你可以确定我一定会这样做的。对于他能够实现诺言的可期待性和可依赖性听起来是合理的，一位公正旁观者就很容易去赞同这件事，而在前一种情况中，一位旁观者就无法对诺言的实现抱有太大的期望。如果我说我打算在下一个新年自愿给你100英镑，但是在宣告时却清楚地表示我不希望你指望这件事，并且明白地说，“你不用指望这件事，但这是我目前的计划”，那么旁观者就不会认为我做出许诺的对象应当有任何合理的期待；但是如果我明确表示他可以信赖我的诺言，那毫无疑问他就能够产生这样的期待。——在这里我们可以看到，由违反契约而造成伤害是最轻微的，至少是能够要求赔偿的情况里面最轻微的。常言道，一个人没有偿还他欠我的钱给我造成的伤害，跟他从我这里偷了或者抢了这些钱造成的伤害一样大。损失的金钱确实一样多，但是我们不能自然地认为造成的伤害也一样大。一个人永远也不会像信赖他自己的技能一样信赖别人的怜悯或良好的信誉。一个旁观者不会认为这个人有足够坚定的理由期待自己一定会占有这样的财产。因此我们发现，在每个社会的初期，有些犯罪会得到严厉得多的惩罚；在那个时代，只有恶性犯罪才会得到处罚，例如谋

① 针对人的权力或权利，基于此他必须做出一定的行为或给付某物。

② Cf. Hutcheson, *M. P.*, II. 9; *System*, II. 1 ff.; Hume, *Treatise of Human Nature*, III. ii. 5; Kames, *Essays on the Principles of Morality and Natural Religion* (1751), I. ii. 7.

88 杀、抢劫、盗窃和其他破坏社会和平与秩序的犯罪。在早期，所有的审判都是由全体人民集中在一起进行的；在那时，比起给予惩罚，人们更愿意进行和解，对受害方承担的损失进行补偿。即使是在谋杀案中，主要问题还是要取得凶手一方的让步来弥补对死者亲友的伤害，另一方面也可缓解被害人亲友对凶手的憎恨。因此当群众集会进行审讯的时候，将人们从他们的工作岗位上召集起来是非常不方便的，只有最重要的诉讼才会进行判决。只是因违反契约导致的损害被认为是不配非常麻烦地将所有人召集起来进行审判这样的重大场合。除此之外，还有一些原因妨碍了契约的有效性，比如语言的不确定性。语言在任何时期都会在某种程度上引起歧义，特别是在我们谈论的这个时期。这就导致我们很难去准确推断缔约双方的意图，很难去确定他们的意图是想要产生合理的预期还是只是表示在他们缔约的时候有这个计划而已。第二，早期契约目的物的价值一般不大，这就导致这些契约是否得到遵守都不会引发什么严重的后果。第三，只有在很少的场合这种契约才是必需的。——因此我们发现，在社会初期，甚至在社会有了一定程度的发展之后，契约都没有什么约束力。大马士革的尼古拉斯[①]，在斯托布斯中提到的一个作者（这里面有很多他的段落是关于社会初期的情况的，非常有用）告诉我们在东印度的一些国家中契约是没有约束力的，甚至是那些关于归还寄托物的契约也没有，这些契约约定的义务似乎是最强的，因为违反这种契约的伤害是最明显的；{而且他们还说出了这样做的原因，因为这样做他们就能避免契约的有效性带来的许多诉讼。} 亚里士多德[②]也说即使在他那个时期，在希腊的一些城邦中契约的有效性也没有得到承认，既是因为想要避免大量的司法程序，也是因为缔约
89 人是因为相信对方的诚实守信才缔约的，那就应该相信他。因此如果他被骗了，他就只能责怪他自己而不是法律（没有给他救济）。我们从古书《英国皇家》和亨利二世时期格兰维尔[③]的著作中可以看出，在那时的苏格兰和英格兰，契约才刚刚开始被尊重。国王法庭正于那时建立并关注一些最有必要得到审判的案例。然而《英国皇家》的作者告诉我们，国王法庭几乎

① 手稿空缺。大马士革的尼古拉斯，cited by Stobaeus 2，160（ed. Hense）（Jacoby，*Die Fragmente der griechischen Hisloriker*，2A. 386）。

② 《尼各马可伦理学》，1164^{b}13－15。

③ Glanvill，*Tractatus de Legibus et Consuetudinibus Regni Angliae*，苏格兰的《英国皇家》一书很大程度上基于这本著作。

从不对合同这么次要的小案子感兴趣。[1]

现在如果我们考虑契约得不到尊重的原因，我们也会发现契约的有效性被逐渐接受的原因。我提到的第一个阻碍契约有效性的原因是语言的不确定性；因此当这一点不存在的时候，这种障碍就没有什么影响了。我们发现第一种有约束力的契约｛那些契约中缔约者的意愿是很清晰而无可争辩的｝是由一定格式的语言构成的，这种格式表达了缔约者愿意让另一方相信他会履行契约约定的内容。｛对于做出承诺并构成明确责任的缔约者，这是一种合理的预期，在这种契约的有效性得到承认后，契约的违反者不再有履行契约约定责任的义务，而只是赔偿对方因期望破灭而承担的损失。｝这称作口头契约。[2] 它是由一定格式的语言表示的，称为口头约定；对于双方来说，问题是严肃地提出的，并得到严肃的回答。因此在处理嫁妆时，“你保证你会给我你女儿的嫁妆吗?”“我保证”“我接受”——那时在苏格兰无论什么种类的契约都一样有约束力；仅仅是一个承诺就能在法律上产生义务。——这出自教会法。他们最先引入了上面提到的这种契约应该有约束力的规定；不只是约束他们履行契约，而且要责令他们进行基督教上的赎罪；甚至以逐出教会威胁他们，这在当时是非常严重的惩罚， 90
因为这不仅将他们驱逐出了整个基督教社会，而且罚没了他们的财产归王室所有。这些法规很快就使契约有效了；而且神职人员很快就将所有的契约都列入了法律规范的范围之内。以同样的方式，由于神职人员引入了所有其他的法规，所以关于契约的所有事项的裁判都是由被人民极度尊敬的神职人员来进行的。但是这种尊敬不像我们想象的那样盲目地迷信一个人，而是一种合理的尊敬。在那时，神职人员是人民权利的主要支持者。在那时这个国家的民法还很不完善，而教会法虽然也很不完善，但比民法要好很多；神职人员就是以此作为指导的。

因此他们的判决是最公正的。整个遗嘱继承权和契约责任的内容都来自他们。他们是阻挡在贵族道路上的唯一障碍，是唯一可以让他们在下级面前保持一些可以容忍的礼仪和温和的人。人民看到了这一点；他们看到如果那些神职人员遭到了压迫，那么他们也会同时遭到压迫。因此他们像

---

① *Regiam*, III. 4 and III. 14 (Skene's numbering) from Glanvill, op. cit., X. 8 and X. 18.

② *Inst*. 3. 15：口头约定，一种单方面的合同，是由被承诺人无保留意见地接受了承诺人的提议而形成的，这种契约以使用一些相同的文字作为象征，如 spondere。文中下面引用的例子是有错误的。

守护自己的自由一样小心守护着神职人员的自由，并因此给予他们极大的尊重。因此在一个民主管理的规则完善到了一定程度的国家里，教会法庭是能够想象到的最大的麻烦，而在一个民主管理很差的国家里，教会法庭能够带来极大的益处；就像公司在一个手工业发展程度很低的国家可能是非常有优势的，但是当它们运行了相当长的时间后可能就是最大的不利了。[①]

讲完了口头契约，下面我们来介绍所谓的实物契约。[②] 在这里我们会看到语言用在不同的地方时会有不同的意义。物权是针对一个在任何情况下都确定的东西的权利。而一项真正的地役权不是针对一个确定物的地役权，因为所有的地役权都是这样的，地役权是针对一个特定的人，并不是因为他是这个人，而是因为他是这块农田的主人。同样，一个真正的契约并不是对一个特定物采取一定的行动，而是在这个契约中有些事实际上已经完成了。{由于另一项妨碍契约有效性的原因是目的物的价值太小，所以当财产非常值钱非常重要而不会被忽视时，契约可能就会非常有价值了。} 有些
91 契约当一方履行之后很快就有约束力了，否则当缔约一方履行了契约的一部分，而另一方没有履行他的部分，那么损失就会相当大。这一类别的契约包括：消费借贷、贷款、处分、典当等。当这些契约的一方履行了，这个契约余下的部分就变得有约束力。但是如果没有人履行，那么就不认为这个口头契约有约束力。

商业的发展也使得一切契约变得有约束力。在商业发展的第一阶段，商业仅局限于不是太远太广的范围里，所有的商品都是以马上交换的方式购买的。一个人给另一个人钱而得到酒，或者给另一个人粮食而换来马，那时在几内亚海岸的黑人中也是这样交易的。那时只有当人们实际说出可被理解的契约时，契约才得以订立。一个誓言只能由实际用嘴说出它的人做出。一个写下的或签署的誓言是没有效力的。书写不是我们思想的自然表达（而语言是），因此它更加含糊不清，意思表示不确定。我们看到，在蛮族和未开化的民族中，誓言是最常用的，因为他们认为有必要清楚地表明人们的意愿，再加上语言的意义不确定；而且在最野蛮的国家中，誓言是确保每个意思都得以传递的必要条件。契约（如我所说）最初只是在各方都在场时才能做出；契约只能在在场的人之间做出，而不能在不在场的

① Cf. 39 – 40 above.

② *Inst*. 3. 14.

人之间做出。[①] ——但是当商业更加发达时，人们发现有必要去拓展制定契约的权力范围。一个罗马的商人想要从一个亚历山大的商人那里购买粮食，在以前的条件下他是做不到的，除非他能够在场并且交付现金。但是这个交易可以更简单一些，因为所有有必要的契约都被认为是有约束力的，无论是在场还是不在场。由此，买卖、出租、合伙和委托都被认为是有约束力的契约。即：销售的契约；出租东西以赚钱的契约；合伙的契约；委托，
即一个人许可另一个人以第一个人的名义去做某些事。这些契约的有效对 92
于商业发展是很有必要的；罗马法没有批准另一些不那么重要的契约的有效性，人们认为，当那些很重要的契约生效之后，其他的那些是否有效就不那么重要了。实际上这个范围是非常广泛的。例如，租赁可能包括决定一个因素，其他也是一样。这些称作有名契约，它们有特别的名字是因为这些契约经常被使用；其他不经常使用的则没有特别的名字，为无名契约。

1763年1月21日　星期五

在上一讲中，我致力于讲述契约的义务是如何产生的；它完全是由于对订立契约的人的期望和信赖而产生的。我也讲述了一个人的意思表示不能给表示者带来任何义务，因为这不能给接受承诺的人一个产生合理预期的理由。正是相对人的失望产生了承诺人必须要履行契约的义务。我们庄严承诺履行义务比仅仅是意思表示给相对人带来更大的信任。但是因违反承诺而引起的失望有两个原因：不仅是因为许诺时的严肃和确定，而且因为承诺事项的重要性。违反一个不太有价值的承诺引起的失望不如违反一个重要承诺时引起的失望大。如果一个人承诺今晚与我一起喝茶但是他没有履行约定，我的失望就没有他没能偿还欠我的一大笔钱时那么大。[②] 因此我们可以看出所有明智的人都会以违反承诺时失望程度的大小来判断一个人履行承诺时承担的责任。因此，如果我承诺要与某人一起喝茶或散步，或是一些类似这样的事，我就可能不会履行承诺；尽管我是以非常严肃的方式承诺的，但是因为这些事本身不太重要，所以违反承诺引起的失望也

① 正式的契约要求缔约双方的出席（*Inst*. 3. 19. 12）；在双方同意下成立契约是基于无形的合意（*Inst*. 3. 22），因此可以由不在场的双方做出。

② 原文如此。可能应为如果他承诺他能付给我他所拥有的全部金钱。

不会太大。如果我没有实现承诺，我很有可能会被认为是行为不当且没有绅士风度；而且可能被认为对别人构成轻微的冒犯，但是这样的伤害不值得怀有很深的憎恨，也不是提起诉讼的充分理由。

93 反之，如果我与人约定要付一大笔钱，即负有债务，这对于一个人来说可能就是很重要的约定，如果我没有履行，就会引起对方相当大的失望和为难。因此每个人都认为所有这样的契约都是有约束力的；反之，如果有人轻视约定，即使他举止得体而且很有绅士风度，但违反契约引起的伤害或是违反者的罪行都是非常严重的。

在这里我们能看到，履行承诺的义务并不能如一些作者[①]想象的那样从人们的意愿中产生。因为如果那样的话，一个人做出了承诺但没有履行它的意愿，这个承诺就没有约束力。如果我承诺明天付给你10英镑，但并没有意愿去履行它，那么根据上面提到的规定这个承诺就没有约束力，因为承诺人没有意愿要负任何义务。但是这样的承诺被普遍认为像其他承诺一样具有约束力，而且原因是很明显的：它们引起了相同程度的信赖而且违反这些契约跟违反其他契约一样会引起相同的失望。——履行契约的义务不可能来源于诚实的义务，大多数自然法和国家法的作者[②]认为诚实的义务是这种义务的原因；违反承诺的罪行也不是来源于对诚实的违反。因为所有的诚实都是对于过去发生或现在发生的事情而言的。如果一个人说的是关于过去和现在的他确实认为是真实的事情，那么这个人就是非常诚实的；对于未来的事情诚实是没有什么作用的，因为认知并不涉及未来。——此外，一个轻罪永远不会是一个重罪的原因。[③] 很明显对契约和承诺的违反是比对诚实义务的违反更严重的罪行。如果一个我们认识的人有说谎的习惯而且喜欢编造一些奇妙的令人吃惊的冒险经历来取悦他的伙伴，我们可能只是认为这是一种非常低级而卑劣的性格，但不会认为他犯了非常严重的罪行。这种人通常有非常强烈的契约义务的意识；如果我们由此说他不重视他的承诺和契约的话，将对他造成非常大的伤害。——如果一个人跟我约定要为我做一些事情，但是令我非常失望的是他没能实现，他真诚地做出

---

① Grotius，II. 11. 2 ff.；Stair，I. 10. 1 ff. 有关反对意见参见：Hutcheson，*M. P.*，II. 9. 1；*System*，II. 2－3；Hume，*Treatise of Human Nature*，III. ii. 5（ed. Selby-Bigge，523－524）。

② Pufendorf，III. 5. 5 ff.；Richard Price，*Review of the Principal Questions and Difficulties in Morals*（1758），ch. 7（ed. Raphael，155－156）.

③ 原文如此。推测应为重罪的基础。

承诺而且真的有意愿去履行承诺，但是最终他在履行过程中发现了一些不 94
便并且没能实现他的承诺；而另一个人由于轻浮和懒惰答应了我同样的事情但他并没有履行承诺的意图，但之后他因为察觉到失约将给我带来巨大失望，他改变了初衷而履行了承诺，那么我想问这两个人哪个人更好呢？毫无疑问是后者，尽管他做出了他未曾想去履行的承诺，但是最终，由于受到我将面临失望的影响，他改变想法履行了承诺。而另一个人，由于他不会承诺他未计划去实现的事，虽然严格坚持真理而且很有荣誉感，但是这被他后来的行为掩盖了，尽管他知道这会使我失望，他仍出于自私的动机违反义务。我们从中可以看出有时荣誉感和诚实可能与履行承诺的义务感无关，反之，一个在小事上不太诚实的人可能会对契约义务很重视，至少是对因违反义务而引起的他人的失望很重视。

我也很尽力地指出一些阻碍契约实现的原因，那就是，在大多数国家，契约很晚才成为可以据以起诉的事由。原因包括：（1）违反承诺的伤害程度轻微，正如我讲到的那样，在大多数人的眼中比侵犯财产要轻很多。（2）语言的不确定性使得人们很难去确定一个人只是表达他的意愿还是做出承诺。（3）将犯罪行为诉诸审判的困难和不便。人们最初是畏于惩罚犯罪的；每次审判都必须集合全体人民，这使得所有的司法程序都非常麻烦。不是民事纠纷而是刑事纠纷最先诉诸审判；例如需要武力和暴力的犯罪，（我们称作破坏和平的犯罪），再如扰乱社会治安秩序。谋杀、抢劫、盗窃以及其他暴力侵犯人身或财产的行为。——对契约的违反静悄悄地完成，没有任何公开的暴力。它可能会引起受到伤害之人的报复，但是这种行为本身并不会引起太大的混乱。（4）早期契约目的物的价值不高。

我也说了，当各方的意愿和目的能产生对另一方毫无疑问的信赖时，契约的效力首次得以承认；这是一系列表达目的的语言，并被称为契约。——我们也发现，在民法法庭之前，这些缔约者意愿毫无争议的契约
是英格兰第一种被认为有效的契约。我提到过那些由誓言证实的契约是教 95
会法庭首次确认有效的契约；后来又扩展到所有的契约。但是民法法庭首次确认有效的契约是那些各方都在国王法庭庄严出席的契约。在今天的英格兰法律中还有一些相关的痕迹。他们称为具结的东西恰恰就是这样的。这些契约[①]是将约定的条款写下来，然后把合同一分为二，一份由缔约者保

① 这里画了一个小图示，代表着一份文件分成两等份，中间有一条波浪线代表锯齿，“就像小牙齿一样”。

存，一份由法庭的人员保存；但是现在是缔约双方各持一半。——这种方法在苏格兰是不能使用的。我们可以看到，在法庭存在了很长时期的地方，法庭的审判方式与旧传统的区别比法庭新成立的地方小得多。现在英格兰的组织构成中关于法庭的部分已经很长时间都没有变化了。国王法院的组织机构已经像爱德华一世时期那样古老了；财务大臣法院更加古老；民事诉讼法院也很古老：它们都是以古老的方式审判的。一个新的法庭，比如由亨利八世建立的星法院，就不怎么关注之前的那些法院，因此我们看到它从建立开始就非常武断专横。苏格兰的法律体系是很晚才建立起来的。现在最高民事法院的形式是由詹姆斯五世在 1532 年[①]创立的。一个新法院，特别是一个高等法院，由于很多原因，比起坚持旧的方式它更愿意在不同情况下做出改变；所有的新法庭都愿意去改正旧法庭的一些缺点。因此我们发现英格兰法院比苏格兰法院留有更多的古老方式的痕迹，其中就有具结这种形式。我们看到，在这些契约的有效性得到确认后，无对价契约还是没有被确认为有效，除非他们有所谓的对价（compensation）[②]，也就是一些契约缔结的原因。因此如果一个父亲许诺给女儿一份嫁妆，那么他是她的父亲就是正当的理由。如果一个叔叔要给他的侄女一份嫁妆，这也是有效的，因为叔叔被视为类似于父亲。但是如果一个陌生人许诺要给一份嫁妆，那这就是无效的，其他的这类许诺也是无效的。一个人如果违反了他的约定，这毫无疑问是一种不妥当的、应受到责备的行为，应该受到公正
96 的谴责；但是如果我们坚持要一个人做出这样的契约的话，似乎是一种不绅士而应受责备的行为。在这里我们应该注意，如果一个人做出了一项无条件契约，尽管这项契约是无效的，但是如果他承认了这个约定并且表示他希望对方相信他将履行契约，那么第一个契约就因其是第二个契约的正当原因而有效。

那些使得由严肃的语言形式做出的契约有效的原因很快同样使那些所谓的实践合同（我们之前解释过）也变得有效，因为在这些合同中缔约各方遵守约定的意愿跟以最严肃的语言形式所表达的一样明确。{起初在实践合同中也需要订立契约，但是随后这一项被免除了，因为缔约者想要使对方信赖的意图与那些以严肃的语言形式订立的契约所表达的一样明显。} 通过这种方式，四种有名契约很快都被承认有效了。当一个人订立了消费借

① 手稿空缺。

② 在民法中用的是“causa”一词，在英格兰法中用的是“consideration”一词，指原因。

贷合同时，各方的意愿都是很明确的。当出于消耗的目的出借时订立的是这种合同，比如钱、酒、粮食等。当借出物只是进行使用而非消耗时订立的是使用借贷合同。这里的区别并非想象，而是真实存在的不同。在消费借贷中，财产进行了转移，借用人得以消费这些财产，只需负有归还同质同量的财产而非原物；而在使用借贷中，借用人不得消耗或损坏借出物，而必须归还原物。在第一种情况下借出物不会受到任何损坏，因为它是借用人的财产，但是在第二种情况下可能会有损坏，因为借用人只是使用者。这些合同很快也被承认有效，因为缔约各方受到约束履行合同的意愿或至少使对方产生信赖的意愿是非常明显的。当这些合同也被承认有效时，保管合同就会随之变得有效，在这种合同中置于某人保管之下的物品不是用来使用的，而只是被保管。如果保管人违反约定使用或消耗了物品，那么托管人就会采取措施对抗他。同样，在抵押合同中，抵押物并不是用来还债的，而只是作为还债的保证；在这种情况下约定是很明显的；因此，如果抵押物被抵押权人据为己有，那么抵押人就可以根据抵押合同对他采取措施。

商业的发展引入了一些其他的契约。在这一时期之后，所有贸易所必需的契约都被认为是有效的，无论缔约方在场与否。因此（如我所说）销 97
售合同、出租和雇佣合同、合伙契约等等都很快成为有效的了。——但是我们看到，除非订立了契约，无论是口头的还是书面的，至少有些时候这些合同是没有效力的。有时严肃性是使合同有约束力的首要条件。——希罗多德[①]告诉我们，当塞西亚人想要使合同变得完全有约束力的话，要将两个人的血滴入一个碗里，用他们的箭头沾血，然后再把它喝掉。阿拉伯人也有类似的习俗。塔西佗[②]告诉我们，当亚美尼亚人订立契约时，他们会将双方的拇指扎破并挤出一些血来。塞勒斯特说，人们常说当喀提林和他的同谋者秘密发誓的时候，他们将血混在酒里喝掉。[③] 他将这种传说归于人们的害怕和恐惧。但是这也表明人们通常相信这种恐怖的仪式能使他们订立的契约更有约束力，并且一定在缔约者的心里留下了很深刻的印象。

我们看到，那些被承认有效的契约对于商业贸易是极为必要的，起初在订约后甚至需要书写的传播，至少在某些情况下是这样的。这称作文字

① IV. 70，但是血是滴到一碗酒中的。同样引自 Kames，*Law Tracts*，I. 94。

② *Annals*，XII. 47.

③ *Bellum Catilinae*，XXII. 1.

契约，在《狄奥多西法典》[①] 中得到了充分的解释。查士丁尼在他的制度中提到了这种契约，但是表述的方式很令人困惑。[②] 随后就不再要求这种书写形式，有缔约各方的同意就已经足够，不再需要惯例或其他仪式。这称作由双方同意而成立的合同（合意合同）。由此合同第一次分成了四类：（1）由严肃的语言形式或契约形成的；（2）实践合同；（3）文字合同；（4）合意合同，还有马上就会说到的无对价契约。随后合同的种类减少到了包括无对价契约在内的四种；文字合同和合意合同合为了一种；或实际上是三种，因为合意合同与契约的作用是完全相同的。

98 无对价契约，与那些有正当理由或对价的口头契约一样，都不被罗马人承认为有效。但是与此同时他们也提出了异议。[③] 那就是这些契约尽管不能产生行为，却足以去废除一些行为。因此，如果我欠你 100 英镑，而你说不会向我要这笔钱，那这就足以成为我不必负债的符合要求的证据；但是如果你无偿地要给我 100 英镑，我在法律上就不具备向你主张这笔钱的权利。对个人自由的考虑使得契约很晚才变得有效，因为所有的义务都是对自由的限制，这使得人们倾向于解除人们负有的契约义务。——在欧洲国家中，最初普通法是不承认所有契约的有效性的；教会法庭是唯一承认它们的有效性的法庭。当民法法庭最终承认契约有效性的时候，只是限于那些签有具结的或在法庭中庄严地立下契约并记录在案的契约。教会法是在荣誉和美德的原则上产生的，在教会法中，比起一个好的基督徒的义务和规范自己行为的规则，并没有太多内容是关于一个未受教育的人眼中的公平。因此他们承认每一个契约的有效性，无论是多小的契约。苏格兰法和大多数欧洲国家的法律除了无对价契约的有效性，都与罗马法相同。如果这个国家中的一个人许诺给另一个人一笔钱或其他东西，而这一点能够得到明确的证实，他就有义务去履行这个契约。这样做的原因是，这些法庭，比如巴黎议会和最高民事法院，是在民法和教会法在那些国家得到充分实施很久以后才建立的，因此从那些法律中借鉴了相当多的内容。另一方面，英格兰法律是在《查士丁尼法典》发现之前就形成体系的；在欧洲建立其他法庭且教会法开始变得非常重要之前，英格兰的法庭就建立了，诉讼的方式也很固定。因此相比其他欧洲国家的法律，英格兰法律从那些法律中

① *C. Th.*，2.27；5.10；11.39.

② *Inst.* 3.21.

③ 例如辩称：*D.* 2.14.7。只有空头契约无效。

借鉴的内容更少；也因此相比其他法律，英国法传统更接近人类自然情感的表达，希望人们能够对英国法有更多的关注。

也因为这个原因，英格兰法在关于契约的方面非常不完善。直到大法官法庭建立起来之后契约才有效，权贵们都认为英格兰法律允许提起契约 99
强制履行的诉讼。它只允许提起对因违反契约造成的损害的诉讼。而这一点在平民政府的初期就已经很自然地出现了，因为它的观点是为了赔偿伤害而不是为了使个人履行他的约定；履行约定这一点依靠的是他们自己的良好信念。这种损害赔偿的诉讼在很多案子中和强制履行是一样的。例如在销售合同中一方已经送了货物但另一方没有付钱的情况。当已发生物的交付时，特别是在寄托合同中，根据法律至少要归还已获得的物品。当人们假装不知道占有了这件物品，但是被发现他们已经主张占有的时候，可以通过动产侵占与返还之诉[①]主张权利；既可以是原物，如果还存在的话，也可以是物品的价值，如果占有人已经使用了的话。但是在任何情况下，这都可能因被起诉人的誓言而被逃避。如果这只是一个简单的合同，他可能做出保证而且一个简单的保释就能使他无罪释放。[②]｛希腊人以同样的理由解释合同无效的原因，即：既然对方相信了他的诚实和守信，为什么他们不能去相信他的誓言呢?｝一个人没有任何证据的誓言就足以使其不受约束，而起诉人那边的所有证据都不被采纳。假设物品已经交付，如果有这个人的誓言和六个证人一致的证词证明他没有接受或是已经归还了这件物品，就可能会规避诉讼。如果是双方都没有履行的合同，直到大法官法庭成立之前，这种案子都不能起诉。在物品已交付的合同案件中，如果担心被告规避起诉，人们会采用提起损害赔偿之诉的方法；因为在这种案子中，被告不能因他不知道这些损害是什么而发誓他没有造成已证实的损害。损失的多少留给陪审团来确定，而据以前的观察，在大多数情况下陪审团认定的损失与实际履行一样；虽然通常用于追索侵占物和非法强占诉讼的请求返还动产之诉很少实际应用，但在损害赔偿的诉讼中除外，因为被告人常被怀疑是否会通过发誓来规避诉讼。但是根据苏格兰法律，所有的契约都

① 诉讼的形式是“动产的侵占与返还”。

② 宣誓断讼法是一项使被告免于指控的程序，即被告自己发誓否认被指控的事项，同时有十一名（或六名）邻居发誓他们相信被告的否认是真实的。实际上这不能用于动产的侵占与返还之诉，但是可以用于更古老一些的请求返还动产之诉；这种诉讼提供了一种在“简易委托”的案子中的补救措施，即在原告同意的情况下将动产送达被告的案子。原文中的这一段有点混乱。

100 可以起诉。他们的立足点，除了无对价契约也有效这一点之外，跟罗马法是完全一样的。这意味着只有两种契约，即实践合同，这种合同只有当交付发生后才有效，以及合意合同，这种合同仅经缔约双方同意就有效。

在这里我要提到两个关于合同的问题，以便后文更恰当地进行探讨。第一个问题是缔约者应该负有多大的注意程度。我们必须关注疏忽、重大过失、一般过失和轻微过失的区别，这些在制度中都讨论过了[1]，而且最终在《道德情操论》[2] 中也得到了解释，此处不再赘述。罗马人认为契约或者是无偿的或者是有偿的。第一类包括：消费借贷、使用借贷、寄托和委托；在这些契约中利益完全在消费借贷人、使用借贷人、寄托人和委托人这边。因此，即使是轻微过失他们也有义务负责，他们负有最高的注意义务；而另一方就只负最小的注意义务以及安全保管的义务。[3] 因为即使是消费借贷契约也被认为是无偿的，不用支付报酬和利息。而且即使在我们的法律中借款也是没有利息的，除非有单独的利息条款。一份被接受的汇票确实从它到期之日起就产生了利息，但是这是由一条特殊的法规规定的。[4] 当契约对双方都是有偿的情况下，他们都负一般过失责任。

另一个问题是，如果一个人借了一笔钱，在还钱的日期到来之前，钱币被召回，一种新的货币制度被引进了，钱的价值发生了变化，通常是贬值，那债务人可以用新钱还债还是必须用旧钱还债？例如一个人借了 100 英镑，在还钱的日期到来之前，银币被召回，一种新的货币制度引入了，同样的钱现在只值一半的价值，因为用来制钱的银的含量只有以前的一半，也就是说，原来 100 英镑含银量为 400 盎司，现在只有 200 盎司了；问题就是在这种情况下债务人是应该像今天被贬值的这样只还 200 盎司呢，还是像以前那样还 400 盎司呢，或者等同于原来的实际价值的新钱呢？在这个问题
101 上所有国家的民法与自然正义和公平是背道而驰的。[5] 正义和公平明确要求一个人应该归还与他接受的金钱价值相同的金钱，而不考虑金钱票面上的价值，因此他应该归还等量的旧钱或者与他接受的价值相同的新钱。但是

---

[1] 这种分类没有出现在任何古代文献中，尽管重大过失出现在 *D.* 50. 16. 213. 2 和 223pr，而轻微过失出现在 *D.* 9. 2. 44pr。Cf. 89 below.

[2] II. iii. 2. 8－10。

[3] 这里有一个词模糊不清难以辨认，可能是“custodiam”（保管人）。原文中“salam”一词应该是“salvam”，这个词组的意思是“安全保管的义务”。

[4] 1681，c. 20（A. P. S. VIII. 352，c. 86）.

[5] Cf. Pufendorf，V. 7. 6.

所有国家中的平民政权都建立起了完全相反的制度。——这样做的原因如下。政府更改金钱价值的唯一原因（这被证明①是非常有害的举动）是集资困难。比如，假设政府需要并必须花费 1 000 万英镑，但是他们无论如何都筹集不到超过 500 万的钱。那么他们该怎么做呢？他们能够采用的唯一的权宜之计就是召回钱币，将金钱的价值贬值到一半。政府很少会做出这么重大的改变；但是 1701 年在法国就出现了这样的情况，从以前的 8 盎司银子能制作 28 里弗到 40 里弗、50 里弗，最后到了 60 里弗。② 这样政府只需付不到一半的实际价值给军队、舰队、官员和贷款。但是这样的欺骗很快就被政府的债权人察觉，他们要求所有的债务都要用等值的新钱来付。这个权宜之计隐瞒了阴谋诡计。我们用钱有两个目的：一是用来买商品；二是用来还债。在第一种用钱的方式中，金钱在实际价值上贬值了而在票面价值上增加了一倍，它并不能比以前等量的银子买更多的东西，因为金钱的价值总是以纯金属的数量来计算的；合金一文不值，因为劳动力就分别抵消了增加的那一点价值。由此对所有的商品来说金钱很快就回落到它以前的价值。但是金钱还可以用来还债。正如我稍后会讲到的那样③，正是底层人民的富裕程度调节着所有日常用品、面包、牛肉、啤酒等等的价格。这些东西的价格永远不会超出他们能承受的范围。现在士兵们和各种技工们都被给付了新钱，因此只赚到了他们以前薪水的一半，他们就只能承受他们以前买的日用品价格的一半了，所以新钱就能买与旧钱的票面价值相同的东西。通过这种方式，同时所有之前的债务都会以这种方式偿还，金钱的价值有时会在旧钱和新钱之间浮动。它的购买价值只有一半；例如，新 102
的一先令可能只能买以前六便士买到的东西；但是之后新的一先令会当旧的一先令那样去花，这样一综合，一先令的价值有时就会维持在九或十便士。由此，通过这样的改变，债权人的损失就不会那么明显，金钱也不会减少它的实际价值，而票面价值会减少三分之一。

还有一个跟上个问题很相似的问题。那就是如果金子对于银子的相对价值减少了，比如一个在 100 基尼值 25 先令时借了 100 基尼的人是否应该

---

① vi. 119 ff. below.

② 这里提及的事项可能是 1709 年的重铸货币，讨论见 J.-F. Melon，*Essai politique sur le commerce*（1734），ch. XVI（in E. Daire，ed.，*Économistes financiers du XVIIIe siècle*（1843），721 ff.），评论见 C. Dutot，*Réflexions politiques sur les finances et le commerce*（1738）ch. I，art. 4－6（Daire，797 ff.）。

③ vi. 73－75 below.

在100基尼值21先令时还给他的债权人100基尼？答案很明显，是他不能这样做，因为他得到了125而只还了105。因此在所有情况下金子的价值都是由银子的价值来衡量的，而不是银子的价值由金子来衡量。实际上如果他同意还100基尼的硬币的话就会有所不同。但是所有的约定都是以银币做出的，所以这种情况很少发生。

——

现在我们来讲第二种义务，这是由准契约产生的义务①，也就是归还的义务。最简单的一种就是民法学家说的错债返还之诉/非债给付请求返还之诉，就是一个人认为他欠了另一个人一笔钱，而后者也认为前者欠了自己这笔钱，因此这笔钱被偿还了；但是当前者核对账目的时候发现这笔钱之前已经还过了。那么他应该如何要求对方归还这笔钱呢？他不能基于契约要求归还，因为他们没有订立契约，也没有人预料到会发生这个意外；他也不能主张这笔钱是自己的，因为这笔钱可能已被花光了；并且，他已经毫无保留地公平地处分了这笔钱。但是对方仍然拥有属于他的东西；遗产中的他人之物，没有人应当因拥有属于别人的财产而变得富有。因此后者应该归还这笔钱而且可以用重复负债来对抗他。同样，在实施无因管理行为中，尽管我的钱已经不包括在他的财产之中，但是还有一些东西是用我的钱买的。因此他有义务归还我在那上面花的钱。这样在谈判时，我这一方就能获得一些优势。如果他没有任何优势，但是谈判产生了效用并且实际产生了积极效益，他就有义务归还。同样，这是从罗德斯岛海商法②中产
103 生的平摊义务，因为一些人的物品因另一些人的损失而得到了保全。同样，保证人与担保人连带的诉讼是为了互相弥补损失，因为在这里一方因另一方偿还债务而受益。③ 罗马人中所有关于契约的诉讼都是依这种原则进行的，因为人们从来都不期待这种因契约而产生的案件。但是一旦发生任何特别的应当花费的支出，非常规地，支出者会对受益者提起诉讼；同样，教师为了特殊花费而不是日常开销对学生提起诉讼也来源于此。{我们不需要考虑准契约中产生的教师的责任，因为他们的责任是在他们接受这份职

① *Inst*. 3. 27；Hutcheson，*M. P.*，II. 14；*System*，II. 77.

② 罗德斯岛海商法提到了投弃货物；当货物为了要减轻负载而被投弃，从而挽救了失事的船只和其他货物时，船主和被保全的货物的主人要按比例分担损失，即“平摊”损失：*D*. 14. 2. 1。

③ 原文如此，意为因债务人的损失而受益。

务时产生的。} 这种赔偿受损失者的义务不是来自契约而是来自返还义务，即没有人应当从别人的损失中获利。[①] 在所有的国家中都有这样的契约诉讼；因为返还义务是它们的基础，所以受损失者或者提出契约之诉或者提出管理财产行为之诉来对抗对方。我只能说所有的人权都是由同样的原因产生的，都是来自契约、准契约或归还义务、违法犯罪。因此如果我雇一个人去为我租一匹马，所有者可能会对租用者提起诉讼来使他履行契约；租用者可能会因他的额外付出而提出准契约的诉讼；而如果骑马人滥用或虐待马的话，所有者可以因骑马者违法而提起诉讼。

现在我们开始考虑第三种对人权或义务，它们都因过失而产生。

就是说，对于因他人过失而造成的侵权行为，权利人应当获得赔偿。过失行为可分为两类：一类是故意或者出于恶意，另一类是疏忽或者出于过失。过失或者疏忽[②]，又可以分为三种类型：第一种是重大过失，过失行为严重，违背常理，但是行为人常以过失作为违法行为的借口；第二种是普通过失，行为人由于粗心大意而引起的过失行为，并对过失行为而感到 104
自责[③]；最后一种是疏忽大意，仅少数敏感行为人才会对这种过失行为感到愧疚。我认为第一类行为是由恶意欺诈，或恶意倾向的行为引起的，这一行为是出于主观故意的，事先设计好的对他人的伤害行为。

目前，针对罪犯的惩罚，主要是基于公正旁观者对侵害的愤恨而产生的（实施惩罚的）同意。[④] 如果伤害极大，以至于公正旁观者能够认同受害者要求，以犯罪者的死亡来进行报复，那么这惩罚就是合理的，既可满足受害者要求，又可体现执法者权威。如果旁观者不能认同受害者以犯罪者死亡为报复的要求，但是同意以轻微的身体伤害或者金钱上的惩罚进行报复，那么这种惩罚同样是合理的。在所有旁观者对犯罪者进行惩罚的案件中，惩罚行为都可视为公正的。受害者的报复心理是犯罪惩罚的真正来源，这一心理促使他对犯罪者实施报复伤害。因此，格劳秀斯和其他的一些学者[⑤]共同认为，考虑到公共利益，惩罚的标准不同于惩罚的构成。

这些学者认为，到目前为止，我们之所以赞同对犯罪的惩罚是出于公

---

① “没有人应该从别人的损失中获利”这一规则源于 *D*. 50. 17. 206。

② 78 above.

③ 这是具体过失；多数过失是抽象的，不能体现“表率”的客观标准。

④ 对于这项法令，更多内容可见 TMS Ⅱ. ii. 3. 6－11。也可见 TMS 的格拉斯版本附录 II，它包括和讨论了斯密关于惩罚的早期说法。

⑤ Grotius，Ⅱ. 20. 7－9；Pufendorf，Ⅷ. 3. 9－12.

共利益的要求，是惩罚的本质使然。然而我们也能发现一些例外。在许多案例中，公共利益要求给犯罪者以受害者认为合理的报复进行惩罚，旁观者亦认可，然而，在这些犯罪案例中，惩罚主要出于公共利益的视角做出的，而并非由法律制定的，二者截然不同。正如几年前，英国实施了一项理想主义的法律（事实上完全是一项匪夷所思的法律），认为国家的财富和力量完全依靠他们羊毛贸易的繁荣，如果允许羊毛出口，则不能保障国家
105 的繁荣。为了阻止羊毛出口，英国规定如果实施该行为将处以极刑。[①] 在自然公平的情况下，出口行为本不构成犯罪，更不应当处以在公众看来都很严酷的刑罚。所以，立法者随后发现，尽管规定这项惩罚，但他们找不到陪审团和知情者来定罪。没有人能同意对一件无罪的事处以如此严厉的惩罚。[②] 因此，立法者被迫减轻没收货物和船只的惩罚。同样，军法对在执勤时睡着的哨兵处以死刑。这样的法律完全是建立在公共利益的考虑之上的，我们也许能够同意为了多数人的利益而牺牲个别人的利益。然而，这种惩罚的实施会以一种不同于谋杀或者其他凶残犯罪的形式影响着我们。

我们会发现，惩罚会依据受害者的报复而有所不同，这主要是基于三种意图。第一，受害者的愤恨促使他们想让犯罪者能够感同身受。投毒或刺杀永远不能彻底地，或者能像我们想象的那样体面地消除愤恨，历朝历代都认为这是懦弱的行为，因为通过这种方式，犯罪者无法感受到来自受害者的意图。第二，受害者因愤恨而对犯罪者实施惩罚必然会警示犯罪者或者其他想用同样方式伤害我们的人。第三，愤恨也会让受害者为其所受到的伤害寻求补救与赔偿。

犯罪有两种形式。第一，侵犯我们的自然权利，例如，通过谋杀、重伤、殴打损害我们的身体，或通过非法拘禁侵犯我们的自由，或通过侮辱侵犯我们的声誉等。第二，侵犯我们的既得权利，例如，通过抢劫、盗窃等行为侵犯我们的财产。

众所周知，拒绝履行合同从来都不被认为是犯罪，尽管欺诈一直是犯罪行为。法官判决一个未履行合同的人，首先履行合同，然后赔偿他人因为延期以及诉讼所受的损失，但是，法官从不对蓄意逃避合同义务的人施
106 加任何刑罚。另一方面，合同行为中实施欺诈行为的人，则会被严厉处罚。

① 13 and 14 Charles Ⅱ, c. 18（1662）规定出口羊毛是重罪（更早的规定出自 18 Henry Ⅵ c. 15）。

② 7 and 8 William Ⅲ, c. 28（1696）的序言将这种罪行降低为轻罪。

正如在这个国家，伪造票据和债券会被处以死刑。[①]

我们应当从上述的对人进行攻击的犯罪开始论述。这些犯罪中处于第一位的也是最残忍的是蓄意谋杀。对于蓄意谋杀，可以肯定的是，最恰当的处罚是对犯罪者处以死刑。受害者的愤恨不能通过一个简单的处罚就得到平息，除非受害者所受伤害和犯罪者所受惩罚之间是相称的，也就是受害者以某种方式以牙还牙报复。据此，我们发现，在所有的文明国度里，对谋杀者的惩罚都是死刑。但是在野蛮的国家中，对谋杀者的惩罚会轻缓很多，例如金钱处罚。形成这种情况的原因是，社会的早期，政府的软弱使得其在干涉个体之间的事务时必须谨慎。政府起初只以调解者的方式进行干预，来阻止被害者的朋友由于憎恨而实施会带来其他负面影响的犯罪。所以，在这个国度的人民眼中，惩罚犯罪究竟是为了什么？其目的与当前的对民事损害的惩罚一样，即保证公众安宁。犯罪已经实施，惩罚已经于事无补，所以社会应当思考的主要问题是阻止犯罪的有害影响。由于社会还没有文明到允许政府采取措施来传讯罪犯以及对罪犯进行判决，所以，公众不会试图去阻止惩罚的进程。

因此，调解出现在不同的派系中间，要么是由有威望的人做出，要么是由整个社会进行调解，采用各种方法进行斡旋。然后介入调停的人会推荐最合理的方式去解决问题。他们必然会劝告犯罪者用礼物赔偿去平息受害者朋友的怒火，并且劝告受害者的朋友接受这样的赔偿。沙勒沃伊[②]和拉菲托[③]告诉我们在易洛魁人和其他一些北美的原始部族，当一个人被同一家族的其他人杀害时，社会不会进行干涉，而是将此事交至父亲或者家族的首领，采取他认为恰当的方式来决定是惩罚还是原谅。但是一个家族的成员杀害其他家族的成员时，社会就会介入，并且设定礼物赔偿标准，以平 107
息族人的愤怒。如果杀人者不能够支付足够的礼物进行赔偿，整个社会就会为其募捐，每个人都会为这一良好的设计而贡献一份力量。这些礼物通常被分成六十份，一份给受害者的母亲，用以缓解其丧子之痛，为她提供一卷烟草，聊表安慰。另一部分给受害者的兄弟姐妹等。还有一部分用来

---

① Sir G. Mackenzie, *Laws and Customes of Scotland in Matters Criminals* (1678), I. 27. 英国法律没有这么严苛。

② P. – F. – X. de Charlevoix, *Hisroire et description générale de la Nouvelle-France, avec le Journal historique d'un voyage... dang l'Amérique septentrionnale* (1744), Ⅲ. 272 ff.

③ J. F. Lafitau, *Mœurs des sauvages amériquains, comparées aux mœurs des premiers temps* (1724), I. 486 – 490.

清除路边的刺藤，其他的礼物用来覆盖喷洒的血迹等。5 世纪初侵入欧洲的北方民族社会要比那时的美洲人更加先进。他们仍然处于野蛮粗鲁的狩猎状态，而其他国家已进入畜牧时代，甚至出现了一些农业。畜牧业向农业的转变是社会的极大进步，这一转变，使财产的概念超越了所有权，这是前所未有的。此种观念一旦形成，一个物体的所有权扩展到下个物体的所有权（如从牛群、羊群到土地本身）就不是什么难事了。因此，这些民族比美洲人更早找到了一个好的方法。伴随着社会的成长而壮大的政府，也有了更大的权力。据此，我们发现政府更多地干预这些事务，所以，在这些国家的法律中，对国家的死亡赔偿，各个阶级（从国王到奴隶）都有一个特定的调整比例，被称为赔偿金额。[①] 赔偿金额根据死者的等级不同而有所不同，对于更高等级的人，他们的朋友更有权势，对赔偿期望更高，因此也更难取悦。基于这个原因，国王的死亡赔偿比公爵高，而公爵比伯爵高，伯爵高于男爵，男爵又高于自由人，而自由人又高于奴隶或者恶棍。根据《萨利克法典》[②]，当一个人不能够支付赔偿金额时，他会陷于困境，{首先他会被询问自己能否支付赔偿金额，如果不能，他的朋友将被传唤，并且被分开询问能否为其支付；如果他们中没有一个人能为他支付，他们将会被寄予期望；如果第三次他们仍然拒绝为其支付，犯罪者将被移交。}他的朋友将一起被传唤到犯罪者身边三次，被询问是否能够承担他的部分罚款，如果他们每次都拒绝，犯罪者将被移交到受害者的朋友那里，来面对死亡或者是其他他们想要的惩罚。{刽子手的工作起初总是由死者的亲属
108 来做的，现在被移交到政府官员那里。——判因意外而错杀近亲的人死刑，或者由于其他原因而遭受惩罚，可以缓解死者朋友的愤怒，却无法使他们的报复心理得到满足，因为这样的惩罚不是由他们做出的。由不相识的人去毒害或者暗杀，某种程度上能够以其人之道还治其人之身。但是，只有当犯罪者意识到所受惩罚是因其所作所为引起的，这种复仇心理才能完全被满足。}在古代，我们发现用礼物补偿犯罪非常普遍。在《荷马史诗》中有数个例子可以证明这点。内斯特[③]告诉阿基琉斯礼物能够缓解任何人的愤怒，有了礼物，父亲能够原谅儿子的死亡。在对阿基琉斯的盾牌的描述中，

---

① 通常是死亡赔偿：Kames，*Law Tracts*，Ⅰ. 43 ff. 。

② 《萨利克法典》，50。

③ 实际上是阿甲克斯：*Iliad*，ix 632。

其中一段说道，死者的朋友接受了来自杀人者的礼物。[1] 此后，政府将不再干涉此类事件。来自忒勒马科斯大船甲板上的陌生人告诉我们，他逃过了来自被害者朋友的处罚，而不是来自官员或者法官的处罚。[2]

当欧洲的政府越来越壮大的时候，他们认为自己应当在调解中就自身面临的困难获得同情。政府的干涉大多有利于罪犯，保护罪犯使其免于面对那些会剥夺他们生命的人，为罪犯们提供更简单的方式，使得受害者朋友能够满足，政府认为应当提供此类保护。这就是自由或者自由的代价。被害者亲属的权力和违法者所受惩罚的程度是相称的，自由的代价与保护者的权力是成比例的，这种代价会随着审判人的权威不同而有所不同。因此，犯罪者所支付的自由代价是由国王的审判权所决定的。国王有独立的审判权，这要比由伯爵或者男爵承担对于谋杀的审判要好得多。逐渐地，君主认为（至少在实践上是）他们自己才是主要的受害人。所以，违法者的惩罚的增加，不是因为对死者的朋友的补偿，而是对国王的补偿。在苏格兰以及其他的一些国家，这被认为是国王收入中相当大的一部分，并且国王的主张（正如我在下文将提及的[3]）只不过是官员们收集赔偿的工具，因为国王要进行审判，官员们接下来就成了陪审团，虽然他们现在除了维持秩序和规则之外没有其他权威。给国王的补偿，尤其是在苏格兰，比那些给死者的朋友的补偿要多得多，以至于对罪犯的惩罚开始被认为是对国王的所有物（自由民）的损害赔偿，而不是对人们之间关系破坏的补偿。 109
君主及时地发现了用支付自由赎价的方式代替极刑，在维护他的所有物之间的和平与和谐这方面，对他更有利。在苏格兰，这种惩罚从来不被赔偿金所取代，而是支付给君主作为其所有物的死亡的补偿。这种想法在苏格兰很普遍，因为政府是贵族制的并且对君主权力十分认可。没有国王的支持，死者亲属自己不能主张起诉杀害死者的凶手，因为该主张（至少与谋杀者的生命有关）是以国王的名义做出的，所以他也独立享有宽恕和原谅

① *Iliad*, xviii, 500.

② *Odyssey*, xv. 271 ff.

③ v. 13-14 below.

极刑的权力。但是在后来的法院会议法案中①，没有足够的理由就杀了一个走私者，这一行为已经可以判处死刑，但是皇室的宽恕可以使他免于死刑，却无法免除赔偿金额，因为死者的朋友仍然充满怨恨。虽然国王可以独立宽恕死刑，正如任何人都可以原谅别人所欠的债务一样，他不能免除死者朋友们应当享有的赔偿，更不能免除犯罪者所欠的其他债务。因为这是因合同而真实存在的债务。在英国这片土地上，民主的种子被早早播撒，极刑在此地不仅仅是对国王的自由赎价而且是对死者朋友的补偿。亲戚们有单独提起诉讼的权利，这种控告权有别于国王的权威。所以当国王动用宽恕的权力时，死者的亲戚们仍然可以在宽恕下达以后，以平息血债的名义提起控告，由这个程序引起的死刑是国王不能宽恕的。这一程序仍然存在但很少被启用，因为立法机关不支持这一行为，又不具备合法形式使其无效。② 如果一个丈夫被谋杀，成为寡妇的妻子可以提起此项控告，寡妇之外
110 是与其最近的男性亲属，此二人之外再无他人。除了哥哥或者其他男性亲属，没有人能够就他的兄弟的死提起此项控告，相差一点的其他人就不能控告。名字、时间以及其他环境因素上的错误，都会使得诉讼无效。所以，这个诉讼现在更加难以实现。

手稿有三分之一到三分之二页空白

除了上诉的这个特权，英格兰和苏格兰的法律对于谋杀罪的区别很小，事实上与其他大多数国家的区别也很小。然而就杀人而言，经过仔细研究，英国法律与其他国家法律相比，还是有一些区别的。谋杀意味着谋杀者先埋伏起来等候，然后杀人。（正如我前文所说的）即使是杀了人，对于罪犯的惩罚也要等好久。在英国，这种方式的首次尝试是由丹麦王卡纽特③做出的。英国人对其新的统治者的憎恨使得他们经常埋伏起来等待丹麦人，并

① 原文空缺。马洛赫，一个收税官，王室的赦免没有影响 Keay v. McNeill（1717）的进行，未经报道；参见 Baron David Hume，*Commentaries on the Law of Scotland re trial of crimes*（1800）II. 387 。在 Malloch v. Fulton's relict and child（1751），*Morison's Dictionary of Decisions*，11774 中，规定债务人的货物财产转让不得损害孤儿寡母的诉讼请求，赦免的先决条件是不得影响损害赔偿。文章中，“死者的朋友”应该是“死者的家人”。斯密可能已经从卡姆斯领主那里听说了马洛赫的案件。卡姆斯和休谟一样，都是马洛赫的辩护者。

② Hawkins，Ⅱ. 23，paras. 36 ff. and 103 ff.

③ Hale，I. 35，叙述了卡纽特对丹麦人被杀害的镇区实行不公平的刑罚。

且突然杀死丹麦人。卡纽特为了阻止这种情形的发生，创制了一部法律：任何以这种方式杀害丹麦人的人将被处以死刑。这一犯罪被称为谋杀。对此的惩罚，因为某些原因，我们将稍后提及，在诺曼征服以及和解协议签署之后，就终止了。但是不久后，不管采取任何形式故意以及预谋杀人的行为，当然地被称为谋杀，并且杀人者通常会被处以死刑。但是当一个人没有恶意杀人或者有预谋地杀人，而是因为突然的挑衅而激情杀人，则不被认为是重罪，因为对于伤害他人是没有预先谋划的，由此这种行为被称为误杀，虽然这不是一个可被原谅的罪，但如果变成是为了教会人员的利益，此罪就可以轻罚（这点会在以后解释）。{在法律上他的财物将归于国王，但是通过一个正常的程序，他可以恢复财物并且请求宽恕，通常在他以为了教会人员的利益来答辩时就可以立即得到这些权利。}然而人们并不认为这是公正的，虽然没有杀人的预谋，但是在杀人行为着手前，还是会有一定的动机。因为这个原因，这种行为仍然被认为是重罪。{这两种犯罪形式被称为严重的杀人罪，而惩罚则是死刑，即使是误杀，也会被处以死刑，除非以保护教会人员的利益为抗辩理由，这种处罚才会被减轻。}第三 111
种情况就是所谓的意外杀人[①]，即，一个人在实施某个杀害行为的时候或者在此之前，没有杀人的意图，完全由于意外杀死了别人。{这被认为是意外事故，此种情况下，被害人的死亡仅仅是因没有任何主观意图的意外事件造成的。还有第二种可以得到谅解的杀人行为，被称作自卫杀人[②]，在争论发生之后，行为人被卷入一个没有任何其他途径可以逃出的境地。这种行为被认为是可以谅解的，但并不是正当的，因为是由于争论才导致这种行为的发生，而且使用致命武器本身就是犯法的。}同理，这被认为是可以谅解的行为，因而不适用死刑。（但是由于这些意外通常伴随着一些鲁莽，杀人犯通常被判以没收财物，以使他人能更倾向于防卫。）{我们也可以将这种可得到谅解的防卫与正当防卫区分开，在前述案件，也就是自卫杀人中，在杀人行为之前可能存在争吵，而在其他情况下，行为人可能处于这样一种困境，他本人并无过错，却被他人攻击。}在两种情况下，杀人是被认为无罪的，并且不受任何刑罚。一种是帮助公务人员而杀人，另一种是为保护自己的生命或者房屋、财产而杀人。这两种行为与误杀相区分，因为杀人者并未造成伤害，而仅仅是为了保护自身的权利。对于这些行为，不需

① 意外杀人或者因意外事故杀人：Hale，I. 39；Hawkins，I. 29。

② Hale，I. 40.

要实施惩罚。唯一要讨论的是这几种杀人行为的区别。谋杀，严格来讲，是行为人带着既定的目的去杀人，是埋伏等候、伺机而动地杀人。但是所有的在行为前已有恶意的杀人行为，都应当被认为是谋杀。因此，即使在最严格的意义下①，激情杀人只能被认为是误杀。至于可以使一人免于谋杀指控的挑衅行为也只能被限定于突然的攻击行为，语言和手势都不足以被认为是足够的挑衅。但同时，法律绝不支持以这种方式杀人，如果挑衅行为足以激怒一个人去攻击对方，并且他又回击了，由此引起的杀人行为被认为是误杀。如果人们有了争吵，双方都会拉扯殴打，一方以这种方式杀
112 死对方，却仅仅对自卫杀人的罪行承担责任，这可能是不公正的，因为双方在此之前的争吵和使用致命武器的打斗本身就是犯罪行为。然而，如果这些人对彼此不满，心存愤怒，尽管没有人埋伏等候杀死对方，他们再见面时拉扯打斗致死也被视为谋杀。像这种情况，两个人在下午为上午发生的争吵而打斗，或者上午为昨天下午发生的争吵而打斗，这将被认为是谋杀。如果在争吵最激烈时，双方没有武器，他们跑回家马上拿起武器打斗，这将仅被视为误杀。在任一争论过后，一方挑战另一方，他不接受挑战，但是他同时告诉挑战者他每天都在这个地方，那么任何一方的死亡都被认为是谋杀。因为，很明显他们是靠没有特定目的的打斗来规避法律。像这种所有涉及时间地点的决斗都是富有成效的谋杀。相同的情况在法律中可见，如果儿子跑来说他被打或者被虐待后，他的父亲立即跑出去找到那个虐待自己儿子的人并把他杀了，尽管他还有大半路程要赶，甚至他可能已经冷静了下来，然而杀人行为没有被打断而实际发生了，这种行为也仅被认为是误杀。误杀不被处以死刑，但是要在手上打上烙印，受审被告人如上所述要祈求牧师的宽恕，并被没收财产。对那些会阅读的误杀者无罪释放的传统起源于下述的习俗。② 在早期社会，尽管我们倾向于称赞我们所处时代的习俗并且认为它们比其他的优越，教会牧师非常不愿意适用死刑。他们说仁慈的基督教徒不能接受如此严厉的惩罚。我们在一些普通法的书籍中发现，考虑到宗教的因素，即使一个牧师犯了最大的罪行，他只能被处以罚金或者和解金。因此，他们反对任何他们能够反对的死刑，他们将死刑归因于仅仅是残暴行为的遗留和政府懦弱的突出表现。卡纽特引入死刑时，他们竭尽所能去阻止其实行。但是他们的所有努力都没有达到目的。

① Hale, I. 36.

② Hale, Ⅱ. 44.

然而他们仍然主张牧师不能承受如此不公的宪法。因此，当一个牧师在民事法庭前被宣布有罪，他通常可能被主教要回来；否则他可能声称是为教 113 会人员的利益并以这种方式被带到基督教会法庭前，基督教会法庭的判罚通常是极轻的，也总是更令人满意的。尽管他已经受过了先前审判，教会法庭仍然允许他发誓净化洗罪，如果犯罪牧师能够增加十二个目击证人声称他无罪的宣誓证明，他将被无罪释放。哪怕他不能清洗自己的罪行，主教将会考虑他是否是可教化的。如果主教认为他是可教化的，他将被判处某种宗教惩罚；如果主教认为他是不可教化的，他将被监禁。在这种方式下，不仅教职人员能够规避法律，那些依靠于教会的人，那些打扫教会的清洁人员、守门人和其他牧师的仆人也能规避法律。总之，由于任何多少可以被称为教徒的人都可以免除惩罚，对于牧师而言，使其欲保护的人逃脱法律惩罚并不困难，他们可以通过降低犯罪牧师的职位，对执事（类似于我们所说的传教士）实施第一次削发等方式来免除其惩罚。牧师倾向于保护那些很少或者不会被惩罚的人。因此，在一些措施上为了遏制教会人员的权利，当一个牧师主张牧师的利益时，就会把《圣经》拿到他面前，如果他能阅读这项主张，这项主张就可以获得支持，如果他不能阅读，这项主张就会被拒绝。通过对阅读能力的检验足以判定一个人是不是牧师，因为除了牧师没有人能够如此博学，以至于能够像大部分牧师雇员那样读懂《公祷书》。这种情形一直持续到亨利八世，亨利八世彻底解除了牧师的权利。[①]{牧师的利益起初不仅延伸到杀人，还延伸到所有的重罪，也就是除了叛国罪以外，所有应该承受死刑痛苦的罪行，甚至延伸到心存恶意的预谋杀人行为。}尽管关于误杀的权利依然存在，{但是作为第二类的恶意杀人，绝无必要原谅。}直到今日除了上面提到的案例，犯有误杀罪的牧师受到手中被烙印的小惩罚后，就被无罪释放的规定依然适用。{在苏格兰，牧师的权利并不比在英格兰少；但是在民事法庭上牧师的利益并不是很重要，因此，在驱逐天主教神职人员中，牧师的权利被彻底废止。现在，依据苏格兰法律，谋杀和误杀没有区别，两者都应同样地被处以死刑。[②]安娜女王的一项法令[③]使牧师的特权扩展到那些甚至不会阅读的人的身上，由于 114

① 23 Henry Ⅷ, c. 1 (1532)。

② Cf. TMS Ⅱ. iii. 2. 8：“如果，通过……轻率的行为，……他意外地杀死了一个人，依据许多国家的法律，尤其是依据古老的苏格兰法，他大概要被处以极刑。”

③ 5 and 6 Anne, c. 6 (1706)。

阅读能力的要求，在已经发生的许多案件中，人们没有逃脱惩罚。}

意外杀人，是指没有任何设计而意外地杀死了一个人，被认为完全是可以宽宥的；但是和误杀一样，它也是有一些限定的。如果它是在一个人尝试一些恶意行为下进行的，这种犯罪将被视为谋杀。[①] 因此，如果一个人在开枪射击家禽，或者通过盗窃拿走家禽的时候杀死了一个人，他将被认为是谋杀，尽管他没有预谋杀死任何一人。因为他实施的行为本身就是违法的和恶意的。同样，一个人为了偷鹿和兔子而闯入农场或公园，碰巧杀死了守卫，不管是意外杀害一个人，还是闯入农场或公园（当时没有可以判处死刑的盗窃罪），都不足以判处死刑，然而，因为他的企图是恶意的，所以他被认为是谋杀。{在这里不仅谋杀者，所有从事相同行为的人，都可能被以谋杀罪起诉。} 更加严格的法学家甚至认为一个没有被授权打猎或者携带火器的人，如果意外地杀死了一个人，将会被判处死刑；但是依据现在的法律，他将仅依法承担未经合法授权而打猎和携带武器的惩罚。相同的情形，如果一个人预谋在街上骑着一匹难以驾驭的马吓唬人而杀死了一个人，依据严格律师的意见，他将要被认为是谋杀者。我认为依据现在温和的法律会惩罚得轻一点。{相同的方式，在杀人案件中，自卫必须完全证明除了他对手的死亡，没有其他的方法能挽救自己的生命；例如他已经被推到了墙边。} 第一种正当杀人，{是指一个人为了保护自己和自己的财产、房屋而实施的行为，是可宽宥的，} 它区别于自卫在于此前没有争吵。因此，如果一个人在高速公路上被袭击，他除了杀死强盗无路可逃；或者如果他的房子被袭，在保护房屋时他碰巧杀死了攻击者，他将不承担惩罚。同样，一个人在街上并无挑衅行为却被袭击，并且无路可退，如果他将攻击者杀死，也不会受到惩罚。但是如果他退了十到十二步，没有打算逃跑，
115 而是去拿武器并立即回来杀死挑衅者，他至少将被认为犯有误杀罪。另外一个案例是，当一个人反抗国王的公务人员或者逃跑时，在打斗或者追逐中被公务人员或者他们的随从杀死，公务人员和随从将不会被认为应受到任何形式的惩罚。但是如果他们因其他不相干的原因杀害这个人，他们将承担谋杀的罪名。考虑到公务人员有权逮捕和阻止他，然而他们不能以公正的名义主张杀死他，因为这与他们的公务无关。第三种杀人正当而不承担惩罚的情况是，一个人除了杀死其他人没有其他方法挽救自己的生命。

① Hale，Ⅰ. 37；Hawkins，Ⅰ. 31. 40 ff.

据我所知，这种情形只有在一种情况下才能发生，作者给出的例子通常是这样的，海难发生后两个人发现了同一个厚板，很显然厚板并不能拯救他们两个人的生命，如果这时一人杀死了另一人将被认为是正当的。因为尽管在推下别人与被别人推下之间，他无权选择前者，然而他必须站在自己的立场上申辩没有其他方法可以挽救自己的生命。但是这种情形后果极轻，发生极少，以至于法律都完全忽略了。[1]

英国法律中杀人有三种情形。第一种，恶意杀人，恶意杀人有恶意预谋杀人和误杀两种。第二种，可宽宥的杀人，也有两种，即意外杀人和自卫杀人。第三种，正当杀人，也可分为两种类型，一种是为保护自己的生命、家人、财产而杀人，另一种是公务人员逮捕反抗的罪犯或者其他人为帮助公务人员而杀人。

正当杀人和依靠教会人员的权利可宽宥的杀人有相当大的区别。如果一个人被指控谋杀，他知道自己只是犯有误杀罪，但是他不能以自己只是犯有误杀罪辩称而释放自己，他必须在庭审中对谋杀的公诉控告作有没有实行谋杀的罪行答辩，从而留下证据空间来把自己的罪行引向误杀。如果法官或陪审员认为是这样的，他们会在裁决中判处误杀罪，而不是谋杀罪，罪犯接下来就可以主张牧师的权利。同样，一个人犯有意外杀人或者自卫杀人罪被指控谋杀，他不能首先以意外杀人或自卫杀人来答辩，而必须以 116
有没有犯谋杀罪答辩，将没有犯谋杀罪而犯有意外杀人罪的减轻情节留给陪审员，在这种情形下他被判处货物罚金来驳回死刑。但是另一方面，一个仅犯有正当杀人罪的人被指控谋杀，他不必以谋杀罪被指控，但是可以首先以没有犯谋杀罪答辩，明确说明他犯有哪类杀人罪，如果事实被证明如此，那么对他的控告将被驳回。

在这里我们也可以注意到，不仅是造成死亡事件的理性生物要承担惩罚，而且几乎在所有的国家甚至有生命、无生命的事物都要对人的死亡这不幸的意外承担一定形式的惩罚。我们很自然地将这样的事情视为造成自己朋友死亡的原因，尤其如果它是偶然发生的，由于憎恨或厌恶，用剑或者其他武器，或者是被公牛刺伤而发生的。这些被认为是极其恐怖的（horrenda ct cxcrabilia）、可怕的、恶劣的和献祭的。因此，它们被称为迪奥

① Hawkins，Ⅰ.28.11，17，and 26.

丹[①]，这意味着它不仅要被献祭而且被认为是不神圣的。在美洲人中有一个叫城市公共会堂[②]的法庭，在那里审判和处理此类事情；我们读到一个斧头，从一间房屋的屋檐坠落砸死了一个人，被庄严地判处有罪而被立即拿走扔到海里。[③] 依据犹太法，刺伤人的公牛要被判处死刑。[④] 在这种方式下，当有生命或无生命之物碰巧造成人的死亡时，它会激起我们动物本能中的一种愤恨，这种愤恨必须以某种方式来平息[⑤]；正如我所说的，一把偶然杀死我们朋友的剑是可恶之物；但是如果这把剑却被握在另一个人手中，我们的愤恨就从这把剑转移到那个手持剑造成死亡的人的身上。依据英国迪奥丹法，无论造成人的死亡原因是什么，都应被献祭；起初，教会人员主
117 张这一点，现在国王控制教会。如果一匹马被拖行却站着不动，杀死了一个人，或者一个人通过车轮上马却掉下来摔死了或者受伤了，那么车轮或者这匹马就将被没收充公。但是如果队伍在运动中，这个人死亡是整体共同作用的结果，或者这个人从运动中的四轮货车上掉下来，那么整个队伍和四轮货车都被没收。至于水车也是同样处理。但是最近决定四轮货车上的货物不应被没收，水车也不应被没收充公，除非它被架起翻越城墙。刺伤人的公牛，或者踢人的马匹，在大多数国家会被处死，尽管一个人是由于自己的疏忽而从马上摔下致死，国王也会就这匹马主张权利。但是一个人从树上或房上摔死，这一般叫命中注定，不能将房屋、树木充公。一个人从船上掉到海里是否要将轮船没收充公，存在很大争议。人们不太同意没收轮船的决定，因为水手们总是处于这样危险的情形中，他们会经常碰见类似的危险。[⑥]

关于杀人行为这种对一个人最残忍的伤害，以上是所有我认为必须说的。现在我们谈论人们可能受到的其他形式的伤害，即通过割断他人身体

---

① Sc. deodand，（英格兰古法）迪奥丹，即对直接致人或其他生灵死亡的私人动产依法予以没收，归于国王，并用于宗教、慈善事业。1862年，该制度被废除。

② 原文空缺。‘Prytaneum’：Pausanisa，*Description of Greece*，Ⅰ.28.11，提到一个斧头的审判。

③ Meursius，*Themis Attica*（1685），Ⅰ.17，cited by Kames，*Law Tracts*，Ⅰ.13；它是一座垮掉的雕像。

④ Exodus 21：28.

⑤ 在 TMS II. iii. 1.3 中，当愤恨和感激经常指向无生命物和动物之后，斯密补充说后者比前者理性，"因此，动物与无生命之物相比是抒发感激和愤恨的更合适的物体。咬人的狗，刺伤人的公牛，两者都被惩罚"。

⑥ Hale，Ⅰ.32；Hawkins，Ⅰ.26.5，6.

各部分、断人肢体、打击、挫伤等方式。关于这些伤害，所有国家的古老法律都约定了赔偿金，出于相同的动机，他们约定的赔偿金和谋杀是一样的。大体上，这好像是所有欧洲民族的野蛮人祖先的惯例。在每一个民族的法律中，我们发现了一个为特定成员而制定的特定估价。因此在《伦巴第法典》[①] 中，如果一个人打掉另一个人的一个前齿，他将赔偿 2 先令；如果那一个不是前齿，而是颚齿，那只赔 1 先令；如果是 2 个前齿，则赔偿 4 先令；如果是 3 个前齿，则赔偿 6 先令；如果是两个颚齿，则赔偿 2 先令；如果是 3 个颚齿，则赔偿 3 先令；但是如果他打掉了比上述两种更多的牙齿，他并不赔偿更多，可以讨价还价。同样，打击头部设定的价格是一次 3 先令，但是赔偿达到 18 先令后，他不再赔偿，剩下的被免除了；否则一个人可能因殴打他人而破产。同样，对切断一个人的特定手指都有特定的价格，价格也依据是左手还是右手的手指而不同；对于脚也是如此；一只手或手臂，一只脚或腿的价格是多少，由于左右而不同。一只眼睛、一个鼻子或者一只耳朵的价格是多少，同样如此。这一点流行于整个欧洲。只是 118
这些器官对服兵役是必不可少的，在那个时代服兵役是最重大的事情，断人肢体的人被处以严厉的惩罚，比如死刑或者其他同态复仇；对他们我们可以增加阉割之刑。

在状况较差时，所有的国家法律都引进了用同态复仇代替赔偿金。起初，这项规定在违法者不能赔偿罚金时被引进，同样，当谋杀者或者他的朋友不能或者不想赔偿金钱时，对谋杀者的死刑也可以代替赔偿金。同样复仇要求用一个人的死来补偿自己朋友之死，因此复仇要求违法者应该承受与被冒犯之人同样的伤害。因此犹太法规定以眼还眼，以牙还牙。[②]《十二铜表法》也规定了一报还一报。[③] 法律后来用赔偿金取代了同态复仇。毫无疑问，同态复仇是野蛮的、不人道的习俗，在最文明的民族中它是被放在一边不用的。在苏格兰和英格兰，同态复仇被彻底废止。然而同态复仇在某种程度上仍在荷兰保留着，尤其是面部创伤这种在这个国家非常普遍的残疾。这种案件，侵害者被带到绞刑台，测量他在别人脸上留下的创伤，尽量在他自己的脸上留下同样长、宽、深的创伤。在查理二世时代，通过

① 《伦巴第法典》，第 1 篇第 7 章。

② 出埃及记 21：24，申命记 19：21。

③ 一报还一报（《十二铜表法》第 8 篇第 2 章）。“对于一只胳膊的损害，除非有赔偿的协议，需要一只胳膊来还”（引自 Kames，*Law Tracts*，Ⅰ.42）。

特定事故、恶意预谋使人致残会被处以死刑。[1] 在下议院关于戏院是否继续下去的争论中，一些议员宣称它是为了国王的娱乐而保留的。在这个问题上，约翰·考文垂爵士问娱乐国王的是男演员还是女演员。尽管只是一个带有很大侮辱的粗鲁玩笑，但却激怒了朝廷，以至于在国王的允许下，他的儿子蒙默思郡公爵和其他一些人埋伏着等待约翰爵士，尽管约翰英勇反抗，但最后力不能支，被暗杀者切开了鼻子和耳朵。这震惊了下议院，他们立刻制定法律[2]，规定任何埋伏等候并伤害他人的人将被处以极刑。这个
119 法律只执行过一次。这个案例的诉讼过程也被完整地记录了下来。案例如下：伍德本，一个律师与他的助手，一个铁匠[3]，埋伏等候他的姐夫。他们用一把长柄镰刀击晕了他，然后用镰刀杀他，但是他们并没有能够杀掉他，而是以最令人震惊的方式毁了他的容。他们被逮捕，并且被前述提及的法令所裁判，依据的制定法在今天被称为考文垂法案。伍德本在他的辩护中提到，他并不是抱有使对方残疾的目的去埋伏等候对方，而是抱着杀死对方的目的去伺机行凶，并且直到最后也是抱着杀死对方的目的，因为放枪不能被处以死刑，所以他不应被判罪。然而，陪审团急于使他服罪，于是对他的质疑应答道：虽然他没有带着致他人残疾的目的在那里等候埋伏，但是他用的工具显示出他不是想置人于死地，就是想置人残疾，因此他应当被判罪，据此伍德本和他的从犯被处决。自此，携带既能杀人也能致人残疾的工具埋伏等待他人，被认为应当处以死刑。

可以处罚的伤害行为不仅仅包括伤害、毁损，还包括通过威胁使人处于恐惧状态，例如握紧拳头，拔出剑或枪。这被称作攻击。同样地，当一个人殴打或者碰伤另一个人，还没有产生残疾或者毁损的结果，他会因为他的伤害行为而受处罚。伴随攻击和伤害他人而来的是随意的罚款和损害赔偿的惩罚。因为法律不仅仅提供安定的环境，也保障人身安全。

另一种对人产生伤害的行为是限制或者剥夺他的自由。依衡平法，除了罪犯没有人应当被限制自由。然而，如果法官在有足够的证据证明一个人有罪之前，不允许限制一个人的自由，所有的审判活动也将被终止。所

---

① Rapin, *History of England*, tr. Tindal, Ⅱ. 658; Burnet, *History of His Own Time* (1753), Ⅰ. 397.

② 22 and 23 Charles Ⅱ, c. 1 (1670)。

③ 伍德本和柯克案（1722），Howell's *State Trails*, XⅥ. 53。律师柯克教唆卡特（一个铁匠）杀死自己的姐夫未遂，然后劝说一个劳工（伍德本）在他面前杀人（过失犯审讯案卷）。

以，法官有判处徒刑的权利，但不是任意的，没有正义基石的任意徒刑，在英国是非法的或者错误的判决。但是目击者提供的信息（无论是有誓言的还是没有），法官的名望以及任何私人的信息都足以使法官免除错误判决的指责。如果法官承认没有足够的理由，或者证人故意提供错误信息判刑，在英格兰以及苏格兰就被认为是错误的，法官和证人将面临十分严厉的惩 120
罚。除此之外，如果法官拒绝为可保释的罪犯提供足够的保释，他将被指控错误监禁（虽然事实上保释不充分的案件会受到很严厉的惩罚），这些可以保释的案件甚至扩展到误杀。在苏格兰，对贵族的错误监禁是 6 000 英镑的赔偿金额，对其侍从是 300 英镑。[①] 然而，尽管有这些预防措施，一个无辜的人也可能被拘留很长一段时间。如果他在一个巡回法庭裁判后立刻被捕并且不能获得足够的保释，他可能被拘禁六个月直到他被带到下一个巡回法庭去审判。所以在英格兰，如果一个人能支付人身保护令的费用，并且支付他的旅行费用，他就可以被转运到大都市，在那里审判将在 40 天内开始。[②] 然而这依旧很困难，因为穷人不能支付这笔费用。这种情况在苏格兰是可以避免的，因为没有实施人身保护令的必要，在每个县的司法长官，即使在犯罪案件中也能够胜任裁判的角色，并且审判必须在 60 天内做出，如果审判时间延长了，将会有更高的惩罚，除了向贵族每天支付 100 英镑的赔偿金，其他人按比例支付赔偿金外，还被视作错误监禁；如果双方有分歧，他可能被送到爱丁堡的最高民事法院。

手稿中有四分之三页空白

除了这些非法的或者错误的监禁，人的自由可能以其他形式被侵犯。例如，一个人被强制拘禁，或者被其他的暴力行为限制自由，或者威胁、强迫他去承担一定责任侵害其自由权（因为责任会使人的行为受到抑制）。现在，所有通过强迫实施的合同和义务，正如它们的名字一样，使人陷入困难或者产生恐惧而实施的行为，都是无效的。一方出于恐惧使得他们所承担的责任，从一开始就是无效的。强奸，是对妇女自由意志的违背，是对妇女极大的伤害，在所有文明国度的法律中都被处以死刑，因为只有这

---

① 1701 年第 6 号法令宣布所有的非死刑犯都可保释，没有给予保释而错误监禁，对贵族赔偿 6 000 英镑，地主赔偿 4 000 英镑，市民赔偿 2 000 英镑，其他人赔偿 400 英镑。

② 20 天：31 Charles Ⅱ，c. 2（人身保护法，1679）。

样，才是对妇女所受伤害的足够补偿。同样地，强迫的婚姻也是无效的，
121 除此之外，强迫他人结婚的一方可能会受到极刑。普遍来讲，都是男人强迫女人，正如在强奸罪中，对妇女的名誉的毁损一样。犯罪者的死亡似乎是对妇女受到的伤害的唯一补偿。同样地，强迫其他人非自愿地承担责任，不仅会使得责任无效，而且必须面临惩罚。事实上，以前，对强奸罪只会强制判处任意的罚款，但是在逐渐文明的国家里，罚款转变为极刑。这不仅是就个人的赔偿而言的，还有对国王的赔偿。在所有的犯罪案件中，罪犯将被以两种形式起诉，第一种是以国王的名义起诉，第二种是由私人原告提出起诉。所以，在强奸案、强迫结婚、承担责任的案件中，受害者在侵害之后可以同意该行为，这也就是事后协议，这种协议使受害者丧失了起诉权，但是罪犯仍然会受到以国王的名义提起的诉讼。{这里，我们可以发现，虽然威胁使得他人恐惧，并且以这种方式迫使他人承担责任，但是由此产生的责任最终是无效的；然而我们知道这种恐惧，只是没有权利之人强加的，用控告或者诽谤来威胁产生的；但是如果威胁者所检举的责任是受威胁者应当承担的，威胁不是恶意不公正的，这不会使得这项责任失效。}对政府而言，在所有人类权利中，没有什么比自由权更难保护。这种情况经常发生：无辜的人被起诉犯罪，要为他的行为支付保释金，如果这项罪名极其恶劣，需要的保释金特别高，他们宁可忍受关押。这事实上并不是因为法律上的原因而产生错误或者虚假的监禁，如果由于证据一个人被错判，这也是对他人身自由的侵犯。在所有的社会中这是不可避免的；除非一个人被指控的罪名被认定，否则他不会被关押或者入狱，没有罪犯就没有审判。如果法官没有足够证据证明某人的罪行，就不能判他有罪，这似乎也产生这样一种影响，就是法官不能惩罚罪犯。一个欠债的人，可能被要求支付同等金额的保释金，或者让他遭受牢狱之灾更加合理，但是除非法官能够关押欠债者，否则债务将不能被偿还，使罪犯受审并受到法律制裁面临更大的困难。正如在其他国家一样，英国国民的自由也受到切
122 实的保护。正如所观察到的，如果法官的观点错误，或者证人作伪证，他们都将被严厉处罚。其次，审判要在罪犯被亲自带到最高法院后进行，在苏格兰，审判由郡县治安官审理，在时间紧急时，郡县治安官接替人身保护令，甚至能够审理死刑案。再者，囚犯被拘留超过一定时间，却不被审判，那个延迟审判他的法官或者推迟行使刑罚的官员将受到严厉惩罚。在一些国家，严格规定了有关行为人的自由的条款。在所有专政的国家，臣

民可能因为君主的心情被投入监狱；在法国，一封告密信就可以将任何人投进巴士底狱，不论他是否有保释自己的能力，也不论他是否有得到政府同意提起审判的能力。在其他国家，告密信也有着同样的效力。然而，尽管有各种预防措施，在各个社会，无辜的人仍然会遭受各种磨难。

另一种个人权利是使得一个人保有公正的名誉的权利。对于人的名誉的损害，通常被分成以下几种方式：一种是行为上的侮辱，被称为事实侮辱。第二种是语言上的侮辱，被称为口头侮辱。[①] 最后一种是书面上的侮辱，被称为文字诽谤。

首先，就事实侮辱而言，法律在某种意义上更倾向于由旧法处理，而非习俗。相比于侮辱，它更像是一种攻击，从而很少有人满意处理结果。因此，在很大程度上，它提高了决斗的频率。在他人面前晃动一下拳头，或者朝着某人脸上吐口痰，在法律上几乎得不到什么满意的处理结果；10 英镑罚金就是在他人脸上挥一拳的所有惩罚。{在罗马法中，对于此类伤害的罚款仅仅只有 2 到 3 先令[②]；即使是最严重的侮辱，其处罚同样十分轻微。直到今天，法律对拉人鼻子的惩罚也是十分微小的。在罗马，惩罚力度的轻微并不是引起决斗的真正原因，决斗容易由国家的不同环境所引
起。} 事实上，由轻微的攻击引起的损伤十分微小，并且通过法律惩罚，很 123
容易得到足够补偿。但是当情况出现在法律荣誉流行的国家时，罚款绝对不是一种足以让人满意的结果，因为在那些国家中，这种行为是奇耻大辱。事实上，在这种情况下，它们也确实是非常大的侮辱。这种伤害，并不是源于它产生的疼痛，而是使一个人的生命处于决斗的状态，或者使他受到鄙视和侮辱，被蔑视是贫穷的、卑劣的、怯弱的恶棍，此后，他将永远受其阶层鄙视，被同伴驱逐。小额赔偿远不足以补偿这样的侮辱。与许多口头伤害的案例一样，如用斥责的言语攻击责备他人，一定是令人发指的伤害，当时这被看作是决斗的充足理由。这种行为很野蛮，但是其结果却是可以原谅的。完全是出于对荣誉的追求，使得这样的侮辱造成的伤害骤增。这就是由法律建立起的司法斗争的起源，在司法斗争被争议了三四百年后，仍然有一些随着而来的原因使得某些司法决斗时至今日依旧存在。在那之前，伤害仅仅被认为是对人体的损害，因此，惩罚是十分微小的，对于伤

---

① Mackenzie，*Laws and Customes of Scotland in Matters Criminal*（1678）：“伤害既有口头的也有事实的。”

② 25 头驴；cf. Aulus Gellilus，XX. 1. 13。

害来说，这样的惩罚根本不足以让人觉得起诉是值得的。我们可以看到，这些被我们认为是巨大侮辱的行为和语言，在以前很少被认为是这样的。柏拉图在他的对话中提到，苏格拉底用语言侮辱那些与他对话的人，这些对话只被看作是日常对话。朗吉纳斯引用了德谟斯提尼最伟大的文章中的话语，在文章中他用最伤感的词语描述了其委托人受到的严重的殴打，描述了他的敌人是先攻击了他的哪些地方，再攻击了他的哪些地方，然后讲述了整个争论的过程，专注于每个细节，并且向法官彻底解释清楚。[①] 文章中，朗吉纳斯引用了一个高尚的例子，这足以证明，就一项侮辱上诉至法庭并且详述所有的细节并不被认为是卑劣的。但如果一个人向法官解释了他所受到的殴打的所有细节，并且要求补偿，这将可能是最荒诞的、最卑
124 微的行为，他没有要求攻击者为自己解释。当法律没有对伤害给出足够满意的赔偿时，人们会认为自己被授予了靠自己来获得满意的结果的权利。所以根据我们的法律，侮辱只会受到小惩罚，这是决斗的一个重要因素，并被认为是法律的缺陷。在法国，由庄严的法庭所设计的这一惩罚，虽然没有起效，但是很好地计算了这样的侮辱所引起的伤害。侮辱所引起的伤害是带着恶意去揭露他人，使他人显得荒诞可笑，所以恰当的处罚应当使得伤害他人的人变得像受害者一样荒诞可笑，应当根据侮辱的情况，对他处以枷刑，或判处监禁，或判处罚款。在所有的伤害中，口头伤害最不容易被阻止，因为语言是不可控的，口头侮辱的伤害经常发生得很突然，有时法律并没有注意到这些口头侮辱。但是他们中的一些人会因为严格的法律荣誉被严厉惩罚。然而法律对于那些会对人产生偏见的更为严重的伤害，给予了补偿。例如，某人被他人诽谤说他犯有谋杀罪、通奸或者其他会使他受处罚的犯罪，在民事法庭上，他可以要求支付赔偿。或者一个侵犯他人权益的人声称："我没有冒用他的名义充当房主，如果他据此让他人对我提起诉讼，从而给我带来麻烦，那么他有可能被传唤到法院。"同样可以观察到的是，诽谤虽然被认为比犯罪轻缓，但是也不能逃避起诉，因为任何无关的人都不应当将他人的秘密缺陷和过失揭露出来。对这种伤害的惩罚，自然也是由受伤者的报复心理引起的。因为这种伤害揭露了他人的痛处，

① 朗吉纳斯引用德谟斯提尼，21.72（《斥梅地亚斯》），关于高尚，20，但是仅是作为一种修辞的例子，不是"作为最壮丽的文章……"。斯密已经忘记了朗吉纳斯在前几行中（18 行结尾）的评述中说希罗多德的一些文章被认为是最壮丽的。报告者首先记下"他受到的殴打"（准确地说其实是德谟斯提尼受到的攻击），但是将"他"改成"这个"，并写在"委托人"行。

所以处罚是罚款、监禁和当众羞辱。也有其他的诽谤是民事法庭所不管辖的，比如对他人荒淫的诽谤等等。如果人们真的犯了这样的罪，民事法庭不惩罚他们，而是由将之交付给教会法庭。当一方指控另一方犯了这样的罪，该项控告一旦被提起，必须先经过教会法庭起诉。总的来说，所有的对虚假指控的赔偿，必须在犯罪被起诉前支付。

文字伤害和诽谤，要比口头伤害（通常不经过思考）更加蓄意和恶意，所以，法律对此的处罚更严厉。被惩罚的诽谤人员不仅包括作家、撰稿人、
印刷者，还包括发行者、传播者。枷刑、监禁是对这项犯罪的惩罚，惩罚 125
甚至扩展到那些发现诽谤并且传播它的人。然而，诽谤对于诽谤者自身的人格伤害总是重于那些被诽谤的人，对于这样的诽谤，鄙视要比提起诉讼来得精明得多。除非指控是在特定情形下进行的，并且极大地伤害了他人的名誉。在其他案例中，诽谤比鄙视他人更恶劣，对诽谤罪惩罚的严厉程度以及诉讼保证金的多少，很大程度上由政府的形式决定。在贵族制政体，或者在贵族有很大权力的国家中，诽谤罪被严厉惩罚，甚至比专制政府惩罚的都严重。诽谤即便不会影响君主，其带来的负面效果也远远超过了丑闻，它会极大地激怒底层贵族，因此，他们会起诉冒犯者要求判重罪。在欧洲，除了荷兰共和国和瑞士共和国，没有其他国家比英国对诽谤罪的惩罚要轻，诽谤案件和诋毁型的文书每天都被提交，这些案件会将作者投入法国的巴士底狱，或者被处以死刑；这种惩罚的严厉程度一点不比现在的欧洲的君主制国家低。在古罗马君主制政府中，诽谤的传播者会被处以死刑。《十二铜表法》中写道："谁创作恶意的诗歌诅咒他人，应该处以极刑。"① 据说只处决那些足以使他人被判处死刑的诽谤者，但这也是没有基础的。在民主制的罗马政府时期，这项极其不合理的惩罚被移除，这给予了公民极大的自由。但是当政府的君主制度再次被重建的时候，旧的惩罚又回归了。奥古斯都恢复了《十二铜表法》，在他执政期间，许多人被处决，更多的人在提贝里乌斯时期被处决。② 大约在瓦伦提尼安和狄奥多西时期，这项法令不仅包括诽谤的始作俑者，还包括发现诽谤文字却没有及时销毁它而是将它给他人传阅的人。③ 总的来说，这一方面的自由是对公民自

① "无论是谁作曲诅咒他人，都将判处死刑"（《十二铜表法》VIII. 1）。确切的文字只能靠揣测，例如来自 Horace，*Satires*，II. 1. 82：其中已经做了一个恶意的作曲，这是一个正确的决定。

② Tacitus，*Annals*，Ⅰ. 72.

③ *C.* 9. 36. 2=*C. Th.*，9. 34. 7.

126 由的一个巨大测试。在所有的专制政府，言论是被压制的，但是在人民享有自由的地方，大家并不关注诽谤。事实上，在大多数造谣中伤的案件中，谣言不是因为它们的传播频率而有害，这些谣言大多每天被发布，却无人问津。贵族是最好猜忌的，除了英国的君主，其他国家的君主都尽力去压制他们。

1763 年 2 月 3 日　星期四

不为人觉察，却实实在在侵犯到个人权利的伤害，就是对财产的伤害。这种伤害可以是对他不动产的伤害，也可以是对他动产的伤害。首先，就对个人的实产的伤害而言，可能有两种情况：第一种是对他不动产的伤害，第二种是对他动产的伤害。一个人可以通过烧掉或者毁掉他人的房屋来侵犯他人的不动产，这在英国法律中被称为纵火罪，或者强制性剥夺他人的房产。纵火罪，即蓄意在他人家中放火，在罗马、英国和苏格兰法律中将被判处极刑。如果纵火者在自己家纵火，蓄意使火势蔓延到他隔壁人家的房屋，也被认为应处以极刑。如果是出于伤害可能在房屋中的财产或者他人，可能会被处以稍轻缓的处罚。过失放火烧毁房屋是不被处罚的。剥夺占有他人的财产在任何案子中都会被处罚；剥夺者被要求迅速有效地恢复受害者的财产，受害者必须证明自己是房产的真实权利人；在这些案子中，民法调整的范围大大地扩展了，超出了理性和自然法则的界限。根据自然法则，任何被剥夺合法财产的人，都会认为自己拥有强制恢复财产的能力。但是文明政府不允许那么做，因为这违背了社会的安定与秩序。由于一个人暴力占有了他所拥有的财产（他很清楚他拥有权利），就如同别人抢了他的财产一样，应当为这一行为受到起诉，这个起诉是通过一个简易程序，迫使其放弃财产。并且这个过程仅仅要求证明当事人曾经被夺去财产，鉴于证明一个人拥有财产权利是乏味的并且通常是存在疑问的。当事人恢复了他的财产所有权时，其他人会接着出具证明，来证明自己的权利；但是在取得财产的过程中，暴力是被禁止的。然而，我们注意到，当一个人暴
127 力取得财产被允许以后，并且和平地占有它两年[①]，他将不能因暴力行为而

① 事实上是三年：31 Elizabeth Ⅰ，c. 11（1589）；Hawkins，Ⅰ. 64. 8，14。

被起诉，而是被允许继续占有该财产直到其他人弄清楚他的权益，正如我们所说的证明所有权是一个充满不确定性，并且冗长乏味的过程。我们同样可以发现，虽然暴力取得他人财产是违法的，但是用武力保护财产是无罪的，因为行为人是在实行自我防卫。

对个人动产的伤害可能有以下三种情况。第一，盗窃，即秘密地故意地转移他人财物，据为己用。第二，抢劫。第三，海上掠夺，这与其他的伤害行为不同之处在于，其他的行为发生在陆地上，而这种伤害行为发生在海上。

盗窃自然不值得很严厉的惩罚；这是一种可鄙的犯罪，会引起我们的鄙视，而不是憎恨。然而，盗窃自 12 世纪①以来，在欧洲大多数国家就被处以极刑。在英国，数额达 12 英镑以上的盗窃就被认为是重盗窃罪，没有神职人员的权益就会被判处死刑。盗窃价值低于 12 英镑的，会被处以驱逐、罚金或者是鞭笞的刑罚。直到乔治二世时期，英格兰和苏格兰的法律也规定，只有盗窃有主物②，才会被处以死刑。所以，在鸽笼以外一段距离偷走鸽子，或者偷走离群走失的鸭子或鹅，即使是盗窃者诱使它们离开笼子或者鸟巢，这样的盗窃行为还是不用罚的，同时行为人虽然无权射杀野生家禽，但射杀的行为不算是盗窃。同样地，直到乔治二世的法令颁布之前，在森林中射杀或者追捕鹿，即使是在公园或者围笼中，这也不是盗窃行为，除非这样的盗窃行为发生在夜间，而且行为人蒙面。③ 但是根据这部法令，对鹿没有所有权的人将鹿杀死，将被处以死刑。在苏格兰，所有形式的盗窃罪都被处以死刑，但是盗窃的数量要比在英格兰大得多。小额的盗窃会被驱逐。在苏格兰和英格兰的法律中，对于入室盗窃的情况，即使盗窃数量极小，也会被处以死刑。在此种情况下，出于保护人身安全要求，对盗窃要处以更严厉的处罚。所以，入户盗窃通常被处以死刑。通常，盗窃所 128
受的处罚，并不与其犯罪情况成比例。惩罚非常严重，以至于心怀怨恨的受害者都不要求这么严重的处罚。盗窃行为是卑鄙的，但并不会激起我们的憎恨。惩罚之所以如此严重，源自自由封建的政府以及频繁发生的混乱

① 原文留白。可能是指“12”；参考下文 129 页。

② Hawkins，Ⅰ.33.24－26（英国人）；M'Douali，Ⅱ. 3. 12（苏格兰人）。参考的成文法可能是对偷猎处以更高的处罚来更好地保护这项游戏。例如 10 George Ⅱ，c.32（1737）（英格兰）和 24 George Ⅱ，c.34（1751）（苏格兰）。

③ 9 George Ⅰ，c.22（1722），被 31 George Ⅱ，c.42（1758）沿用；Hawkins，Ⅰ.49。

状态。每个拥有自由权的领主因为本身是独立的诸侯，因此，可以任意发动战争或者维持和平。这些领主大多热衷于发动战争，或者至少对邻国充满敌意，这些领主的手下也都热衷于侵占并且竭力运走其他领主从邻国的土地上抢夺的财物。对于盗窃的罚款，起初是一些金钱上的惩罚或者赔偿。在罗马，盗窃被处以所盗物品价值两倍的罚款。如果一个贼被当场抓住，将被处以四倍的惩罚[①]，与之相区别，如果他没有被当场抓住，将被处以两倍的罚金；在苏格兰法律中，将此表述为在控制中或不在控制中；在拉丁法律中，区分为现行盗窃犯或非现行盗窃犯。对于这一点，应多加注意，因为并不显而易见，而且正如孟德斯鸠[②]所说，这种方法虽然灵活，但并不准确。他认为，这项法律是借用斯巴达人的法律，斯巴达人主要以军事技术来训练他们的年青一代，鼓励他们去盗窃，他们认为这样会增长在战争中运用计谋的智慧和技巧。所以，盗窃在他们中间是被提倡的，相反，在盗窃完成时，没有被发现是相当值得尊敬的，但是如果在盗窃时被发现，会被认为是丢脸的事，因为盗窃者没有聪明地完成这项任务。这项斯巴达人的习惯被罗马人借用，然而这项法律在斯巴达人的统治里很恰当，却与罗马人的情况格格不入。从任何角度而言，这项法律都不正确。首先，没有很好的理由认为斯巴达人鼓励盗窃行为，这是源于《莱克格斯的人生》文章中的臆想[③]，尤其是其中一篇文章提到，在人群中放有一张桌子，这张桌子控制在城市的老人而不是年轻人手中。由于上述原因，虽然他们被鼓励从桌子上为自己拿东西，然而，这与盗窃的正确定义有很大的出入，盗窃并不全是被鼓励的。其次，我们没有发现罗马人鼓励盗窃，盗贼被当场
129 抓获并被施以惩罚，但是惩罚并不是那么严重。惩罚通常根据受害者的憎恨所定；显然，盗贼被当场抓住时受害者对于盗贼的憎恨比他之后被发现时更为强烈，盗贼在之后被发现时，会证明自己清白，这给了受害者时间去平息怨恨。受害者在前种情况下要提出比在后种情况下更多的要求才会满足。我们可以发现，在其他犯罪上也有同样的可能性。对于当场被抓住双手沾有血液的谋杀犯，其处罚要比后来被证明有罪的罪犯的处罚严厉得多。但是为了避免这种混乱的情况出现，君主制定法律，规定凡是盗窃均

① 原文如此。可能是“four fold”。*Inst.* 4.1.3，5。

② XXXIX. 13.

③ 原文留白。Plutarch，*Life of Lycurgus*，17－18.

处以死刑。[①] 就是这部法律，使得极刑首次被运用到犯盗窃罪的行为人身上，这种情况首先出现在德国和意大利，然后扩散到整个欧洲。个人犯罪的熟练度以及持续危害性的增强，使得惩罚也增加。在这个国家，盗窃非常轻易简单安全，所以被严厉地处罚。有段时间，苏格兰法律对有地产的绅士犯盗窃罪实施的惩罚比其他的惩罚都严厉。在那时这样的惩罚似乎很奇怪，但是却是天然地取决于当时的习惯。每个宗族都与他的邻族为敌，每个族长都是他们宗族所犯的盗窃和抢劫罪的教唆方和接收方。族长是所有这些不法行为的主要受益方和源泉，所以必须对他们处以更为严厉的处罚。因此，不仅对他们处以极刑，而且这样的犯罪会被判处没收财产，剥夺继承权，甚至处以与轻叛国罪[②]相当的处罚。虽然极刑在那个时代有一定的合理性，但是在现在绝对不是一个恰当的惩罚，耻辱刑以及徒刑才是更适合的惩罚。

政府的进步和对犯罪的处罚几乎是与社会同步发展的，或者犯罪的处罚至少依靠政府的进步。在社会发展初期，政府势单力薄，没有犯罪行为被处罚，因为政府没有足够的能力去大量介入个人事务。政府唯一敢做的事是促进双方和解，以及为受害者向犯罪者要求赔偿。但是当政府日渐强 130
大，政府不仅要求赔偿，而且将其变为刑罚。在社会的这个时期的处罚通常是最为严苛的。对于取得足够能力去惩罚犯罪的社会而言，个人所受的损伤，并不是首要的考虑因素。个人所受的损伤，只有富于同情，身临其境，才能有所感悟。那些立即对社会有影响的事，是惩罚的首要目标。整个社会都将积极处罚这种行为，因为它影响了社会的整体公平。这些罪行包括叛国罪、谋反罪、战时弃逃罪以及所有这样的怯弱行为。塔西佗[③]告诉我们，在日尔曼只有因懦弱和叛国犯罪，才会受到处罚，并处以极刑。所以，当这些国家开始考虑对特定的人的伤害时，这样的伤害与其说是对个人的伤害，还不如说是对国家的伤害；所以，在这个社会阶段，罪犯立即赔偿后，对犯罪的惩罚就被搁置一边了，惩罚的程度经常完全不和它造成的伤害相称。当社会更加进步，安定和谐的秩序建立了，社会持续稳定，惩罚再次开始减轻，同时其严厉程度与犯罪的严重性逐渐一致。历史为我

---

① 原文空缺。Frederick Ⅰ：*Lib. Feudorum*，Ⅱ. 27. 8，以及戈托弗雷杜斯的注意事项。

② Sir G. Mackenzie，*Laws and Customes of Scotland in Matters Criminal*（1678），Ⅰ. 19. 12，citing Act，1857，c. 50（A. P. S. Ⅲ. 451，c. 34）.

③ 《日耳曼尼亚志》，第 12 章。

们提供了许多例子。《十二铜表法》是在赔偿制度日趋微弱的时期设立的，所以许多轻罪都被处以死刑。正如我们所见[①]，诽谤罪就被处以死刑。但是，之后执政官将这些处罚调整为较轻的处罚，使之与自然公正更为符合。同样地，在赔偿的方法被搁置之后，雅典人的第一部法律是德拉科法，这是一部最超乎想象的血腥的法律。死刑既是最轻的犯罪处罚，也是最重的犯罪处罚，以至于[②]说惩罚盗窃洋白菜的行为和惩罚渎圣罪或者谋杀的行为是一样的。之后这种处罚被既公正又温和的梭伦法所继承。同样地，在英国，几乎此时所有的犯罪都被认为是叛国罪；起先是杀人行为，后来是夫妻杀死对方的行为，接着是在一些案子中的抢劫、盗窃，如前所述，甚至是未支付欠债，也被认为是叛国行为，并据此处罚。我们已经发现，盗窃
131 罪已不再实行这样的处罚。在苏格兰，对债务问题也不再实行这样的处罚，在英国法律的实践中也被搁置。在安娜女王时期的英国，叛国罪曾被解除过。[③] 赔偿行为被搁置后的处罚，通常是最严厉的，随着社会的进步，惩罚逐渐减轻。

第二种能损害他人动产的行为是抢劫。虽然盗窃不能强烈地激起我们的憎恨，但是抢劫这一行为，强行从我们手里夺走财产，将会激起我们强烈的仇恨。因此，在所有国家，当赔偿做出以后（这是所有犯罪行为经判决后要做的第一件事），抢劫大多被处以死刑。抢劫不仅仅使得他人害怕并且强行夺取他人财产，还包括所有利用他人的恐惧获得财物的行为。比如，抢劫者迫使他人为一堆毫无价值的东西支付给他一大笔钱，这是他们经常使用的规避法律的权宜之计；或者让他人以极其不利的条件出售自己的货物，所有的这些勒索行为都被认为是抢劫，并被处以死刑。但是，如果一个人能够强迫他人以一种超乎他合理预期的高价出售商品，不被认为是抢劫，因为当事人并没有被剥夺任何财产，行为人的行为会被认为是一时兴起的任性的想法。[④]

海盗行为是另一种同样会受到严厉惩罚的抢劫行为，这不仅是因为所有的抢劫行为都激起了我们的仇恨，而且是因为实施海盗行为的机会大，而且导致的损失大。一旦一个人的财产暴露，给予抢劫者严厉的惩罚是完

---

① 143 above.

② 原文空缺。普鲁塔克，《传记集》第 17 章《梭伦传》。

③ 7 Anne，c. 21 (1708)。

④ Hawkins，Ⅰ. 34. 7.

全必要的；正如我们说的，这个惩罚一般是死刑。[①]

现在我们总结一下这些可能损害个人所有权的侵害行为。第一是欺诈，也就是一个人通过欺诈手段使他人放弃对自己财产的所有权；第二是伪证；第三是伪造文书。

较轻的欺诈行为通常要求欺骗者做出补偿，除此之外还处以一些罚金。但是有两种欺诈行为要受到更为严厉的惩罚：第一种是有关破产的欺诈。依照英格兰破产法，如果债务人将其所有的财产都转移给了债权人，他将免于遭受进一步的财产扣押；除了债务人和他的妻子穿的服饰外，如果债务人贪污了 20 英镑以上，他会被判处死刑。[②] 这项法律制定于乔治二世时期，之后许多人被处死；这很公平。尽管受害者并不要求如此严厉的惩罚 132
来平息他的愤恨，但在一些情况下，这仍是必要的。对于破产者而言，唯一的好处是除此之外再无其他加重处罚。但是除此之外，没有更容易实施却又不会被发现的欺诈行为了；一个人可能要用一千种方法来隐藏他的个人财产；通过这种方式债权人的损失可能很大，因为采用这种方式效果最好。债务人常面对这样的诱惑，也就是通过欺诈挽救自己的部分财产，这正是惩罚如此严厉的原因。当诱惑和机会增多时，惩罚也必须增加。{出于这个原因，罗马法中的盗窃在大多数案件中被判处双倍赔偿，一半是为了被偷了的东西，另一半是因为同态复仇需要，但是盗窃耕作器具，例如犁或耙，将被判处死刑；它们被看作是在向克瑞斯献祭。[③]} 在这里，第二种需要注意的欺诈行为是有关保险的欺诈。保险费[④]是轮船主在考虑轮船和货物的价值后，给自己购买一定金额的保险。然而国会法案[⑤]规定投保超过实际价值的被保险人实施欺诈要被判处死刑。因为，通过这种方式，已经投了超过货、船价值保险的船主在能轻易拯救轮船和船员时，也可能利用轮船的毁坏使自己富有而让保险人承担较大的损失。由于很难察觉出这些交易，这样做可能利润颇丰，实施欺诈的诱惑是巨大的，因此惩罚必须严厉。

伪造文书罪是我们接下来要考虑的事情。当书面债务开始有法律约束力时，就有必要禁止这种形式的欺诈行为了，否则一个人通过伪造债务书

---

① Hawkins，Ⅰ.37.

② 5 George Ⅱ，c. 30 (1732)；Hawkins，Ⅰ.57。

③ 《十二铜表法》，第 8 篇第 9 章，判处夜间收割他人农作物或在他人农作物地里放牧的人死刑和向克瑞斯献祭。

④ 原文如此。可能是“保险人”。

⑤ 4 George Ⅰ，c. 12 (1717)；Hawkins，Ⅰ.48。

可以任意进行敲诈。因此，英格兰和苏格兰法律都对伪造文书罪判处死刑。不同的是，苏格兰法律不考虑债务的属性，对任何形式的伪造证书行为都判处死刑；英格兰法律只对绘制立即支付证书，例如票据、印度债券、银行债券、钞票和其他特定时间的支付证书的伪造行为判处死刑。① 但是所谓的债券、土地所有权的转让书准确来讲并不是立即支付的，伪造此类证书
133 并不被判处死刑，但会被判处枷刑、罚金和监禁。与保险和破产欺诈原因相同。由于是立即支付的，很难被察觉。然而伪造债券和土地转让书没有如此大的危害，因为这些东西是不易损毁的，而且有更长的时间来查看所有权。

伪证罪是危害性不小的罪行。② 因为伪证罪，一个人可能被剥夺个人财产，或者生命。目击证人的虚假宣誓可能会导致这一切；但是伪证罪并不被判处死刑，而是被处以令人觉得非常可耻的惩罚，如被割去耳朵，鼻子戴着枷锁游行示众，罚款或者监禁。确实有一些案件中伪证罪可能被处以死刑，但是犯罪者不是以作伪证者的身份被处死，而是以谋杀者的身份被处死，因为他的虚假宣誓已经使一个人无辜地蒙受痛苦，这种情形扩展到虚假宣誓的教唆者和其他的伪证罪案件。一些作者声称确实有一些人以伪证罪被处以绞刑的案例，这些案例可能就是以上提到的类型。乔治·麦肯齐先生和福布斯先生③也宣称：根据伪证条例，犯有通奸罪的妇女被处以绞刑；但是如果有这样的例子，那么这项法律的扩张是非常错误的；因为我们注意到只有积极的伪证罪才是应当被惩罚的。尽管宣誓可能非常真诚，并且庄严神圣，但是在证明一个人犯有极其可憎的罪行时，证人更愿意作伪证。违背宣誓常被归因于懦弱和意志薄弱，而非恶意，这就是所谓通奸的案例。

手稿中有三行空白

在我们离开人身权这个主题前，我们讲一讲权利是如何消失的。所有的物权都可以通过三种方式消灭。第一种是通过放弃④；第二种是通过时

① 5 Elizabeth Ⅰ, c. 14 (1563)；Hawkins，Ⅰ. 70。

② Hawkins，Ⅰ. 69.

③ Mackenzie，*Laws and Customes of Scotland in Matters Criminal*，XVⅢ. 1，2；W. Forbes，*Institutes of the Law of Scotland*，Ⅱ (1730)，Ⅳ. 5. 依据 Act，1551，c. 19 (A. P. S. Ⅱ. 486，c. 11)，重婚罪以伪证罪判罚。

④ 原文空缺。可能是“renunciation”或者“abandonment”。

效；第三种是通过自愿移转。同样，人身权归于消灭也是三种方式。[1]

第一种方式是基于我们所拥有的权利，履行我们所提出的要求。因此，
一个欠我钱的人通过偿还债务免除了他的责任。之后我再向他索赔则是无 134
理取闹。同样，不管是自然法、衡平法的要求，还是一国民法的要求，犯罪者通过接受对其所犯罪行的惩罚，从而免除了其对受害者承担的责任。如果惩罚是死刑，罪犯的死消除了受害人对其享有的权利；同样，如果惩罚是赔偿罚金，较轻的肉体惩罚，或者其他任何惩罚，一旦罪犯赔偿罚金或者接受肉体刑罚后，不管是公众的还是个体的权利就自然归于消亡。因为很明显，一旦我们有权要求的事情或服务被支付或者履行，对他人的权利必须终止。

第二种消灭人身权的方式是通过免除或解除和赦免。如果一个人欠我债务，尽管我没有收到偿还款，我却通过合同答应不再要求偿还债务，从而免除了他的责任。此后，就像我有理由请求他履行债务一样，他也有合理依据来免除债务。我的确可以声称他受合同约束必须偿还金钱，我对他的不履行行为感到失望。但是他也可以辩称合同免除了他的债务，因此他不必履行；在这种情况下，他的要求比我的要求更合理，而我的失望也因自己的承诺而变得渺小；但是，由于我已经接受了免除其债务偿还的义务，债务人的失望可能相当大。因此，在苏格兰免除债务的债权人和在英格兰解除债务的债权人都要承担使债务人摆脱债务的责任。因为债务免除或债务解除的进行，债务人有合理的债务免除预期而不是债务履行预期。同样，依据衡平法或者民法，一个人应当受到惩罚，如有权实行惩罚的一方自愿同意免除他的惩罚，那么他将不被惩罚。这就是赦免权的基础。对犯罪分子惩罚的赦免和对债务人债务的解除是一样的。如同只有债权人才能免除债务一样，也只有有权实施惩罚的人才能给予赦免。如果惩罚源于个体，那么个体就能够给予赦免；或者如果惩罚是代表个体的社会或国王做出的，
那么国王同样可予以宽恕和赦免。因此在英格兰，死者的亲属可以起诉谋 135
杀者，国王也可以控告谋杀者。上述各方都能使罪犯免于他们应该受到的死刑，因为此项权利属于他们，但是不能宣判罪犯无罪释放，因为这项权利属于其他人。自诉人不能阻止国王的控告，也不能给予其解除判决的权利；国王也不能赦免罪犯免除死者亲属指控的死刑，因为这是属于死者亲属的权利。国王可以给予宽恕和免除他作为社会代表能做出的惩罚。

---

① Hutcheson，*M. P.*，Ⅱ. 17. 1.

第三种能够导致人身权归于消灭的是时效，但这种时效比物权消灭的时效要长。两者的理由是相同的；长时间没有行使自己权利的人被认为没有考虑到权利，或者至少不依赖于此项权利；另一方面，一个好些年没有被追过债的人可能被认为已经忘记了债务，或者至少有这样一种预期。依据英国法律，所有的账单和债券都规定了一个六年内的固定偿还日期①，在期限内有一些特定的优惠权，例如汇票在三年后会丧失这些优惠。苏格兰法律并没有规定账单和债务的具体偿还日是在六年内②，但是在那个日期前也会丧失优惠。债券从这个词的本意来看并不承担付款日，理应规定一个更长的日期，因为债权人遗弃或者忽略债券以及债务人对此的希望导致债务被宽免是不能在债权人期待的偿还日之前发生的。但是，如果债权人仍然长时间怠于去索要本金或者利息，那么债券将会因超过时效而消灭权利。如果利息已经被预先确定，由于利息并不是债务人应得的，我们一定认为这样的债务会在短时间内得到偿付，因为没有人愿意让自己的钱以这种方式白白流走。然而和不动产一样，苏格兰法律将时间规定为四十年。③ 如果存在可支付的利息，利息也应该按时索取，很明显鉴于债权人仍然对债务人有债权，债务人不能产生任何免除债务偿还的预期。在这个案例中，债
136 权将不会因超过时效而权利消灭；一个人可能有一个一百年或者两百年债券利息，这对债券的时效没有危害，因为他被剥夺利息是不公平的，利息已经被他视为自己所有财产的一部分而且他每年依靠利息作为生活来源。但是另一方面，如果他在二十、三十或者四十年里既不要求资本也不要求利息，那么可能他已经忘记了债券，尽管没有人乐意放弃如此大部分的生活来源。由于利息债券二十年会翻倍，四十年将会是原始资本的三倍，没有人会故意损失这么多钱；同时，要求长时间和平占有金钱的人立即偿还他已经得到的三倍数额的金钱是困难的。然而，依据严格法律规定，如果一个人在第三十九年要求一年的利息而且得到了偿还，资本和利息都不会因超过时效而消灭权利。如果他在第四十年要求利息而且得到了偿付等等，这仍会保留本金，但是如果没有得到支付，那么每一年的年利息会因时效而消灭；因此在第四十一年支付第一年的利息，在第四十二年支付第二年

① 21 James Ⅰ, c. 16 (1623) 限定票据行为为 6 年，但是不适用于加盖印章封印的债券。

② 苏格兰持续 6 年的票据时效源自 12 George Ⅱ, c. 72, section 37 (1772)。

③ 1469 年法案第 29 号法令（A. P. S. 第 4 号法令第 2 篇第 95 章）；1474 年法案第 55 号法令（A. P. S. 第 9 号法令第 2 篇第 107 章）。

的利息，以此类推。这就是严格法律规定的因时效而消灭权利的制度。但是适用衡平法和严格法律的最高民事法院可能大大阻止时效的加快。债务也是同样的，因此对实施犯罪的惩罚，不管惩罚权是因为公众还是由于个体，理应规定一个大大少于人的生命的时效。如果一个人长时间被忽略或者避开这个时效，那么对他的惩罚将是不合理的。不管是基于我已经解释过的原理，还是基于格劳秀斯和其他大多数作者关于这个话题的观点①，我们发现了惩罚犯罪的合理性，也发现了对犯罪惩罚规定时效是合理的。合理性是基于对侵害者的改造和对他责任意识的引导。第二，通过对侵害者的惩罚树立一个典型案例，威慑他人。第三，通过清除没有价值和危险的社会成员来维护社会的安全。

对于受害者和他们亲属的愤恨，显然需要时间来消磨；一个对我犯有重大伤害罪的人在差不多二十年后，甚至更短的时间，他的行为就不会再引起我的愤恨。因此，依据这条原则，对犯罪的惩罚不应该超过一段较长的时间也就很平常了。如果基于上面提到的原则，我们又发现情形是相同的。——关于第一条，罪犯的改造，这不能让应得的惩罚持续很长时间，
因为如果一个人在十年、二十年或者三十年前犯有非常残忍的罪行，如果 137
他自此平和地生活着并没有再犯罪，以公平的名义说他需要再被改造看上去将是非常荒谬的；他可能在那时已经成为了一个完全不同的人。——同样，以保护社区安全为目的，将危险的、有害的成员清除出社会也不能延续到许多年。因为一个在二十年前犯有重罪的人在当时是非常危险的社会成员，但现在可能已经变成了一个不同的人；如果从那以后他就过着平静而无罪的生活，我们决不能认可将他作为一个危险的人清除出社会。那些作者给定的惩罚的其他理由和基础可能第一眼看起来是为惩罚持续时间要比前两者更长辩护的。因为，当罪犯知道一段长时间持续的善行并不能使他们免除先前所犯罪行的惩罚，他们似乎更倾向于阻止其他人犯凶残的罪行。但是长时间后，这种导向也会失去其原来的效果；因为通过这种方式，如果一个人因为他很久之前所犯罪行应当被惩罚，而罪犯之前所犯罪行与他之后的行为非常不同，没有人会被惩罚大大感动，因为惩罚看起来是反复无常的而不是减少犯罪所必需的。因此，在所有的案例中对犯罪的惩罚应该规定一个重要的时效时间；尽管在大多数案件中其他人毫无疑问对时

① Cf. 89 - 93 above，格劳秀斯和普芬道夫的第三条准则在这里被陈述，而不是在第 93 节被暗示。

效的长短也有影响，但时效应由被受害者的愤恨控制。在英格兰，上诉权的时效为一年①，他们完全建立于自诉人的愤恨上，即使政府不是很赞同。叛国行为和其他类似的行为必须在行为实施后的三年内起诉，否则起诉将无效，除非叛国不是单个的行为而是一个持续的叛国行为，则时效会更长。② 通常立法机关允许任何犯罪在经过一段特定的时间后都不再追究其责任，依据犯罪的特定属性，这个期限或长或短，除非是一些非常恐怖的犯罪，无论经过多长时间，都要对其惩罚。然而我们注意到这仅适用于罪犯没有被带到法庭审判也没有被判处任何刑罚的情形。如果判决结果宣布，随后他逃跑了，他将被处决，或者依严格法律他可能在接下来的四十年里
138 都要受到原判刑罚处罚。他的逃跑行径和规避对他的公正惩罚被认为是另一种犯罪，这将被增加到先前的时效长度里去。尽管法律这样规定，却很少实行。一个很痛苦的人③，领主拉特克里夫，被执行很久之前通过的对他的判决。他参与1715年的谋反，已被审判和判决有罪，但是随后逃往法国。1740年至1745年，他一直宁静地居住在伦敦，请求赦免。当时他参加了谋反，被逮捕执行先前的判决。尽管快四十年了，但是他安静地过日子，很少被打扰。卡梅伦博士④也在他的判决经过了五十年或五十一年后的1745年被处死。政府这时不会免除惩罚，因为害怕其他谋反行为，认为采取这种预防措施是必要的。但是如果罪犯逃避了更长的时间，那么他可能是安全的。

从犯罪原因角度，我们进一步观察到在犯罪惩罚中有一些现象很倾向于建立时效制度，我已经主张过的惩罚原则能够很容易地解释这一点。当犯罪预备进行到最后一点时，尽管它没有生效，依据格劳秀斯等人主张的惩罚原则，在每个方面它就像犯罪真的被实施一样是可罚的；因为罪犯的过错在这两种情况下并没有任何区别；它是由犯罪意图而不是犯罪结果控制的。社会安全也要求在此种情形和其他情形下清除有危险的人；因为开枪射击、持剑追逐他人的行为已经提供了就像他已经真的杀了他人一样的证据。很明显，有同样的理由把它作为一个案例来阻止他人犯罪。然而据我所知，没有一个国家对犯罪预备的惩罚是和犯罪既遂的惩罚是一样严厉

① 死刑的上诉：Hawkins，Ⅱ.23.48。

② 7 and 8 William Ⅲ，c.3（1695）。

③ 原文空缺。查尔斯·拉特克里夫，德汶沃特伯爵的哥哥：Foster's Reports 40；Howell's *State Trials*，XVⅢ. 430。

④ 依据1746年通过的剥夺他公权法案，1753年阿奇博尔德·卡梅伦博士被处死于伦敦：Foster's Reports 109；Howell's *State Trials*，XIX。

的。受害者一方的愤恨没有如此之大；我试图基于此点，创建对犯罪的惩罚。被故意谋杀的一个人逃脱了，他朋友们的愤恨尚未达到像他真的被杀了那样大。在这个案例中，他们朋友的痛苦放大了他们的愤恨，使他们要求最严厉的惩罚。在另一个案例中，朋友逃脱的喜悦平息了他们的愤怒。
同样，如果一个人做的事情本身就很危险，他碰巧杀了或者伤害了其他人， 139
他将承受比没有产生坏的结果更为严厉的惩罚。因此，如果一个人向街边扔石头砸死了行人，他将被作为谋杀犯惩罚，尽管在大多数国家，如果没有产生坏的结果，这种行为将被忽视，但是这种行为本身就是不合理和危险的，严厉的警察会惩罚这种行为。[①] 但是这种情形依据我们上面提到的原则，他应该被处以同产生坏的结果的情形一样的惩罚。行为人所犯罪行是一样的，需要接受的改造也是一样的，因为两个案例的危险性是一样的，结果只是次要的。社会安全的保障要求对第一种情形的惩罚要严厉于其他情形，现实中也是更为严厉，因为，与已经造成危害相比，在没有造成危害的情况下，犯罪者本人以及其他人将来犯同样罪的可能较小。同样，一个人在街头或者市场骑着一匹难以驾驭的马，只是打算吓唬人们来消遣，但是碰巧杀死了一个人。在这两个案件中，我们感受到当没有坏的结果产生时，对罪犯的愤恨会远远小于一个重大不幸结果发生的情形。同理，当无理性动物或者无生命物导致任意一个人的死亡时，我们易于给它们施加一些惩罚。这种行为的发生确实是因为盲目和愚蠢的愤恨，但是立法者没有忽视。

也有一些人从不被认为应当承担这些行为的惩罚。例如小孩、白痴和疯子。如果一个孩子说枪击或者刺伤了一个人，他确实这么做了，尽管这种行为引起愤怒，但是他并不被认为应当承担惩罚。然而依据那些原则，他们和其他人一样应该受到惩罚。因为他们有更少的理由约束自己，对社会的危害性不少于其他人，案例中他们的作案机会可能不少于甚至多于其他人。但是，身体和心理年龄的不足和缺陷使他们不应成为愤恨的对象；同样，实施了最恐怖犯罪的疯子看起来不是愤恨和惩罚的对象。道德的缺
失是其行为的内在因素，也是不同于他人的基础。他们看起来和我们对普 140
通人的概念是如此的不同，以至于他们实施的行为一点也不会让我们震惊。一个疯子会敲击一个人的头看他会朝哪边歪，会出于最荒谬和无聊的动机

① Cf. TMS Ⅱ. iii. 2. 8：“因此，如果一个人向墙外的公共街道扔了一块大石头而没有给予可能经过的路人以警示，没有考虑石头可能降落的地方，他毫无疑问将得到某种惩罚。即使没有造成伤害，一个非常严厉的警察将会惩罚这个如此荒谬的行为。”

实施其他类似行为。我们用痛恨与厌恶的眼光看待那些犯有重罪的人是人类的正常行为。当犯罪不是由于上面我们提到的那些无聊的动机而实施的，而是由一个理性的人通过深思熟虑而实施的，尽管他们不会影响一个好人去犯如此恐怖的罪行，但是此时这个人与那种让我们为他的行为感到震惊的其他人是相似的。因此，一个谋财害命者成为我们痛恨和愤怒的对象，尽管它不会影响一个好人实施这种犯罪，但是出于一种强烈的动机，是一个理性自然人经过深思熟虑而做出的。这种人和其他人之间的相似之处在于产生了一种对理性动机实施的犯罪行为的痛恨和愤怒。

手稿第 2 卷结束

1763 年 2 月 7 日　星期一

141 我提出在三个层次上建立起来的个人权利：第一，作为个人的权利；第二，作为家庭成员的权利；第三，作为社会成员的权利。现在，我已经阐述了我认为与第一种权利相关的所有内容，在这类权利下有三个小的方面，分别是关于一个人的身体、名誉和财产，以及他在这些方面可能遭受的侵害。

现在，我来思考一下当一个人作为一个家庭的成员时他所享有的权利以及相应遭受的侵害。

家庭成员

家庭成员之间可能存在三种不同的关系：夫妻关系，父子关系，或者主仆关系。[①] 相应地，一个人当被认为是一个家庭成员时，他可能受到不同方式的伤害。一个人既可能作为丈夫或妻子受到伤害，可能作为父亲或子女受到伤害，也可能作为主人或仆人受到伤害。为了能够更有规律地进行探讨，我将从夫妻关系开始，因为它是其他关系的基础。在考虑夫妻关系时，有三件事情需要重点注意：第一，夫妻的结合行为的开始和起源；第二，双方因结合而产生的的权利和义务，以及相应的伤害；第三，夫妻关

① Hutcheson，*M. P.*，Ⅲ. 1－3；*System*，Ⅱ. 149 ff.

系的解除。它们是有顺序的。我们可能注意到所有种群动物彼此的性意向与青年的迫切需求和维持种群的困难度精确地成比例。一旦雌性动物怀孕了，所有的四足兽的性意向就会停止。因为雌性动物自己充分地担当为幼兽提供生计的职能。在幼兽出生后，有时在幼兽出生之前，母兽的大部分食物都会转化成奶，这是幼兽最适合的食物。在此情况下，一般正常的母兽自己觅食，足够维持幼兽的生计。鸟类，它们不产奶，主要的工作是提供必要的安全住所，次要工作是小鸟的生计，这都需要雌鸟和雄鸟的共同支持。雌鸟是没有能力和资格来独立承受这种工作的。因此，它们的结合可能继续，性意向仍然继续下去的规定是明智的。[①] 这一点是它们结合的纽 142
带。对于四足兽，一旦母兽怀孕，雄性就停止了对雌性的欲望；但是相反，只要幼兽需要它们的抚养，这种结合关系就会持续。对于人类，对儿女的抚养也是一样的。女性确实可以哺乳，这或许可以使女性能够在婴儿期内抚养孩子；但是常在第一个孩子断奶后，她有了第二个孩子。所以，在第一个孩子能够独立生活前，有了第二个、第三个或者第四个孩子出生。这需要的一定劳力是女性不能胜任的。即使女性能胜任这种劳动，需要抚养的子女也会因此处于无助的状态。父母需要长时间地结合在一起。因此，两性的喜爱是持续的，并没有在特定场合停止；作为子女，至少他们其中的一些在他们人生的很长一段时间内需要父母的照顾，他们之间的感情和爱是他们结合的基础，一般会持续他们的大半生。（正如斯密先生在其他地方观察到的[②]，这种结合在他们人生后半部分是靠习惯性的感情和尊重来维系的。）子女依靠他们的父母，不能独立维持生计的时间要比其他种群动物要长，同样也产生了最有益的效果。在这段时间内，许多情况下依赖于父母的子女有义务牺牲自己的意愿而为父母的意愿让路，这减少了他的热情，约束他对和他们在一起的欲望程度[③]，通过这种方式获得自己在幼儿时期学习教育中一个主要和最必要的部分，没有这种最初的灌输，其他的逐渐灌

① 洛克，《政府论》，第 79 节。

② 可能参考 TMS Ⅰ. ii. 4. 2：“我们乐意通过支配彼此爱情和尊重的全部来看待一个家庭，家庭中父母和子女是彼此的伴侣关系，和由对一方敬重的感情，以及对另一方的某种沉迷产生的伴侣关系相比没有任何的不同。”但是斯密既没在这里也没在 TMS 中的其他地方直接地说性吸引被习惯性的感情和尊重而延续。在 TMS Ⅵ. ii. 1. 7，谈到家庭感情时，斯密说：“叫情感的东西在现实中是不存在的，它只是习惯性的同情。”然而，这写在 1790 年发行的第 6 版。

③ Cf. TMS Ⅰ. i. 4. 7 ：“人们主要考虑……仅仅是希望通过将自己的情绪调低到旁观者能够与他保持一致的点上，来博得同情。”

输都将是徒劳的。这是一个人需要学习的最必要课程。除非一个人能够减
143 少他的激情，抑制他的意愿，从而与其他人的意愿相融合，这样人们才愿意与他为伴，否则他在社会中不可能获得平静和享受。所有孩子们都上过这一课，即使他们有极其放荡不羁和道德败坏的父母。[①]

手稿中有一页空白

1763年2月8日　星期二

昨天的课程中，我解释了永恒婚姻的起源，也谈到了提出离婚的权力，这一权力通常由婚姻中的丈夫所有。[②] 古罗马共和国的早期，罗马人中妻子完全由丈夫掌控；婚姻通过共食婚的宗教仪式使婚礼生效，或者通过买卖，丈夫可以像买奴隶一样买妻子，或者通过持续控制某一女性超过一年，根据时效而宣称其成为自己的不动产；这一时期，罗马人对动产与不动产均规定了时效制度。[③] 通过上述途径，妻子的地位同于女儿或奴隶，二者具有等同的地位。一家之主具有处罚其子女或奴隶的权力，甚至以一种极端的方式，或施以重罚，或将其烧死[④]，对其妻子也具有同样的权力。女儿或孩子无权离开父亲的家或获得自由，奴隶也无权逃跑或擅自离开主人的房子，因此妻子也同样无权离开或脱离其丈夫。此外，正如我之前说过的[⑤]，所有国家的政府开始时都是懦弱的，很少插手不同家庭之间产生的分歧，也同样不倾向于插手同一家庭不同成员之间产生的分歧；另一方面，某些政府可能会增强一个家庭中父亲的权威性，赋予其按其认为恰当的方式处置整个家庭的特权，甚至是生杀大权。由此，一个家庭中的父亲握有整个家庭
144 至高无上的权力，包括对妻子、儿女和奴隶。所以，丈夫具有提出离婚的权力，而妻子没有。

---

① “父母”一词在第5行开头，其后没有句号，之后该行均为空白。显然文档中此处为空格。

② 推断该句属于第6行之前缺失的段落。

③ Cf. i. 80－81 above.

④ 原文如此，推测其可能是“赶出家门”。

⑤ ii. 95，152 above.

不过这种情况随着时代的变迁而不断改变，其原因我曾在前文中提到
过。在罗马时代的早期，当国家的财富寥寥无几时，女性能带给丈夫或者
自己所拥有的财产不多，以至于她屈服于与其丈夫订立条约；她很乐于把
自己交由丈夫统领。然而，当某个国家变得极其富有时，就可能出现非常
富有的女性继承人，拥有巨大的财富，当今这种情况在每个国家都有；罗
马是个更加富有的国家，因此罗马的女性继承人会拥有更大一笔财富。起
初，似乎是为了这部分女性的利益，新的婚姻制度被引入。亲属们很难将
如此巨大的一笔财富从自己的家族中转移到丈夫的家里，而丈夫获得的权
力凌驾于妻子之上。{然而女性继承人和其他女性一样都希望找一位丈夫。}
因此，形成了一种新的婚姻，摒弃了所有旧的形式，无论是宗教的还是法
律的形式。嫁妆的未盖印文书，即婚书就是所谓订立的结婚契约，其中规
定丈夫有权管理妻子钱财，至少可以管理妻子钱财所产生的利息，因为钱
有时寄存在其他人的手里。{在这之后，丈夫来到妻子的居所，庄严地将妻
子娶回家，这叫作入门礼。}然而妻子对丈夫没有控制权，婚姻也不是牢不
可破的结合。至少按照规定，妻子及其财产完全属于其丈夫（如同奴隶一
样），结婚契约的全部作用以这一方式实现，妻子被建议每年有三或四天与
丈夫分开过夜。这种婚姻形式虽然没有旧式婚姻庄严肃穆，但律师认为这
种形式既保全了女性尊严，也使其子女享有合法地位。这一时代之后，丈
夫和妻子逐渐走向权力均等；婚姻是双方意愿一致的结果，因此解除婚姻
不像之前订立婚姻契约那么困难。双方一致同意甚或其中一方同意即满足
离婚的条件。如果丈夫离开妻子，并与其他女性同居，则妻子享有同婚前
一样的自由。这种满足最小的条件即可离婚的巨大自由一直从罗马共和时
代后期延续到查士丁尼时代之前的一段时间，其间瓦伦提尼安皇帝和狄奥
多西皇帝的法令只有以特定条件为由才允许离婚。[1] 不过，查士丁尼恢复了 145
在此之前的那种毫无约束的婚姻自由。[2] 由于这种自由是新式婚姻的产物，
古老形式的婚姻几乎被彻底摒弃；新式婚姻更加便捷而且更适用于那个放
纵的时代。{这种情况类似于本国一个男人与其情妇，如果同居以及发生的
关系在存续期间完全出于自愿，那么妇女的声誉不受影响，其子女也具有
合法地位。}这一条被单独使用，所以塔西佗[3]告诉我们，如果担任祭司职

① C. 5. 17. 8.

② 事实上他处罚了那些无故离婚的人，尽管离婚本身是有效的；cf. Montesquieu，XXVI. 9。

③ 《编年史》，第 4 篇第 16 章。

位必备的条件是此人的父母必须是以古式婚姻结合，那么全城将无一人能满足这一条件。这种离婚许可的方式造成了最坏的后果，那就是女性道德的败坏。妻子通常会换四或五任丈夫，这就使她们在洁身自好和品行端正方面的观念非常薄弱。而且这种情况多发生在社会地位最高、社会等级最显赫的女性身上。这种堕落没有遭到非议。西塞罗的女儿图利娅，在父亲口中行为最优雅、品德最高尚并且洁身自好，总之具有女性一切优良品质，嫁给了多个丈夫，第一任丈夫皮索，第二任克拉西佩斯，第三任多拉贝拉，最后再次嫁给皮索[1]；罗马史上还有很多这样的例子。因此，具有贞操的女性很难遇到。关于那个时代罗马人私生活的奇闻轶事和编年史都以一种非常不完美的方式流传下来，因此，罗马共和时代自始至终都没有一个伟大的男人是从未戴过绿帽子的。西塞罗、恺撒、庞培、马克·安东尼、多拉贝拉等等，都有这方面的恶名。麦洛，一位非常严格的男人，娶了西拉的女儿，新婚第二天就发现她与历史学家塞勒斯特通奸。[2] 这种离婚许可制在君主制时代一直延续，直到西奥多立宪。前面曾提到的瓦伦提尼安皇帝的法令，是由查士丁尼废除的。查士丁尼时代之后，离婚许可制可能仍在东罗马帝国延续。查士丁尼，他征服了西罗马帝国并统治了一个时代，他也是东罗马帝国的皇帝，此后离婚许可制充分发挥作用，直至罗马帝国灭亡。
146 在西罗马帝国，该制度很快就被废除。来自斯堪的纳维亚以及欧洲西部以北国家的野蛮民族，妻子完全服从丈夫的统治。那些民族仅存的一些法律流传到我们手中，从中可以看出上述情况。丈夫对于妻子有着绝对的统治权，允许像罗马人先前那样的方式和妻子离婚，但是妻子无权提出离婚。这种情况在基督教传入之后更加严重。基督教在这些民族当中迅速传播开来。他们对神父不仅仅是尊敬，还带有迷信色彩的崇拜。——大多数国家的法律由男性制定，对女性是苛刻的，而女性对这种压迫无能为力。不过由牧师引入的法律使得人们的处境趋于平等，这些法律很快就被那些野蛮无知且迷信的人所接受。采取的第一项措施是控制批准离婚，我们之前看到许可离婚的数量很大。起初，这项措施仅限于某些特定情况；这些特定情况是夫妻任意一方对婚姻不忠或丈夫实施家庭暴力，这是最常见的情况(因为有虐待和死亡的恐惧)。离婚的后果是双方如同从未结过婚一样，离婚之后享有嫁人或娶妻的自由。但是在某些父权时代是绝不允许离婚的。

---

① 图利娅于公元前46年与多拉贝拉离婚，没有再婚，次年去世。

② Aulus Gellius，XⅦ.18；Scholiast to Horace，*Satires*，Ⅰ.2.41－48.

对于已婚的人，唯一允许在离婚之后再婚的情况是，其婚姻从一开始就是无效的。第一种情况，该婚姻属于被禁止的近亲结婚，这远远超出牧师先前的约束，有些人可能无视这些约束从而在受禁范围内结婚，这种婚姻要么是完全无效的，要么从教皇或其他牧师那里得到特许从而被迁就。第二种情况，丈夫性冷淡且不育，而非妻子不孕；这种婚姻从一开始也是无效的。{还有随后提到的另一种情况，丈夫先前与另一个女性订立契约，无论是当前还是未来。}出于以下两方面的考虑准许夫妻分开，一种是任意一方对婚姻不忠，另一种是有暴力和死亡的威胁，这两种情况中显然很难强迫他们生活在一起。但出于上述原因，离婚的人不允许再婚，否则任何与之结婚的人，以及他们本人都将被视为犯有通奸罪。教会法的引入还带来了另一个巨大变化。这一时代之前，妻子不忠被认为是严重背叛了婚姻的责 147
任，应该任由丈夫惩罚，甚至处死，并且冠以通奸的罪名。而另一方面，丈夫不忠却不被视为通奸；而是被称为犯错，丈夫具有绝对的自由，不用承担任何责任。实际上在随后的时代里，丈夫会更加小心翼翼地隐瞒其出轨行为，因为妻子同样具有离婚的权力。根据惩罚通奸的一般理由，即为了防止所生子女不是丈夫的亲骨肉①，这一理由可能看起来十分合理，但正如我努力阐述过的②，这是丈夫一方的猜忌。当社会最不纯洁的时候总是向往爱的激情，在这样的社会中公众同情受伤害的一方；这种伤害对于夫妻双方是等同的，因为这离间了夫妻双方的感情。真实的原因是男性制定了这方面的法律；他们将尽可能地遏制女性，而自身更加放纵。相比之下牧师是更为公正的裁决者。之前的立法者身为人夫，属于相关当事人；由于牧师没有丈夫的身份，他们是不允许结婚的，因此他们是担任处理此类纠纷的审判官的最佳人选。相应地，这就使牧师把他们放在完全平等的位置上。无论是丈夫还是妻子，只要对婚姻不忠均被视为通奸，有可能引起离婚。在某个时代，对婚姻不忠按伪证罪而非通奸罪处罚。正如我们看到的，离婚许可在很大程度上受到了遏制，同时也将婚姻双方放在一个平等的基础上。夫妻双方几乎在各个方面共同站在一个平等的基础之上。从我详细解释过的原则来看，这种情况可能非常公正，猜忌对女性所造成的伤害不亚于男性。然而几乎所有的婚姻契约中，丈夫具有相当大的优越性，妻子不忠对他的声誉和感情造成的伤害更重。弱势方对优势方造成的伤害比优

---

① Montesquieu，XXVI.8.

② 这些阐述的内容可能在第 6 行缺失的部分。Cf. LJ（B）103，below.

势方对弱势方造成的伤害更为敏感。英国关于离婚的相关法律与其他教会法在很多方面有着非常相同的出发点。一个人不能随意获准离婚，但可以
148 通过国会法案实现，因为国会法案是至高无上且无所不能的。而罗马民法博士协会在教会法庭审理的诉讼（在苏格兰通过代理主教准许女性因丈夫不忠而离婚，代理主教出席教会法庭。宗教改革之后的牧师，不再被限制单身，而是也可以为人夫，因此他们可能更加宽容。教皇制的牧师之前允许以不忠为理由分居），最多也就是准许分居[①]，制定法律的牧师处理此类案件时尽可能严格，认为有必要时批准，但作为对其的惩罚，不允许违法者再婚。——这些婚姻法规实施后的一段时间，结婚典礼都不要求有隆重的仪式，也不要求宣誓[②]，直到教皇伊诺森特三世。在此之前，共食婚和拟制买卖婚这样的古老形式已被摒弃，他们采用的形式和罗马人在基督教传入之前举行的新式婚礼非常相近。无论是否有证婚人，只要双方彼此愿意，就不需要任何其他形式。男方问女方是否愿意做他的妻子，女方回答："是的，我愿意接受你做我的丈夫。"随后丈夫去妻子的家把她接回到自己家，不需要其他形式。伊诺森特之后要求这种宣誓应当在教堂大门前，其方式与当前使用的类似，庄严地宣告某某二人结为夫妻。如同当前所有基督教国家一样，这种形式被定为唯一正规的结婚仪式，经双方同意的其他形式均无效，由此，先前仅订立婚约的形式成为破坏在教堂大门前宣誓的非正规仪式。即便这样，其中也是有区别的。如果婚姻或协议是当即生效的，也就是如果双方从订立协议的那刻起即同意成为对方的丈夫和妻子，以我愿意娶你做我的妻子或我愿意嫁给你以及其他表示同意的方式，则甚至连后来在教堂大门前宣誓的结婚都显得无意义，即便是已经宣誓完毕；由于不节制，举行非正规的结婚仪式，双方仍会受到教会的惩罚。——但是，如果只是订婚或签订未来的婚约，如能由证婚人证明，或宣誓结婚，有可
149 能免去在教堂大门前宣誓（尤其是完婚行为介入其中的），这种形式的婚姻一旦形成就不能使之无效。在英国直到婚姻法出台之前都是这种情况[③]，无法给婚姻一个承诺，也不能赋予非正规的婚姻任何效力。在苏格兰任何形式当即生效的婚姻，在任一治安法官或代理主教面前双方宣布意愿一致，

---

① 分居及单方解除婚约关系，是由红衣教会法庭准许的。红衣教会法庭有时设在罗马民法博士协会里，这是民法博士的学会。

② 在教堂宣誓：*Decretals* 4. 3. c. 3（1215）；对婚姻的有效性不具有实质意义。

③ 26 George Ⅱ, c. 33（1753），不再强迫婚约必须在教会法庭订立。

或通过其他任何形式，即证实为有效婚姻。如果婚姻是随后生效的，一方宣誓且另一方没有拒绝，即为有效婚姻，如果已经发生关系，通过一般途径即可证实，即孩子的降生，也是有效婚姻；不过双方仍会受到教会的责罚。

上述方式形成的婚姻几乎是不可拆散的。这些方式在爱之激情的特点和看法方面引发了巨大的变化。之前，这种激情的爱被认为是愚蠢可笑的，从未被当作严肃的话题讨论。我们可以发现无论在古希腊还是古罗马，都没有以此为主题的严肃的诗歌。除《菲德拉》[1] 之外，没有一部古典悲剧的情节是讲述爱情故事的，大多描述其他感情，如愤怒、憎恨、复仇、野心等。史诗中也没有刻画此类人物形象。神话故事《狄多》[2] 也许可以算作爱情故事，但对于重大事件的程序问题没有影响，与这些事件也没有任何联系。这首诗的确阻碍了拉维妮娅和图尔努斯的爱情[3]；我们很难说艾尼阿斯和拉维妮娅之间存在爱情，因为他们根本没有见过面。——我们或许可以说《伊利亚特》是爱情故事。特洛伊战争的起因是海伦被劫持，但是这属于哪一类爱情故事呢？为何希腊众首领联合起来把海伦带回她丈夫身边，而他对妻子的不忠却没有表示丝毫的愤怒？原因就是这一切都归罪于帕里斯，这个抢走他东西和妻子的人。这种感情塑造的人物形象与当代相比要少，其原因从上文可见一斑。正如我说过的，这种感情本身从本质上说是荒唐的；离婚的频繁和容易使其喜悦感不能长久：或许是今天，或许是明
天，不是今年就是明年；可能发现另一个人也很招人喜欢。选择哪个人并 150
不重要，因为可以随时解除婚约。这种情况在希腊和罗马都很普遍。然而当婚姻变得难以解除时，情况就大不相同了。选择恋爱对象，即婚姻的初始阶段，变得尤为重要。两人的结合是持久的，因此，对象的选择将会影响双方未来的幸福。从那之后我们发现，爱情成为所有悲剧和浪漫故事的主题，至今都是史诗的一种。这个主题之前被视为平凡至极，没有作品采用这个主题。其重要性发生了变化，也成为诗歌表现所塑造的人物形象。爱情主题从微不足道变为值得尊重，因为它让两个人的结合变得如此重要。因此，这一主题成为我们所有公共娱乐、戏剧、歌剧等的主题。这在希腊或罗马都是前无古人的。

---

① 斯密的意思可能是欧里庇得斯的《希波吕托斯》和塞内卡的《菲德拉》。

② 出自维吉尔的《埃涅伊德》第四章。

③ 《埃涅伊德》第七章。

上述是对罗马和欧洲国家婚姻情况的概述。所有未开化民族的离婚权都掌握在丈夫而非妻子手中。之后罗马人将其扩展为双方平等享有的权利；最后牧师将此权利剥夺，除非婚姻一开始就是无效的。

现在我开始谈论另一种与前文所述大相径庭的婚姻，那就是一个男人允许有相当多的妻子。与罗马和希腊类似，在当代所有欧洲国家中，一个男人仅限娶一个妻子；娶多个妻子是不允许的，无论是否已自愿离婚。然而不论古代还是现代，一夫多妻制在很多地方是允许的。在所有东方国家中，尤其是东印度群岛，在波斯、土耳其和埃及以及其他国家，一个男人只要能养得起，娶几个妻子都是允许的。我们首先讨论的问题，也正是格劳秀斯所关注的[①]，尽管那些国家中，无论是自愿离婚还是一夫多妻，都不存在所谓的不公平，都是该国法律允许的。我将逐渐说明，这些与有序的治安是背道而驰的。对于自愿离婚中被赶走的一方，不能说对其有任何的不公正。该行为是法律允许的，因此当妻子表示同意结婚，之后就随丈夫心情而定。只要丈夫觉得方便，他们就一起生活；他们继续一起生活是出
151 于自愿的，当他们要分居时与当初走到一起的条件是一样的。过去和现在有很多国家同样允许一夫多妻，在这种婚姻中也不存在对妻子的不公正。允许自愿离婚的地方，妻子有可能被丈夫赶走，这是她预先就了解的。同样，允许一夫多妻的地方，妻子只是 4、5、10、20 甚至 100 个妻子中的一个；这就是实际情况，当她知道自己处于此种境遇时也不能说受到了伤害。尽管在法律允许一夫多妻的地方，这种行为并没有什么不公正，但却产生了许多不良后果。

我们首先考虑一下一夫多妻的家庭实践中女性的境遇。显然，她们彼此必定是怀着极大的嫉妒心理；丈夫的喜爱要分散到她们身上，因此，她们会使尽浑身解数排挤竞争对手。竞争的自然结果是她们之间的长期不和和彼此憎恨。她们是竞争对手，逐渐地成为敌人，这种竞争关系通常会产生极大的憎恨和最难以忍受的冲突。这必然要在最大程度上顾虑一夫多妻关系中妻子们的感受，她们会因丈夫的爱而互相嫉妒。此外还有另一个会导致她们长期不和且互相嫉妒的原因。丈夫的爱必然要分割成很多份，不仅给妻子们还要给他的众多子女；一个丈夫有 10 个或 20 个妻子，可能就会有 50 个或 100 个孩子来分他的关爱，因此任何一个孩子得到的爱都不会非

---

① II. 5. 9.

常强烈。妻子的爱又将全部放在她自己的孩子们身上。她可能是5个或6个孩子的母亲，她所有的爱、所有的顾虑和关心都倾注在他们身上。她只关心他们的利益和成长。因此她对孩子的爱必然远远大于其丈夫分到每个孩子身上微弱的爱。[①] ——当另外一个人与我们一样喜爱某个事物，我们会通过我们自己的感受来判断他的喜爱程度。因此，当母亲拿她自己对孩子的爱与孩子父亲的爱作对比时，其间的巨大差距会让她的嫉妒心理攀升到顶点。她只关心自己孩子的利益和发展，所以会尽力吸引孩子父亲的爱到他们身上，并且把其他妻子及她们的孩子视为竞争对手。其他妻子也同样如 152
此。为爱而妒忌和从自身利益出发是引起这个家庭不和、憎恨、混乱且无序的原因。我们听说在土耳其、波斯和莫卧尔帝国的贵族官邸里，妻妾们宁静、谦卑并且顺从。但这只是表面上的安宁，这种安宁的表象是出于严厉的规则。一旦反抗的事物被压制，她们将是最可怜和最卑微的；除非她们内心真的想反抗，只是表现得很平静并服从主人的意愿而已。这种情况在上述这些国家很普遍。由于有少数一些人能养得起许多妻子，所以就有很多人完全无法接触到异性，除非在公共场合。其中一些，为了符合官职的要求，甚至从有身份的人降为被阉割的仆人。他们的职责是照看官邸，并让女眷们秩序井然。为此，他们可以使用最严厉的手段对待女眷，并可以对她们施以任何酷刑。正是这种卑微的服从才产生官邸里一派祥和的假象。我们可以看出，这种祥和也只在那些有财力养一群被阉割的仆人来看管女眷的贵族家里。土耳其必然有很多这样的人分布在各大城镇，如士麦那、君士坦丁堡以及开罗；东部地区的富人仍然很强大，在伊斯法罕、德里和阿格拉，骚乱很少发生；由于莫卧尔人仍然比波斯人富有，因此能更好地养活他们的妻子；中国人更是如此。在他们中间我们很少看到发生骚乱，大多都是看上去一派祥和。然而另一方面，地中海地区的所有国家，以及土耳其的许多地方，人们的财富不足以养活如此多的仆人，因此表现出极度的混乱、无序、不满和苦恼。

这些女人们的悲惨程度必然会大大增加。她们能拥有的唯一伙伴就是那些最令人厌恶的人。在这些国家中，除了看管她们的被阉割的仆人以外，不允许任何人和她们见面。丈夫出于嫉妒心理禁止她们和其他人来往。她们唯一能见面的只有两类人，要么是她们残暴的主人，不可能给她们带来 153

① Montesquieu，XVI.6.

愉悦的人，要么是比其他同伴更令人厌恶的人，他们不可能属于任何一个人，因为他们必须在她们之间不断周旋，以保持安宁。此外，除了官邸内的其他妻妾，她们没有别的人可以说话，而和妻妾说话会更加不愉快。她们之间彼此嫉妒，锱铢必较，能有什么样的和睦、友谊或享受呢？——这些家庭中女性的情况无疑是最可怜的，并呈现出极度的妒忌、怨恨、憎恨、无序、混乱等等一系列可以想象的景象。我们可以看出男性的状况也不是那么令人满意。那些降低身份并被剥夺享受幸福机会的男人不是我们想要讨论的。即使是官邸的主人，这个看上去幸福的男人，其处境也不尽如人意。首先他要经受最折磨人的妒忌心理。在那些一夫一妻制的国家，丈夫从没有一丝猜疑和妒忌，而有很多妻子的人就会非常敏感，因为女人们没有理由对他忠诚。妻子们只享有丈夫很少一部分爱，因为丈夫的爱要分配给所有妻子；如果丈夫偏心，则其他妻子会更加不满，而他的妒忌之心更加高涨。他对子女的爱可能会更少；这也将导致极大的不满，他把爱分给所有子女，从而无法满足任何一个妻子，据我观察，他所能给予的爱远远低于妻子所期望的。由此他从给予父爱中得到的不是享受，而是焦虑、妒忌和烦恼。他也可以享受那么一点夫妻之情，但要承受比其他男人更多的妒忌。他们用妒忌心对待妻子，剥夺她们社交的权利，而在不允许一夫多妻的国家中，妻子是可以享有社交权利的。他们从不在家中待客，因为他们害怕外人看见他们的妻子或使他们的妻子堕落。即使出于想象他们也会产生妒忌；如果你询问一个土耳其人关于他妻子的事情，或只是在谈话中无意中提到，他就会起疑心；他们必须表现得如同此人不存在一样。{即使
154 是内科医生也不能与他们的女性患者见面。图内福尔先生[①]说，伊斯法罕人在这方面比土耳其人更谨慎小心；他曾经被召唤去见一位大人物的妻子，他被带进一个房间，透过挂满卷帘的墙和其他人说话，只允许他把手穿过墙上的洞给夫人们把脉，他没有看到任何一位。} 因此，这些国家各家庭的首领之间无法建立友谊或信任。他们无法建立任何团体或联盟共同反抗压迫者，无法遏制政府无限扩大的权力从而维护自身的自由。由此可见，所有允许一夫多妻的国家，其政府都是最残暴专制的。波斯、土耳其、莫卧尔帝国以及中国都是如此。他们没有任何途径反抗，政府一旦压迫他们，他们就无法复原。由于政府是专制的，所以家庭的首领有可能被赋予最专

① Tourfort，*Relation d'un voyage du Levant*（1717），II. 27－28；参见 Hume，*Essays*（'Of Polygany and Divorces'），I. 235。

制武断的权力。整个家庭受其支配，包括他的妻子和宦官，然而不可能保持这个国家秩序井然。在这种生活方式下，必然有很多人完全不可能有妻子和家庭，因为在这类国家中，他们要给妻子聘礼而不是得到妻子的嫁妆；他们中的很多人被阉割，看管其他人的妻子。即使他们有足够的家产养活妻子，其妻子的数量也是非常少的；富人们会抢夺其他人的妻子。

孟德斯鸠[①]提出赞同一夫多妻制，在爪哇岛首都班塔姆，男女比例为1∶10；一位荷兰作家[②]告诉我们，几内亚海岸男女比例为1∶50。我们确信这个比例在欧洲完全不同。一般男女比例为13∶12，也有人说是17∶16，根据欧洲各地的死亡记录，这一比例看起来变化不大。也就是说如果这13或者17个男性中有一个去世，无论是在战争中还是其他危险劳作中，其他人还都是可以娶到一个妻子的。因此，如果说自然法则在其他国家变化这么大完全是不可能或难以置信的。我们知道，与重力、冲动等有关的自然 155
法则，在全球都是一样的；其他动物的生育法则在所有国家也是一样的，因此，涉及人类的自然法则完全不可能在东部地区和北部地区如此迥异。我们知道，日本首都京都统计常住人口时发现，男女比例为9∶11。[③] 这一比例失调的确会对女性造成伤害，但这不足以支持一夫多妻制，一位男性最多两个妻子，而不是三四十个。我们确信这一事实，这在人口公开计数中可以找到。但这又是不成立的，因为存在很大程度的比例失调。我们要考虑到这是一国的首都，其宗教首领天皇一人就有五六百位妻子，其他许多有钱人的妻子数量无疑是可观的，在此聚集如此多的女性可能造成这种失调，而在该国与欧洲具有同样出生率的其他地区，出现上述状况就是可以解释的。这是唯一一个得到充分证实的事实，我们从未听说过那些国家中的死亡记录与此有关。孟德斯鸠引证的上述两个事实无法解决这一争论。他们采纳了两位荷兰船长的权威意见，其中一位船长在几内亚海岸做过一年贸易，他的所见所闻让他相信女性与男性的比例是50∶1。另一位船长在班塔姆待过两三个月，在这里，女性与男性的比例看起来是10∶1。如果确实是这种情况，那么可能一夫多妻应当被采用。上文提到的各种麻烦也会

① 第16篇第4章和第23篇第12章，引自《东印度公司航海记录》（第2版，1725年），I. 347。

② W. 波斯曼在《全新精确介绍几内亚海岸》(1705) 中说道，仍有未婚女性是因为女性的数量远超过男性 (p. 211)，而且男性通常有40或50个妻子 (p. 344)。

③ Montesquieu，XVI. 4 and XXIII. 12，引用 E. Kaempfer，*History of Japan*，tr. J. G. Scheuchzer，I (1727)，199 给出的数字，1675年皇城（被称为京都）有男性182 072人，女性223 573人。

随之而来，但是如果这样的自然法则发生的话，除此之外也没有其他补救的方法。

一种支持一夫多妻制①的理由是，在气候较温暖的国家，女性的美丽更容易散发出来，她们的美丽使她们成为爱的目标，而她们的缺陷和年轻使她们不适合成为男人信心的载体，无法和他站在平等的基础上，这一次错
156 过了，下一次机会又来了。另一方面，当她们的感觉和经验使她们变得适合时，她们已逝的美丽与较差的生育后代能力又会平衡这种状况。我们知道那些国家的女性比北方国家的早熟，7 或 8 岁适婚，二十几岁生孩子。这一事实也没有得到证实。我们确实听说她们 11 或 12 岁就生孩子，而这种情况在这个国家以及南方地区都可能是普遍的。另外，他们截止生育的年龄并不确定。我们知道，36 岁的女人已经过了美貌的鼎盛时期，而埃及艳后克利奥帕特拉在这个年纪仍旧魅力不减，足以牢牢吸引住安东尼，致使这个喜怒无常的男人与奥克塔维亚分手，并最终堕落；在此之前，克利奥帕特拉还生育了一个孩子。② 那不勒斯的皇后 56 岁时生育；这在那个国度确实是个奇迹，在我们的国度也同样是个奇迹。由于这件事出乎寻常，而且她的孩子继承了王位，因此，她在街道中央搭起一个帐篷，当众入寝，以消除大家的猜疑。即使女性有能力生育并且适合做男性伴侣的年龄段为 12 至 20 岁之间，但这不足以提出一夫多妻的要求。的确有可能要求自愿离婚，当丈夫认为妻子已经不再适合做他的伴侣时，就会抛弃她，换一个伴侣，但绝不能让他同时拥有多位适合的妻子。对前文所述东方国家的女性数量大于男性这一观点最有力的反驳就是，君士坦丁堡、士麦那、阿格拉及其他城镇不断地从格鲁吉亚、切尔卡西亚以及其他亚洲国家贩入女性，那些国家不允许一夫多妻，或没有这一习惯。由于这是个持续的行为，则证明即使大量男性被剥夺娶妻的权利，但女性的数量仍旧不能满足贵族的需求。野蛮民族的不断征服更加剧了一夫多妻向其他民族传播的程度。大多数野
157 蛮民族的首领和酋长有两三个妻子是很常见的。当这样一个民族征服了另一个民族，则野蛮民族会强迫其他人接受他们野蛮的喜好，这样一来，其首领和其他头领就不只有两个妻子，而是十个甚或二十个妻子，由此一夫多妻就从野蛮民族传播到所有能够征服的国家中。鞑靼这一野蛮民族就曾多次蹂躏整个亚洲，统治波斯超过 12 次。土耳其人基本上是鞑靼人和摩尔

① By Montesquieu，XVI. 2.

② 原文空缺。Constantia：Villani，in Muratori，*Rer. Ital. Scriptores*，XIII. 140B.

人，他们四处侵略，将一夫多妻传播到希腊。

一夫多妻不利于主体自由，不仅仅因为家族族长之间出于妒忌心理而无法建立联盟和友谊，还因为其完全阻碍世袭贵族的存在。当一个男人身份显赫，有三四个子女，这些就足以维护他身为父亲的尊严，至少可以说，长子履行继承权的时候，也实现了其父亲的地位。由于他与其父亲有血缘关系，我们也会在他的身上延续之前的感情。与我们所爱戴的人有血缘关系的一些人也得到我们的喜爱，当人数不多时我们会将尊敬之情延续到他们所有人的身上，或当其中一人继承了我们所爱戴之人的地位时，则会将尊敬之情固定在他的身上。然而，一夫多妻制下，与父亲有血缘关系的子女众多，给我们留下的印象不深，喜爱之情分散到如此多的子女身上，则很难产生有影响力的作用。众多妻子所生的如此多的子女中也难有一个出众的。当显贵之人去世，其子女的地位则不再显贵，往往会沦落到社会底层。完全不会因为他们是我们曾经敬重之人的子女而对他们有丝毫尊敬之情；如果其中有人升到政府部门，则对他的尊敬完全出于其新的地位。由此可见，除皇室家族以外，没有哪个家族被看作贵族或与其他家族区别对待；从来没有世袭贵族一说。我们觉得有一点是利于人民获得自由的，某些人比其他人出众绝对是有必要的，他们可以带领人们反抗帝王压迫，或抵御外族入侵。我们从法国和英国的贵族中可以看到这样的作用。而在没有贵族的国家里，人们没有可以追随的头领。这样的国家在抵御外族入侵 158
时只能依靠正规军队，他们一旦被打败，百姓们则无力反抗。亚历山大通过两次战役的胜利统治了亚洲绝大多数的国家。在他之前的赛勒斯也有这样的伟绩。两位伟大的征服者帖木儿和成吉思汗也是通过两三次战役的胜利建立了自己的王朝。而在这样的国家百姓只要失败一次就很难选出将领。之后出现的分裂和骚乱是由征服者引起的，而不是由被征服者的反抗引起的。帖木儿和成吉思汗的帝国分别在他们去世后分裂，不过分裂之后仍由鞑靼人担任首领。亚历山大帝国也以类似的形式分裂，不是由他统治的波斯和其他民族的分歧和不满导致的，而是由于亚历山大大帝手下将领叛变导致的。哈里发帝国也是在穆罕默德去世之后分裂的，不是由被征服的柔弱且卑怯的人民推翻的，而是由野蛮的阿拉伯族人叛变导致的。被征服的人民在首战失败之后就无力反抗了，一旦遭受独裁君主统治就很难摆脱枷锁，就好像那些征服者注定是统治他们的一样。相反如果有贵族存在，当国家遭到入侵并被外族统治时，他们就会不断地尝试重获自由；我们知道法国曾多次被英格兰人统治，又多次挣脱了枷锁。每隔 10～12 年，德国都会遭受外族几乎彻底的一次侵略，然而从未有一个城市被征服者长期占领。匈牙利经常被土耳其入侵，但从未被其长期统治，因为他们有很多将领带领人民捍卫自由。除上述不利因素之外，一夫多妻制对一国的人口也有负面影响。因为必定有为数众多的男性娶不到妻子；更大的可能性是当女性平均分配给更多男性时生育下一代的数量比多个女性被少数男性占有时更多。100 位女性嫁给同等数量的男性比全部嫁给一位男性可能生育的子女更多。这就是为何波斯、希腊、非洲沿海地区的国家曾经人口众多，而现在却人烟稀少。的确存在允许一夫多妻的国家人口总量依然可观的情况。尼罗河与恒河流域的诸多国家，还有中国，都是上述这种情况。但是人口密集的国家也不能代表其制度完善。可能存在其他情况平衡这种阻碍。这些
159 国家都是富饶的。尼罗河与恒河河畔水源充足，粮食高产，每年种植三四季庄稼。男性必然有充足的食物供给（我之后会详细解释），从而促进人口增长，因为男性的数量与食物供给量成正比。中国的情况与此类似，不过可能还有一些我们不知道的原因。另一方面我们也知道，制度完善对人口增加的促进作用不一定有这样的效果。按上述分析，苏格兰的婚姻法显然有增加人口的趋势，然而事实却没有这样的效果，人口受到其他因素的制约，如土壤贫瘠、生存难以维持。

1763 年 2 月 10 日　星期四

在前面的两三讲中，我提到了世界不同地区采用的几种婚姻形式。总体有四种类型的婚姻：一种是允许一夫多妻，每位男性可以根据自己的意愿和经济条件娶多位妻子。另一种是每位男性只能娶一个妻子。这种一夫一妻又分三种类型：第一种是丈夫享有离婚权；第二种是夫妻双方均享有离婚权；第三种是夫妻双方均没有离婚权，而是由民事案件审判官听取双方意见，根据实际情况进行判决。我已向大家阐述过，从各方面考虑，一夫多妻制都落后于任何一种类型的一夫一妻制。对于妻子一方来说，一夫多妻制会给她们造成巨大的不幸，必然使她们产生妒忌、分歧和敌意。其子女也必然得不到重视，导致过着非常可怜的生活。仆人都是奴隶，完全由主人掌控。对于男性自身来说，牺牲了幸福或享受，也没有获得很大的

乐趣。他饱受妒忌的折磨，丝毫没有感受到来自家庭和友谊的欢乐。一夫多妻制既不利于人口的增长，也不利于人民获取自由。我们也可以发现，上述采用一夫一妻制的国家有很多可取之处。第二种类型的一夫一妻制，夫妻双方可以根据各自意愿离婚，其缺点显而易见，必然产生最坏的影响。我已说过，在罗马帝国后期这种婚姻导致肆无忌惮和荒淫无度。这必然会使夫妻双方对彼此失去信心，因为他们有权与对方离婚，同时也长期处于 160
害怕对方提出离婚的恐惧中。这种情况对子女非常不利；继母往往不是照顾孩子的合适人选。她对孩子的感情远不如亲生母亲，而且为了自己的孩子还会对他们产生嫉妒和邪恶的想法。上述情况在当前的婚姻中不可能发生，除非孩子的母亲去世或离婚，而离婚自由则给了她们这样的机会。我们发现，共和国后期罗马的伟人们几乎都有两三任妻子，其子女都过着不安的生活。第一种类型的一夫一妻制，即只有丈夫享有离婚权，是相当可取的。想要离婚的意愿，尽管在很大程度上影响夫妻双方，但相比双方都有离婚权的情况来说，降低了双方行为的不确定性和不稳定性。当前采用的婚姻形式避免了上述种种不便，这种婚姻关系不可解除，因此没有机会产生上述的不良后果。有些情况下，这种关系的确可能缔结得过于紧密。需要公正考虑的是，对婚姻不忠（至少是妻子一方）的情况应当有权离婚。因为不忠产生的伤害使夫妻双方不再有和谐和承诺，而是不断猜疑和充满敌意。同理，所有类型的伤害都会激发类似的不满和仇恨，会让双方都产生不安，因此应当允许离婚。尽管如此，婚姻关系还是应当严格而不应松散。

上述四种类型的婚姻是我目前所知道的曾被采用过的婚姻制度。离婚权从未单独赋予女性享有，因为她们被视为弱势的一方，尽管这种观点有失公平。实施一夫多妻制的地方离婚权总是由丈夫掌控。所有的妻子都是丈夫的奴隶，是用金钱买来的。因此她们完全由其丈夫处置，不受丈夫喜欢时可能被拒之门外。这种情况在所有一夫多妻制的国家里都一样，据我所知，它们有关婚姻的法律差异甚微。

在此应适当考虑不同类型的婚姻下，夫妻双方关心和感兴趣的问题对彼此产生的影响。一夫多妻的情况下，妻子几乎不关心丈夫的事情，也不用持家。这些完全交由管家处理，管家在这类婚姻中是有必要存在的。妻 161
子完全是丈夫的奴隶，因此不会比其他奴隶更关心丈夫的事情。此类婚姻中丈夫享有离婚权。基督教传入之前，早期的罗马以及欧洲国家都采用这种婚姻，妻子的所有财产无论是房产还是个人财产，全部归其丈夫所有。妻子不再具有任何权利，无论是生前还是死后。妻子的家族权等同于女儿；她与丈夫的财产没有关系，她死后①只能得到女儿继承父亲财产的份额，完全不考虑她带来的财产。我之前提到过的②罗马人的新婚姻制度，引入了女性继承人，情况就大不相同。丈夫的财产不包括妻子的物品。丈夫死后妻子的财产全部归还给她，当她先于丈夫去世或在离婚前去世，财产归还给她的亲属。尽管丈夫的确享有妻子嫁妆的所有权，但仅是涉及财产的管理：如果嫁妆是地产，则丈夫享有租金的所有权；如果是一笔资产或个人财产，则他只享有利息；如果托付其他人管理，或他自己使用，则需有所抵押来确保日后能够归还本金。丈夫去世或离婚后，嫁妆归还妻子，丈夫去世后除了已经做出处置的，其他财产也归妻子所有；即使她是被当成女儿买入的③，也可以拿走应有的份额。这种婚姻往往会产生利益分歧，导致夫妻关系不确定，国家采用这种婚姻制度时，社会和谐度也远不如夫妻双方利益一致的情况。与罗马人采用旧式或新式婚姻相比，这个阶段的婚姻，妻子在家庭中处于中等地位。欧洲大多数国家的法律与此类似，但苏格兰和英格兰的法律有几个显著的差别。在英格兰法律中涉及土地财产的部分是，丈夫终生享有土地租赁所获得的全部收入。他死后土地归还妻子的亲属所有，除非他有自己的子女。但是英格兰法律和苏格兰法律都规定了一种惯
162 例，我们称之为英格兰和苏格兰礼仪，根据惯例夫妻生有子女的，丈夫享有地产终身用益权。依据普通法，在世的子女由其父亲作为监护人，只要其父亲在世则始终不变；依据苏格兰和英格兰的惯例，只要婴儿呱呱落地就享有财产的继承权。所谓属地动产，不仅包括地产，还包括所有的抵押资产、奴隶以及由土地产生的所有资产，这些都是丈夫可独立处置的财产，从这些财产中获得的钱也完全归他所有；但是如果他没有处置，则由其妻子继承。属人动产包括所有账单和债务，以及妻子的所有动产、珠宝、金属餐具等；这些完全归丈夫所有。

---

① 应当是他死后。

② 8－9 above.

③ 当其父亲去世后。

手稿中有两行空白

债券也是属地动产；如果丈夫取出其中的钱，则这些钱全部归他所有，如果没有取出，则债券由妻子继承，除非债券合同另有约定。另外，如果合同中没有涉及妻子，则她成为丈夫动产的第三继承人，在英格兰，动产包括所有形式的债务、账单等，以及所有可移动的财产；此外她还享有地产三分之一的所有权，这被称为寡妇地产。大多数国家的法律都有此项规定。苏格兰法律没有赋予丈夫处置妻子财产的权力，同样也没有赋予妻子处置丈夫财产的权力。丈夫可能会变卖属地动产或提取债券收益，而妻子与遗嘱执行人可能会令其放弃通过这种方式获得的货币财产，但是这些不能被他们继承。和英格兰的一样，妻子得到的那部分动产是三分之一，但是不包括债务或账单，只包括财产过去产生的租金。

手稿中约有八行空白

这部分是关于夫妻有一方去世财产分配的规定。在他们有生之年，除非安置房屋的必要情况，妻子不应该针对她自己的或者丈夫的财产订立任
何合同或义务；因为妻子就像丈夫的仆人，为其持家。如果某人派仆人去 163
市场或某家特定的商店，一次或两次支付了以其名义购买的商品，则推断之后仆人以其名义拿走的物品都由他来支付，除非他明确表示不支付。同理，妻子被认为负责家庭装饰，由此产生的债务由其丈夫偿还。但是在苏格兰，如果丈夫发现妻子铺张浪费，可以公开宣布对妻子订立的这种债务不予偿还，并由此禁止她管理其事务。在英格兰没有此类公开禁令，而是通过书信或其他形式向特定的人宣布。由于妻子被认为在丈夫的势力之下，因此她出售资产是无效的，除非向法庭证明其有权这样做，或者除非她是索要归还财产。

手稿中约有七行空白

在此我就婚姻之名延伸几个问题，关于那些被禁止结婚的人，他们的婚姻被视为乱伦。这些人是指具有特定姻亲关系和血缘关系的人群。首先

考虑其直系尊亲和直系卑亲，他们的婚姻是被民法和普通法所禁止的，也就是男人不能娶他的女儿、孙女等为妻，也不能娶其母亲、祖母等为妻。母子结婚是违背自然法则的，是最令人震惊和厌恶的。因为儿子对母亲的爱与丈夫对母亲[①]的爱是截然不同的；同样，母亲对儿子的感情也完全不同于妻子对丈夫的感情。儿子是在母亲之下的，听从其命令，这种关系与夫妻是完全不同的，夫妻关系中丈夫处于强势。父女结婚同样也是令人震惊且违背自然法则的，但是没有母子结婚的程度深。父亲的爱无疑不同于丈夫的感情，同样女儿的爱也不同于妻子的爱。父亲被认为是女儿的保护者和指引者，他教给她各种美德、最纯洁的道德观，以及最纯真的爱。这与情人、色诱者完全不同，因为说服一个女人成为妻子总会有一些色诱的因
164 素在内。{没有比允许这种婚姻更能打乱家庭平静的事情。母亲会用非常不满甚至嫉妒的眼光看待她的女儿，即使女儿取代她在婚姻中的位置的可能性很小。同样，父亲也会对儿子有看法，他会觉得儿子有可能取代他的位置，成为他妻子的丈夫。}但在其他方面，这些情况有着不同的对立性。父亲处于强势，女儿处于弱势，夫妻关系中也是如此；然而，母亲处于强势，儿子处于弱势，这与夫妻地位相反，夫妻关系中丈夫总是处于强势地位。此外，当儿子长到适婚年龄时，母亲通常已经过了生育的年纪；但父女之间不存在这种情况。由此可见，尽管母子婚姻在每个国家都是被禁止的{狂热迷信是一种例外，出于对塞米勒米斯[②]的崇拜，占星师允许缔结这种婚姻}，但是父女婚姻在某些蛮族是可接纳的。著名的匈奴王，罗马的征服者，娶自己的女儿为妻[③]，还有其他类似的例子。{远亲结婚也是一样的。}大多数国家禁止兄妹结婚。他们一起长大，有很多机会不断发生性关系，这就有必要设立一个不可逾越的屏障，禁止他们结婚。他们之间如此亲近的关系，很难有其他办法防止他们堕落。此外，如果不禁止这种婚姻就难以组建家庭。男人不会倾向于娶一个有兄弟的女人为妻，因为他有理由认为这个女人和她的兄弟有性关系。而这也是禁止兄妹结婚的真实原因，即使同样存在堕落的危险，仍然应该广泛禁止这种婚姻，否则婚姻就变成了乱伦。罗马早期，儿子们婚后仍住在父亲的家中，因此他们的子女就是堂兄弟姐妹，他们的亲密程度和其他国家的亲兄弟姐妹一样；他们被称为兄弟

① 原文如此，此处“母亲”可能是“妻子”。
② Montesquieu，XXVI．14.
③ 原文空缺。Esca：Montesquieu，loc. cit.

〈和姐妹〉。出于这一原因，由于存在同样的堕落危险，因此禁止堂系之间结婚，以避免乱伦。另一方面，在雅典时期，同血亲的兄弟姐妹之间的婚姻是被允许的，也是经常发生的，但是同母异父兄弟姐妹的婚姻是不被许可的。[①] 在那里男人和女人的住处是完全分开的，他们不允许互相交流。猜忌是如此的严重以至于尽管允许儿子自由地出入他母亲的房间，但是不允许继子进入他继母的房间；和其他案例一样，他们不被充分信任。兄弟从未见过他们同血亲的姐妹，也从未进过他们同血亲姐妹的房间，他们敬重自己的母亲，结果就没有机会使他们堕落，因此，在雅典，兄弟是可以允许同他们的血亲姐妹结婚的。但是随着人们被允许自由地进入他们母亲的房间，通过这种方式可以见到自己的血亲姐妹[②]，和其他国家一样，防止他们的堕落就有了同样的必要性。 165

关于叔侄女、姑侄子之间的婚姻被禁止的原因与父女、母子之间的婚姻被禁止的原因是一样的。叔叔和姑姑被认为是一种类型的父母，他们对侄子和侄女拥有优势和权威。他们之间的爱慕之情不同于夫妻之间的爱慕之情。但是如同母子之间的婚姻要比父女之间的婚姻更使人震惊一样，姑姑自然被认为比侄子有优势，然而当她成为了侄子妻子，就将降到一个弱势地位；然而叔叔一直被认为比他的侄女有优势。{与父母和子女的婚姻相比，年龄差距的影响会更小一点。} 我们看到出于这个原因，虽然叔侄女之间的婚姻在一些国家被允许，但是姑侄子之间的婚姻是绝不会被允许的。在雅典，因为叔叔们从未见到自己的侄女，从未进到过他们兄弟的住处，至少没有进过女人们的住处，就不存在使他们堕落的危险。因此他们都是普通人。这个故事是莱西阿斯一个演说的一个基础[③]，在其他演说中[④]我们将会读到关于这种类型的婚姻。我们也看到罗马天主教教皇经常宽容他们娶自己的侄女，但是他们从不娶他们的姑姑；在新教徒国家，这些婚姻是绝不被允许的。

关于更远的旁系血亲婚姻，任何情况下超过四等的旁系血亲婚姻是不被禁止的，除非他们是父母和子女的关系；即直系血亲的兄弟姐妹，例如 166
叔叔和侄女，叔祖父和侄孙女等等；教会法和民法的看法是一样的，都禁

① Montesquieu，V. 5.

② 原文如此。应是同母异父的。

③ Oration XXXII (*Against Diogeiton*).

④ 即在修辞课上的一篇演讲。

止他们之间的婚姻。但是除了这点，它们还将禁止结婚延伸到第七等，即延伸到我们的七等堂（表）兄弟姐妹。这种情况经常会发生，因为人们可能经常注意不到他们与如此远的亲戚结婚，之后他或者被要求与之离婚或者取得豁免的许可。宗教改革运动时期，这在雅典和所有的新教国家都已被废除，我们也注意到这些规定的大多数方面在《利未记》的 18 和 20 章已经阐述过。我们也注意到民法和其他法律规定与血亲相同等级的姻亲婚姻也是被禁止的。因为这些人在某种程度上有一些相同的亲属关系。我妻子的妹妹就像是我的妹妹，其他情况也是这样的。

1763 年 2 月 11 日　星期五

在已经进行的四次课程中我已经阐述了婚姻持久的起源、一方不忠造成的伤害，以及为什么妻子对丈夫的不忠造成的伤害要比丈夫不忠对妻子的伤害严重。我也已经阐述了四种类型的婚姻及一夫多妻制的不便，对比了其他三种婚姻。我也说明了在这几种婚姻中妻子在丈夫财产中享有的利益：在古老婚姻中，妻子身处男权中，她仅被认为是丈夫的仆人，在身为人妻期间她仅仅是在丈夫认可的范围内进行家务管理；在新式婚姻中，此时离婚权变得很普通，妻子对她的财产有很少的权力；在当代婚姻中妻子处在两者的中间路线。英格兰和苏格兰的法律是不同的；最后一定等级的血亲和姻亲婚姻被认为是乱伦，因此也是被禁止的。

在这里，我们可能注意到在这个国家关于血亲婚姻的强制禁止是借鉴于《摩西法典》，是与自然法和理性完全一致的。禁止母子婚姻也是完全有
167 必要的，否则将是令人震惊和厌恶的。父女之间的婚姻，叔侄女、姑侄子之间的婚姻也是被禁止的，因为它们很自然地使人震惊并与理性相左。出于理性和自然法的考虑，兄弟姐妹之间的婚姻也是被禁止的。但是一些关于姻亲之间婚姻的禁止似乎是由于管制规则的规定，而不是因为其违反自然规则。关于姻亲有三点我们可能要注意：第一，《利未记》[①] 文章中收集的禁令要求是过高的；第二，基于相同的原因，有些管制规则是允许姻亲婚姻的；第三，有更好的管制规则来阻止他们。——第一，《利未记》文章

① 18：18："和她人生中的其他事情相比，你不应该喜欢妻子的妹妹，使妻子烦恼，暴露她的裸体。"

中收集的是“你不能娶你妻子的妹妹，至少这使她烦恼”。现在这里给的原因是，至少使她烦恼，简单地说明了姻亲婚姻出自犹太人的习俗，犹太人允许多妻，这里不允许同时娶两姐妹，因为她们至少会彼此猜忌和憎恶。一些国家对此进行了延伸并制定了一个规则，人们不允许同时娶两姐妹，但是可以一个接一个地娶。第二，有一些国家没有这样的规则，在这些国家中也没有对此种婚姻的阻碍。尤其是在东印度群岛，他们不仅允许而且认为娶妻子的姐妹是最合适的，由此是很普通的。他们认为与其他人相比，孩子母亲的妹妹可能是更好的继母；她与孩子们联系更密切，对孩子有一种父母般的喜爱之情。[①] 这一点确实有一些正当性。但是我们可能会发现，第三，作为一个更好的受监管的标志，禁止娶妻子的妹妹更合适。因为尽管没有堕落的相同危险，然而就像丈夫自己的妹妹一样，在结婚前，妻子的妹妹并不和丈夫生活在一起，这项禁令大大方便了姐妹们和妻子的妹妹与她的丈夫住在一起。国家法律加给这些人的结合不可分割的障碍使所有这种形式的结合看起来都是让人厌恶和震惊的；他们被认为是哥哥和妹妹，因此是法律上的兄弟姐妹。通过这种方式，已婚姐姐为未婚妹妹提供一定的庇护。没有一个人会嫉妒他妻子的哥哥，除非他是疯子，因此根据法律，
没有人除非一个疯女人会嫉妒她姐姐的丈夫。除非丈夫是一个残暴的人， 168
所有这种形式的交往都被认为是令人震惊的。妻子的妹妹会是孩子们更好的继母，这或许是真的。然而，如果孩子母亲的妹妹能够没有绯闻地生活在孩子父亲的房子里，但是没有嫁给孩子父亲，孩子们也可能会被很好地照顾。依据上面的法律，她能很好地做到这点；这种情形下，孩子们可能会被照顾得很好，因为她没有把自己姐姐的孩子看作是自己的竞争对手。

关于婚姻，我进一步评论结婚的结果有哪些。婚姻最大的效果是使孩子得到法律认可，获得继承他们父亲的权利。另一方面，不是合法已婚所生的孩子没有继承权。他们被称为私生子、没有父亲的孩子等等。他们和所有其他私生子都被认为和父母没有亲属关系。他们的父亲被认为是不确定的，即使父亲可能认识他们；尽管他们的母亲是确定的，仍不允许享有母亲的继承权；另一方面，因为私生子被认为没有能力通过继承得到任何东西，所以至少在一些国家，他们不被允许留有遗嘱。非婚生地位的这些不利条件的某些方面在苏格兰被国王颁布的法律证书废止。[②] 然而这样的结

---

① Montesquieu，XXVI. 14 fin.

② Erskins，Ⅲ. 10. 3.

果仅是给人们立遗嘱提供了可能性；在英格兰并没有起到实际作用。两个国家的私生子，因为被认为没有亲属血缘，因此他们的财产归社会所有，而苏格兰和英格兰国王是此类事情中的社会代表，即每一个私生子的最后继承人，因此国王继承了私生子可能获得的财产。[①] 在苏格兰，国王被认为是继承人，似乎遗嘱没有权力剥夺国王的权利。（在所有国家中，国王的继承权仅在那个人没有子女的情形下发生，如果他已经结婚并有了孩子，妻子和孩子就像其他情况一样继承他的财产，如果他有一个子女，他的遗孀拥有他三分之一的动产和三分之一的地产；如果他仅有妻子，妻子将享有如前所述的遗孀对亡夫遗产三分之一的应继份的终身用益权和一半的不动
169 产[②]；{如果一个孩子出生之后死亡，有婚姻的继承血统，地产归最亲的亲属所有，但是如果孩子在父母死时尚未出生，则不允许；与民法的惯例相反，民法认为未出生子女和父亲在世时出生的子女拥有同样的权力。}）另一方面，在英格兰这种观念从未流行过，以至于没有任何这样的证书被公布过；如果被公布，也不会赋予人们他们之前没有的权利。但是，在苏格兰，他们赋予私生子立遗嘱的权力。继承权被认为是属于国王的，因此如果国王没有放弃他对遗产的权力，人们便不能将财产赠给其他人；国王的证书足够做到这些。虽然证书使他能立遗嘱，但是不能使他继承他的亲属的无遗嘱财产。尽管国王可以处置自己的财产，然而他不能赋予一个人权利以使他可以剥夺另一个人的权利。法律上的继承人，即最亲近的合法亲属，在这种情形下会受到伤害，这个国家中的国王并没有权力这么做。然而在大多数国家有一种方式可以使私生子的继承权合法化，即通过事后婚姻。也就是，如果一个人同和他之前共同生活的妾结婚，在婚前所生的孩子被认为是合法的，血缘的污点被认为洗清了；这其实不是一种拟制，因为事后行为没有改变他们的起始行为。合法行为是后来的君主引进的，并被教会法学者所借鉴，很快就在欧洲大部普及。除了这点，罗马人还有一些方式让私生子合法化。[③] 罗马人允许父亲在世时收养儿子，因为被收养的

① 单词“If they have no ch”被竖写在此处的空白处，但是可能被删除了。国王只获得死后无子的私生子的财产。

② 遗孀对亡夫遗产三分之一的应继份是指丈夫三分之一地产的终身用益权。私生子的遗孀拥有对亡夫遗产三分之一的应继份和遗孀动产继承权，根据有无子女情况，遗孀动产继承权能继承丈夫三分之一或一半的动产。

③ Heineccius，Ⅰ.10.23 ff.

他们是有完全行为能力的。[1] 因此，如果被认为是没有父亲的亲生子是有完全行为能力的，他使自己屈服于自己亲生父亲的家父权，那么他被认为和其他被收养的人有同样的权利。君主的法令[2]也可以使私生子获得合法地位。第四，如果一个父亲向县民事法院或元老院推荐他的儿子，使其儿子承担地方事务官办公室或教区办公室的琐事，他将被法院支持获得其合法地位。[3] 但是这种方式和对思春期少女的收养的方式仅可使私生子继承父亲 170
的遗产和官职；这也是其他方式的效果，即后来国王许可父亲通过遗嘱使他的子女合法。通过事后婚姻获得合法地位最初是后来的国王安纳斯塔西斯、芝诺[4]等引进的，但是并没有打算使这种合法地位永久持续下去。他们颁布命令，所有之前娶了妾的人都应该通过这种方式使他们的孩子合法化；从这个命令被设计出来到存续下来的时间太久，以至于它意在鼓励他们与妾结婚而不是养妾。然而查士丁尼使这个法令成为永久法令[5]；教会法学者继承了他的新法令中关于婚姻的规定，教会法学者将其改写进自己的法律。然而教会法学者对事后婚姻做了一些限制规定，这些看起来并不被民法所确认，例如通奸所生私生子，即一方或双方均已婚时，妾生下孩子，妾在前妻或前夫死时不能通过他们的婚姻使孩子获得合法地位。教会法曾经在欧洲所有国家强制执行，在整个大陆推广这种习俗，因此，在英格兰以外的国家这种习俗被普遍接受，那时牧师被引进到其他国家，他们和国王约翰和亨利三世[6]联合起来反对人民，引起贵族的厌恶。因此当这项法律被提起时，他们的回答是他们不想改变英国古老的法律。[7] 在苏格兰这项法律被完全接受。然而教会法庭接受了这项习俗，并认为所有合法婚生子女的父母都是结过婚的；民事法庭并不认可发生的一些细节，这些细节在其他国家并不为人所知。如果一个人娶了之前为他生了孩子的女人，之后所生孩子毫无疑问可以获得继承权；但是依据民法和教会法，那些在之前出生的

---

① 婚生子具有完全行为能力（不再受制于父母的权力）既因为他的父亲已经死了，又因为他已经自由了。收养，是指一个儿子从一个父亲转移到另一个人，是完全的私人交易。对思春期少女的收养，涉及一个独立的人服从另一个人，必须得到议会的批准。Cf. i. 152 above.

② 也就是君主。

③ 通过法院支持。

④ 其实是君士坦丁，recorded by Zeno，*C.* 5. 27. 5；Anastasius，*C.* 5. 27. 6。

⑤ 第 89 新律。

⑥ 原文空缺，可能是指亨利三世。

⑦ 默顿条例，20 Henry Ⅲ，c. 9 (1236)。

孩子不被认为是合法婚生子女。他们被称为特殊私生子，而其他的私生子被称为一般私生子。然而，依据英国法律，这种私生子在继承时并不优于婚后所生的比他小的儿子。因此，他被称为第一婚生子[①]，这一说法来自法国。{罗伯特三世继承罗伯特二世，尽管他出身于埃莉诺·摩尔[②]，也是在
171 被禁止的范围之内，除非得到教皇的豁免。} 但是如果年龄较大的特殊私生子或者私生女，获得了地产，并没有受到其兄弟们的阻挠，那么他的孩子被允许享有继承权，不能被第一婚生子的继承人驱逐。特殊私生子也被允许成为牧师，因为教会法庭并不认为他们是私生子，但是一般私生子，民法和教会法都认为他们是私生子，不允许成为牧师。然而，一项国会法案可以使其合法化。亨利的前任亨利七世是一个被合法化的私生子，他获得了王位。[③] 私生子的另一个不利之处是在一些国家他们不能担任公职。

1763年2月14日　星期一

了解四种不同类型的婚姻以及它们产生的结果后，我对有关婚姻的结果进行了一些观察，主要涉及孩子，就像父母的婚姻赋予孩子继承权等一样，婚姻使一个妾的孩子不能享有继承权。在这里我们可能发现私生子不能继承使一些国家保持了一夫一妻制。我们了解到在所有实行一夫多妻的国家，妾所生子女没有继承权。在这些国家一个男人有好几个女人，他是否给妻子名分没有多大影响；这些女人的处境也没有很大不同。私生子不能继承，仅这一件事情就阻止了一些国家采取一夫多妻制。因为如果这些孩子被允许继承，一些合法婚姻产生的权力，会很快导致婚姻的解除。首先是离婚的自由；其次是娶另一个妻子的权力；再次是妻子完全处于丈夫权力之下。使一个人承受婚姻限制的不是掌握女性财产的欲望，即使摆脱婚

① 原文空缺，可能为“Mulier puisne”，意为第一婚生子，法律倾向于认为，在已婚前婚外所生的较大孩子作为第一婚生子是私生子。

② 伊丽莎白·穆赫，苏格兰国王罗伯特二世的情妇，通过教皇1347年的法令豁免许可嫁给了他，因此他们的孩子获得合法地位，包括出生于1340年的未来国王罗伯特三世。教会法扩大了禁止的范围，大大超出了《利未记》的规定。

③ 亨利七世是从其母亲的大祖父约翰·冈特那里主张继承王座的，私生子“前任”是约翰·博福特，约翰·冈特和凯瑟琳的儿子，他们的孩子在他们结婚之前出生，通过国会议案获得了合法地位。

姻的束缚，他也可以掌握女性的财产；也不是由于他要留给妻子一部分财 172
产：自愿行为可能使其摆脱这种束缚；更不是因为夫妻可以因此而生活在一起，因为他们可以不受约束地这样做；真正的原因是他可能有自己的孩子要继承他的财产和身份地位；如果非婚生子有同样的权力，那么男人就不会让自己受困于婚姻之中，他只会和自己心仪的女人生活在一起而不是将自己局限于一个女人。这样，一夫多妻制很快就会被采取。

现在我们开始讨论家庭结合中产生的第二种关系，即父亲对孩子的权威。在早期社会我们发现父亲对孩子的权威是绝对的。许多原因在关于婚姻的讨论中已经提及了。我们可能注意到在早期的野蛮社会，人们不认为应当抚养他们的孩子。人们也不认为应当为孩子做一些事情，哪怕孩子们自己根本不能供养自己。就像现在人们只要不伤害他人并且在从事交易时做到公平正义即可，不被强迫从事善行，这完全由他自己的善心决定，因此，在更野蛮的时代，延伸到近亲属，他们承担的对彼此的责任仅出于自己的意愿；他们之间所有的好心都被认为是善行，而不是他们应当做的事情。如果一个人的儿子被海盗或者其他类似的人带走，地中海沿岸的野蛮民族可能处死他，或者将其作为奴隶，依据正义规则，我们认为父亲不是必须要赎回儿子，这只是其不人道和无情的表现。起初，这种情况被进一步扩展，父母可以自由地抚养、教育他的孩子，或者让孩子受制于恶劣天气和由野兽控制。因此，当父母陷入麻烦，以牺牲被抚养人为代价，忽略被抚养人可能没有什么不公正，被抚养人看起来处于他的控制之下；在早期，这种情况和前面提到的其他情况催生了父亲在家庭中的集权。我们知道，早期民族有遗弃孩子的习惯。[①] 罗马法在早期做了禁止的规定，这些禁令随后被重复；但是这些规定在一定程度上没有生效。因为我们之后发现，早期社会人们遗弃孩子是很常见的，遗弃孩子的事情如此之多以至于在城
市中有一个被命名为牛奶柱的支柱，被遗弃的孩子经常被放在那里[②]，直到 173
在罗马帝国时期基督教产生，禁止遗弃孩子的规定似乎并没有彻底生效。我们也看到雅典法律和希腊其他城邦的，尤其是斯巴达的法律都允许遗弃孩子的行为。传教士告诉我们在中国这种事情经常发生[③]，事实上在大多数一夫多妻的国家都经常发生。那里的女人也都是多产的。她们有一个观念：

① Cf. TMS V. 2. 15. For Roman Law, C. 8. 51. 2 (A. D. 374).

② Paulus Diaconus, *Epitoma Festi* (Lindsay, 118M).

③ Montesquieu, XXIII. 16.

似乎溺死孩子比让孩子身处危险要人道得多。因此，有一些女人养成了一些习惯，每天早上从一个房间到另一个房间四处走动，接收孩子，就如同我们带着一包将要被溺死的小狗小猫，她们把孩子扔到河里。在这种情形下父亲们非常谅解这种行为。她们皈依基督教，宣誓在她们溺死孩子之前应该让孩子们受到洗礼。她们以拯救了大量的灵魂为荣。这些虔诚的父亲们并不认为在孩子受洗礼之前或者之后，处死他们的孩子是与基督教义相悖的。在罗马，起初父亲对孩子们的权力是绝对的。他的威信涉及三个不同的方面：第一，父亲对子女有生杀大权；第二，父亲可以出卖子女；第三，子女所获得的财产都属于父亲，子女被认为没有财产能力。但是就如同丈夫对妻子的权力一样，这些权力不久就被减少了。罗慕路斯法赋予父亲对子女无尽的权力，然而不久这些权力就被削减了。努玛制定了一项法律，规定父亲不能出卖已结婚的儿子。[①] 尽管《十二铜表法》不加任何限制地恢复了罗慕路斯的法律，明确规定父亲有三次出卖儿子的权力，但是这仅适用于未婚的儿子，因为当一个男人娶了另一个家庭的人为妻，他的工作和劳动就与妻子有关。妻子可以像男人的父亲家庭一样提出要求。妻子和子女需要他的关照，因此将儿子与他的妻子分开，将儿子卖给他人作奴隶将是非常困难的。父亲对子女生命的权力，初看起来是过分的，随后也
174 被降到一个合理的程度。同样如果一个人娶了一个女人，女人的亲属倾向于关心她受到的待遇，不允许男人对妻子过错的惩罚过于严厉，因此，父亲对子女的权威应该有一定的限制，他们也不允许做出的惩罚比合适给予的严厉。其他亲属，例如舅舅等，经常以父亲的眼光来看待他的外甥并且渴望其受到公正对待。舅舅可能立他的外甥为他的继承人。通过这种方式，父亲的权威大大异于专权，虽然我们倾向于认为它是专权，但它实际上仅仅是一种对地方法官依法惩罚犯罪的阻止权，父亲不能依靠自己的私人权威，而必须经过其他亲属的同意才能实现这一点。我们看见早在瓦莱里乌斯[②]时期公众就开始关注父亲对子女的行为。正如《西塞罗的办公室》中故事所说的，由于驱逐儿子出国和奴隶一起工作，并且没有给儿子合适的教育，父亲被叫到法官面前。因此，当公众注意到对父母职权的细小损害时，任意惩罚那些不能公开改正的犯罪是不可能的。儿子也被认为没有财产权；

---

① Dionysius of Halicarnassus, *Roman Antiquities*, Ⅱ. 27, cited by Heineccius, Ⅰ. 9. 6.

② 事实上是卢修斯·曼利厄斯：Cicero, *De Officiis*, Ⅲ. 112; cf. Valerius Maximus, V. 4. 3 and V1. 9. 1。

他从父亲那里获得的财产被认为可以随意撤销，他从其他人那得到的东西也归父亲所有。父亲的这项权力很快就受到了限制。在早期，这项权力可能只适用于未婚的儿子。一个人娶了妻子后，就需要抚养妻子和家庭，子女就不再受家父权的控制，但是仍在祖父权的控制之下，然而妻子和他们的子女由丈夫抚养。我们看到在共和国早期，除了特定的情形，父亲甚至不允许剥夺他子女的继承权。《十二铜表法》宣布父亲利用法律保护他的家庭是他的当然的权利[①]；但是许多忽视或剥夺子女继承权的情况都使遗嘱无效。这时父亲不能剥夺儿子的继承权，他们也不可能允许让父亲在有生之年穷困潦倒。我们也发现早在马西阿努斯[②]时期制定了一个命令，当子女有一份合适的结婚要约时，裁判官被授权强迫那些不允许子女结婚的父母不 175
仅要允许子女结婚，而且要给予子女一部分社会地位。假如父母有权随时撤销给予的财产，那这目的意在何为。众所周知，恺撒大帝给予家子军役特有产，国王们有时在给予军役特有产之后，还会给家子准军役特有产；之后家子也被允许拥有从陌生人或者他们母亲那里得到的财产，仅有对父亲财产的用益权。尽管整个父权非常大，但是也没有我们想象的那么没有限制。

我们的野蛮祖先，他们在西欧推翻了罗马帝国，他们的父权起初是很大的，但是渐渐被削减到我们现在的形式。在罗马和英格兰，以及所有的基督教国家，父亲地位最大的不同是父亲应该抚养自己的子女。在英格兰，遗弃孩子被视为谋杀，与谋杀者受到同样的惩罚。如果父母贫困，不能维持生计，子女同样应当赡养父母。父亲对子女的权力被大大减少；现在的父权只不过是父母责罚或者温和的改正。父亲对生活在家中的年轻子女有父权；但是如果他们已经离开家庭，父亲对他们就没有权力了，然而毫无疑问，子女应该一直尊重和孝敬父亲。父亲不同于其他亲属的唯一之处是父亲比其他人更好。如果儿子在未成年时继承了亲属遗产，那么父亲就成为了儿子的监护人和管理人。父亲对其子的感情被认为是最牢固的，无可匹敌。

---

① 《十二铜表法》第3篇：利用法律保护金钱上的利益，这是很自然的权利。影印版乌尔比安第11章第14节：一个人应该制定有关他财产和房产监护的遗嘱，法律也是这样规定的。

② 第23篇第2章第19节条令，法学家马西阿努斯引自奥古斯都时代的法律和塞佛留与卡勒卡勒的法律。

1763年2月15日　星期二

如上所述，起源于家庭关系的权利有三种：首先是一个人作为丈夫或妻子的权利；其次是作为父亲或儿子的权利；最后是作为主人或仆人的权利。我已经介绍了前两种，现在我开始论述家庭中存在的第三种关系，即主仆关系。

176 主仆关系类似于父亲同家庭成员之间的关系。家长是这样一个人，其他人都依赖于他的抚养和保护。在社会的最早期，政府还处于非常虚弱的状态，在国家不同地区建立司法权是很必要的；政府找不到其他方法来使仆人长期处于这种隶属关系下。同样，政府倾向于承诺将对其他家庭成员的权威交到家长的手中，来加强家长对其他成员的权力，只有这样才能让他们处于政府权威之下。早期，这给予了家长很大的权力。然而其他成员的一些亲属，可能会削弱这种权威。一个人结了婚，妻子的父亲、哥哥和其他近亲属有着同样的权力和威信；如果妻子被丈夫虐待，她可以向这些人倾诉；他们会关心丈夫对妻子的不当惩罚。因此，丈夫审判妻子时，要让她的亲属参与，对妻子的惩罚也要得到全体亲属的同意。同样，子女的其他亲属关心他们的安全和荣誉，他们会干预过于严厉的父亲的行为以保护子女。但是仆人没有这样的人可以影响主人以此来减轻对他们的惩罚。他们既没有近亲属，也没有同他们的主人有同样权力的人。主人加在仆人身上的权威没有限制，因此在主人绝对专权下，仆人成为了奴隶。在很多方面，他们的境遇是非常悲惨的。

首先，关于他们的生命，他们完全受主人的支配，主人可以随意处置他们。主人的权威不像父亲对子女的权威，父亲只能在法律授权的范围内，根据自己的意愿惩罚子女，尽管这很专断；但是主人却可以凭借奴隶犯的小错，或者仅因为其没有遵从命令就处死奴隶，而并不被问责。

其次，正如他的生命，仆人的自由完全受他的主人控制；准确地说，
177 他没有一点自由，因为它的主人雇用他们从事繁重而没有保障的工作，仆人没有任何资源。但是主人对仆人的工作和劳动成果享有专权，所以，主人有处分权并可以把仆人卖给他人，新的主人可能对他更苛刻。这种方式下，仆人从事着可以想象到的最繁重和痛苦的工作，他没有前途甚至连获

得自由的可能性都没有，只有主人的善心或反复无常。

再次，仆人不能有任何财产。在最严厉的方式下，仆人创造出的劳动成果全部归他的主人所有。他被允许得到的东西只不过仅能维持生计，比如一匹马或者其他役畜。仆人通过最节俭的生活省下这点可怜的生活费，也可能被主人随意收回。不仅仅是仆人的劳动所得，他的任何所得都是他主人的财产。仆人可以订立赚钱的契约，为自己规定工作一天需要支付的报酬，但是这些钱不属于仆人自己，而属于他的主人；所有留给仆人的遗产都归属于他的主人。没有主人的明示或者默许，仆人不能订立合同。仆人对外所做的承诺，主人不受其约束。但经主人同意，仆人签订的契约，对主人有约束力；或者如果主人没有明确同意，但是我们可以通过他之前的行为认定其同意，同样具有约束力。因此，如果主人让他的仆人经营商店，所有的销售合同和其他有关业务管理的合同都对主人已经授权给仆人的金钱有约束力。[①] 因此，在这些方面，奴隶的境遇是最悲惨的。他们的主人强加于他们的残酷行为没有限制，最大限度地榨取他们的血汗是很常见的，他们也会因琐事而被夺去生命。我们听说奥古斯都曾经解放了和他一起吃饭的维迪阿·波利沃所有的奴隶。一个奴隶上餐时打翻了一个盘子，那个奴隶跪在奥古斯都脚下恳求他，不是请求他主人的原谅，因为他认为死亡是不可避免的，而是请求他的主人在他被钉死在十字架上后不要把他的尸体劈成块扔到他主人的池塘里喂鱼，这种方式似乎是对待奴隶的常用方法。奥古斯都听到这个故事后感到十分吃惊，他命令维迪阿·波利沃不仅释放了那个奴隶，而且释放了他其他所有的奴隶。虽然这种惩罚可能和 178
他所犯的罪行不相符，但可以处以一定的罚金。那时招待奥古斯都的人可能有 800 或者 1 000 个奴隶，如果我们对那些美洲殖民地或非洲沿岸的奴隶每个平均估价 50 或 40 英镑，那么罚金将达到 40 000 或 50 000 英镑。奴隶们在任何情况下都被最大限度地使用，他们对他们的主人没有任何的感情约束，使用最苛刻的纪律来使他们工作是非常必要的。

通过以上内容，我们知道了奴隶过着如此悲惨的生活；他们的生命和财产完全受其他人支配，他们的自由，如果他们可以被认为拥有自由，也受到主人的支配。但是除了作家们常注意到的这些艰辛，他们还身处一些我们一般注意不到的困难中。首先，奴隶被认为不能结婚。我们被告知在

① *Inst.* 4. 7. 1 - 4.

奴隶的婚姻中，男性奴隶和女性奴隶同居，虽然看起来和自由人的婚姻一样，但是有很大的不同。由于奴隶的自身状况，他们的结合不会长久。首先，当男性与女性奴隶同居时，就会需要产生对妻子的忠诚义务。当一个人娶了妻子后，妻子就开始受他的保护；妻子将自己的安全和生计（尤其是底层阶级）完全寄托于她的丈夫，由于这种依赖，妻子被认为应该长久地忠于她的丈夫。但是和男性同居的女奴隶没有这样的义务；她不靠他的劳动维持生计，也不需要他的保护和任何资助；所有他所拥有的，她都要从她的主人那得到，她的主人会负责她的一切以使她更好地工作。因此，女奴隶对同居之人没有任何特定的义务，她也不被认为应当忠于他。基于这个原因，我们看见堕落的女奴隶和男奴隶同居，但却不认为是应受谴责的或者是有害的。这对主人没有危害，任何奴隶都不能强求她的忠诚。因此，女奴隶将会卖淫，在西印度群岛殖民地我们看到了这样的情况；这可能仅对人口发展有害，卖淫总是对人口发展有害。还有其他一些事情使他们的同居不稳定。同居持续时间不是取决于他们自己，而是取决于他们的
179 主人。如果主人认为他们在一起工作不好，他可能将他们分配到不同的农场，或者可能随意出售他们。或者他认为没有得到女性奴隶生育而应该带给他的收益，他可能将女奴隶从她现在的伴侣手里带走给另一个人。这种情形下，奴隶被剥夺了所有的安慰，仅剩下一点点父母之情。虽然他对他子女的出生感到满意，但是他也知道出生的奴隶不靠他抚养和维持生计，也不受他的保护，正如我之前已经说过的[1]，这一点构成了父母和子女的感情。在罗马，奴隶也处于另一种不为人知的艰难境地。事实上，他们的处境也大体相同。不仅奴隶们的生命和财产完全依赖于他人，他们的自由被剥夺，婚姻的慰藉被切除，我们可以公正地说他们没有妻子，他们也没有上帝。奴隶没有宗教信仰，他们被认为是世俗的。我之前所述的[2]没有宗教信仰、对迷信的恐惧总是会增加一个人生活方式的不确定性。赌徒一般是非常挥霍的、无信仰的、世俗的和几乎是没有宗教迷信的人，他们却通常是相当迷信的；他们很多认为是运气用完了，例如小丑们，通常不是最有信仰的，但比其他人都要迷信；因为他们的生活变化无常。奴隶们的生活是最不独立和不确定的。他们的生命、自由、财产都完全受到其他人反复

① 4 above.

② 很明显不在我们已有的演讲稿中；上面第 13 节涉及迷信，作为无知的产物。Cf. LJ（B）133，below.

无常和一时兴起的控制。——因此最需要宗教信仰慰藉的他们却被完全阻止有宗教信仰，这对他们来说是很困难的，宗教信仰至少能抚平他们对迷信的恐惧。神也是当地的庇护神；他们认为神并不会帮助每一个祷告者。每一个城市都有特定的守护神。智慧女神密涅瓦是雅典的守护神；罗马受战神和居住在卡匹托尔山的朱庇特的保护。这些神被认为仅保护特定的人。居住在卡匹托尔山的朱庇特会处置来自叙利亚和卡帕多西亚的奴隶。除此之外，决不能两手空空地祈求神灵；请求神灵的人应该进献礼物。这一点也完全阻止了奴隶有宗教信仰，因为他们没有任何可以支付的东西；他们所有的全都属于他们的主人。——他们的主人就像祷告他们的牲畜一样， 180
也祷告他们的奴隶多产。比如对小孩子的约束。[①] 仅牧师的奴隶才被认为受到神灵保护；他们被视为受到他们侍奉的神灵的保护和支持。这使人们所有的不同的宗教信仰变为对一个超然和万能的神的信仰，他统领一切，被这个阶层的人们接受。甚至最不强迫他人皈依的宗教犹太教也欣然接受。宗教并不是靠计算来征服的，但是由于这些原因，却可以很好地用来防御。皈依者和他们的后代，由于他们不是亚伯拉罕家族的人，不能给予与将诞生救世主弥赛亚的亚伯拉罕家族相同的承诺。他们有许多禁忌，比如他们必须禁食一些人们通常吃的食物[②]，例如被勒死动物的肉[③]、猪肉等；这些不便让现在的我们绝不会皈依犹太教，但同时极少有人会放弃犹太教信仰。尽管有这些禁忌，(从异教）皈依犹太教者有了一定程度上的宗教信仰，这种宗教对奴隶和自由人是一个超然的神灵，在罗马，犹太教发展迅速。塔西佗[④]告诉我们很大一部分奴隶都信奉犹太教。当基督教被广为传播时，基督教倡导所有的人平等，没有关于种族之间的愚蠢限制，基督教在这些人群中的传播速度使人震惊。和琐罗亚斯德和穆罕默德的宗教一样，这个案例也是教人们信奉一个神。由于奴隶遭遇的残酷情形，我们发现他们受到最严苛的对待，他们的劳动受到最苛刻的剥夺。这没有被认为是同良好品

① Probably Horace, *Odes*, Ⅲ. I8. 3, 4: *abeasque parvis aequus alumnis* ('look kindly on my little nurslings an you depart').

② 原文如此。可能是“eat”。

③ 即，可能是被勒死的动物的肉。Cf. Acts 15: 20.

④ 很可能是《编年史》第2篇第85章，说4 000个自由人信奉了这种迷信。

行相悖的。——奴隶就像狗一样被拴着链子来看门。卡图卢斯[1]在他的挽歌中提到当他听到仆人房间中链子的响声，他是如此的高兴。如果奴隶是一
181 个逃跑者，但是需要他劳作，他将会有一个原木枷锁。在乡下工作的奴隶们被整晚用链子拴着，但是他们中的一些人可能使枷锁变松，当奴隶被带去工作，他们被两两拴在一起劳作。结果年迈和有病的奴隶就像濒临死亡的马匹一样死去，没有比这更常见的了。加图是一个当时最有德行和优点的人，也常常这么做，并毫无羞耻地承认这些；如果这种做法与当时的习惯不符，他将不会这么做。[2] 同样，就像城市旁边有一个地方安置濒死的牲畜，在台伯河中有一个岛用来遗弃将死的奴隶们，我们听说那里全是累累白骨。

我们倾向于想象奴隶制在今天被完全废止了，没有考虑到这仅发生在欧洲一小部分地区；没有想到在整个俄国、整个欧洲东部和整个亚洲，从波希米亚到印度洋，整个非洲和美洲大部，奴隶制仍然存在。奴隶制被完全或者大部废除几乎是不可能的。在共和政府，奴隶制的废除几乎没有发生。共和国法律的制定者本身自己就有奴隶。他们不会制定法律来削减奴隶的使用；制定的有关奴隶的法律意在加强主人的权威，使奴隶降到一个更加完全从属的地位。主人对其奴隶的权力增大，他们的获利就增加。因此，在所有的共和政府里，主人对奴隶的权威是无限制的。奴隶被强加的服务是如此的重，主人对他们是如此的严厉，主人需要用最严格的纪律来让奴隶们守秩序。在所有存在奴隶制的国家，我们看到自由人和奴隶相比，数量是相当少的。一个中产罗马人家中会有 500 或 600 个奴隶，在这个国家里，5 或 6 个自由人可以支配上千个奴隶，对其进行极权控制，在产糖的殖民地，黑奴的情况也是一样的。最严厉的控制对维护他们的安全很有必要。因此，奴隶被最大限度地严重剥削。对主人来说，每天晚上鞭笞奴隶是一件很习惯性的事情，然而在西印度群岛是在早上这么做。当塞内卡在高谈
182 阔论时代恶习时，抱怨称（在他的《论恩惠》中）[3]，他在午夜被奴隶的哭喊声吵醒，因为他们的主人改在夜晚惩罚他们；他抱怨，这不是什么大事，

① In fact Ovid, *Amores*, I. 6, cited by Hume, 'Of the Populousness of Ancient Nations', in *Essays*, I. 386. Hume also quotes 'the ancient poet, *Janitoris tintinnire impedimenta audio*' (Afranius, *Comicorum Romanorum fragm*. 392).

② Plutarch, *Life of Cato*, 4, cited by Hume, *Essays*, I. 386.

③ In fact Seneca, *Epistles*, 122, cited by Hume, *Essays*, I. 387.

只是选的时间不好。国家一直在阻止奴隶们的暴乱；奴隶战争主要是因为他们，这需要最有能力的将军来平息战争。奴隶的叛乱使得更严厉的控制很有必要。自由人的自由是镇压奴隶的原因。没有一个国家要比罗马给予奴隶的自由更大；所以一个自由人不会由于罪行而被处死，但是奴隶即使犯了最轻微的罪行也可能被处死。奴隶和他们的主人同住、同行，主人被谋杀后，所有的奴隶无论是否逃走，通常都将被处死。[①] 塔西佗[②]告诉我们，一个人在家中被谋杀，他所有的400个奴隶被处死；因此暴徒增多。元老院会议被召集，其中一个较严厉的成员坚持古老的原则，并告诉他们如果不树立这样的例子，他们任何一人将不再有安全保证，只有这样奴隶才会在最大程度上服从他们的主人，等等。同样，迦太基、提尔、斯巴达等都处于奴隶叛乱的危险中。在君主政府下，取消奴隶制有更大的可能性。君主不会因此受到伤害；相反，可能通过削弱他的贵族的实力来强化自己的权威。因为君主在某些程度上更像一个公正的裁判者，他的同情心可能有助于降低奴隶主权威的严苛性。由此我们看出，没有哪个君主曾遭受奴隶的危机，莫卧尔王朝，近代和古代的波斯，以及土耳其都没有这样的情形。

1763年2月16日　星期三

在这里我们可能观察到与在富裕和优雅的人中存在的奴隶制相比，我们更加容忍在贫穷和野蛮的人中的奴隶制。有一些事情很自然地产生了这种效果。第一，在一个容忍奴隶制的富裕国家，奴隶的数量总是非常大的，远远多于自由人的数量。他们的财富能够使他们维持巨大的数量。一个富裕的贵族将有上百个或者几千个奴隶。我们听说Trebellius[③]是一个当时最
稳重和最节约的人，依据工作需求，他有时有200个奴隶，有时有10个奴 183
隶。由此可见，那时绅士应该至少有10个奴隶。同样，奴隶的数量通常至少是自由人的10倍。因此，他们是一个非常可怕的群体，会维持这种恐惧的状态。但是在贫穷的国家，居民的财富不能使他们维持这么多奴隶；他们至多有10个或12个奴隶，许多人有2个或3个，更多的人没有奴隶。这

① 元老院决议，cited by Montesquieu XV.15。

② 原文空缺，Tacitus，*Annals*，XIV.43，cited by Hume，*Essays*，I.392.

③ 事实上是Tigellius（提格里乌斯）：Horace，*Satires*，I.2.3 ff. and I.3.11-12。

样的国家里奴隶的数量会少于或者略多于自由人的数量。因此，不会使自由人感到恐惧。在富裕的国家里，因为奴隶主要不断地恐吓他们的奴隶，所以他们最严厉地对待奴隶，并采取任何方法使奴隶处于恐惧之中。由此我们看到，在罗马富人是非常多的，人们长期处于对奴隶的恐惧之中，因为奴隶的数量远远大于自由人的数量，奴隶被最严厉地对待，他们由于最细微的过失就被处死。正如塔西佗[①]所说，在古日耳曼人和其他民族那里，奴隶被最人性地使用。他说当一个人的奴隶成为他的敌人，在没有其他方法时，人们可以杀死他的奴隶，也就是说，他杀死他的奴隶是出于合适的愤怒，而不是变化无常的喜好或者任何细小的犯罪。同样，我们看到美洲大陆殖民地的奴隶受到仁慈的待遇，并被以一种非常温和的方式使用。他们的主人一点都不富裕，因此，不能负担保有大量的奴隶，也不会处于对他们的恐惧中。在西印度产糖的岛上，奴隶被严苛地使用，他们的数量是非常大的。每个人都知道糖贸易比种植玉米获利要多得多，因此，北美的种植者主要是被雇用的，因为种植园主只有适中的财产，保有极少的奴隶。但是糖贸易是利润最丰厚的贸易，许多人在极短的时间内就积聚了无尽的财产，他们可以负担保有大量的奴隶；因此，奴隶的数量远远超过了自由人的数量。这使得主人长期处于对奴隶的恐惧之中，结果奴隶主对奴隶使用最严厉的措施。最轻微的暴动，奴隶就被大量处死。任何一个制造了极小的骚乱的奴隶将被立即绞死；绞刑通常用的不是绳子，而是他们对狗用
184 的铁圈，奴隶将会被吊 6 或 7 天，直到他们被吊死。在一个富裕的国家，除了自由人对奴隶的恐惧之外，还有其他事情使奴隶们受到更为严厉的对待。在贫穷的国家，奴隶主与奴隶之间在任何方面都没有大的不同。他们在同一个桌子上吃饭，一起工作，穿的也一样，在其他方面也很相似。在富裕的国家，他们这些方面存在惊人的不协调。这些不协调使得富人要比那些较穷的人对待奴隶更为严厉。一个非常富有的人、一个贵族与一个农民相比，他们的境遇有着天壤之别。农民通常和他的仆人一起工作；他们同吃，并且基本没有区别。贵族和他的仆人之间生活境遇的不相称如此大，以至于贵族几乎没有把仆人视为同类；他认为仆人甚至没有权利享受日常生活的喜悦，很少同情仆人的不幸。但是农民认为他的仆人基本上是和他自己平等的，因此农民更可能同情仆人。最能激起我们同情和易于感染我们同

① *Germania*，xxv.

情心的人，是和我们最相似的人，不同点越大，他们感动我们的机会就越少。{至于奴隶，情况也是相同的。}在野蛮的早期，古罗马人对待奴隶的方式不同于他们在富强和文雅时期对待奴隶的方式。在早期和古罗马时期，对待奴隶的方式通常被认为是善良的，那时没有大量的奴隶，奴隶受到最人性的待遇。[①] 奴隶的数量不足以使罗马人猜忌奴隶[②]，奴隶和奴隶主之间的生活方式也是基本相同的。他们共同劳作，他们一起吃饭；主人非但不认为奴隶没有价值，不尊重他们，反而给予奴隶最大的信任；主人把奴隶看作是忠实的朋友，在奴隶身上主人能够发现忠诚的情感。{奴隶受到的待遇更像是家庭中子女受到的待遇。}他们的后代用奴隶的身体来喂鱼，到目前为止，他们后代的这种野蛮残酷行为反而被清除了。德国人和他们的奴隶鲜有不同；卡狄人[③]的生活都一样：他们穿相同的衣服，有着相同的生活方式，因此人性地对待奴隶。同样，北美的种植者，因为他经常从事相同的工作和劳动，他把奴隶看成是自己的朋友和搭档，最大程度仁慈地对待 185
奴隶；富裕和骄傲的西印度人，他们对奴隶的工作很陌生，在各个方面尽可能剥削他的奴隶。这不是北美民族的残暴行为，而仅仅是他们的贫穷致使他们熟悉奴隶的工作，像我所阐明的那样仁慈。社会越进步，奴隶的处境就越糟糕；奴隶在人类野蛮时期的待遇要比在人类开化时期的待遇更好。社会的富裕和高雅会大大增加奴隶的痛苦。同样，政府越专制，奴隶的处境越好，人们越自由，奴隶就越痛苦；在民主国家，他们的痛苦要比在其他国家更大。自由人的自由越大，奴隶制就越无法容忍。富裕和自由，人类能拥有的最大的两个恩赐，更易于增加人身的痛苦，在允许奴隶制的国家里，奴隶创造了财富的极大部分。因为这些恩赐与大多数人的幸福是不相容的，如果一个仁慈的人渴望这些恩赐，而又不建立奴隶制，那么这些恩赐绝不会出现。

很明显对奴隶自己来说，身处奴隶状态肯定是不开心的。虽然一些作家有疑问，但是这一点几乎不需要证明。然而说明奴隶主也是不开心的并不是很难。即，奴隶耕种的土地未必比自由佃户耕种的土地肥沃；如果扣除他们的原始成本和生计开销，奴隶劳作获得的利益将没有自由佃户获得的利益大。在古代国家，奴隶是土地的唯一耕种者，奴隶被分配到一块土

① Montesquieu，XV.15.

② 原文如此，毫无疑问应该是“there”。

③ 即德国人。塔西佗经常提到的卡狄人是德国最重要的部落之一，意思是“主和奴一个样”。

地上耕种，除了一些奴隶主给予他们维持生计的必需品，他们所有的产出都归奴隶主所有。我们发现在希腊和意大利等一些土地富饶的国家，主人得到的部分大约是所有产出的 1/6，是超出了维持耕种者生活必需的部分，但是在苏格兰和英格兰，佃户支付的租金高达产出的 1/3。从那时起，虽然土地很肥沃，天气也很适宜，但他们产出的 1/6 仅比维持耕种者生计的必需部分多时，希腊和意大利的土地耕作状况就非常坏；但是在贫瘠和寒冷的苏格兰和英格兰国家，向地主支付 2 便士，结果土地的产出必须大约是之前产出的________（原稿空缺）。这种方式下耕种的土地上损失很明显不同于自由佃户的损失。奴隶和佃户完全为他的主人耕种土地，超出他们生计的
186 所有部分都归地主所有；因此他就没有任何施肥和耕种土地的花销和麻烦；如果他使土地的产出足够维持自己的生计，这也是他所期望的。监督者可能通过严重的捶打或者其他严厉的方式使他们能够在农场上为地主生产出一小部分收益；但是这部分收益并不大，由此我们看到一个农场，地主有产出的 1/6 的收益，那么它将被认为差不多是很好地被耕种的。另一方面，自由佃户向地主支付一个固定的租金，他从农场得到的超出租金部分的收益完全是自己的财产，地主不能像对待他的古老农奴或者他的奴隶那样要求自由佃户，自由佃户在租金之上积累的任何一部分，都可以用来维持他们的生计。这给他们的工作带来了较大的积极性；他们将把钱花在施肥和提高土地质量上，不久土地就会达到这样一种耕种的程度，在向地主支付 1/3 的产出后剩余的 2/3 部分还能够维持一种更好的生活。在此之后所有的产出，被认为大概有产出的 1/3 是完全属于他们自己的。因此，这样的一种奴隶耕种方式不仅更受奴隶的喜爱，甚至也受到奴隶主的喜爱。——尽管有这些优点，但是奴隶制还是不应当被废除，由于一些特殊的情况，现在世界的一小部分地区废除了奴隶制。在民主国家，废除奴隶制几乎不可能，因为那里的立法者都是奴隶主；因此，他们绝不会舍弃他们如此大部分的财产；尽管正如我所阐述的，他们真正的利益将会引导他们释放他们的奴隶以及雇用自由的农奴和佃户来耕种他们的土地，然而他们喜欢控制权力，喜欢依据他们明确的规则来接受一切事情，而不是屈尊同奴隶讨价还价，他们认为这些人地位低等，并以一种傲慢的方式对待他们。我说，这种对控制和欺压的喜爱，将使自由国度里的奴隶恢复自由基本不可能。在一个完全君主国里，奴隶们的境况要好得多；那里的君主是唯一的法官和统治者，不会受到缓解奴隶被压迫状况的影响，他可能倾向于缓和奴隶们的境

况；我们看到这种情况在一定程度上已经在专制国家发生过。完全君主国里奴隶的状况要比自由共和国里的状况更为人所忍受。但是，尽管君主的 187
权威可以在一定方式上缓和奴隶们的状况，然而它并不能达到彻底废除奴隶制。在所有存在奴隶的国家里，大部分的财富依赖于奴隶。如果他拥有地产，地产全部由奴隶管理；没有奴隶，他什么也做不了；奴隶在地里工作、耕种，从事所有土地种植必要的活动，帮助他们的主人。一个拥有大量地产的人将会有上千个奴隶，次等富裕的人也有相应比例的奴隶，但是如果一个国家人们是差不多富裕的，几乎每个人将会有一些奴隶；他们最大部分的财富存在于奴隶身上。同样，我们看到西印度种植园主的大部分资本存在于他们在种植园的奴隶身上。因此，废除奴隶制将会剥夺他们较大部分的财富，尤其是贵族，奴隶是他们最主要和最有价值的资产。这是他们决不能忍受的，肯定会引起暴动。因为没有一个人有足够的权力或者可能已经有足够的权力用这种方式剥夺他们的财富。如果他释放一个奴隶，这将掠夺奴隶主的所有价值。这绝不会发生。因此产生于社会早期的奴隶制度几乎不可能被废除。正如我所说的[①]，社会早期的政府非常羸弱，不能过多地干预私人事务。政府进步后，司法权可以任意地任命法官，像现在英国的情况一样，国王可以任命一个他满意的律师为法官，也可以任命任何一个他满意的人为其他司法人员。这些在早期社会是不可以的，人们不会屈服于这种情形。因此，政府发现利用某些人的优越性和权威是很有必要的，这些人在国家中受人尊敬并将司法权控制在他们手中。司法权以这种方式被建立起来，基于相同的原因，强化所有一家之主的影响与掌控也是必要的。因此，奴隶制在社会早期流行，对他人享有控制权和对权威的热衷可使奴隶制永存。今天，在欧洲一些角落奴隶制已经被废除，这种情形是很罕见的，这种同时发生的情形已经引起了变化。

欧洲国家那时正处于封建政府时期。大领主的权力依赖于他们的封臣和他们的农奴。那时的土地被佃户和奴隶种植（正如我之前提到的），这和
古罗马和古希腊政府时期靠奴隶种植是一样的。有两件事情为奴隶带来了 188
自由。首先，在西欧所有国家，牧师是非常有权势的一类人。通常牧师对下层阶级和生活艰辛的人有更大的权力和影响力，对富人和有权势的人的权力较小。因此，那时的权威主要是针对佃户和奴隶的。他们认为应该大

① Above，ii. 95，152；iii. 7.

大增加教会的权力，那些受牧师影响最大的人应该获得自由，脱离对于他们主人的依赖。牧师们大大促进了农奴的解放，尽可能地劝阻了奴隶主放弃对奴隶的权威。——国王出于利益考虑，也倾向于推进同样的事情。贵族的权力存在于对他们的封臣和农奴的依赖，它经常会对牧师和国王的权力构成危险。在一个富裕自由的国家，奴隶的数量是巨大的，他们成为人们害怕和恐惧的对象，从不被信任参加军队，因为他们是统治阶层的天然敌人；在贫穷的国家，尤其是在野蛮时期，一个人处在专制统治下，他们不会成为政府或者人民的恐惧对象；因此在当时，他们成为士兵的主体，他们长官的权力存在于他们身上。国王的利益也使得国王考虑减少贵族们的权威和他们的封臣对他们的农奴的权力。因此，国王法庭非常支持农奴的主张，在所有的场合都努力减少地主对农奴的权力。一旦国王法庭被召集，将会给予特殊的农奴特别的支持。例如那些通过一些方式获得了土地的人，可以在他们的主人满意的范围内被同意保留领主的一片土地，并以其他人采用过的方式赔偿领主。在这个讨价还价的过程中，他们认为应当坚持采邑的惯例。法庭为了供养人的利益利用了这种表达，并因此对他们进行了解释；除非一些大的冒犯，领主通常不会驱逐农奴，因此他们签订协议使佃户永久占有土地，除非发生一些法律规定的可罚性的犯罪和侵犯行为。在这种方式下，农奴从特殊的农奴变成了依据公簿记录占有土地的佃户。地主对农奴的权力被国家中这两种最有权势的人员所限制。牧师，
189 当时非常有权势的群体，他们认为鼓励佃户对他们有利，国家首脑、国王的权威同他们的利益是一致的。在这种方式下，他们同意让与他们对农奴的权威，但是如果和他们之前拥有的相比，这是非常有限的。他们或许也看到了在这些农奴的管理下，他们的土地没有得到很好的耕种。因此地主认为解放他们的农奴并与农奴签订土地耕种协议会对自己更有利。这种方式下，奴隶制开始被废除；此时农奴是仅存的一种奴隶形式。我们的祖先是粗野、强壮的人，他们没有一点奢侈和娇气；他们所有的奴隶被雇用来耕种土地。因此当隶农身份及地位被废除时，奴隶制也就被废除了。牧师同国王的巨大权力解放了奴隶。但是奴隶的解放需要国王的权力和牧师的权力足够大。在任何地方，任何一方的权力不足时，奴隶制仍会继续。在苏格兰、英格兰，国王和教会的权力都很大，因此，奴隶制被废除了；在法国、西班牙也是同样的情形。但是在选举制君主国波兰，选举国王的德国，以及直到奥地利议院控制它之前国王都是选举制的波希米亚王国，奴

隶制仍然继续存在；他们有依附于土地的农奴[①]，在相同的立足点上，他们称其为古代的农奴。因为在所有这些国家，国王的权力不是非常大；因为正如我阐释的，所有选举的国王的权力都比世袭的国王的权力要小得多。另一方面，虽然俄国沙皇的权力很大，但是奴隶制仍然被使用，因为尽管希腊教会的权力很大，但是没有像其他欧洲国家中的天主教那么大的权力；甚至在彼得大帝之前，我们看到的这个国家的情况就是这样的。

被解放的农奴没有可用的设备来从事农场的耕种工作。持有刚弓耕具的佃户或者在法国被称为分成保有人的人，他们是隶农身份及地位被废除后的第一种自由佃户。地主同意给他们配备工作需要的所有设备，因为他们一无所有。地主给他们牛，他们自由约定在租期结束后，通常是在年末，要归还与他们已经收到的数量和价值相同的牛，地主给他们提供所有其他必需品；他们用这些来耕种土地，他们的劳动作为生产的一部分。协议规 190
定年底他们分配产出；农民拿走一束谷物，地主拿走另一束，通过这种方式，他们平均分配所有的产出。在这种方式下，有耕具的租户是农奴被废除后的第一种自由佃户。尽管之后我会说明这种方式对自由佃户不利，但是这种方式很受奴隶的喜爱。奴隶们从农场种植的产出超过他们生活必需的部分都归他们的主人所有，如果奴隶从他分得的部分节约了一些，他的主人可以随意收回。这种方式没有任何的诱惑可以让奴隶充分发挥他的劳力。但是有耕具的农民可以和地主一样，多产多得；较之谷物的产量与农民的收益无关的情形，这种情况下农民和他的主人都可以获得更多的谷物。农民的利益也是地主的利益。但是他需要在农场付出一份超常的劳动，与他一年的劳动相比，地主什么都不做，却拿走了一半的产出。这使得他们感到气馁。对他们劳动成果的掠夺大大挫伤了他们的劳动积极性。什一税对农民的勤勉工作伤害很大，这一点应该被更充分地解释，因为另外一个没有付出任何劳动的人拿走了农民所有产出的 1/10。当农民经过多达 10 年或 20 年的勤苦劳动和节俭生活，能够自己经营农场时，他们将向主人提出要求自己经营农场，供养牲畜，他们向主人支付一个年租金来代替可能因季节不同而不确定的收成。在这种情形下，农民不被任意驱逐，反而在一定年限内保有农场。这种提议不仅农民同意，地主也同样同意。土地一半的产量可能因季节而不同，地主非常乐意将这一半的产出改为与他每年所

① 与土地一同登记，依附于土地。

得相当的一个特定数量。通常一半的产量被认为是合适的租金。这种耕作方式比前者会更大大促进产业发展。农场中超出固定租金增加的部分全归农民所有，因此他们有很大的动力来发挥自己的劳动积极性。固定租金的
191 比例大约高达产出的 1/3，正如我所说过的[①]，这比奴隶种植土地时支付的部分要大得多；农民得到的部分也大得多。

有一个我们最熟悉的例子，它很简单地说明了与自由人和雇佣佃户相比，奴隶种植和工作的不足。即矿工和盐工的例子，他们是我们当中仅存的有奴隶痕迹的人。尽管他们的情况要比之前的奴隶或农奴的情况好得多，然而他们从事的劳动价格昂贵。他们在许多方面要比古代的奴隶轻松得多。首先，和其他人一样，他们的生命受到土地法的保护。采煤工和制盐者的主人不能像罗马人那样随意杀死他们，否则将被视为谋杀。他们的财产也是安全的，因为他们并不像古代的奴隶一样，完全为他们的主人工作，和其他劳力一样，扣除他们的生活所需后，主人要为他们的工作支付酬劳；他们通过这种方式获得的一切都完全属于自己，不能被他们的主人剥夺。事实上，他们可以被出卖，但是要在特定的方式下。当矿场被卖了，矿场上的矿工和盐工和矿场一起被卖。在这方面他们和德国的农奴或者依附于土地的农奴相似，他们总是依附于他们耕种的土地，而不能被单独出卖。同样，矿工是依附于他们的工作的；他们要和矿场一起被卖，但是不能被单独出卖或者让与他人。[②] 他们也有结婚的自由，因为他们和其他劳动者一样，由于他们不会被强制分开，可以与可能和他们结婚的人同居。他们也有宗教信仰的自由，宗教的属性使得每个人都有信仰的自由。但是我们不会想象到基督教的特性是与奴隶制相悖的，在我们的殖民地，奴隶主都是基督徒，然而却允许奴隶制。君士坦丁堡的国王们非常嫉妒基督徒，然而绝没有想过废除奴隶制。现在也有许多基督教国家容忍奴隶制的存在。同样，矿工有许多自由人的特权；和其他人一样，他们的生命受到法律的保护；他们的财产也属于自己；他们的自由没有完全被剥夺。他们可以结婚并且有自己的宗教信仰。所以，除了他们被约束在特定的地方从事特定的工作，对他们的限制绝不比其他人多。这样的情况下，许多人认为自己是
192 自由的。在东印度群岛的许多民族认为自己是完全自由的，应当从事父亲

① 112 above.

② Erskine，Ⅰ.7.39.

的职业和生意。古埃及人从不认为他们自己是奴隶，在塞索斯特里斯[①]时代以后，他们同样被要求坚持从事他们父辈的生意。尽管他们与自由人的区别是如此的小，但是他们的劳动价格更高。和平年代不缺工人，社会上日工的价格是非常中等的；我戏称他们的工艺劳动不需要技艺，只需要劳力。那些要求某种技艺的工作，其技艺要求也是很低的。例如，一个织布工每天需要 8 便士到 9 便士；其他不需要技艺的工作，即无需大量指导短时间练习就可以掌握的工作，例如农夫、挖沟工的工作，生活在这个国家中的每个强壮的人无需经过学徒学习就可以掌握，他们每天能挣 5 便士到 8 便士。6 便士是平均水平。但是矿工的工作只不过是劳动，任何一个能手握镐的人都可以经过短暂的练习学会。他们每天赚 2 先令、2 先令 6 便士或者 3 先令。如果矿工和盐工的主人给他们自由，并且将工作对所有的自由人开放，那么这些工作的不合理的劳动价格很快就会降下来。自由人被阻止从事这个行业，因为这个行业规定一个人在煤矿井工作满一年，就变成了矿主的奴隶，矿主可以向他提出这样的主张，除非他已经约定不适用上述规定。但是这一点矿主是绝不会同意的。喜欢控制他人和对他人享有权力，这恐怕是人类的天性，希望别人的地位比自己低，满意于一些人按照自己的命令工作，不用讨价还价，因此，上述情形很难发生。事实上，在某种程度上，这种工作比同种类的其他工作更让人厌恶，更危险，他们可能需要更高的报酬，但是不能超过 8 便士或 9 便士；所以，现在矿工的工资大约 4 倍于矿场向所有人开放后的工资。尽管工资很高，但是我们经常看到矿工从英国的矿场跑到纽卡斯尔的矿场，因为那里工作是开放的，他们每天所赚的不会超过 13 便士或 14 便士；但是我们从未看到他们从纽卡斯尔跑到这里。

奴隶制度也产生了其他一些不便，在关于警察的论述中我已经提到了。[②] 这里重申一两点。第一，奴隶制对人口发展是非常有害的。因为奴隶
主希望占有奴隶们的劳力，而男性奴隶能够提供高强度的劳动，女性没有 193
从事艰苦劳动的力气，由此男性奴隶成为他们最希望得到的奴隶。在维持生计所费不多的贫穷国家，买一头牛或一匹马要比在富裕国家里抚养奴隶

① Dicaearchus, fragm. 7（Müller, *Fr. Hist. Gr.*, 2.235）中说，塞索斯特里斯规定所有的职业都应当被继承。亚里士多德，《政治学》，1329^{b}2－4，提到塞索斯特里斯制定了一个军人阶层和农民阶层分工的传统。

② Cf. LJ (B) 290－291, 299－300, below.

便宜得多，从一个贫穷国家买一个奴隶要比抚养他便宜得多，因此奴隶主不希望奴隶生育。由此我们看到在罗马很少有奴隶是本国的[①]；较大部分的奴隶是从叙利亚、西徐亚、卡帕多西亚或者其他贫穷国家带来的。我们听说这些不同国家和罗马航线之间的提洛岛，一天的交易时间就卖给罗马人10 000个奴隶[②]；从而我们可以看到那时每年进口奴隶的数量是多么的庞大。尽管没有前者那么大，但是每年从非洲沿岸被带到一些欧洲在美洲和西印度群岛殖民地的奴隶的数量也是非常惊人的，其中很少一部分是女性。德谟斯提尼[③]在他的一篇演说辞中，给了一份他的父亲留给他的财产目录，财产目录告诉我们他父亲留给他50个男性奴隶，2个女性奴隶，男女比例是25∶1。在西印度产糖的岛屿中也没有比这更高的比例了。理论上，女性将生活在一种卖淫的状态中则是必然的事情，其他的也是这种最不适合繁殖的状态，因此她们也就没有很大可能生下很多孩子。如果碰巧生了很多孩子，也不指望能将其抚养成人。孩子非常脆弱，在抚养期间需要很多的关心和照顾。中下阶层的孩子常被忽视，并被暴露在严酷的天气和其他危险之中，有一半在5岁之前就夭折了。较好的阶层能够照顾好自己的孩子，很少有这么高的死亡率。一些中层阶级的女性生有8个孩子，当孩子5岁时有4个夭折，疏忽足以构成高死亡率。奴隶自己本身就被轻视和忽视，他们的孩子和他们一样可能受到忽视。虽然一些孩子出生了，但是很少将被抚
194 养大。由于这些现存的原因，西印度群岛的奴隶数量五六年内被完全耗尽，因此每年他们必须进口大约总数1/5或1/6的奴隶[④]；（这是）一个我们在其他国家没有发现的比例。

我进一步发现，奴隶制大大减少了自由人的数量。随着大部分的自由人沦为奴隶，奴隶制使自由人的数量减少是很明显的，但是以如此惊人的比例是万万没有想到的。

按照常理，一个人每年需要10英镑才可能设法养活自己、妻子和家庭。因此当我们看待一个拥有大量家产的人时，我们就会认为他是一个毁掉许多人生计的怪物。我们的祖先也是这样认为的，并采取所有措施阻止奴隶

---

① Hume，*Essays*，Ⅰ.389. Vernae是指出生在主人家中的奴隶。

② Strabo，XIV. 668，cited by Hume，*Essays*，Ⅰ.389.

③ Demosthenes，*Against Aphobus*，Ⅰ.9－10，cited by Hume，*Essays*，Ⅰ.391；2/50的奴隶是女性。

④ Hume，*Essays*，Ⅰ.390，note：“据计算，在西印度群岛，每年有5%的奴隶死亡，除非有新的奴隶被带来补充他们。”

的增加。一个每年有10 000英镑地产收入的人，可以承担得起1 000个人和他们家庭的生计；但是，如果他是一个不会赠送任何东西的吝啬之人，一点也不大方，他只使用四五个奴隶[①]，就会被认为是社会的害虫、怪物，一条吞吃了所有小鱼的大鱼；因为剥夺他人生计与破坏他人本身是一样的，一个消费了10 000英镑的人看起来是破坏了应该维持1 000人生计的钱财，是我们能想象到的社会最大的破坏者。——但是如果我们观察这种人，我们会发现他对社会绝不是有害的，相反还相当有利。首先，他吃的并不比别人多；他的胃口也不比一般的农夫大[②]；所有的差别在于他穿得更好，衣服更多，会花费更多的钱在衣服和布料上，但是这种消费不是一次性的。事实上，他的花费并不比平常的农夫多。虽然他的衣服种类多，但是那时他穿得很少；除天气好，出去散步外，他几乎不离开自己的椅子。他的衣物不会被风吹日晒，也不会被磨损，适用于多种场合；但是农夫的衣服经常被磨损，穿得也多；他们做衣服没有其他目的，只不过要适合被扔在粪山上或者施肥的土地上。因此，他的花费不仅不会更多，反而可能比他人 195
要少，差距只是他的花费是精心挑选的。和以前一样，花朵最美好的一部分被他采摘了，因此与之前的相比，他留下的就很不适合维持人们的生计。我们设想他以实物支付租金（因为这样没有差别），一个人支付给他千斤小麦，一个人支付同样的大麦，一个人支付同样的牛羊，其他人支付同样的酒和油。现在他消费的只是这些的小部分，他消费的部分确实是经过精心挑选的；剩下的部分他赠送给为他挑选的人。他消费的那部分经过精细加工，以至于价值要比之前的价值大得多，比它们用来供养一个人的自然价值要大得多。在这里，这部分的价值由10英镑变成了10 000英镑，所以精细加工使这部分的价值增加了1 000倍。同样，接受他其余货物的人可能花费5或600英镑，结果是他们的消费品被精心制作后，价值高达100倍以上。其他又低于200或300英镑的花费，又或低于50或者60英镑的消费，直到降得和那些每年消费仅约10英镑或更少的人一样。通过这种方式，他的财产经过精细加工达到原始价值的1 000倍。但是，与之前相比并不能供养更多的人；富人没有这种作用。但是他大大增加了工作和制造的机会，这对人人增加其价值是必需的。因此，在国家的现阶段，阻止如此巨大财

① Cf. i. 116 - 117 above.

② Cf. TMS Ⅳ. 1. 10：“他的肠胃容量同其欲望不成正比，他的胃里能容纳的只不过就是一个最普通农民的饭量。”

富的增长是没有好处的。虽然耕地分配法要求给所有人平均分配土地，这确实有让人满意的地方，但是在任何紧迫的情形下，地位平等的平民必然不能保护他们自己。他们没有在急需时可以救济自己的保存物。但是，当商品被加工时，他们中的少数人将从其他国家获得大量的未加工产品。在俄国，一半的船只装载着麻纱和细平布，整个舰队满载未加工的亚麻。被携带的产品价格越高，需要的数量就越大。装载花边从布鲁塞尔出发可以在里加或者彼得堡换成大量的亚麻和大麻。贫穷的国家可能会被一场饥荒摧毁，变得一无所有，无法获得救济。很多时候，他们被强迫派军队出国，
196 否则难以维持生计。生产小部分制成品的国家会进口大量的初级产品，这使得他们能够维持生计。假如贫富差距缩小，那么巨富之人对国家是有利的。① 后文我将进一步解释一个凌驾于所有人之上的人才是社会的真正危害。在英格兰，不存在财产从 40 000 英镑减少到 2 或 300 英镑的情况。

虽然在现阶段，打压所有过度增长的财富没有必要，甚至有害，但是在古代情形就非常不同了。最聪明的人总是认为那些过度增长的财富对社会利益危害很大。他们将那些富人视为担心和厌恶的对象，视为花费了应该用来供养大量自由平民生计的怪物。我们发现他们的担心是非常有理的。例如，一个人每年拥有 10 000 英镑的财富，事实上他不仅破坏了 1 000 个奴隶的生计，而且还破坏了 6 000 个自由平民的生计。因为我们将考虑到土地完全由奴隶种植，自由佃户不存在这样的情形。拥有 10 000 英镑财产的人不仅占有产出 30 000 英镑价值的土地，而且正如在现阶段一样，他还有能产生 60 000 英镑价值的东西。5/6 的产出被种植土地的奴隶消费，因此最大产出部分给予了奴隶们。剩余的部分也不是像现在一样在自由平民之间分配，他依靠自己的奴隶或者其他富人朋友的奴隶精心制作，使他消费的产品增加到一个他预期的价值。富人们在他们所有不同行业中需要雇用奴隶；一个奴隶是泥瓦匠，另一个奴隶是木匠，一个是商店经营者，另一个是酿酒人或者面包师等等。奴隶们总是被雇用来从事上述工作；如果碰巧一个富人在一个行业中需要一个工匠，而他没有从事这个行业的奴隶，他更喜欢雇用富人朋友的奴隶，而不是雇用贫穷的贫民，正如我们看到的西塞罗

① 144 below.

雇用塞勒斯①，他朋友的奴隶，来作为他的建筑师。因此，富人财产的全部
产出都是由奴隶主和奴隶消费的。另外，因为与我们这个时代的习俗完全
不同，我们对此无法理解。亚里士多德②和西塞罗③曾说过，在雅典和罗 197
马，所有的煽动性言论会因两种情况而生：人们要求颁布一部土地法，或者是要求清除债务。把人们的财产拿走并送给其他人，这种要求毫无疑问会引起不安。但是在现在，我们从未听到过此类要求。这是为什么呢？是因为现在的人比以前更加诚实吗？当然不是。人们面临的情况有了很大的不同。穷人永远不会欠别人什么，因为没人会信任他们。但是罗马每个贫穷的公民都有很重的债务，雅典的情况也一样。现在的穷人既没有土地，也没有财产，但是仍然能够在农村的农场主那里找到一份工作，或者是为交易商工作，只要他们有相应的知识和技能就行。但是在罗马，所有的工作都是由奴隶完成的，既没有土地又没有钱的贫穷公民的处境十分糟糕，没有任何工作能够使他们看到成功的希望。他们维持生计的唯一方法就只剩下他人对他们慷慨的救济，或者是在竞选中有人会买他们的选票。但是当候选人因为购买大量选票而濒临破产时，他们则会采取另外一些措施。他们会借给穷人一大笔钱，这些钱远比他们为竞选而买选票花的钱还多，同时还有很高的利息，通常是12%或者更多，有时会达到30%或者40%。这些钱会不断累积，最终让那些贫穷的市民无法偿还。债主用这种方式确保他们获得选票，不用再给予他们任何施舍，因为那些穷人已经欠下了无法偿还的债务，而其他竞争者也无法替他们偿还债务而获得那些选票，因为那些债务实在是太巨大了。正因为这样，那些更穷的市民连他们唯一的生活来源也被剥夺了。人们通常认可这样一条规则：如果他们不愿意，没有人可以被强迫出卖自己的东西。但是在不得已的情况下，人们会打破所有的法律规定。在饥荒时期人们经常会强制那些有粮食的人打开他们的谷仓④，并迫使他们以穷人认为合理的价格来卖粮食。同样，人们认为

---

① 西塞罗的建筑师塞勒斯（*Ad Atticum*，Ⅱ.3.2；*Ad Quintum Fratrem*，Ⅱ.2.2）可能不是一个奴隶，斯密可能是把他与艾洛斯混淆了，艾洛斯是西塞罗富人朋友阿提库斯的一个奴隶，西塞罗雇用他照看自己的金融事务（e.g. *Ad Att.*，Ⅻ.7.1；Ⅻ.21.4；ⅩⅢ.2a.1）。

② Not in Aristole（W. L. Newman，*Politics of Aristotle*，Ⅳ.335）；cf. Plato，*Republic*，Ⅷ.565E；Demosthenes，*Against Timocrates*，149，and *On the Treaty with Alexander*，15.

③ *De Officiis*，Ⅱ.78.

④ Cf. Hume，*Enquiry concerning the Principles of Morals*，Ⅲ.i（ed. Selby-Bigge，§147）.

198 正义的规则之一就是财产不能被剥夺，债务不能被免除。但是罗马人发现他们所有的财产都被少数人拿走了，罗马帝国的财产也大大减少，从而引起了严重的贫困，毫无疑问，他们想通过法律来保护自己，避免这种麻烦。从这种麻烦中，我们可以看到奴隶制带来的不利后果，它使得拥有大量财富的富人们受到极大的损失，倘非如此，他们对促进行业和商业发展是很有帮助的。

现在我要讨论在那几个国家所用的几种占有奴隶的方法。第一种，在战争中抓获的俘虏。俘虏完全被那些抓捕者占有，由此产生奴隶制。当征服者把敌人征服，被征服的人失去保护，成为了奴隶，他们的人生、他们的财产都归征服者所有，如果征服者想要赦免他们的话，他们对于征服者感恩戴德，欠下了大人情。被征服者完全属于征服者，同时不会有人再保护他们。这被认为是最开始的奴隶，被当时所有的国家所认同，同时在许多国家得以延续。塔西佗曾说过，在贝德里亚库姆战役的两场战斗中，一场是奥托的部队和维特里乌斯的部队之间，一场是维特里乌斯的部队同维斯帕先的部队之间的战斗，这两场战斗中，两边都没有俘虏，因为他们都是同一国家的人，他们不可能成为俘虏，同样由于这个原因，双方之间并不留情。[①] 第二种是生来就是奴隶。当俘虏成为奴隶，没有人保护他们的时候，他们的孩子也面临同样无助的情形。他们因此同他们的父母一样成为了奴隶。第三种是那些被宣判成为奴隶的罪犯。这些国家通常把罪犯宣判成奴隶作为一种刑罚，被判处这项刑罚的罪犯一般有两种：伤害他人，或者是被认为是属于社会公害的人。第四种是那些未能还债的债务人，被宣判成为债权人的奴隶。第三种和第四种都被当时的奴隶制国家认可并施行。在土耳其、波斯和俄罗斯，他们把所有在战争中的俘虏变成奴隶，罗马人也这么对待他们的俘虏，但是他们不会这么对待他们的基督教伙伴。第五种方法是一个自由的公民把自己卖给别人成为奴隶。但是当讨价还价开始的时候，那个人和他的所有的东西就都成为他的主人的了，这样的讨价还
199 价完全是虚假的，奴隶不能从中获得任何利益。但是这种例子通常发生的情形是一个破产的债务人不愿意成为他的债权人的奴隶，而更希望成为其他人的奴隶。这个人为他的奴隶偿还债务。——这是所有的占有奴隶的方法。当我进一步审视奴隶制，我确信是政府的软弱引起了奴隶制；在西印

① 希罗多德《历史》第2篇第44章记述了贝德里亚库姆战役，第一次战役是在奥托和维特里乌斯之间发生的，第二次发生在维特里乌斯和维斯帕先之间；参阅普鲁塔克，《奥托传》，14。

度群岛完全是这样的情况。

手稿第三卷结束

1763 年 2 月 21 日　星期一

在这些讲座的开始，我将正义分为三个部分：第一，将一个人仅仅当作一个人；第二，将一个人当作一个家庭的成员；第三，一个人作为人类社区或社会的一个成员而享受的权利。我已经讲过了前两个部分，现在开始讨论第三部分。 200

为了更为清楚地考察一个人作为一个社会、社区或国家的成员而享受的权利，有必要考察不同社会中存在的各种政体，以及它们产生的方式。尽管政体可能是多种多样的，但可以将它们归纳为三种基本的类型。在第一种政体中，各种权力——制定法律和规章，审理案件或任命法官，以及宣战或媾和——全都交给一个人。这就是所谓的君主政体。一个国家的主权由三个部分构成。第一是立法权，也就是制定法律的权力。第二是司法权，可以从字面上就理解其含义，即审理案件、做出裁判，以及解决其他纠纷的权力。第三是宣战或媾和的权力，这种权力被洛克[①]称为对外权，而被孟德斯鸠[②]称为行政权，我在这里仅仅将它称为宣战或媾和的权力。在君主政体中，所有这些权力都由君主掌控；他可以按照他的想法制定法律，可以亲自或指导别人以他认为合适的方式做出判决，并且以他的喜好决定宣战或媾和。其他的政体，都可被称为共和政体：在这种政体中，前面提到的属于政府的种种权力，是由许多人（而不是由一个人）行使的。这可能有两种形式：第一是贵族制。在这种政体中，构成主权的各个部分的权力并不是由一个人控制的，而是由特定阶层或等级的、不同于一般大众的人控制，即由贵族或特权阶级的人控制。正如君主政体中的君主一样，这些人也可以按照他们的意志来制定法律、审理案件，以及宣战或媾和。第二种共和政体则是民主制，在这种政体中，构成主权的各个部分的权力并

① *Civil Government*, ch. Ⅻ.

② Ⅺ. 6.

不是由某一个人或贵族阶层垄断的，而由全体人民共同行使。可以用各种
201 方式对这些政体加以变通，但所有的政体最终都可以被归结为这三种之中的某一种。但是，在对这些问题加以具体讨论之前，有必要先解释政府的起源：我所理解的政府的最初形式是什么样子的，当前存在的政体是如何从这种最初形式的政府发展起来的，以及最初形式的政府是在社会的哪个阶段、以什么样的方式产生的。——在狩猎时代，几乎不存在任何政府，如果有的话也是民主类型的。这种部族（nation）只是由若干独立的家族组成的；除了共同生活在同一个乡村并且说着同一种语言外，这些家族之间并没有其他联系。这种部族的司法权，如果存在的话，是由作为一个整体的社区掌握的。一个私人家族内部的纠纷，如果只是涉及一个家族内部成员的话，则由该家族的成员决定。与其他家族的成员之间的纠纷很少发生，一旦发生，则往往可能引起整个社区的关注。整个社区于是介入，对当事双方进行调解；通常也仅此而已，因为社区并没有权力施加我们今天所说的惩罚。它们介入的目的，在于维护公共的安宁和个人的安全，所以它们努力使纠纷双方达成和解。这就是美洲那些尚未开化的民族的状况。对此，我们可以通过沙勒沃伊神父[①]和拉菲托[②]的著作有所了解，他们对那些民族的习俗做了很清晰的描述。他们告诉我们，如果一个人对另一个人实施了非常严重的犯罪行为，则犯罪者有时可能被处死，但并不是通过司法的方式，而是由于该犯罪行为激起了每个人心中的憎恨与愤怒。在这种情况下，就像对待敌人一样，一群人埋伏起来，等罪犯出现时就将其杀死。一种常见的办法是：邀请他参加一个宴会，并提前指定三四个人，在合适的时候将他干掉。在这样的部族，宣战与媾和的权力属于全体人民。他们之间的一项和平协定，仅仅是一个停止相互之间的敌对状态的合约，要形成这样一个合约，必须得到社会中每个人的同意，因为每个人都认为，除非自己的要求得到满足，他就有权继续保持敌意。同样地，对一个人造成的伤害，
202 足以激起他对伤害者的敌意并常常导致一场纷争。在这样的状态下，几乎不存在立法；也许会有一些规章，但规章的数量肯定很少，并且没有人认为他受这些由他人制定的规章的约束，哪怕它们涉及整个社会的利益。——在

① P. -F. -X. de Charlevoix, *Histoire et description générale de la Nouvelle-France, avec le Journal historique d'un voyage ... dans l'Amérique septentrionnale* (1744), Ⅲ. 271 ff.

② J. F. Lafitau, *Mœurs des sauvages amériquains, comparées aux mœurs des premiers temps* (1724), Ⅰ. 490 ff.

这样的社会中，就算有任何政府，也完全是民主性质的。也许确实存在一些能够对其他成员产生重大影响的人；但这并没有偏离民主政体，因为这些人只是因为他们卓越的智慧、精力以及类似的特质而对他人产生影响，而且也只能对那些愿意听从其指导的人产生影响。正如由平等的人组成的俱乐部或议事会（assembly）中的情形一样，有些人的意见总能比另外一些人的意见更能得到众人的赞同，而这些人在所有讨论中往往都会产生巨大的影响。

到了游牧时代，政府才真正出现。也正是在这个时代，人们在更大程度上变得彼此依赖了。畜群的私有，使得以打猎为生变得非常不确定，也更为艰难。人们为了自己使用而蓄养的动物，如牛、羊、马，以及骆驼等，虽然数量很可观，但不再是公有的了，而变成了某些私人的财产。人和人之间，于是有了贫富的差别。那些没有畜群的人，除了向富人索取之外，没有其他任何办法维持生计。由于富人利用他们拥有的大量财产资助那些穷人，便要求穷人为他们提供服务并服从他们。于是，每一富人都有大量的穷人依赖于他，并为他提供服务。在社会的这个时期，财富的不均使富人对穷人的控制和影响超过了历史上其他任何时期。当奢侈的风气在一个国家产生之后，一个人可能用各种方式消耗掉大笔财产，却不能得到一个从属者；他的裁缝，他的________（原稿空缺），以及他的厨师等，都可以从他那里得到一笔财产，但这是对他们工作的报酬，除非必需，他们并不认为在任何方面依赖于他。他们也许会认为他们应该感谢他，但没有人愿意为了他而战斗。但在更早的时期，技艺和制造业尚未为人们所知，而奢侈生活也很少存在，富人们除了将财产的产出送给他人外，没有其他办法消耗这些财产，于是那些接受赠予的人便成了富人的从属者。我们知道的部族酋长，都可以说是某个独立王国的君主，他们都有自己的从属者和追 203
随者，而他们所拥有的畜群则为这些人提供了食物。这样他们自然地拥有了很大的权力，并且成为他们周围所有人的法官。

{这样，富人们的权威很快就会变得非常大；现在让我们来考察它的发展过程。} 与狩猎民族的情况不同，在这样一个部落和民族，不同的人之间发生纠纷的概率要大得多。在建立财产制度以后，关于财产的纠纷必然会出现。让我们假设一个由游牧民族的人组成的村落或乡镇。{我们将会发现，这里产生的政体也是民主性质的。让我们考察一下最高权力的几个组成部分，我们将发现它们都是由全体人民控制的。第一，就司法权而言，}

当纠纷发生之后，人们最容易想到而且最容易得到众人认可的解决方式，就是将纠纷交给由全体成员组成的大会。如前所述，与狩猎社会相比，在社会的这个阶段将会有更多纠纷，但与后来的社会相比则不算太多。导致争议的大部分事项，在更早的社会阶段是不存在的。引发诉讼的事项，大致包括以下几种：第一，关于一个逝者的遗嘱的含义的纠纷；如我在前面已经讲过的[①]，在社会早期，人们并没有想到过使用遗嘱，而且立遗嘱的做法在当时也是不被允许的。第二，由婚姻关系而引发的纠纷，这在社会的早期阶段也是不存在的。第三，由自愿的合同而引发的纠纷，在当时既不能作为提起诉讼的理由，也未能获得社区的认可。需要裁决的事项因此并不是很多；而且当地的居民们也有足够的空闲时间来参加这样的审判大会。但是，和其他任何社会的情形一样，总有一些人能够发挥领导作用并且影响他人，也就是说，必然存在某些能够影响他人思考和讨论的卓越之人。如我在前面已经指出的[②]，那些拥有大量畜群的富人，由于拥有为数众多的、愿意听从其指挥的从属者，因而也能够对人们产生最为巨大的影响。正如在老一辈人中间富人往往最有影响力一样，他们的儿辈也能在较为年轻的一代人中间获得相应的地位：在他们的父亲在世期间，由于他们的父
204 亲的声望，他们能够获得众人的尊敬；当他们的父亲去世之后，他们也就自然地继承了其父亲的地位。如果一个人有两个儿子，则正如其财产一样，其权威也会由这两个儿子分享。在一个国王或君主掌握了巨大的权力之后，如果要将政权加以分割，往往是极为麻烦的，但在那个时期，这样做并不是特别麻烦。于是我们看到，在特洛伊战争期间，存在若干由不同首领带领的部族。克里特人是由萨耳珀冬和格劳克斯率领的，皮奥夏人是由狄俄墨得斯和伊多梅纽斯率领的，阿提卡人则是由墨涅斯特斯和另外五个人共同率领的。[③]确实，有些人比其他人获得了更多的尊敬，正如希腊的领导以及我们这里提到的其他国家的领导一样。不久，这个国家的这位首领的权威就会成为世袭的；后来，随着社会的进一步发展，他们意识到了分割权力所带来的麻烦，于是长子继承制等关于权力继承的制度就以前面我已经

---

① i. 91 - 92 above.

② 8 above.

③ Sarpedon and Glaucus were commanders of the Lycian contingent before Troy (*Iliad*, ii. 876); Idomeneus commanded the Cretans (*Iliad*, ii. 645); Diomedes and Sthenelus commanded the Argives (*Iliad*, ii. 564 ff.); Menestheus commanded the Athenians (*Iliad*, ii. 552); the Boeotians had five chiefs (*Iliad*, ii. 494).

讲过的方式发展起来。① 但这并不会对政府的民主性质造成任何损害，因为这些人仅能通过他们的私人影响而获得权威。社区仍然有权用某种方式处罚任何严重的犯罪。正如我在前面②讲到的北美人一样，他们有时可能用同样的方式将某个罪犯杀死；同样，他们也有权把罪犯从他们的社区驱赶出去。正如一个俱乐部的成员们有权把任何成员赶出俱乐部一样，一个社区的成员们也有同样的权力。在社会形成之初，由于社会成员之间既无联系也无友谊，这也许不会导致多大痛苦；但如果他们已经共同生活了一段时间，甚至是在该社会中出生并接受教育，则被驱逐将导致很大的痛苦。被驱逐之后，他们将没有朋友，没有熟人；由于不存在贸易，所以与其他人也没有交流。被迫离开他们的朋友和熟人，是最严厉的惩罚之一。

行政权，即宣战和媾和的权力，也是由掌握着司法权的那些人掌握的。部族之间的战争通常是在突然之间开始的，而且往往通过一两次小规模的 205
交战就能够结束。在受到攻击或者发动进攻时，全体成员都会出动。并没有某个首领做他们的常任指挥官；他们的军队也缺乏纪律。那些最为勇敢的人能够起到带头的作用。塔西佗告诉我们，日耳曼人"从出身于贵族的人中选择他们的国王，从勇敢的人中选择他们的指挥官。国王并没有不受限制的专断权力，而指挥官们依赖的并不是他们的权力，而是他们自身的模范行为，以及下属对他们勇敢无畏、冲锋陷阵的行为的仰慕"③。这些首领的权力往往随着战争的结束而丧失，而事实上他们所享有的也仅仅是指挥战斗的权力。在社会发展的这个阶段，部落或部族的规模都是很小的；也正是由于这个原因，它们之间的战争也不可能持续很久。为了得到以撒和几个随从，示剑（Schechem）的全体人民同意做一次痛苦的手术，由此我们可以看出个别人［在那样的社区中］被认为是多么重要。④在社会发展的这个阶段，尚不存在立法机构。法律和规章是更为文明的习俗和更为进步的政府的产物，只有在社会更进一步发展之后才可能产生。

随着人类社会的进一步发展，需要审理的案件变得更为困难，也更为费力。手工业和制造业发展起来了，由此也使得人们不再像先前一样能够

---

① ii. 116 ff. above.

② 5 above.

③ Tacitus，*Germania*，vii："利西亚军队是由萨耳珀冬和格劳克斯率领的，克里特人是由伊多梅纽斯率领的，阿尔戈斯人是由狄俄墨得斯和斯忒涅洛斯率领的，雅典人是由墨涅斯特斯率领的，皮奥夏人是由五个首领共同率领的。"

④ Genesis 34.

抽出许多空闲时间参与案件的审判。与此同时，引发纠纷的事件却大量增加。人们开始立遗嘱，以及签订关于婚姻的合约等。这样，一方面，需要审理的案件数量增加了；另一方面，人们能够抽出的空闲时间却减少了。于是人们不得不做出选择：要么许多纠纷不能得到解决，要么就必须指派一些人来专门处理纠纷。显然，第一种选择是不可行的，因为它将不可避免地导致混乱和纷争。所以第二种选择总是被人们接受。人们全体选出一定数量的人，由这些人专门负责案件的审理及纠纷的解决。部族首领当然地成为这个纠纷裁决机构的成员。他们的权威仍然发挥作用，他们成为该机构的领导或首长。他在这个位子上的权威会迅速增长，并且增长的速度与社会进步的速度相比要快得多。这是因为，在这些早期社会中，流行的
206 习俗与现今社会中的习俗不大相同：如今往往是富人向穷人赠送礼物；可在早期社会，富人从他们的从属者那里接受礼物。只有收到一定的酬金，他们才会审理一个案件。除非献上礼物，一个人决不可能见到一位莫卧尔人的首领；在其他一切原始或野蛮的部族中间，情况都是如此。同样，要想见一位鞑靼贵族，也必须首先献上礼物。这种做法很快就会增加他们的财富，而他们的权力和从属者的数目也会相应地增长，同时，他们对于裁决机构的影响也会增大。刚开始的时候，在所有国家，裁决机构都是由许多人组成的。他们认为，由少数人管理他们以及他们的财产是不安全的，而如果由许多人来管理则安全得多。雅典的主权法院①由 500 人组成。关于战争与媾和的事项最初是非常简单的，可以很快就做出决定；但是，随着国家事务数量的增加，当一些非同寻常的事项需要做出决定时，如果要由所有人来做决定，就有点过于烦琐了，而且人们也忙于各自的私人事务，难以抽出足够的时间来处理此类事务。这样，为了国家的安全，人们又一次不得不做出抉择：要么将这些事项交由先前设立的那个处理私人之间的纠纷的裁决机构，要么指定一个新的裁决机构。他们从来没有想过后一种选择。于是，为国家安全及便利而做部署的权力通常也都交给前者。罗马的元老院权力涵盖这些事项，包括征收税赋以及维护城墙等。他们看似是一个辅佐国王行使其司法及行政职权的委员会。确实，在罗马，司法权限很早就与王权分开了；早在图利乌斯时期，就有了刑事法庭（duumviri）以

① The Boule.

及 rerum capitalium 等。[①] 塔西佗讲道，国王议事会为国王“提供具有权威的建议”。[②]然而，在大多数国家，人民仍然保留着决定一切重大事项的权力。罗马的情况就是这样的，虽然这种权力曾被短暂搁置，但它很快又被恢复了。塔西佗还讲道，“琐碎的事项由首领们讨论，重大事项由所有人决定；但那些由人民决定的事项，首先要经过首领们的审议。”[③] {这显然也会极大地增加统治者的权力。} 就这样，人民将原本属于他们的行政权和司法 207
权委托给一个由若干人组成的机构来行使。在这个时期，立法权扮演的角色很不起眼。下面我们将考察它的演进。

手稿中有三行空白

1763 年 2 月 22 日　星期二

在上一场讲座中，我试图向你们解释政府的起源及发展。政府并不是像某些理论家所想象的那样起源于一群人之间的契约或合同[④]，而是起源于人类在社会中自然的进步。我说过，在狩猎时代，并不存在所谓的政府。在当时的情况下，不需要法律或规章，而人们的财产也仅限于他们事实上占有的财物。人们之间的秩序是由整个社区加以维护的，其目的在于消弭人们之间的分歧，以免危及社区的和平。但这不同于法官所做的事，而仅是对纠纷双方进行调解，使他们达成和解。行政权（即宣战与媾和的权力）同样由全体人民共同掌握，而每个人的权力是相同的。他们不认为他们有权强迫任何一个人依据他们的意愿参加战争。即使个别家庭不愿与他们的邻人为敌并进行战争，其他人也没有权力强迫他们。同样，如果在一个社区已经和邻人达成和解之后，仍然有个别家庭企图继续与邻人为敌并且向邻人发起袭击，社区也没有权威对他们加以惩罚，或者强迫他们服从集体

① 估计是指图利乌斯·荷提留斯任命的专门来审理涉及叛国罪的案件的 duoviri perduellionis：Livy，I. 26。

② *Germania*，xii.

③ *Germania*，xi.

④ 关于那些相信历史上存在过社会契约的理论家，cf. v. 114 below.

的决定。但这里存在一个区别。与进行和解不同，人们在参加战争时往往更为狂热和迫切。由于这个原因，与那些在达成和解之后依然与邻人为敌或者在未经其他人同意就发动袭击的少数人相比，那些拒绝与众人一道参加战争的少数人更容易引起众人的愤怒。所以，常常发生这样的事情：一个部族的人埋伏起来，将那个拒不随同众人参加战斗的人杀死。尽管那个
208 未经众人同意就发动袭击的人对部族更为危险，而且往往导致整体的毁灭，但他却不像那个拒不随同众人参与战争的人一样容易引起大家的愤怒。后者之所以被杀，并不是因为社区有权将他杀死，而是因为众人憎恨他的行为，杀死他就像杀死一个敌人一样。我也指出，政府第一次出现，是在游牧时代。财产使得政府变得绝对必要。一旦人们约定一头牛或一头羊属于某个人（无论他是否实际控制着它），则政府就必须介入，以保护个人的财产。任何人都难以继续依靠打猎而维持生计了。所有可以为人所用的动物都在很大程度上被瓜分殆尽了。有些人变得非常富裕，拥有大量的牛羊，而另外一些人则一无所有。有人拥有的牲畜不仅能够养活他，而且足以养活另外五六十人，而另外一些人则连养活自己的财产都没有。在狩猎时代，纠纷的数量很少，只需要社区的偶尔介入。在那个时期，纠纷的最大源泉——财产——尚不为人们所知。人们有时可能像学童一样为了一些与他们的利益完全无关的事情而争吵，甚至可能彼此残害；但这种情况并不常见，而且即使发生，也可由受伤害者的朋友的协调或者社区的介入而得到调解，对此我前面已有阐述。①但是，当一部分人拥有大量财富而另一部分人却一无所有的时候，就有必要扩大权威机关的管理范围，有必要制定稳定的规则来保护②富人的财产不受穷人的侵犯（如果没有法律的话，这种侵犯就会不断地发生），并通过法律规定什么样的行为构成对财产的侵犯，以及在哪些情形下侵权者应该受到惩罚。③ 从这个角度来看，可以说法律和政府是富人们联合起来压迫穷人的工具，以便维持财富方面的不平等；如果没有政府的压制，那些穷人们就会公然地使用暴力手段剥夺富人们的财富，直到大家在财富方面变得一样的贫穷。政府和法律阻止穷人通过暴力手段从富人那里夺取财富；它们告诫穷人，要么永远保持贫穷，要么像富人一
209 样通过合法的手段致富。所以，在游牧时代开始之后不久，法律（或者关

① 4 above.

② 原文用的是 ascertain，实际上就是 secure 的意思。

③ 参见洛克，《政府论》，§94：“除了保护财产之外，政府别无其他目的”。

于财产的契约）就必须被制定出来。如我在前一场讲座中提到的[1]，这些规则的执行，以及所有纠纷的解决，都自然而然地属于全民大会。在人们看来，似乎只有全民大会拥有足够的权威和人数来决定这些问题和纠纷；所以政府完全是民主性质的。在这个阶段，社区也有更多的机会对个人行使权力并产生影响；正如一个俱乐部或协会有权对其成员说“要么遵守我们制定的规章，要么离开这里”一样，社区亦可对其成员说，“要么遵守我们的法律和规则，要么离开我们”。在社会已经形成之后，这是一种令人痛苦的惩罚：对那些出生并成长于一个社区的人来说，被迫离开也就意味着他们将远离熟人、失去依靠。这种将一个人流放的权力可能被经常行使，但在很长的时期内，社区实施惩罚的权力也仅此而已。宣战与媾和的行政权也完全由全体人民掌握。他们将制定规则，规定如何防卫，以及在什么情况下发动战争等事项。虽然就私人的纠纷而言，政府的权力在很长一段时期内是相当有限的，但在游牧民族定居下来之后，政府关于公共事务的权威就很快就变得绝对的了。私人之间的事务通常不会对国家产生多大影响；防止私人纠纷的升级，符合政府的利益，但即使很严重的纠纷也不会立刻对社区产生影响。然而，所有与国家相关的事项，都是政府直接关注的对象，政府的权力也更为频繁地用于防范任何可能对社区产生不利影响的事情。政府为了防止此类事情而采取的措施也更为严厉。我已经讲过[2]，最初引起可以被恰当地称为“惩罚”（不包括赔偿）的，并不是那些针对个人的、看起来非常凶残的犯罪，而是那些直接损害社会利益的犯罪。这种犯罪有两个，一个是叛逆（treachery），另一个是怯懦（cowardice）。叛逆或者加入敌人阵营的行为看起来无疑是非常严重的罪行，因为它可能直接导致国家的毁灭，所以对它的处罚也最为严厉。普通士兵的怯懦也是惩罚的理由，但这并不被认为是叛逆，因为一个士兵的逃跑不会对战争的结果产生多大影响。然而，在一群仅有十二人组成的猎人或牧羊人中间，一个人 210
的逃离可能意味着其余所有人的毁灭，因而与叛逆有着相同的结果。所以，在早期社会中，这种行为也像叛逆一样可以作为惩罚的依据。日耳曼人对犯有这些罪行的人处以极刑，塔西佗在其著作的第 12 章中曾对具体的处罚

① 9 – 10 above.

② ii. 152 – 153 above.

方式做过描述。[1]此外，他们仅将盗窃和抢劫作为犯罪加以惩罚，而惩罚的方式则是罚金。相似地，鞑靼人也仅惩罚叛逆、怯懦、盗窃和谋杀四种罪行；犯了盗窃罪的人可能被处以罚金或者赔偿，而犯了谋杀罪的人则会被判处死刑。由于他们的生活方式，对这些罪行加以严厉的惩罚是绝对必需的。如果加害者有能力给予赔偿的话，赔偿也是可以接受的，但犯罪的人往往都是无力支付赔偿的穷人。有许多迹象表明，就裁决私人之间的纠纷而言，政府曾经处于非常孱弱的状态。在英格兰，当一个人来到法院时，审判官会问他愿意选择怎样的裁决方式。如今，他只能有一个回答，那就是由上帝和国家审判。然而，在过去，他会有许多选择。他可选择决斗裁判，并表示由他双手的力量来决定案件的结果。这显然是为了避免将他的案件交由国家来裁决，而要求通过一种在政府建立之前大家都信任的方式进行裁决。对他们来说，决斗裁判就是将案件交由上帝来决定；当他们选择这种方式的时候，也就意味着他们必须通过自己双手的力量来决定案件，而不能将他们各自的支持者聚集起来打群架，以致扰乱了社区的安宁。这样，一件可能引发暴乱的纠纷，就通过一场简单的决斗而平息了。沸水裁判，以及类似的神灵裁判，都证明当时法院权威的孱弱，因为法院不能强制受审者接受其裁决。然而，这样的裁判方法有一个重要作用：能够迅速解决纠纷。我们可能认为，那些接受沸水裁判的人都会被定罪。依据这种裁判方法，被指控的人应该将手伸进一个装满沸水的壶中，并从壶底取出某个东西。{然后，他的手会被包扎起来；三天之后，如果他的手上没有留下任何伤疤，则他就会被宣告无罪。}然而，在早期社会中，人们的身体往往暴露在酷热酷寒以及风吹雨淋之中，他们的皮肤变得坚硬，以致沸水根
211 本就不会对其造成伤害。[2]很少有人通过沸水裁判而被定罪。同样，将一块烧热的铁放到受审者的手上，也是大致相似的情形。所有这些，都不过是将争讼事项交给运气（就像是掷骰子一样），而非交由国家裁决。—— 然而，这些做法还是在相当长的时期内得以保持，这也恰恰反映了政府在这些事项上的孱弱状态。决斗裁决不仅被用于刑事案件（例如一个人殴打、伤害或侮辱了另一个人），也被用于民事案件。关于财产的纠纷，过去就常常通过这种方式来裁决。但如今这种裁判方法在英格兰已经很少使用了。

① *Germania*，xii，背叛者和逃离者被吊死在树上，而怯懦者则被投进沼泽中溺死。Cf. Montesquieu，VI：8.

② Montesquieu，XXVIII. 17.

不过，在距离今天并不是很遥远的伊丽莎白时期[①]和查理一世时期[②]，曾各有一起刑事案件中的受审人要求用决斗裁判，尽管都没有得到允许。然而，迄今为止，尚没有任何法律、议会法案或者法院判决明确地废除决斗裁判。和农奴制一样，决斗裁判的做法也是在不知不觉中消失的，尽管没有人知道它消失的具体时间。虽然早期政府在解决私人纠纷方面未能发挥很大作用，但在那些直接关乎社区的事项上，全民大会却很快就变得非常强大。宣战与媾和以及军队的给养等重大事项，都由全民大会决定，而个人则被要求服从集体的决定。我也向你们解释了在那样的社会中首领是怎样自然而然地产生的。[③]在任何一个全民大会中，无论是为了裁决私人纠纷还是决定公共事项，总有些人会凭借卓越的能力、权力，或者其他能够使他从众人中脱颖而出的手段而发挥领导作用。当纠纷需要由裁决机构加以裁决的时候（它的必要性已经在昨天的讲座中得到说明）[④]，这个人自然会成为该机构中的一员，并继续对他人产生影响。当为了减轻人们的负担而建立起一个专门的裁决机构来行使一些先前由全民大会行使的但相对不是很重要的行政权的时候，情况也大致相似。这种裁决机构获得了一种类似元老院的权力，可以决定城邦的防御工事，以及在特定时期内与邻邦的宣战与媾和。他们有权征募军队并为之提供给养，修护城墙，接受使节，以及做出 212
其他任何决定。在这些裁决机构中，发挥领导作用的那个人很快就成为一个首领，在任何一个问题上，他会首先发表意见或者询问他人的意见，而他所偏爱的那些人也会比其他人更受重视。依据塔西佗[⑤]的说法，这正是日耳曼人在全民大会上采用的办法。我也讲过[⑥]，酋长的权威是怎样自然地变为世袭的。{这种权威最初由酋长的所有孩子共同分享，后来则变为由长子或年长的亲属继承。} 在尚未开化的民族中，一个人只有在献上礼物的前提下才能见到首领。在莫卧尔人、鞑靼人，以及非洲和美洲的所有民族中间，这都是一种习俗。我们的撒克逊国王，甚至早期的一些诺曼血统的国王，也只有在收到礼物的情况下才会履行其职务。在那个时期，大人物都会收

① Lowe v. Paramour（1571），一个刑事案件：Dyer's Reports，301。

② Claxton v. Lilburn（1638），一个民事案件，见 H. C. Lea 所著的 *Superstition and Force*（1878），213 - 214. 决斗裁判通过 59 George III，c. 46（1819）而被废除了。

③ 7 ff. above.

④ 15 - 16 above.

⑤ *Germania*，xi.

⑥ 11 - 12 above.

到小人物送来的礼物，因为这象征着小人物对他们的服从。这与现代的做法是完全不同的。如今，接受礼物被视为依赖和地位低下的表现，因为它使得接受礼物的人对赠送礼物的人员有了某种义务。然而，在社会早期，人们并不认为接受礼物会导致任何义务；他们仅仅将它看作对权力及服从关系的一种认可。在早期的政府中，这构成了国王收入的一项重要来源。这些酋长或首领，原本就有大量的财产，在收到这些礼物之后，他们就变得更为强大了，也更能对裁决机构产生巨大影响。他们看起来就像是他的顾问；由于人的天然倾向，他的权威自然会大幅增长。如果我们曾经长期习惯于服从某个人，则这个人就会对我们的服从产生一种期望，而我们也倾向于更为尊敬和推崇他。在一个不甚仔细的观察者看来，这种状况简直就像是一个君主国。{但这个被他们称为国王的人，确切来说并没有权力，而只有影响力和权威。} 尽管那些并不是很重要的事项（譬如私人纠纷的裁决，以及关于战争的准备和商议）会交由裁决机构决定，但那些极其重要的事项总是由全民大会来定夺。在鞑靼人、日耳曼人，以及好望角的居民中间，对一个罪犯的定罪，战争的宣告，以及最终和平协约的签订等事项，都由全民大会决定。

213 这样，人民就向这些裁决机构转让了部分司法和行政权力，在这里我们可以将它称为元老院权力。司法权起源于熟人的居中调解，虽然调解人并没有法律权威，但如果他对双方都很有影响力的话，则调解也会富有成效；后来，演变出一种类似于仲裁者所拥有的权力，不仅可以对那些交给他们的案件做出裁决，而且可以采取一些较为温和的制裁措施。再后来，就产生了对那些残暴的犯罪行为的惩罚（例如将一个人流放）；最后才产生委托于司法长官的独立的司法权威。至于法律及立法权，在那个时期几乎可以说是完全不存在的。当然，当畜群成为私有财产的时候，就必须有某些类似法律的规则，但这些规则必然是非常简略的，每个人都可以理解，即使它尚未被制定为成文的法律。它仅仅规定那些对国家来说是必不可少的事项。成文的、正式的法律是对政府的一种极大的改善，只是在社会发展到一定程度的时候才出现的。能够制定规章不仅约束他们自己，而且约束他们的后代，甚至那些不情愿的人，这是政府权威扩大的一个表现。这就是从狩猎时代至游牧时代（即使有人已经开始从事农业）的政府的状态。——在这里，我将进一步考察那些处于这种政府状态下的国家的一些相关情形，特别就两个伟大的游牧民族，即位于高加索山以北、横贯亚洲的鞑靼民族和阿拉伯民族。在已知的历史上，这两个民族一直从事游牧业；迄今，他们也很少从事农业。

在狩猎时代，不可能有大量的人聚居在一起。这是因为，猎物是他们食物的主要来源，许多人聚居在一起必然会很快就捕杀完周边的猎物，最多只能有三四十个家庭（140 到 150 个人）聚居在一起。他们可能靠在他们居住地周边的土地上打猎而维持生活，他们也会自然地组成村庄，并且为了共同的安全而生活在相距不远的地方。同样，村庄的规模也不可能很大；但是，几个部落可能约定在尽可能接近的地方建立村庄，这样他们就可以在遭到敌人攻击时互相援助、共同防御。就像每个村庄中总会有些人主持村庄事务一样，当几个村庄联合起来的时候，也必然有某些村庄的首领能够对其他村庄的首领产生较大影响，于是他们就变成了首领中的首领，国王中的国王。正如家庭中的事务由家庭成员决定，村庄中的事务由村庄的 214
成员决定一样，当几个村庄联合起来的时候，其事务也由这几个村庄的成员在他们的首领的指导下做出决定，而这个首领看起来简直就像是一个君主。不管是在非洲、亚洲，还是美洲，这种情况都很常见。每一个民族都是由不同的部落或村庄联合而成的。与狩猎时代相比，游牧时代的部落或村庄的规模可能更大一些。但它们仍然不可能很大，因为他们周边的土地所能承载的畜群的数量总是有限的。方圆四五英里的土地，最多只能养活1 000人及他们的畜群，游牧民族的村庄从来不会超过这样的规模。同样，这些由不同首领带领的村落也可能联合起来，共同对付敌人。我们看到，阿伽门农正是用这种方式领导古希腊民族的。然而，在这两种社会状态之间存在一个重要的差别。猎人们不可能制定出非常宏伟的征服计划，而他们的出征也不是非常可怕的。200 个猎人不可能共同生活两个星期。这样一群人一齐外出狩猎，猎物不能够为他们提供足够的食物，何况他们也没有足够的给养可以携带。而且，即使他们通过某种方式获得了足够的给养，他们也没有交通工具运输它们。由于猎人们在出征时必须靠打猎维持生存，或者必须带上自己的给养，他们就不可能大规模出征。一个打猎队很少超过十二个人。所以猎人们不会造成很大的危险。在我们的美洲殖民地，虽然印第安人可能会骚扰殖民者，甚至破坏某些殖民居点，但绝不会对人的身体造成伤害。[①] 就游牧民族

① Cf. William Douglass, *A Summary*, . . *of the First Planting*, *Progressive Improvements*, *and Present State of the British Settlements in North-America* (London, reprinted, 1755), Ⅰ. 191: “通过认真的探究，我们将会发现：与印第安人的战争并不是通常所描述的那样频繁地发生，也不是那样艰辛，那样充满肃杀之气……在北美，印第安人通常都是偷偷摸摸地出现，并不会使用战鼓号角，而只是不停地嚷嚷，并做出各种滑稽的姿势；……印第安人并不是鞑靼那样的征战者，而是漫无目的的游荡者。”

而言，如果我们假设他们是静止的，则情况也大致相似；但如果我们假设他们以每天四五英里的速度从一个地方向另一个地方迁移，则他们的出征队伍就可能变得非常庞大。如果一个正在征途中的鞑靼部落战胜了另一个部落，他们就会占有被征服的部落先前拥有的一切东西；同样，在这种状态下，当
215 他们进行此类远征时，他们会带着他们的妇女、儿童、牲畜，以及其他一切东西。一旦战败，他们将丧失所有这一切。被征服的部落的大多数人可能向征服者投降并加入其队伍，尽管可能有少数人会继续效忠他们的被战败的首领。如果这支不断扩大的军队用相似的方式继续征服其他部落，他们很快就会变得非常强大，用不了多久就可以征服周边的民族。所以，尽管游牧民族占领的地方的人口并不是很稠密，但他们却可以召集大规模的军队，丝毫不逊色于其邻邦。就鞑靼人而言，这种情况发生过两三次。帖木儿在征服鞑靼之后，就率领其超过一百万人的军队蹂躏了整个亚洲。而成吉思汗率领的军队的人数则更多，他们征服了印度河流域附近的所有未开化的民族，进而打败了邻近的所有国家。同样，穆罕默德的领导使阿拉伯人联合在一起，而他的后继者奥马尔和________①则凭借强大的实力征服了周边国家。

1763 年 2 月 23 日　星期三

在上一场讲座中，我试图向你们更为详细地解释在人类发展进程中自然而然地产生的政权组织形式，以及它逐步演进的过程。

这样一个国家的内部治理是非常简单的，因而也很容易理解。为首的族长或酋长，在一切问题上都能比其他任何人产生更为重要的影响。这个首领主要依靠两种东西而与他人区别开来：第一，他在财产方面的优势；第二，他的家族血统，通常他是前一个首领的儿子或近亲属。在社会发展的这个时期，财产方面的优势能够使一个人获得在其他任何时期都不可能得到的支配力和权威。一个人拥有的畜群，如果增殖起来，足以养活一百人，那么他除了用这些增殖养活一百人之外，几乎找不到其他任何用处。在那个时期，人们还不知道如何加工土地上的出产物，而只是依这些产物的自然状态将它们消耗掉。或者，随着技艺的进一步改进，他们可能消耗

① 手稿中空缺。最早的两个哈里发是阿布·巴克尔和奥马尔。

掉自己财产的一部分，但绝无可能达到今天这样的程度。出生于那些曾经担任首领的人所在的家族，也是权威的一种来源。在狩猎时代，不存在世 216
袭的贵族，也不存在哪个家族总是能够得到人们的尊敬。一个人可能因为他在战争中的英勇表现或领导地位而受人尊敬，但一个家族却不大可能成为人们尊敬的对象。一个人可能因为其父亲的地位而在一定程度上受人尊敬，但如果他本人并无任何出色的或卓越的表现，他就不会仅仅因为他是某个伟大人物的儿子而更受人尊敬，因为在那样的地方，只有军事上的辉煌战绩和引人瞩目的成就才能使一个人在众人中间占据重要地位。与社会发展的其他任何阶段相比，在游牧时代，出身更能够使一个人获得尊敬和权威。在这个阶段，财产制度已经建立，一个人不仅可以因为其卓越的能力和作战时的英勇表现而出人头地，而且可以因为其财富（包括从他的先辈那里得到的财产）而受人尊敬。在鞑靼人及阿拉伯人中间，后代因为其先辈而受人尊敬的例子已有很多。每个人都可以将自己的祖先追溯至亚伯拉罕时代，至少他们自以为如此。不久前出版的一本关于鞑靼人的历史的英文著作①，可以为我们提供一个非常好的例子，这本书是由一位伟大的征服者，同时也是一位伟大作家的巴哈都尔可汗写成的，其体例可以说是一个宗谱（genealogies）。它向我们讲述了这个家族的伟大人物及其后代的故事，修正了关于这些问题先前存在的一些错误，以及他们从事过的一些征服活动。这位王子是著名的成吉思汗的后裔，在其年幼之时被波斯人俘获，但他还是接受了教育，并在波斯苏丹的指导下学习科学。当他逃回自己的祖国之后，他受到了热烈的欢迎；在他不在时替他理政的亲属们，在他回来后心甘情愿地让位，可以说是尊重家族关系的一个最好的证明。我们知道，犹太人最初是阿拉伯的一个部落，他们非常重视宗谱，并且花了很大 217
力气来保存它们。在社会发展的这个阶段，有一样东西倾向于极大地增加人们对家族的尊敬，那就是悠久的家族历史。一个家族一旦获得巨额财富和崇高的荣誉，就不太容易丧失这种地位，除非它所在的国家被征服——在那种情况下，一切都会丧失。但只要这种情况没有发生，他的财产就几乎不可能减少；他很容易就知道，在不超出适当程度的前提下，他的畜群

① *The Shajarat at Atrak* 是由巴哈都尔可汗（成吉思汗的后代，也是 1643 年至 1663 年期间基发的可汗）用英文写成的。该书可能是由菲利普·约翰·斯特拉伦伯格翻译成德文的。斯特拉伦伯格是一位瑞典官员，曾在鞑靼人战争期间被扣押为战俘长达 13 年之久。该书的法文版于 1726 年在雷登出版，而英文版则于 1730 年出版。

可以养活多少个从属者。与后来时代的情况不同，这个时期的人没有机会将自己的财产用于奢侈消费。他为自己的消费而安排的财产，也许足以养活三十个人，但他绝不可能像现在的人一样将足以养活一千人的财产用于奢侈品的消费。他们可能用一种未经加工的农产品换取少量的另外一种东西，但不可能像今天一样用一千磅未经加工的原材料换取几盎司的经过加工的产品（例如牛肉、面包等）。所以，与如今的情况不同，在那时候，一个人要消耗掉大量财产是不可能的。这种财产方面的优势能够维持不变，并且在大多数情况下能有所增加。这样，那些古老的家族必然是十分受人尊敬的；在社会发展的这个阶段，悠久的家族历史发挥的作用最为重大，而在社会发展的其他阶段，那些新家族的势力并不比那些古老家族逊色。我们看到，人们有一种倾向：对于他们先前尊敬的，并且与他们有密切联系的人，他们往往会继续表示尊敬。一个人的儿子，特别是长子，往往能够得到这种尊敬，所以由他们继承其父亲的地位似乎是最为自然的。在大多数依选举产生首领的王国（我在以后将向你们解释[①]，大多数王国最初都是这样），首领的儿子往往比其他人更受偏爱。确实，在一些国家，这是被明确禁止的。例如，威尼斯的一项法律禁止一个已经去世的总督的儿子被选任为总督，但这恰恰充分地说明人们有这样一种倾向，否则此类法律也就没有必要了。——除了这个主持全民大会的首领，政府的全部权力都由全体人民掌握。他们拥有交给他们的全部司法权和行政权。——与社会其他阶段相比，这个时期的人们在做出宣战或媾和的决定时所采取的方式是
218 不同的，这些部族的人没有固定的居所。鞑靼人生活在一种类似货车的装置上，或者说是有轮子的房屋里；他们的国土完全是平原，没有树木或石头阻碍他们；由于整个国家几乎都没有树木或山丘，他们在征战时也就不会遇到障碍。这种状态下的人们对他们居住的地方并没有特别的依恋。他们可以很方便地将自己的所有财产带在身边。但是，随着社会的进一步发展，人们自然而然地产生了对土地的依赖。那些拥有地产的人，并不能将土地带走，所以他们通常不会打算离弃自己居住的土地。同样，另外一些人虽然没有地产，但他们可能有其他贵重的财物和家具，要将这些东西从一个房屋搬到另一个房屋都是极其麻烦的，更不要说从国家的一个地方搬到另外一个地方了。正因为如此，虽然苏格兰并不是一个很富裕很发达的

① 67－68 below.

国家，那里的居民从来没有移居其他地方的念头。相反，鞑靼人所有的财产，也就是牲畜，都可以说是动产。要转移这些财产，并不是很麻烦；而他们的家人，也可以利用覆盖着毛毡的货车进行转移。所以，他们很少会固定居住于某一地点；哪里有适合他们的畜群的草地，他们就会暂时停留在那里。这样的民族总是为了寻找更好的牧地而不断地迁徙，而且往往是所有人全体出动。所以，依据恺撒[①]的记载，曾经居住于如今的瑞士境内的赫尔维蒂人，是高卢人中最好战的，他们认为自己作为这个国家最优秀的武士和最善战的民族，不应该只占有最贫瘠的领土；于是，他们离开自己的国家出征，若不是被恺撒的军队挡住，他们可能已经征服了高卢全境。同样地，金伯里人及条顿人也在不同时期向希腊、意大利，以及高卢发起进攻；虽然他们都被击退了，但他们并没有放弃进攻。日耳曼的许多部族都曾处于这种状态，尽管现在他们都已不复如此。我将会在另一场讲座中讲述他们所引发的革命，以及在此基础上建立起来的若干王国和国家。[②]{同样，最初居住于亚速海[③]附近的伦巴第人在 5 世纪末迁徙到多瑙河北岸，并从罗马人手中获得一块土地。然而，在耗尽了当地的丰富物产之后，他 219
们又迁徙至多瑙河南岸，并且又一次获得了一块领土。再后来，________（原稿空缺）由于对________（原稿空缺）不满而邀请他们来到自己的国家[④]；他们随后在那里统治了四五百年。} 除了从事少量农业之外，他们与现代的鞑靼民族处于非常相似的状态。在昨天的讲座[⑤]中我已经讲过，当这样一个民族在一个首领的领导下团结起来的时候，是何等可怕，他们可能引发大规模的革命。这种情况，在鞑靼人中间发生的频率远远高于在阿拉伯人中间发生的频率。在鞑靼人的国家中，没有高山、森林之类的障碍；虽然那里有一些世界上最大的河流，但由于鞑靼人都是非常出色的骑手，他们可以骑马蹚过半英里宽的河流。{他们也找不到可以用于建筑堡垒的石头，甚至连木头也没有，以至他们不得不依靠燃烧牛粪来度过漫长而寒冷的冬季。} 一个部落在战胜另一个部落之后，可以毫无障碍地继续向前推进，去征服其他的部落；一场战争就可以解决一个纠纷，当他们第一次被

---

① 《高卢战记》，I. 2. ff.

② 114 ff. below.

③ Sea of Azov 在古代的名称。

④ 伦巴第人于公元前 568 年入侵意大利，据说是因为纳尔塞斯受到了贾斯廷二世的蔑视，心中产生了忿恨，然后就邀请伦巴第人入侵意大利。

⑤ 40 above.

打败的时候，他们也就会丧失所有的财产。所以我们看到，鞑靼人曾有几次在一位首领的领导下团结起来；成吉思汗和帖木儿最初都是很小的部落的首领，在年轻时经历过许多艰辛和挫折之后，才逐渐成为所有鞑靼人的最高统治者，并率领其军队征服周边的大部分民族。帖木儿大大扩展了其帝国的疆域，控制了从印度河流域到士麦那的地区，包括波斯、印度斯坦、小亚细亚，以及中国的部分地区，他的军队甚至到了西伯利亚。而阿拉伯人生活的国家则布满了山峦、岩石，以及堡垒，使得敌人很难接近。不同的部落几乎是完全隔绝的；要征服其中任何一个部落，都需要经过好几次战役，流很多血；所以，若要征服许多部落并将它们赶出各自的堡垒，总要经过最为艰苦卓绝的战斗。于是我们看到，直到穆罕默德时期，阿拉伯人从未生活在同一首领的领导下，但自那以后，他们势不可挡地征服了周
220 边的国家，其猛烈程度丝毫不亚于鞑靼人。除为了获取新的领土，他们也时常仅仅是为了掠夺而发起进攻，在这种情况下，他们会在夺得战利品之后便回到自己的国家；而如果他们决定做一次大迁徙，他们就绝不会考虑再回来。他们常常派出一队人马去掠夺，这批人马在几年之后便可回来。汪达尔人在阿提拉[1]的率领下向意大利发起的进攻，看起来正是这种情形。在那里待了大约二十年并洗劫了整个国家之后，他们满载战利品回到了自己的国家。一个已经开化的民族绝不从事这样的远征。除非是为了扩大或保卫自己的领土，它绝不会发动战争；但这些民族却可能为了寻找更好的居住地或掠夺战利品而发动战争。与其他民族相比，鞑靼人引发过更多大规模的革命，这是由于两个原因：第一，由于他们居住的地方的自然环境（远离海洋，干旱少雨，河流的数量较少，而且气候寒冷以致不适合谷物生长），他们一直就是一个游牧民族；第二，由于前面已经讲过的原因，他们很容易就能在一个首领的领导下团结起来。在已知的人类历史的第一个阶段，居鲁士率领他的波斯部队征服了米底亚；这个民族看起来无疑是一个鞑靼民族，他们都是骑手，而且在其他所有方面都和鞑靼人很相似。而从希罗多德[2]和贾斯廷[3]的叙述来看，在他们之前占领这些地区的米底亚人，

---

① ［斯密］在这里将两件事情混淆了：公元 452 年，匈奴人在阿提拉的带领下进行征服；公元 455 年，汪尔达人在盖塞里克的带领下进行征服。

② I. 96 ff.

③ Justinus，*Epitoma Historiarum Philippicarum*，XLI - XLII.

最初似乎也是鞑靼人。前面提到的那位作者[①]在讲到曾经入侵希腊的帖撒罗尼迦人和西徐亚人时说过，除非他们不团结，否则没有什么能够阻止这两个民族征服整个欧洲和亚洲。他说，如果他们团结起来，那么世界上任何人都经不起他们的进攻。在居鲁士之后又一次建立起一个庞大的波斯帝国的基亚克萨雷斯[②]，似乎也是一个鞑靼人。而后来征服这个国家的安息人，也毫无疑问属于鞑靼民族；他们在罗马军队面前也无所畏惧。后来的成吉思汗（我们已经讲过他的征服）也来自鞑靼民族；两三百年之后，来自同一民族的帖木儿发动了更大规模的远征。但是，在这之前，匈奴人曾对世界事务产生过重大影响。他们最初是居住在中国长城以东[③]的一个民族，在 221
中国人的驱逐下一直来到黑海地区。他们以为这就是世界的尽头，因而也没有试图再向西推进。然而，两三百年之后，当他们发现在这些湖和海的西部还有土地的时候，他们很快就决定离开正在居住的地方，继续向西迁徙。在西进的过程中，他们赶走了东哥特人，而后者又赶走了西哥特人。对于此类民族而言，正如他们会为了寻找更好的土地而离开正在居住的土地一样，当他们被打败的时候，如果侥幸尚未被完全毁灭（完全毁灭的情况常常发生），他们也会离开当前居住的土地。西哥特人在狄奥多里克及阿拉里克等不同首领的带领下，征服了意大利和高卢，他们在那里统治了很长时间，直到被查理曼驱逐出境。

假设这样一个民族在某一个自然条件有利于防卫的地方定居下来，且能够抵御敌人的入侵，那么用不了多久他们就能建立一个常设的政府。但在鞑靼人中间，这是绝无可能的，因为他们那里的气候干燥而寒冷，不适合农业发展，而且也没有建造堡垒的地理条件和材料；同样，在阿拉伯人居住的地方，山丘连绵不断，即使有少量的山谷，也布满了沙石，根本不适合农耕。但我们看到，在一些土地肥沃且比较安全的地方，政府很早就出现了。从历史学家的描述来看，最初定居在希腊的那些人，与鞑靼人颇为相似。诸如赫拉克勒斯、忒修斯等著名的勇士，他们受到称颂的行动和远征，恰恰与那些鞑靼首领们所成就的伟业相似。他们之间的另一个相似

---

① 这里应该是指希罗多德，但他和贾斯廷努斯都没有说过这里所讲的事。这个记录者可能混淆了希罗多德说过的两三句话。见下一个注释。

② 基亚克萨雷斯是公元前 634—前 594 年间米底王国的国王，大约与斯基泰人对亚洲的侵略同时，但当时居鲁士尚未建立波斯帝国。这里斯密可能是在讲公元前 521—前 485 年间波斯的国王大流士。

③ 应该是“北”。Cf. LJ（B）30，below.

之处在于，他们都频繁地进行迁徙。赫拉克莱迪家族是赫拉克勒斯的追随者或部落，他们最初居住在希腊东部的埃维厄岛上，后来迁徙至迈锡尼、________[①]，以及斯巴达。在这些地方居住的人们，虽然不断地受到周围民族的侵扰，但并没有在短期内改变他们的生活方式。就特洛伊战争而言，远征并不是为了征服，而是为了夺回那些被掠夺走的物品；在这个城市被洗劫之后，他们便带着各自的战利品回到自己的家乡。他[②]讲述过的所有纷
222 争，都与妇女、牛群以及羊群相关。希腊的阿提卡是最早开始文明化并且建立了常设政府的城邦。它的地形构成一个三角形，两边是海，另一边是高山。所以，它不用担心来自陆上的敌人；敌人要想轻易进攻他们，只有通过水路。正是由于这个原因，起初他们没有在海边建立任何村庄。与其他地方相比，这个地方是如此安全，以至四面八方的人都涌向这里，尽管这里是希腊城邦中最为贫穷的。但那些来自海上的敌人仍然可能在夜间袭击他们。他们保全自己的唯一办法，就是在遭到入侵时将他们的牛羊及其他财产带到一些比较安全的地方。这就是忒修斯给他们的建议；他建议他们在某一个地方聚居，这样他们就可以相互援助，并且也可以有一个地方保护他们的牛羊。于是，雅典人建立了城市，并且在雅典卫城布置了防御工事。在完成这些之后，他废除了先前由那些村庄以及城市的首领们掌握的管辖权；通过这种方式，他增加了自己的权力，同时也减少了民众的权力，从而建立起了某种类似君主制（或者后来所说的僭主制）的政治体制。但是，在一个小国，君主所征收的收入并不能远远超过其他的权势人物，所以君主权力很难长久地保持下去。许多在财富和权力方面与他相当的人会站出来反对他。而忒修斯本人享有的君主权力甚至也被墨涅斯特斯剥夺了。[③] 得摩丰家族后来得以恢复，政权被这个家族掌握了一段时间，后来则被执政官的政府取代。这些执政官的任期最初是十年，但由于执政官从一开始就有两个，后来则变为五个，所以他们的权力也受到一定限制；最终，执政官的任期变为一年，也就是通过年度选举而产生。[④]这种情况持续了相当长的一段时间，但最终被废除了，而执政官的职位则向所有有能力获取

① 原文留缺。墨塞尼亚、亚哥斯，以及斯巴达。

② 荷马。

③ Plutarch，*Life of Theseus*，32－33. 得摩丰是忒修斯的儿子。

④ 最初，有三个经选举产生的、可以终生任职的执政官。他们的任期后来被减少为十年，最后则减为一年。他们的数量则从三个增加到九个。在公元前 487 年时，简单选举则被一种新的体制所取代，依此体制，执政官以抽签的方式从候选人中选出。

它的人开放。在希腊的所有城邦，都是这种情况。通过这种方式，它们从君主制（或与之非常类似的政体）转变成我们所说的民主制，因为全部的立法权，以及最终的司法权和行政权，都由全民大会掌握。但他们将这种政体称为贵族制，这也是很恰当的，因为人们总是受那些拥有权力和权威的人的影响。

1763 年 2 月 24 日　星期四

在前一场讲座中，我试图向你们解释那些最初与鞑靼人一样生活在一个首领的领导下的人是如何在城镇定居下来，并且｛在希腊的许多城邦，以及意大利、高卢等地｝建立起共和政府的。不难想象，当这样一群人在一个安全而舒适，并且也适合耕作的地方定居下来后，如果他们有机会出口他们的剩余产品及劳动成果，那么他们就不仅能够改良当地的土壤，而且能够在技艺、科学，以及制造业等领域取得重大进步。这个阶段的人们的生活水准若要得到提高，这两个条件是绝对必需的。土地必须能够改良，否则，他们就不可能从他们的劳作中得到什么。那必然是他们的劳动与工作的基础。同样必要的是，存在某些能够将他们的剩余产品便捷地运输到外国或邻邦的方式。如果有这样的机会，他们就会在他们所从事的行业中竭力工作；但如果没有通商的机会，因而也没有通过劳动而显著增加财富的机会，那么人们就不可能将技艺提升到很高的水平，或者生产超出他们国家的需求的剩余产品。鞑靼人和阿拉伯人在这两个方面的条件都很不利。鞑靼人居住的地方，土壤贫瘠，气候干燥，地表崎岖不平，使得发展农业极为困难。而且他们也没有发展商业的机会，否则，他们应该能够在技艺和科学方面取得一些进步。与世界上其他任何地方相比，他们的水运条件是最差的；即使在某些地方可能通航，但水运之前往往需要一段距离的陆远，而这也是极为困难的。所以，在这样的国家，在技艺和科学方面进步的可能性很小，甚至完全没有，而且确实也不曾发生过。然而，希腊则具备了技艺的改进所需要的全部条件。虽然它的各个部分被高山及其他天然屏障隔开，而且隔离的程度并不亚于阿拉伯，但希腊却更适合发展。有许多因素，激励他们提高技艺，进行改良。土地被分配，并得以改良，而国家也获得了大量财富。由于这样一个国家远比其邻邦富裕，储有更多的财

223

224

产，他们就很可能成为周边民族侵袭和掠夺的对象。这些民族常常从他们自己的居住地出发，进行海盗式的出征。我们知道，在特洛伊战争时期，这样的出征是非常频繁的，而且那时候做海盗也没有任何觉得耻辱之处。在《奥德赛》中，尤利西斯是一个很少透露自己真实身份的人，人们常常问他，究竟他是一个商人还是一个海盗。[①] 他通常的回答是，他是一个海盗。在那时候，人们非常鄙视商人，而海盗则是一个远比商人更受人尊敬的角色。海盗是一个依靠战争式的冒险为生的武夫，而商人则是一个没有什么武艺的平庸人物；在一个主要由武夫构成的社会里，商人们不会很受人尊敬。{那些小的部落也会相互掠夺；如果部落的人在未获其首领同意的情况下发动进攻，他们也总能得到首领的保护。} 在这种情况下，人们自然会对海盗和强盗有所提防，因为他们可能在夜间遭受从水路而来的海盗或从陆路而来的强盗的侵袭。我们讲过，他们的村庄，没有一个建立在海边；但这并不足以保障他们的安全，所以有必要建设一些防御堡垒，以保卫他们自己、他们的牛羊，以及其他财物。与每一个小村庄单独设防相比，如果人们能聚居在一个较大的地方，然后统一设防，则要便捷得多。这正是希腊的所有城邦所做的，而且在每一个城邦中都有一些较大的城市。周围的地区则很少有人居住，那里的房屋往往很破旧；没有任何宏伟的乡村豪宅，只有一些为他们的牛羊建造的棚屋或栅栏。那些富人，以及希望比他人生活得更为舒适和高雅的人，都居住在城市里。在遇到危险的时候，他
225 们也会把牛羊赶进城市，就像在伯罗奔尼撒战争开始时他们所做的那样（修昔底德[②]对此有过描述），而且这样的例子还有很多；事实上，在荷马的伟大著作的开头，我们就可以看到对古希腊城邦中这种情形的最好的描述。在上一场讲座中[③]，我也向你们解释了那些最初通过类似由酋长统治的部落的方式运作的政府是如何逐渐变成共和政府的。如前所述，那些稍有权势的人都会离开村庄，到城市中居住。如果城市首领的权力过大，就会引起他们的不快，因为他们的地位并不比他低很多。在一个小国，国库收入有限，并不足以使国王或君主明显优越于贵族或其他权势人物。倘若他们中间有三四个人联合起来，就能够将管理国家的权力从国王手中夺过来。如

① 事实上，只有一次，*Odyssey*，ix. 253 - 255，但同样的问题是向他的儿子忒勒马科斯发问的，*Odyssey*，iii. 72 - 74。

② II. 13 ff.

③ 59 - 60 above.

今，国王们仍然能够维持他们的权威，但这是因为他们的收入远远高于贵族的收入，而且贵族们也能够较为容易地获得荣誉和利益（如果这些荣誉和利益向所有人开放，则那些突然发迹的人就会与他们竞争）。我们看到，在所有城市中，政府都采用共和制，由市议会管理。同样，贵族，以及城邦中的其他重要人物，都试图掌握城邦的权力。于是，在许多国家，他们就开始从城邦首领手中夺取权力。在雅典，这是逐步实现的，政府慢慢地向人民开放。{在特洛伊战争发生之时，希腊境内的各个城邦都由几个领导或首领统治着，但在大约两百年之后，它们全都变成了贵族制。} 最初，似乎并不存在要求人民从贵族中选举官员的法律，但他们事实上总是这样做的，因为他们总是倾向于偏爱那些支持他们、保护他们的人，以及那些他们习惯于服从的人。这样，那种类似于君主制的政府，就变成了贵族制的政府。但事实上，在通常所说的君主国，似乎也包含着相当程度的民主因素。因为我们看到，只有人民才有权力制定法律，以及在宣战与媾和的问题上做出最终的决定。{而且，他们有权选举所有的地方长官，以至有些作者认为，忒修斯通过号召人们在城市聚居，为民主奠定了基础。[①]} 被称为 226
国王的人，不过是一个在他们的商议中起到领导作用的人。同样，后来取代他的那些贵族，也能在所有事务上发挥领导作用，并且因此而被选任为地方长官。这就是古人所说的贵族制，尽管从前面讲到的人民所拥有的权力来看，我们应当将它称为民主制。他们所说的民主制，指那种国家官吏的职位平等地向平民和贵族开放的政体。但在现今的欧洲，我们找不到这样的政体。热那亚、米兰，以及威尼斯等地，曾经有过这样的政体。在所有这些国家，人民自愿地将这些权力交给贵族。自那以后，这些事务便由贵族处理了，在古代共和国里，我们看不到这种情况。奴隶制似乎是造成这种差异的原因。在一个现代共和国里，每个人都是自由的，而那些穷人为了生计都忙于各自的职业。他们发现，被要求参加集会并且为公共事务或案件的审理而辩论，是极不方便的。于他们而言，做这些事的损失远超过所得，因为他们几乎没有可能获得一官半职。然而，在古代的共和国里，机械性的劳动完全是由奴隶承担的，自由民大多都很富裕；即使那些不富裕的，也至少是个闲人，因为他们几乎没有什么事情可做。所以，被召集起来讨论公共事务，对他们而言并没有什么不便。此外，那时候，即使最

① Thucydides，II. 15；Plutarch，*Life of Theseus*，24－25.

下层的自由民，也与奴隶有着巨大的差别，以至使得自由民之间的差别几乎微不足道了；然而，如今，自由民之间的差别，并不比先前存在于自由民和奴隶之间的差别更小。先前自由民与奴隶之间的区别，大约相当于如今存在于粗俗的人与高雅的人或绅士之间的区别。由于这样的人数量很少，且没有其他的职业，他们就能比较方便地参加所有公共事务的讨论及决断，而且也有获得一官半职的希望。然而，在现代国家，这对于普通人来说只是一个不会带来任何好处的负担。所以，他们都放弃了这种权力。威尼斯人将这种权力让与了一个由 1 000 人组成的政务会，该政务会的成员是从那些最有声望的家族中选出来的，迄今仍然掌握着权力。同样的事情也发生在热那亚和尼德兰联邦，在那里，公共事务的管理最初是向所有人开放的，
227 但他们发现这样做很麻烦，于是将这种权力让给城市政务会，政务会至今仍然掌握着权力，而且有权在出现空缺时补选其成员。这样，在那种由人民在一个首领的领导下行使统治权的政府被废除后，贵族制政府就建立起来了。贵族们嫉妒这个首领所拥有的权力，并最终将它从他手中夺了过来。在这之前，虽然在罗马、科林斯等地，首领压迫贵族和人民的事情时有发生，但在所有这些地方，首领最终都丧失了权力。在恺撒时期，高卢地区的人们就已经建立了贵族制政府，而西班牙的政体也可以说是贵族制，因为在那里只有贵族才可以当选为长官。这种政体的演化，在罗马表现得最为明显；而罗马和雅典，则是此后民主政治逐渐演化的典型例子。在这两个地方，起初政府都完全是由贵族把持的，因为只有他们才有权被选为长官；至少可以说，事实上只有贵族当选。最初，在雅典，也只有上层阶级的人才能被选为长官。然而，随着商业和奢侈品的出现，贵族的势力急剧下降，平民开始为自由而斗争。这种斗争早在十人立法委员会时期就已经开始，因为这个委员会所制定的《十二铜表法》中就包含一项先前制定的法律，规定只有贵族才有被选举的资格。[①]此前已经存在的百人大会的宪章规定，只有最上面的两个等级的人才有资格参加公共的讨论；而《十二铜表法》使得贵族制变得更为稳固了。前面已经讲过的关于诽谤的法律[②]，就特别适合于贵族制政府。但是，随着财富和奢侈品的出现，贵族的权力和影响很快就下降了。当一个人花一万英镑用于自己的奢侈消费时，他并不能使任何人从属于他，他也不一定能在采取某一行动时找到哪怕仅仅是三

① 例如，被选为执政官。

② ii. 142 - 143 above.

个愿意追随他的人，尽管在选举过程中他仍然能得到那些赞同他的人的支持。然而，在罗马，由于所有的奢侈品都是由奴隶们提供的，而奴隶在这个国家没有投票权，贵族们的奢侈生活于是毁掉了他们的一切权力。平民们不断要求分享政府的权力。最终，他们得到了在一切事项上都将维护他们的利益的保民官。[①]为了他们自己的利益，同时也是为了人民的利益，这些保民官会努力与地方长官保持沟通。最终，他们实现了这一目的。但是， 228
在后来的许多年间，不曾有一名平民被选为地方长官。这是因为：虽然贵族内部确实存在分裂，但他们总能联合起来反对平民；而平民们，由于早已习惯于服从贵族，并认为贵族比他们更为优越，所以他们宁愿选举贵族，也不愿使那些原本与他们平等的人高于他们。然而，保民官制度却继续保留了下来，并且最终由人民通过了一项法律，该法律规定：所有地方长官中的半数，两位执政官、六位军事保民官，以及八位民政官必须从人民中选举产生。自那以后，所有这些职位的选举，都是每年进行一次。而在雅典，梭伦制定的法律，规定从较高的三个等级的人中选举长官；后来，阿里斯提德斯制定的法律又使得所有等级的人都获得了被选举的权利。希腊人[②]的情况，如我在前面已经讲到的，与希腊人在特洛伊战争之后不久的情况很相似；而西班牙的人的情况，则与希腊人在波斯远征前的情况相似。

1763 年 2 月 28 日　星期一

在前面的一些讲座中，我向你们解释了政府是如何产生的，以及它在狩猎时代和游牧时代的演变过程。我讲到，最初可能并不存在政府，它是在游牧时代才产生的；在这个时期，人们自然地团结起来，并且组建了城市，这些城市最初是由一个首领统治的，后来则自然地演变为贵族制，而后又成为民主制。现在，我将向你们解释这些城邦是怎样解体的，以及导致它们解体的原因。如我已经讲过的，正如雅典、斯巴达，以及希腊的其他所有城邦一样，它们最初都是由一个大城市（可能像雅典一样包括十万人）和城市周边面积并不是很大的领土构成的。那就是所有这些小共和国

① 平民的保民官，建立于公元前 494 年。Livy，II. 33.

② 原文如此。这里，作者的本意可能是“威尼斯人”。Cf. 70－71 above.

的最初的形式。——以此为起点，下面两种情况中，必然有一种发生：第一，这个城邦继续保持这种以一个大城市为中心的小共和国的状态；或者，
229 第二，扩张其领土范围并征服周边城邦，因为它本身已经很小了，如果再缩小的话，势必意味着毁灭。我们可以将第一类共和国称为防御性共和国，希腊的各个城邦都是这种共和国的例子，下面我将首先讨论它们的命运；然后我们会讨论第二类共和国的命运，这些共和国可以被称为侵略性共和国，而罗马和迦太基则是很好的例子（在后面我将讲到，如果迦太基没有被罗马征服的话，它也会遭遇和罗马一样的命运）。

现在，我们来讨论那些继续保持其狭小领土的防御性共和国的命运。首先，随着社会中的技术和制造业的进步，此类城邦的权力和力量必然会显著下降。技术和制造业的发展，使得谋生变得更为容易，城市的居民数量会增多，而士兵的数量则会减少。也就是说，人民的数量会增加，但可以作战的人的数量则很少；所以，在每一个这样的城邦，技术和制造业必然会有提高（对此我将在后面做更为详细的解释），而这种发展却会显著地削弱这些城邦的力量，尽管削弱的程度在各个城邦之间会有差别（我将在后面解释［造成这种差别的］具体的原因）。——在一个狩猎民族中，所有人都可以参加战争。在希伯来人中，就曾经是这种情况；而在阿拉伯人和鞑靼人中，现在还是这种情况。在卡尔梅克人和其他一些民族中，妇女和男性一样参加战争。尽管由于体质较弱，她们可能不是很好的士兵，但她们也有自己的战马和弓箭。在一个更为进步的社会中，无论是游牧民族还是一个有着小规模农业的国家，则只有男性才参加战争，但所有的男性都必须参加。和牧人一样，这些人可以很方便地参加战争。在这样的国家，他们只是在夏天出征。战争只会在春种之后、秋收之前持续三四个月。在这期间，庄稼正在生长，人们没有什么事情可做，所以可以比较方便地离家出征。即使主人不在，牧人所拥有的那些牲畜也可以自己找到水草。所以，没有什么会妨碍他们出征。这正是伯罗奔尼撒战争发生时伯罗奔尼撒人的情况；在雅典，也曾有过一段时间是这样的情形，因为吕西亚斯①在一
230 次演说中激励他们效仿他们的祖先的英勇行为：当所有那些适合出征的人都已去了墨伽拉之后，只留下老年人、小孩以及妇女来保卫家园；当敌人来犯时，他们冲出去作战，并且取得了一次伟大的胜利。但他们似乎没有

① *Funeral Oration*，50（the victory was at Megara）.

听从这个建议。所以，此类国家可以将所有适龄参军的人都派去出征，这些人通常大约是总人口的四分之一，也就是说，100 人中大约有 25 人是适龄参军的。在这 100 人中间，一半（也就是 50 人）是妇女；而在 50 个男人中间，一半人要么低于 16 岁（参军年龄的下限），要么超过了 45 岁或 55 岁（参军年龄的上限）。——但是，在一个技艺、制造业和手工业都已高度发展的国家，情况则不一样。他们不可能这样分配劳力，否则就会导致商业的损失和国家的灭亡。与牧人或农人所面临的情况不同，当铁匠离开其作坊或织工离开其织布机的时候，他的工作就停止了。为了使贸易和商业能够不间断地进行，他们就不会出去作战。——在前一种情况下，每四个人中有一个人可以出征；但在那些已经在工业技艺方面取得较大进步的社会，一百个人中间也不一定能派出一个人出征。这是人们对英国、荷兰等国家的情况通常做出的估算，但它可能太大了。因为在这里，和前面一样，100 人中间 50 人是妇女，而 50 个男人中间又有 25 人不在参军年龄的范围内，这样，25 个人中应该有一个人出征。但即使在这次战争[1]中，似乎也不是这种情况，尽管这次战争消耗的人力物力超过了爱德华一世以来的任何一次战争。就日耳曼大部分地区来说，这个估算是适合的。普鲁士国王的大臣________[2]男爵指出，200 个人中间，如果出征的人多于 1 人，就会对国家的经济造成损害。那个国家在工业技艺方面落后于不列颠，所以也能够调动更多的人员参加战争。但正如对其他的国家而言太大，我相信这个数字对我们的国家来说太小。从这里我们可以看到，一个小国（例如雅典）可能能够很好地保卫自己。雅典大约有 100 000 居民，其中有 25 000 或30 000 人是适龄参军的，所以它能够派出一支力量相当可观的军队，例如，在马拉松、喀罗尼亚等战役中，雅典派出了 10 000 至 20 000 人的军队。然而，当所有人都忙于各种和平的劳动时，一百个人中可能只能派出一个人出征，也就是说，雅典只能派出大约一千人，这最多只能算是一个弱小的城市防卫队，根本招架不住敌人的进攻（哪怕敌人只有四五千人）。所以，城邦的持续存在，以及在此期间自然而然出现的许多改进，使得人们都忙于从事
各种有用的生产、商业等活动，这必然削弱此类城邦的力量，并最终使它 231
被周边的城邦征服。——尽管不列颠在工艺和商业方面是很先进的，但它还是能派出较大规模的军队。不列颠群岛的人口大约有一千五百万，所以，

① Cf. LJ (B) 38，below，and see Introduction，p. 8.

② 手稿中空缺。Baron Bielfeld，*Institutions politiques* (1760)，I. 16. 4.

如果有百分之一的人出征，也可以组建一支十五万人的军队，这大约是在本次战争中不列颠所招募的常备军的数目，尽管事实上大约有五十万人参加了战争；但我怀疑这个估算有点太低了，而对于欧洲其他国家的估算则过高，因为这个数字与查理二世时期的数字是一样的，而自查理二世以来，英国的人口数量已经大幅增加。所以，在所有的共和国，工艺和商业的进步必然会严重削弱这些国家的力量和权力。但削弱的程度在不同的国家并不完全相同。那些实行奴隶制的国家，比没有实行奴隶制的国家更占有优势，这可能是奴隶制所能带来的唯一的好处。在所有实行奴隶制的国家，只有奴隶才从事各种生产和贸易（对此，我在前面已经讲过[①]）。尽管奴隶主确实负责指挥这些工作，但他们只是监督者，绝不会亲自做奴隶们所做的那些事。我们知道，虽然梭伦等立法者鼓励商业和贸易，并且要求每个人都将其儿子送到某个行业做学徒，但他们却主张学徒不应该亲自劳动。他们以为，任何持久的劳动都会损害人的身体，使他不再像先前一样适合军事训练。—— 在斯巴达，不存在任何商业；而在雅典，也没有任何自由民从事那种活动。所以，自由民仍然可以出征，而留下老人和妇女监督奴隶工作。在喀罗尼亚战争[②]中，雅典派出了九千至一万人，尽管那时他们早已在技艺和科学方面取得了巨大的进步。然而，在意大利各邦，随着技艺等方面的进步，整个国家都完全丧失了作战的勇气。佛罗伦萨、米兰等地之所以迅速衰败，正是由于这个原因。这种情况是很自然地发生的，因为对任何一个富裕的国家的人民来说，战争都是一种巨大的甚至不可忍受的痛苦。而在先前，人们并不把出征看作很大的困苦。参加战争的都是社会地位很高的人。骑士是英勇的人，而步兵也是绅士，在他们看来，每年花
232 三四个月时间参加战斗，并不算是很辛苦的事。在罗马，也是同样的情形。那时候，那些社会地位较高的人，即使在战场上也过着轻松而俭朴的生活，与他们在不出征时所主要从事的打猎生活并无太大区别。在不出征时，他们都是悠闲的人，并没有什么特定的事务缠身。然而，在商业和技艺的发展导致的奢侈生活产生之后，除非遇到非常紧急的情况，例如某种可能导致国家即刻毁灭的事情，人们就不愿放下自己的事情而以士兵的身份参加战争。在这样的国家，能够参战的人，都来自社会的最下层。除非把这些

---

① 可能是 69 above，但那里的表述中用的是“古代国家”，而不是“所有国家”。Cf. iii. 140 ff. above.

② 发生在公元前 338 年的战争，马其顿国王腓力率领的军队打败了雅典和底比斯联军。

人组成常备军并用严格的军纪来约束他们，这些人就不能被信赖，而且他们在战斗时也缺乏士气。绅士们会为了他们的荣誉以及国家的利益而战斗，但促使那些来自社会下层的普通士兵进行战斗的，只是他们对上级长官的敬畏。所以，在技艺提高之后，先前那些被信赖的人不再出征，而军队则完全由先前从来不参加战争的人构成。在罗马帝国后期，军队由来自社会下层阶级的人组成，正是这种情况。军队不仅在人数方面减少了，而且在力量方面也遭到更为严重的削弱。商业与技艺的发展，对希腊的各个城邦都产生了同样的影响。正是在这种情况下，狄摩西尼[①]呼吁希腊人自己参加战争，而不是依靠雇佣军（当时希腊的军队主要由雇佣军组成）。无论在哪里，只要公民们都投身于技艺和商业，城邦的力量必然会大幅下降。

第二，还存在另外一种严重削弱城邦力量的改良，即作战技术的改良。最初，攻克一座城市是一项需要耗费大量时间的作战行动，只有通过计谋或围攻才可能实现，就像是在特洛伊战争中所发生的。一个有着良好的防卫墙的小城市，可以很有效地抵抗敌人的进攻。要攻下一座城市，唯一的办法就是封锁，但要招集足够数量的人进行长时间的封锁，往往是非常困难的。所以，雅典在失去其海军力量之后，依然经得住长达两年的封锁。[②]
然而，随着一些更为先进的战争器械与方法的采用，攻克一座城市不再像 233
过去那样不确定了。只需要花一两周的时间，一个有经验的技术人员就可以判断一个地方会在什么时候投降；如果围攻军队的士兵众多，而且采取了正确的进攻方法，则被围攻的城市必然会沦陷。在这种情况下，围攻者占了优势。从最初赶走部落酋长到伯罗奔尼撒战争，也就是在希腊的辉煌时期，没有一个城市不是通过封锁而攻克的，雅典、普拉提亚，以及叙古拉，都是用这种方式被攻击的，而且当时的人们似乎不知道除了围攻之外的其他任何方法。但是，随着攻城槌、投石机、弹弓等器械，以及各种作战技术在腓力（他本人是一个伟大的技术人员）时期趋于成熟，而后又经过亚历山大和波立尔塞特司[③]的改进，每一个城邦都变得岌岌可危了。八周或者两三个月的围攻，必定能将它攻克。尽管这些工具可能不像我们如今使用的大炮一样有效，但它们显著地提高了进攻的效率：如今可以经受五

① *Third Olynthiac*，36.

② 这里指的应该是公元前 404 年伯罗奔尼撒战争的后期阶段，但围困的时间实际上还不到一年。

③ 波立尔塞特司（“围攻者”），336 B. C. - 283 B. C.. Cf. Plutarch，*Life of Demetrius*.

六周的攻击的城市，在那时需要十周或十二周即可攻克。所以，所有此类城邦都会自然而然地解体，它的权力会因为技艺和商业的发展而被削弱，它的领土，甚至城邦本身，也会随着作战技术的成熟而变得越来越脆弱，而一旦被击败就再也没有希望复兴。

现在我们来讨论那些侵略性国家的命运。此类国家的例子，包括罗马和迦太基，虽然后者因为罗马的攻击而较早地灭亡了，但在此之前，它曾征服非洲沿岸，以及整个西班牙。它们也必然变得岌岌可危，但造成这种情况的原因，并非来自外部的威胁，而是它们自己的民众所造成的危险。这是因为，随着技艺的改良和奢侈品的出现，那些富人和生活条件较好的人都不再出征。而军队则逐渐由来自社会底层的人组成。在马略[①]所处的时代之前，罗马军队全部是由那些有荣誉有地位的人组成的。但马略开始接受底层阶级的人，并将他们编入所谓的常备军，使其受到一定军纪的约束。
234 组成常备军的，包括刚刚摆奴隶身份而获得自由的人、逃跑的奴隶、逃兵，以及最底层的暴民。这样的一支军队，在一位指挥官的领导下经历过几年战争之后，就会在很大程度上依赖于这位指挥官。他们会认为，自己在军队中的地位，甚至在世界上的价值，全都依仗着他。如果这位指挥官在国内受到了冒犯，或者有任何事情使他感到不满，他自然会诉诸他的军队，而由于这样的军队中都是些没有原则的人，他们会几乎不假思索地听从他，并帮他做他想做的任何事情。如果他成功了，政府就会垮台，而他也会独揽大权。自从形成这样一种惯例以后，只要出现上面提到的情况，事态的发展几乎总是如此。作为前面提到的军队的首领，马略行为傲慢、盛气凌人，以致冒犯了当权的苏拉，于是被流放；但是秦那[②]和马略的支持者们发动了政变，使局势变得对马略有利。而苏拉在打败米特里达提斯之后载誉归来时，对他离开期间国内发生的事情大为恼怒。于是他动用了自己的军队，在经过约十二次的战斗后成为罗马的永久“独裁官”，并推翻了政府。但是由于他生来就具备的某种超越一般人的宽宏大度，苏拉决定引退。此后三四十年间，共和政体得以延续，直到恺撒时期。庞培与马略颇有些相似；他曾在西班牙的塞多留战争中取得胜利，他曾战胜过海盗、武士，战胜过米特里达提斯和提格拉尼斯，当他凯旋时，他毫无疑问是这个国家的

① 马略（157 B.C. －86 B.C.）是苏拉（138 B.C. －78 B.C.）的竞争对手，他将罗马军队由民兵改编为专职军队。

② 秦那是公元前 87 年的罗马执政官，他帮助马略从流放地归来。

首领；但他并不可能像恺撒那样利用自己的权威。恺撒成为了军队的首领，在九年间，他率军征服了两个高卢国家。[1]这给他带来了更高的荣誉，因为在那时候，高卢是与罗马宿怨最深、并且也最为强大的敌人，就像如今法国与我们的关系一样。这使得庞培的功绩相形见绌，并引起了他的嫉妒，他不允许人民在恺撒出征期间将恺撒选为执政官，这激怒了恺撒；借助他的军队，他取得了一次又一次的胜利，并成为了永久独裁官。正是这支得胜军队的后续力量，后来又使安东尼和奥古斯都（最后则是奥古斯都一个人）登上了王位。在所有侵略性共和国中，即使指挥官所率领的是雇佣军，也都会发生相似的事情。

1763 年 3 月 1 日　星期二

在上一场讲座中，我向你们解释了共和政府是如何自然地衰落并且被 235
毁灭的。第一，在防御性共和国中，工艺和技术的提高使得人民不再适合战争，从而大大削弱了国家的实力，并最终使其被某些邻邦征服。希腊的大多数共和国，都遭遇了这种命运。雅典后期所能派出的军队数量，尚不及前期所能派出的五分之一。除此之外，工艺的进步也削弱了城邦的防卫能力；与被围攻者相比，围攻者更好地利用了这一进步。正是由于这个原因，底比斯被亚历山大征服了，尽管它在工艺方面几乎没有什么进步，而且可以将国内的大部分人派去参加战争。所以，所有的防御性国家最终都被其邻邦征服了。我也向你们讲述了征服性共和国的必然的命运是什么。此类国家的一个例子，就是罗马。倘若不是因为其政治体制中的一个与罗马不同的因素，雅典本来也可以是此类国家的一个例子。这就是，雅典人在将任何人接受为城邦的公民时是非常谨慎、非常严格的；即使在接受某些伟大人物或国王的时候，雅典也仅仅是赋予他们部分公民权，例如在向雅典进口货物时免征关税。而罗马则在不断地接受新的成员，往往有成千上万的来自其他国家的人被接受为公民。这种差别的原因在于：在雅典，公民身份会带来某些利益，接纳新的公民会使其他公民的财富受到减损，所以他们总是不太愿意接纳新成员；而在罗马，由于公民身份并不会带来

① 恺撒曾在公元前 58—前 49 年间出征山南高卢和山北高卢。

多少利益，所以他们在赋予公民权方面并不是很严格。这样，雅典从来未能增加自己的实力，以致可以在较大范围内扩张自己的疆域；而罗马则大大增加了自己的权力和财富，但这最终却导致了它的毁灭。当军队在外征战的时候，战胜国的国内可以享受和平和安宁。长期的和平与安定，为工艺的发展提供了良好的环境，而这又会带来财富的增长。商业也会自然地发展起来，尽管当时并没有人专门研究它，也没有人提出相关的理论。个人的勤奋必然会引起商业的发展。由此而来的财富，以及在征服其他国家的过程中所获得的财富，自然会导致国家力量的削减，正如在那些防御性
236 共和国发生的一样。较有社会地位的人不再参军，而军队则变为由雇佣军和来自社会底层的人构成。当军队指挥官企图采取某种行动时，这些人自然会跟着他，因为他是他们最为感激的人。军队开始更多地受到指挥官（而非人民）的控制。我们看到，在所有的共和国中，这都成为人们担心的一种情况。在所谓的大不列颠共和国，议会很快就开始提防军队首领克伦威尔；他们认为他的统治过于独裁，于是采取措施限制他的权力，包括命令他解散他的军队等。克伦威尔则诉诸他的军队，但他并没有像马略、苏拉或恺撒一样明目张胆地这样做，而是采取了一种间接的、伪善的方式；军队为他提供了援助，镇压了议会，并将他立为共和国的护国主，或者君主。在我们知道的所有共和国中，只有罗马曾进行过大规模的扩张，于是也处于他们的不断取胜的军队指挥官领导下的军队所带来的危险之中。如果汉尼拔成功了，则迦太基也会出现同样的情况。汉尼拔曾征服意大利。他的弟弟则率领军队征服了西班牙。倘若当时他们将这两支军队联合起来，并且汉诺[①]所领导的政党在元老院激怒了汉尼拔（这是很有可能的），那么，这支联合的军队可能已经将他们的国家征服了。当时元老院给汉尼拔的微薄的拨款，清楚地表明了他们对他是多么的猜疑，而且他们似乎也并不希望看到汉尼拔获得成功。贵族们对于那些在任何方面显得出众的人都会很妒羡的；当那些先前与他们处于平等地位的人被擢升时，他们就会感到嫉妒。希腊人对他们的将领亚西比德就怀有同样的妒羡。修昔底德[②]确实认为亚西比德并没有什么不良的图谋；确实，我们可以说，所有这些军事长官最初都没有推翻政府的意图。但是，一旦有了这样的机会，就很少有人能够抵制那种诱惑。

① 迦太基贵族党的领袖，也是汉尼拔家族的主要反对者。

② VI. 28－29，61.

当一个防御性共和国被征服之后，究竟会采取何种政体，是很难判断的。这取决于征服者的意愿，因为征服者可以做他们想做的任何事。通常，新建立的政体与征服者所在国家的政体是一样的。所以，雅典人在他们征服的地方建立了民主政体；而斯巴达人则建立了贵族政体，正如他们在雅典建立的三十僭主的统治，因为这是与他们的习俗最为合适的。罗马人则 237
更为明智地将那些被他们征服的土地变为行省（对此我将在后面进一步解释①）。——但是，当一个共和国被其成员之一征服的时候，只可能建立一种政体。征服自己的国家的行为，以及为此而建立的军队，必然决定新建立的政体是君主军政府。征服这个国家的军队会继续保留下来，以便震慑人民。在罗马共和国之后的君主们被称为皇帝，这最初是军队对那些成功的指挥官的尊称。自此以后，罗马的政府完全就是一个军政府了。军队选择皇帝，并且支持他的权力，执行他的命令。私人之间的纠纷，仍然由先前的法院用同样的方式裁决。皇帝并不会因为改变此类制度而得到任何好处；而另一方面，如果这些能保持不变，人民就更可能服从他的权威。但是，皇帝却控制了所有的行政权，以及大部分的立法权。元老院的副执政官（praetor）*，以及所有的地方长官都不再有自己独立的权威，而完全由他支配。通过控制军队，他也控制了在战争与媾和、税收，以及贡赋等事项上的决定权；但司法仍然像先前一样公平地进行。同样，我们看到，克伦威尔利用一支由一万人组成的军队威震全国，用前所未有的专断方式实行统治，但他却没有改变对于私人之间的纠纷的审判方式，事实上还做了若干改进。在他之前，已经存在一个法律体系。要改变这个法律体系并不符合他的利益。所以他允许关于私人财产的纠纷用已有的规则处理，甚至做了若干改进。他将土地的封建保有制改变为农役保有制②，并且废除了
《航海条例》③。后来查理二世复辟之后，所做的第一件事，就是通过制定一 238

---

① 99 ff. below.

② Act of 24 Feb. 1645/6（*Acts and Ordinances of the Interregnum*（1911），I. 833）converted tenures by knight-service into common soccage. 它被 Act of 27 Nov. 1656（*Acts and Ordinances*，II. 1043）所确认。

③ Act of 9 Oct. 1651（*Acts and Ordinances*，II. 559）.

* 徐国栋老师专门对 praetor 写过一篇文章，认为 praetor 最初是一种兼具行政、司法和军事职能的官职，只是到了帝政时期，才慢慢地转变为专业的司法官。因此，对 praetor 一词的准确把握，应依据其在不同时期的不同职能进行，不能通译为裁判官，最好的释义是副执政官。——译者注

部法律[①]来确认克伦威尔期间制定的许多规章。一个新的政府总是能制定好的法律：对私人之间的纠纷进行公平的处理，这符合他们的利益。我们知道，尤利乌斯·恺撒[②]同样只是修正法律，而不是改变法律。就私人纠纷的处理而言，在那些皇帝（特别是最糟糕的皇帝尼禄和图密善[③]）统治期间，法律却是执行得最好的。尽管他们的凶残使他们的行为常常表现出很大的野蛮性，但他们的利益促使他们改善法律，并且维持严格的纪律。即使在共和时期，各行省的总督的压迫也从未如此彻底地被防范。所以，一个军政府也承认规章和法律，尽管在涉及国王的选举以及对那些侵犯国王尊严的犯罪等事项上，司法程序带有很大的任意性：那些罪犯往往是在未经审判的情况下就被惩罚，即使有审判，也只是“走过场”，是对正义的歪曲。但在其他所有事项上，依法办事符合他的利益。在罗马，从尤利乌斯·恺撒开始统治到帝国灭亡期间，正是这种情况。但这个政府，和其他所有政府一样，似乎必然走向一个确定的终结点。—— 因为工艺必然会进步；尽管这种进步能带来很多好处，但它也使人们不愿意参加战争。我们看到，所有富裕的国家，都使用了雇佣军；荷兰人都不能从自己的工作中抽身，所以他们每次参加战争都要使用外国雇佣军，而且这些雇佣军的首领也是外国人。罗马帝国的情况，也是如此。所有的行省都很富裕，而且有很发达的商业，城市也都繁荣而奢华，以至全体人民都不愿参加战争。此外，如果公民参加战争，公共收入就会大幅减少，因为在所有的商业国家，公共收入都是通过向不同的制造商征税而获得的。这样，促使民众参加战争，就不再符合政府的利益。从周边的野蛮民族招募士兵，则更为方便，这有两个方面的原因：第一，野蛮民族比较贫穷，尚未像帝国的人民一样习惯于较高水平的生活，他们就更愿意接受较低的报酬；第二，这样做不会对工业产生不利影响。于是，这就成为这个阶段的所有政府的政策。罗马从不列颠、西徐亚以及欧洲北部的其他地方招募他们的军队。起初，这仅仅是招募，也就是为了军事目的而从蛮族首领那里买来一些人马。[④]后来，他们发现了一种更为简便的方法：与蛮族首领进行一次性交易，向他支付一定

① 12 Charles II，c. 24（1660），即，在他的父亲于 1649 年去世（也就是他自己宣称为苏格兰王的同一年）之后的第十二年，同时也是 1660 年复辟的第一年。

② Suetonius，*Life of Julius Caesar*，44.

③ Suetonius，*Life of Nero*，15；*Life of Domitian*，8.

④ 直到七年战争开始：29 George II，c. 17（1756）。

数目的费用，由他挑选一定数量的人员加以训练，并且在战争爆发时在他 239
的率领下参加战斗。当政府冒犯了这个首领的时候，正如共和国的那些掌握大权的指挥官会控制国家的领导权并将其变为一个君主国一样，这位蛮族首领也会倒戈相向，并占领他所在的任何行省。就这样，所有的罗马行省都被那些在不同时期曾在当地指挥过军队的军事将领控制了。克洛维得到了高卢，撒克逊人得到了英格兰，都是这种情况。某些作家对于这些事件的叙述存在错误。—— 一些很优秀的作者告诉我们，由于在高卢受到日耳曼人和北部西徐亚民族的攻击，埃提乌斯[1]告诉不列颠人，他们必须依靠自己的力量来防备皮克特人和苏格兰人的进攻。从莪相的诗来看，这是两个与美洲人处于大致同一发展水平的民族，尽管他们似乎没有［美洲人那种］将活人烧死的习俗。先前，罗马军队曾利用他们建筑的城墙及总是驻扎在城墙内的备守部队来保卫自己；在罗马军队撤走以后，不列颠人舍不得离开已经被他们大大改良了的土地，但他们却不能很好地保卫自己。作家们通常的说法是，埃提乌斯给了他们自由。但这是不可能的：第一，没有一个政府会给一个它可以控制的行省以自由；第二，他们也不会将撤销军队当作一种有利的事，因为不列颠在过去的四五百年间一直是罗马的一个行省，并受罗马军队的保护。所以，他们不认为这是一种好处：他们被要求保卫自己，政府不再给他们任何援助，就像是不列颠放弃了英格兰的一个郡或者美洲的殖民地，而由他们自己保卫自己一样。这正是埃提乌斯所做的；他告诉不列颠人，他们必须自己保卫自己，因为军队需要保卫一个更重要的行省——高卢。[2] 不列颠人不愿意离开自己的工作，于是决定征募撒克逊人。这些撒克逊人最初是在亨吉斯特与________[3]的带领下来到英格兰的。撒克逊人很快就赶走了那些先前多次入侵并洗劫了英格兰的皮克特人和苏格兰人，并在若干不同首领的领导下建立了撒克逊七国（Saxon
Heptarchy）。相似地，其他所有的行省的权力也都被那些先前曾是它们的 240
保卫者的人篡夺了。其他那些更接近罗马帝国中心的行省确实更频繁地受

① Aetius，公元5世纪中期罗马的贵族（patricius），第一执行官（埃提乌斯（396—454），西罗马帝国末期的主要军事统帅。他的主要战绩为击败匈奴人入侵，并取得了古代欧洲规模最大一场会战的胜利。451年，匈奴人首领阿提拉入侵西罗马帝国，埃提乌斯联合西哥特王国反击并将其击退。后来，他又多次击退蛮族进攻。454年，佩特罗尼乌斯·马克西穆斯诬告埃提乌斯谋反。皇帝瓦伦提尼安三世信以为真，杀死了埃提乌斯。——译者注）

② Hume，*History*，I. 10.

③ 手稿中空缺。应该是指霍萨。Hume，*History*，I. 13.

到他们的进攻；但撒克逊人从来也没有受到这样的侵扰。但这是若干行省中第一个沦为蛮族之手的。这就是西罗马的命运。而东罗马则因为土耳其人和阿拉伯人的入侵而灭亡。

就这样，在一些较为出色的军政府的统治下，由于长期的安全、富裕，以及技艺和商业方面的进步，人民越来越不愿意亲自参加战争，而这对国家来说则是不利的。[1]他们于是开始从野蛮民族中招募士兵，而后来则直接与这些蛮族的首领进行交易。这是自卡拉卡拉时代以来罗马皇帝所采取的措施，而后来的戴克里先、阿卡狄奥斯、霍诺里乌斯时期，则更是如此。自那时以后，所有的伟大人物，都曾是某些蛮族的首领。先前的贵族，不再是伟大人物。他们只是担任皇帝的大臣。那些蛮族的首领往往并不服从这些贵族大臣的命令，反而依靠自己掌握的军事力量反对这些大臣。斯提利科[2]、埃提乌斯，以及罗马帝国其他所有的伟大保卫者或背叛者都是如此。我们知道，斯提利科背叛了帝国；虽然据说埃提乌斯一直是忠诚的，但他还是受到了很大的猜疑，并被________[3]下令处死，但瓦伦提尼安三世随后则被埃提乌斯的一个朋友杀死。

1763年3月2日　星期三

在上一场讲座中，我向你们讲述了当一个强大的共和国（如罗马）被它的臣属征服之后所出现的政府。迦太基在非洲及西班牙拥有大量的土地，如果它不是被罗马打败的话，也会遭遇和罗马同样的命运。在强大的叙拉古共和国，军事首领戴奥尼苏斯一世将整个国家置于自己的权力控制之下；同样，克伦威尔则控制了不列颠共和国。这种新建立的政体，就是君主军政府。这种政体的建立，需要借助军事力量来镇压人民。最高权力的大部
241 分都被皇帝掌握。行政权，包括宣战与媾和的权力，完全由他控制。而立法权实际上也是如此，因为他们很快就将该项权力从人民（立法权的最初归属者）手中夺了过来，交给了元老院。元老院完全是由君主创制的，元

① Hume, 'Of Commerce', *Essays*, I. 290.

② Flavius Stilicho，狄奥多西一世和霍诺里乌斯统治时期的罗马将军。由于霍诺里乌斯怀疑他可能叛变，他于公元408年被暗杀。

③ 手稿空缺．瓦伦提尼安三世，公元454年。

老院的成员们也完全听命于他，所以法律实际上也是出自他的意志。我们知道，自从奥古斯都的统治结束以后，所有的规章和制定法都不是严格意义上的法律，因为它们并不是全体人民的法令，而只是诸如元老院公共事务决议之类的元老院决议（senetus consulta）[①]。皇帝也有权力任命所有的官员，尽管这种权力先前也是属于人民的。最高司法权最终也落到了皇帝的手里。起初，人民是一切纠纷的裁决者。元老院可能并没有司法权威。他们掌握的只是一种元老院权力：为战争与媾和做必要的准备，征募军队，征收赋税，以及为国家的安全和便利采取必要的措施。但皇帝把司法权从人民手中夺了过来，交给了元老院；这样，由皇帝创造的元老院，就不仅拥有了立法权（对此前面已经讲过），也拥有了司法权。我们也看到，大约在马克·奥勒留，以及霍诺里乌斯和阿卡狄奥斯统治时期，法律是由皇帝制定的；也就是说，（罗马皇帝对法律问题的）解答敕令（edicta et rescripta principum）与法律具有相同的效力，而它们则构成了《法典》（Condex）[②] 的主体部分。而他们掌握的军事权力则使得他们的命令能够得以执行。这些政府确实是军政府，但它们与土耳其等东方国家的政府还是有所不同。从塔西佗和苏埃托尼乌斯的叙述来看，在罗马帝国，尽管那些贵族和显要人物常常因为触犯政府而被大批杀害，但那些平民百姓则生活在一种比较温和的政府之下，而他们的生活与共和国时期相比则更为平静、更为愉快，因为在帝国时期各行省的总督常常被问责，而人民则总是可以申诉；那些用于处理私人纠纷的古代政治机制仍然得以保留。但在土耳其等东方其他国家，根本不存在指导司法的规章或法律。区别在于，在罗马，帝国是由那些曾经生活在古代国家的法律之下的君主建立的，当他们建立新的帝国的时候，如果废除那些他们曾经感受过其好处的法律，并不符合他们的利益。但是，那些东方的帝国，全都是由鞑靼或阿拉伯的首领建立 242
的。目前那些国家的苏丹、贵族，以及中国的皇帝，都是鞑靼人的后裔。他们对法律的好处一无所知；所以他们从来不曾想过保存传统的法律，或者制定新的法律。他们自己的权威完全是绝对的；他们任命的帕夏（bashaw）和地方官员自然而然地得到了统治各自所管辖的区域内的所有人的

① 只是元老院的决议，而不是民众大会（Comitia）的决议。Orphitianum（178 A.D.）和 Tertullianum（在哈德里安统治期间）都是用来处理母亲与儿女之间的继承问题的。

② 查士丁尼《民法大全》中包含了帝国立法的那一部分。事实上，自从公元 2 世纪以后，帝国立法就很普遍了。

权力。各自不习惯于受到任何约束，而且他们也不愿为自己施加任何约束。每一级的官员都在各自的统治范围内享有最高权力。人民生活在极其艰难的环境中，他们的生命和财产随时都可能被那些哪怕是最低级的官员（例如治安法官）任意剥夺。——虽然这些官员确实可能被皇帝问责，但人民根本没有任何渠道申诉。这样，就不存在法律，也不存在关于司法的确定的办法。那些穆罕默德的后继者哈里发们确实制定了一些关于司法的较好的规章；然而，由于和平时期工商业的发展，他们也变得不愿意亲自参加战争，而采取了权宜之计：他们招募土库曼人来保卫他们的国家。不久，这个鞑靼民族就推翻了哈里发的帝国，为奥斯曼家族入主欧洲奠定了基础。在前一场讲座[①]中，我解释了防御性共和国是如何衰落的，我指出：奴隶制使得那些采用了此种制度的国家衰落，但衰落的速度比其他没有采取奴隶制的国家要慢一点，而且彻底改变了政府的性质。在欧洲所有的共和国中，没有一个采取了真正的民主制。在一些小国，人民确实有权选举地方长官。但没有一个国家的人民能够行使一个民主国家的人民所应该享有的权力：宣战与媾和，选举官员，征收赋税，制定最高的法律。虽然有些国家的人民一度享有这些权力，但他们总是将这些权力让给那些大人物。威尼斯人将他们的权力永久地让与当时的一些官员，于是导致了威尼斯贵族的产生。在一个实行奴隶制的国家，所有的俗务都是由奴隶处理的；自由民有大量的空闲时间参加公共集会。然而，在禁止奴隶制的国家，自由民都忙于各种事务；倘若他们离开了各自的工作，则无论是国家还是个人都会遭受严重的损失。我也指出[②]，与那些实行奴隶制的国家相比，那些不实行奴隶制的
243 的国家更容易因为商业和贸易的发展而丧失军事力量。在现代的所有共和国，奴隶制都是被禁止的。人民不愿被公共事务所累，于是将处理公共事务的权力交给了少数人。工商业很快使他们变得非常富裕。那时候，意大利共和国掌握着最能盈利的贸易。它们垄断了丝绸贸易（这是一个非常有利润的行业），也掌握着大部分的亚麻布贸易。它们的地理位置也使得它们有机会控制从东印度到欧洲的贸易。那时候，好望角尚未被发现；从东印度带来的货物需要经过红海，然后经由尼罗河被运到亚历山大港，然后由以威尼斯商人和热那亚商人为主的商人群体运到欧洲各处销售。虽然米兰不是一个港口，但那里也有很繁荣的贸易。它是处于其他城镇之间的贸易

① 在最后五个字上方写着几个数字，这里似乎是指“前一场讲座”。Cf. 76 - 87 above.

② 82 above.

中心；除此之外，它还控制了大部分的丝绸贸易。这些国家的贸易和生产几乎占据了当地人民的所有时间，使他们无暇参加战争。虽然这些国家从来都不是很强大，而且它们也不曾进行对外征服，但为了抵御来自其他国家的侵略，它们总是需要一支军队；在这种情况下，它们就不得不诉诸雇佣军。于是，它们就向位于意大利周边的日耳曼、赫尔维蒂族等蛮族支付高额佣金，由蛮族首领带领它们的军队来保卫意大利。米兰的公爵们，特别是________（手稿空缺），几乎向欧洲的每一个君主支付佣金。当一场战争爆发时，我们几乎总是可以根据哪个国家向其同盟支付佣金来判断一个国家的富裕程度。俄罗斯的女皇①和普鲁士的国王从来不支付佣金；他们的国家虽然地域广阔，但并不富裕。法国则向其同盟支付大量佣金；不列颠几乎支付其盟友所需的全部费用；荷兰在参与战争时，情况也大致相似；尽管西班牙和葡萄牙的商业并不发达，但它们从殖民地的矿产及其他产物中获得了大量的财富，所以也支付少量的佣金。同样，意大利的共和国也向周边某些民族的首领支付佣金；作为回报，这些首领会带领五千至一万名士兵来保护这些共和国。这很快就导致了它们的毁灭。这是因为，只要那些军事指挥官稍微受到一点冒犯，他们就会倒戈相向；在这种情况下，由于没有其他任何军队的保护，它们只能臣服。正是通过这种方式，________（手稿空缺）de Fero 成为了 Fero 的统治者，________（手稿空 244
缺）de ________（手稿空缺）则成了米兰的统治者②，而在他之后，他的后继者们又招募了________（手稿空缺），而________又迫使________（手稿空缺）将他唯一的女儿嫁给他。同样，美第奇家族控制了佛罗伦萨，尽管其所采取的方式并不是那样直接而公开。

至此，我已经讲述了世界上曾经存在过的、除了现在欧洲各国实行的政体之外的所有政体。我向你们讲述了在狩猎时代形成的政府，如果可以将它称为政府的话；游牧时代出现的那些不完善的、初级的政府，它们如何变成一个首领领导下的君主制政府，后来又变成共和政府——共和政府起初是贵族制，后来则演变为民主制，而民主制又可根据是否实行奴隶制而分为两种：共和政府被征服后所形成的军政府，以及在野蛮民族征服之

---

① 这里应该是指俄国的女皇（当时在位的是叶卡特琳娜二世）。

② 吉恩·格里斯·威斯康提在 1395 年成为米兰的第一个公爵；弗朗切斯科·斯福尔扎与最后一个威斯康提公爵菲利普·马利亚的亲生女儿结婚，并在 1450 年成为公爵。这里的 Fero 可能是指 Ferrara［弗拉：意大利东北部的一个城市］，由埃斯特家族统治。

后所形成的政府。现在我将向你们解释这些欧洲政府的起源及架构（constitution）。和其他政府一样，这些政府也是从鞑靼政体发展而来的。

征服了罗马帝国在欧洲的各行省的日耳曼民族和其他北方民族所实行的政体，与如今鞑靼人的政体是一样的，尽管在一定程度上更为进步；他们掌握了一些关于农业生产以及土地财产的知识，而鞑靼人对此几乎一无所知。所以，在得到一个王国（例如不列颠、法兰西）之后，他们所做的第一件事情，就是划分土地。在划分的过程中，国王或首领会得到很大的一份；而支持他，并且有各自的从属者的贵族或酋长们，也会得到一定份额的土地，尽管数量没有国王的那么大，但仍然是很可观的。他们会进一步将各自的土地分给其他人，或是为了得到军事服务，或是为了得到地租，也可能是同时为了二者。就这样，在罗马行省覆亡之后，欧洲就建立起了自主地政府（这与封建政府是不同的）。封建政府大约是在 400 年之后的公元 9 世纪才产生的。在自主地政府中，领主所拥有的地产并不属于其他任何人，而是完全属于他们自己。监护费、继承金之类的负担在那时候是完全
245 不存在的。除此之外，该国的原居民也占有许多土地。撒克逊人似乎确实将英格兰的原居民赶尽杀绝了。[①] 撒克逊人肯定没有让英格兰的原居民融入他们的社会，证据在于：虽然在苏格兰和英格兰的方言中包含着撒克逊语和诺曼语的混合（因为后来的征服者并没有将先前的居民全部消灭），但二者都不包含任何塞尔特语或威尔士语的成分。其他国家的征服者则没有如此残酷。我们知道，在法兰克人占领高卢时，他们允许当地的原居民继续在那里生活。他们的法律同时提到法兰克人和高卢人。如果一个人杀害的是一个高卢人（也就是他们所说的罗马人），他需要支付 100 先令的赔偿金，但如果他杀害的是一个法兰克人，则需要支付 300 先令的赔偿金。[②]自主地的领主，拥有大量的领土（王国的大部分土地都属于他们），而且通过地租而获得了巨额财富，逐渐得到了许多从属者。与游牧社会相比，在一个农业和劳动分工已有发展，而手工业尚不发达的社会，财富方面的不平等能够导致更为严重的从属关系。这是因为，在游牧社会，一个拥有畜群的牧人可以用土地的出产来养活畜群，他无须为此支付任何费用。但是，当土地完全私有化以后，一个拥有畜群的人，除非他能够在大领主的土地上放

① Hume, *History*, I. 401：“征服了英格兰的撒克逊人，消灭了当地的原居民……”

② *Pactus legus Salicae*, 41，规定：杀害一个“罗马人”，需要支付 100 先令，杀害一个法兰克人，则需要支付 200 先令。Montesquieu，ⅩⅩⅧ. 3 and ⅩⅩⅩ. 25.

牧，否则畜群就不会给他带来多少利益。在这个时期，人们尚未开始从事手工业。这些人坚强而又粗野，不受纪律约束；由于到处都是土匪和强盗，城市很快就被废弃了——这是因为，除非农村与城镇之间存在自由交易，以便将农产品运进城镇并将制成品运出城镇，否则任何城镇都不能长期存在。于是，居民们便分散居住在不同领主的土地上。——另外一件发生在封建政府建立之前，并且倾向于破坏几乎整个欧洲西部的商业活动的事件，则是诺曼人和丹麦人的劫掠，这是一个起初居住于波罗的海周边的岛屿和半岛上的蛮族，他们时常发动海盗式的出征，对所有海洋周边的国家进行掠夺。他们不断地侵扰、掠夺，并且最终征服了英格兰；尽管历史学家只为我们提供了一些关于他们的很不完整的描述，但通过一些古老的民谣和诗歌，我们可以得知，他们发动过非常频繁的侵扰。他们还掠夺了法兰西沿海的所有领土，并最终征服了诺曼底。所以，领主们有大量的从属者； 246
其中有些从属者以佃农的身份耕种他们的土地，而另外一些则以食客的身份服侍领主。他们是一些有着大量空闲时间的绅士，不需要工作，而只是依靠地产的产出来生活。一个领主可以养活一千人或者更多。在一个领主的土地上，佃农和食客这两个群体相互制约，从而使领主得以维持所辖区域内的秩序。佃农们自然讨厌那些平日无所事事，但却消耗了他们的劳动成果的人，所以总是愿意帮助领主打击那些食客的嚣张气焰；而食客也同样愿意帮助领主镇压佃客，使佃客们不敢轻举妄动。国王也发现，有必要将管辖权赋予这些领主；由于他没有常备军，所以也没有其他任何办法迫使领主们服从规则。除了这种方法之外，国王没有其他办法收取债务，也没有办法惩罚罪犯。国王的官吏可能被嘲笑，甚至被杀害。这种管辖权不只是延伸到领主的下属及扈从，而且包括一定区域内的所有自由而独立的人（这样的人的数量是很可观的）。除了惩罚和征收罚金的权力之外，领主还拥有一些现在被我们认为是只有国王才有的权力。他有权在他的管辖范围内铸造钱币，以及制定具有效力的法律和法规，这两种权力在当时都是非常必要的。{在现在的英国被称为"采邑"的，先前曾是自主地，后来变为贵族封地，再后来才采用了如今的名称。在有些采邑，如今仍然存在一些关于土地保有的很个性化的继承规则。}所以，这个国家的领导阶层是国王和那些领主。但是，由于国王和领主之间存在持续的利益冲突，就有必要在他们之间建立某种中间力量；通过一些组织规则，来自各个郡的除领主以外的其他自由人构成了这样一种中间力量。每一个郡都被分为许多所谓的十户区（tything）的组织。每一个十户区包含大约十户人家。每个人都必须加入某个十户区；而十户区中的成员需要为彼此的行为负责，当其中一个成员犯了罪的时候，其他成员就有义务将他交出来，否则他们就必须支付补偿金。十个这样的十户区就构成百户区；正如每个十户区对其成员拥有管辖权并且对其成员的行为负责一样，一个百户区与其成员的关系也大致相似。除此之外，还有一种三行政区之一的组织，它们大约是一个郡的三分之一；但它们的具体职责并不为人们所熟知。——此外，每个郡还有一个类似最高法院的全民会议，而其中的首席成员，则是由国王派去
247 管理会议运作和事务的郡长或官吏。接下来是郡的主教、修道院院长（abbots），以及女修道院院长（abesses）等（如我已经讲过的，在所有的野蛮民族中，妇女在所有的审议中都发挥着重要的作用）。然后是自主地的大领主，每个郡有三至四人；最后则是贤人（wights）；这些人是从每一个三行政区之一、百户区，甚至十户区中选出来的，他们组成了全民会议，这个会议也被称为智者的审议会。每一个十户区、百户区，甚至三行政区之一，都向这个会议负责。

1763年3月3日　星期四

在上一场讲座中，我向你们解释了在罗马帝国崩溃之后，那些蹂躏了欧洲的野蛮民族所建立的政府的性质。这就是所谓的自主地政府。我们注意到，他们建立的政府，总是与他们自己国家的政府的形式尽可能相同。在这样的国家，每一个小的辖区的事务都是由其成员决定的；不同辖区之间的纠纷，则由更大辖区的成员代表决定；而更大辖区之间的纠纷，以及整个国家的事务，则是由全民会议和他们的领导或首领决定的。撒克逊人在不列颠建立的政府，法兰克人在高卢建立的政府，以及勃艮第人和西哥特人在法国南部建立的政府，都属此类。他们建立的第一种法院，是十户区法院。蛮族总是要求每一个成员加入一个十户区，并要求十户区法院为其中的每一个成员的行为负责，而它们也担负着对十户区中的纠纷加以裁决的职责。十个十户区构成一个百户区；百户区法院裁决不同十户区的成员之间的纠纷，因为此类纠纷在任何一个十户区都不能得到裁决；另外，如果一个人对他所在的十户区法院的裁决不满，他可以上诉到百户区法院。

一个郡内的所有这些联合在一起，就构成了郡会议（county meeting），它负责审理不同的百户区的人之间的纠纷，以及从百户区法院上诉来的案件。郡会议审理的案件，还可以上诉到国王法院，但这种上诉只是在两类情况下才得到允许：第一，郡法院拒绝审理案件，以致正义不能得到伸张；第二，虽然它们没有完全拒绝审理案件，但长时间的、不必要的拖延，效果也跟拒绝审理差不多。这个国王法院看起来似乎与全民会议无异。在这个法院中，国王是领导，其次是负责郡内事务的郡长或伯爵。然后则是主教、 248
修道院院长、僧侣等（对此我在前面已经讲过[①]）；然后是大自主地领主；最后则是贤人。这种政府看起来是非常自然的，而且也非常有序。关于个人的事情，由他的邻居们来处理，可以说是再正常不过了。纠纷首先是由十户区法院裁定的；如果当事一方对该裁定不满意，他可以上诉到更大的集会。如果纠纷是发生在两个较小的集体的成员之间，则应该由二者共同来裁决；但由于这两个集体并没有定期的集会，纠纷就留待更大的集体来裁决。郡法院裁决所有的上诉案件。如果一个人被来自另外一个郡的人伤害，则伤害行为发生的那个郡的治安就被破坏了，在这种情况下，纠纷就由加害者或受害者所在郡的法院处理；如果这个法院拖延太久，或者拒绝审理，该纠纷就可以被申诉到国王法院，而国王法院与全民会议是相同的。

这就是盎格鲁－撒克逊人起初企图在不列颠建立的政府。然而，大领主们的权力很快就破坏了不列颠各地的秩序与和谐。如我已经讲过的，这些民族没有自己的商业。他们没有法律，四处劫掠，摧毁了不列颠土著居民的所有工商业；这些土著居民不得不逃离城市，到那些大领主的土地上寻求庇护。这些大领主自己不可能消费他们的土地上的大量产出，所以他们将这些产出送给别人，由此换得别人的服从。在这个时期他们已经比游牧民族更为进步一些了，土地财产制度已经建立；那些拥有牛羊群的人，除非获准在领主们的土地上放牧，否则不可能从他们的牛羊群中得到任何利益。这就使得领主们能够得到比其他任何时代更多的从属者。撒克逊人分给那些大领主辽阔的土地，使得这些领主得到了数量非常庞大的从属者。除了提供军事服务外，这些从属者还向领主支付一定数目的租金（通常是实物租金）；如果是货币的话，这钱也只能用于购买一些未经加工的农产

① 121 above. Cf. Hume, *History*, I. 143 - 144.

品。同样，除了送给他的食客和从属者之外，领主也没有其他办法消费这些农产品。这样，一个领主可能有 1 000 个生活在他周围的食客，以及 5 000个生活在他的土地上的佃客，所有这些人都承诺在他卷入战斗时支持
249 他。于是，他可以在无需他人襄助的情况下就很轻松地维护他的领地内的治安。他的权力往往比郡法院的权力还要大，因为一个郡三分之一甚至一半的土地都在他的控制之下。跟随征服者威廉到来的________（手稿空缺）得到了切斯特郡的全部土地。[1]一个人若要向一个领主的臣仆追偿债务，唯一的办法，就是求助于领主；领主的帮助，可以使他很容易地追偿到债务；但如果没有领主的帮助，即使国王也不敢为了这样的小事而得罪领主。所以，这些领主有独立于所有法院的管辖权，而国家的秩序也因此而被完全破坏了。随着他们权力的增加，这种混乱也相应增加；最后，许多人都意识到，一个郡的大领主是该郡世袭的郡守或郡长，因为只有他可以轻松地执行这些公务，同时他也可以阻碍其他任何人执行公务。相似地，每一个百户区的大领主也逐渐主宰了区中的事务。所有这些领主都成了裁判官，他们拥有大量的地产，而且也不必承担后来的封建政府所施加的任何义务（对此下面很快就会讲到）。由于他们经常相互作战，有时甚至与国王开战，他们的所有权力都依赖于他们的食客和佃客的服务，其中大部分都是由佃客提供的服务。起初，佃客保有土地的权利可能随时被领主剥夺。当他们（无论是领主还是国王）需要封臣或佃客提供某些非同一般的服务时，他们就承诺，封臣或佃客可以更长期地保有土地。就这样，土地开始被佃客终身保有，在那种情况下，它们就被称为采邑*。后来，土地不仅可以被佃客终身拥有，而且他们的儿子也可以终身保有；再后来，则完全成了世袭的——在这种情况下，也就成了永久租借权。[2] 然而，在所有这些不同的形式中，保有土地的条件都是为领主提供军事服务。如果一个继承人因为年龄或者其他原因不能履行这些义务，领主就应该保护他，把土地收回并赐给另一个人，或者寻找另一个能够履行相关义务的人。就这样，监护权就产生了。同样，当妇女被允许继承的时候，婚姻指定权也产生了；因为在
250 那样的情况下，领主有权把她嫁给一个能够恰当地履行相关义务的人。在

---

① Hume, *History*, I. 405：“例如，征服者威廉将切斯特郡的所有土地都给了他的外甥于格·安布瑞斯。”

② Dalrymple, 161; i. 122 above.

* 《元照英美法词典》翻译为“免疫保有地产”。——译者注

有些国家，这种事情甚至从女性扩展到男性，因为通常的看法是，未成年人的婚姻问题由领主负责，如果他在未经领主同意的情况下结婚，就会被罚款。—— 第三，由于保有土地的前提是提供军事服务，所以即使是成年人，也不能在被继承人去世后马上占有土地。领主会首先将土地收回，这种权利被称为获得初始占有金的权利[①]。当一个未成年人成年之后（成年的年龄起初是 14 岁，因为这个年龄就可以服兵役了，后来由于武器变得沉重，这个年龄也就变成了 18 岁，再后来则变成了 21 岁），他必须向领主支付半年、一年或者两年的租金（具体的数额因各地习俗的不同而不同），然后才能得到土地；这是因为，在那个时代除非收到当事人送来的礼物，司法官员是不会出来主持正义的。以上这些，就构成了封建社会土地保有制度的主要特征。

除此之外，领主还有一项利得，即土地归还（escheat），一种起源于法国的制度。在下列情况下，土地就会“归还”领主：一个佃客在去世时没有留下后嗣，或者佃客拒绝服兵役或参加议事会，或者佃客以任何方式否认领主的权威（例如，拒不承认自己是领主的附庸）。出于这些考虑，国王将所有的王室领地的保有方式由短期租借改为永久租借，大自主地领主们也用相同的方式改变了他们的地产的保有方式。一个拥有永久租借权的佃客享有的权利，已经接近于完整的财产所有权了。他不仅可以自己保有土地，而且他的子孙也可以世世代代保有土地。领主有名义所有权（dominium directum），而土地的主要权益即受益所有权（dominium utile）却在佃客的手中。这样，佃客就变得比以往任何时候都更为自由，尽管他仍然是领主的附庸，并且他的地位也比领主低许多。起初，在所有土地之上都尚未有任何负担的时代，Allodium（“自主地产”）这个词是指一种土地财产权。然而，在封建地产制建立之后，Allodium 就仅指那些用先前的方式自由保有的地产，而 feudum 则指那些附带着封建义务的土地。—— 正是以这里所描述的方式，先前各种形式的不完整的土地保有方式，都变成了封建土地保有制。

当任何大自主地领主面临着来自周边领主的压迫时，他就会请求国王保护他。当然，要得到国王的保护，他必须给国王一些好处。一个尚未开化的野蛮民族，往往缺乏远见，所以也很容易为了得到一些暂时的利益而做

① 初始占有金（Prima seisin），指的是在封臣去世之后，领主可以在封臣的继承人交纳赎金之前占有土地的权利。

251 出让步。他们通常都同意用封建方式保有土地，他们继续保有他们的管辖权，只需要缴纳非定期的封建贡赋。于是，领主自主保有的地产变成了封建地产。一个这样的小领主，当他看到周围都是大领主的时候，除了选择封建保有制，他看不到还有其他任何办法能够使他获得保护，避免被吞并。他会同意封建保有制，因为在这种制度下，他和他的后代仍然可以安全地拥有地产，尽管他们需要履行一定的义务，例如：服兵役，缴纳诸如摊税[①]之类的税赋，在领主身陷囹圄时支付赎金，在领主的女儿出嫁时送礼，或者为了让领主的儿子成为骑士而支付协助金。这些服务能够换得领主的保护。较小的自主地领主开始成为大领主的附庸，而后者又成为国王的附庸。就这样，全国所有人以直接或间接的方式成为了国王的附庸，而国王则被认为拥有全国所有土地的名义所有权。——但是，直到一百年或五十年以前，仍然存在一些自主地，而"役权不存在于自己之物上"（nulle terre sans seigneur）不过是近来才有的说法。——斯佩尔曼[②]对封建政府的叙述，正好印证了这种说法，尽管他看起来并不真正理解它，因为他认为封建政府是在撒克逊人和其他日耳曼人定居不列颠之后马上建立起来的。布盖特[③]对它做了非常好的解释。他注意到，在威廉征服之前，在不列颠几乎不存在任何封建土地。现代法律的术语都是在威廉统治时期才出现的，此前则完全不为人们所知。撒克逊法律中，用来指示自主地的词语，是 possidere、habere。我们所使用的租期（tenere）之类的措辞，是随着封建法律而引进的。在封建法律制度下，每个保有土地的人都直接或间接地与国王相联系，国王拥有全国所有土地的名义所有权，而他的佃客（无论是贵族还是平民）则拥有受益所有权。在这里，我们可以指出许多研究者在这个问题上的一种常见的错误观点。他们似乎认为，从自主地到封建土地的转变，起因于贵族篡权，因为贵族们在国家危乱之际，将他们不稳固的土地权利变成稳
252 固的权利。但这完全是一个错误。这种转变实际上起源于国王权力的加强。

① Tallage：一种金钱税收或者贡赋。

② H. Spelman，'The Original Growth，Propagation and Condition of Feuds and Tenures by Knight-Service in England'，*English Works*（1723），II. 1 ff.

③ Pierre Bouquet，*Le Droit public de France*，*éclairci par les monumens de l'antiquité*（Paris，1756），239 ff.，gives the general argument without reference to Britain. 293 ff.，提供了一个总括性的论据，但没有提及不列颠。

正如布盖特[1]所揭示的，在那个时期之前，有许多不需要向国王承担任何义务的自主地领主，他们的地位是世袭的，他们拥有许多王权（regalia）和管辖权，包括：第一，________；第二，________；第三，________[2]；第四，立法权；第五，铸币权。这方面最有力的证据，则是征服者威廉的行为：作为一位非常有政治远见的国王，他将自主地政府变成了封建政府，因为他知道这样会加强他的权力。苏格兰国王马尔科姆三世是一位非常明智的君主，他也在苏格兰采取了相似的措施。我们看到，自那以后，国王的权力都明显增强了，而政府的治理也更为有序；与撒克逊统治时期相比，威廉征服之后，政府显得更为廉洁和清明。同样的情形，也发生在法国：在墨洛温和加洛林这两个家族统治的时期，法国境内到处都显得混乱而无序；但从于格·卡佩[3]之后，有序的政治统治秩序就建立起来了。

1763 年 3 月 4 日　星期五

在上一场讲座中，我向你们解释了自主地政府是如何变成封建政府的。在 9—11 世纪，这个变化在欧洲各地都发生了。最初，土地是以短期租借可以被随时终止的方式保有的，后来变成了采邑终身保有，最后则变成了永久租借权。当日耳曼人在康拉德二世的带领下准备出征意大利的时候，许多人担心如果他们战死沙场，那么他们的家庭就会被毁掉。为了使他们更加情愿地随他出征，康拉德二世[4]许诺：他们的土地将由他们的儿子继承，然后再由他们的孙子继承，如果既没有儿子也没有孙子，则由他们的兄弟或其他亲属继承；这样，土地变成了世袭的封建领地。这发生在 11 世纪末期 12 世纪初期。以后我将会逐渐向你们解释，与欧洲大部分地区相比，日 253
耳曼人地区的法律和政府的发展要迟缓一些。在此之前，为了得到援助，一个自主地的领主会将自己的土地转让国王或者其他比他更为强势的领主，

① *Le Droit public*，258 ff. 列举了自主地领主的特权：立法权，死刑判决权，发行货币的权力，募集军队的权力，征税的权力，以及对于道路、猎物和森林的权利等。

② 手稿空缺。这里未能明确列举的三类权力，在 136 below 有详细的阐述。

③ Hugh Capet，996 年去世。

④ Conrad II's *edictum de beneficiis* in 1037. Cf. i. 122 above.

而自己则以短期租借或采邑的方式保有领地。然而，当土地可以用永久租借权（perpetual tenure）的方式保有的时候，他们更愿意用这种方式保有土地。当他们遇到困难需要保护的时候，他们就以这样的方式进行交易：首先，他们将自己的土地完全地转让给国王；然后，国王将土地归还给他们，并向他们签发一个特许状，依据这个特许状，他们有义务服兵役，缴纳捐税，以及支付赎金等（对此，前面已经讲到[①]）。就这样，所有的自主地都变成了封建地产，而不同的封建义务也开始被施加到土地上。有时，只是因为从国王那里得到了一小块土地，他们同意用封建租借权的方式保有他们的其他土地。当苏格兰的________[②]将王室自主地用封建领地的方式分封出去的时候，那些大领主同意其他所有土地都必须以封建方式保有。他们将他们的土地交给他，从他那里得到一个特许状，依此特许状，他们需要为他提供军事服务，并承担其他义务。封建的土地保有方式和自主地土地保有方式的区别，正在于这种封建义务。如果保有人是未成年人，土地不再归他的亲属，而归国王。另一方面，与自主地领主相比，封建领主更直接地处于国王的保护之下。国王有义务保护他们，而且这样做也符合他的利益，因为他能从这些附庸那里获得很可观的利益。封建管辖权仍然包含所有自主地的管辖权。[③]他们有权：第一，处理他们的贵族封地、伯爵领地或其他辖区内发生的涉及财产的案件；第二，处理涉及自由保有地产，________（手稿空缺），以及继承的所有纠纷；第三，判处死刑；第四，制定在他们的辖区内实施的法律；第五，铸造货币；以及其他被认为是主权的标志的权力；只是在一定程度上受限于更大的领主。在这个封建体制中，贵族在很大程度上被削弱，因为他们变得更加依赖于国王，而且从那以后便不得不讨好他，以便得到他们想从他那里得到的利益。于是我们看到，在所有的国家，君主都喜欢封建土地保有制。

在上一场讲座中，我讲到了自主地的政体。现在我将考察土地以封建
254 方式保有时的政体。—— 首先，有许多迹象表明，封建政府废除了自主地政府中的一切民主的机制。十户区法院在自主地是很民主的机构，而百户区法院和郡法院也是如此。国王法院在很大程度上也是很民主的，这是因为：参与议事和审判的，不仅包括领主和伯爵，而且包括从人民中选出的

① 131 above.

② 手稿空缺。应该是指 Malcolm Canmore：Kames，*Essays*，11 ff. 。

③ Bouquet，op. cit. ，296 ff.

贤人。但是，如我已经指出的，自主地的大领主们拥有很大的权力，以致在一定程度上阻碍了此类政府的自由运作；最终，郡法院的院长或伯爵不再像最初那样通过选举或者国王任命的方式产生，而变成了由该郡的大领主或贵族担任的职位。——然而，封建政府取消了所有这些法院；所有的土地都直接地处在领主或国王的管辖之下，而国王或领主则亲自或委派他人审理其管辖范围内的案件。在国王的咨议会中，除了那些直接受封于国王的领主之外，其他任何人都无权参加。这些领主被召集起来参加国王的议会（colloquium）或会议（conference）；那时候，parliamentum（议会）这个名称尚未被使用。只有直接受封于国王的领主[①]，才有资格参加这些会议。他们被认为是国王的随员、亲信，或者侍臣；而他们之间是平等的。没有他们的建议和同意，国王就不能对任何重大国是做出决定；即使国王做出决定，也是徒劳的，因为他们的权力是如此之大，以致可以很轻松地阻止该决定的执行。没有他们的建议和同意，国家的任何法律或规则都不能被制定。这些国王会议的成员可以说是国王的同侪（pares curiae regis）、convivii、亲信（comites）、国王的助手（socii regis）。同样地，那些封臣法庭（barons court）的成员，则是封臣法庭中的同侪（pares curiae baronis）、convivii，亲信（comites）、socii baronis。他和这些人共同商议所有关于封地的事项。——他们都自愿成为他的附庸。他们认为，特许书只是一个形式；事实上，他们不过是承诺为国王提供服务，以换取他的保护。他们都有武装，也有他们自己的法庭（这些法庭的成员则是他们的附庸）；除非经过他们的同意，国王什么事也干不成。同样，除非经过他们的附庸们的同意，他们也不能做任何事。没有这些领主的建议和同意，国家的任何法律都不能被制定，而战争与媾和的决定也不能做出；即使做出这样的决定， 255
也不能有效地执行。这就使得政府完全成为贵族政府了：国王是首领，然后是贵族，以及他们的附庸。所有这些以提供军事服务为条件而保有土地的人，都被认为是贵族，他们共同享有一些特权。第一，除非经过他们的同侪的同意，他们的上级不能以任何借口剥夺他们的土地，更不能置他们于死地。确保其他人都得到公正的对待，符合他们每个人的利益，因为他们知道，每个人都可能遭遇同样的命运。除非经过公正的审判，并且在国王法庭中的同侪面前宣布判决，不能对领主做出任何处罚。同样，除非在

① 即佃户主要直接从国王那里得到他们的地产。

封臣法庭上当着他的同侪的面进行审判，任何一个贵族附庸也不能被惩罚。他们的信条是，除非在同等之人面前进行审判，任何人都不受惩罚。直到今天，这在一定程度上仍然是存在的。

除了这些贵族之外，还有两个阶层的人，这两个阶层的人在当时被认为是没有荣誉的，受人鄙视。[①]第一个阶层是那些耕种土地的农奴或奴隶。这些人被认为没有能力拥有财产；他们被随同土地一起卖出或买进。然而，与古希腊和古罗马的奴隶相比，这些人的处境要好得多。如果一个主人杀死了农奴，他需要支付罚金；如果主人殴打了农奴，并且使后者在当天死亡，则他也必须支付罚金。虽然这些只是很小的特权，但它们是很重要的；与古代的奴隶相比，则表现出重要的进步。除此之外，他们还有其他一些特权。例如，当他们被卖出的时候，必须随同土地一起卖出，这样，他们就不至于和他们的妻子分开。还有一项规则：如果领主不正当地使用他，或者在他被指控犯罪的时候不为他辩护或代他出庭，而后来证明他是无辜的，则他就可以获得自由。尽管在许多事情上他们与奴隶无异，但与其他政治架构下的奴隶相比，他们还是享有一定的特权；与共和政府相比，君主政府对这一阶层的人还是比较宽和的。

第二个被认为没有荣誉的阶层，是市邑居民。这些人最初是属于某个领主或主人的奴隶或农奴，但后来他们向主人支付了一笔钱，换得了从事
256 贸易的自由。为了贸易的方便，他们居住在小城镇或者村庄里，但他们的数量非常少。在征服者威廉统治时期，约克大约只有 300 间房屋，而居民则大约有 2 000 人。商人自然地居住在城镇里，因为在那里他们可以为他们的产品找到市场，而且也有机会买到他们所需要的东西；如果他们待在乡下，就可能在从事买卖商品的路上耗费大量时间。但是，在那个时候，工业生产并不受鼓励。乡村中往往秩序混乱、无法无天，这使得交易有很大的风险，而且人们对工业制品的需求也不是很大。所以，在乡村和小城镇，只有数量很小的一些商人。在那种环境下，一个生活在乡下的商人是非常无助的。他们通常是某个领主的奴隶；如果他们是自由人，他们也往往成为国王或者大领主的附庸，以求得到保护。在这种状况下，与那些农奴以及大人物的奴隶相比，他们的处境好不了多少。然而，由于国王很嫉恨那些贵族的权力，当他认识到削弱贵族的权力对他有利的时候，就决定释放所

---

① Hume, *History*, I. 404.

有的农奴；而那些对贵族的依赖程度较低的人，也很容易地摆脱了贵族的控制。这些市邑居民受到了很大的鼓舞。于是我们看到，所有的市邑居民，以及那些居住在乡村或城镇的被释放了的奴隶（包括那些逃离他们的主人并在城市住满一年的农奴），都获得了结婚、贸易的自由。[①]后来，这些人获得了一项权力：只要他们支付一定的租金，他们就可以组成法人社团，直接受封于国王，并且有他们自己的管辖权和领土。于是，这些小城镇的居民逐渐获得了自由，并且有能力保卫他们自己：他们在城镇周围筑起了石墙，并派专门的士兵站岗（每一个市民都有这样的义务）；他们总是准备好武器，可以随时加入与大领主的战斗，因为这些大领主总是不断地企图骚扰他们，破坏他们的市镇。正当市邑居民们在解放他们自己，并且组成一个比村庄更好的团体的时候，另外一个巨大的变化正在发生。然而，即使在这些变化之后，市邑居民仍然受到轻视：如果国王或者某个贵族允许他 257
所监护的人与一个市邑居民的儿子或女儿结婚，则被视为一种耻辱，就会因此而失去监护权。

与此同时，封建贵族开始衰落。如我已经讲过的，与自主地财产相比，封建财产起初并不逊色，而且局限于少数大人物；然而，随着时间的推移，财产也被转让到不同人的手中。这些大领主或者直接受封于国王的领主起初有权和国王一起参加议会；除非经过他们的建议和同意，国王什么事也做不了。如我们从________（手稿空缺）的叙述中知道的，在征服者威廉统治时期，英格兰的土地由 700 个直接受封于国王的领主占有[②]；其中有 300 至 400 人可以参加国王会议，所以总人数不会像现在的众议院的人数一样多（众议院现在有 500 人）。——然而，土地逐渐被进一步划分了：有些被分给了长子之外的其他儿子或者其他亲属，而那些以提供军事服务为条件而直接受封于国王的骑士的数量也变得越来越多。在这种情况下，要让他们所有人在米迦勒节、圣诞节[③]，以及复活节这三个不同的时间参加会议，是完全不可能的；仅仅是路途中的费用，就足以使他们中的一些人放弃。由于这个原因，英格兰的亨利三世和爱德华一世，以及苏格兰的詹姆士一世，都希望那些较小的领主从每个郡选举代表参加大会议，为他提供建

① Glanvill，*Tractatus de Legibus et Consuetudinibus Regni Angliae*，V. 5.

② Dalrymple，262；Hume，*History*，I. 407.

③ 原文如此。毫无疑问，这里应该是指 Christmas（圣诞节）。Cf. Hume，*History*，I. 410.

议，并批准贵族所做的决定。[①]这些较小的领主拥有全国大约一半的土地，所以，他们的势力也不可小觑，尽管他们可能没有大领主们那样强大；在通过法律、税收，以及一般规章的时候，必须征得他们的同意。他们同样都是贵族亲信和国王会议中的同侪，所以他们有资格与其他贵族一样参加会议。——由于市邑居民能够自由地结婚、交易，他们居住在筑有城墙的城镇里，只需要缴纳一小笔租金，所以他们被认为是自由的。市邑居民还
258 有资格选派代表参加议会，因为那时候的观念是：所有直接受封于国王的人都有资格选派代表参加议会。尽管市邑居民并不是国王会议中的同侪，也不是国王的亲信之类，但他们组成的法人团体则被认为具有此种资格。他们与贵族参加的确实并不是同一个会议，但对于任何公共事项（特别是那些与征税相关的事项）的决定，都必须取得他们的同意。在所有的国家，市邑居民对税收都很有怨气，而那些最没有能力承担税收的人承担的税务负担往往是最重的，因为那些稍有权势的人可以把税务负担转嫁给比他们弱势的人。所以，他们对于税收的事项总是很关切。在欧洲的其他地方，例如美男子菲利普统治时期的西班牙，都发生了同样的变化。

1763年3月7日　星期一

在上一场讲座中，我向你们解释了在封建制度产生之后所出现的政府的性质。国家大事都直接由国王会议或他的某些贵族组成的会议处理。政体中的民主成分完全消失了；所有人民的会议都被废除了；那些先前曾在国家的主权会议（sovereign court of the nation）中分享一定权力的地位比较低下的人，现在再也没有资格参加国王的大会议了。只有那些直接受封于国王的人才有资格参加这个会议。—— 在古希腊城邦中，起初政府是共和君主制（republican monarchy），也就是以一个君主为首的贵族统治；在欧洲，则实行以君主为首的民主制，但这种民主制在自主地政府时期已经被贵族们破坏了，而封建政府在除英国之外的其他欧洲国家建立起来之后，就被完全颠覆了。欧洲之所以未像希腊一样完全废除王权，唯一的原因，

① Hume，*History*，II. 88.

就在于它们领土的不同：雅典的领土面积较小（大致相当于一个大的郡县），其中有一个大城市，所有的大人物都集聚在那里；在欧洲，领土面积较大，大人物也分散在四处，所以他们没有机会聚集在一起，团结起来反对君主。他们所能做的，只是推翻政体中的民主部分，建立起贵族君主制。欧洲每一个国家都发生了这种情况，唯有英格兰是一个例外：在英格兰，民主的法庭持续存在了很长时间；虽然郡法庭已经在很长时间内没有被使用过了，但直到今天，它仍然是法律所认可的。它们通常只是处理一些较小的事务；那些较为重大的事项（如重罪和叛国），则按《大宪章》（这是贵族政府的伟大基础）交由治安法官处理。[①]而国王的大会议则由那些直属封臣组成。整个王国被认为一个大的封地，而其中的事务则由那些拥有这块封地的人处理；所有涉及这些人的财产或生命的事项都由一个由领主及其同侪组成的法庭处理；同样，贵族法院的事务也由那些占有他的封地的人处理。 259

我也向你们解释了现在组成众议院的代表们最初是怎样被召集起来的。国王很嫉恨他的贵族拥有的权力，这些贵族时常引发大的骚乱，甚至废除了许多国王（如约翰、亨利________[②]等）。在这种情况下，国王就想尽一切办法削减他们的权力。如我在前面已经讲过的，为了实现此目的，他支持农奴的解放，使他们变得更为独立，同时也支持市邑居民，具体的措施包括允许他们组成法人团体，利用城墙和哨兵保卫自己，以及审理影响较小的案件。就这样，他们变得很有实力；由于他们都受过武装训练，这样一批人是很可怕的。国王之所以需要把领主们召集起来，是因为他们的同意对政府在任何一个步骤上的运作都是绝对必要的，否则他们的权力就足以阻止任何决议的实施。对于市邑居民来说，也是同样的情形：除非经过他们的同意，国王不能征收用于支付政府开支的税赋。起初，税赋是由国王规定，并由他派出的特使征收的。然而，很快这就被认为是非常不方便的。于是，他们希望能够和贵族一样选派代表参加国王的会议，这些代表可以对所有涉及税赋和其他政府开支的必要规定进行审议和批准。——国王和贵族都将那些占有其领地的人本来应该承担的骑士服务改变为他们所说的兵役免除税或免服兵役税。当一个人不想亲自出征的时候，他有义务支付一定数量的金钱，以便雇用其他的人代替他或者他的扈从出征。通常，

① 34 Edward III，c. 1（1361）.

② 手稿空缺。亨利三世。Cf. Kames，‘Constitution of Parliament’，*Essays*，28 ff.

这被认为比骑士服务更好；因为那些有权势的人通常都容易惹麻烦，而且
260 不守纪律。相反，如果他们能够出钱，则可以雇到和他们一样优秀的士兵，而且这些雇佣军往往更加遵守纪律。这种兵役免除税构成了国王收入很大的一部分。国王的其他收入包括：第一，封建利得；第二，赔偿、罚款，以及赎罪金；第三，例如，在土地上发现的无主之动产（wafes），无主之动物（strays），埋藏的古物（treasure trouffe）等无主财产。——我们将会注意到，随着政府开支和需求的增加，所有这些都必然会减少，所以公共拨款、税赋，以及协助金（auxilia），都变得绝对必要了。于是我们看到，赋予人民自由最有利于那些从事军事征服活动的君主。爱德华一世和亨利四世是英格兰国王中最好战的，他们给予人民的自由，也比其他君主更多。其中的原因有：第一，由于他们在更大程度上依赖于人民的理解和支持，所以他们竭力讨好人民，以便使人民支持他们的征服行动。与之不同，那些爱好和平的君主，由于并不需要人民在战争中提供服务或费用，因此也不大需要讨好他们。第二，很快就形成了这样一种规则：除非他们的要求首先得到满足，否则人民不会为国王提供任何贡赋。也就是说，除非给国内的某些成员或团体一定的特权或豁免，国王就不能得到任何贡赋。国王迫于形势的需要，往往给予这种特权或豁免；而那些从事征战的君主，则最容易遇到此类情况。以上两项原因使得那些从事征战的君主总是赋予他的臣民们更多的特权。法国的腓力·奥古斯都给了法国人很多的特权。英国的议会的代表制度最初是由爱德华一世准许的，而在爱德华三世时期则得到了极大的扩张。约克王室一直对他们获得王位的正当性心存怀疑，为了取悦人民，似乎形成了这样一条规则：除非首先给予人民一些豁免，否则绝不要向人民索取任何税赋。

如我已经讲过的，市民代表与贵族参加的并不是同一个会议，他们主要审议那些与税收相关的事项。和那些被他们代表的人先前所做的一样，各郡的骑士代表与贵族参加的是同一个会议。但是，由于他们人数在短时间内大幅增长，有人认为不应该让他们与贵族在同一个会议里开会；所以他们被迫与贵族分开，而加入市民代表行列。然而，从此以后，就形成了
261 一条规则：除非首先由下议院提议，否则不得批准任何拨款或资助。下议院的代表通常都受到那些选举议员的选民们的指示：除非特定郡的某个问题得到解决，否则不能批准任何税赋。此外，我们应该知道，在所有的税赋中，下议院的议员们所代表的民众支付的比例要远远高于上议院的贵族：

如果税赋的总数是 15，那么他们就会支付 10；如果是 8，则他们就支付 6。而且，贵族的数量也变得非常多，而其中许多人的财富的数量并不是很多。他们的人数和财富不允许他们聚在一起。所以国王有时会用特许状将他们召集到议会，有时则不这样做；至于究竟要不要这样做，则完全取决于国王的意愿。在这种情况下，除非被国王召集，没有人愿意去参加议会；而特许状则逐渐成了贵族身份的标识。起初，一个人之所以被看作贵族，只是因为他的地产：任何直接受封于国王的人都被视为贵族。但后来，只有收到国王特许状的人才被视为贵族。特许状逐渐成了贵族身份的标志，而地产则变得无关紧要了。先前，只有领主才可能享受贵族的礼遇。但现在，即使一个完全没有土地的人，也可能成为贵族。①

然而，和其他地方一样，在封建政府统治时期，贵族的权力也因为工商业的发展和奢侈品的出现而衰落了。他们的权力来源于他们的食客和附庸的数量，而这个数量则取决于他们的生活方式。据说，沃里克的伯爵理查德·内维尔②，在他不同的采邑中每天接纳的食客大约有三万人。确实，他看起来似乎就是自从征服者威廉以来最伟大的贵族。但是，当服饰、宫殿、花园、饭菜等方面变得越来越讲究之后，要耗费如此大量的财富并不是一件难事。通过这种方式，他会失去所有的食客，除了那些不会对他产生影响的仆人。而他对他的佃户的影响也被严重削弱了。起初，这些佃户都是不定期地产保有人，他们的租约对他们非常有利。地产所有人可能把一块能出产大约 200 英镑的土地分给他的朋友和亲属，只要求他们支付大约 100 英镑的租金。他的亲属和朋友则会进一步分租给其他人。和他的食客一 262
样，这些人也完全依赖他生活；他们将他称为主人（这个称呼至今仍然在这个国家被沿用），也随时准备在疆场上为他服务。奢侈品的出现，使他有机会消耗大量的财富，而这又诱使他竭力从他的佃户那里收取尽可能高的租金。佃户告诉他，在他们对土地的保有很不稳定的情况下，他们不愿向他支付如此高的租金，但如果他能让他们在更长的时间内保有土地，则他们也将同意支付高额租金。在亨利二世时期，一个人可以就这些租约提起普通法上的诉讼，他们就变得更为独立了。在这种背景下，农奴可能用 10 先令或者 5 先令就可换得自由，而领主们则将这样换来的钱用于奢侈品的消

① Kames，'Honour：Dignity'，*Essays*，86 ff.

② 理查德·内维尔，被认为是玫瑰战争中拥立国王者，在 1449 年成为沃里克的伯爵。Hume，*History*，II. 361－362. Cf. i. 120 above.

费。就这样，领主的权力被消耗殆尽了；由于这通常都发生在普通民众尚没有多少权力之时，专制君主政府便普遍建立起来了。在都铎王朝统治时期的英国，就是这种情况。那时候，贵族已经衰落了。在爱德华四世与亨利四世之间的战争时期，以及后来针对王室的叛乱及反抗期间，贵族被大量屠杀。同样的事情，也发生在苏格兰，只是有一点不同：在这里，一个家族的衰落只是导致了另一个家族的兴起（例如，在卡明斯家族[1]衰落之后，道格拉斯家族便代之而起），因为那时候的苏格兰与英格兰不同，奢侈品尚未出现，一个人不可能将其所有财产都消耗在自己的生活上。所以，都铎王朝实行绝对专制。他们可以任意监禁任何人；这种恣意，完全摧毁了人民的自由，因为监禁的威胁可以迫使一个人同意任何事情。在那个时期，议会没有什么权力，而完全由亨利八世和伊丽莎白一世等君主控制着。言论自由是一种犯罪。有一次，议会的一个成员反对一项议案，但亨利八世却希望议会通过该议案。亨利八世于是把这名议员叫到一边，把手放在他的头上，并告诉他："我听说你反对这项议案；如果你果真这样做，我会让你人头落地。"这一威胁，使得该议员很快改变了自己的主张。[2]就这样，
263 贵族的衰落，实际上也就是对抗王权的力量的消失，这导致了专制政府的产生。目前不列颠的皇室费用大约为 30 万英镑。除此之外，他还有大约 300 万英镑可以用于支付政府运作的正常费用。他不可能花掉所有这些钱，而是把这些钱分配给不同的官吏，使他们都成为他的扈从和追随者。由于这些原因，君主都开始实行专制，如都铎王朝统治时期的英格兰，亨利四世之后的法国和西班牙。——在其他国家，工商业和奢侈品则导致了完全相反的结果：使得贵族制变得更为稳固。查理曼的统治结束之后，在封建政府为欧洲带来秩序和稳定之前，德意志的皇帝已经开始由选举产生，所以他的权力就远远小于一个世袭君主的权力。与其他人相比，他就像一个暴发户；他的地位上升，让他们感到嫉妒、不安，因为先前他们和他基本是平等的。所以，他们可以联合起来反对他；而且他们也不害怕他的子孙，因为他们也不会比别人拥有更大的权力。于是，贵族开始反对国王，甚至可以在最后推翻他的统治。与英格兰和法国相比，德意志的领土面积要大得多，尽管人口密度要小。在这种情况下，大地产往往落入少数人的手里。在这个纷纷攘攘的人类社会中，每个人都在竭力争取尽可能多的资源，并

① 即卡明斯家族。

② Hume，*History*，III. 128 above.

同时保持他已经得到的。在一伙人中间，将价值100英镑的先令扔出去，如果一个人能得到20先令，则他必定是很幸运的；但如果扔出去的先令价值1 000英镑，则同样的一个人可能凭自己的力量就可以得到100先令，因为他有更多的机会得到。所以，与苏格兰或英格兰相比，一个人在德意志可以得到更多的地产，因为这个国家的国土面积比较大。苏格兰最大的地产，与巴拉丁伯爵、布兰登堡侯爵及普鲁士国王的相比，可以说微不足道。在这些国家以及其他许多国家，君主的权力都已变得绝对了。奢侈品和工商业的引入影响到了那些地位较低的人，但却不会影响到他们，因为他们的地产每年都能给他们带来数十万英镑的收入。所以，他们仍然有大量可以追随他们出征的扈从，而且，在他们的统治区域，他们拥有绝 264
对的统治权威。

1763年3月8日　星期二

在上一场讲座中，我解释了奢侈品和技艺的发展如何自然地导致贵族的衰落。在所有地方，贵族的衰落都使国王拥有了绝对的权力。即使在英格兰，也是这种情况。都铎王室的权力，被普遍认为是绝对的。那时的议会不但不反对或制约王室所采取的措施，反而支持他们的绝对权力。亨利七世完全是位专制君主，而亨利八世则有过之而无不及；爱德华六世的权力并不比前二者少，而伊丽莎白女王的权力也有所增加。不过，与她的姐姐玛丽相比，伊丽莎白女王的行为要温和得多：玛丽女王可以说是英国历史上的君主中最为专断的。在法国，贵族的衰落也使君主的权力变得绝对，迄今依然如此。——贵族是在任何自由体制建立以前就衰落的。在他们衰落以前，只有贵族才有能力抵制或阻止君主在这个国家的巨大权力；在贵族衰落之后，就没有任何力量能够反抗君主了。在一个自由的体制建立之前，贵族都已经完全丧失他们的权力了。贵族是我们可以想象到的自由的最大的反对者和压制者。与专制君主相比，他们对人民的自由构成更大的危害。在一个像都铎王朝统治下的英国之类的专制国家，大多数人都生活在“天高皇帝远”的地方，没有什么可担心的，而且也不会受到来自君主很严重的压迫；只是对那些生活在距离王宫不远的地方的人来说，君主才是很可怕的。但是，在一个由小贵族统治的地方，每个人都会处于危险之中。所以，除非贵族在很大程度上被消灭，人民的人身和财产就不可能得到保障。于是，在大贵族衰落之后，无论是在西班牙、葡萄牙，还是在法国、英国，政府的权力都变得绝对了。

在日耳曼地区，封建政府的解体所造成的影响非常不同：它并没有使皇帝的权力变得绝对，却使那些大贵族或诸侯的权力得以增强。与那些低于他们的人相比，这些贵族的财产是如此之多，以致奢侈生活也不至于使他们衰落：无论他们个人的生活有多么奢侈，都不可能耗尽他们所有的收
265 入；他们于是供养了大量的食客和扈从，进而变得专制了。另外，依据先前的一项惯例，贵族只为国王选举那些自身没有财产或者只有少量财产的人，这样，他们的权力就不至于过大，也不会使人畏惧。但是，他们选出的查理五世却控制着西班牙的全部领土，以及日耳曼和意大利的大部分领土；尽管如此，萨克森选帝侯却迫使他按照这样或那样的方式行事，以致使皇帝的威严在很大程度上丧失了。这种做法在先前是没有先例的，但从那以后，该家族的每一个皇帝都经历了类似的事情，而这种情况通常也使他们丧失了作为皇帝所应有的那种影响力。就这样，诸侯们在他们各自的辖区内都拥有绝对的权力。*

在法国、西班牙等国，自从君主的权力变得绝对以来，这种情况就一直持续到了现在。只有在英格兰，由于情势的自然发展，一种不同的政府被建立起来了。——英格兰的情况和环境与法国和西班牙相比是完全不同的。它最终和苏格兰合并在了一起。这样它的整个疆域就被海洋包围了起来，而海洋也成了它与周边国家之间的屏障。所以，英国人不用过分担心外敌的入侵。我们知道，自从亨利三世以来，除了在叛乱时期曾引入一些外国军队以保卫本国外，英格兰从来没有遭到外敌入侵。在他与亨利的纷

* 查理五世（西班牙称卡洛斯一世。1516 年，查理的外祖父，阿拉贡国王费迪南二世病逝，查理因此成为了西班牙国王卡洛斯一世。自此，西班牙全国，意大利南部的西西里岛、萨丁岛、那不勒斯王国以及西班牙在美洲的殖民地都成了哈布斯堡王朝的管治领域。1519 年，查理的祖父，神圣罗马皇帝马西米连一世病逝，查理继承帝位成为查理五世，并承继了家族对奥地利和阿尔萨斯的管治。腓特烈三世（1463—1525），萨克森选侯（1486—1525）。在马克西米连一世于 1519 年去世后，腓特烈三世拒绝了其他选侯让他登上皇位的建议，他转而支持西班牙国王卡洛斯一世。后者在经过贿赂和诸如此类的手段之后终于当选为皇帝（即查理五世），而腓特烈因此得到了“英明的腓特烈”这个外号。约翰·腓特烈支持由马丁·路德发起的宗教改革，是新教信仰的保护者。腓特烈三世让路德在瓦尔特堡的城堡中避难，路德在那里化名为“乔治骑士”。但腓特烈三世避免了与天主教势力尤其是查理五世本人的公开决裂。——译者注

争中，________把________（手稿空缺）带到了英格兰以辅助他。[①]然而，苏格兰人却不时地侵扰他们；如果英格兰与苏格兰继续保持独立，也许英国人永远也不能重建他们的自由。但它们的合并使得英国人摆脱了外敌入侵的危险。对他们来说，建立常备军完全没有必要，也没有任何用处。——在其他国家，随着封建军事制度的衰落，为了防止外敌入侵，就有必要建立常备军。技艺和科学方面的进步，使得社会上层的人不再愿意参军。于是，参加战争的，都是社会最下层的人。一支由绅士组成的军队 266
几乎不需要什么军纪，因为他们的荣誉感和品性会使他们履行自己的义务。但是，如果军队开始由社会中最下层的人员构成，就必须将他们编为常规军，并且建立军纪；也就是说，必须使士兵们畏惧他们的指挥官（指挥官仍然是绅士），因为只有那样，他们才会在他的领导下进行战斗，而不是临阵脱逃。所以，在所有技艺和奢侈生活已经发展起来的国家，常备军都建立起来了。我们知道，在法国，亨利四世建立起了一支有两万至三万人的常备军；虽然这与如今的常备军比起来规模并不大，但在当时它被认为是一支强大的力量（而且事实也证明它确实是很强大的），甚至有人认为，如果法国能在和平时期维持这样一支常备军，那它简直可以统治欧洲。然而，不列颠却没有任何让它害怕的邻邦。国王的岁入很有限，主要来源于出卖御地所得，仅够维持宫廷费用。在这种情况下，建立常备军被认为既没有必要也没有用处，而且也不合适。法国的国民议会，瑞典和波兰的议会，以及英国的上议院和下议院，都有权力依据他们的意愿制定法律和规章，以及征收捐税。我们知道，都铎王室曾一度停止议会的所有辩议。如果他们掌握着一支常备军的话，那他们简直就可以为所欲为了。另一件导致国王权力下降的事情，与伊丽莎白女王有关。在其统治后期，由于预见到她没有后嗣可以继承王位，所以她竭力争取人民的爱戴（这也是她一直所做的），不愿向人民课税（因为她知道这必然会引起抱怨）；她选择了出卖御地，以致所有御地都在她统治期间被卖掉了。[②]同样，詹姆斯一世和查理一世也没有多少收入，而且他们也没有常备军帮助他们勒索钱财或者以其他方式支配人民。于是，他们不得不请求议会拨款。与先前那种不甚起眼的

① 在约翰统治末期，法兰西国王路易八世曾带领军队入侵英格兰；在亨利三世继位时，他还滞留在英格兰。这里可能将路易八世和路易九世混淆了。路易九世从来没有来过英格兰，但在 1264 年西蒙·德·蒙福尔领导的贵族党与亨利三世的纷争中，他曾充当过调停者。

② Hume，*History*，IV. 729.

状态不同，这个时期的下议院已经变得很强大，甚至可能超出了上议院，而下议院的议员们自以为是人民的代表，所以也可以与上议院的那些贵族
267 议员平起平坐了。考虑到英国当时的情况，他们在拨款的时候可以说是非常节俭、非常吝啬的。而且在划拨这些并不充裕的款项时，他们总是要在一定程度上削弱国王的特权。在詹姆斯一世期间，以及在查理一世统治初期，他们使国王丧失了在未经议会同意的情况下借款或者征收各种捐税的权力。他们争取到了言论自由（此前这项权利一直缺乏保障），并且要求国王向他们通报关于宣战、媾和，以及其他一切国家事务的情况。正是在这个时期，国王的特权在其他许多方面也逐渐被削减了；由于情势所迫，国王往往不得不为了得到一笔小款项而同意他们提出的要求。后来，查理一世试图改变苏格兰人的宗教信仰（这是一个非常不明智的举动），引发了苏格兰人的反抗。苏格兰军队开进了英格兰。国王没有武装力量来抵御他们，也没有钱组织一支军队。他只好寻求议会的支持，但很快发现议会实际上更支持苏格兰人，因为大多数议员和那些反叛的苏格兰人一样是清教徒；所以，议会没有为他提供任何拨款。他只好向他们投降；但最后，由于他拒绝接受他们提出的要求，他被送上了断头台。在斯图亚特王朝复辟时期，曾有一次机会，倘若当时的国王更有野心，他也许就能建立一个专制政府。议会决定每年拨给国王 120 万英镑的款项；如果国王将这笔钱用于军队建设，他可能建立一支足以震慑全国的军队。普鲁士国王用差不多相同数额的款项维持着一支庞大的部队，而此前的克伦威尔用更少的钱将全国人民置于他的统治之下。然而，喜欢过奢侈生活的查理二世将这笔钱用于自己的享受，以致他和先前的君主们一样依赖于议会。比查理二世更为奢侈的詹姆斯二世被赶出了英国，而一个新的家族威廉和玛丽应邀前来执政。作为不熟悉英国情况的新贵，他们不得不在更大程度上迎合议会，并且服从议会提出的任何要求；许多这样的要求，即使斯图亚特王朝最软弱的君主也不会接受。为了得到一份并不丰厚的拨款，他们接受了议会提出的条件。国王的收入包括皇室费，每年征收的普通税收，以及不特定年份征收的特别税。目前这个王室的皇室费是 80 万英镑；上一个王室统治期间的皇室费则多一点；再往前的一个王室统治期间的皇室费则是大约 70 万英镑。皇室费用来支付国王家庭及王室所需的费用，但那些富有野心的君王可能用它
268 来获取权力，以致超出王国的宪法授予君主的权力的范围。国王收入的另一部分来自向臣民征收的税，包括麦酒税和土地税。这部分通常有 30 万英

镑。它们专用于海军和陆军的给养；在和平时期，这个数目通常就足够了，在战争时期则会有特殊拨款。国王收入的第三部分，是用于偿还当前王室统治期间的公债的抵押基金。债权人在放贷时需要一定的抵押物。于是议会决定征收某些固定的税收，以作为偿还公债的抵押。国王不能动用这一部分税收。它由财政部门负责管理，是非常安全的。财政部门的审计和其他职员对这一部分税收向议会负责，他们必须偿还公债。所以，这一部分收入不会给国王带来任何权力。但它也增强了现今王室对抗斯图亚特王室的能力，因为一旦斯图亚特王室复辟，那么这些公债债权人的本金和利息都会化为乌有。确实，虽然这些税收是由国王的官吏征收的，但却不会落到他手里，而是通过财政部门付给公债债权人（前面对此已经讲过）。通常，在向债权人支付利息之后，这部分收入还会有些剩余。这些剩余的钱就会变成未拨款项或偿债基金；对此基金，国王也无权动用。它直接由财政部门的审计和其他职员管理。这些职员通常都是上层阶级的人，他们可以终身任职，而且收入也很高。他们绝对不会允许那些由他们管理的钱被用于议会指定的用途之外的其他任何用途。每一个王室的统治开始时，都可以得到一笔皇室费，但当前的王室并没有用它来攫取任何权力，因为它全部被用于国王的宫廷和家庭的奢侈生活了。岁入的另一部分，也就是那些来自土地税、消费税和关税的收入，用于海军和陆军的给养，由议会每年拨付。偿还公债用的抵押税款必然是永久的；皇室费则以国王的寿期为限；另一部分岁入则是不定期的，除非经过议会批准否则不能征收。用于陆军和海军给养的费用也需要议会批准；所以，如果不能定期召开议会， 269
政府必然不能维持下去。很少有君主能像查理一世那样可以在十五六年间未获得议会协作的情况下维持对王国的统治，但即使查理一世最后也不得不召开议会，因为他没有权力为了支付军费而征税。这样，在任何常备军得以建立之前，一个自由的体制已经在英国建立起来了。而在其他国家，由于情势的不同，迄今尚未出现这样一个体制。在那些国家，君主控制着常备军，并用它来压制议会等最高国家机关。英国的最高立法权由国王、上议院和下议院分享。上议院和下议院都可以提出法案，但需要经过另一院批准才能成为法律。一旦议会辩议开始，国王就不得干涉，不得告诉议员们他不赞同某一辩议，尽管国王可以向议会推荐某一尚未被讨论的议题。但是，只有下议院才能提出拨款法案。虽然上议院曾对下议院的这一特权提出过疑问，但我们看到，下议院在过去的一百多年间一直享有这一特权。

对于下议院提出的拨款法案，上议院要么同意，要么否决，但不可改变它。在所有这些事项上，国王只有同意或否决的权力；但要否决一项已经由两个议院通过的法案是极不受欢迎的，所以如今这种否决权已经基本被废弃了。自威廉三世以来，国王不曾否决过任何一项法案。查理二世知道，人民对这种做法很反感，所以他从来不曾试图否决任何一项法案，尽管他曾用过一些卑劣的手段阻挠某些法案的通过；他认为，与直接否决法案相比，其他这些做法不大容易冒犯人民。能对臣民的自由构成威胁的，只有两样东西，即皇室费和常备军。皇室费的数额是很可观的；在那些有计谋、有野心的君主手中，它能带来强大的支配力。而如果国王能够在很大程度上影响军队，则常备军也可能被用于对付人民。但这里也有一个使常备军不那么危险的因素。军队中有许多高级将领也拥有大笔资产，而且是下议院的成员。

手稿第四卷结束

这样，他们就有某种完全独立于国王的权力和支配力。加入国王的任何旨在奴役人民的行动，都不符合他们的利益，因为无论国王能给予他们
270 什么，他们都与国王有不同的利益。所以，无论我们假设他们多么有势力，至少，那些议会成员或者担任议会所创设的公职的人，还是可以信赖的。

1973年3月9日　星期三

在昨天的讲座中，我向你们解释了在贵族衰落之后，一个自由体制是怎样在英国建立起来的。这是一个漫长的过程，是在都铎王朝灭亡之后约一百年，在斯图亚特王朝统治时期才完成的。导致这种变化的原因主要有两个。第一个同时也是最主要的原因是，英国的环境使人们认为没有必要建设一支常备军。由于没有常备军，国王就不可能在未得到议会同意的情况下制定法律或征收捐税。确实，查理一世曾用布告和法令而非法律的方式统治英国达十六年之久；而在亨利八世时期，此类布告与法令也具有接近于（但不等同于）议会法律的效力，并足以震慑臣民。对它们的违犯会导致严重的惩罚；但后来情况就不复如此。另一个重要原因是，与其他国

家的王室相比，英国王室对其收入的挥霍程度更为严重。在伊丽莎白女王统治时期，特别是在她统治后期与西班牙进行战争期间，由于预见到她不会有后裔，伊丽莎白女王对她将留给继承者一个什么样的政府变得漠不关心，而只在乎怎样博得民众的好感；为了支付政府的开支而又不增加民众的税务负担，她逐渐将所有御地都卖掉。对此，博林布鲁克勋爵在其著作中做过阐述。[①]这样，后来的国王们就再也不能通过出卖御地而获取收入了。由于国王没有常备军，又不能自行征税，他就不得不完全依赖议会了。也正是在这个时期，下议院在与上议院的竞争中取得了优势。就议员数量而言，下议院大约有五百人，而上议院则不超过两百人；在下议院的五百人中间，估计有两百人的富裕程度，不亚于上议院的贵族。除了个人的影响力，还有一个使他们更为强大的因素：他们是全体人民（无论是生活在市邑还是乡村的人）的代表，因而也可以说他们得到了全体人民的支持。而且，总体而言，与贵族相比，他们更能得到人民的信任。人们可能担心， 271
贵族们最在乎的是他们家族的利益及财富的增加，因为这是他们的权力的来源。与之不同，下议院的议员们必须关心人民的意愿，并竭力争取选民们的支持，因为他们的权威依赖于此；这样，除了他们自己的影响力之外，他们也得到了人民赋予的权力。而且，作为一种惯例，只有下议院才能提出拨款法案，这也增加了他们的支配力；如今，在所有的法案中，拨款法案是为数最多而且也最为重要的。另外，与上议院的贵族议员们相比，下议院的议员们更习惯于辩论和审议，所以他们提出的法案要远远多于上议院提出的法案，而且这些法案通常都可以很轻松地在上议院通过。如今，除非遇到缔结和平协定等重大事项需要审议，上议院的主要事务似乎只是处理每年通常不过四五起的苏格兰上诉案件，除此之外它几乎无事可做。在其他一切事项上，下议院都占据着主导地位。下议院曾试图建立这样一种惯例：就像拨款法案一样，所有法案都由下议院提出，而上议院则跟国王一样，只有同意或否决法案的权力，而不可以对它做任何修改。为了达到这一目的，他们使用了他们所说的“添附”（track）的办法，也就是将一个在性质上与拨款法案不同的条款附加到一个拨款法案上，并声称这一条款是拨款法案的一部分，进而要求上议院只行使同意或否决的权力。但上议院的议员们坚决不同意这种做法，因为它会使下议院在拨款法案的掩盖下提出任何法案。

---

① *Remarks on the History of England*，Letters 13 and 14（*Works*（1841），369 ff.）关于对伊丽莎白统治时期经济状况的称赞，以及御地的出卖，见 Hume，*History*，IV. 729。

这样，自由建立起来了，而后来又被议会的许多法律及法律条款所确认。现今英国的政府体制，是以一个自由的体制为基础的。任何改变这种体制的尝试，都会使人们感到震惊，而且必定会遇到严重的困难。主要的威胁来自皇室费和常备军（对此前面已有阐述[①]）。对自由的保障机制之一就是，所有的法官都可以终身任职，并且完全独立于国王。每一个人的案件，都由一个自由而独立的法官审理，法官为他自己的行为负责。没有任何事情会使法官不公平地对待公民，否则他将不仅失去一个待遇丰厚的职位，而且会毁掉自己的名誉；对于一名法官来说，无论国王能给他什么，都不及他的职位和荣誉重要。法官与陪审团，都是独立于王室的。——虽然英格兰和苏格兰许多郡的郡长是由国王任命的，而且这些职位也是终身的，但由于这一职位并不能给任职者带来多少荣誉或利益，许多人宁愿交
272
500 英镑的罚金也不愿担任这一职务。对这一职位进行任命，并不能增加国王的影响力，而且他也不能支配他们，更不能做违反法律的事。任何在未经议会同意的情况下就征收捐税的人，都可能被判定为犯有抢劫罪，而且即使他提起上诉，也不能得到国王的赦免。这样，国王就不能轻易支配任何官吏，而且他的保护或命令也不能使任何人免受法律的惩罚。另一个保障公民自由的因素是，如果国王的官员失职，则下议院有权提出弹劾，即使官员的行为并没有明显侵犯公民的自由。尽管自威廉三世以来下议院从未弹劾国王的任何官吏，但下议院至今仍然保有这项权力。这项特权，以及其他许多有利于自由的机制，都起源于暴君亨利八世统治的时期。如果他对某个官吏不满，他就会要求下议院对该官吏进行弹劾，而自那以后，下议院就保留了此项权力。弹劾对于被弹劾者而言意味着荣誉的丧失，有时甚至意味着死刑（而且被判死刑者不能提起上诉或获得赦免），所有这些不利后果及惩罚都使得官吏们不敢做有违共和国利益的事，同时也有利于保护人民的自由，并使他们现在所享有的那些伟大的权利得以确立下来。《人身保护法》[②] 也是防止压迫的一个重要措施，因为它使一个人能够要求在自己被拘留之后四十天内到威斯敏斯特参加审判（只要他能支付得起到那里的路费）。在该法颁布之前，枢密院可以在未经审判的情况下无限期地拘禁任何人。如今，一个犯罪嫌疑人只能被拘禁在国家监狱或者离犯罪发生地最近的监狱中；任何人都不得将他带出不列颠（也就是《人身保护法》

---

① iv. 179 above.

② 31 Charles II，c. 2 (1679). 期限是 20 天。Cf. ii. 129 above.

的地域效力范围），比如泽西、格恩西岛，或者美洲的种植园（Plantations）之类的地方。这为人民的自由提供了足够的保证；这是因为，虽然可能有许多人没有能力支付到威斯敏斯特的路费，但此类穷人并不会受到来自国王的最严重的侵害。富人和有权势的人最容易引起国王的嫉恨；被送往法国巴士底狱的，是富人而不是穷人。任何法官都不得违反《人身保护法》，否则他不仅会遭到很严重的惩罚，而且会使其名誉受到玷污。无论国王如何干涉，都不会使他们做出违反该法的事情。该项法律是非常严格的，即 273
使是在发生叛乱或者出现其他紧急情况，以致有必要在未经此种审判迅速就将某些人监禁的情况下，通常也只是在六个月期间内中止该法的实施。但人们永远也不会允许将该法案废除，因为那样做会在很大程度上摧毁公民的自由。

定期进行的选举也是对人民自由的一种重要保障，因为这能够促使一个代表勉力为他的国家服务，至少是为他的选民们服务，否则他就可能在下一次选举中落选。在一个专制政府中，所有的公共职务都由国王所偏袒的人担任。但在英国这样的国家，公共职位由那积极向上、充满活力，且有重要影响力的人来担任；这些人在寻求民众的支持方面最为勇敢、最为自信，他们也自然地显得比其他人更为卓越；由那些在民众中最具影响力的人掌握权力，并不是坏事。选举越是频繁，代表们就越是依赖选民。正是由于这个原因，在 1715 年战争以后，议会的选举由原来的每三年一次改为每七年一次[①]，因为这样会使议员们不再像过去一样依赖选民，从而也减弱了政府的民主程度。同样，与每届议会形成之初的情形相比，在议会即将届满时人民对议院的影响更大，因为那时他们面临着下一次选举。所以，议长通常都努力使议会在形成之初对一些重大事项（例如宣战与媾和）做出决定，以免拖到后期，使对立党派可能有机会制造麻烦。——选举的方法，也是英国独有的一种对自由的保障。先前，对于市邑成员的选举，在英格兰和苏格兰所采取的方法是一致的，都由高级市政官和平民共同掌握。但是，在查理一世以前，有些市邑的选举是由全体人民掌握的；而 1642 年的议会（它本身是非常民主的）则通过了一个决议，要求将选举权赋予市邑的所有自由民，或者每一个居民（只要他拥有一丁点财产）。这种做法是非常民主的。只有那些受人欢迎（至少是受其所在选区的人们欢迎）的人

① 1 George I. st. 2，c. 38（1716）.

才可能当选。然而，在苏格兰，情况则不同，这里实行的是寡头政治，一个为当地居民所厌恶的人也可能当选，只要他能为当地的地方长官提供足够的利益，而这是可以利用金钱就能办到的；当然，即使贿赂也不能收买
274 那些仇恨他的人，所以他的品行在当地人们的眼中至少也不能达到那种让人不能忍受的程度。在郡层面的选举中，也是如此。在这里，只有那些拥有国王所分封的土地，并且年度租金超过 600 英镑的人才有资格投票选举。[①] 然而，在英格兰，任何一个拥有一块价值 40 先令土地的人，只要他发誓他每年能从该土地上获得 20 先令以上的利润，他就有资格参加选举。[②]在苏格兰，相应的数额则要大得多；3 000 或者 4 000 先令的要求，显然要远远高于 30 或 40 先令。[③]

所以，与英格兰的政府比起来，我们的政府更偏向于贵族制；在两地的议会合并前，我们对此已有感知。此外，对于选举过程中产生的争议，只有下议院才有权裁判；这是一种很巧妙的设计，因为议员们的利益会使他们尽可能地维护选举的公正。已有的法律及惯例，使得任何企图建立国王专政的做法都必然会遇到非常大的阻力，以致几乎不可能成功。议会的任期较长，而且皇室费可能被用来贿赂选举人以及那些已经当选的人，这似乎是唯一可能危及自由的事情，但它也不大可能构成很大的危险；尽管这种情况可能使某些糟糕的法律得以通过，但它决不至于使那些明显剥夺人民自由的法律得以通过。议员们显然知道，如果他们因为收受国王的贿赂而通过一项法律，授权国王在未经议会同意的情况下征税，那么这笔钱也就是他们能从国王手中拿到的最后一笔钱了。所以，他们决然不会同意一项否定议会的必要性的法律。

另一种有助于保障自由的机制，是法院系统。先前，国王的法院与苏格兰 1745 年之前的司法法院的形式是相同的。这些法院中的法官或院长不仅行使司法职权，而且也是贵族的代理人或管家。他不仅负责征收地产的地租，也对当地的所有纠纷加以裁决。相似地，国王的政法官也负责为国王征税。这个联系是很自然的。在每一个郡中，郡长和郡的其他官员负责

---

① 苏格兰需要 400 英镑，by Act，1681，c. 21（A. P. S. VIII. 353，c. 87）。

② 8 Henry VI，c. 7（1429）将郡县选举权赋予那些拥有价值超过 40 先令的自由保有地产（freehold）的人。

③ Dalrymple，274："在英格兰的一些郡，有超过三万选举人；然而，在苏格兰，全国只有不超过三千个人有资格参加选举，包括自由地产保有者和市议会议员（common councilmen）。"

征收所有的罚款、罚金，以及赎罪金，这些款项与封建利得（feudal emolument）一起构成了岁入的很大一部分。无论是通过自愿转让还是继承，当 275
财产的主人发生变化时，都必须向国王交纳一定的费用；由于郡长负责征收这些费用，他也就自然地对相关纠纷进行裁决。{过去，郡长通常会对这些被称为裁判费（sentence money）的款项收缴情况加以记录，并将相关记录呈交国王。}在那时，首席政法官（the Chief Judiciary）与财务署（exchequer）的长官是同一人。由于同时担任这两种职务，他的权力变得几乎与国王的权力一样大，于是引起了国王的嫉恨。那时候，财务署的成员与议会的议员似乎是同一帮人；只有在讨论与岁入相关的问题时，他们才会聚集在财务署办公室——办公室的桌子上盖着一张方格布（chequered cloth），而这正是财务署被称为国库的原因。① 政法官不仅有权审理案件，而且有权收缴税款等，逐渐变得越来越强大，甚至可以与国王相抗衡。爱德华一世不能容忍这样一个竞争对手，于是废除了这一职位。以此为基础，爱德华一世建立了四个法院：普通诉讼法院、王座法院、财政法院，以及大法官法院（这起初只是一个负责签发令状的职位）。②

1763 年 3 月 10 日　星期四

我已经讲了另外一种在维护英国公民的自由方面发挥着重要作用的因素，那就是法官们所拥有的对法律的含义加以解释、改变、扩展或者修正的权力，以及他们在这样做的过程中对法律的字面含义的严格遵守。起初，王国司法权的行使，与贵族法院与领主法院的司法权的行使方式是很相似的。在贵族或领主的管辖区域内，管家或执事不仅负责收缴所有的租金、 276
罚款，而且负责裁决纠纷。同样，英格兰的政法官也有财政权力，包括收缴和管理国王岁入的权力。法兰西的“宫相”（Mayer de palais），也掌握着相似的权力。至少在法兰西，宫相的权力逐渐变得很大，其地位甚至超过了国王。于是我们看到，最初统治法兰西的两个家族，都被宫相篡夺了权

① T. Madox, *History and Antiquities of the Exchequer*（1711），109. 在中世纪拉丁语中，scaccarium 这个词指棋盘（chess-board）。

② Briefs 是苏格兰语中与英语中的 writs（令状）相对的词。Cf. G. Gilbert, *Historical View of the Court of Exchequer*（1738），7；Hume, *History*, I. 411.

力。第一个这样做的是查理·马特，后来则是于格·卡佩。作为这个国家最谨慎的君主之一，爱德华一世完全剥夺了政法官的权力，可能是因为他意识到政法官可能会像法兰西的宫相一样篡权。[①] 在此之前，政法官的权力在约翰王统治时期也受到过一定的削弱。起初他们的司法权不仅包括普通诉讼，也包括财政纠纷；但由于他跟着王室在全国巡游，为了减少不便，他的一部分权力便被转移给普通诉讼法院。他们所拥有的三项权力，或者说他们能够审理的三类案件，分别是：第一，私人之间的民事案件，其中大多是关于土地财产的，因在早期社会中，因合同而引发的纠纷是不能在法院起诉的；第二，所有的刑事案件；第三，涉及国家与人民之间的财务纠纷的案件。司法权的这三个部分，都由政法官掌握。

我们应该注意到，刑事案件与民事案件的审理过程存在很大的不同。刑事案件的审理总是很迅速的。一个有关人命的审判只需要一次听审，检
277 方对犯罪加以控诉，而后传唤证人出庭，最后即可做出判决，而且该判决不可被上诉。——然而，在英格兰，一个人可能仅仅因为涉及 40 先令的纠纷而被起诉到治安法院[②]，他可以请求终止诉讼（abatements），以及延期审理等，从而将审判拖上三四个月，如果他对判决结果不满，则他可以上诉至郡长法院（sheriff's court），进而可以上诉至普通诉讼法院；之后，又可通过复审令（writ of error，亦称“纠错令”）将案件移至王座法院；最后甚至可以将案件交由议会裁决。这样，案件的审理就会被拖上很长一段时间。我们通常倾向于认为，一个与人命有关的案件的审理过程应该更为漫长，应该用更多的时间对案情加以斟酌，因为一个人的生命对他自己来说是无价的，其重要性远远超过 40 先令。但我们看到的实际情况却恰恰相反，其原因我在前面讲到惩罚的基础时曾提到过。[③] 刑法的基础，在于我们从受害人的角度所感受到的愤恨之情。正如我们常常说的，复仇是一种急切的激情：它要求立刻得到满足，容不得任何拖延。相比之下，在一个涉及仅仅 40 先令的纠纷中，似乎没有任何急迫的事情。关于一个犯罪的传言会引起一个地方的所有人的愤怒，我们知道，应该让他复仇的欲望立刻得到满足；他的激情要求这样的满足。但一项钱财债务似乎根本不值得如此迫切地追诉。刑事案件要求快速审理；而民事案件则可以允许一定的拖延。所以，

① Gilbert，op. cit.，10－11；Hume，*History*，II. 122.

② 郡长（而非治安法官）的管辖权限于标的物为 40 先令以下的纠纷。Gilbert，op. cit.，6.

③ ii. 89－90 above.

民事案件的审理总是缓慢的。而且，由于被告的规避，这种状况有进一步
加剧的危险。所以，在民事案件中，有必要为诉讼设定一个期限；也就是
说，拖延及干扰应该导致诉讼终结。如果在开庭时当事人不出庭或者迟到，
而原告仍然可以在任何时候继续上次的审理，这必然是非常麻烦的。如果
每一次拖延都会导致诉讼中止，而当他重新起诉时，整个案件又必须从头
再来，则他以前的所有花费都白搭了。由于政法官法院是随着国王法院而
移动的，诉讼中止就不可避免，因为当事人永远也不可能跟着国王四处游
走。然而，在刑事案件中，即使法院是移动的，也不会造成任何冤屈，因 278
为它们都是在一次听审中做出决定的。人民很快就认识到，必须对这种不
便加以补救；所以，在约翰王统治时期通过的《大宪章》规定，“普通诉
讼应在一个固定的地点审理，无须追随国王宫廷［请求审理］”（第17
条）。自那以后，全国各地的民事纠纷都被集中到威斯敏斯特进行审判。
但审理刑事案件及财政案件的权力依然没有分离。不过，爱德华一世决定
对这种巨大的权力加以制约，于是他将最高司法官的权力分给三个不同的
法院，每个法院由不同的人员负责。这三个法院分别是：普通诉讼法院，
财政法院，以及王座法院。第一个法院审理所有的民事纠纷，即私人与私
人之间的纠纷，而第二个法院则处理涉及皇家财税征收的案件。王座法院
负责审理各种刑事案件；同时，它也是普通诉讼法院的上级机构，有权审
理通过复审令从普通诉讼法院移送来的案件，或者我们所说的上诉案件。
它之所以被称为王座法院，是因为过去国王常常以王座法官的身份亲自出
席案件的审理（在亨利三世以前，肯定存在这种情况，有人认为亨利五世
期间仍然如此）；但如今，国王已经不能亲自出席审判了，而必须由他委
任的法官对所有案件加以审理。大法官法院最初根本不是法院，而只是案
件档案的保管部门；大法官的职责是记录案件审理过程中的所有令状及其
他事项。

这样，爱德华一世就将司法权分成了几个部分，而被他任命为法官的，通常都是些在财富及社会地位方面极为普通的，并且已经掌握了一些法律知识的人，其中有许多是教士。我在前面已经讲过，在社会初期，司法权是非常不稳固的。[1] 刑事案件中的法官只不过是一个旨在使双方达成和解的调解人，而民事案件中的法官也只是双方自愿选择的调解人或仲裁者；无

① ii. 95 above.

论是在什么类型的案件中，当时的法官都没有在政府确立起来之后的法官所拥有的那种强大权力，因而必须非常谨慎、非常温和地行事。所以，当那些依赖于国王意志的普通人（无论是普通诉讼法院的________（手稿空缺），王座法院的________（手稿空缺），还是财政法院中的审计员）掌握司
279 法权的时候，他们都不敢在任何方面违背或改变法律的含义[①]；在所有的案件中，他们都是依据已有的案件事实摘要及令状做出裁判，而裁判的整个过程也被记录下来，并被保存在官方档案（official brevium）中。所以，当一个人打算在任何一个法院起诉时，他必须首先到大法官法院向书记官陈述案情，而后由书记官查阅所有的令状或案件事实摘要，看是否能找到适合本案的。如果他能找到一个适合本案的案件事实摘要或令状，他就会将它拿出来，并对姓名和相关事实加以改变，但不会对形式做任何更改；如果他找不到任何一个适合本案的案件事实摘要或令状，那么原本打算起诉的人就不能到任何一个法院起诉，也不能获得任何救济。那时候，英格兰的大法官法院与如今苏格兰的高等民事法院（ct of session）一样，仅仅是一个官方档案处。不过，二者有一个区别：前者产生得较晚，而且在很大程度上建立于教会法和制定法（civil law）之上；除了在有关继承之类的单纯刑事诉讼中，一个人可以直接在高等民事法院起诉。大法官法院颁发的案件事实摘要会被送交被告所在郡的郡长，同时送达的还有一个令状，要求它将被告带到法院，并由被告对原告提出的指控加以回应。这就是当时的诉讼形式，很少发生变化。法官们的普通身份，以及他们的审判程序的不规范和不公正，使得国王和人民都对他们产生了怀疑。我们知道，法官们常常因为贿赂或者腐败而被审判并处罚。有一次，爱德华一世曾因为法官受贿赂而向他们征收了 10 万英镑的罚款[②]，这相当于当时两年或三年的岁入，可见那时候贿赂的严重程度。法官们于是被命令在裁判过程中严格守法；审判的程序会被详细地记录下来，而这些记录则可能成为他们将来受审时的证据；不允许对法律进行任何形式的改变、解释或修正，违反者将受到处罚。迄今，在许多审判中（特别是在那些记录尚未被判定法取代的领域），依然是这种情况；一个拼写上的错误，或者任何类似的不精确之
280 处，都会使整个审判归于无效，因为法律不允许对诉讼文书做修正，特别是在涉及剥夺法律保护（outlawry）的程序中。在陪审员法院中，即使在裁

① 这里有一些混淆。

② 罚款是 10 万马克：Hume，*History*，II. 68.

定已经做出之后，也可以对诉讼文书中的不精确之处加以修正；但在各种类型的上诉（或者私人刑事诉讼）过程中，不允许任何修正或解释，这也是上诉程序很少被使用的原因。除非能够在大法官法院找到适合本案的令状或案件事实摘要，一个人就不可能得到救济；而且法官们在裁决时必须严格遵守案件事实摘要，或者相关法律条文（如果存在这样的条文）。完备而准确的审判记录，使得任何违规的行为都很容易被人们察觉到，所以，法官们最初都是些普通人（那时只有贵族或较高等级的教士被认为是享有荣誉的），而他们的权力也受到了严格的限制。

另一个倾向于保障人民自由并提升法院审判的精确性的因素，是存在于各个法院之间的竞争关系。在级别上高于普通诉讼法院的王座法院，除了受理刑事案件之外，也开始受理民事案件（不仅在复审令发出之后，而且也开始在普通诉讼法院审理之前直接受理）。他们为此而使用了一种侵害罪的拟制：被告故意躲避，未能在法院传唤时出庭；于是，法院会向郡长签发一个陈述此种情况的潜逃拘捕令状，并要求他找出此人。这个拟制不能被用于一项与土地相关的诉状，但可被用于所有与合同、动产侵占之诉以及财产归复相关的纠纷。这样，王座法院就可以直接受理所有的民事案件了。不久以前王座法院的审理程序经过一些改革之后，大量案件都涌向了该法院。没有任何办法将刑事案件转变为民事案件，而且人们在刑事案件中也很难规避法律。所以，王座法院侵占了普通民事诉讼法院的管辖权，但后者却未能侵占前者的权力。

财政法院最初只负责审理臣民与国王之间拖欠款项的案件，但它也开始受理公民与公民之间的案件。假定一个人因为欠了国王的一笔款项而被起诉，他声称他不能偿还，但另外一个人欠他一些钱，如果那个人可以向他偿还的话，他也可以清偿所有的欠款；在这种情况下，就可以签发一个财政法院通过拟制获得普通民事诉讼管辖权的令状，要求那个欠国王款项的人偿还。这样，财政法院就开始受理民事案件；由于每个人都可能是国王的债务人，他就可以通过这种方式到财政法院起诉，即使案件涉及的完 281
全是他与另外一个私人之间的纠纷。——这些法院的收入主要来源于审理案件所得的费用，也就是裁决费；这也是书记员和公证人的费用的来源。由于法院收入完全取决于它们所审理的民事案件的数量，法官们自然会努力通过提升他们审理案件的正确性和迅捷性而吸引人们到他们的法院来起诉；而法院之间的竞争，使得法官们在审理案件时更为谨慎、更为精准。

那时的大法官只是一个官方的档案管理员，但他自己也承担起了一些相对不是很重要的案件的审理。他审理案件的权力，正是从这些琐细的案件开始的，尽管这种权力当时受制于王座法院。但是，在爱德华一世、爱德华二世，特别是在爱德华三世时期，工商业的发展引发的许多案件都是已有的案件记录或制定法所未能涵盖的；这种情况是非常有害的，迫切需要补救的方案。当一个人受到伤害时，虽然没有任何一个单一的案件事实摘要，但如果将两个或更多的案件事实摘要综合在一起，则可以为他提供救济；在这种情况下，许多人就期望大法官能够通过综合那几个案件而制作一个新的案件事实摘要。于是，大法官就取得了一种判断某一案件是否可以获得救济的权力。起初，这不过是为其他法院制作一个新的案件事实摘要。这样，他就像是一个判断法律要点的法官，而法院只需要对案件的事实加以审查。许多案件中，当事人对案件事实并无争议，在这种情况下，也就没有必要到法院去审理该案，因为大法官实际上已经对案件做出了裁判。在这些案件中，大法官可以为受害方提供充分的救济。就这样，大法官衡平法院产生了。{但它不仅审理那些只需要对案件的法律争议要点做出判断的案件，也审理其他案件，特别是那些不能在普通法院得到救济的案件。}我们可能认为，在当事人认为其他法院的判决不公正时，可以通过上诉或复审令将案件提交衡平法院审理；但事实并非如此，因为它并不受理此类案件，而且也完全与此类案件无关。如果一个人想把自己的案件交由衡平法院处理，他需要向法院陈述自己的案情，并同时说明他不能从普通法院得到任何救济。

这样，大法官就开始审理普通法所未能涵盖的那些案件。他做的第一
282 件事情，就是允许合同的特定履行这种救济方式。普通法并不提供这样的救济；普通法院的法官所能给予的救济只有损害赔偿，而从来不会考虑要求被告特定履行。大法官法院则不同：作为一个在大法官（通常是一位通晓教会法的教士）领导下的良心法院，它开始采用特定履行这种救济方式。大法官法院处理的另一类案件，是涉及信托和欺诈的案件。正如普通法并不要求对于合同的特定履行一样，它也不要求一个人履行他所担负的信托责任。大法官法院为这种情况提供了救济。这也包括通过出租与放弃对财产进行转让，以及前面已经讲过的其他类似的转让方法。

第三，[手稿中有四行空白。]

第四，大法官也使得各种类型的遗嘱和继承合法化。这使他获得了一

种可以帮助教士的权力。那时，英国流行一种在去世时将大笔资产留给教士的习俗。通过这种方式，教士们就可能控制国内的很大一部分土地，为了防止这种情况，议会通过了一项法律，禁止将任何土地转让为“死手财产”，也就是转让给法人团体。然而，由于教士们仍然能够对即将去世的人的内心产生很大的影响，他们就引导人们在去世时将财产留给某些特定的人，由这些人为了教会的利益而使用财产。如果被指定的人不履行其信托责任，教会就不能从普通法院获得任何救济；但大法官却又一次提供了救济。如我已经讲过的，这些就是所有纠纷的主要来源。大多数纠纷都起源于合同；或者遗嘱，以及由遗嘱而引发的继承纠纷（大多数无遗嘱继承都不会引发争议）；或者婚姻合约，这种合约不仅影响到当事人生前的生活，也会对当事人去世后的遗产分割等事项产生影响。大法官开始审理所有这些案件。这样，虽然大法官最初并不是一个法院，但他却逐渐开始审理许多原本由其他法院审理的案件。

1763 年 3 月 11 日　星期五

在前一场讲座中，我解释了英国公民的自由是如何通过法律以及基于法律而做出的判决的精确性和精准性而得以保障的，造成这种状况的原因，以及为什么英国法官（与其他地方的法官相比）在解释及修正法律方面的权力较小——我指的是除大法官以外的普通法院的法官，因为大法官肯定拥有很大的自由裁量权。但他也不会对公民的自由构成很严重的威胁，因为他仅能审理那些普通法不能提供救济的案件。而且他也不能在任何方面 283
直接违反普通法法院规定的审理程序。和其他法院一样，大法官法院做出的判决也可以被上诉至上议院。

使法律变得精准的第一个因素，是法院正常的审理程序。原告必须首先从大法官法院取得一个令状，案件的起诉及判决都必须与案件事实摘要完全吻合；或者如果起诉是以具体的制定法为依据，则制定法的规定也必须得到严格遵守。另一样对法官权力构成限制的因素是，所有案件的审理，都必须以陪审团所认定的事实为依据。案件的事实，完全由他们认定。陪审制是一种古老的制度，曾在欧洲大部分国家实行过，尽管目前除了不列颠之外的其他欧洲国家都已废除了这种制度。下面讲讲陪审制的由来。在自主地政府和封建政府刚开始时，审判是在贵族法院等非正规法院进行的（对此我在前面已经讲到过[①]），而审理案件的法官往往对法律一无所知，因而很少能够从细节上关注如何通过证人实现公正的审判。在这种情况下，就形成了一种惯例：当一个人被起诉时，他会带12个宣誓保证人来到法庭；如果他宣誓自己是无辜的，并且这12个人也宣誓他们相信他是无辜的，那么他便会被宣告无罪。这种做法至今仍然在一定程度上存在于所谓的钱债诉讼中：依据一项制定法，债权人可以要求通过这个债务人的宣誓来对案件做出裁判，如果债务人宣誓他并不欠钱，并且有6个人宣誓他们相信他不欠钱，那么法庭就会判定他不欠钱。由于存在一定的诱惑使得债务人可能在宣誓时说假话，所以，除非一个债权人确定债务会得到债务人的认可，否则他绝不会提起这种诉讼，以避免不必要的麻烦。有人认为，正是这种审判方法的不完善导致了决斗裁判的产生。[②] 倘若贵族因为平民在宣誓时说假话而丧失了自己的权利（作伪证是当时所有种类的犯罪中最为常见的一种），他们必然会非常不高兴，于是要求法院允许他们用古老的决斗裁判来决定案件的结果。第一个对这种状况做出补救的，是亨利二世，他可能是除了爱德华一世之外的所有英国国王中最有立法才能的国王。他颁布了一
284 项命令，禁止由诉讼当事人自己挑选12名宣誓保证人，因为他可能挑选自己的下属和扈从，而这些人会按照他的吩咐宣誓；取而代之，郡长将将任命12名陪审员，他们应该在熟悉案情并经过认真考虑之后做出裁定，法官应该遵守此裁定，并依法做出判决。在刑事案件中，他们对事实做出认定，包括案情是否得到证据的证实；在民事案件中，他们也对当事人是否证明相关事实做出认定。

在选择公正的陪审员这一问题上，英国法的审慎和严谨程度简直无与伦比。他们必须来自涉案者所在的郡，或者财产所在的社区（如果争讼对象是财产的话），如此等等。这些人继而可以用陈述理由或不陈述理由的方式申请任何陪审员回避。他可以不陈述理由而要求参加每一个法院的40个陪审员中的35个回避，而其中12个就可以构成一个陪审团。[③] 他可以不陈

① iv. 119 ff. above.

② Kames在*Law Tracts*，I. 115 ff. 中论证说，宣誓保证代替了决斗审判，而它后来又被陪审团审判替代。

③ Hawkins，II. 43. 7。依据22 Henry VIII，c. 14（1531），不陈述理由而要求回避的陪审员的数量从35个减少到20个。

述任何理由而要求法官指派的陪审员中的3位陪审员回避；在此之后，他可以通过陈述某些理由而要求陪审团整体回避。通常，哪怕是很微弱的理由也能够得到允许。如果陪审员是当事人一方的兄弟、朋友、佃户或从属者，或者以其他任何方式与当事人一方有联系，以致有理由怀疑其可能有偏私；如果郡长与当事一方有类似联系，则同样可以怀疑其偏私，进而可以成为要求全体陪审员回避的充分理由。以上做法，包括许多限制，以及法律所规定的新模式，仍然在英格兰实行，而且看起来是对臣民自由的一种很有力的保障。在这里[①]，审理案件的法官是终身任职的，因而可以独立于国王而不受其影响，法官为人诚实，学识渊博，往往属于这个国家中最优秀的 285
人群中的一员，而且他也以严格遵守法律为己任；而案件的事实，则是由受审者的同侪构成的陪审员决定的，这些陪审员是根据案件的性质，从受审者所在的社区选出来的，受审者可以要求多达13个人回避。

陪审制度的主要缺陷是：陪审员的意见必须一致，否则他们就可能遭受严重羞辱，或者至少会被以某种有损体面的方式对待。尽管苏格兰的陪审制度在其他方面的设计似乎不如英格兰的陪审制，但在这一点上却似乎更为合理，因为它并不要求陪审员的意见保持一致。要求陪审员的意见保持一致，是非常不合理的。最优秀的、品质最完善的人们也可能有不同的意见，并且每个人都固执地相信自己的看法是正确的；由于人们在性情以及看待事物的角度方面存在不同，这种情况几乎是不可避免的。既然如此，如果要求陪审员的意见必须一致，则必然导致这样的结果：他们中的一些人只好同意他们事实上并不同意的意见，并且违背他们的誓言。确实，在刑事案件中，由于对被告人有利的结论总是得到认可，这通常被视作一种“准正义”规则；尽管那些企图将嫌疑人释放的陪审员在数量上来说可能是最少的，但当其他人看到这些品德优秀的人认为嫌疑人是无辜的时候，他们也很容易就认为他是无辜的。然而在民事案件中，没有哪一方受优待；没有人知道陪审团会偏向哪一方。尽管这种情况常常发生，但一部分陪审员必须屈从于另一部分陪审员的意见，否则他们就会遭受羞辱。所以，在英格兰，做陪审员是一件令人感到不愉快的事。上层阶级的人总是不愿意

① 这句话讲的可能是苏格兰的情况：在45名陪审员候选人中，一个被告人可以拒绝其中的30人（正文中写的13，可能是听错了），留下15个人组成陪审团。Act，1672，c. 16（A. P. S. VIII. 80，c. 40）；Sir G. Mackenzie，*Works*，II（1722），352. 但从上下文来看，这里讲的似乎是英格兰的情况。

做陪审员，结果就是：陪审员通常是由只拥有少量土地的自由地产保有者构成的，这些人往往没有很高的荣誉，也不能仔细地考虑案件的证据。由此看来，虽然英格兰试图通过要求12名陪审员达成一致意见的方式来保障臣民的自由，但这样的做法却背离了其主要目标。然而，在苏格兰，情形却有很大的不同。一个陪审团需要由15名陪审员构成。陪审员的意见并不需要保持一致。曾经有一段时间，苏格兰也要求陪审员达成一致意见，但这一要求在过去150多年间逐渐被废弃了，尽管我们不能确定地说究竟是什么时候废弃的。由于一个人可以在哪怕其他所有人都反对的情况下依然坚
286 持自己的意见，所以在苏格兰做陪审员完全不像在英格兰那样令人感到不快。陪审员几乎完全是由上层人士担任的。然而，从表面上看来，英格兰的陪审制似乎是一项最令人羡慕的维护自由的制度。我们看到，人民对这项制度是如此钟爱，以至将它写进了《大宪章》。[①]迄今，除了衡平法院外，其他所有的法院都仍然遵守这一规则。衡平法院之所以不需要陪审员，是因为其前身大法官法庭设立的初衷并不是要组成一个法院，而大法官也未能获得召集陪审员的权力。但是，后来，出于实际的需要，他获得了一定的司法权力，尽管没有人在意这对于陪审制度的影响。治安法官审理的大部分案件中，也不需要陪审员。以上是对于《大宪章》所规定的规则的仅有的两个例外。苏格兰的高等民事法庭从来不使用陪审团。原因似乎在于：由于该法院的法官有15名，他们认为他们自己就是一个陪审团。在刑事案件中，我们的陪审员看起来并不逊色，尽管被告在要求陪审员回避方面并没有那么多的自由。

尽管国王被认为是正义之源泉，而且在最初的时候他有权设立法院（正如他在威斯敏斯特设立四座法院时所做的），但现在他已丧失了这个权力。亨利八世就曾特许设立三个先前并不存在的法院：第一个是高等宗教法庭，专门处理涉及教士的事务；第二个是审理刑事案件的星座法院；第三个是审理处理与国王相关的监护事务的监护法院。前两个法院在查理一世时期被废除了，主要是由于它们的程序缺乏规则和公正性。[②]监护法院则在查理二世时期消失了。[③]然而，现在国王再也不能在未经议会同意的情况

① 第39条：任何自由人，如未经其同侪之依法裁判，或经国法宣判，皆不得被逮捕，监禁，没收财产，剥夺法律保护权，流放，或加以任何其他损害。

② 16 Charles I，cc. 10，11（1641）.

③ 12 Charles II，c. 24（1660）.

下创设任何法院了；即使在涉及他自身利益的事情上，也必须由普通的法院审理，而不是由他自己决断。

在所有的国家中，英格兰的法院和法官所受的限制似乎最多。审理的程序以及法院的精准性在很大程度上依赖于它们的地位。与其他国家的法 287
院相比，英格兰的法院更正规，而且历史也更为悠久。巴黎议会是由与亨利八世同时期的弗朗西斯一世设立的，而苏格兰的高等民事法庭则是由大约同一时期的詹姆斯五世设立的。[①]在那个时期，由于政府的力量很强大，而且也没有什么先例，所以，法院在设立之初总是有很大的自由裁量权。它们既不需要令状也不需要陪审团。而且，在这些法院成立之时，制定法已经产生，并且正变得越来越重要；这些新成立的法院不愿遵循那些被它们取代的旧法院所创造的先例，而更愿遵守制定法的规定。苏格兰高等民事法庭不遵守先前的司法法院的规则，英格兰的法律避免了所有这些________［手稿中的词看不清］，因而具有了一种独特的性质，值得每一个喜欢思辨的人研究。在合同、不动产等领域，英格兰的法律与其他所有国家的法律都有所不同。苏格兰的法院则完全受制于封建法和制定法。新的法院或法律是________（手稿空缺）。每一个法院都只受自身实践的限制。要确定法律的精确含义，或者积累起足够的、能够引导法院的先例，需要时间，以及不断的实践。在此之前它的审判必定缺乏精准性。

手稿中大约有三行空白

1763 年 3 月 14 日　星期一

在前面的讲座中，我已经向你们讲述了曾经存在于欧洲的大多数政体。第一，以部落形式组织起来的游牧民族的政府；第二，在游牧民族定居于特定的地点之后产生的贵族君主政权，而它随后首先变为完全的贵族制，后来又演变为民主制。特洛伊战争时期的希腊，正处在第一阶段，也就是一个首领领导下的部落。此后很长一段时间内，日耳曼人也处在那一阶段。

① 巴黎议会事实上在 13 世纪已经成为了一个独立的机构，而后于 14 世纪分为若干会议厅(chambers)。高等民事法庭则是在 1532 年设立的。

被罗马征服之前，除一小部分地区外，欧洲的大部分地区都采用了共和政
288 体。高卢的有些地区实行贵族制，另一些地区则实行共和制。西班牙的情况也是如此。意大利则被分割为若干小规模的共和政府。我也向你们解释了这些共和国是如何扩张，并且拥有广袤的领土的，以及它们毁灭之后出现的比它们大得多的君主制政府。我还解释了罗马帝国崩溃之后在欧洲出现的自主地政府，后来的封建政府，以及法兰西、英格兰和日耳曼诸国的政府被推翻之后建立起来的不同的政府。然而，它至今仍然在波兰、库尔兰等地存在着。以上，可以说是对欧洲各国政府的历史的一个一般性的叙述。此外还有一两种政体，这正是下面我们将要讨论的。

如我在前面已经解释过的，在一些尚未建立文明政府的国家，存在大量的自治市镇；它们中的许多是趁政府混乱之际获得独立的。日耳曼的皇帝查理五世曾一度控制意大利、法兰西、西班牙，以及日耳曼地区的大部分土地。他的后继者将帝国分裂了。法国落入了于格·卡佩的后代的手中（前面对此已有叙述）。而日耳曼诸国则被另一个家族控制，该家族夺取了帝位，并宣称意大利是帝国的一部分。奥托和紧接在他后面的三个继任者于是不断地入侵意大利，但由于在他们离开时国内局势不稳，他们又不得不一次又一次地打道回府。意大利的政府那时是很孱弱的，对国家的影响也很有限。在腓特烈一世*统治时期，尤其如此。教皇和其他一些人不遗余力地挑起日耳曼诸国内部的纷争，这使得日耳曼皇帝不得不在他们的军队尚未完成国外的军事任务时便将军队召回。意大利和日耳曼之间的距离，使得日耳曼人在意大利的权威非常孱弱；同时，就技术和工商业的发展而言，14 世纪的意大利实际上已经达到了欧洲其他地方大约在 16 世纪才达到的水平，因而意大利人也更为独立。这两个方面的因素，使得意大利人试图摆脱日耳曼皇帝的控制。他们拥有人口众多并且防卫精良的城镇，这些城镇由市镇会议（town council）统治，其情形与我们国家如今的市镇大致相似。由于日耳曼皇帝并没有在意大利这个遥远的地方派驻长官，而且意大利人有充分的能力抵御外来侵略，意大利人便通过抗争而获得了独立。同样，日耳曼现在的许多自由市镇，也是利用国内政局的动荡而摆脱枷锁
289 并获得独立的。然而，就治理方式而言，在意大利共和国与汉堡、奥格斯

* 腓特烈一世（约 1122—1190），霍亨斯陶芬王朝的罗马人民的国王（1152—1190 年在位）和神圣罗马帝国皇帝（1155 年加冕）。他也是日耳曼的士瓦本公爵（称腓特烈三世，自 1147 年起）和意大利国王（1154—1186）。——译者注

堡之类的日耳曼自由市镇之间，存在一个重要的区别。意大利人完全是由世袭贵族统治的。公民并没有普遍的选举权或决定公共事务的权力。我已经讲过，在欧洲，并不存在严格意义上的民主政府。而其中的原因，我也阐述过：虽然其中一些国家的人民起初有这些权力，但他们以不同的方式将这些权力交给了那些比较优秀的人。威尼斯人同意，由市议会的成员和他们的后代永久地掌握城市的政府。就这样，和米兰、热那亚，以及威尼斯一样，所有这些共和国的人民都明示或默示地将他们的政府交给了那些比较优秀的人。当这些共和国取得独立时，当时有着很高声望和地位的世袭贵族便涌向这些城市并掌握了主要的权力。——日耳曼的市镇则不一样：它们之所以强大，是因为它们通过商业贸易而获得了实际的力量，尽管它们在取得独立的过程中无疑利用了国内的动荡局势。它们在取得独立的过程中完全没有依靠贵族的帮助，而是依靠它们之间的合作。阿姆斯特丹和其他市镇的每一个人都可能升任政府最高长官。这就是这些共和国之间最主要也是最根本的区别。

这些共和国的联合或联盟构成了一个联邦共和国（respublica foederata）。它们有义务共同防御、彼此保护、相互协助，并且有公共收入。但每一个省份可以制定自己的法律，选举官员，铸造货币，甚至发动战争（只要它自行承担战争费用）。尼德兰联邦和瑞士的各州，都属于这种情况。但我们可以看到，与其他地方相比，这种联合在荷兰显得更为紧密。原因在于：在其他地方，各地更为强大更为独立，能够各自保卫自己。每一个州（例如伯尔尼）都可以在无须其他州协助的情况下保卫它自己，而这是荷兰的任何一个州或者市镇都不能做到的。于是我们看到，各州之间常常存在分歧。新教徒主宰的州向天主教徒主宰的州发动进攻，若不是他们自愿停止，可能已经消灭了后者；这样的混乱和纷争，在尼德兰联邦几乎是完全 290
不存在的。他们认识到，只有他们联合起来的时候，他们才是强大的。

以上就是对曾经存在于欧洲的所有政体的介绍。我们现在来简单讨论一下曾经流行于这些国家的一般的或公共的法律。就共和政府而言，首先需要考虑的是，是什么决定了人民的意见（voice），因为正是人民的意见决定了人民的法律。一般的原则是，在每一个社会中，少数必须服从少数。[①]但常常会出现这样的情况：在投票通过或否决一项法律，或者选举一个行

① 原文如此。毫无疑问，第二个“少数”系笔误，应改为“多数”。

政长官的时候，要清楚地决定“多数”，并不是一件容易的事。假设在100张选票中，甲、乙、丙三位候选人的得票数分别是34、33、33；如果按照“多数”原则来决定，则甲将会当选，尽管对这100个选民中的66个人来说甲可能是最为可憎的。在国家的选举中实行“多数”原则，这种情况就常常发生。毫无疑问，这是一件令人感到遗憾的事。如果有一些人依据“多数”原则行使司法权或元老院权力，就更让人感到遗憾了。[①]假设有一个人受审，在100个人中，35[②]个人认为他犯有谋杀罪，33个人认为他犯有非预谋杀人罪，另外33个人认为他犯了意外杀人罪。这样，尽管66个人认为他并没有犯谋杀罪，但他仍然会被判定为谋杀罪。为了防止这种情况，在这些国家，人们试图将所有问题划分为相对立的两部分。首先，66个人将判定他并没有犯谋杀罪。那些认为他有罪的人将继续投票解决第二个问题：他是否犯了非预谋杀人罪。而在前一个案子中，人们将首先决定甲是否为一个合适的候选人。这样，65［原文如此］个人认为甲不是一个合适的候选人，因此甲会被淘汰；至于乙和丙谁会当选，则取决于先前那些投票选甲的人更支持谁。这样，他们总是努力将待决定的事项描述为两个相反的选项。这正是威尼斯的做法。有时候，议事会是由100、40或者其他可以被均分的偶数人数构成的，在这种情况下，事实上任何事情都不能确定；从严格意义上讲，他们不允许决定投票权，更不要说审议投票权。如果一个议事会的议长只有一个决定投票权，则与其他成员相比他的处境最为不利，而他所在的政党也因此受到不利影响：如果两方的投票数相等（例如各自
291 得到14票中的7票），则议事结果将不利于议长所属政党。但是，如果他还有一个审议投票权，则他的权力又过大了。所以，不允许此类投票。议长只负责维持秩序及常规。如果双方人数相等的话，则什么决定也不能做出。在这种情况下，一个人既不会被定罪，也不会被宣判为无罪。如果一项法律议案既没有被通过，也没有被否决，则它将会被留待几天之后的另一次会议上决定；这毫无疑问是非常公正的。

接下来，我将讨论臣民们对各种性质的主权者所负有的义务，无论主权者是君主制下的君主、贵族制下的贵族，还是民主制下的人民；另一方面，则是主权者对人民所负有的义务，以及在这些权利受到侵犯时可以施加的惩罚。任何对主权者图谋实施的或者已经实施的伤害都可以作为一种

① Pufendorf，VII. 2. 18；Huntcheson，*System*，II. 241.

② 原文如此。这里应该是34。

非常严重的罪行来惩罚。如果这种伤害是直接针对主权者的，则它构成叛逆罪。然而，在实行君主制的国家和实行民主制的国家，这种罪行是很不相同的。在一个君主国，任何危及国王的人身或者有损国王尊严的行为，都构成叛逆罪；而在一个民主国家，只有那些有损作为整体的人民的尊严的行为，才构成此罪。正是因为这个原因，罗马人将叛国罪分为两种。那些与可以被恰当地称为叛逆法相关的罪行被称为谋反罪。而冒犯国王罪（laesa majestas）则指对行政长官及其他有地位的人的蔑视，与我们通常所说的对国王权威的蔑视相似。在一个实行民主制的政府中，谋反罪这种犯罪是非常容易理解的。当一个人表现出一种对城邦的不友好态度时，他就犯了这个罪：加入、援助或者与敌人通信；释放了人质，临阵投敌，或者在未经公共权威许可的情况下剥夺了那些担任法官的人的生命或自由；在未获许可的情况下征募士兵；如此等等。主要的区别在于对代表主权的人所表现出的敬畏。在一个君主国，这样的人总被认为是神圣的，并由叛逆法来防止任何针对他的犯罪图谋；无论主权者的权利或头衔是什么，情况都是如此。这是指任何对代表主权的人造成人身伤害或者有损其尊严的行为，包括与他的妻子以及儿媳通奸，因为这可能使皇室有赝伪的后裔。通常，任何针对他的生命或尊严的犯罪图谋都是被禁止的，无论他在皇室中的具体官衔是什么。禁止此类图谋，符合每一个主权者的利益。如果允许暗杀暴君，则每个人都会处在危险的境地。一个允许暗杀暴君的君主，可 292
能过不了多久就会成为暗杀的对象，因为在他的臣民们看来，当他运用其权威或行使其权力（哪怕这种权力是极其正常的）的时候，他都像一个暴君。同样，也有必要使那些在国王的名义下行使职权的人免于一切痛苦及惩罚。在共和国中，情况则大不一样。在一个共和国中，暗杀暴君的行为不仅得到允许，而且得到表扬和鼓励。在那里，当一个人“在违抗人民意志的情况下发动战争、募集军队、杀害一个自由人”① 的时候，就可以说他犯了叛逆罪。通过这种做法，他将自己置于人民以及法律的权威之上。一个违反法律的杀人犯并没有将自己置于法律之上，但一个利用一定的权威将另一个人处死的人却很显然是这样。所以，当罗马的十人委员会侵犯了共和国的特权的时候，因为不存在任何能够审判他们的法庭，他们显然是

① “任何在违抗人民意志的情况下做出发动战争、募集军队、杀害一个自由人等行为的人。”Cf. *D.* 48. 4. 3，另参见 Grotius，I. 3. 4. 2。

暴君。庇西特拉图和那比斯也是相同的情况。[①]除了暗杀，没有别的任何办法剥夺他们的权威。所以，暗杀暴君总是得到允许的。但是，如今，这种行为在全欧洲都是被禁止的。原因在于，尽管荷兰、瑞典等国家是非常值得尊敬的国家，但它们与法国、英国等国家不具有可比性。君主国是现今主流的政府组织形式；它们为其他形式的政府树立了榜样，成为模仿的对象。如今，哪怕是暗杀最为残暴的君主，也会被认为是非常令人吃惊的和不可接受的。克伦威尔的暗杀被认为是卑鄙的行为，令实施暗杀的人蒙羞；但在先前，暗杀暴君则是最为光荣的事情。

布鲁图斯、泰摩利昂，以及哈摩迪修斯和亚里斯托该通[②]都因为暗杀暴君而被奉为英雄。这些政府大多采纳了共和政体；它们为当时的其他政府树立了榜样，而那些位于它们中间的弱小的或单一的君主国（例如马其顿）只好跟随主流。如今，由于共和政府的数量变少了，它们便也不能像先前一样为其他形式的政府树立榜样；相反，它们被迫效仿其他政府的做法。暗杀暴君的行为之所以在当前变得可憎，并不是因为与古人相比我们变得更为人性，也不是因为我们的习俗变得更为优雅，而仅仅是因为不同时代的状态和环境的差异。

1763年3月15日　星期二

293 在昨天的讲座中，我试图向你们解释与叛逆罪相关的一般法律。叛逆罪是指那种直接攻击合法建立的政府的犯罪。我已经指出，在共和国或君主国，这种犯罪有着本质的不同。关于叛逆罪的法律有利于君主，因为它维护在位君主的利益，而君主则不必对他给他们造成的每一个轻微的冒犯负责；同时，臣民们对两类问题的质询不应该受鼓励：第一，他们不应该对他占据王位的正当性加以过分细致的探究；第二，对他行为的合宜性的探究，无论占据王位的君主是谁。所以，在君主国中，暗杀暴君的做法是

① 依据传统，在公元前451年至前449年间，罗马先后由两个十人委员会统治，其中第一个较为温和，而第二个则比较暴戾。庇西特拉图是公元前560年至前527年间雅典的僭主。那比斯则是公元前207年至前192年间斯巴达的暴君。

② 布鲁图斯暗杀了尤利乌斯·恺撒；泰摩利昂推翻了叙拉古暴君戴奥尼苏斯二世，但也牺牲了自己的生命；哈摩迪修斯和亚里斯托该通被称为“解放者”（Liberators），他们试图暗杀雅典的暴君希庇亚斯及其弟弟希巴克斯，但仅仅杀死了后者。

不受鼓励的，否则君主们自身的安全将受到威胁。相反，共和国则倾向暗杀暴君的做法，甚至常常有法律鼓励此种做法。造成这种差别的原因有许多种。第一，如我在前面已经讲过的，一个犯了叛逆罪的人是很容易出名的；同样，他们对叛逆者的恐惧是很不同的。人民针对君主的造反，以及他们中间的暴动或不满的情绪，是君主害怕的主要对象。所以，如果一个君主并非合法地来自皇室，或者在其他方面不能满足其头衔或职位的要求，则他总会阻止任何针对他的头衔或资格的质询，以及任何教导人民他不应该占据王位的说法。所以，在一切原则之中，那种主张暗杀暴君并不违法的原则是最不受欢迎的，因为它彻底破坏了人民对于君主的忠诚。然而，在一个共和国中，这两项理由都鼓励暗杀暴君。在那里，叛逆同样很容易使一个人出名，而他们害怕的事情恰恰是他们的某些伟大人物的地位被另外一些人利用高超的技艺或权力而篡夺。这是他们害怕的主要对象。也正是由于这个原因，他们鼓励刺杀篡权者，并认为这是消灭此类篡权者的唯一途径。君主国的法律会支持克伦威尔的统治，其程度不亚于它对任何合法的主权者的支持；但共和国的法律绝不支持篡权者。

叛逆罪是指那种攻击政府和主权权力的犯罪。这可能通过两种方式实现：第一，由某些臣民从内部改变现存政府，从而推翻该政权；第二，通过将外国敌人引入本国并向他们投降，从而推翻现有政府。前一种方式被称为谋反罪，而后一种则被称为通敌罪或“背叛”。背叛[①]或叛逆指的是与外国的敌人相通，背叛自己的国家。英格兰的法律对这两种叛逆罪都有规 294
定。[②] 首先，杀害或伤害国王的图谋。所以，《叛逆法案》第1条规定，用任何方式图谋或想象国王[③]的死亡，都构成叛逆罪，不仅包括此类行为已经完成，而且包括用任何外在行动表现出来，例如反对国王的密谋，或者为反对他而提供武器。如果不是这种情况，则无论多么凶残的图谋都是可以不被惩罚的。如果只是将炸药埋在一个私人住宅下面，则不构成可以被判处死刑的犯罪，因为图谋或想象一个私人的死亡并不被看作是谋杀或重罪，尽管同样的行为如果是针对国王的则构成叛逆。对于私人所受的伤害，公众只是抱以同情之心；但对于主权者所受的伤害，公众则可以直接惩罚施加伤害的人。也正是由于这个原因，与那些针对个人的伤害相比，针对公

① 原文如此，应该是指法文中的 trahison。

② 25 Edward III，st. 5，c. 2（1352）；Hawkins，I. 17.

③ 国王、王后，或者他们的长子。

众的伤害总是受到更为严厉的惩罚。[1] ——该法案的第二部分则将那些腐化国王女眷（包括他的妻子、儿媳以及长女[2]）的行为规定为叛逆罪。这主要似乎是因为此种行为有损王室的荣誉，并且也可能引发关于王位继承的纠纷。正是由于这个原因，爱德华五世否认爱德华［原稿可能删掉了］是〈?〉的儿子。[3] 这些规定对所有针对国王及其近亲的犯罪图谋做了预防，而那些腐化国王的远亲的行为，则不构成叛逆罪，尽管它可能是一种很严重的有伤风化的行为。第三，第 2 条将以下行为规定为叛国罪：针对国王发动战争（无论是否为公开的战争），甚至仅仅是图谋或打算这样做（譬如形成这样一个密谋，哪怕并没有采取任何实际行动）。通过一种宽泛的解释，后一种行为实际上可以被包含在第 1 条所禁止的行为之中，因为一个对国王发
295 动战争的人，可以被推定为图谋杀害国王。这也与私法不同，因为针对一个私人而持有武器并不被认为是谋杀，也不构成杀人的密谋。这一类中也包括用任何方式鼓励国王的敌人，包括对这些敌人的帮助、安抚以及援助，无论是为敌人提供武器或弹药，放弃国王的市镇或堡垒而交给敌人，或者拒绝向国王提供任何可能对他有用的市镇；在拉丁语中，这被（恰当地）称为“辜负”。

第三类叛逆罪是任何针对正在执行公务的国王的官吏的图谋[4]，例如杀害大法官、三大法院的法官，以及巡回法官。这里仅指他们正在法院中，或者正在执行公务时，或者正在前往法院的途中。如果这些官吏是在其他时候被杀害的，则案件的处理与一般人被杀并无区别。这种犯罪是在爱德华五世[5]时期确立起来的。如果是在法院中打伤他们，则不构成叛逆罪。第四种叛逆罪，是伪造国玺或王玺。这与伪造国王签名罪是不同的，因为伪造签名仅仅构成重罪。[6] 国玺和王玺是国王权威的标记，伪造国玺等同于篡

---

[1] Cf. TMS II. iii. 2. 4：“某种犯罪的图谋……从来不会像实际犯罪那样受到重判。或许，叛逆罪是唯一的例外。那种罪行直接影响政权本身的存在，当局对它当然要比对其他任何罪行更加小心地加以提防。在惩治叛逆罪时，君主所愤恨的是它直接危害他本人；而在惩治其他罪行时，君主所愤恨的则是它危害别人。在前一种场合，他所发泄的是自己的愤恨；在后一种场合，他的愤恨只是由于同情而体谅自己臣民的愤恨而产生的。”

[2] 他的妻子，他的长子的妻子，以及他的尚未结婚的长女。

[3] 这里可能指的是理查三世对爱德华五世的正当性（legitimacy）的质疑，因为爱德华四世与伊丽莎白·伍德维尔的婚姻是无效的。

[4] 要求实际的杀害。

[5] 爱德华三世。

[6] 玛丽一世期间，这种行为被规定为叛国罪，见 st. 2，c. 6；Hawkins，I. 17. 53。

夺国王对臣民的权力，因而被认为是损害了国王的尊严和权威。第五，伪铸钱币。但是，为什么将这种行为规定为叛逆罪，似乎缺乏很好的理由。将它当作伪造罪而非叛逆罪来处罚，也许更为恰当；也正是由于这个原因，现在通常将它当作一种重罪来处理（因为它同时涉及叛逆罪和重罪的刑罚），或者将它当作隐匿罪来处罚。——不可能禁止任何人铸造印有自己头像的硬币；这并不是一种犯罪。但此类铸币并不能作为一种合法的支付手段。它之所以有价值，只是因为其中包含的金银块。当有人用国王的铸币进行支付时，受支付者必须接受，即使该铸币的成色已经被严重降低；不接受国王的铸币，就构成高轻罪（high misdemeanor），并且被按照重罪进行惩罚。私人的铸币并不具有国王铸币的特权，所以私人并不能从以自己的名义铸造的“货币”中获取任何利益。唯一能使他获利的，就是伪造国王的货币。但铸造钱币并不能被恰当地作为一种叛逆罪。将它当作叛逆的唯一理由，是国王对他的特权的妒羡，这是一种有利可图的特权，不久以 296
前仍然被王国的大领主们所拥有。

以上，就是爱德华五世[①]时期颁布的叛逆法所规定的五类叛逆罪。后来的亨利八世，以及威廉和玛丽，又规定了一些新的叛逆罪。在经过与教皇的长期争斗以后，亨利八世最终同意放弃他的至上的权力；尽管他并不是清教徒，但他的行为却像是一个清教徒，并且成为了教会领袖。[②]为了维护他在这些问题上的权威，亨利建立了高等宗教法庭。相似地，后来的伊丽莎白女王也被当作教会领袖。在这个时期，天主教徒毫无节制的狂热和偏执对欧洲那些信奉清教的君主构成了很大的威胁。伊丽莎白、亨利八世，以及爱德华六世，都持续不断地受到由天主教神甫鼓动，并由偏执的天主教徒实施的谋害。于是，罗马天主教被认为是反对君主的各种图谋和阴谋的策划者。在玛丽女王统治的时期，这种行为甚至受到鼓励，而这使得伊丽莎白面临更为严峻的威胁。这样，就有必要用叛逆罪来惩罚那些鼓励此种行为的人，例如：接受教皇训谕并且服从他们（而非教士）的命令[③]；皈依或使他人皈依天主教[④]；通过书面或口头方式称颂或夸大教皇作为教会领

① 爱德华三世。

② 26 Henry VIII，c. 1（Act of Supremacy，1534）.

③ 13 Elizabeth，c. 2（1571）.

④ 23 Elizabeth，c. 1（1581）.

袖的权力[①]；将神的羔羊图像或圣物带进王国[②]；在天主教神学院接受教育，并且在回到王国后六个月内未能向政府宣誓效忠；担任天主教神甫，或者用任何方式帮助天主教神甫（例如将他们迎入室内）。所有这些，都被规定为叛逆罪，因为它们鼓励一个倾向于用任何方式颠覆政府的宗教，并且威胁到政府的生存。尽管在过去很长一段时期内这些法律并没有得到实施，但它们仍然是有效的。然而，应该废除这些法律，因为那些没有害处的人
297 可能因为一些微不足道的事情而面临危险，并且遭遇很大的麻烦，特别是在他以某种方式冒犯了政府的时候。当前，这样做也许是很合适的。但任何一个了解那个时期欧洲历史的人，如果能考虑到当时天主教徒的偏执所造成的大范围的混乱和危险，他一定会认为这些措施在当时是完全合理的。此外，查理一世和议会之间的长期纷争，由此引发的叛乱，国王的死亡，克伦威尔的篡权，在复辟之后查理二世的恶劣行径及暴戾倾向，以及他的兄弟詹姆士二世的软弱而愚蠢的行为……所有这些，都使人们自然而然地思考，究竟在多大程度上反抗国王的权力是合法的。在这些政权之前的都铎王朝曾经实行的完全是专制统治（对此我在前面已经讲过[③]）。这就使得王权党主张，同时也使许多人相信：英格兰的宪制政府是专制的；人民没有任何权利，也不能在任何方面合法地抵制或限制国王的权力；所有人民都是他的臣属和仆从。另一个政党则主张：国王不过是一个总管家，受人民的委托来处理人民的事务，所以他也必须为自己的行为负责；如果人民在缺乏很明确的理由的情况下用不正当的方式将国王废黜，虽然这是一种非常值得谴责的行为，但人民仍然有权利这样做。政府的全部权力来源于人民，所以人民可以在任何时候以任何他们认为合适的理由将他们的“公仆”废黜；即使被废黜者并没有做任何错事，人民也有权利这样做。一个主人仅仅因为一时的情绪而赶走了他的仆人，这样做可能是错误的，但并不违法；国王与人民之间的关系，也是如此。在1640年至1660年间，这是主流的，并且也是人民所偏爱的理论。——但克伦威尔的糟糕行为，特别是他背叛各个党派时表现出来的背信弃义，以及在他死后他的儿子理查所主持的政府的软弱，都使得人们对共和政府产生了厌恶之感。随后而来的

① 5 Elizabeth，c. 1（1563）将此种行为规定为侵害王权罪（praemunire）；cf. LJ（B）84，below.

② 这不是叛逆罪，而被13 Elizabeth，c. 2规定为侵害王权罪。

③ iv. 164 - 165 above.

复辟，使得这些共和原则被搁置一旁，而另一种专制原则则成为主导。主张共和原则的清教徒和长老会教友受到排斥，并且遭到严厉的压迫。共和原则在这个时期完全消失了，直到詹姆斯二世的愚蠢而专断的行为又一次燃起了人们对共和原则的向往。詹姆斯被废黜了，而他竭力倡导的天主教也遭遇了同样的命运。威廉和玛丽登上了王位，而通过后来的《威廉法案》(Act of William)[①]，又确定在威廉和玛丽去世后王位由安妮女王及其后裔继承；如果她没有后嗣，则由现在的汉诺威家族继承。这样，王位就被巧妙 298
地传给了清教徒后裔，从而避开了奥尔良公爵、撒丁国王等从血缘上来说更近的亲属。这种继承规则完全是由议会确定的。由于相反的专制原则在一段时间内占据了主导地位，新的政府就处于流行的偏见所导致的危险之中。于是，就有必要制定一些关于叛逆罪的新的法律。第一，任何人如果通过书面文字的方式主张国王和议会没有权力依据它们的意愿改变继承规则，就构成叛逆罪；如果他用口头方式提出这种主张，则构成侵害王权罪。第二，如果一个人用书面文字的方式主张斯图亚特王室仍然有王权，则他就犯了叛逆罪；如果他用口头方式提出这种主张，则构成侵害王权罪。[②]就现今来说，这项法律也应该被废除，这是因为，尽管当时确实有必要通过这样的法律来维护新生的政权，但在政权已经稳固确立的情况下，这些法律除了给无辜且无害的人们带来麻烦之外，别无用处。——在与英格兰合并以前，苏格兰关于叛逆的法律是非常纷乱甚至荒谬的，这些法律将许多犯罪都当作叛逆加以惩罚。其中被当作叛逆罪的行为之一，就是通常所说的中伤君王罪，即通过向人民提供任何信息而做出关于国王的虚假陈述，或者向国王做出关于人民的虚假陈述（据说这样会使国王对人民产生偏见）。这是一种严厉的压迫，因为它使得人们不敢自由地评论政府及官吏（无论是用书面的还是口头的方式），更不敢用书面方式大胆而自由地向国王陈述冤情。但是，在合并之后，苏格兰和英格兰关于叛逆的法律就变得一致了。[③]

---

① 12 and 13 William III，c. 2（《王位继承法》，1701）.

② 4 and 5 Anne，c. 8（1705）and 6 Anne，c. 7（1707）.

③ 7 Anne，c. 21（1708）. Mackenzie，*Laws and Customs of Scotland in Matters Criminal*（1678），VI and XXX 6.

1763年3月16日　星期三

在昨天的讲座中，我向你们讲述了这个国家关于叛逆罪的法律，这些法律是在爱德华五世[1]期间制定的。在此之前，他们强烈反对的任何行为（例如投敌叛变），都被当作叛逆罪处理。那项法令将叛逆罪限于上面讲到的五种。总体而言，这些都是在经过认真思考之后被认为是值得那样被当作叛逆罪惩罚的犯罪。将图谋国王的死亡，或者腐化国王的女眷等行为当作叛逆来惩罚，是完全正当的，因为它们都直接倾向于推翻政府并且动摇其根基。向国王发动战争，或者攻击正在执行职务的官员，这些行为被当
299 作叛逆罪来处罚也同样是正当的，因为它们会彻底颠覆政府的根基，并妨碍政府职能的发挥。伪造国玺或王玺同样是针对政府的一种严重而恶劣的伤害，因为通过这种方式，一个人可以伪造任何他想要伪造的国王法令。第五种，也就是伪造铸币，并不能一眼就看出它为什么是叛逆，这种行为似乎仅仅是因为对国王的妒羡而被规定为叛逆罪的。——关于那些对鼓励天主教的行为加以严厉惩罚的法律，就不必在这里继续讨论了。那种宗教的狂热现在已经在很大程度上消减了；对于那些愚蠢的、在天主教和新教之间更喜欢天主教的人，尽管用双重征税或类似的惩罚来遏制这种宗教可能是合理的，但用叛逆罪加以惩罚几乎完全是不合理的。此种惩罚可能给人们带来立法者所不曾预见到的麻烦。在光荣革命之后确立的那些叛逆罪，也是相似的情况。{由于现在的政府比以往的政府体现出更为强烈的民主精神，这种情况很少引起人们的注意。} 现今的政权是如此牢固，以致那些认为议会和国王没有权力改变王位继承规则或偏袒斯图亚特家族的言论都不能使它发生动摇。而且也没有任何人因为这样的观点而被起诉。________[2]出版了三卷本的英国历史，在书中，他坚持认为国王和议会没有权力改变继承规则是一项确立的原则；但他从来没有被认为是犯了叛逆罪，尽管他的观点对于现行政府来说毫无疑问是一种很严重的冒犯。在所有犯罪中，对叛逆罪的惩罚是最为严厉的，甚至酷刑也得到法律的允许（而在针对其他所有犯罪的惩罚中，酷刑都是被这个国家的法律所禁止的）。犯了这种罪

① 爱德华三世。

② 原稿空缺。可能是指劳伦斯·埃查德，*History of England*，3 vol.，1707－1718.

的罪犯会被绞得半死，并在他尚未咽气之前刳出心脏、肺腑，他的头颅将被砍下，并被悬挂到特定公共场所；但如今社会风气的宽和通常会使得对这种犯罪的惩罚不再那么残酷。—— 除此之外，惩罚还包括没收财物和地产，以及他的妻子的寡妇产；同时，他败坏了他的孩子的血统，从而使得孩子们不仅丧失了自己的财产，而且也丧失了任何可能从他那里继承的财产。

除了以上讲到的这些之外，还有许多针对国王的较轻的犯罪。[1]第一，铸造价值低于先令的铸币，甚至金块或银块，依法可以当作重罪处罚。[2]第二，先前，将铸币或金银块输出国外，都是重罪。现在，只有输出铸币仍然是重罪[3]，而输出金银块则是合法的[4]，只要它是通过海关进入外国并经过一个________[5]的检验。该项罪名起源于一种错误的观念，即认为金银的 300
输出会导致一国财富的减少。自托马斯·孟之后的作者几乎都认为一国的财富是由国内的金银构成的。在他所著的一本题名为《英国得自对外贸易的财富》（*Englands* ________[6] *by Foreign Trade*）的书中，孟试图说明，唯有贸易的盈余才能够使英格兰富裕，因为通过这种方式可以将金银带入英格兰，而一国的财富完全取决于金银的数量，因为唯有金银是不会腐朽的。尽管这种说法很愚蠢，但它还是被后来几乎所有的作者接受了；而前面提到的法律，也正是基于这种理念而制定的。事实上，这种禁令也许是最不明智的。威廉国王[7]统治时期，在商人们的请求下，金银块的输出第一次得到允许。铸币的输出，依然是被禁止的，不过没有什么效果，此种禁止源自我们的政府管理中的一种错误的理念。那时，有人认为，一国拥有的货币越多，则利润也越多。为了鼓励将金银铸造成货币，政府便出资为私人提供免费的铸币服务[8]；所以，铸币的特权非但没有给国王带来任何利

---

① Hawkins，I. 18.

② 7 Anne，c. 25（1708）.

③ 尽管输出铸币的行为仍然被禁止，但从 1573 年以后已经不是重罪了。Hale，I. 654－656；Hawkins，I. 18. 6.

④ 15 Charles II，c. 7（1663）.

⑤ 手稿空缺。Marked at Goldsmiths' Hall，6 and 7 William III，c. 17（1695），and certified by Mayor's Court of the City of London，7 and 8 William III，c. 19（1696）.

⑥ 手稿空缺。Thomas Mun，*England's Treasure by Forraign Trade*，published by John Mun in 1664.

⑦ 事实上是查理二世。Hawkins，I. 18. 6.

⑧ 18 and 19 Charles II，c. 5（1666）.

润，反倒使其不得不承担每年约 14 000 英镑的费用。结果就是，未经铸造的银块在价值上与经过铸造的银币一样高；这显然是很不合理的，因为经过铸造的银币应该加上铸造的费用。一金衡磅银币（the pound troy of coined silver）的价值是 3 英镑 2 先令，所以一盎司的银币的价值是 5 先令 2 便士。一盎司经过铸造的银币的价值绝不会低于此。——所以一盎司的金银块的价值绝不会低于 5 先令 2 便士，而且事实上常常高于这个。金银块在许多方面可以发挥铸币的作用，但它比铸币更为方便，而且在国外的适用范围更广。所以，对一个拥有一枚新铸币的人来说，将该铸币熔成金银块，是有利可图的。这种做法的结果就是：虽然数量确实增加了，但铸币的重量却没有增加。在过去的二十多年里，几乎见不到一个新的先令能够流通
301 到苏格兰，因为它们从铸币厂出来之后很快就被扔进熔炉了。第三，这同样被当作重罪来处罚。[①]但是迄今为止还没有人因此而被惩罚，因为只有傻瓜才会认为他可以在如此短的时间内做这样的事而不被发现。——第四，所有企图增加国王铸币的行为（例如点金石）都构成重罪。[②]但是，与降低铸币成色相比，这种罪行似乎不够合理。第五，以下行为也是重罪：图谋攻击国王的大臣，引发暴乱，或者攻击国王的侍从[③]，{以及盗用国王的武器。}

约翰王和亨利三世时期的事态导致了关于侵害王权罪的法律的产生。[④]那时候，教皇常常在未经国王同意的情况下派遣使节到英格兰，这些使节带着教皇的训谕向教士甚至世俗之人募捐。在涉及宗教的问题上，这些使节接受针对国王判决的申诉；利用训谕，他们把大量的钱带出了王国。当时新教尚未出现，这种状况使得对教皇的权力加以限制显得十分必要。所以，以下行为都被规定为犯罪：将教皇训谕带到英格兰；教皇的使节在未经国王同意的情况下进入王国；将国王法院审判过的案件上诉到罗马教廷；不承认或不任命国王所提名的人选担任圣职。这些法律用来增强国王权力，防范教皇的侵犯。现在，我们不说一个人依据侵害王权罪的法律而被惩罚，而只是说他犯了侵害王权罪。对这些犯罪的惩罚，是剥夺法律保护，也就是没收财产并取消国王的保护。——这也就意味着，罪犯及他的后裔都不

① 6 and 7 William III，c. 17（1695）禁止这种行为，但并没有将它规定为犯罪。

② 5 Henry IV，c. 4（1404），但被 1 William and Mary，c. 30（1689）废除了。

③ 3 Henry VII，c. 14（1487）and 9 Anne，c. 16（1710）.

④ Hawkins，I. 19.

能在任何法院起诉。这并不是对一般的犯罪的惩罚。这样的惩罚，主要是为了保护国王在宗教事务上的权威。除了叛逆罪和重罪，剥夺法律保护就是最严重的惩罚了，因为那些对异端、巫术的惩罚已经被废除了。其他针对国王所犯的轻罪都被称为隐匿罪，这个词来源于古法语中的 mespris（英国人似乎很喜欢 mespris 这个词，所以将它保留下来了，尽管法国人已经不再使用这个词），懈怠或轻蔑。隐匿罪有两类：属于叛逆的隐匿罪和不属于叛逆的隐匿罪。——属于叛逆的隐匿罪可以进一步分为积极的或消极的。[①]当一个人得知任何针对国王或王后的阴谋，或者其他叛逆罪的时候，如果他不加以揭发，就犯了消极隐匿罪，即对国王权威的蔑视。[②] 如果一个人接 302
待并鼓励他们，或者用任何方式表现出对阴谋和叛逆的赞同，则他不仅会被当作重罪的从犯，而且会被以叛逆罪惩处。所以，如果一个人遇到一些人正在谈论斯图亚特家族的权力，而他也加入讨论，并且为了相同的目的而再次聚在一起，则他将被认为是犯了叛逆罪。但如果他并没有用任何方式表示他的赞同，而仅仅是未能对这种行为加以揭发，则他犯的罪就不是叛逆罪，而是隐匿罪。另一方面，一个人并不会仅仅因为对重罪表示同意而使自己也犯有此种重罪。犯有属于叛逆的隐匿罪的人，将被处以罚金和监禁。——积极的属于叛逆的隐匿罪，是指伪造一种并不在本国流通的铸币。[③]如果伪造的是依据国王的诰示而在本国流通的外国铸币，则以叛逆罪论处，正如伪造国王的铸币一样。但如果伪造那些并未依据国王的诰示而在本国流通的外国铸币，则不构成叛逆罪，而构成隐匿罪。不属于叛逆的隐匿罪有几种。[④]第一，对国王宫廷的轻蔑。在国王宫廷内吵闹或者引起暴动，或者殴打另一个人，就构成隐匿罪，而犯有后一种罪行的人的右手将被砍掉。[⑤]任何扰乱执法的行为（例如对法官说任何侮辱性的话语）都会导致很重的惩罚。不久以前，一个社会地位很高的法律博士，就因为犯了这种罪行而被迫带着一个上面写有他犯了这种罪行的牌子从都柏林走到________（原稿空缺）。在海事法院发布了一个针对普通诉讼法院首席法官威利斯的含有辱骂性语言的指控之后，该法院的全体成员被指控犯有诋毁

① Hawkins，I. 20.

② 1 and 2 Philip and Mary，c. 10（1554）.

③ 14 Elizabeth，c. 3（1572）. Cf. p. 430，note 37，below.

④ Hawkins，I. 21

⑤ 33 Henry VIII，c. 12（1541）（如果国王正好在王宫驻跸）。

权贵罪，并被迫请求宽恕。[①]所有犯有此类罪行的人都会被处以罚金和监禁，并且被迫用公开的方式请求宽恕。在法国，所有犯罪都是这样，罪犯不仅要受到公开的惩罚，而且要请求受害方的谅解，并且在教堂的所有会众面前进行忏悔。但是，在英国，只有那些较有声望的人才被要求这样做。

303 第二，对国王特权的轻蔑，例如，不服从国王的合法命令；拒绝为国王服务（国王有权要求他们服务）；用任何方式表现出对外国王室的偏好（例如在未经国王同意的情况下接受他们的俸金），因为主权者都嫉妒臣民与其他主权者的此类联系。[②]在违反国王命令的情况下擅自离境，也是同样的情况；这是因为，通常情况下，除贵族或议会议员外，任何人都有权离开王国，而无须获得批准；但国王可以针对任何人签发禁止离境（ne exeat regno）的命令；或者在收到要求其回来的印有国玺的传唤或一个一般性的诰示的情况下拒不回来。

第三，对国王个人政府（kings personall government）的轻蔑[③]，例如，说国王违反了他的加冕誓言，或者说他是一个懦夫或恶棍，等等。然而，由于政府现在变得比以往更为民主，此类的侵害在很长时间内已经不再作为惩罚的对象了。如果有机会，这项法案可能被完全废除，因为这个国家的每一个人都会担心其批评政府的自由会受到威胁。英国人认为他们有权通过书籍和宣传册了解关于此类政治事务的信息，但这种权利显然会因为该罪名而受到减损。

第四，对国王尊号的轻蔑，例如，宁愿称道觊觎王位者的称号，为觊觎王位者干杯；拒绝做效忠宣誓（这种宣誓已经被使用很长一段时间了）或至尊宣誓和弃绝宣誓[④]（这两种宣誓是在光荣革命和宗教改革之后引入的）。[⑤]——对这些犯罪的惩罚，是罚金和监禁，不得担任任何公职，以及其他惩罚，但不能是那些针对重罪的惩罚或剥夺法律保护。

---

① 1746年，一个海事法院曾试图弹劾威利斯，也就是普通民事法院的首席法官；cf. *Gentleman's Magazine*，XVI（1746），426 ff.，598，604；Horace Walpole，*Letters*（ed. Toynbee，1903），II. 251.

② Hawkins，I. 22.

③ 原文如此。也许是对“person or government”（国王本人及其政权）的误听。Hawkins，I. 23；and cf. LJ（B）85－6，below.

④ 至尊宣誓，1562年，伊丽莎白时期。弃绝宣誓，1701年。

⑤ Hawkins，I. 24.

1763 年 3 月 17 日　星期四

上面讲到的所有叛逆罪，都可以被归结为三种类型的叛逆罪。第一，任何公民用非法强力或暴力推翻现行政府的图谋。这在罗马被称为谋反罪，在一个君主政府中，它包括杀害或攻击君主的行为。第二，本国的公民试图通敌，背叛自己的国家，这被称为通敌罪。第三，玷污政府形象的企图，这在罗马被称为冒犯国王罪。对谋反罪和通敌罪的惩罚很快就变得一致了，因为它们都是非常严重的罪行，而且都远远比冒犯国王罪严重。在罗马皇 304
帝统治的时代，这三种罪行是混合在一起的，所以，对皇帝荣誉的微不足道的侵犯，与最严重的叛逆，都会导致同样的惩罚；发表任何轻蔑的言论，或者针对贵族（也就是国王的大臣）的诽谤，甚至向国王的宫殿扔一块石头[①]，或者破坏他的雕像以及其他任何为了表示对他的敬意而制造的东西[②]，都会使一个人遭受和那些犯了谋反罪的人一样的惩罚，这显然是很荒谬的。

昨天，我不仅向你们讲述了那些被当作叛逆惩罚的犯罪，也讲述了一些针对国王的相对不是很严重的犯罪；前者包括过去的制定法规定的四类叛逆罪，也包括另一种不完全合理的叛逆罪。还存在一些被称为针对国王的重罪，犯了这些罪行的人将被按照重罪加以惩罚。有些行为，无论是针对一般公民还是针对国王，都构成重罪；它们被称为针对国王的重罪，是因为它们被认为是针对国王这一身份的。——至于其他的针对国王的犯罪，如我所说，相对应的惩罚是比较轻的。

下面，我们将讨论主权者可能对公民所犯的罪。首先需要说明的一个问题是，哪些人是公民。——不同国家的法律在这个问题上的规定存在很大的不同。总体而言，如果公民的身份使得一个人能够得到某些特权，而且公民的数量又很有限，那么，血统（也就是作为一个公民的子女出生）能够使一个人更有机会获得担任公职，因为与公民的人数相比，这些职位的数量是很大的；此外，还有许多在小国所有的好处。但是，在一个大国，公民权只是赋予一个人选举以及从许多人中间被选举的权利，而一个人是不是该国公民则取决于他的出生地。在荷兰、瑞士以及意大利等共和国，

---

① 可能是从 *D*. 48. 4. 5 中推断出来的。

② *D*. 48. 4. 6.

仅仅出生在当地并不能使一个人成为公民。一个人可能出生于一个在这个国家居住了好几代，但仍然没有取得公民权的家庭。在这些国家，公民的人数总是很少，而与公民权相伴的官职的数量和其他利益则非常巨大。同样，一个人可能在罗马或雅典出生，而且他的父母的祖先已经在当地居住了很多年，但仍然被称为外籍居留者。在罗马，一个人要想成为公民，则他的父亲必须是一个公民；而雅典人在授予公民权方面则是最为谨慎的，
305 一个人只有在其父母都是雅典公民或者是雅典公民的后代的情况下才能获得公民身份。至少在他们最为强盛和繁荣的城邦，在授予公民权方面是最为小心的。当马其顿的国王阿敏达斯[①]和菲力普想成为雅典公民时，他们也只是获得了在进口货物时缴纳和公民一样的进口税的权利；当时的大多数城邦（包括雅典）对陌生人所征的进口税高于对公民所征的进口税。与其他国家相同，这里的理由是一样的：与他们所拥有的权力和疆土相比，公民的数量是很少的。在雅典，达到了参军年龄的自由公民的人数从来没有超过两万五千人。与他们所占有的广阔的疆域（不仅包括爱琴海上的大多数岛屿，还包括色雷斯地区和亚洲的许多城镇和殖民地）相比，这个数量是很小的。从这些疆域所征的税收一定是非常可观的，而且完全属于这些数目很小的公民。他们可以享有这些收入带来的许多利益。他们经常分配金钱或者谷物；他们的孩子由公共开支来养活，在必要的时候也可以在公共食堂中就餐[②]，在那时这并不会带来任何耻辱。当他们出席法院或者公民大会的时候，还可以得到一份津贴；甚至到剧院也可以得到津贴。如果他们很轻易地将公民权授予他人，则每个原有公民所享受的公共财产的份额就会相应减少；所以，他们总是反对将公民权授予任何一个新来的人。这些共和国的情况，与英格兰教区（parishes）的情况很相似，在那里，每一个贫穷的人都可以从教区财产中得到数量可观的津贴；也正是由于这个原因，只有那些能够保证他们的孩子不会成为教区的累赘的人，才可以成为该教区的成员。[③]所以，所有规模较小的共和国在授予公民权方面都是很谨慎的；在一个人口较少的国家（譬如一个由一万或一万五千人构成的国

① 阿敏达斯三世是公元前393年至前370年间马其顿的国王；他的儿子菲力普则在公元前359年至前336年间担任马其顿国王。

② 那些为社区提供服务的人们可以在Prytaneum（一种公共食堂）中就餐；另外，战争中的孤儿也是用公共开支养活的。

③ 8 and 9 William III，c. 30（1697）.

家），选举权和被选举权都不是无足轻重的。然而，在一个像英格兰这样的人口较多的国家（英格兰有九百万至一千万人，如果将爱尔兰及其殖民地的人口也计算在内的话，则有一千五百万人），拥有被选举权几乎算不了什么。因此，在这样的国家，公民身份是由出生地决定的。任何在该国领土范围内出生的人都有权拥有土地，出任享有荣誉和薪俸的职位，也有选举 306
权和被选举权，并可以享有其他许多公民权利。然而，在荷兰和瑞士，特别是在瑞士的伯尔尼州，他们在公民权的问题上是非常谨慎的，甚至拒绝同意法国国王关于成为一个城镇的市民的要求。罗马的规则，与其他共和国的规则相同，但他们在授予那些并非出生在本国的人公民权方面通常更为自由和慷慨。这或许是因为，与其他城市相比，罗马要大得多；我们看到，在国王被废除后不久，自由民的数量增加到十万，由于这仅仅包括那些达到了参军年龄的人，所以实际的自由居民（不包括奴隶）肯定是在八十万至一百万之间。也正是由于这个原因，尽管法律将包括选举权在内的公民权利限于那些因为出生而成为公民的人，但他们还是很慷慨地将公民权授予那些来到他们中间的杰出人物，甚至授予帝国的整个城镇或行省的人。

这就是在所有国家可以使一个人取得公民身份的两种途径：在较大的国家，出生于该国统治的疆域之内；在较小的国家，其父亲是该国公民，或者在某些要求更为严格的地方，其父母都是公民。

同样，对于没有公民资格的外国人不能够做什么，各国的规定也很不相同。在早期罗马、摩洛哥、土耳其、亚洲________[①]的 Corea*，以及在其他占据了世界版图四分之一的未开化的民族中间，一旦有陌生人进入该国国境，他就会被逮捕，并且沦为奴隶。如果他来自一个与该国有着盟约关系并且友好往来的国家，他就会受到这两个国家的约定所规定的待遇。但如果他因为暴风雨等事故而来自一个罗马人所不知道的国家，或者一个与罗马没有盟约的国家，则他将成为奴隶，而他的财产也会被充公。[②]他们可能成为他们遇到的第一个人的奴隶，但为了防止因为此种未被占有的财产（unapropriated goods）引发的纠纷，他们被视为国王的财产（they were

① 原稿空缺。应该是指“东部”。

② *D*. 49. 15. 5. 2；Montesquieu，XXI. 14.

* 似乎是指朝鲜（Korea）。——译者注

adjusted to the fisk)。* ——在罗马，陌生人和敌人都被称为 hostis。在一种关于陌生人和敌人的区分做出很久之后，才产生了外国人这个词。西塞罗[①]注意到，现在用来表示敌人的这个词在古代被用来表示陌生人。这位一直
307 不遗余力地赞美古罗马的美德和仁慈的思想家，认为这种词语含义的差别显示出古罗马人的仁慈与谦和（humanity and moderation）。他说，我们的仁慈的祖先，仅仅把敌人称为陌生人。但事实是，他们将陌生人和敌人看作一回事；我们可以很正确地说，陌生人和敌人的名称是一样的。[②]要解释这种情况，并不困难。相邻的两个野蛮部族，如果他们之间有盟约，则他们将会用比较仁慈的方式对待彼此的成员。然而，在两个除了相互交战就不曾有过接触的部族之间，在彼此的眼中，对方唯一的身份就是敌人；他们之间，没有通商，也没有其他交流；他们要么正在进行战争，要么刚刚结束战争，因此任何来自对方部族的人都被看作间谍。正是基于这些原则，利兹菲尔号兵舰在摩洛哥境内被扣押，所有的船员都成了奴隶，尽管那时摩洛哥和不列颠之间并没有发生战争；后来，不列颠根据摩洛哥的习惯将船员赎回。[③]——但是，随着人类社会的进步和技术的改进，人们逐渐发现外国人来到本国所能带来的好处：这些外国人能够带来他们自己国家的剩余产品，同时也将本国的剩余产品进口到他们国家，从而为两个国家的人都提供了便利品和奢侈品。这样，人们就发现了与外国通商的好处，于是开始鼓励外国人到他们中间定居。在这种情况下，为外国人的人身和财产提供法律保护，也就变得绝对必要了。这必然要求以下待遇：外国人应该像本国公民一样能够提起对人诉讼**；如果他们被打伤或者受虐待，则他们应该能得到相应的救济；杀害他们的人，应该像杀害公民的人一样受到惩罚。这些待遇对于外国人在公民中间居留是绝对必要的，否则，他们的人身和生命就没有保障。同样必要的是，他们也应该能够提起任何涉及动产的诉讼，这样他们就可以有效地执行合同，也能够取回委托他人保管的财

① *De Officiis*, I. 37.

② Hume, 'Of Commerce', *Essays*, I. 292, note.

③ 利兹菲尔号于 1758 年 11 月 20 日在摩洛哥巴巴利海岸失事，而船员则在 1760 年 4 月以 225 000硬镑（hard dollars）从摩洛哥皇帝那里赎回。

* Fiscus or treasury. fisk，国库；罗马皇帝王室财库。——译者注

** 第一类是对物诉讼（real action），指关于土地等不动产方面的诉讼，包括产权、收回土地等诉讼；第二类是对人诉讼（personal action），指债务、动产或对人身、财产方面的损害赔偿等诉讼；第三类是混合诉讼，兼有以上两类诉讼。——译者注

产，如此等等。一个在英格兰的外国人享有所有这些权利，被称为“对人诉讼”，包括所有与动产相关的诉讼。但他们无权提起不动产诉讼，也就是只与地产相关的诉讼。他们不能购买、继承或转让地产。一个外国人也不 308
可以长年租用土地，因为这对于一个商人从事其商业活动并不是必要的。但他可以为了从事商业活动而长年租用房子。这最初只是为了鼓励商人，而不是机械工人或小商人。英国人也是这样解释它的：在亨利八世时期，他们的嫉妒达到了顶点，并认为所有此类外国小商人在跟他们抢生意，他们于是促成了一项法律，禁止任何外国人长年拥有一个房子。[①] 另外，存在一个区别：外国友人和外国敌人，取决于该外国人所属国家与我们处于战争状态还是和平状态。一个外国友人享有前面提到的所有特权。然而，除非受到国王的保护，否则一个外国敌人就没有人身或财产的安全；尽管他可以在别人的名义下起诉，但他不能以自己的名义提起诉讼，无论是不动产诉讼、对人诉讼，还是混合型诉讼。一个外国友人有权提起对人诉讼，以及混合型诉讼中对人的部分。在上一场战争的起始阶段，G. ________（有疑问，原稿中被删除）国王决定对所有意图在那个国家定居的法国人予以保护。

可以通过以下两种方式消除因为不具备公民资格而导致的种种不便：由国王颁发的外籍居民特许状，或者由议会通过的归化法案。外籍居民特许状使他有权购买土地，或将他的土地遗留给他的后代或任何同样是不列颠公民的继承人（无论是通过法定继承还是遗嘱继承）；但外籍居民特许状不能赋予他从其他人那里继承财产的权利。——由于外国人没有权利拥有地产，所以在他们购买地产之后，该地产立即成为国王的财产，而他们去世后该地产便由国王继承，国王可以在他生前或死后割让他的部分权利。然而，至少在这个国家，他无权把别人的权利转让给其他人。他可以随心所欲地放弃购买或转让一项继承的权利，因为这样做仅仅是伤害他自己，但是他不能将继承权赋予一个外国人。所以，如果一个曾经是公民的人因为经商的需要而离开这个国家，或者停留在国外，他的妻子通常也会随他而去，因为即使已经获得外籍居民特许状，他们不能拥有任何地产；然而，如果有亲属愿以动产遗赠的方式将财产留给处在这种情况下的一个人，则他可以继承，因为动产遗赠被认为是购买的一种方式。但是，一个外国人要想和其他公民一样享有继承权，则需要有议会的法案，这种法案可以做 309

① 32 Henry VIII，c. 16（1540）禁止一个外国商人长期拥有一个房子，并同时抱怨大量外国人的存在对英国人的不利影响。

任何事情。先前，一个归化法案可以使一个人获得所有的公民权，使他能够接受任何赋予他的封号或头衔。但是，当威廉国王来到英国的时候，他在荷兰的许多朋友也随他而来；由于他与他们（而不是英国人）更为熟悉，这些荷兰人就更多地得到国王的宠信，并且也更容易获得荣誉和封号。这让许多英国人大为恼怒，他们认为国王的这种偏私是对他们的一种极大的伤害。于是，议会通过了一项法律，宣布任何归化法案的通过，都必须首先满足下面的条件：该归化法案必须明确规定，归化的人在归化之后仍然不得以贵族身份成为上议院中的议员，也不得被选为下议院的议员，尽管他享有前面提到的其他所有权利。[①]我将在这里讨论存在于一些国家（不包括英格兰）的关于外国人的法律中另一个比较特殊的规定。——与那些设立财产的法律相比，所有将财产权赋予占有者之外的其他人的法律都是后来产生的，而且对它的存在来说也不是必要的。财产自然地与英国法中所谓的对人权相联系（对此前面已经讲过）；但是立遗嘱的权利完全是不必要的，而且在所有国家都是在其他权利之后才产生的。正是因为这个原因，在许多国家，一个外国人不能立遗嘱；依据所谓的外侨法，他的财产将收归国王所有。这些财产起初都归于第一个占有外国人的人，但为了防止因为相互争夺而引发的混乱，它们被转让给了国王。撒克逊的选帝侯（也就是现在的波兰国王）制定的一项法律规定，如果一个国家允许撒克逊人享有财产权，则该国的公民在撒克逊也可以享有财产权，反之亦然。[②]——这似乎是一种很公平的报复。这项权利起源于罗马。一个外国人，如果在罗马去世，则他的财产将被充公。

1763年3月21日　星期一

在前一场讲座中，我试图向你们解释在不同国家的外国人的性质，这些制度的成因，以及它们对一个人的权利构成的限制。在所有未开化的民族，以及当今的一些国家，外国人完全不享有任何公民权；而另外一些国家虽然允许外国人拥有财产，但却禁止他们立遗嘱。我在前面已经详细地

① I George I. st. 2，c. 4（1714）.

② E. Vattel，*Droit des gens*，II. 8. 112.

阐述过[1]，这项权利所以产生，只是出于我们对死者的意愿的尊重；它的意义超出了财产本身。如果死者是我们的朋友、同胞或者与我们有关系的人， 310
我们可能会觉得他的意愿值得尊重；但对于外国人的意愿，我们可能就不太重视。由于立遗嘱的权利完全是出于对死者的敬意，所以在许多国家，虽然外国人可以拥有财产，但如果他们没有子女或近亲属，则在他们去世后他们的财产将会被充公。但英格兰的情况则有所不同。在英格兰，立遗嘱的权利完全起源于教会法以及后来的制定法；由于它与那些和财产相关的法律是同一时期出现的，这种权利也就被视为一种附属于财产的权利。也正是由于这个原因，与其他国家不同，英国允许该国境内的私生子通过遗嘱而继承财产。但即使在英格兰，外国人也不能继承或购买地产。尽管有些购买可以通过国王颁发的外籍居民特许状而取得，但继承只有通过议会的法案才能取得，因为国王无权将一个人的财产送给另一个人。如果一个公民与另一个公民的交易是非法的，则该交易将会被宣布为无效，而财产也会被归还给原来的主人。然而，一个与外国人的非法交易既不是无效的，也不是可撤销的；该项交易依然有效，但由于外国人无权转让财产，他的财产将被收归国王。国王可以放弃该项权利，但他不能通过授权某人继承本来属于他的财产而剥夺他人的权利。

就外国人（无论是外国友人还是外国敌人）而言，还有一件事情值得注意。如果一群外国人在未受他们母国指示的情况下向一个国家发起进攻，或者以某种充满敌意的方式进入该国，那么就不能将他们当作叛徒来起诉。他们不受国王或主权权力的管辖，也没有向国王宣誓效忠，所以不能依据与叛逆罪相关的法律来处置他们，而只能依据军事法将他们作为海盗来处理。如果他们是在一个有权宣战、媾和，以及派遣作战部队的主权国家的指示下发起进攻的，则他们将会被依据战争法来处理。虽然不能将那些在这个国家进行敌对活动的外国人当作这个国家的叛徒来惩罚，但如果一个受他所居住的这个国家的法律保护的外国友人参与针对该国的密谋或叛乱，或者用通敌等方式鼓动、协助或帮助该国的敌人，那么他就会像一般的公民一样被处以叛国罪这种最严重的罪行。由于他和其他公民一样受到该国法律的保护，他就和他们一样对该国负有效忠的义务。相似地，一个刻意
利用国王的保护而得以在本国安全地生活的外国敌人，如果向他的母国提 311

[1] i. 149 ff. above.

供情报，加入任何针对本国的密谋，或者有其他任何叛逆行为，则他将会被以叛逆罪处罚。总之，任何一个受本国法律保护的人，都负有和公民一样的效忠义务。

现在，我们来考察公法的第二部分，即主权者对于其公民的义务，以及他可能对他们所犯的罪行。与其他问题不同，我不能对这个问题做出精准的回答。与国际法一样，公法的这一分支的性质决定了我们不可能对其中的相关问题做出精准的回答，这与私法（即处理公民之间的关系的法律）以及公法的另一分支（即规定公民对主权者所负有的义务那一部分）是不同的。

对于如何确定一个公民对另一个公民的义务，以及公民对主权者的义务，法律已经对相关程序做了规定，而法院也形成了确定的规则。但是，不存在可以审判主权者的法院，也不存在高于主权者的另一个更有权威的主权者，以便审查和确定主权者对公民所采取的行动或主权者相互之间的行动，以及主权者权力的范围在多大程度上是合适的。主权者权力的具体界限，是很难确定的，而且人们也很少关心这个问题。在英国，自从光荣革命以来，人们对于国王权力的具体界限大多是很清楚的，一个人能够很明确地指出国王可以做什么。然而，我们必须认识到，国王在这里并不等于主权者。英国的主权权力由国王和议会共同行使，没有人知道他们不可以做什么。同样，如果国王就是主权者（法国、西班牙、土耳其等国就是这种情形），则任何人都不能确定国王权力的具体界限在哪里。毫无疑问，主权权力也是有一定界限的，但目前尚没有任何人像一位处理私人纠纷的法官一样用一种坦诚而冷静的态度讨论这个问题。所以，研究这个问题的人，必须从头开始。事实上，迄今为止，所有关于这个问题的纠纷都是通过强力或暴力来解决的。如果主权者在斗争中占了上风，则那些反对他的公民就会被斥为叛徒和逆贼；而如果是公民占了上风，则他们就会指责国王是不可容忍的暴君或压迫者。这样的结果，有时可能是正确的，有时则是错误的，但无论如何，它们总是不像由冷静而中立的法院做出的决定那样令人信服。如今，虽然最高权力的三个部分都完全由主权者掌握，但这并不意味着主权者可以为所欲为。某些事情，即使由主权者所为，也必然是非法的。在社会早期，主权权力的某些最为必要的部分，事实上是很不稳固的。

312 在这种最高权力的各个部分中，最早由社会行使的是对外权。我在前面已经讲过，在社会早期，这种权力是很不稳固的。关于宣战与媾和的决定，由社区的多数人做出，但这个决定也仅仅对这些人有约束力；其他人完全可以在多数人已经与敌方达成和平协定后继续进行战争。我也讲到，虽然那些在多数人已经做出和平决定后继续从事战斗的人很少受到惩罚，但那些拒绝随同众人出战的人却很可能遭到惩罚。原因在于，促使人们保持和平的动机和感情是冷静而审慎的，但促使人们发动战争的动机和感情则是热烈而鲁莽的，它使那些受到别人伤害或侮辱的人有时会对那些不愿协助他们复仇的人发起攻击。通常，若不是出于谨慎的考虑，多数人也会像那些在多数人已经做出和平决定后依然企图继续战争的少数人一样行事。所以，对外权起初是很不稳固的，但现在它已经变得很绝对了：在一个国家已经决定停战之后，任何仍然继续发动攻击的人不仅会受到那些被其攻击的国家的惩罚，而且会受到他自己国家的惩罚；同样，一旦两个国家正式宣战，则两国公民之间的一切通信和交流都必须停止。与对外权和行政权相比，司法权是在更晚的时候才建立起来的，而且这种权力起初也很不稳固。尽管在许多国家，主权者似乎从一开始就有宣战与媾和的权力，但在所有国家，种种迹象表明，这种权力｛司法权｝也是很不稳固的。在历史上的某个时期，法官仅仅被认为是刑事案件的调解者，以及民事案件中双方自愿选择的仲裁者，尽管司法权后来也变成绝对的了——法官所做的任何决定都必须遵守（无论这个决定是正确的还是错误的）。起初，法官并不能要求当事人出席并服从其判决。当事人可能选择决斗裁判，譬如火审或者热水审，以此避开法官或国家的审判。而且他们也不受法官判决的约束。在法官的判决宣布后，虽然他们不能与争讼的另一方打斗，但如果他们对判决结果不满，他们就可以和法官打斗[①]，以至将争讼转化为与法官的争斗。判决的意义仅仅在于：如果当事人满意，它才能发挥作用。这是因为他们仍然有权力从诉讼中撤出，甚至伪造法官的判决，正如他们曾经伪造对方的诉讼请求一样。对于一切蔑视其权威的行为，那时的法官的唯一 313
办法是用武力来解决。他们质问那些不服从判决的人为什么不服从，进而与他们打斗。这些足以证明当时的司法权是非常不稳固的，人们不认为他们有义务服从法官的权威；但现在法官的权威已经牢牢地树立了，即使那些认为自己受到了不公正对待的人也不能再抱怨，因为司法权是绝对的，

① Montesquieu，XXVIII. 27.

而且也是不可上诉的。任何反抗都是非法的。正如在战争开始后依然与敌人通信，或者在公众已经做出和平决定后依然发动战争的行为一样，违抗司法判决是非法的，尽管有时进行这样的反抗似乎是很自然的事。

立法权也是后来才变得绝对的。在人类社会之初以及其后相当长的一段时期内，并不存在立法权。尽管一个人可能愿意服从一位从全体人民中选出的仲裁者（如家族的首领）的判决，但他绝不愿意由这些仲裁者为人们的行为制定法律。他不认为任何人有权力约束他。当一个野蛮人同意成为社会的一个成员时，他认为自己所受社会规章约束的程度，并不超出一个俱乐部的成员认为他受到俱乐部的规定约束的程度。导致法律产生的，是法官制度的建立。在一个民族获得自由并建立了财产制度之后，就必须尽快任命法官，以解决相关的纠纷。对于早期部族的人们来说，法官似乎是非常可怕的。如今，当人们看到一位法官的时候，并不会感到害怕，而会非常放心，因为法官保卫着我们的自由、独立和安全。但野蛮人并不认为他们需要法官。尽管在没有法官的情况下他们不得不忍受许多不便，但一个习惯于依靠自己的双手及技能的人，有信心也有勇气在未来继续依赖它。对他来说，下面这种情况是非常可怕甚至不可忍受的：每当他做了错事（即使他也知道自己做了错事）的时候，另一个人有权力对他进行审问，并且在相关事实得到证明的情况下对他处以任何在这个审判者看来是恰当的惩罚。所有的野蛮人都憎恨一个处于他们之上的法官。在这方面，塔西佗[①]讲到的关于维拉斯的故事，就是一个很好的例子。从史书的记载来看，
314 维拉斯似乎是一个很有教养的、和谐可亲的人，以至我们很难理解他为什么激怒了日耳曼人。与所有暴政、劫掠和压迫相比，最让日耳曼人愤怒的，是维拉斯在全国各地建立的常设法院，这些法院用与罗马法院一样严格的方式对所有的犯罪加以审判和惩罚。正是这一做法激怒了日耳曼人，以致他们把（维拉斯率领的）罗马军队都惨杀了。对于尚未开化的民族而言，法院所具有的权威简直是不可接受的。然而，随着财产制度的建立，法官是不可或缺的。于是就产生了一个悖论：尽管法官是必要的，但也是所有一切中最为可怕的。在这种情况下，该怎么办？唯一的办法，就是制定法律和规则以约束法官的行为；{在雅典、斯巴达以及其他一些地方，人民曾要求制定法律来规范法官的行为，正是这种情况。}这是因为，当人们知道

---

① 并不是塔西佗，而是 Florus，*Epitome Rerum Romanarum*，II. 30. 31 ff.。Montesquieu，XIX. 2 也错误地以为是塔西佗。

法官将如何行事时，他们对法官的恐惧也可以在很大程度上被消除。所以，法律是在法官出现之后才出现的。法官出现之前，尚无法律；每个人都依赖于他心中关于正义的自然情感，而且他相信其他人也怀有这种自然情感。倘若法律是在社会刚刚形成、法官出现之前就被制定的，则它们将是对自由的限制；但如果是在法官出现之后制定的，则它们将扩展并保卫自由，这是因为，与规范并限制私人的行为相比，它们更多的是用来规范和限制（处于人民之上的）法官的权力和行为。这样，立法权就被确立起来了，而且随着时间的推移，这种权力和其他主权权力一样变得绝对了。尽管公民们通常有义务服从这些权力，但在某些情况下，他们也可以抗拒这些权力。

1763 年 3 月 22 日　星期二

在昨天的讲座中，我开始解释公民相对于主权者的权力，也就是说，主权权力的界限在哪里，以及公民在何种情况下可以正当地进行反抗。——起初，主权权力的各个部分都是非常有限的，而且也不稳固，甚至对外权也处于不稳固的状态。司法权也很不稳固，而立法权则几乎可以说是不存在的。立法权的出现，是司法权不断发展的结果，因为这使人们认识到对司法官员的行为加以限制的必要性。在社会形成之初，是不可能 315
制定法律的，因为人们认为法律将会对公民的安全和自由构成极大的限制；但后来，随着司法权变得越来越强大，为了防止法官滥用权力，立法就成为保卫公民自由的手段。这样，由于其性质及目的，立法权从产生之初就是绝对的；而其他权力也逐渐变得绝对。在这种情况下，就不存在反抗的权利，哪怕一个人认为法官的判决并不公正；同样，一项看起来不公正的法律，除非它被废除，否则人们就必须毫不犹豫地遵守它，而法官在审判的过程中也不得违背该项法律。——人们必须服从那些依据宪法而掌握着最高权力之各个部分的人。议会对于某些事项的权威、国王对于另外一些事项的权威，以及议会和国王对于特定事项共同享有的权威，都是不容置疑的；即使他们行为不当，公民也没有进行反抗的一般性权利。所以，主权权力的界限，是非常模糊的。在这个国家，国王权力的界限，是人们所熟知的。但国王的权力不同于主权权力。尽管立法权名义上是由国王和社会共享的，但现在几乎完全由议会控制着。虽然国王被称为是正义之源泉(fountain of justice)，而且从他有权任命所有普通法官这一事实来看似乎也确实如此，但这些法官一经上任就完全独立于他了，而且国王也没有任何司法权。除此之外，作为（英国）最高审判机构的上议院，其成员的任命及具体的议事程序，都完全独立于国王。虽然国王拥有全部行政权或对外权，而且他和他的大臣通常情况下有权做出战争与媾和的决定，但由于人民有权力弹劾任何向国王提供了不良建议的大臣，国王的这种权力无疑也受到了一定的限制。毫无疑问，人们有权在某些情况下反抗国王；但是，问题在于，人民在何种情况下可以合法地反抗国王和议会（共同的）权力。显然，国王和议会永远也不会制定法律规定自己权力的界限，以便使我们知道，在什么情况下他们超出了自己权力的范围，因而人民可以进行反抗，而不必服从他们。如果他们这样做，简直是不可想象的。只要是主权，由其性质决定，这种权力必然是绝对的；没有任何常规的权力能够对主权者问责，因为主权者毫无疑问有权得到臣民的服从。对于公民为什么必须服从这个问题，有许多争议。但无论具体的争议是什么，主权者所拥有的权力是有一定界限的，如果他在行使权力的时候超出了这个界限，人民就有正当的理由进行反抗。

有些讨论过这个问题的理论家（如洛克和西德尼等[①]）认为，政府起源
316 于人们自愿达成的一个契约：通过这个契约，人们把主权权力的各个部分（包括司法权、立法权和行政权）交给另外一个机构，并承诺将服从这个权力。我在前面关于政府演进过程的讲座中已经讲过，这种说法是不符合实际的。在这里，就算假定这种说法是成立的，也可以得出一个结论：人民必然有反抗的权利。依据这种理论，君主的权力来自人民的授权；人民承诺，只要他能以大致公平的方式进行统治，他们就会服从他；但如果他严重地滥用权力，则他就背弃了人民对他的信任，在这种情况下人民无疑可以反抗他。——人民是为了他们的利益而授权于他的，可是，当他滥用权力的时候，他不是为人民的利益而行使权力，而是为了满足自己的私利和虚荣心。在这种情况下，正如一个将自己的利益置于学生的利益之上的家庭教师可以被解聘一样，一个滥用权力的官员也可被解除职务。然而，所谓的社会契约似乎并不是主权者的权力以及公民服从的义务的基础，即使

---

① 洛克，《政府论》；阿尔杰农·西德尼，《论政府》(1698)。

假设起初它确实是主权者的权威的基础，现在它也不可能继续是了；但我们看到，通常情况下，所有公民都有义务服从主权者。而且，这种认为公民服从的义务来源于契约的学说，仅仅在英格兰流行，其他国家的人们几乎不曾听说过这个学说，所以在那些地方，契约不可能是人们服从的义务的基础；而且即使在英格兰，受这种思想影响的也只是一小部分人（例如那些读过洛克著作的人）。大多数人根本不知道这种学说，尽管他们也懂得服从主权权力；显然，这种服从并非任何契约观念。——就算在社会形成之初，社会成员通过契约将主权权力委托给某些人，因而可以说他们服从的义务在很大程度上是基于契约的；但他们的后代的情况则不同，因为后代人并没有参与这个契约的签订。[1] 一个人并不能仅仅是因为血缘关系而受他的祖先签订的合同的约束。虽然一个继承人确实有义务依据他的先辈签订的合同偿还债务，但这种义务并不是因为他的先辈的承诺对他有约束力，而是因为通过继承先辈的财产他“以牺牲他人的利益为手段而使自己获利”[2]。一个人的先辈做出的提供个人服务的承诺，对他没有约束力。但如 317
果对方已经向他的先辈预先支付了所有的服务报酬，那么，基于前面已经提到的原因，他有义务向对方偿还尚未履行的那部分服务的价款。这些都清楚地表明，一个人偿还其先辈所负债务的义务，以他从他们那里继承的财产的数额为限。——然而，那些为这种理论辩护的人可能说，尽管一个人不受其先辈所订立的契约的约束，而且在这里他也没有明确表示愿意遵守这个契约，但他却因为自己默示的承诺而有义务服从这个契约。他生活在一个国家的行为表明他愿意服从这个国家的政府。[3] 所以，他们说，生活在一个国家的所有人都必须服从该国的政府。但这种说法是站不住脚的。一位很睿智的先生[4]利用下面的例子很清楚地揭露了这种说法的荒谬。假设一个人在昏睡时被带到一艘船上；当他醒来时，他被告知，如果他想继续留在船上，他就必须遵守船员规则。任何人都可以看出这种做法的不合理性，因为他完全是被迫待在船上的。他来到船上，并非出于自愿；而在他上船之后，在四周都是茫茫大海的情况下说他可以离开是毫无意义的。国

① Cf. Hume, ‘Of the Original Contract’, *Essays*, I. 447.

② ‘Enriched at the expense of another’.

③ 引自洛克：《政府论》，§119。

④ Hume, ‘Of the Original Contract’, *Essays*, I. 451：“我们也许可以说，一个滞留在船上的人自愿同意船主的统治，即使他是在睡着时被带到船上，并且在醒来时除了跳进大海自取灭亡之外，只能留在船上。”

家的每一个公民所经历的，都与这种情况相似。当他们来到这个世界的时候，他们是没有办法选择自己的出生地的，因此可以说他们是在昏睡状态中来到一个国家的；而且，除非忍受种种极大的不便，大多数人都不可能离开这个国家。所以，公民们并没有做出什么默示的同意。所谓的"契约"对他们来说是不存在的，因而也不能作为服从的理由。——何况，如果这种说法是成立的，那么，当一个人离开一个国家的时候，他对该国政府就不再有任何义务；但我们看到，所有的国家都声称他们有权力通过布告或私人命令（例如盖有国家的令状）召回其公民，并将那些抗拒命令者当作叛徒来处置；通常认为，出生于某个国家的人，都有义务服从该国政府。另外，在公民服从政府的所有情形中，外国人的情形最接近一个自愿的或默示的契约。[①] 他是在清醒的状态下（而非在昏睡中）来到这个国家的，而且主动寻求这个政府（而非其他政府）的保护；如果政府的效忠原则是建
318 立于契约之上的，那么这一定是一个很好的例子。然而，我们看到，外国人总是受到政府的怀疑，不能享有各种权利，而且不能在这个国家任职；尽管外国人与本国人相比表现出更为强烈更为明显的愿意服从政府的倾向——如果可以将本国公民比作是在昏睡状态下被迫上船的话，则他们更像是在清醒状态下主动登上船的。综上，可以说，人们服从主权者的义务，并不是建立在契约的基础之上。

这种服从的义务似乎是建立于两项原则之上。第一项是权能原则，第二项是共同或公共利益原则。就权能原则而言，我们看到，每个人都有一种自然的倾向，就是尊重已有的权威和优势。年轻的尊敬年长的，儿童尊敬他们的父母，通常情况下弱者尊敬那些在能力方面更为出众的人。无论政府的原则是什么，这项原则都有重大的影响。每个人都是在地方长官（magistrates）的权威下成长起来的，他看到他们要求他周围的所有人服从，而且这些人也确实服从他们，他发现他们掌握的国家权力远远在他之上；他知道他们期望他服从，而且他也知道服从是合宜的，而抗拒则是不合理的。他们有一种自然的优势（natural superiority），他们有更多支持他们并且帮助他们镇压反抗者的下属。正如服从父亲一样，服从他们也是合宜的，因为所有拥有权威的人都是由于自然的因素或国家的意志而远远在你之上。

---

① Cf. Hume, 'Of the Original Contract', *Essays*, I. 452.

就另一项原则而言，每个人都知道，地方长官不仅有助于政府，也有助于每个人的安全和自由；而且他们知道，除非存在常设政府，否则这种安全就不能得到保障。所以每个人都认为，最明智的做法是服从已有的政府，哪怕他可能认为这个政府的架构并不完美；而由于人类的自然谦卑(natural modesty)，人们通常不认为他们有权质疑那些在他们之上的人的权威，这种想法就得到进一步加强。在每一个政府中，各种原则都占有一席之地，尽管通常有一种原则占据主导地位。在君主国中，占主导地位的是权能原则。在这样的国家，人们的心中充满了对君主的尊敬和推崇，他们认为自己有义务服从他，不服从就是一种罪恶或大不敬。毫无疑问，某些人之所以服从，也可能是出于这样做的实际用处。——在一个共和政府中，特别是在一个民主性质的共和政府中，导致公民服从的主要是，甚至可以说完全是〈效用〉。他感受到他所在国家的政府的优点，而且这种感觉是从 319
他小时候的教育中就开始培养起来的；与由一个人控制国家相比，由全体人民掌握国家权力更为可取；在后一种情况下，国家权力不大可能被滥用，而在前一种情况下则几乎必然被滥用。在这样的政府中，权能原则在一定程度上是被禁止的。一个成功的、获得人民支持的领袖，将会得到他可以从他们那里得到的任何东西；他们对他的好感是没有止境的。在共和政府中，这样的人是很危险的，因为他可能很容易地推翻已有的政权。防止任何人显得过分地高于其他人，以符合共和政府的利益，因而权能原则在这样的政府中是不受鼓励的。然而，即使在这里，权能原则在获取公民的服从方面也发挥着一定的作用。不过，公民们尊重的，并不是某个具体的人，而是职位。在罗马，任何被选为执政官的人都能享受崇高的荣誉和敬意，尽管这种荣誉低于世袭君主的荣誉。无论在哪个国家，对执掌权力者所表现出来的这种尊敬使得政府的运作更为顺畅。在贵族政体中，权能原则发挥着主要作用，尽管另一原则无疑也能产生一定的影响。

在不列颠，主权权力由国王、人民和贵族分享。由于政府兼有君主制和贵族制的特点，权能原则占据着重要的地位；但由于下议院的影响，不列颠政府在很大程度上是民主的，所以效用原则也发挥着一定作用。不同的人，偏好不同的原则，而这正是辉格党和托利党的差别所在。托利党主张权能原则，而辉格党则主张效用原则。辉格党声称，由于建立政府的目的是为了人们的利益（而非统治者的利益），统治者的权力来源于人民，所以，当统治者为了自己的利益而严重滥用权力时，人们的反抗是正当的。

这就是他们的原则，尽管他们并没有对它做出清楚的解释，而只是用“［社会］契约”这种说法为他们的理论提供一些支撑。而托利党则坚持权能原则，尽管他们在解释这一原则的时候也使用了契约这一假设，以致他们的解释显得更为含糊不清了。托利党主张，王权是神圣的，国王的权力直接
320 来源于上帝，所以，任何反抗国王的行为都是对神的不敬；国王就像是人民的父亲，他对他们的权力具有父权的性质，正如孩子们反抗父亲是非法的一样，公民们反抗国王也是非法的。[①] 这些原则，对不同气质的人产生的影响也是不同的，那些雄心勃勃、狂放不羁的人，不愿忍受压迫，总是在不断地扩张自己的势力，于是他们很自然地加入主张民主并且偏爱效用原则的那一派，即辉格党。相反，那些冷静温和、没有野心也没有大笔财产可以享用的人，既不想打扰别人也不想被别人打扰，所以很自然地赞同托利党的主张，而他们的服从则建立在效用权能[②]原则之上。然而，无论公民服从的基础是什么，主权者的权力总是有界限的，一旦超出了这个界限，公民就有权反抗。无论主权者是一个人还是一个群体，其行为的荒谬和暴虐达到一定程度的时候，他们就再也无权要求公民服从。与一个人相比，一个群体的行为变得荒谬的可能性要小一点，这是因为，虽然一个人的行为与另一个人的行为可能存在很大的差异，但从人民中间选出的四五百人作为一个集体的行为，并不比另外五百人的行为更容易犯错。尽管如此，群体的行为有时也会变得很荒谬；也正是由于这个原因，当贵族会议的行为激怒了人们时，先前的许多贵族制国家也就变成了民主制国家。毫无疑问，一个人可能因为其行为的荒谬和暴戾而完全丧失权威。所有人都同意，精神失常、年龄幼小或智力低下，都是剥夺一个君主的权威的理由。既然如此，那么，在一个公正的旁观者来看，对于君主的某些荒谬而不合宜的行为（即使这种行为尚未达到精神疯狂失常或智力低下的程度），人民就有权反抗。凡是了解罗马历史的人，大概都会同意这种说法：尼禄、卡里古拉，以及图密善等皇帝都因各自的行为而丧失了其全部权威。每个人都必然会赞同人民废黜这些皇帝的密谋，并为他们的成功而高兴，为他们的失败而伤心。所以，即使基于这条权能原则，也必须允许人民在某些情况下

① 在 TMS VI. ii. 2. 16（为 1790 年版本而写的一句话）中，斯密用赞成的语气写道，“柏拉图的神圣原则：不要对［自己的］国家使用暴力，正如不要对自己的父母使用暴力一样”。

② 原文如此。应该是“authority”，原文是 utility。Cf. Hume，‘Of the Parties of Great Britain’，*Essays*，I. 133 - 134.

反抗。若是依据效用原则，反抗的合法性就更是毫无疑问了。如果服从政府是为了公共利益，那么，当服从对公共利益并无用处时，也就没有必要服从了；当政府被推翻后的混乱所带来的危害小于该政府继续存在的危害 321
时，反抗就是正当的、被允许的。毫无疑问，这种情况可能出现。荒谬和不合宜的行为，以及严重不合情理的做法，都使政府不能继续要求公民服从，无论这种服从是出于对权能的敬畏还是对公共利益的尊重。

1763年3月23日　星期三

在昨天的讲座中，我向你们解释了无论效忠和服从主权者的原则是什么，它必然有一定的界限。我也试图向你们解释，被许多人接受的默示契约的说法是不成立的。这项原则必须是世界上大多数人认为他们应该服从政府的理由。每一种道德义务，都必然起源于人类意识到的某些东西。这与人们赞同不赞同某种做法的情况很相似；正如一个人不可能在不知道前提的情况下同意另一个人或者得出结论，一个人也不可能在缺乏对一项原则最基本的了解的情况下就理解由此原则而产生的义务；大多数人仅仅知道他们有这样或那样的义务，但很少有人对他们的义务来源有清晰的认识。所有人都知道自己有义务服从主权者，但没有人知道所谓的契约，无论是明示的还是默示的。为什么那些加入反对政府的党派或组织的人拒绝进行效忠宣誓？如果停留在一个国家或者自愿进入一个国家都使一个人负有契约中的义务，那又何必进行宣誓呢？这显然表明，他们完全不知道所谓的默示契约；同样，政府也并不依赖于它，否则就不必要求宣誓了。而且，如果公民的服从依赖于契约，那么，明确地宣布不服从，或者离开这个国家，将会使人们完全不受它的约束，而外国人与其他人相比更为明确地表示了服从的愿望因而也更应该被信任；但现实情形却恰恰相反。所以，尽管许多人讨论默示契约，但无论是统治者还是被统治者都不曾认真考虑过它。公民效忠所真正依赖的原则，是权能原则和公共效用原则。很难定义"权能"是什么，但每个人事实上都对它有所了解。有几样东西能够使一个人比其他人更有权威：第一，年龄和与之相伴的智慧方面的优越。第二，体力方面的优越。正是前二者，使得年长者与年轻者相比更有权威，更能得到尊重。第三，在其他条件不变的情况下，财产方面的优越也能带来一定的权威。第四，在其他条件相似的情况下，门第也能产生一定的影响：与一个暴发户相比，一个长期显赫的家族不太容易引起人们的嫉妒。无论
322 权威是什么方式得来的，长期行使的管辖权和权力总是能够增加一个人的权威。他所拥有的权力，看起来似乎只是他们家族自古以来就拥有的。与那些临时的职位相比，那些可以终身任职的职位更能使任职者受人尊敬。——与一个自治市的市长相比，一位法官更受人尊敬；我们确实是因为其职位而向他表示尊敬的。我们知道，其中一个人将很快丧失其权威，而另一个人则会终身享有其权威。年代的久远也会使一个已有的权威更加受人尊敬。正是由于这个原因，公职权威不如那些因为世袭而获得的权威一样受人尊敬。基于同样的原因，与一个民选君主相比，一位世袭君主拥有更多的权力和权威。他有大量岁入，以及依靠这些岁入养活的大量扈从，这些扈从长期为他效力，从而使他拥有了比国王权力更大的权力。所有这些，加之他的家族享有权力的悠久历史，都使得他拥有了巨大的权威。每个人都认识到，向拥有此种权力的人表示尊敬是合宜的，而且由于他所拥有的权力并未超出他的祖先曾拥有的权力，所以也不会引起嫉妒。与其他地方相比，权能原则在这里发挥着更为重要的作用。当然，效用原则也会产生一定的影响。每个人都知道，地方长官为财产安全提供了保障，也使法律得以执行；如果没有他们，一切都将陷入混乱。所以，只要政府的行为不是太过分，服从现存的政府就符合每个人的利益。所有人都知道，政府拥有极高的权威，并且能够对其他人产生巨大的影响，所以必须奋力抵制任何企图推翻政府的行为。尽管一个人有时可能认为政府会带来某些不便，但他一定知道，任何改变政府的尝试都会引起巨大的混乱和纷争。那些当权的人，为了他们自己的利益，必然会竭力反对任何改变政府的尝试，他们几乎没有任何理由希望政府发生改变。政府在主持正义方面虽然不完美，但至少是可以接受的；考虑到那些企图推翻政府的行为可能引发的恐慌，一个人就更愿意服从政府。确实，在一个国家出生并长大的人，总会对那个国家的体制（constitution）有所理解，一切符合惯例的，在他看来似乎都是合理的，至少不会让他过于吃惊。在这种情况以及其他许多情况下，权能原则构成了效用原则或公共利益原则的基础。

在早期政府中，最高权力的各个部分都是很不稳定的。在如今的文明
323 国家，这些权力都已变得绝对了，但在某些情况下，人民依然有权反抗主权权力。尽管公共政府的各个部分及所有权力都已被委托给主权者，但对

权力的严重滥用必然使人民有权进行反抗；糟糕的行为必然使他们丧失权威。年龄幼小、精神失常以及智力低下都是剥夺一个主权者的权力，并选择一个新的主权者的理由。虽然一个群体并不会出现精神失常之类的问题，但当主权者（无论是一个君主还是一个议会）的行为变得像卡里古拉统治时期的行为一样荒谬、不合情理时，则所有人都会认为人民有权将他们废黜，并且可以为实现此目的而采取任何手段。但是，与群体相比，单个人更容易做出荒谬的事。所以，这种原因引发的革命，在专制君主国比在其他国家更为常见。在莫卧尔人中间，革命总是接连不断地发生；在土耳其，在六年或八年的时间内，很少没有更换过苏丹（尽管他们一直受同一个专制政府的统治）。除了若干年份外，在俄国发生的革命的次数超过了全欧洲发生的革命的次数。单个人的荒谬行为常常会激怒人民，使他们的反抗变得正当。——在一个贵族制政府中，相似的荒谬行为也会产生同样的效果。热那亚人制定的那些针对科西嘉人的规则，其不合理的要求及严厉的惩罚，使得岛上那些居民的叛变和持久的反抗显得完全正当了。他们自认为做出了一个巨大的让步：执政官不得基于私人提交的起诉状[1]而将任何人执行死刑，也就是说，对任何人执行死刑前，必须经过审判，这竟然作为一种让步，恰恰也说明了他们所提出的要求是多么不合理。这种事情很少发生，而公民们也很少有机会使用这样的暴力手段；主权者对公民权利的侵害往往被忽视，因为公民对这样的侵害已经习以为常了。

将人们服从义务的来源归结为默示契约是不恰当的，相应地，那些主张社会契约论的理论家对于主权权力的限制这个问题所做的阐述也往往不切合实际。——洛克[2]认为，作为一般原则，当主权者在未经人民同意的情况下剥夺人民的财产（如未得到人民同意而征税）时，人们就有权反抗。但是我们看到，在法国、西班牙等国，国王完全可以根据自己的意愿征税，根本不用征得人民同意。只有在不列颠才要求人民的同意，而这也不过是抽象的、象征性的同意。在苏格兰，这种象征性的同意是由议会议员做出的，而只有极少数人才有权选举议员；但这并不被认为是人民进行反抗的充分理由。毫无疑问，就像对权力的其他任何形式的滥用一样，不合理的捐税（例如在和平时期征收和战争时期一样高的税，或者税额达到 324
了国家财富的五分之一甚至二分之一）会使人民的反抗变得正当。但如果

① *Informata conscientia*，'on private information'.

② 《政府论》，§§138－140。

主权者在行使权力时有所节制，那么，即使主权者的做法并不是完全恰当的，即使他在做一个决定时并没有取得人民的哪怕是象征性的同意，人们也不会认为他们应该反抗，尽管他们可能主张自己有权抗议。——建立政府的目的，在于保护公民的财产，但公民们也必须同意放弃他们的一小部分权利。必须对掌握政府权力的人有一定程度的信任；但如果他们彻底破坏了这种信任，且反抗的结果并不比不反抗更坏的话，就应该进行反抗。

另有一些人[①]认为，主权者不能将其统治区域的任何部分让与他人。他最多只能撤走他对某地的保护和防卫，而交由当地的人们自己管理。这完全符合所谓的契约原则。人民可以用下面的理由反对主权者：尽管他们同意受他统治，但他们并没有同意受他指派的其他人统治；他们同意成为他的臣民，但这并不意味着他可以任意处置他们。然而，我们看到，即使在政权已经很稳固的地方，这种转让领土的事也时常发生。例如，在这场战争结束的时候，法国和西班牙不仅同意继续占有我们征服的部分土地，而且通过交换向我们转让了大量土地；他们不仅不保卫这些领土，反而让我们占据它，而那里的居民此后也成为大不列颠的公民。这通常也符合那里的人民的利益，否则，一些坚持错误观点的人可能鼓励他们对他们的新主人做无益的反抗。我们看到，这种让与领土的事不仅在签订和平协定或战争正在进行时发生，而且可能以某种更为不体面的方式发生，例如在嫁出女儿时让与一部分领土作为“嫁妆”，或者依据执行官的意愿以遗嘱的方式将领土让与他人。在法国和西班牙，这种做法很常见；而俄国的沙皇据说也有这个权力。所有的封建政府都允许这种做法；日耳曼各公国一度被当作私有财产由儿子们瓜分，而长子继承制不过是近150年来才确立的。观察各国在这些事项上的实际做法，这事实上是正确的做法；在有些国家，只有个人才享有这种权力，而在另外一些国家，这种权力则由全体人民享有。有人主张，即使主权者也不能改变一个国家的基本法律。但这仅仅取决于特定时期特定国家的宪法状况。例如，撒利族法典禁止女性继承王位，据
325 说法国国王也不能改变这一继承规则。但这仅仅取决于时势。在法国，有大量的拥有大额财产的君主，他们当然反对不利于他们的法律变革。但如果法国像不列颠一样缺乏具有王室血统的王子或大贵族，则法国国王可能

① e.g., Pufendorf, VIII. 5. 9; Cocceius, I. 3. 12; Hutcheson, *System*, II. 297 ff.

按照他自己的意愿对撒利族法典加以修改，就像是改变私人财产的继承规则一样容易。然而，有必要指出，尽管主权者是可以被反抗的，但不能说人民有惯常的权威（regular authority）这样做。公民的财产、生命和自由，在一定程度上都在主权者的权力范围内；主权者对权力何种程度的滥用使人们对主权者的反抗变得正当，并不容易确定。没有任何法律或法官已经或可能对这个问题给出确定的答案，也没有先例能够帮助我们做出判断。

就那些最高权力由不同的人分享的政府而言，要判断某一个人的行为是否超出了其权力的界限，并不是特别困难。毫无疑问，在光荣革命时期，国王[①]的行为已超出了其权力的范围。在掌握政府权力之后，他做的第一件事情，就是在未和议会商议也未取得议会同意的情况下征收关税和国内货物税，尽管在掌权之前他曾承诺他将不会在未经议会同意的情况下做任何事情。关税和国内货物税是依据议会的一项命令而征收的，原定期限为三年，那时征税期限已届满，但有人担心，如果不继续征收，则商人们会进口足以满足这个国家好几年需求的货物。这本来可以通过咨议会提出的一个权宜之计得到解决。但他拒绝了这个建议，反而通过一项命令在全国范 326
围内征税。如果说国王在征收关税上的做法虽然不正当但还能说得过去的话，那他在征收国内货物税上的做法就更是有失体面了。[②]

1763 年 3 月 24 日　星期四

至此，我已尽可能详细地讨论了关于公法的第二个问题。——在每一个政府中，主权权力都变得绝对了；而且只要政府稳固地建立起来，它便不易被任何常规的力量所控制。与早期的狩猎民族和游牧民族的状况完全不同，现在政府的最高权力（summa potestas）不易被任何常规的力量所支配。如果我们所谓的最高权力能够被任何人、组织或者全体人民支配，那么这个人或组织就是最高权力；如果这个人或组织掌控的最高权力受制于另一个权力，那么另一个权力便成为最高权力。因此，最终一定是有一个

① 即詹姆斯二世。这里的叙述的根据是 Gilbert Burnet，*History of His Own Time*，Book IV (Edinburgh，1753)，III. 7 ff.。

② Cf. 142 below.

组织，其权力不受任何常规权力的限制。立法权、司法权、行政权都被完全地委托给它们。实际上，我们并不指望这些权力总能够被恰如其分地行使。毫无疑问，总会有一些愚蠢的法律被制定出来，然后被下一届议会撤销；总会出现一些不适当的税款如灶税和人头税，在征收后不久发现其并不合适；国王和他的咨议会也常常发起一些不明智的战争，或者签订一些愚蠢的和约（如《乌得勒支和约》）。[1]如今，这种事情的发生，并不一定会使人民有权诉诸武力。毫无疑问，人民有权反抗那种严重且明显滥用权力的行为（例如要求人民将他们财产的三分之一甚至一半以税款的形式上缴）。然而，这种主权权力的界限究竟何在，是不可能说清楚的。在某些情况下，可以征收比在其他情况下更高的税款或供给。在主权权力由不同的人或机关分享的情况下，尽管不可能说清楚结合起来的主权权力的界限在哪里，但要确定每个享有权力的人或机关是否超出了它们权力的范围，则是比较容易的；当某一个权力主体试图行使属于其他权力主体的权力时（例如议会或国王在未得到另一方同意的情况下单独行使立法权，议会发动了战争，或者国王试图增加税款），就是这种情况。国王确实能够通过让议会休会的办法来纠正任何不公正的程序。——与所谓的不完全权利（imper-
327 fect rights）不同，完全权利（perfect rights）意味着我们可以通过强制手段迫使他人为我们做事。因此，如果政府的各个部门（parts）对各省（provinces）均享有完全权利，那么我们可以肯定地推断它们可以借助暴力手段来保护自己。如果国王在未经议会批准的情况下征税，那么国王就破坏了政府的规则。这正是詹姆斯二世所做的。如我前面提到的[2]，詹姆斯二世本来是没有必要征收关税的，因为他完全可以采取一种很简单的方法来避免因突然的进口带来的不便。甚至国内货物税也是没有必要征收的，它最初是得到了法律授权的。[3]这里的情况与下面的情况很相似：某人承租了一个农场，租期为 30 年，同时获得 3 年转租的权利，并需要在第 30 年时将农场的一部分转租出去；但在第 30 年后转租承租人不得有任何利益。日期也是篡改过的，这比起伪造罪来并不值得原谅，并由看似是查理时期的政

---

① 乌得勒支和约，1712 年（即安妮女王统治时期）结束了关于西班牙继承的战争（the war of the Spanish succession）。

② 138 above.

③ 12 Charles II，c. 23（1660）批准查理二世在其有生之年征收国内货物税，其中第 14 款允许他在不超过三年的时间内征收。See Burnet，op. cit.，III. 8.

府官员签字。詹姆斯二世所做的这一切都明显地违背了《权利请愿书》[①]，因为该请愿书规定只有议会才能以特定的方式征税（查理一世也曾侵犯过议会的该项权力）。在知道查理二世可能不会有孩子后，所有国民都开始担心，因为他们深谙詹姆斯二世的偏执、专横，以及挥霍无度。在这种情况下，议会制定了两部《忠诚宣誓法》[②]，其中一部是针对天主教徒的，由辉格党成员以及共和党成员（特别是新教牧师）提出；另一部则是针对不信奉国教的人，由国立教会提出。这些法令要求所有在英国担任公职的人必须按照英国国教规定的仪式参加圣餐礼。显然，这是专门针对詹姆斯二世及其政党，以及不信奉国教者的。同时，法律还禁止天主教徒在军队中服役的时间超过三个月，除非他已经做了效忠宣誓和弃绝宣誓。然而，在孟莫斯公爵叛乱期间，詹姆斯还是委任了一些罗马天主教的官员，因为他们可以服役三个月。詹姆斯发现他们很可靠，于是决定继续任用他们，并将自己的心愿告知了议会。如果他只是不声不响地这样做了，议员们可能并不会在乎这件事。然而，既然现在他明目张胆地告诉他们他决意不遵守政 328
府的规则，他们便觉得他们不得不抗议。[③] 同时，詹姆斯在惩罚罪犯方面极其残酷。在孟莫斯叛乱之后，杰弗里斯处死了六百人，其中许多人本来有很充分的免除惩罚的理由，但是却被迫认罪。上一次叛乱[④]对政府的威胁显然大得多，但期间仅有大约六十个非军事处决（尽管还有一些并不完全合理的军事处决），尽管这次处决中有很多大人物牵涉其中，但是孟莫斯公爵一方仅有一两个。——通过规避《忠诚宣誓法》，詹姆斯任命了很多天主教徒，他将其中四名安排在枢密院，一名任命为财政部部长，另一名在财政署，他还任命一名罗马天主教牧师担任基督教会学院院长（Dean of Christchurch）[⑤]。当他命令牛津莫德林学院[⑥]董事选出一名天主教徒担任院长的时候，他们拒绝了，因为那人不仅是一个天主教徒，而且其品行根本不适合

① 3 Charles I，c. 1（1628）.

② 23 Charles II.，c. 2（Test Act（《忠诚宣誓法》），1673）禁止天主教徒或不从国教派（nonconformists）担任公职。30 Charles II，st. 2，c. 1（Test Act，1678）禁止他们成为议会议员。[英国宗教改革后，安立甘宗被定为英国国教，国王为教会之首脑。英王亨利八世、伊丽莎白一世、查理二世在位期间，都下令要求其臣民信从国教，尊君王为教会之元首。但不少非国教教会及其信徒拒绝服从此命，故被称为不从国教者。——译者注]

③ Burnet，op. cit.，III. 49.

④ 即 1745 年叛乱。

⑤ John Massey in 1686；Burnet，op. cit.，III. 112.

⑥ Athony Farmer：Burnet，op. cit.，III. 116－119.

担任此职；但詹姆斯却罢免了他们，这如同其他犯罪一样显然是对他们的财产的侵害。他拥有了某种执行法律的特免权，该权力不仅可以适用于《忠诚宣誓法》，而且可以适用于刑事法律。查理曾获得过这种权力，但那涉及的只是一些无关紧要的事情（例如决定马车和货车的形状），但詹姆斯却将此看作先例。起初，刑法是通过惩罚犯罪而被用来增强国王权威的，因此，当国王认为没有必要时，便可以不使用刑法。但是，如果议会的法案明显是用来限制国王的权力并压制一种有违国家利益的宗教时，议会决不会赋予他特免权。他所做的，不是仅仅赦免某些人，而是完全地特免法律的执行，如果这种特免在时间上没有限制的话，无异于对法律的废止。另一件倾向于引发革命的事，是他发布的一项命令：要求全国所有的教士宣读关于暂停适用所有刑事法律的宣告。詹姆斯认为这些教士应该会很轻易地服从，因为在查理一世时期他们也宣读过有着类似效果的命令；然而，与查理一世时期的命令不同，詹姆斯的命令并不曾得到议会的批准。由于这种区别，在全英格兰，各教区只有不到200位教士宣读了这个命令。而坎
329 特伯雷大主教[①]及另外六七个主教则对他表示抗议，并递交了一封措辞温和的请愿书，要求詹姆斯撤销其命令。詹姆斯不但没有采纳这几个人的建议，反而将他们全部送入伦敦塔。在这个国家，没有什么事比将六七个最受人尊重的人监禁更令国民感到震惊了，这不仅仅是因为他们是教士，也因为他们是议会的成员，而且他们所做的不过是每一个公民有权利做的事；更何况，他们本来可以随时发起私人听证会的。不久之后，一个叫夏普的教士在布道时发表了反对天主教的言论，詹姆斯二世认为夏普故意冒犯他所信仰的宗教，于是命令伦敦主教停止其布道权。而伦敦主教则告诉他，除非经过公正的审判，否则他不能处置夏普；但主教说他会劝说夏普停止其所为，而夏普也接受了该劝告。詹姆斯对此很不满意，于是组建了一个处理教会事务的法官团。为了安全起见，他没有使用高等宗教事务法庭的名称（该法庭于查理一世时期被解散），该法官团立即以故意不服从国王为理由将伦敦主教和夏普送入伦敦塔。[②] 除此之外，由于意识到整个国家都很厌恶其对天主教的支持，他宣布公民有信仰任何宗教的自由，并承诺他不会强迫任何人改变其信仰。[③] 众所周知，詹姆斯不会强迫任何人成为新教徒，

① William Sancroft in 1688：Buenet，op. cit.，III. 174 ff.

② 在1686年。Burnet，op. cit.，III. 81 ff. 主教和夏普被立即解除职务。

③ Burnet，op. cit.，III. 137：'no invincible necessity'.

所以他这个宣言仅仅表示他不会以最严厉的方式对待新教徒；只有疯子才会在一个新教国家做这样的宣称。由于詹姆斯认为贵族反对天主教的一个很重要的原因是在亨利八世时期划分给贵族的教会土地尚未归还贵族，他宣布每个人都有权拥有自己在亨利八世时期的土地，这清楚地表明他要将天主教引进这个王国。之后他又诉诸军队，询问军人是否同意废除忠诚宣誓。詹姆斯首先在一个团内进行询问，他告诉他们，如果他们不同意，他们就应该放下武器。令詹姆斯吃惊的是，除了六七个人和一两个天主教军官以外，其他人都放下了武器。这使詹姆斯大为恼火，他命令他们重新拿起武器，并告诉他们今后不会就任何类似问题征求他们的意见。[①]从这一系列事件中，我们不难理解为什么整个国家的人民抛弃了他，而选择了威廉 330
担任国王。毫无疑问，他们本来可以完全抛弃整个斯图亚特家族，而选择他们心仪的任何人担任国王；就像一个叛国者的子嗣永远不能继承其遗产一样，如果一个君主未能尽到其对国民应尽的义务，就可以认为他永远地放弃了王权。但是，他们并没有这样做。虽然他们没有允许他的信仰罗马天主教的儿子继承王位，但还是请他的女儿玛丽继位。在玛丽统治期间[②]，整个王国选定了安妮，并规定在她没有子嗣的情况下由信仰新教的汉诺威家族继承王位，并规定只有信奉国教的人才能够继承英国的王位。

手稿第5卷结束

1763年3月28日　星期一

讲义一开始就已指出，一国所有的法律目的无非有以下三种：第一，在 331
其各公共或私人领域进行司法行政；第二，维护国家治安；第三，开展军事工作，这包括了当前国内武装力量，即对民兵和现役部队的管理以及运用方式，有此前提，和平和战争之法才会得到尊重。我们现在来讨论警察。

---

① P. Rapin, *History of England* (tr. Tindal, 1743), II. 768.

② 实际上是在她去世之后，具体的法律是12 and 13 William III, c. 2 (Act of Settlement (《王位继承法》), 1701)。

警察

“警察”（police）一词是英国人直接从法语里借来的，不过追本溯源，它来自希腊语里的 πολιτεια，意指政策、政治，或是通指政府管理。但现在一般仅用来指低级层面的管理，通常包括三个方面：第一，保持街道卫生；第二，维护治安；第三，保证物价低廉或物资丰富，这是其职能之本。当 Lamonion 先生[①]被任命为巴黎行政长官时，他的官员告知他国王要求他做到的三件事，即保持巴黎清洁、安全及物价低廉。——前两项无疑是本讲义很重要的主题，但从其性质上而言，因过于平淡无奇而显得微不足道。一个国家的清洁是制定规则，以保持街道干净，防止物体因腐烂或发霉而产生不良后果。这些在巴黎从未得到有效整治。保卫人民安全是警察第二个分支的目的。即防止通过任何暴力袭击，可能扰乱社会交往或破坏社会安稳的各种犯罪和骚乱。一般而言，要达到如此之好结果，最佳途径莫过于制定有助于预防犯罪、保证国家安宁的合理法律，且严厉执行，以儆效尤。——为达此目的，有时也会更为直接地使用其他方法，从而更为迅速直接地打击犯罪分子。后一种措施在法国城市里十分常见。每一个城镇都有一个地方治安团队或守卫，通过在大街小巷巡逻的方式震慑歹徒，防止其犯罪，杀人犯或抢劫犯想要逃脱也更为困难，遇上火灾和其他险情时，
332 他们也会施以援手。考虑到这些城市守卫的有效规章和形式，这一话题平淡无奇且过于烦琐，也不适合在这里讨论。

这里我们只讨论那些动用警力最多却不能享受最大程度安全的城市。伦敦是欧洲最大的城市，至少比巴黎大 1/3，照理，它更需要类似的法律规范。但我们发现，巴黎在这方面付出了更多的努力。由德·拉·梅尔[②]制定的关于警察的法律共有整整四卷，即使这些只是他计划的一小部分。警察成为法律规制的繁重的一部分，只有那些跟警察有关的政府部门和法院才能完全明白这些规定。但在伦敦，关于警察的法律全部加起来，也可在一两个小时内读完。但我们实际上经常看到这种情况：在巴黎，几乎没有一个晚上不发生命案或抢劫，而在伦敦，一年却只有三、四或五起命案。由

---

① 很明显是 M. d'Argenson。参见 p. 5 above。

② Nicolas de la Mare，*Traité de la Police*，*où e'on trouvera l'histoire de son établissement*，*les fonctions et les prérogatives de ses magistrats*，*toutes les loix et tous les règlemens qui la concernent* (Paris，4 vol. folio，1705 - 1738).

此，人们会认为警察越多的地方，治安越差。但事实是，哪里最需要维持治安，哪里就须做出最大的努力。人们行为方式的性质以及他们各自不同的生活方式在这方面产生了巨大的差异。一般而言，我们可以发现，任何一个国家的不安或多或少取决于这个国家的食客或受供养者的数量。我注意到，封建政府时期的极大不安与骚乱，很大程度上源于食客和受供养者。他们习惯于寄居在主人豪宅中，享尽荣华富贵，除了掠夺，并无其他谋生方法。我们从大卫·休谟的《历史》一书中第××卷[①]的描述中可发现，在伊丽莎白女王时代，封建政体处于衰落之时，英国一年之内所发生的命案数量远超我们的想象。从一个郡的登记簿中我们也可看到相同的情况。与此类似，当时的法国贵族盛行供养仆人，而法国的骚乱似乎正源于大量的仆人。诚然，仆人的数量比起150年前的食客要少得多，却比英格兰的仆人多得多，原因在于法国对封建政府精神的根除并不像英国那么彻底。这些
仆人经常因轻微罪行而被处死，因此，毫无疑问他们是最为无能的人。他 333
们在享受着主人提供的丰衣足食、懒散奢靡的生活的同时，他们的思想与肉体也因此而堕落。所以他们不愿意也无能力通过工作养活自己，除了行凶作恶，他们无法维生。在格拉斯哥，几乎没有人拥有一名以上的仆人，那里很少甚至没有发生命案，即使偶有命案，大多由陌生人所犯。而在爱丁堡这个贵族、名流之都，许许多多被主人放逐的奴仆聚集于此，导致每年都有数宗命案。总体而言，供养食客和受供养者的习俗是某些城市一切不安和骚乱的最大源头。我们也可以确信，与其说是警察的管理确保了一个国家的安全，倒不如说是尽可能减少仰食于人的习俗维护了社会的治安。再也没有比依附他人更能让自己的思想腐化、堕落和贬值的了，也没有比获得自由和独立更能得到高尚和宽厚的正直理念。商业便是这种不良习俗的重要预防措施。制造商比任何主人给穷人的工资都高得多。此外，这样有钱人也可以少雇些仆人，把财富花在别的方面，这种事总是很受富人欢迎。因此，英格兰那些自由、独立的平民是同阶层中最为正直诚实的。法国的贵族、绅士们想必与英格兰或其他国家的同样优秀，但法国的平民，由于过于受制于人，与人打交道时不够诚实和公正。苏格兰的上流社会人士并不比英格兰的差，但其平民与英格兰的相比，备受压迫，因而缺少正直、慷慨与和善的品性。

---

① 原稿空缺。Hume，*History*，Ⅳ.726－727.

警察的第三个目的是通过适当方式获得更多的货物，即让所有不同的商品都物丰价廉。物丰与价廉实际上是同一个意思，因为价廉是物丰的必然结果。因此，我们看到，水虽然为人类所必需，但因其资源丰富而一文不值。然而，对于钻石和珠宝首饰，很难说清它们的实际作用是什么，但它们价值不菲。[①] 为了探明创造财富的方法，有必要先探讨财富和丰盛存在
334 于哪里，或者说一个国家中，应当盛产哪些东西。而在这之前，有必要探讨什么是人类的自然匮乏和需求。人类已经从自然的施舍中获得了理性、智慧、技艺、发明和进步的能力，这些东西是其他动物无法从自然界取得的。但与此同时，人类在生活维持和舒适方面，处于一个更加无助和贫困的境地。[②] 对于其他动物来说，它们一般都能找到各自所需且适合它们的食物，很少需要一些其他必需品。但人类因其身躯娇嫩和体质虚弱，如不对所需东西加工改造，几乎无一能满足需求。动物满足于自然之物，完全没想过通过烹饪或调味将食物变得更加营养可口。诚然，从某些野蛮种族的习俗可得知，人类的胃确实能够消化那些天然未加工的食物，这与其他动物不相伯仲，可这种进食方式不但难以下咽，且并非有益。当他知道采火烹饪时，他就知道这一改变所带来的好处。不久他便越来越享受这种经过烹饪的食物，并通过经验发现，这样比进食天然未加工的东西能更好地适应虚弱的胃。后者起初虽能勉强入食，但随后还是会有所呕吐。因为我们知道，野蛮人的胃虽能够勉强消化不少未经加工的食物，但其实非常不适应。由消化不良、食物粗糙引起的疾病，在蛮荒民族中流行最为频繁。而且忧郁症和疑病症在他们之间十分普遍，其他民族无可企及，叫人咋舌。他们不缺空气、锻炼，也不缺可以排去多余体液[*]的体力劳动，因此这些不是致病的原因。唯一可以归咎的原因即这是吃了未经烹饪加工、难以消化的食物的后果。

空气的自然温度适合其他动物，天气无常也不会给它们带来不适。但就连空气这样轻柔、细微的流体，对于人类柔弱的身躯来说依然还是太严酷了。大胆试想一下，这种柔弱的、转瞬即逝的物种（即人类）却从不屈服于任何外界的变化，相反，人类甚至可以在自身周围创造一种新的环境。

---

① 关于水多而价廉与钻石因稀缺而贵重的对比，可参见 John Law, *Money and Trade Considered* (1705)，Ⅰ.4，和 Harris，Ⅰ.3。

② Cf. Hume，*Treatise of Human Nature*，Ⅲ.ii.2 (ed. Selby-Bigge，484).

* 中世纪生理学认为人的健康和性情由血液、黏液、黑胆汁和黄胆汁这四种体液决定。——译者注

这种环境甚至比自然界的外在环境还柔和、温暖和舒服。为达到这样的目的，他穿戴衣帽，用以包裹身体，建造房子，用以远离外在气体。这些发 335
明改善是其他动物没有意识到的，但人类没有这些，就无法生存下去。在一个阳光充沛，无须像其他地方那样需要抵御寒冷的国家，人们也需采取预防性措施，以防娇嫩的皮肤被晒伤而难以抵御风雨的袭击。为此，他们用润滑油擦拭皮肤，使之变得柔软，用各种染料将皮肤染成褐色，显得结实，并经受得住严寒烈日，风吹雨打。这些必需品，只要每个人稍加努力，即可轻易获得。那些没有从事各种交易的野蛮人，也能自力更生，为自己提供衣食住。来自土地的天然水果，捕猎而得的肉，为人类提供了方便的食物。皮条缝制的毛皮可作衣服之用，用数个支杆固定于地上，并覆盖以毛皮或席纹布，可作晚上住所之用，或抵御恶劣天气。这种促进他不断做出改进的习气和爱好使得他想更上一层楼，追求更精致的生活。粗糙、不修边幅的生活再也不能满足他的需求，他寻求着更为精致的生活。在所有动物中，人类是唯一一种认为事物的差异性不会影响实质内容或者赋予它们优越性以满足自然需求的动物。即使是颜色这种差异性非常肤浅的东西，也成为人类的注视物。正因如此，那些钻石、红宝石、蓝宝石、翡翠以及其他珠宝与色彩较为暗淡的卵石才有了区别。人的外貌，也各式各样，但却无助于人类在生活追逐中做出选择。在单一的同时，兼有稍许不同，会产生愉悦之感。[①] 比如房屋的建造，如非全部沉闷的统一样式或者其突出之处并非全是尖角，就会令人赏心悦目。一个图形的组成部分相互间比例适中，连接圆滑紧密，那是很赏心悦目的。最后一点，我们还喜欢看那种不仅具有这些特征，还浅显易懂、一眼看到底的东西。[②] 出于第一点，我们喜
欢________（手稿中有一行空白）。因为第二点，我们一般更喜欢柔和的曲 336
线，不怎么喜欢生硬、不规则的拐角，绝对不欣赏直角。由于第三点，相比之下，我们更喜欢圆，其线条的方向始终在变，与此同时其变化又总是相似、易懂；而不喜欢变化更为繁复的椭圆、抛物线、双曲线，还有阿基米德螺旋线，最后这个图形的变化形式之多，大大超过了圆。相对这些图形，圆更易理解，而这些图形的本质却叫人一眼看不透。也正因如此，建筑上从来不用多边形或是多面体，因为它们要么让人摸不着头脑，要么让人费心去数。——模仿也极能引人注意，而且即使这件仿品毫不具备其他

① Cf. Hutcheson, *Inquiry concerning Beauty*, Ⅱ. iii.

② Cf. ibid., Ⅷ. ii. 2.

让人喜欢的品质，也照样如此。关于这一点，荷兰画派的作品就是很好的例子，它们让人愉悦，就因为逼真地描摹了其他事物，尽管这些事物本身并无美感可言。[①] 画一堆粪肥或是一条熏肉就可以引人注目，让人感到愉快。我们会好奇这深深浅浅的色块，涂抹在完全光滑平整的画板上，怎么就能表现出实体的凹凸起伏之感。——两件东西若是差不多，我们会更喜欢稀有的那一件。一件东西就算是没什么实际价值，若是罕见，我们也会青眼相加。宝石之所以昂贵，原因正在于此。现在欧洲大陆用含铅玻璃或玻璃做出来的人造宝石虽说与真宝石品质相差无几，但价值却相差巨大。同理，据说有人拿人造宝石同野蛮人做交易，换取体积稍小的天然宝石，那些野蛮人会拿了人造宝石拔腿就跑，他们对这样的交换心满意足，生怕欧洲人会又想把东西要回去。因此，金色的铜在颜色上虽与金子无异，却丝毫不被认为是贵重的东西。英国制造的锡或其他金属材料，即便被冠以法国之名，也未受重视，即使它带有一点银的光泽。

颜色、形状、多样性或稀缺性和模仿这四个不同的要素似乎是所有微小之物的基础。对于更细心的人而言，事物的稍许差别和偏好使得他们在
337 人生追求中比其他人更加感到忧虑不安，为了满足自己，他们发明了上千种工艺。{他们对此彻底地执行给人类带来了一种与便利无关、与本身用途相反的关于衣食住的习俗。这种习俗使得我们的衣着并不是那么舒适，食物并不是那么健康，住所也并不是那么温馨。} 的确，为了满足吃喝衣住的需求，几乎所有的工艺和科技都被发明和有所改进——农业使原材料翻倍，为此诸多技工得以利用这些材料加工改造。但技工主要利用的是那些适宜于食用的物品，因为这些是他们最大的消费。森林为我们提供了用以建造房屋的木材及木板，平原则让我们拥有了羊毛、亚麻、棉花，以及通过耕作培养而生的桑树、做衣服用的丝绸。此外，还有靛蓝、菘蓝、茜草和其他上百种用于给上述物体染色的植物。要列举所有出力改进这些原始产品以便投入使用的工匠根本不可能。屠夫、碾磨工、面包师、酿酒人、厨师和甜品师，等等，他们都为了把土地上的产品制成食物出了力。室内装潢商、布商、绸缎商人以及服装商的店里所用的［原句为残句］，需经过许多

① Cf. Imitative Arts，5 - 7："某位辛勤努力的荷兰画家笔下的这块布，光影扑朔，色彩奇妙，表现出毛织品的层叠感和柔软。它和现在我面前的那块破地毯颇有些相似，也许就是这个给了它价值。这临摹品也许比原件还更值钱，尤其是这件，十分可能更有价值……在绘画中，就算原型平淡无奇，甚至是令人作呕，临摹也经常能令人赏心悦目。"

工匠的事先处理，羊毛要剪、收、分、纺、精纺、捻、洗和染，等等。羊毛如此，其他各种不同的商品也如此，需要上百名工匠参与制造。食品杂货商的各种商品，主要是供人食用，要提供它们，需要很多工人的合作。建造我们的居所，为之配备家具，木匠、细木工匠、木雕家等与石匠、砖匠等一起，都贡献了各自的力量。铜匠、铁匠等能工巧匠为制作各种日常用具或其他工匠所用的工具付出了自己的血汗。商业、交通和所有其他的造船技术等，以及水手和商人辛勤的努力，都是为了同一个目标；他们将他国剩余的食物货物衣物进口到一个国家，作为回报，他们会将这个国家同样过剩的东西运往另一个国家。几何、算术和写作最初是为了便利一些工艺的操作而发明的。写作和算术的发明可为商人在一些商事交易中进行记录并设置一个清晰的界线。几何的发明（或是为了对土地进行测量，以便居民划分，或是）为了帮助那些需要更为精准测量的工匠制作工艺品。几乎所有的法律规章都有助于这些技艺的发展，而这些技艺所提供的东西可看作是平民劳动的目的，如食物、饮料和衣物。即使是法律和政府，也 338
以提供这些为其最终结果与目的。居民在其安稳占有的土地上进行耕种时，它们赋予居民自由与安全，这种良性影响可提供促进各类工艺与技术改善的空间与机会。它们保护富人的财产不受穷人的暴力掠夺，并以此维持因能力差异而自然和必定产生的有益的人类财产的不平等。它们保护人民免受外敌不当侵袭的危险，使之潜心于各种工艺，为之提供空间，追求现称之为生活便利品的东西。智慧和各类美德，就其功用而言，其出色之处也不过在于它们可保证人类得以享受这些便利。在公众看来，它们的核心职能就是法律和政府，对于每一个个体而言，它们须负有同样的责任。正直、诚实、处事廉洁仅集于关键数人之身，并以之助力于他们各自之工作。拥有无上智慧的知识渊博的善者在管理自身事务时可给予他人指导，并激励他人仿效他辛勤地劳动。他们的英勇保护着国民免受外敌的袭击与国内仇敌的突袭。当那些为获得生活必需品和便利品的方案失败的时候，他们的慷慨可帮助我们舒缓心情。当这些美德付诸实践，鞭策人们兢兢业业时，再也没有比此更有益于国家的了。从某种角度而言，所有的工艺技术、法律与政府、智慧，甚至美德本身，都指向同一件事情，即为人类提供食物、饮料、衣物与住所，而这些被认为是最为平庸的职业和适合最下等平民的追求。所有的工艺与商业都倾向于使生活必需品与便利品变得容易获取。——因此，我们可看到，一个过着极为俭朴生活的普通日工，他比身

为一千个赤身野蛮人的首领的印第安人[1]王子拥有更多的生活便利品和奢侈
339 品。他的粗糙的蓝色羊毛大衣很可能是一百名工艺者齐心协力的劳动成果，包括剪羊毛者、拣羊毛者、羊毛整理者、梳羊毛者、纺工等等。还有纺织工与漂洗工，仅仅他们的织布机和碾磨机这两项所使用的工艺，就已超过一个野蛮人王子的宫殿所使用的一切东西。此外，还有远洋而来的用船只运送的染料和其他原材料，以及为了建造和驾驶该船所雇用的所有的工匠、木匠、制桶工人、铁匠等等。[2] 他所用的铁具就须历经许多人的劳动——包括矿工、凿石匠、碎石匠、冶炼工、铁匠，炭工、冶金工等。一件粗糙的亚麻衬衫[3]，一双棕褐色的合脚的皮鞋，一张就寝用的床，一个调试食物的炉子，经过海路运输长途跋涉而至的供烧饭用的煤炭，以及刀叉、青灰碟盘和陶制器皿，以上这些东西的制作需要使用多少人的劳动啊！供给他吃用的面包和啤酒以及其他食物，需要各种各样的工人，还有他家门窗的玻璃，需要很多工序才能制作成这样，既可遮风挡雨，也可透射光线。没有这种发明，至少对于现在柔弱、瘦小的人类而言，这个国家恐将无法适宜居住。因此，为了给一个贫穷的人提供上述物品，就需要上千人的通力协作。诚然，他虽然无法与欧洲的王子或贵族相比，但他比印第安人王子享有更多的便利品，也远比其他人要多。迄今为止，作为一个野蛮民族的首领，一个王子的生活条件和便利程度或许还不能超越上述的劳动者。的确，看到拥有一千多名备受压迫的仆人与佃户的贵族享尽荣华富贵，我们不会感到欢欣。但当商人、穷人都为之劳动，付出汗水时，这些有权势的人或贵族理应富裕。他们的生活水平远远超过整个野蛮人的部落也不足为奇。尽管备受压迫与暴政，贫苦的日工和农民比起希望渺茫的野蛮人，其生活应该更加安逸。在野蛮人当中，没有地主，也没有放债者，更没有征收员，每个人都自力更生，享用自己劳动的果实，因此，照理他们应该享有最丰富的东西，但事实恰恰相反。

---

① 即美洲印第安人。Cf. Locke，*Civil Government*， § 41.

② Cf. Mandeville，Ⅰ（'A Search into the Nature of Society'），356 - 357.

③ Cf. ibid.，Ⅰ（Remark P），169.

1763 年 3 月 29 日　星期二

在昨天的讲座中，我试图解释是哪些因素促使了人类进行组织劳动， 340
而且这些因素是人类独有，不同于其他动物的：人类天生体格虚弱，却又追求精致优雅的生活。这些追求，野蛮人孤身一人多少也能实现，但程度达不到所有政府已存在一段时期的国家所认定的必要程度。我也说明了，工艺和技术的发明与改进在很大程度上被用于提供三种重要的人类需求，或者服从于实现三种目的：食物、衣服与住所。人类在文明社会里所能得到的生活必需品和便利品远超过在未开化的社会里所能得到的。在物质的数量与富裕方面，前者也比后者多得多。一些东西，对于一个没有他人协助的野蛮人而言，可望而不可即，但对于现在即使是最为平庸的技工而言，则是必需品。这种差异程度，可以从一个英国或荷兰的普通日工与一个掌握上万赤裸野蛮人生死大权的王子的对比中得知。普通日工，即使生活纯朴简便，所得必需品也远比野蛮人的首领要好。他穿的衣服、用的器皿和吃的食物，每一部分都是无数劳动者通力协作的成果。再有，这些劳动同样需要大量的人从事各自业务以提供各种用具。因此，没有这些上千人的同心合力，劳动者连这种纯朴的生活方式也很难维持。与欧洲贵族相比，他的生活确实纯朴，但即使是养尊处优的最富有的人，其生活优越程度也不会远超过一个勤勤勉勉的农民，但后者却能远远超过一个没有他人协助的最受尊敬的野蛮人。一个富有的人在生活舒适方面远超过粗俗、贫穷的野蛮人并不为奇，因为在一个文明的社会里，贫穷者牺牲了大量的劳动与时间，以维持富者舒适奢侈的生活。佃户通过土地耕种，在维持自己生活的同时，也支撑着地主好逸恶劳、穷奢极欲的生活。而有钱人纸醉金迷的生活，则榨取于商人及因贷款而背负还债义务的穷人。但每一个野蛮人则自力更生，独自享用个人的全部劳动成果。那里没有地主，没有放债者，也没有收税人。因此，我们会猜想，野蛮人所得到的东西应该比一个需要维持自己和他人的独立劳动者的东西要丰富，但事实恰恰相反。一个野蛮
人的贫困程度，远大于任何一个称得上文明国家最寒微的人。还有另外一 341
个考虑因素增加了解释这种现象的困难。假设劳动在每个人当中公平分配，这一困难便不复存在。即假如一千个人的劳动可维持一个人的生活，那其

中任何一人的生活均可由余下的一千人的劳动所维持。这里即有劳动的互惠比例，即一比一千和一千比一。每个人都须付出劳动，以维持各自的生活，但这种假设并不存在于文明社会，在一万个相互扶持的家庭中，可能有一百个完全没有付出劳动，不做任何贡献。余下的家庭不但要维持自身生活，还要养活这一百个家庭。此外，这些付出劳动的人所得到的财富、便利品的数量都远远少于那些没有付出任何劳动的人。富有的商人什么都不做，只需要做做指示，他们生活富足、安逸、精致，远在他的办事员之上，后者需要处理所有的事务。而这些办事员，除了活动范围有限外，比起那些提供商品的工匠来说，生活还是相当安逸富足的。工匠的劳动条件也还算不错，有屋可避风挡雨遮日，躲避严酷天气，比起穷苦的劳工来说，讨生活的方式也不算不自在。这些贫穷的劳动者须与土壤和季节的种种不便作斗争，同时经受风吹雨打与筋疲力尽的劳动。于是，他可以说是支撑着整个社会框架，为所有其他人提供了生活之便利和舒适，自己却所得甚少，默默无名。他肩上挑着整个人类，这样的重担难以承受，便被它压至世间底层，从那里支撑所有其他人。可是，在生活之便利方面，他以及社会底层人士也能分得一大杯羹，对此，我们又该如何解释呢？不同人的分工可解释这种现象。[1] 让我们考虑一下劳动分工在一些个别的制造业里所产生的效果，我们就可以依其效果做出判断并知道整体情况。我们举一个非常简单但又足以说明问题的例子，即扣针的制造。假如一枚扣针均由一个人制造完成，那意味着他须从矿产中掘出金属，分离矿石，准备熔烧，锻造该金属，将黄铜锤炼成细棒子，纺成丝线，剪掉这个金属线，形成针头，等等。他很可能一年也做不了一枚扣针。由于这枚扣针的价格等同于这个工匠的劳动价格，我们假设该工人一年的生活费用是 6 英镑，这意味着每枚扣针的价格大约是 6 英镑。——我们假设大部分工作由他人完成，黄铜也已磨成金属丝，他只需完成剩余的工作，将之制成扣针，他一天也只能制造
342 出 20 枚扣针。每天的劳动薪酬，再加上黄铜和工具磨损的费用，高达 20 便士左右，因此，每枚扣针的售价不能低于 1 便士。扣针制造者现在将这一工作进行细密的分工，一个人切截，另一个人磨尖线的一端，以便装上圆头。要做圆头，需要三到四个人。一个人负责装针头，另一人制斜头，有人负

① Cf. Mandeville，Ⅱ（Dialogue 6），284.

责镀金，有人负责包装。因此，制造这样一枚扣针，需要大约18个人[①]，每天可制造出36 000枚，这相当于每人日产量2 000枚。通过这种方式，他的工作效率大为提高，不但可以给工人提供更高的工资，也可以更低的价格进行销售，每枚扣针的价格不再是6英镑，也不再是20便士，而是以几十枚扣针半便士的价格出售。其他手工技艺也是这种情况。

农民与从事制造业者的劳动截然分开，农民有自身的劳动，制造者也有其自身的劳动。从喂养羊的放牧人或种植亚麻的栽培者，到羊毛的磨平者和压制者或涂光和完成亚麻布的人，这得经历多少不同的劳动者和部门啊！但农业却不像羊毛、软麻布或烙铁这些制造业那样有如此泾渭分明的分工，锄耕、播种、耙掘、收割和打谷往往由一个人兼任，农业的不同劳动，因季节的变化而有所不同，不可能指定一个人只从事其中一种劳动。打谷者和碾磨工可全年无休地工作，而农民因有人为之制造农具，也可以减轻一些负担，这些农具的制造者，如耕犁制造者、车轮和马车制造者以及制造上述工具所需铁器的铁匠，他们就与其他农民有所分离。但农业本身这种不可能像制造业那样有细密分工的特性，使得其阻碍自身的改善，并跟不上制造业的发展步伐。因此，一个富裕的国家，无疑在农业和制造业方面远胜于一个贫穷的国家，但在农业方面的优越程度却不像制造业那样那么大。法国谷物在各方面与英国一样优质，且价格低廉，但英国的玩 343
具、纽扣、搭扣和刀具等非常精致、坚固和廉价，远胜于法国。当这些改进有所发展时，每个贸易部门不但可增进财富，为贵族带来大量利润，而且也有充分的产品来奖赏劳动者的辛勤耕耘，同时也能为游手好闲的人提供一定的产品。我们以之前提及的细微的扣针制造为例，假设扣针制造者每天可完成1 000枚，这些扣针每100枚可售卖1.5便士（该价格包括每磅20便士的金属，一磅金属可制作数以千计的扣针）。1 000枚扣针可获得15便士，扣针工人除还给雇主3便士外，余下的12便士归自己，作为劳动价格。或者也可用200枚扣针给雇主，剩余800枚扣针归自己，因为拥有他制造的产品与获得相应份额的价值实质上是一回事。现在我们再假设扣针制造者想方设法，每人日产量2 000枚，每100枚1便士，共价值20便士。雇主可获得5便士，余下15便士归扣针制造者。这里，产品的价格减少，

① Cf. *Encyclopédie*（vol. Ⅴ，1755），s. v. Épingle，在该书中，十八种连续的操作均有详细的描述。另参见 E. Chambers，*Cyclopaedia*（1728），s. v. Pin，在该书中，据说单纯制造扣针，就需雇用25个工人参与其中。

而国家有更充足的供应，劳动者也能获得更多的报酬。这些产品虽有费用，但费用很低。铜丝每磅约 20 便士，但将其制作成数以千计的扣针后，价格不超过 2 先令 6 便士。因此，一磅扣针的产品价格不会超过 10 便士。这样一来，劳动愈发昂贵，而产品愈发便宜。这两种不同的东西，在粗俗的人看来并不能共存，但事实上却能保持一致，因为技艺的改进使得很多事情更加容易完成，以致技艺工人在获得丰厚薪资的同时，商品也能维持较低的价格。当生活必需品和便利品更为唾手可得时，这样的国家才是富裕的国家，不管需要何种其他条件。只有昂贵的劳动与廉价的产品二者完美地结合，才配得上富裕这一名称。换言之，只要经过恰当劳动，就可轻而易举地获取这些东西的国家，就是富裕的国家，不管这些东西是货币还是其他货物，是丰盛还是稀少。辛勤和恰当的劳动总能改进生产，而一个富裕的国家比起一个贫穷的国家，总是能提供价格更为合理的产品。若是有两个国家，一个富裕，一个贫穷，前者因后者低价销售产品而失去商业贸易的某一分支，如果发生这种情况，绝不是因前者的富裕造成的，我们必须在别处找原因。一定是因为抑制性或不合理的税收对某一商业部门带来了
344 不当阻碍。这阻碍也可能是官员的蛮横打压造成的，这比什么税收都叫人不可容忍。另外，阻碍行业发展的也可能是由于某种特殊原因而高涨的生活必需品价格。正如一个富有的商人能够以低价销售商品一样，一个富裕的国家少些许财富也无足轻重。在荷兰，工匠的工酬与其他地方的一样好，出口的货物价格低廉，但仅供国内消费的产品价格则相当昂贵，这种差异源于后者被课以各种税赋。雇主拥有足够多的存货，可雇请更多的人手分工协助，通过这种方式，他们可以做得更好，也卖得更便宜。分工后，产品制造的数量是人手较少时的 10、20 或 40 倍，且分工越精细，价格总是越低廉。因此，我们看到，在革命以后，尽管可能有大量货币，包括亚麻布和呢绒在内的几乎所有商品价格下跌。由于特殊原因，唯一上涨的货物是青草和依赖于青草的肉。① 在莫卧尔帝国，每一种工艺品和制造品都以最为完美的方式进行，那里一切生活必需品的价格都比这里低廉，比亚麻布和羊毛更适宜制作布料的各种棉花和丝绸，价格远比我们这边低廉。如非高额税率（尽管运费也高）——有时是其本身价值的 4 倍或 5 倍，我们身上所穿的应该就是来自他们劳动生产的棉花和丝绸，这些物品不仅比我们自己

① See 95 - 96 below.

所生产的便宜，而且更优质。这些税款本身支持了我们的制造商。

我们并不是以货币的价格来判断劳动是否廉价或昂贵，而是以该劳动所产生的生活必需品的数量进行判断。据说，在孟加拉，雇请一个人每天的价格是 2 便士，但并不能以此得出该国的劳动价格比我国廉价的结论。该国的劳动报酬可能是 1 便士，而伦敦高达 1 先令或 6 便士，但那里 1 便士能买到的生活必需品与这里 1 先令能买到的一样多，生活便利品更为易得。与一般观念相反的是，即使有大量的货币，劳动价格也会出现廉价情况。劳动的货币价格绝不会随着产业的改善与工艺的进步而相应提高。金银可充当商品交换的媒介，其大量增加无疑可增进一国的财富，但它们不像其他 345
商品那样易得。一个耕种一英亩土地的人，通过采用两种或某种特定的方法，几乎可以确保增加一倍的谷物。但即使他付出双倍努力开采矿产，也不能确保得到相应的金银。付出同样的艰辛，能获得的大量谷物或其他产品的确定性远远大于获得大量金银的确定性。我之后会说明，每一个行业所得之利润都多于金矿开采业。

有了分工，商品数量就会增长，劳动价格也会低廉。这出于以下三个原因：第一，劳动者的熟练度因专攻而日益提升；第二，由一种工作转到另一种工作所耗费的时间的节省；第三，机械的发明。分工对于提高劳动者的技艺和熟练程度有巨大的作用，它使得工作成为一种极为简单的操作。每个劳动者只需不断地进行其中一种操作，其熟练程度必然有极大的提高，所能完成的工作量也比别人多数倍。一个乡村铁匠，交替制作各种铁器，如门锁、犁具、炉栅、铰链，等等。闲时也会制造铁钉，但他一天最多只能打造 1500 枚钉子。而一个只有 15 岁的铁匠，他专业从事铁钉制造，每天可打造三四千枚钉子。一个从没有制造过钉子的铁匠，虽然会制造各种铁具，但每天制造的钉子不会超过 300 枚，这是很正常的现象。虽然制造铁钉这个工作不是最为简单的操作之一，但他们也会存在这种差异。这种差异在已成为最为简单操作的织针或扣针的制造中更为明显。以制造织针和扣针为终生职业的人，其操作的迅速程度，对于那些不擅长这类工作的人而言，简直不可思议。

第二，分工可显著节省时间。在不同的地方从事某一项工作必然会耗费时间。一个耕作田地的织工，由耕种转到织机必定耗费很多时间。即便不同的业务在同一个厂坊内进行，耗费的时间依然很大。一个人从一种工作转到另一种工作时，会闲逛休息。刚开始新工作时，也很少会全神贯注地投入工作。他们在刚开始时会无精打采，精神萎靡，这使得他们在转换工作途中会闲逛一下。对于一个精神饱满的人而言，需要他人施加压力，才能满怀同样热情从一种工作转到另一种工作。但即便是这种人，也需他
346 人催促施压，才能如此迅速地从事另一种工作，否则也会在转换途中闲逛休息。这也是一个乡村工人不能从事某个特定业务的重要原因[①]——在乡下，一个铁匠只靠打锁或钉子是难以维生的，他须使用各种工具，打造各类产品。一个木匠仅靠制作桌椅也是无法生存的，他也不能只使用斧头，而是又要刨，又要锯，再用小斧砍，然后用锛削，再接着用凿子凿。——那些没法适应工作专一化的乡下劳工，容易犯懒，做事儿闲散，态度与城里的劳工的积极活跃大为不同。造成这种状况，除了熟练度的要求外，没人给他们施加压力亦是主要原因之一。

机械的发明极大地提高了所完成劳动的量。在最为简单的操作中，效果也显著。用犁具，两个人三匹马所耕的土地比二十个人使用铲子耕得多。用风车或水车，一个碾磨工所做的活比八个人用手磨机做得多，并且轻松极了。而用手磨机则是叫人做的活儿里公认最费劲的，只有那些犯了重罪的人才会被安排去用它。不过也绝不该对手磨机这一器械不屑一顾，发明它要一番奇思妙想。这可比徒手用两块粗石碾谷物高明得多，后面这个方法不但在未开化的国家流行，也为本国边陲的居民所用。当一个人毫不间断地从事某一种业务后，他自然会想到一种最适合的途径改善该业务。最早发明犁的很有可能是个农夫，也有可能是个制犁匠，因为他们老是在琢磨这件事儿。那器具的发明谈不上特别玄妙，这两种人中谁能发明都不奇怪。各种犁中最为精妙的是条播机犁，那是一个农夫发明的。而某个奴隶，成天得用两块又硬又粗的石头把谷粒磨成粉，也许就是他首先想出这个点子：把其中一块石头安在一个转轴上，然后再用一个水平的柄来转动它，使得劳作得以轻松一些。他还可能对其加以改进，在上面加装进料器和储料箱。若是有造磨匠人帮忙，他还可以采用滚轮之类的装置来改造石磨，利用滚轮装置驱动，储料箱和进料器就能通过上磨石上的小孔不断地向磨中加入谷物。同样地，车轮匠深思熟虑一番，利用他长期的经验，也有可能设计出嵌齿轮，用一垂直摇柄旋转，就能大大省力，因为这能提供更大的动力。不过，首先想出用一个外轮代替手柄，利用水力甚至风力来转动

① Cf. ii. 40 above.

它的这种方法的人，既不是碾磨工也不是制磨匠，而是个哲学家。哲学家们虽然自己并不动手制作什么，但借助发散思维的力量，通过观察事物， 347
就能够把几种事物整合到一起，产生与其各自本身功能似乎毫不相关的功效。利用以前就使用过的类似原动力，这是许多——不——任何长期从事相关工作的人都能做到的。但是利用以前没有使用过，且看上去完全不合适的原动力，这一定只有那些洞察世间万象，我们称之为“哲学家”的人才能做到。消防车上，让水喷出来的那种原动力，乍一看上去根本不可能有如此效果，虽然这一装置由具有观察力的能工巧匠进行过改良，但最早发明它的是一个天资聪颖的哲学家。毋庸置疑，风车和水磨的发明者也是如此。

哲学本身变成一门独立的职业，跟其他职业一样，最终也有不同的分支：我们有力学方面的哲学家、化学方面的哲学家、天文方面的哲学家、纯哲学方面的哲学家、神学方面的哲学家和伦理方面的哲学家。哲学上的这种分工，如同其他行业的分工一样，提高了他们各自的技巧。相比分工之前，现在每个领域的哲学家对整个行业和自己分支的贡献要多得多。

分工并非人类智慧的结果，它源于人类一种互通有无、物物交换、相互交易的倾向，这种倾向为人类所共用，亦为人类所特有，分工是不同人之间的一种通力协作。有人指出，猎犬逐兔时，相互将兔逐到对方，有利于对方拦截该兔，是分工的体现。但这种协同动作并非基于契约，这可从兔子死后双方一般都会争吵看出来。也从来没有人看到它们有所协定，约定这块骨头给对方吃，更没有做出任何姿势表明，这个是我的，那个是你的——狗为了得到关注，要做出种种娇态，百般献媚。人类在其他途径不能得逞时，有时也会采取这种方法，使出各种阿谀奉承的手段，以获所需，但这种情况很少，他一般会使用其他权宜之计。但其他动物都能独立生存，偶尔危险之时，其呼叫声会引起人类和其他动物的注意，虽然这很罕见。而且似乎在这种情况下，大自然也不会施以援手，就像对于在茫茫大海上遇到海难的人，她也不施援手一样。然而动物的繁殖与延续并不会因此而中断。而随时随地需要同胞协助的人类，则需通过某种途径获得他人的协助，不过仅仅卖乖弄巧难以获得帮助，他需将之转为有利于他们自己的事，至少看起来有利于他们才可能获得帮助。徒有爱心并不足够，直至他用某种方式讨你欢心时才可以。一个交易最能体现这种方式。当你想要啤酒商的啤酒或肉贩的牛肉时，你无须解释你是多么需要这些东西，你只需说明 348

你付出一定价钱换得这些东西后，对方所得到的好处。你无须百般献殷勤，以打动他的仁慈之心，只要唤起他们的利己之心即可。——乞丐是唯一依赖他人恩惠而维持生计的，纵然如此，他们也并非完全依赖于他人的施惠，他们会拿别人施惠的东西与他人交换一些自己更需要的。他们会拿旧衣去交换住所，或者先把旧衣换成货币，再用这些货币购买面包。通过这种方式，即使乞丐也需通过交换和买卖获得利益。这种以物易物、互相交换的精神是商业细化和技艺改进的原因。一个以狩猎为生的野蛮人，制作的弓矢超出自己所需时，便将部分作为礼物送给同伴，而同伴也会将狩猎所得的部分猎品回赠给他。后来他逐渐发现，通过制作弓矢给邻人，不但使他们获得更多的捕猎工具，且自己无须亲自打猎却能得到更多的猎品。因此他除了消遣娱乐外，不再打猎，并成为一名弓矢制造者。与此类似，有人擅长制造房屋遮盖物，后来成为专门的遮盖物制造者，还有铁匠、制革工等也是如此。因此，就是这种能够与他们劳动生产的过剩产品相交换的确定性诱使他们与其他业务分离，并全身心投入于某个特定的职业，以发挥自己的天赋才能。[①]

人类天赋才能的差异（即使有差异，也很小）并非一般认为的是造成分工的原因[②]，而是分工导致的结果。不可能出现两个人的差异比哲学家与搬运工的差异还要大，但他们出生时似乎并没有这么大的差异。他们在五六岁以前，几乎没有明显的差别，在他们的朋友看来，他们如同来自一个印模版，彼此之间的天赋才能也没有高低之别。但此后不久，他们的差异逐渐显现，他们各自的生活方式开始影响他们自身。毋庸置疑，如果没有这种生活方式的差异，他们会继续保持一致。他们各自从事的不同的职业，使得他们的才能也渐有区别。因此，我们看到，在野蛮人中，由于职业的趋同，那些野蛮人的个性与才能几无差别。

正是这种互通有无、以物易物和相互交易的倾向，不但产生了职业的
349 多元化，而且使之有所效用。很多同种不同属的动物虽具有很大的天赋差异，但由于缺乏这种倾向而不能有效利用。哲学家与搬运工在天赋方面的差异，比各种不同的狗之间的差异要小得多。但这些狗相互之间的差异却一无用处。由于没有分工协作，猎狗的敏捷、长耳狗的智慧以及牧羊犬的柔顺都不能有效减轻劳动负担，它们各自为生，只为自己而做。但即使是

① Cf. Mandeville，Ⅱ（Dialogue 6），335－336，421.

② 比如，Harris，Ⅰ.11。

哲学家与搬运工，也会相互利用。搬运工可为哲学家搬运东西，并为之包装、运输和卸载存放在商人的商店或仓库里的货物。相对于雇用一个不很勤奋的工人，搬运工使得哲学家所需要的一切物品都变得更加廉价。而哲学家也为搬运工所用，他不仅可以偶尔成为搬运工的顾客，同时通过改善各种工艺，也有助于搬运工。由哲学家发明的点火器或玉米碾磨机，使得任何从事烧煤或吃面包的人都可从中受益。那些没有发明或改进任何机械的哲学家，他们也可以通过保存思想的知识或形成的一些对其他工艺有改进的计划而发挥作用。

1763 年 3 月 30 日　星期三

继续阐述前面所述，等等——

在昨天的讲义中，我探讨了分工是如何增进一国财富的，或恰当地说，一国财富是如何源于分工的。如果 10 个人每天能完成的工作量是一个人能完成的 40 倍，也就是说每个人每天完成的工作量是其自己独立完成时的 4 倍，这意味着他能够以比前者便宜四分之一的价格出售他的货物，换言之，他能够以相当于前者劳动价值的四分之一交换他劳动的剩余产品。有些业务相差更大。如前面所提及的，如果由一个人独立完成扣针的制造，他须挖矿、熔烧、锻造、分离、制针头等等，一年最多也只能完成 10 枚。如果他一年的生活费是 6 英镑——这对于一个如此心灵手巧的人来说算是中等水平，那他每枚扣针的出售价格不能低于 10 先令。但如果他只需将别人做好的金属丝制成扣针（这在瑞典很普遍），那意味着扣针的制造由五六个人完成，包括矿工、熔工等等，他负责另一个业务。通过这种方式，他一天应该能够制造 10 枚扣针。这样一来，他一天制造的扣针数量相当于之前一年的制造量，换言之，是之前制造量的 365 倍，用整数数字表示则是 300 倍。 350
再有，如果扣针的制造由 18 个人分工操作，如顺利进行，即使按照最慢的针头制作速度，一个人每天能制造 2 000 枚扣针，是前者的 200 倍，以此乘以 800①，即相当于一个人全部完成扣针制作时的 60 000 倍。这样一来，他可以前者价格的六万分之一销售，与此同时，他也保有同样的收入。但如

① 应该是“300”。

果他以稍贵的价格出售，这很容易做到，他既能赚取可观的收入，也能保持产品较为低廉的价格。因此，在产品价格低廉的同时，劳动变得昂贵。这两个被普遍认为不能并存的事物，在此不仅能够彼此相容，而且还紧密相连。劳动的贵贱并非取决于支付该劳动的货币价格。如果 1 法新或 1 便士可以买到大量生活必需品，那么 1 法新或 1 便士就是高工资。换言之，劳动昂贵是指支付劳动的货币价格能够买到大量的生活必需品。一个莫卧儿人只需半便士，便可购得一个男人一天也吃不完的米，而一个西印度工人，日工资高达 2 先令 6 便士或 3 先令，却几无积蓄。这里的劳动价格并不像前述例子中的那么高。一国的财富取决于劳动的货币价格与该价格能够购买到的商品的比例。如能买到大量商品，则是富裕国家，否则就是贫穷国家。

我已经指出，分工引起工作量的提高源于三个原因：因专攻某一个简单的操作而变得熟练、时间的节省以及因分工而产生的机械的发明。如上述例子，由于操作熟练度的提高，一个人所制造的扣针可达 60 000 枚，相当于由一个人完成时的 6 000 倍。① ——这与另一个提及的例子相似。一个专事制造铁钉的人，他所能完成的工作量比起一个能够制作一切铁具而不
351 专制铁钉的人的工作量多 3 倍，比那些从来没有制过铁钉的人多 100 倍。这里的分工差异没有纽扣、扣针或瓦片制造的大。这里的操作依然相当复杂：他吹火、烧铁、添火力，还要经常改变自己的姿势，改换工具等。其他职业的人只需不间断地进行某个简单操作，便可以练得炉火纯青，他却因为这套复杂程序没法做到。关于节省时间的优势，在织工与耕种者的例子中已做说明，农村劳动者的怠惰闲散也正源于此。——机械最开始的发明源于分工是毫无疑问的，一个全身心投入于某一项工作的人，必然会费尽心思，设计出一种以最精明和便利的方式完成该工作的办法。碾磨机和犁具的发明时间非常早，以至于历史也没有记载。但如果我们走进位于谢菲尔德、曼彻斯特或伯明翰，甚至苏格兰某些城镇的任何一个制造业者的工作

① 如果这一段的两个数据与上述相关，则第二个数字似乎有错。在此说明中，斯密假设：(a) 如果扣针的所有部分自始至终仅由一人完成，那么他一年最多只能完成 10 枚扣针；(b) 如果他人已做好金属丝，他每年可制造 3 000 枚扣针。当实行劳动分工后，斯密认为每个人实际上每年可制造 600 000 枚扣针，这是基于 (a) 假设下工人独自完成的 60 000 倍。也是 (b) 假设下劳动者使尽全力所能制造的 200 倍。在下文的 ED 6－8 中，斯密假设 (a) 劳动者自始至终一人独自制造扣针时，一年只能制造一枚扣针 (cf. 29 above)，(b) 如果已做好金属丝，则他每年可制作 6 000 枚 (cf. 29 above)。当实行分工后，如同上述例子一样，每人每年可制造 600 000 枚扣针，相当于上述 (a) 假设情况的 600 000 倍，(b) 假设情况的 100 倍。

场所，问及关于机械的问题，他们会告诉你，这个或那个是某个普通工匠发明的。

人类的谨慎并非分工的必要条件。诚然，据说塞索斯特里斯①曾制定法律规定，每个人须永守父辈的财产②，其他东方国家也有类似规定。之所以立此规则，是因为他们担忧每个人会想方设法将自己提升至所谓绅士的阶层，致使较为下等的交易无人问津。但在这个普遍争求闻达的时代，有人上升，必然会有人下沉，较为下等的交易以及其他商业自然不会萎靡消失。依此方式，任其自然发展，必然会有足够的人手从事这些下等的职业，而且商业的任一部门也不会出现人手过多或短缺的危险。塞索斯特里斯法律并不试图引进分工，而是维持原有的分工局面，他毫无缘由地担忧产生分工的原因会使分工难以维系。我已经指出，人类互通有无、物物交换、相互交易的倾向是分工的基础。——因此，一个野蛮人在发现自己通过制作弓矢与他人交换所得猎肉多于自己亲自捕猎时，他就变成一名弓矢制造者。就是这种能用自己劳动生产的剩余产品与他人交换的确定性，使得人们能够投身于各种独立的职业。正如我之前所说，这种相互交易的倾向是人类
天赋才能有所差异的原因，而非相反。狗和其他动物各有不同的倾向与性 352
情，它们却不能从中得益。就是这种能以自己劳动生产的东西与他人交换获取自己一切所需的确定性，使得他可以专心于某一个职业。一个制鞋者能以鞋换得他想要的任何东西。整个生产如同结成一个资源共同体，益处也由此而生，因为只要质量不错，任何东西都可在此与其他任何东西进行交换。

如果我们想要探寻人类思想是依据何种原则建立这种以物易物的倾向，很明显，这种原则是每个人喜好说服他人的自然倾向。一先令对于我们而言，似乎不值一提，无甚意义，但实际上，它却提供一个说服他人去做某件事的理由，而且做那件事也符合他的利益。人类总是试图说服他人，改变他们的观点，即使有些事情无足轻重。如果一个人提出一些关于中国或更为遥远的月亮的事情，且与你想象中正确的事情相反，你的第一反应是想方设法说服他改变观点。以此方式，每个人终其一生，都在不断地与他人雄辩。——当别人与你意见不同时，你会感到不安且竭尽全力去说服对方，不然你就得尽全力控制自己不去规劝对方。这是我们每个人从小到大

① Cf. p. 192，note 23，above.

② 原文如此。无疑应该是“职业”（profession）而非“财产”（possession）。

所受的教育。他们因此会获得某种程度的熟练和管理事务的能力，或管理人类的能力。而这些就是每一个人在其大多数日常事务中的习惯做法。——长工或者交易中的每个人也是如此。当工匠发明一种最为简单的方法完成他的工作时，其他人也会竭尽全力使用最为便利的途径完成各自的工作。通过相互交易，他们满足自身的利益需求，且他们的目标也几乎从未落空。野蛮人则无此观念，我上面所提的狗，它们有时为了同一目标，会联合行动，但这种联合并非出于契约。更为典型的例子是猴子在好望角争夺果子，在它们相互协助，巧妙地传递果子后，由于缺乏契约，它们会相互争夺得你死我活。[①] 它们除了百般献媚，讨他人欢心外，并无其他途径
353 可实现自己的目的。人类有时也不得不如此而为，但通常会诉诸更有动力的利己之心。

关于富裕方面，我会探讨以下内容：

（1）交换规则，或者说决定货物价格的因素是什么。

（2）货币的功能：第一，计算货物价值的尺度（即价值尺度）；第二，商业或交易的媒介。

（3）财富增长缓慢的原因，阻碍财富增长的两类原因：第一，那些影响农业改善的因素；第二，那些影响制造业改善的因素。

（4）税收或公共收入：没有一部公法像税法那样与财富有如此密切的联系或者对财富有如此重要的影响。与商业及税收有关的设计不周的法律对财产有不利影响。

（5）商业的影响，不管该影响是好是坏。当影响为负面的时，我们还讨论其天然的救济措施。

第一，货物价格。

准确而言，货物有两种价格，虽然二者表面无甚关系，实则紧密相

---

① 狒狒在好望角争夺果子的方式，下书中有所描述：Peter Kolben（or Kolb），*The Present State of the Cape of Good Hope*（German edn.，1719；English edn.，London，1731）。Kolben 关于这方面的描述可参见该书英语版的第二卷第 121～122 页（卷二与卷一一起，但分开标页）。根据 Kolben 的描述："狒狒自身保有某种自律性，并在其外出寻物时体现出惊人的精明和预见性"（121 页）。根据斯密的说法，猴子（由于缺乏契约）为战利品的瓜分而相互争夺（cf. LF（B）222，below），有些甚至因此而死。Kolben 对此争夺的解释与斯密完全不同，他说，人们一般认为："若是放哨的狒狒玩忽职守，它们就会对之处以极刑。之所以有这个结论，是因为人们发现，如果放哨的还没有发出警报声，族群里就有被打死或者抓走的，那么待它们回到小丘上，就能听到狒狒群里争闹喧天，而且偶尔能发现有一些狒狒被撕成了碎片。这些估计就是当时负责放哨的。"

关。——我们先探讨什么东西足以诱使一个人将其技艺与心血专注于某一个特定的商业部门。首先，他须确定通过交换自己劳动所剩余的产品，他可维持生活。因此，当一个人成为专门的弓矢制造者之前，他须确保自己制造的弓矢可换得足够的生活必需品。在制作弓矢期间，他无疑须具有强大的意志力使他一直坚持下去，但除此之外，他须获得因学习其他技艺而耗费的时间损失补偿。有些技艺无需训练即可学会。一个男孩当短程差使或者看了很多那些普通日工的工作后，如锄耕、挖掘、割草等等，当他有足够力气时，就能够从事这些工作，当中并没有学习时间的损失。但一个 354
铁匠、一个裁缝或一个织工却难以完全自学，他们须安心地向师傅学习，在此期间，他们还不能为自己、师傅或其他人赚取利润。此外，他在此学徒期间会毁坏或糟蹋很多东西，因此他须给他的师傅一定的赔偿以作为学徒费用。他在此期间也无法生存，只能依靠父母。一个年轻人在其学成之后，其生命价值最多不会超过十年或十二年的年收入，因此，他的工资不仅需能够维持其生活费用，尚需收回其学徒费用。[①] 基于此原因，学徒期越长，工资越高。如果一个技艺能够在学徒期间学会，则该职业的工资低于那些至少要花七年才能学会的工作，因为对于后者，学成之后寿命所剩不长，还要赚回全部的学徒费用，假设学徒时间是七年，那意味着只有五到十二年的剩余时间。除此时间费用外，学徒费用更高。他必须不仅能够像日工那般维持自己的生活，还需赚回学徒费用。因此，职业的工资因学徒费用的不同而异。一个铁匠，即使不会读写，也能做得很好，甚至通过实践领悟可以很熟练地操作各种用具，即使他不懂得机械操作的原理。但一个钟表匠不仅需要会读写，还需了解算术，一些几何学、三角学以及天文学知识。这样，一个织工十六七岁大概就能够熟练操作，但一个钟表匠至少要到二十二三岁才可能掌握技艺，他到死也收不回本，因此需要以高额酬金补偿。还有些人，不仅需要接受冗长枯燥的教育，面临还没来得及收回教育成本就死了的风险，而且还要冒学成之后根本不能靠它赚取利润的风险，尽管其实他们根本活不到那个时候。因此，在法律界，二十个人里也没有一个有办法赚回已支付的教育费用。鲜有人拥有足够的才能和智慧以出类拔萃，获得名望，或是报效社会。因此，能进入律师行业的十一二个人，他们拿的工资不仅必须能够收回教育成本（这是一大笔钱，因为一

① R. Cantillon, *Essai sur la nature du commerce en general* (1755), 23-24.

个人得到三十岁上下才能真正处理律师事务），而且还得能提供不能从中赚
355 取利润的风险补偿。吸引人们从事律师行业或是投身人文学科事业的，是
该职业能让他们得到尊敬、声望和地位，而不是财产收益能有多少。[1] 此类职业在英格兰的待遇比在其他地方都高。但即便在那里，若我们按给工匠或是手艺人算收入的方式算他们的工资的话，其收入还是低得厉害。但是，他们获得的尊重和声望也应看作是工资的一部分，占酬金的一定份额。这就是劳动自然价格法则。若是一份工资合理有度，恰好可以维持这个人的生活，收回教育成本，给予未做到前者就身先死或是虽生但学不可致用的风险补偿，那么这份工资就在自然价格水准上，足以吸引任何人去争取。若是工资低于此标准，就是低于自然价格，吸引不到什么人。而高于此标准，情况便完全相反。

1763年4月5日　星期二

在阐述了富裕的性质以及一国的财富存在于何种事物后，我指出了这些财富的大量增加乃源于分工，而分工则源自人类以物易物的倾向等，同时我也指出它的影响是通过什么方式产生的。——据此，我们可以说，分工是直接由某人的商品有市场引起的。有市场，他就可以用一种东西来换得其他各种东西。分工是巨是细也由市场决定。如果没有市场，我们就得按照需要，行行都从事。如果市场过细，他不可能生产太多的货物。假如只有十个人购买，他就不可能生产可供应一百个人的数量，否则他将无利可得，更谈不上他会在分工得到进一步改善之后生产更多的东西。市场的形成导致了劳动的分工，而市场的广阔性则导致分工的细化。一个乡村的工人，同时又是马车制造者、建造房屋的木匠、街区建造者或家具木工，而这些职业在城镇是各自独立的。一个在格拉斯哥或阿伯丁经营亚麻布的商人，在其仓库里会有爱尔兰亚麻布、苏格兰亚麻布和汉堡亚麻布。但在伦敦，这些不同的亚麻布有各自独立的经营者。市场的广阔性使他不仅能够尽力制造某一商品，而且能够专注于某一种类的商品，同时也可以减少
356 函件往来，省去麻烦。此外，由于交易量大，他可低价买入，并获得更高

① Cf. Mandeville，Ⅱ（Dialogue 6），342－343.

利润。因此，当商业愈发繁荣，分工也愈发完善。我们也可以看出货物在两地之间运输时安全与便利的必要性，否则人们不会超出自己的居住区域与他人进行交易。如果路途盗贼四起，险阻重重，则货物的价格也会因此而上涨。如果路途在冬季之时冰天雪地，难以通行，则商业往来即非完全停滞，也会受到很大阻碍。一匹马在严冬时，要花四次的时间才能运输完以前一次就可完成的数量。换言之，它在严寒时每次所运输的货物数量是风和日丽的天气下的四分之一，酷暑跟严寒并无差别。因此，我们可以看到，自从英格兰在三四十年前大修道路后，内陆地区的财富大量增加。这也证明了水路运输的好处，只需一艘船的消耗费用和四五个人的酬劳就可以把重达两百吨的货物从苏格兰运往英格兰或挪威等地方，这仅仅是基于其空船回来而计算的。如果它满载货物而归，费用还会减半。如果这些货物用陆上运输，运费要高很多。假设一辆马车可运载五吨货物，两百吨的货物意味着需要四十辆马车，每一辆马车需要六或八匹马和两个人，这些费用当然要比水运高很多，马车的维护费用与运船的费用差不多，但陆上运输的人员工资却高很多。此外，水运的时间较快，因此，陆上运输不但妨碍货物的供应，且会影响市场的拓展。至此，我们可看到商业的重大价值，不是因其在财务方面的好处，即可为一国带来金钱，而是它可促进产业和制造业，增进财富和丰富国内产品。

我也已经开始讨论了货物的价格。每一种货物有两种价格需要探讨：自然价格和市场价格。第一种价格足以诱使人们从事某一项职业。一个人不会成为不入流的作家，除非他确信该工作可维持其生活并补偿学徒费用。基本的生活费用是每一个行业都能提供的，但仅能维持生活不足以诱使人们从事该项职业。机遇使然，我可能曾经陷入过一种非正常的经营模式，凭借运作造就了可悲的华丽的幌子，但若是只有这层外在的幌子，贸易也就结束了。但没人会从事那些需要经过教育的职业，因为作为一名日工， 357
他无须经过训练即可维持生活，而且具有较大的确定性。大部分工作都要求多少有些教育背景，因此算一项工作要价几何时，需算上在求学期间的食、衣、宿费用（当初我求学的时候这些是靠父母资助的），除此之外还有学费。不管什么工作，都必须能支付这笔钱，不仅是本金，连利息和本该从中获得的利润也需支付。且这要在合理时间内完成，避免还没收回这笔钱就死了的风险。不少工作，不仅要求懂得如何使用该行业的相关工具，还要求有许多其他学科的知识。若是投身法律和医学这样的人文学科，有可能虽然不会未出师身先死，但却一事无成，因此这些人需要获得额外的补偿。除了人文学科外，还有许多学科也是这种情况。因此，在开采贵重金属这个行业，如果我们综合考虑其工作开销、开采不到金属的风险，以及因为开采原有矿脉或是寻找新的矿脉而损失人手的情况的话，我们就不会觉得如今的银价过分了。同样的人手，从事矿产采掘或谷物种植，我们会发现，总体而言，后者所得报酬大于前者，因为矿产采掘者可能分文不得。如果我们有 100 个人从事谷物种植，100 个人从事矿产采掘，二者劳动费用一样，但前者所得利润并不比后者低，因为在 100 个从事矿产采掘的人当中，可能有 75 个人一无所得，余下的 25 人所得利润须与 100 个从事谷物种植的人所得利润相同——有些人会大发横财，但其他人则一无所有。因此，总体而言，那 100 个采矿的人所得收入并不比 100 个从事谷物种植的农民的收入多。在此，我们或许可以恰当地套用一句有不同解读的话：世上没有一种比采金更糟糕的行业。如果采矿不能给予高于维持生活费用的收入，就不会有足够的吸引力诱使人们从事该行业，因为在采矿行业中，有四分之三的人会一无所得，余下的人必须获得能够维持所有人生活的费用的收入。——这些就是决定货物自然价格的情形。当二者等同时，自会有充分的诱惑力吸引人们从事该行业。

但市场价格往往与自然价格有很大的差异，且受其他因素影响。当一个商品进入市场，以某个价格出售时，我们绝不会询问卖者能得到多少利
358 润，因为还有其他因素决定他能获得多少利润。这些因素是：第一，该商品的需求情况（不管该需求是真实稳定还是涨跌无常）；第二，与该需求相对应的供应情况；第三，对商品有需求的人的贫富情况。

第一，一个没用的东西，如同一堆泥土，不会有市场价格，因为没人需要。如果一物有一定用途，不管该用途是否普遍，如有充分的供应，它的市场价格会依需求而定。但一个没多大用处的东西，如其供应远不能满足需求，那它的价格会很高，这也是钻石价值连城的原因。贵重金属，虽然不如黄金那么有用，但价格高昂，部分原因就在于此。另一方面，水因为储量丰富，应付所有的需求都绰绰有余，所以不要钱，其他类似的东西也是接近于免费。货物的稀缺性使其价格疯狂上涨。——但也取决于其他因素，即需求者的贫富。据说，一个商人和一个旅行者在阿拉伯沙漠见面（他们的坟墓依然还在），那个商人急需喝水，便花了 10 000 克朗买一小坛水。不管如何需要这水，如该商人只有 100 克朗，他也不会给这么高的价

钱。如果商品的供应不能满足需求，需求者就得相互竞争，这跟拍卖如出一辙。如果两个人同样喜欢某个物品，且有同样的诚意希望拥有该物品，他们就会根据彼此的财力进行投标，不管他们对此物品的渴望是否合理。最富有的人会得到这个物品，因为他出价最高。因此，商品的市场价格受供需情况所决定，当商品的供应不足以满足需求时，该商品的价格受购买者的富裕情况所决定。——即使有些物品需求很少，但价格奇高，那是因为该物品供应极少，以至于连很少的需求也不能完全满足。对水的需求超过任何其他东西，但水资源太过丰富，可以满足一切可能的需求，因此水一文不值。而其他既无实际价值也无甚用处的物品，因其数量极少，只能满足少许人的需求而价格高昂。珍珠宝石即是如此，如不是被法国路易十二一般爱慕虚荣和家财万贯的王子购得，著名的皮特钻石[①]也不会以 25 万英镑的价格出售。其他欧洲君主不会出那么高的价钱，因此，如果没有这 359
位王子出此高价，这颗钻石很可能以 5 万英镑的最高价格售出。若是再早 150 年引入欧洲，钻石不会有那么高的价格。因为那时欧洲各国都不是很富有。不仅仅钻石的标价会低很多（因为钻石不是实用的物品），而且它所代表的真正的价值——钻石能购买到的财富值也会低很多。一切物品的贵贱取决于该物的数量以及购买者的富裕或贫穷。钻石、古董、奖牌以及类似物品之所以价值千金，是因为购买者富可敌国。各种黄金器皿，因其稀缺，也深受富有者欢迎。而那些银制品，因其量多，不会全被富有者买完，那些普通有钱人就会成为其购买者，从而导致价格下跌，因为商品的价格是由大多数购买者的财力所决定的。面包和啤酒，因其产量多，也为所有人所需要，成为全民的消费品（那些贵族不可能消费全部的面包和啤酒）。换句话说，购买的人中，100 个里有 99 个都是比较穷的，因为可以称作“家境殷实”的人 100 个里至多有 1 个。这些商品的价格因此由大众的购买力所决定，而这取决于劳动价格，或更准确地说，劳动价格取决于他们所生产的谷物的数量以及价格——当谷物价格低廉时，他们的劳动也廉价，当谷物价格高昂时，劳动价格也随之上升。虽然有人说我国的实际情况与此相反，但这并没有违反谷物的价格高低与劳动的价格相伴随这一普遍原则。

这些就是决定商品在买卖者之间交换的价格的情形——谷物和啤酒对

① 皮特钻石或摄政王钻石由时任马德拉斯的英国总督托马斯·皮特以 20 000 英镑购得。1717 年，路易十五未成年期间，皮特卖给时任法国摄政王奥尔良公爵，售价有两种说法，一种是 80 000 英镑，另一种是 135 000 英镑。

于富有者而言是必需品，但对于其他人而言也是必需品，因此，它们的价格并不由富有者所决定。此外，它们数量巨多，不可能仅供富有者消费。如商家想把货物全部卖完，他们就得把东西卖给穷人，也就是 100 个人中的 99 人，商品必须推向全民。即使是最为卑贱的人也能消费得起。因此，大多数人所能给付的价格决定了该商品的价格。当这些商品数量减少时，其价格也相应上涨，在此情况下，谷物成为有钱人的消费品，下等人只能以萝卜或其他根芽为食。这也是为什么水和面包的价格在饥荒和围困时期上涨如此厉害的原因。

这两种价格初看似乎没有或很少有关联，但实际上息息相关，即使决定这两种价格的因素表面上相互独立。如果市场价格很高，足以弥补自然
360 价格，且可满足每个商人要求的所有这些东西（正如上面所述），这必将是一个高利润的行业，所有人均会蜂拥而入，从事该行业，以期大发横财。人手的增加必然引起产品数量的上升，导致该产品成为下等人的消费品，价格也会跌至自然价格的水平，因为物丰与价廉实质上是一回事。如果有大量的跟拉斐尔的作品同等次的画作，它们就不会像现在那样售卖 10 000 英镑，而很可能是 10 英镑。如果任何人均可从某一个行业获得财富，那每一个父母均会培育孩子进入该行业，最终导致该行业生产的产品跌至自然价格。如果一个行业因上述或其他原因导致产品过剩，不但不能以高价售出，而且低于一般价格，从事该行业的人们会改行学习其他技艺，而不会继续留守在这个难以获得适当报酬的无利可营的行业，甚至他们在很早的时候就提前学习其他技艺。如此一来，该行业制造的产品数量立即下降，价格超过自然价格水平，这如同许多人争先涌入高利润的行业，从而导致产品数量上升，价格下跌。钻石数量极为有限，购买者也多为富商巨贾。但如果它们因某种工艺产量能数倍增加，每年进入英国的不是一百磅重——这已超过不列颠现在所有的钻石重量，而是十万磅重，那即便是下等阶层的人们也购买得起，一颗钻石的价格很可能是 1 先令。——因此，商品的自然价格和市场价格明显有紧密联系。

我注意到，粮食廉价的地方，工资也低。换言之，粮食价格高的地方，劳动也昂贵。故此，劳动价格应随着粮食价格的高低而升跌。——劳动者维持生活的费用越少，他获得的利润就越多，因为他将拥有高于维持生活费用的收入。如果谷物会在相当长的时间内维持低价，大家就都会去从事业内收益最高的那行，虽然谷物本身价格低廉，需要做的工作也会增加。

当伙食费用低廉时，即使人们的收益数字很小，所得收益实际上却很高，价格也会因此跌回自然比例。相反，如果伙食费很贵，比如比正常价格贵出一倍，那么同样的工资，实际上只相当于以前的一半。一个日工资为 1 先令的工人，当产品价格上涨了一倍后，实际上只有 6 便士的收入。——因此，劳动价格应该上涨。但据说根据经验，粮食价格昂贵的年份，劳动却很廉价，而粮食价格低廉的年份，劳动价格却很昂贵。这种说法很大程度 361
上是错误的，只有一种情况是正确的，即卑微的用人的劳动。对于其他劳动情形而言，当粮食廉价时，劳动也低廉，反之亦然。但用人并不适用这个规则，因易受主人喜怒无常和挥霍无度的影响，每个人都很反感卑微的用人所处的恶劣环境。他宁愿当日工，也不想成为用人。因此，当劳动的自然价格和市场价格不立即相互调整时——它们从未能够相互调整过，一个从前不能凭其辛勤劳动维持生活的人，发现货物变得廉价时，可轻松生存，他会急切地退出该劳役，因为他在那工作所得少于他在制造业的工资，而制造业的工资在一段时期内持续高于自然价格。而为主人纺织的女用人也退出工作，自己纺织营业，即使她以前不能凭借自己的劳动维持生活。这样一来，所有的用人都会辞职而从事各种行业，且他们须比以前更加勤奋工作。劳动价格必将在一段时间内跌至自然标准。作为一种迹象，我们看到，当粮食廉价时，其他各种劳动也处于低廉水平，虽然主人支付更多的薪水给帮其纺织的用人，但外面的纺织行业的工资比以前更低。同样，当粮食价格昂贵时，这两种价格也不能马上相互调整。当其他劳动不足以维持生活时，人们只能去当用人。但如果粮食短缺或廉价的情况持续数年，它们的价格到时将会自我调整，粮食短缺时，劳动将会昂贵，而在粮食廉价的季节，劳动也会低廉。

1763 年 4 月 6 日　星期三

正如前面所述，市场价格以同样的方式与自然价格共跌涨，它们之间紧密相关，即使自然价格的决定因素与市场价格的决定因素有所不同。决定市场价格的是需求量、满足需求的供应量以及需求者的贫富。当商品的全部供应量不足以满足一切可能的需求时，商品的价格取决于需求者或竞标者的富裕程度。——那些稀缺的商品，价格最高，因为这些商品会由那

些出得起高价的人购买。只有他们购买钻石、红宝石和其他工艺品，这些
362 工艺品虽然并没有多大的附加价值，但因为制造费工耗力，所以产量极少。总的来说，所有稀有的东西，无论是天然产量少，还是因为费工所以稀少，他们都会去买。但不管是通过人工还是天然方式，如果这些物品产量逐渐增多，即使它们没有实际价值或只有很低的价值，它们也会成为中等阶层的购买对象。而且，如果有些产品在某种程度上为大众所必需，虽不足以满足一切可能的需求，但超过富有者及中等阶层的消费量，这些产品价格虽会受到影响，但普通大众仍能买得起。因此，普通大众作为消费群体的绝大多数，即100个人当中的99个人，决定着该产品的价格。——谷物的价格取决于他们的劳动所能获得的价格，或更恰当地说，正如我所说的，他们劳动的价格取决于谷物的价格。由于谷物是全民的必需品之一，但其产量并不足以让我们随时可得，因此它有一定的价格，但这一价格取决于大多数购买者能够支付得起的价格。如果谷物价格昂贵，劳动价格就会上升，反之亦然。如果很多人涌入到工资高的行业，则该行业工资就会因此下降。如果某个产品存货过多，人员就会流失，产品数量也会因此减少，最终也将导致价格上涨到自然高度。因此，市场价格和自然价格保持自然一致，除非它们受到坏政策的阻碍。如果某个行业的收入高于补偿，那每个劳动者都会争相从事该行业，导致该行业产品数量增加，成为大众消费品，这可能会使其价格低于自然价格，从而又导致人员流失和价格上涨。

凡是使市场价格高于其自然价格的政策均会减少公共财富和国家富裕。价高与物稀，物丰与价廉，它们可以说是同义词，因为凡是丰盛的产品，必会售与下等的人民，而凡是稀缺的产品，则仅售与富裕的上等人，数量也会因此逐渐变少。至此，凡属于人类必需品或便利品以及能够促进人类幸福的东西，如限制其仅售与少数人，则会减少下等人的幸福，为其带来不利。因此，任何提高或维持商品价格上涨的政策必会减少国家的财富与安康。手表属于生活便利品，对手表征税会使其价格提升，导致只有少数人能买得起，从而减少大众与国家的富裕。显而易见，对商品征税会减少国家的财富，因为它会提高商品的市场价格。因此，皮革税导致鞋价大幅上涨。我们于是看到，在“缺衣”方面，乡下人抱怨得最凶的就是缺鞋。尽管因为它们是绝对必需品，大家都得穿，但我们可以说其昂贵的价格限
363 制了它们的流通，因为人们穿上它们时会特别小心、节省。对盐和淡啤酒征税也有同样的效果。烈酒几乎在每个国家都是必需品。人这种动物多烦

恼，无时无刻不在为自己的生活焦虑。法律和政府给予所有人保障，让他们讨生活能轻松些，因而能消除几分焦虑。烈酒是达到同样效果的捷径，各国人民都走这条捷径，它因此差不多成了生活必需品，饮用适度时，大概有益健康。不管什么税，抬高了它的价格，也就大大削弱了它这方面的效果。的确有说法认为对酒课税可以防止人们酗酒，但事实很可能恰恰相反。价格的提升让酒成了人类欲望的目标，而且社交礼仪要求请客时必须劝人喝酒。于是，我们看到在酒价便宜的西班牙和法国，酗酒的人却比我国少。在我们这里，情况也一样。很少看得到哪位绅士喝麦芽酒喝得烂醉，但喝葡萄酒大醉的绅士倒不是什么稀奇景。一个人不会请朋友喝杯麦芽酒，他根本没有想过需要费这个心思。但是社交礼仪要求他倾囊请朋友喝昂贵的葡萄酒。

同样，垄断因其提高了商品的价格，也不利于国家富裕。哈德逊海湾公司享有进口绒毛的专有权，但因其是人们的生活必需品或便利品，导致国家的财富愈来愈少。该公司进口绒毛的数量总是少于在自由贸易情况下所进口的数量。这些绒毛的售价很高，因为只有很少的人从事该行业，制造绒毛的人更少。所有这些公司都竭力避免能将其价格回落至自然价格的自由贸易。少数几个人从来无法做到这种自由竞争，但却可以轻而易举地勾结在一起，进口少量的商品，并高价出售。而这些是自由贸易所极力避免的。因为任何一个行业如利润丰厚，则所有人都会争相涌入，直至价格回落至自然价格，即该价格可以维持其生活及补偿因此所冒的风险。由于所有这些公司，如东印度、土耳其和哈德逊海湾公司，它们在产品方面减少了国家财富，其他享有独占权的公司也是如此，这些公司以前有所效用，但现在则成为一种社会公害。[1] 比如肉商、酿酒商、面包师，等等，他们阻 364
止他人参与其中并据此提高商品价格。由此，需要一个官员对所有这些价格进行调整规范。但因为布料商人没有行会，因此没有一个人来监管物价。但已知的是这种做法在其他地方是必要的。公司生产少量商品，然后高价销售，比起大量生产，不但利润相同，且麻烦更少。对于面包师来说，一年制造一千个面包或十万个面包并无差别，他都有50英镑的收入。当一个行业只有少量分支部门时，他们更容易达成共识，通过上述方法获利。因此需要任命一名官员或市场办事员根据邻国谷物和燕麦的价格规范国内价格。这种权宜之计，在允许行会存在的地方是必要的，但还是远不如允许

① Cf. ii. 34 - 41 above.

自由竞争所能达到的市场丰盈的目的。每一个行业部门都应该允许高于自然价格的巨额利润，否则没有人会从事该行业。据说，________[①]为了安条克地区人民都能有充足的谷物供应，便压低其价格，结果因为价格过低，拥有谷子的人就把谷子运到其他地方去，导致安条克闹了严重的饥荒。因此，规定价格时，一般都要把它设在比自然价格高许多的水平。如果低于自然价格水平，就会使货源极度紧张，并导致这类商品价格昂贵。因为做面包学起来快，面包师就是个很赚钱的行业，酿酒也是一样。若是有自由竞争，就可以纠正这种物价高的现象。因此，对行业的任何打击都是对国家财富的伤害，这在国家对商品课税方面尤其如此，比如对盐的课税。盐的生产费用与其他货品相差无几，但除此价格外，还要加上税、本金、利息以及收税费用。于是，盐这种生活必需品价格高涨，就算没有出现有些人根本买不起盐的情况，销售量也必然大减。——不仅任何促使商品市场价格高于其自然价格的措施会妨碍国家富裕，使之低于自然价格同样也会减少国家财富，即使二者原因并不一样。除了政府对制造业的某些部门或某些商品的出口给予补贴能使商品市价低于自然价格外，没有其他措施可以有此效果。在我国，所有的粗麻布，每码可得到少于 1 先令的补贴[②]，大多数的补贴用于出口商品，这种补贴每码约 3 便士。现在我们假设一个价值 6 便士的麻布，政府为之补贴四分之一，那外国商人就能够以少于当没有政府补贴时足以支付劳动者价格的四分之一的价钱购买。同样，当一夸脱的
365 谷物以高于 30 或 35 先令[③]的价格售与外国人时——这个价格是通常的售价，政府会给予每夸脱 5 先令的补贴。这相当于政府支付了八分之一的价钱。因此，谷物能以比没有补贴的情况下，便宜八分之一的价格售与外国商人。这会使得谷物价格低廉，导致购买者增多，或者导致人们购买更多的谷物。这会刺激谷物的生产并造成人为的丰盛。这种补贴因其破坏产业的自然平衡，也会对国家财富造成损害。辛勤劳作的人们会根据商品需求的比例从事不同的行业部门，任何通过课征税收等阻碍措施或发放补贴等鼓励办法破坏自然平衡，均会损害自然财富[④]。当任何一个产业部门有政府

① 原稿空缺，可能是朱利安大帝：Ammianus Marcellinus，ⅩⅫ. 14. 1；Libanius，*Orations*，Ⅰ. 126 和 ⅩⅧ. 195；Julian，*Misopogon*，369c。

② 每码的补贴在 0. 5 便士到 1. 5 便士之间：29 George Ⅱ，c. 15 (1756)。

③ 实际上是 48 先令：1 William and Mary，c. 12 (1688)。

④ 可能是"国家"(national) 财富而非"自然"(natural) 财富。

补贴时，就会有大量的人争先去做，他们从事该行业的目的并非出于满足广大需求，而是为了通过获取补贴而大发横财，且他们的工作乃根据补贴而非需求的比例。如按其自然发展，每一种商品的生产量的多或少取决于该商品的需求。只要你通过补贴鼓励某个行业，该行业所生产的产品数量必超出公众的需求，并导致该产品的价格下降，不足以诱使劳动者在没有补贴的情况下从事该行业。为了在该部门生产更多的产品，你会从其他行业雇请人手。——一个行业所需的人手数量取决于王国拥有的储备，对于每一个特定的部门，还取决于雇主的储备。很多商品在很长一段时间内不会产生利润。亚麻的种植者、纺织者和整理者不会获得即时利润，因为亚麻须经过很多人手才能售出，所有这些工人因不能得到即时利润，他们的生活须由制造商的储备维持。王国的储备，虽然处于逐渐增加的状态，但在某个特定的阶段并不会发生重大的改变。——货币数量可能会增加或减少，但为劳动者提供衣食住的财货很大程度上继续保持不变，且与行业的劳动人数的调整成一定比例。因此，当有更多的人涌入某个特定的行业，超出该行业的自然需求时，该产品就会低价售与外国商人，但国内其他产品的价格可能会相应上涨。那时，那些商业部门便如同以前一样，没有竞争。每个特定部门的制造商均需要一定数量的储备，一个雇用五到六个织工的雇主须有一定的储备，因为他不可能每天都能售出产品。一个雇请二 366
十五或一百个工人的雇主，相应需要更多储备，以使他能够在缺钱的一段时间内，比如三、四、五或六个月内，可维持工人的生活。财货受到制造商为工人提供的粮食、衣物和住所等必需品的数量的限制，因此，每一个部门都可雇用一定数量的工人。当你增加某一部门的人手时，其他部门的人手就会自然减少。当该商品的价格下跌时，其他商品的价格就会上涨。因此，我们看到，有补贴的谷物价格不断下跌，农场租金也下降。当谷物价格较低时，本打算生产一千夸脱谷物的农场租金必将减少，因为这一千夸脱谷物不再如以前那般值钱，但这个补贴本意是用于提高谷物农场的租金。地主被告知以粮食代租金可以让承租者心甘情愿地缴纳土地税，这在一段时期内确实使得许多荒地成为耕地，其他土地也得到很大改善。由于绝大多数地方的土地适合谷物种植，已尽最大改善，这个宗旨也得以实现并持续了相当长一段时间。更多的土地被用于耕种谷物，必然导致更少的土地用于青草的生长，青草数量的减少致使其价格上涨，依赖于青草的牲畜的肉价也随之上涨。我们看到，与富裕的差异成比例，英格兰和爱尔兰的发达地区的肉价比我们这里的要贵很多。因此，谷物价格越来越便宜，而另一种很有用的商品的价格却会上涨。干草的价格与牧草一样，也会上涨。1 夸脱的谷物原先价格是 40～45 先令，现在只售 30～35 先令，相当于下跌了 1/8。而一堆草的价格现在是 20～23 先令，是以前价格的两倍，这部分归因于谷物价格的下降，也有部分是其他原因。干草涨价后，养马费用也会上涨，如果仅仅止于驯马，尚可容忍，但马在王国是陆运的必要工具，养马费用上涨，必然增加交通费用，重挫内陆商业，商品市场会受到限制，竞争也会被削弱，最终导致国家财富或产量的减少。因此，最好的政策莫过于听任商业自由发展，不资助补贴，也不加以妨碍。

367 我们现在来讨论第二个问题，即货币。我们首先探讨货币作为价值尺度的问题。当人们经营多种货物时，任何一种货物都可以作为其余货物的共同的价值尺度。假设他们经营谷物、羊和牛，他们可以将一定价值的谷物等同于一头或两头羊的价值，也可以将四头羊的价值等同于一头公牛。这种相对价值很容易记住。但如果他们经营一百种不同类型的商品，更不用提国内外的十万多种，在比较一种货物时，就会有九十九个不同的相对价值。如此一来，就需要记住九千九百个相对价值。这迫使他们得选定某些特定的货物作为共同衡量标准，这样就只需要记住九十九种不同的相对价值。被选为共同标准的货物一般是人们所熟悉的。在古希腊，牛的使用最为广泛，因此牛在某段时期曾作为价值尺度。在荷马时代，一切货物均以牛为价值尺度：克劳克斯的军器价值一百头牛，而迪奥梅德的军器只值九头牛。[①] 在山脉连绵的意大利，尤其是在托斯卡纳地区，由于羊的数量很多，羊被选为价值尺度。一般而言，他们会将其他货物与他们最熟悉的货物相比较。不久，他们便发现一头牛的价值并不等同于另外一头牛。除了大小和年龄不同外，它们还有其他许多相异之处。因此，在进行了一段时间的货物交易后，有理智的人总会想办法找出更好的价值尺度。他们想要一种比牲口更确定、准确的价值尺度，数量相同，价值就一样。在同一国家里，所有的金属基本都符合这个条件，黄金和白银尤其如此，因为决定铁或黄铜价值的是它们的硬度或质量，而这测量起来较为困难。相比之下，测量金银的纯度更容易，也更准确。不过即使在我们这儿，这种测量也不可能易如反掌，精确无误。

---

① Iliad，vi. 236；Pufendorf，V. 5. 1.

这些金属是唯一一种特定比例的数量等同于其价值的商品，而且这种比例也易于确定。各国逐渐发现，以金银作为价值尺度，胜于牛羊，因此，金银逐渐被确定为交易的价值尺度。就像他们把长度的自然丈量标准改为人为标准那样，他们也改变了价值尺度标准。所有的长度丈量标准都源于人体，一英寻是人一只手臂展开的长度，一码是这个的一半，手掌展开拇指到中指的距离就是一英寸或四分之三英寸，迈开一步就是一英尺，等等。但这些自然计量标准很快就不能满足他们的需求，因这些标准相差很大， 368
不仅在不同的人身上会出现差异，即使在同一个人身上，因时间不同、情绪不同也会有所不同。于是，审慎的人便设计出精准的标准，大家确立了人为规定的码、英寻、英尺、英寸等单位，作为所有不同长度的衡量尺度。基于同样理由，他们改变了原始、自然的价值尺度，新的标准不那么“自然”，但却比社会尚未开化时期人类使用的任何一种自然尺度都合宜便利。

1763年4月7日　星期四

正如我指出的，货币现在有两种功能，首先是作为价值尺度，每个人会告诉你他售卖的货物价值多少英镑、先令等，默认你知道这种尺度。另外一种功能是作为商业工具，或者交易、交换媒介。当一个制鞋者想要购买牛肉或者面包时，他并不需要用鞋与对方交换，而可以将鞋换得货币，然后再用货币购买牛肉或面包。通过货币，他可以在市场中售出商品，然后购买想要的东西。我在一开始就已经介绍了金银等金属是如何成为价值尺度的，此后，它们也成为商业工具。当商品纷繁多样时，人们很难记住各自的价值，因此，如同前面所述，人们发现有必要选取若干种商品作为衡量其他商品的共同价值标准，不管被选中的商品是什么，它们须是人们最熟悉的，如牛、羊或其他货物。——当人们的交易规模很小或货物价值很低时，一些自然的、不精准的丈量标准就已足够，长度的丈量即是如此。一个销售没有多大价值的若干码粗布的人，即便使用不精准的丈量标准，比如以一只手臂展开的长度作为一英寻计算，而少算一两寸，他也不会损失很大。这些以人体长度作为丈量的自然标准因人体差异而不准确。因此，当交易具有一定规模或货物价值不菲时，人们自然会寻求一种更为精准且更易确定的尺度标准。人为的英尺、码、指距、一步和英寸等应运而生，因为在规模很大的交易中，一点点的不精准，也会产生重大的损失。——所有聪慧的人都知道寻找精准长度测量标准的必要性，以防止欺诈和诈骗。这与价值尺度的衡量一样，当人们越来越重视交易时，牛羊的自然价值标准并不能满足他们的需求，一种更为精准的、可以其数量确定价值的衡量
369 标准不可或缺。金属大体上适合充当这个标准。一磅的铁或铜的价值与其他的铁或铜并无多大差异。特别是金银，它们的成色最为固定，也容易确定。因此，人们便以此方式使用这些金银，后来便说一个商品价值多少磅的金银，而不是多少只牛羊。长度的测量标准也是如此，当人们开始使用人为测量标准时，那些自然的测量标准逐渐被替代。——因此，金银逐渐被选作商业工具。一个市场拥有各种各样的买卖商品是最为关键的，因此，来自各地的牛不再符合充当价值尺度的目的。在游牧时代，牛可作为很好的价值尺度，那时，每一个人都拥有牛羊，他可以用牛羊换取任何商品，他人可将换得的牛羊跟牧群一起喂养，无需额外花费，因为那时全球是一个公用的草地。因此，牛在当时被认为是最易接受的，也是每个人都能提供的。但当土地被划分归属不同地主，大部分土地被用以种植谷物后，牛羊就很难充当交易媒介了，那时每个人只能饲养一定数量的牛。此外，对于那些没有土地或只有很少土地的人而言，要支付很大的费用才能饲养牛。黄铜工人或皮革制造者只有在无须支付费用的情况下，才会乐意与他人交换货物，但牛的喂养费用可能比他所能提供的货物还要高，因此，牛不再作为这种共同的交易媒介。但人们仍需要选取一些货物替代牛以作为交易媒介。一个想要面包师的面包或肉贩的牛肉的织工，不可能总是以所织的衣服换取面包或牛肉。同样，面包师或肉贩也不可能总能以各自的商品与铁匠换得金属制品。——我想要你的货物，但你不需要我的货物。我们可能都想要东西，但并非对方的东西。因此，除非有某种东西可作为交换媒介，否则我们之间不可能有交易。牛已被排除，他们能够选取的最自然的，也是最适合的货物便是金属。在金属当中，金银具有若干优势，但任何一种金属都相当精准。因此，我们看到，在古罗马早期相当长的一段时期内，铜是价值尺度和交易的通用工具，而斯巴达则代之以铁。[①] 那时这些国家比较贫穷，直到后期才采用金银，但这些贵重金属一直以来都被用作商业的
370 通用工具。一定重量的金属总是具有一定的价值，而存有一定数量的金银

① Sparta. Plutarch, *Life of Lycurgus*, 9; cf. Pliny, *Historia Naturalis*, XXXIII. 13. 43.

不需任何花费，也不会因保存时间过久而有任何损失，其他金属则不具有这个优势。在所有金属中，金是最不易损耗的。很大的价值可以固定到很小的金银上，也就是说一点点金银就可以购买很多生活必需品，这源于金银的稀有和美观。它们的价值并非如洛克先生所言[①]，是基于人们的协议，它们具有所谓的自然价值。在被当作一种商品时，它们具有很高的价值。它们的美观无疑胜过其他金属，金比其他金属具有更精细的光泽，银次之。此外，除了用作切砍的工具之外，用金银制造的工具要好于用其他金属制作的。除少数例外，一切的厨具用品，如盘碟、汤匙和水壶等，如用金银制作，质量将会更好。由于它们光泽最为炫丽，用处最为广泛（铁是例外），数量最为稀缺，它们自然具有很高的价值，并可以与大量的其他货物进行交换。稀缺性也使它们能够成为贸易工具，它们价格很高，一小块就具有很大的价值，这意味着它们便于携带。一小块银比起同等价值的粗麻布或其他货物要更容易携带，比起铁铜更是如此。自此，在瑞典的一些城镇，人们推着手推车，去市场准备冬天的储备粮食时，只能携带银币。由于金银已被作为价值尺度，它们也因此更容易被认可作为交易媒介。每个人都用这样一种方式对自己的货物进行估值：无论是什么货物，面包、啤酒或衣服，他都会告诉你它们价值多少英镑或先令，没人会拒绝接受它们，因为他也是以此方式估算自己货物并与其他人进行交易的。

货币因此成为贸易工具。一切的交易，从原先的以牛为媒介，到现在以金属为工具继续进行。为使这些金属能够更恰当地充当这些用途，有必要确定两种东西：它们的重量和成色。重量最容易确定，但即便如此，也有不少困难。天平虽是简单的机械，但在当时尚未发明。先于天平的罗马天秤，除非由熟练的人进行操作，否则经常出现很多错误。此外，对于测定诸如金这类贵重物品的重量，除了一把精致的天平，尚需小心谨慎，不容丝毫疏忽，这对于货物交易是个很大的阻碍。成色是另一个更为棘手的 371
问题。金银里的合金可能夹有混合物，致使成色好的硬币与差的无甚区别。除非使用静水天平[②]，否则很难测出成色。但即便使用静水天平，如含有铅，也不会很准。——因此，要克服很多困难，才能确定金属数量，但交易本身很难检验这些。必须寻求一种办法，确定这些很有用的充当价值尺度和交易媒介的重量和成色，以解决上述问题。铸币可解决这两种问题。

---

① *Civil Government*，§50.

② 可能有误，应该是 hydrostatical balance 而非 hydrostatical bance.

人们发现，铸币对于促进交易和鼓励商业有很大作用，它不但使国家变得更富有，且对政府有益。此外，铸币也能极大便利税赋的支付，等等。因此，将之作为交易媒介符合他们的利益。他们于是开始制造金银的铸币，并在上面打上印记，这虽不能增加或减少其价值，但可让人一目了然地获悉该铸币的重量及成色。[1] 铸币首先能够予以确定的是成色，这在碾磨技术和冲压边缘尚未发明之前是很难确定的。通过打上印记，第一个铸币的性质如同西班牙的铸锭或八片币，仅能确定其价值和成色。至于重量，虽然很难做到精准，但却是每个普通人均能做到的事。若能确定成色和数量，铸币便堪称完美，这样款项支付只需根据硬币反面标的价值[2]，不必称重，令小额付款方便快捷。银币以及金或银的票面数目是以一定数量的银的重量的名字所命名的，这是因为银是通用标准[3]：只能有一种标准，不能出现一种物品有两种价值，而银在当时使用频繁，因此便成为标准。一个想在市场购买一些价值较小的货物的人，他不能直接使用金币，平时的花销无须用金币。他先将金币兑换成银币，然后再用这些银币购买需要的商品。
372 一定数量的铸币具有一定的重量。法国里弗赫* 源于特鲁瓦磅** 或是一古罗马磅*** 重的白银。这种金衡制磅最早在法国________[4]特鲁瓦城流通，此地各国商人云集。——英镑原为塔制**** 一磅的白银，这个单位比特鲁瓦磅稍少，但似乎和古罗马磅一样。

我们可以发现，价值的标准总是愈来愈小，而数量的标准总是愈来愈大。现在的英镑比起爱德华一世时已经贬值三分之一。法国里弗赫现在价值只有 10 便士，在查理曼大帝之前，一个足额金衡制磅的里弗赫是现在的 72 倍。因此，价值的标准正在不断地缩小。价值标准的变小符合政府的利益，而数量标准的变小却不利于政府。商人可从这些标准的缩小中获利，而公众在这方面并没有优势。因此，政府会任命一名官员负责调整和监管

---

[1] Aristotle，*Politics*，1257a38-41，quoted in Pufendorf，V. 1. 12.

[2] By tale：比如根据表明的数字，而非根据重量。

[3] Harris，Ⅰ. 28；cf. Ⅱ. 1，note.

[4] 原稿空缺，特鲁瓦在法国香槟。

* 里弗赫为法国旧时流通的货币名。——译者注

** 特鲁瓦为法国东北部城市，金衡制最早在此使用。——译者注

*** 古罗马磅是古罗马的重量单位，约等于 12 盎司（约为 373 公克）。——译者注

**** 塔制为英国古代重量度量标准，757 年至 1527 年使用，因标准由地处伦敦塔内的皇家铸币局制定而得名。塔制下的一磅为 12 盎司。——译者注

这些标准。当商人普遍缩小标准时，那些监管官员就会选择最安全的一边，提高标准。大多数国家以此提高了标准。我们现在长度的标准，如英尺、码、步借鉴于古罗马，但它们现在的标准比原先的大了很多。

我们的液体测量单位和重量测量亦是如此。特鲁瓦城的磅重的标准当初普及全欧洲，这个单位也比塔制磅和罗马磅大不少，重了有半盎司。然而如今，除了在金银称量上还沿用这个标准外，其他商品已改用常衡度量。按照字面意思，常衡制，有时也被称为重衡量*。之所以会出现常衡制，是因为按照惯例，砝码由买家铸，他们就将其改成了 3 盎司，一磅也由此从 12 盎司变成了 15 盎司。但由于 15 这个数字只能被 3 或 5 整除，不如 12 那般容易划分，他们就又加了 1 盎司，把一磅变成了 16 盎司，不过与此同时，他们降低盎司的重量，最终常衡制一磅约等于金衡制的 14 盎司。因此，重量衡量提高，其他“量”的度量衡也随之上升，不过价值度量单位却缩小了。大家一致同意将伊斯特林磅，即中世纪商业行会城市使用的货币，看作是英格兰的标准重量度量，这也是所谓的“一磅钱”。不过现在的一磅只有它的三分之一左右。一金衡制磅值 62 先令，但由于金衡制磅本身价值略高些，它们之间的差值也不是那么大。[1]

政府的需求或欺诈行为也导致了价值标准的收缩。政府必须耗财费力
铸造硬币，其他人则无法从中获利。在铸币上打上印记并不能增加额外价 373
值，它仅仅是确定铸币的价值。政府虽要承担铸币费用，但仍可从中受益，因为铸币便利税收，促进商业交易，这两者使人民变得富有，从而有利于政府。私人并无动机去铸造硬币。他可以在他的铸币上打上印记，现在也可以这样做，但没有任何用处。此外，个人的信誉不足以让他人确定他说的金属的比重和成色之事是否属实。因此，必须规定，除政府之外，其他人不得铸币。就算政府在铸币上诚实，也会有出现伪币的危险：因诱惑很大，私人可能会篡改公共货币，在其中添加合金。因此，民众铸币被认为是性质最为恶劣的欺诈，且是对政府极大的冒犯。但既然信任国王________（原稿空缺）政府，就必须接受它们发行的铸币。你必须接受国王铸币的价值和面额，拒绝接受是对政府的冒犯，会受到严厉的惩罚。以这种铸币作为债务的偿还应被认为是合法的支付方式，而且它也必须如此。不管债权

① Harris，Ⅰ.31.

* 英语中“常衡制”为 avoirduprois weight，源于古法语中的 aveir de peis，本意为“按重量销售的商品”，在英语中亦有“体重”“肥胖”的意思。——译者注

人是否接受该铸币，债务人用该铸币偿还债务，就不必担心政府去找他的麻烦。任何人都可以以自己的名义发行货币，要是有人认可也行，但没谁必须承认这货币是合法的通货。人民未开化，对货币实值也不留意，政府就可以借其权威权力，轻易地发行实值低的硬币。它们也经常为了利益，通过在同等量的白银里多加合金的方式，降低度量衡标准。用造币厂的术语来说，这叫“抬币”，因为它抬高了硬币中那部分银的价格。比方说 4 盎司银子本来只可以造 20 个左右的先令，如今你提高合金成分，造出了 40 个先令，那么度量衡便贬损一半，货币价值则翻一倍，因为此时 2 盎司银子就值一英镑。这符合它们的利益，如当它们国库只有一百万英镑，但需要两百万来支付公债、军饷以及履行合同，它们将一百万的铸币变成两百万，降低成色标准，并使新的铸币与旧铸币尽量一模一样。通过这种方式，它们似乎清偿了所有的债务。这种方法在一定时间内会有成效。因此，政府出于短期利益，会通过这种欺诈方式减少价值的标准。——但与其他欺诈方式一样，这仅仅是一个短期的诱惑。总体上，它对每一个参与者都是有
374 害的。英格兰政府最为自由，民众也最为注意，铸币价值只降至不到原先的三分之一，法国则降到原先的七十分之一，其他国家的贬值跟法国差不多。由于苏格兰英镑源于金衡磅，苏格兰铸币价值降到原先的三十六分之一。苏格兰与法国贸易交往最为频繁，它们铸币的价值大体上保持一致，直到詹姆斯六世为止。此后，苏格兰的铸币价值与英格兰处于同一基础。英格兰的铸币虽没有变动，但仍然处于不稳定状态，因为铸币由国王和枢密院掌控，国会不能合法干预。——

1763 年 4 月 8 日　星期五

货币极有必要作为商业工具。以此方式，货币可促进商品交易，从而促使人们辛勤劳动，便利和鼓励劳动分工。诚然，货币是个很自然的发明，但已被各国所用，并有不同程度的改进。在欧洲人首次抵达中国、墨西哥、秘鲁以及所有其他东方国家时，他们发现金属已被用作交易工具，且被打上印记，这是金属成为货币所不可或缺的。

我也指出了铸币在重量方面低于原先标准的原因。在纯度方面，现在的铸币跟以前一样高。造成这种情况，是由于政府目光短浅，只顾当下，

且缺乏诚信。政府发现，偶尔通过加入掺杂物，降低铸币成色，就可使用少量的金银支付各种公债，这无疑符合他们的利益。我也指出，这种做法会产生一些影响：一个总是会产生的后果是铸币面额价值的减少。英格兰铸币的价值降到原先的三分之一。银币的重量（以磅重为单位）而不是它的价值不太足 4 盎司，因为银币的磅重可以等分为 63 先令 6 便士，所以 1.000 8 磅等于 4 盎司。{金币的重量与此很接近，相当于现在的 46.5 几尼。}

这种降低铸币成色的做法会妨碍商业的发展。货币的一大优势是为各种商品提供简单、清晰和稳定的价值尺度和交易媒介，但这种作用因上述做法而受到重大干扰。价值尺度，纵有种种不便，也绝不应有所变动。码数作为丈量标准，虽有所不便，但最好继续沿用，任何变动都会对商业造成困扰。前述标准不再被人们认可时，需要一种新的衡量标准，但新标准 375
需一定时间才能为我们所熟悉。价值尺度也是如此，当铸币有所改变时，人们难以确切知道新铸币的价值，这无疑不利于商业。出于遭受损失的忧虑，商人不会售卖商品，除非售价很高。同样，购买者也不会购买商品，除非售价很低。如双方持此立场，商人会选择囤积而非低价销售货物，商品交易必然因此停滞，货币作为价值尺度的角色，在某种程度上也不能发挥效用。此外，这种做法也会产生大量的欺诈行为。首先，政府的债权人会因此被骗了钱。如果铸币价值少了一半，那么债权人对政府享有的债权的实际价值也少了一半，虽然表面上看来他们还拥有全部的债权。另外，为了遮掩，王国所有的债务都按旧币时的额度以新币进行偿还，国家所有债权人的正当债权因此被骗了。在一段时期内，这会保持铸币的价值不变，并防止商品的价格因货币贬值而上涨。但之后如不能有效防止，商品价格会上涨到一定的高度。货币有两种用途：一是偿还债务，二是购买物品。第一种用途能够得以实施，即使货币贬值为原来的一半，他人也不能拒绝接受。当一个人携带新铸货币到市场，特别是外国市场购买东西时，他会发现，原先 10 先令能买到的东西，现在用 20 先令也难以买到。但与此同时，他却能够以新铸币轻易地偿还旧债。因此，实际上价值只有 10 先令的英镑，现在却高达 18 或 20 先令。所有工人的报酬均以此铸币支付：织工、泥瓦匠等等。二十万到四十万士兵的军饷，大量的军官、信使和警察的薪酬也以此种铸币进行支付，所有的商人也是如此。由于政府是根据铸币的面额而非实际价值进行支付，他们的工资实际上大为减少。生活必需品以下等阶层的人所能支付的价格为准[1]，现在他们不能支付跟原先一样的价格，且他们必须售出他们所能售出的必需品，这样一来，人们的存货减少，商品的价格也会下跌。但过后不久，商品的价格会上涨到与铸币面额相称
376 的价格，铸币的真正价值因此消失。但这种情况只有在雇工、技工和劳动者发现他们的工资不足以维持生活而上涨到与铸币贬值成一定比例时才会发生，这通常需要几个月的时间。因此，君主不久所遭受的损失，便会超过因提高货币面额而获得的收益。当货币在国库时，他通过降低铸币成色，增加货币，用较小的价值偿付债务。但之后随着收入增加，货币价值也会上涨，但不会超过铸币面额价值，此时他便会遭受巨大损失，因为发行的货币不会比以前多出一倍。——因此必须要贬值。货币增值后，随之而来的就是货币贬值。如果用 4 盎司铸造出 40 先令，那么一切物品的面额价值会翻一倍，10 先令会变为 1 英镑，半克朗会变成 1 克朗，等等。法国通过马克膨胀经常出现这种情况。他们那里的马克和苏格兰这儿的一样，值三分之二英镑，相当于英格兰的 42 先令。法国曾经（挺久以前）将 1 马克划分为 28 里弗赫，随后立即升至 40 里弗赫，之后没有发行任何新铸币，仅仅通过颁布法令，便宣称 1 马克含有 60 里弗赫，随后又从 60 提升至 120 里弗赫。[2] 但在货币增值之后，立即就预料得到随之而来的贬值。增值是在国库丰盈时完成的，政府因此受益；在税收提高之前，通过贬值可以防止一些损失。这种变动与前者相比，产生的后果一样糟糕。货币标准因此波动不居，商业继而备受阻滞。货币增值损害债权人利益，而本应得益的债务人也遭到损失，因为在货币增值时，若债务人本负债 10 先令，现在则须偿付 15 或 16 先令。当然，相比前一种变动，这种的影响相对微弱，因为这种增值是逐渐且可以预见的。但这并不能完全为债务人避免损失，因为他可能在铸币贬值后才偿还债务。因此债务人也遭受损失，不过没有债权人在货币增值后所遭受的损失那么大，那种损失突然而至，把当时有效的一切合同都变成了欺诈。

大多数国家的铸币有三种类型：金币、银币和铜币。但人们只有义务接受金银币。我们无须将任何铜币的价值提升至最低比价以上，即 1.6 便士。——有时甚至很难确定银币的比价，因为银行总是通过支付 6 便士试图混淆银币的比价，但他们不应该沉湎于这些微不足道的业务。各种铸币的
377 价值比例应当确定，但这种比价并非由政府随意决定，而是由金银的市场

① 73 - 74 above.

② Cf. ii. 81，above.

价格所决定。如果金的市价是同样数量的银的市价的 16 倍，那么金银币之间的比价是 16∶1。如果金的价值是银的 14 倍或 15 倍，那么金银的比价应当也是 14∶1 或 15∶1。因此，金的价值与银的价值保持同步，它们的相对价值也因需求的变化而相应变动。几尼，原先价值 22 先令，现在值 21 先令。它先降到 21 先令 6 便士，后来继续下跌至 21 先令，在这之前，曾经跌至 20 先令。[①] 据说，英格兰的金比欧洲其他国家的金值钱，在这里，金价是银价的 16 倍，而在其他国家，同样数量的金价是银价的 14 或 15 倍左右。因此，我们的银币很快消失。我们这儿，一磅金能造 46.5 几尼，一磅银能造 63 先令 6 便士。金银价值比例因此差不多是 16∶1，而其他国家的比例则是 14∶1。由于银的价值较金低，当铸币厂制造出银币后，将其运到外国购买东西会有利可图，因为在这个王国，十六磅的银只能买到一磅的金，而在其他国家却能买到更多的金。一个人把银运到国外，可购买比国内更多的金，他再用金在国内购买比外国更多的银，长此以往，他的财货越来越多，而我国因此细微的错误，使得金币在金银的相对比例上与日俱增，银币则日渐减少。国会曾有人提出议案，以解决这一问题，但因过于冗繁而放弃。另一个地方发行假先令，价值不超过 10 便士，但正因如此，政府未对这些假先令加以重视。它们为国家提供铸币，但节省了铸造的麻烦和费用，由于不再有利可图，假先令的发行还可以防止输送银币到国外。

货币作为交易媒介，目的在于使人类的生活必需品，包括食物、衣服和住所等流通起来。越多的食物、衣服等需要获得这种流通，这个国家就拥有越少的食物、衣服和住所等，在其他条件相同时，人们吃、穿、住也 378
会更差。因此，一个国家，如流通媒介加速，不但不会得到额外的财富，在其他条件相同时，实际上还会增加贫困，因为使一国富裕的并不是货币本身，而是流通中的衣食住等物质资料的丰盈。——如果我们假设苏格兰所有的货币和货物总值两千万（不管实际上是多于还是少于这个数目），假如需要一百万进行货物流通，这样就剩下一千九百万可供吃、穿、住，等等。如果需要两百万才能满足这个目的——从银行账户中可得知这个接近于事实，那就剩下一千八百万可供吃、穿、住等。可见，在第一个例子中，

① 几尼在 1663 年首次铸造时价值 20 先令，不久提升到 21 先令，随后又涨至 21 先令 6 便士。7 and 8 William Ⅲ，c. 19（1696）规定一几尼价值不能高过 22 先令。但 1699 年下议院做出决议，认为该法案并没有强制要求任何人接受等价于 22 先令的几尼。此后，几尼价值便跌至 21 先令 6 便士，最多跌至 21 先令（根据 1717 年 12 月 22 日宣言）。

只需要一百万进行流通，就可以维持这么多人的生活，在第二个例子中，需要两百万进行流通，才能维持这么多人的生活。用于货物流通的数量越少，剩下用于生活的货物就越多。这些如同死宝的货物，并不能增进国家的财富，因为它们不能供以人们吃、穿，也不能提供住所，而仅仅是使其他货物流通起来，并流向市场。越多的货物用于流通，国家所拥有的生活必需品就越少。从某种意义上讲，公路比其他同等数量的土地更能长出青草和谷物，因为它们便利运输，促进其他土地改善，鼓励耕种，因此能长出更多的谷物和青草，但公路本身并不产生任何东西。现在如果你想方设法，在不影响运输的情况下，通过拉直、缩小宽度等办法，减少公路占用的土地，使得这些公路的二分之一能够耕种，你就会有更多的土地可以栽培，从而能产出更多的货物，换言之，这二分之一的公路可以生产出同等数量的土地所产出的货物。很多空旷的荒地也可用于耕种青草和谷物等，这些土地自此便可为人们生产衣食之物。货币也如同公路一样，可促进财富增长，但这并非意味着富裕存在于货币，它如同促进谷物生长的公路。富裕在于人们辛勤劳动所生产的生活必需品和便利品的丰盈，货币仅仅是有助于上述物品的流通。很明显，一个国家把更少的财富和货物用于流通，这个国家就拥有更多的货物。任何减少用于流通的货物的办法都会增进国家财富。纸币就是这种有用的办法。苏格兰需要大约两百万用于流通，也有人说只需要一百万，但从银行账户来看，这个数目接近于两百万。如果苏格兰的全部财富有两千万，那就意味着有一千八百万需要流通。

379 现在我们假设苏格兰六大银行同时发行总价共两百万的纸币，这些纸币发放给有银行信用的商人。在两百万流通的货币中，我们假设每一家银行存有五万英镑，以备不时之需。全部六家银行加起来共有三十万英镑，市面流通的即一百七十万英镑金银和两百万英镑纸币。用于流通的货币一共三百七十万，因此流通的钱几乎多了一倍，这是因为这些纸币如同金银币一样为人接受（现在的确如此），且可到发行该纸币的银行兑换金银币。尽管如此，这些纸币本身并不能增加实际财富。假设一个商人具有一千英镑的银行信贷，并从银行贷出这一千英镑的纸币，他依然只持有一千英镑。英国的流通取决于购买者的财富。一个拥有一万英镑的人的流通是一个拥有五百英镑的人的二十倍，而后者的流通是一个年收入一百英镑的人的五倍。每一个聪明的人都会意识到他的财富不因这些钱而增加，即使有些愚人认为他们因此多了额外财富而可能有更多的花费，但绝大多数人应该比较谨慎，跟以前一样消费支出。因此，这种交易或流通与以前大致相同（因为绝大多数人在这方面一般按照常识进行），同样数量的货币能够继续维持流通，以前流通需要的两百万现在依然能够满足需求。这个国家不需要更多的货币，任何超过此数目的货币会向外溢出。英国不可能消费全部的三百七十万英镑，因此，部分金额会流通到国外。由于国内银行信用尚未延伸到国外，国内银行发行的纸币不会被外国接收，除非以很低的折扣兑换。因此，纸币并不能流通出去。纸币最初直接发行到商人的现金账户，商人提交一张与取出的纸币数额相同的账单，通过这种方式，商人可以获取比自己的实际账户多出一千余英镑的纸币。他不可能把全部的货币用于国内，因为国家不需要这么多的货币进行流通，他也不可能将纸币流出到国外。因此，他只好将铸币运出国外，用以交换各种货物，流入到国内的货物数量因此上升，从而需要雇用更多的人手进行制造。流通所需的货币依然是两百万，其中银行备有三十万英镑，因此，可用一百七十万英镑从国外输入货物，比如购买食物、衣物等，用于衣食住和雇用部分居民。诚然，人们在这一年内会消费这些货物，但与此同时，他们也会通过辛勤劳动制造出更多的产品，使得商人能够输入更多的货物以供吃、穿和雇请劳动者。由此，我们看到，自苏格兰设立银行以来，贸易和生产已经并正在逐渐增长。 380

所有产业都服务于丰富和满足人类的欲望，即使到世界末日也不会发生改变，这即是货物和货币：作为目的的货物和作为手段的货币，但这二者之间并不会同等增加。哪一个最容易和最能确定增加，金子还是谷物？总体而言，掘金不太确定，一个人去秘鲁、安第斯山脉或亚平宁山脉采掘金矿，最终可能一无所获。谷物利润虽不像金矿那么丰厚，但收入确定，几乎没有落空的。因此，谷物以及其他所有商品和制造品都比金更容易增加，货物的增加比例也因此大于货币，这导致货币价值上涨，而货物价格下跌。若一个国家由野蛮人盘踞，比如我们的撒克逊祖先或现在的北美人，在这种国家货币由于数量极少，且可以购买大量物品，因此货币价格极高，仅由最富有的人占有。他们所拥有的金银一定是自己国家生产的，他们没有商业。他们发现金子并将之从矿砂中分离的技术只会十分有限，这类技艺需要进一步完善。不能指望他们有开采金银矿，并将它们与矿石分离的技艺，他们没有加工和打磨金子的技艺，也就不可能让金银光泽耀眼，教人类渴望拥有，满足虚荣。因此，这些货币数量极少，价值极高。——当技艺有很大改进，所有矿产均可进行开采分离，商业也有所发展时，金银数量丰富，价值也随之降低。自古以来，莫不如此。从古罗马帝国的衰亡到西班牙的地理大发现这段期间，货币价值不断上涨，直至西印度的发现，货币价值才下跌，但在革命期间，价格在一段时期内有所回升。

1763年4月12日　星期二

381 这种与我一直试图解释的有所不同的制度①已经被之前的作家所谈及，但孟先生最早将之形成常规制度。② ——很多作家自此之后都采纳这一观点。洛克先生也持相似观点，不过他改进了一些说法，让它染上几分哲理色彩，并且看上去更可信。他认为其他货物，如谷物、衣服、牛羊等也是一国财富的组成部分，但同时坚称，由于这些货物容易毁坏，它们在国家财富所占的部分很小或至少不多，而金银因其耐用性成为一国财富的真正组成部分。有了这些金银，国家可应付一切紧急事故，也可用之维持货物的丰盈和国家的富裕。③ 但明显的是，即使稍加注意就可发现，易坏性这一特质并不足以使其他货物低于金银一等，因为金银不能被消费，而使货物具有很高价值的是其可消费性，这种可消费性赋予货物价值，不管该货物是在国内还是国外生产。如在国内生产，则需要人们制造更多的产品，从而促进产业及制造业的发展。如在国外生产，那国内需要制造更多的其他产品，以便于与他国进行交换满足需求。消费可促进产业发展，增进财富积累，因为每个人都会以自己的方式，通过辛勤劳动，制造出超过自己所能毁坏或消费的产量。我们会发现现金（或者可以替代它的东西）在一国财富中只占最小的部分。大不列颠全部现金最高估算不超过三千万，实际上很可能还会少点，但不管怎么算也不会超过这个数目。无论如何，这肯定只占国民财富的一小部分。有一例证，国家现在的债务高达一亿两千万或一亿三千万，这些国债并非重负，因为国家可轻松支付这些利息。如果国家财富没有超过三千万，支付利息就没这么轻松了，因为利息是全部本

① 比如，认为国家富裕在于或可以金银储备衡量的理论或假设。在133页前遗漏的段落里，应该有对于这个原则（以及LJ（B）251-253页的陈述）的讨论和批判。

② *England's Treasure by Forraign Trade*（1664）.

③ 洛克关于这方面的观点可能基于——虽然并不完全基于——《政府论》（*Civil Government*）一书（§§46-50）。

金的五分之一或者六分之一，这么多钱没法筹。三千万现金无疑只占国家财富的很小一部分。我们假设大不列颠的居民有一千万人，每人每年消费 382
十英镑，消费总额可达一亿。这个数目一点也不夸张，如果我们考虑到有钱人无节制的消费，如非亲眼所见，他们消费之多难以想象，这种过度消费可弥补那些消费少的人。小孩的消费也不会很大，但成年人的消费很少会低于十英镑。有钱人的穷奢极侈，可以促进生产，从而为穷人提供更多的产品。士兵每年的军饷是九英镑，除此之外，还有将近三英镑用于衣服和住所，因此每年的消费额是十二英镑。诚然，其他人的消费有时会少于这个数额，但有钱人的过度消费会填补这个空缺。因此，不列颠的消费总额是一亿英镑，供以此消费的资产必须更多。我们很难想象人民的辛勤劳作所生产的储备仅比此多出百分之十，因为在制造出产品，拿到市场售卖之前，人们的生活依赖于这些储备。因此，这些须要有十亿英镑。这样，我们才容易想到，即使战争费用极高，英国仍然有两千万的流通现金。如果这些资产只有三千万，我们很难想象他们不历经极大困难，便可省下三分之二的储备，即使是五分之一或六分之一也很难做到。但如果储备高达十亿，则不会造成影响。因此，现金在资产总量所占比重很小。威廉国王时期规定的土地税，一英镑须缴纳四先令或佃租的五分之一，仅英格兰，这一税收就高达 250 万英镑。以五分之一佃租计算，收入可达 1 250 万英镑。但众所周知的是，在大部分的郡，人们实际缴纳的佃租比土地实际产出要低得多，即使当时也不过是每英镑缴纳不超过两先令。不过就算是在那些缴纳合理佃租的地区，由于土地状况得到极大的改善（尤其是谷物种植补贴发放以来，土地得到了精耕细作），所缴纳数也不超过产出的三分之一。总而言之，如果我们说这所谓的“四先令”就等于实际缴纳的每英镑两先令的佃租，已是宽打宽算，这样算来，总佃租就差不多是 2 500 万英镑。计算时，英格兰的地租不应超过农业总产值的三分之一，实际上地租没那么高。当然，在本国*，尤其是低地地区，一般收的都是极限租金，佃租最高，那里的比例就是三分之一。但英格兰的土地更为肥沃，农民的收益一定更高。一个无以维生、濒于饿死的人会接受任何能让他维持生计的租约，不管其条件多么苛刻。可是一个人若是有点积蓄，能维持数年的话，便轻易不会和人签约，除非其收益还说得过去。而英格兰的农民们大多就 383

* 即苏格兰。——译者注

是这样的情况，因此那里高租金极少。姑且算作土地总产值的三分之一，那大概就有7 500万英镑。若我们刨去种植庄稼所需种子的费用、蓄养牲口所需的费用，以及其他费用，算1 500万英镑，这绝对绰绰有余了，那么还剩下每年6 000万英镑作为消费，可以用来购买牛羊、谷物、未经加工的土地初级产品，从打谷者那里购买谷物，剪毛匠那里购买羊毛，制麻人那里购买亚麻，养殖户那里购买牲口。那些用谷物制作面包和啤酒、用羊毛和亚麻制造各类衣物的企业肯定能让这些东西再增值4 000万英镑，要是做不到这一点，那简直不可思议，这样一来也就是说总共1亿英镑，因此最后的总产值应在10亿英镑左右，不会比这个数少太多。我们再假设每个人每天消费6便士，总体来看，这不算太多。6便士里，他要用2便士来买面包和啤酒，2便士从屠夫那儿买肉，剩下2便士花在其他诸如衣物、房租等必须用的地方上。这和士兵军饷差不多，如果不欠饷的话，他们每年可得9英镑左右。这样，按人头算下来，每年的国民消费总额是9 900万英镑，也可以说成1亿英镑。因此，不管以何种形式存在，3 000万英镑的现金都只占整个大不列颠王国财富的很小一部分。不过实际上现金储备还是可能少于3 000万英镑。我们只有一个方法可以估算保持流通所需的现金数额是多少，那就是计算地租总额。根据土地税计算，这个数额不过是每半年1 250万英镑。实际上，所有其他人手里的现金都是土地所有人支付的。他们用收来的地租清偿贷款或者支付管家的工资；接着他们付钱给卖杂货的、卖面包的或者是卖肉的；他们还付钱给向他们供应商品的国内外大商家以及其他客户。这样，地租资金流通全国，到达所有人的手中。地租是从佃户手里收来的，然后由收租的土地主人再支付出去。因此地租缴纳期以前货币极为短缺，之后则极为充裕，因而其他款项的支付期都紧随其后。每一次交租期以前，佃户将货币聚拢到自己手中，而交了租之后，货币便很快分散到整个王国。因此现金金额至少是1 250万英镑。诚然，不是所有的货币都在佃户手里，但就算其他的交易也使用同样数额的现金，这肯定超过当时的
384 实际需求，那加起来的总数也不会超过2 500万英镑。我们没有证据表明在同一时间内有大于这个数额的货币在流通或存在，而不同时间内有大于这个数额的货币周转则并不能证明什么。1 250万英镑绝对足够流通所需。另外，如果我们考虑到，这笔钱和另外用于其他交易的1 250万英镑大部分都是纸币(在本国还要再多些)，那么把全国的现金量估算在2 800万甚至是2 000万英镑足矣。比起国家资产总存量，以现金形式存在的这部分比重实在很小。

因此，国家财富不可能存在于货币，如果在于货币，则战争所需的供应品不会提高至全部资产的三分之二。但如果我们以十亿的数目进行计算，我们不会因对此毫无感觉而感到惊讶。他们的确喜欢这种方法，即当他们不再从事贸易后，每个人都试图卖掉货物，以换得货币。在这类人眼中，货币是很好的东西，他希望拥有大量货币。但他并非因为这个而变得富有，货币本身不能让人变得富有，但他可凭借货币以较大的确定性从面包师、屠夫、酒商、裁缝等处购得他需要的各种物品。他可用 150 英镑从上述商家购得物品，这比起他用一些商家不需要的亚麻布换取物品方便轻松得多。同样，他也可以很方便地以年收入购买土地。他付 150 英镑给这个工匠，这个工匠会给他价值 50 或 70 英镑的产品，给自己手下的工匠们 50 英镑，剩下的留给自己。没有货币，他不可能以其他方式做到这些。他渴望活得舒适休闲，为此目的，他希望获得货币。这并非为了货币而获得货币，而是货币可使他活得更舒服。即使是嗜钱如命的守财奴，让他称心如意的也并非货币本身，而是他拥有可随心所欲购买大量物品的财产以及他无须担心沦落至贫困之境。货币并不是人类欲望的最终目标，但由于我们通常都只在意货币，并经常说我们需要钱，他们因此认为国家也需要大量货币。这种学说在实践中产生了诸多谬误。其他国家也因此试图增加货币数量（增加货币数量的政策，部分是徒劳无益的，部分则有害），而这些货币除用于流通所需，并无他用。任何超过流通所需的货币如同无用之物[①]，只有输出国外，才能获得回报，从而促进产业发展和增进国家财富。 385

其中一个被多数国家实施的危害性规定是禁止铸币和金银的出口。正如我之前所指出的，违反国王禁令出口铸币仍是重罪。[②] 在威廉王朝时期，有两种铸币，一种是轧有花边的铸币，一种是没有轧花边的铸币。第一种铸币的边缘不易被切掉或损坏（现在常见的________［原稿空缺］技艺，当时尚无人知晓），另一种则容易被损坏，并导致其价值下跌八分之一。这自然引起强烈的抗议，这种抗议也情有可原，因为一个人没能获得本应有足额价值的铸币。同时，这种情况也势必造成混乱。为此，国会通过决议，召回所有被剪削的铸币，并以合适的重量和标准发放同等面额的铸币。因铸币被剪削再加上重新改铸，国家为此花费两百万英镑。为人们提供了这些铸币后，政府紧接着颁布规定，防止运送铸币到国外。为此，旧法复兴，

① Harris，Ⅰ. 51.

② Not so：Hale，Ⅰ. 655；cf. p. 299 above.

凡出口铸币者，以重罪论处。同时，作为该规定的自然后果，如运输金银出境，可处以极刑。后来该规定被废止，金银可在特定的规章和指令下运输出境。① 商人发现取消该规定绝对有必要，否则对外贸易无法进行，因此多方呼吁，最终得以废除该规定。但当时盛行的观点是国内的铸币越多越好。他们认为，铸币多多益善，永不嫌多。根据此观点，政府鼓励将金银铸成硬币，以提高它的价值。为此，政府免收铸币费。② 任何人，带一磅金子去铸币厂，就能从中获得 44.5 几尼，若是带一磅银子去，则能得到 63 先令。除了支付一点先令给运输金银的人之外，他无须支付其他费用。但即便是这些费用，也是被禁止的。——当时以为，通过将这些金银造成铸币可以增进国家财富。但一个几尼或一个先令事实上并不比一块含有同等数量金属的金银的价值高，即一个铸造成的金币价格绝不会比一个同等重量的未铸造的金块高。因为如果一个 6 便士的铸币价格较高，那么一个人就会将此银块送往铸币厂铸造成硬币。因此，未铸造的金块应该总是至少与其
386 铸造的金币具有同等价值。但一般而言，后者价格高于前者，因为铸造后的金银币便于运往国外，且不易产生受惩罚的危险。由于未铸造的金银的输出更容易被抓住，更不用说随之而来的惩罚③，大多数铸币会被放到熔化锅，除非是十足愚笨，否则很难被发现，因为铸币熔化瞬间即可完成。如果一个人从银行取出一大笔钱，别人没有权利询问，也不会问他如何处理这笔钱。即使丢失，他也没有义务告诉他人在哪丢失的。以此看来，这些规定很大程度上并不起作用，而且实施生效后，产生危害后果，因为他们试图使更多的货币进入流通渠道，从而超出合理需求。出口铸币不会使货币高于或低于流通所需的数量，完全不必担心因出口而导致货币短缺，因为如果国内货币过少，不久便会通过货物出口得到补充，如果货币过多，可以通过以铸币形式或熔铸的途径与他国货物进行交换。金银还有一个特别的优势，即它们不会因为熔铸而有所损失，即使经过二十次的熔烧，金子完好无损，银也几乎无损。而免费铸造的规定，致使很多铸币和金银被熔烧和运输出境。但如果对于货币铸造课以些许税赋，则可有效防止这种现象。改铸后，一盎司的银或金能够更好地交换货物，这种铸造需要收取费用，改铸后价值也会提升，因此，价格上涨也合情合理。经铸造厂改铸

① 15 Charles Ⅱ, c. 7 (1663).

② 18 and 19 Charles Ⅱ, c. 5 (1666).

③ 6 and 7 William Ⅲ, c. 17 (1695).

后，原先价值 44.5 几尼的金会上涨到 45 几尼。但不能任由铸造厂的主人决定铸造的费用，因为有必要维持他作为唯一的造币者和享有铸币的独占权，因此，如同其他专卖品一样，有必要确定一个固定或法定标准的铸造价格。通过收取铸造费用，每年可节省 14 000 英镑①并可用作他途。如此，出口禁令在很大程度上并无效用。但在某种程度上又有其作用，它不仅能提高国内商品的价格，而且使其对外贸易处于不利地位。葡萄牙除了货币之外，很少或没有其他东西可与我国的谷物或其他货物进行交换，如果施以严厉惩罚，禁止出口货币，那葡萄牙商人想从国外购买商品时，不但需要支付
该商品的自然价格和运输费用，还须偿付英国商人因禁运而可能遭受的风 387
险。② 只要经历过，就知道要把货币带出国外有多困难。只要不是商人的人差不多都得用上，把钱一张一张地装在自己的口袋里带上船。如果取消禁令，会有更多的金银流出国外，但也会有更多的商品输入国内，而且商品的价格大大超过货币之间的汇率差价，这样才能补偿他们购买商品时的损失。取消禁令因此迫使商人输入国外货物，因为进口国外产品比购买本土产品便宜，进口或可以贱买贵卖。因此，他们面对这种不利的贸易收支，须用现金支付差额。如果禁止铸币或金属出口，则价格会继续高涨，更多的钱只能买到更少的商品。

第二，所有毫无必要的财富积累都会带来麻烦。正是这种不流通的财富，不仅不能给国家带来收益，甚至会抑制国内生产，妨碍商品出口。随着货币的增加，物价和劳动价格就会相应上涨。企业因为无法以低廉的价格出售产品，难以与其他国家的低价商品竞争，生产就会停滞。商品无法出口，而与此同时因为其他国家的劳动更为便宜，外国产品会涌入国内。就算政府明令禁止进口，也会有人走私货物。因为若有高额利润可谋，禁令根本阻挡不了走私。这样一来，货币就会流向海外。不过，若是像葡萄牙和西班牙那样，因有美洲的金矿，不断有货币补充进来，在这种情况下，尽管流出的和流入的相当，国内囤积的货币依然会达到异常高位。这就像是在河里造了水坝，就会抬高水位，尽管（当蓄水量达到坝顶以后）出水量会与进水量持平。这样一来，劳动价格会持续上涨到不可思议的高度，而其他国家会因此低价销售商品，导致即使是本国的制造业，也难以为国

① 该数据可能有错，很可能是“64 000 英镑”，但在 LJ（B）260 页中记录的数据是“约 14 000英镑”。

② Cf. John Law, *Money and Trade Considered*（1705），Ⅱ.25.

民提供充足商品，因为其他国家的商品更加便宜。① 西班牙的毛线是迄今为止最适合制作细布的，但西班牙从未输出该毛线。我们所满意的布料的优良质量源于我们的毛线，没有毛线，布料不可能制成。如果我国能拥有西班牙那种毛线，我们就能主宰布料贸易。但他们从未制造这些毛
388 线用以对外销售，因为西班牙所有商品的高昂价格使得毛线不可能输往国外。他们甚至需要通过走私输进外国商品以满足需求。——这似乎是西班牙和葡萄牙遭受诸多苦难的其中一个原因。它削弱产业，减少存货，毁损财富。

第三，这个制度的另一个不良后果是对某些产业或产业部门的不恰当和荒谬的支持以及对其他产业的压制和禁止。一些似乎收支平衡的贸易，因其货币流失，减少国家财富，被认为是有害而受到抑制。一些贸易差额有利于我们的产业，因其输入货币而受到高度重视和大力支持。正因如此，所有与法国交易的产业部门均受压制，因为法国拥有一切我们所具有的产品和制造品，没有必要向我们购买。除此之外，法国还拥有一些我们不具有的货物，这使得货币必然因购买这些货物而流向法国。——所以葡萄牙很少拥有我们所具有的货物，他们必须以货币支付购买我们的货物，因此，与葡萄牙的贸易得到大力支持。他们几乎只提供水果和酒，考虑到该国产业较为落后，路途遥远，这些货物不但价格昂贵，而且质量低劣。与法国的贸易却能带来更多的益处，因为他们能够提供更多的各种各样的商品，激发人们辛勤工作的热情。

1763年4月13日　星期三

我昨天开始阐述了一国财富在于铸币和货币的制度和理论在实践中产生的不良影响，第一个不良影响是禁止铸币和金银出口的规定。人们认为，货币的积累与财富的积累是一回事，为此不惜使用一切手段输入货币和防止货币输出。西班牙人持此观点，他们在发现秘鲁银矿后，在不知道巴西也有银矿的情况下，想象着自己拥有全部的银子。他们认为如果将这些银留在国内仅供国民所用，西班牙不仅将成为欧洲最强盛的国家，而且也将

① Cf. Hume, ‘Of the balance of Trade’, *Essays*, Ⅰ. 333 - 334.

成为最富有的王国。因此，他们以及随后的葡萄牙依此计划，禁止金银输出。但这个措施，正如我之前所说，很大程度上并无效用，因为这种不利于他们的贸易差额使得金银必须输出。他们需要购买货物时，很可能处于不利地位。葡萄牙商人向一个英国商人购买货物时，不仅需要支付货物的价格，还需偿付英国商人因禁运而可能被没收货币的风险，这相当于货物价格的百分之三、四、五或十的费用。英国商人在确定交易后，冒有被没 389
收货币的风险，因此他须从对方收取更高的价格，以抵偿风险。这个制度也有效用，却是负面的效用。他们囤积货币至不可思议的高度，当积累至一定程度时，虽然会有货币输出，但会有同等数额的输入，囤积高度依旧不变。这些货币超出流通所需，在他们手里就是个死结，当其以任何一种方式被迫进入流通渠道时，能起到的作用就是将所有商品的价格推至匪夷所思的高度。当这个货币水坝被凿开时，这些国家的金子会流失，从而使商品价格回跌至正常价格。金银的数量虽然减少，但货物会更加丰盈，价格也会降低。货币水坝使流通渠道饱和，一切商品和劳动价格极为昂贵，无法进行对外贸易。在哪个国家都见不到除了自然产品外的西班牙商品。{西班牙是全世界最适合牧羊的国家，国内遍布生长优质牧草的沙丘。} 他们拥有制作细平布所不可或缺的毛线，但从来没有人在市场见过来自西班牙的毛线，也没有见过西班牙的其他货物。唯一可见到的西班牙生产的商品是他们的水果和酒，这些东西可能是这个卓越国家几乎唯一的自然产出物。我们能见到的另一种商品是西班牙钢铁，这种钢铁质量极好，但数量不多。在威廉王朝时期，不列颠也曾实行过这种禁令。这些我已经探讨过，同时我还提及了熔烧和出口铸币所带来的负面影响及其可能的救济途径。但所有这些尝试都是徒劳无效的，因为流通渠道中的货币绝不能超过一定数量。

它在贸易与商业规则方面也产生很多其他的不良影响。由于货币被认为是王国的唯一财富，所有将货币输出国外的贸易都被认为是有害的，而那些将货币输入国内的贸易则被认为大有裨益。对法贸易受到抑制，因为法国拥有绝大多数制造业，拥有我们所具有的全部产品，也拥有一些我们没有的产品，与之交易会使货币流失。他们有酒，而我们没有，他们拥有制造精美麻纱不可或缺的棉绒，而这不适宜在我国栽培。因此，我国与法国的贸易进口多于出口，该贸易差额须用货币支付，根据上述观念，这种贸易应当受到抑制。因此，我国通过对诸多商品课以高额关税以及对其他 390

商品如麻纱等明令禁止进口的办法几乎完全禁锢了对法贸易，对商品课以高额关税的办法实际上与禁止无异。这部分源于上述的考虑，部分可归咎于双方彼此的敌意及猜忌，为此他们从未对彼此的贸易感到满意。① 一个基于公正对价的自由贸易必须有利于双方利益。我们看到，两个人之间进行交易时，也是如此，除非其中一方是白痴，完全不会讨价还价。但当双方都是谨慎之人时，则交易总是对双方有利的。因为交易的根源一定是你对我产品的需求超过我对它的需求，而我对你产品的需求超过你对它的需求，这交易如能以谨慎行之，必定有利于双方。国与国之间的交易也是如此。双方如慎重行事，总能从交易中获利。由于双方交易时慎重程度会大体相同，而这远比其他因素重要，因此双方均可获利。因为很明显，另一个国家对这件商品的需求超过本国，这应该适用于交易双方。举个例子，虽然例中情况不大可能出现：如果波尔多红葡萄酒在本地不比在法国更有价值，而用来买这酒的货币在法国不比在本地价值更高，那他根本没有从法国购进红葡萄酒的动力。如果他在本地得到的不比他在法国付出的多，他就不会进口红葡萄酒。他大概会花费一千英镑从法国进口某个在英国价值一千一百英镑的货物。金子虽然流失出国，但却得到大量的酒，而这可增加国家财富。诚然，金子可永世保存，而红酒不久便会被喝完，但这完全一样。一国拥有的全部货物有何用途，仅提供给人们维持生活？那如何完成这个目的？通过消费！一个东西之所以有用，是因为其具有可消费性。产业是为了何种目的而存在？产业乃是为了生产最丰富的生活必需品。因此，这些货物什么时候用于消费，三年、三十年还是三百年，并不重要。前者对于商业和产业的促进作用大于后者，商业和产业贸易是为了生产最为丰盛的生活必需品供以人们消费或者与其他更加有需要的人进行交换。就是这种交换的能力为分工所依赖。分工已被证明可满足全体人民，也是富裕的根基，因其能产生更多不同的供以制作的物品。产业的唯一益处是制造生
391 活必需品，如果你不消费这些产品，那产品剩余再多又有何用？雇用大量人手和珍惜技艺培养的用处在哪？财富与产业的整体利益在于你要么可以雇用更多的工人，要么可以给已被雇用的人发放更多的生活补助。如果运行恰当，没有一个贸易不能满足这些目的。实现这个目的，有一不可或缺的条件，即需要一定数量的货币促进余下货物的流通。将这些金子留在国

① Cf. Hume，‘Of the Jealousy of Trade’，*Essays*，Ⅰ. 345 ff.

内有何用途，流通渠道总是可以自我充实的。如果货币不足，其他国家的货币便会输送进来，或者国内的金属会被熔烧并改造成铸币。货币如果过多，则会因向国外输送或投入熔炉而减少。因此，流通中的货币恰好与商品成一定比例，既不能超出，也不能低于。假如现在如正常时候一样，正处于这种比例适合的时候，你为什么，或者说如何，再或者说能否再增加货币量呢？三千万英镑已足以满足流通所需，为什么还要再增加呢？众所周知，禁止任何产业部门的产品出口都有害于该部门的生产和改进。如果这样（事实上的确如此），那阻止向任何一个国家出口货物必将造成损害，因为不再按需向该国提供产品，商品的产量将大大减少。向哪个国家出口或是走私最能获益，禁止向此国家出口，损失就最大。既然禁止向一个最富有、最佳的国家出口是有害的，那么禁止用这种商品换该国可提供的最好、最可获利的产品也一样不利。禁止出口布料和谷物无疑是有害的，因此，禁止向法国出口布料和谷物也是同样有害的，因为为了向该国出口而生产的谷物和布料由此变得多余。如果你禁止出口这些货物与法国交换红酒，那么所有为了交换红酒而存在的谷物、布料产业就多余了。他们可能会说，是是是，我们是应该允许你们用谷物或布料交换红酒，但现在你们不是送来金子了嘛。但不管是金子还是谷物，都一样，绝无优劣之分。这笔钱如果留在国内，会对产业造成很大不利。因此，它可直接向法国输送，以换取红酒；或先输出巴西，换得金子，或直接向葡萄牙输出也是一样，金子都是由巴西先输送到葡萄牙的。换得金子之后，再送往法国以换取葡萄酒。不管是输出商品还是输入货币，效果都是完全一样的。因此，如果你停止进口红酒，你就使得向西班牙出口的制造业停滞，这效果和直接禁令没什么两样。这些禁令对我们自己的伤害远超过对法国人的。还有那些民族间的猜忌，它们会引起怨恨与敌意，导致一国拒绝接受另一国提供的 392
便利生活的产品，这势必减少商品交换，有损劳动分工和削弱双方财力。现在，在某种意义上，所有与法国的贸易往来已被禁止，两国本应享有的因互通而带来的利益业已被剥夺。双方都因此财力大损，但不列颠作为两者中更富裕的一个，所受损失更大。这么说，是因为如果双方交易能够公平进行，双方自然均可从中获益。但如果一国富裕，另一国贫穷，则前者在很多方面所得利益大于后者。——另一方面，与葡萄牙的贸易得到大力支持，因为该贸易差额有利于我们，可从此贸易中输入货币。但如果这些货币超过交换所需，它们用途何在？如果留在国内，无疑有害。因此，它们必须流出国外或通过其他方式流出流通渠道。——然后，如与葡萄牙[①]的自由贸易相比，对葡萄牙的贸易显得不足为重，利润也更少。葡萄牙约有两百万人，而法国约有两千万人，对法国的贸易额可能是对葡萄牙贸易额的一百倍，因此，对法国的自由贸易比对葡萄牙的贸易更能促进国内产业发展。一个拥有两千万人的社会通力协作制造出来的货物，要比仅仅拥有两百万人的更贫穷的社会所制造出来的货物多一百倍。的确，法国比英格兰，甚至是苏格兰的低地区域贫穷，但与西班牙或葡萄牙相比，它仍非常富有，而且所有制造品都非常丰盈。与葡萄牙进行一次交易可与法国进行一百次交易，因自由贸易而刺激的产业发展也会相应提升。因禁止法国红酒的供应，我们全依赖于葡萄牙的进口，但与法国红酒相比，葡萄牙红酒价格更高，质量更次。我已提过这个例子，表面上看，这个问题并不重要，因为别人会说酒只不过是奢侈品而已。但它与胡椒、糖、茶、咖啡、烟草、染料、药物等并无多大差异，而且使用货币购买优质的酒并不比购买其他商品要更荒谬。

没有一个国家会因贸易逆差而陷入破产。当我们翻阅祁先生的著作时[②]，我们会发现，我国与欧洲所有国家的贸易均为逆差，只有与西班牙、葡萄牙和爱尔兰的贸易是例外。包括美洲种植园在内，西印度岛与我们的贸易差额也不利于我们。他威胁说，我们很快将会陷入破产。斯威夫特[③]预
393 测爱尔兰将在六七年内一无所有，尽管爱尔兰发展迅猛。因此，他似乎也认为，如不对这种破坏性的对外贸易加以阻止，英国也会在短期内陷入破产。的确，自查理二世以来，有人大声疾呼，认为对外贸易将会摧毁英国，尽管这个国家在富饶、实力和财富方面已有持续改善。如有需要，我们可以更为便利的方法筹集到比以前还要多的资金。安娜女王时期，内阁成员非常聪明，但他们也只能筹集到不到六百万的资金，而佩勒姆先生一年内

---

① 应该是“法国”而非“葡萄牙”。

② Joshua Gee, *The Trade and Navigation of Great-Britain Considered* (1729).

③ Jonathan Swift, *A short View of the State of Ireland* (1727 - 1728: *Prose Works*, ed. H. Davis, vol. Ⅻ, 1955, 9 - 10). Cf. Hume, *Essays*, Ⅰ. 332.

就筹集到一千万，皮特先生则筹集到两千三百万，且比以往任何时候还要容易。[①] 我们以前抱怨航运事业已经没落，可我们发现船只数量在上升，我们的各项实力也在增强。其他国家也是如此：法国、荷兰和意大利都在抱怨贸易差额会使之破产，但这些国家仍然持续繁荣。从来没有一个国家因对外贸易而陷入破产，只有一样东西会使国家和个人破产，那就是消费超过生产。如果一个国家生产总值九千万，而消费高达一亿，该国不会持续很久。

第三，该制度的另一个不良影响是关于国内外消费的观念，由于其对理论的影响大于实践，这一观念不像上述那样有害。该制度必然衍生出一种规则，即在国内无论如何消费，都不会减少国家财富。自从曼德维尔{约翰·曼德维尔爵士，《蜜蜂的寓言》的作者[②]}提出私人的恶德即公众的利益这一理论以来，人们认为，即使穷奢极侈，挥霍无度，如果消费的对象是国内制造的产品，也不会造成任何损害，很多甚至是有利的。如果我们留下所有的其他商品，并让一个人恣意消费，这个国家也如同以往那般富裕，因为这些钱依旧在本国，并没有流失到法国或荷兰。这如同左手支付右手一样，那个人不会因此而变贫穷，这些钱仍然在国民手中。但如果 394
每个人都以此种方式消费的话，我们会发现国家财富会相应减少，因为即使货币仍然留在王国，但货物减少很多。比如我有一千英镑，但挥霍无度，花了出去。这些钱仍在王国，但少了价值一千英镑的货物。这些货物被消费了，但却没有相应的产品制造出来。但如果我贷给从事贸易的商人、农民或者土地持有者，他们借此雇用大批人手，精耕细作，每年可赚取75英镑的利润。他们会从这笔利润中抽取50英镑给我，余下25英镑留给自己。这笔钱通过这种方式服务于产业和富裕。我现在有这50英镑，每天无所事事，好逸恶劳，但也没什么害处。我的资金可用以促进产业发展和财富积累。如果我同时也辛勤工作，制造产品，那无疑会更有效益。但如果我消费这一千英镑而没有任何产出，那国家会丧失一千英镑的财富。为进一步

① 亨利·佩勒姆在1743年至1754年间担任第一财政大臣，其中绝大多数筹集款项在1748年投票通过支持各项支出（包括提供3 640 350英镑给海军，4 261 575英镑作为军备支出）。随后查塔姆第一公爵威廉·皮特于1756年至1761年间实际上执掌国务大臣一职。在此期间，最高款项支出是在1760年，即投票通过战争费用支出19 616 119英镑（J. Sinclair，*History of the Public Revenue of the British Empire*，2nd edn.，1790，Ⅲ.58-69）。

② 《蜜蜂的寓言》一书的作者是伯纳德·曼德维尔，他与《14世纪游记故事集》（该书国内名为《曼德维尔游记》——译者注）的作者约翰·曼德维尔并无关联。

阐述这一问题，我们假设，我父亲死后遗留一些物品：牧场上的牛，酒窖里的啤酒，储藏室里的衣物、亚麻布等，还有其他一些我需要的东西，这些价值一千英镑的物品足以供我生活。我跟一帮无所事事的人一起吃喝玩乐，最终把这些财产全部消费掉，显而易见的是，这里因没有任何产出而减少了一千英镑。

1766年的讲座报告

绪　论

法理学作为一门科学，其研究对象是那些应该成为所有国家的法律之基础的一般原则。首先试图构建一种井井有条的自然法体系的似乎是格劳秀斯，他的关于战争与和平法则的论著，尽管有其缺点，但就目前来说，也许还是这一方面最为全面的著作。[①] 对于各个国家和各个元首，它是一种决疑的书，帮助他们决定在什么情况下可以正当地和其他国家作战以及可把战争进行到什么程度。由于各个国家没有共同元首，而它们之间的关系是处在听其自然发展的状态，所以战争是一个国家受到损害时获取赔偿的唯一方法。格劳秀斯断定，国家所受的损害，如果是像公正的行政司法长 397

---

① Cf. TMS VII. iv. 37（该书的最后一段）："……自然法理学，或者一种能够与所有国家的法律相关，并且作为所有国家法律的基础的一般准则的理论……格劳秀斯似乎是第一个尝试向世人展示关于这样的体系的人，这种体系应该涵盖一切国家的法律，并且应该成为一切国家法律的基础。他那关于战争与和平法则的著作，尽管存在许多缺陷，但仍然可能是如今阐述这一论题的最为全面的著作。"

官要判定赔偿的那种性质的损害，那么，诉诸战争就是合法的。[①] 这自然使他去研究各个国家的政体和各种民法的原则，君主和人民的权利，犯罪、契约、财产的性质以及法律的其他对象，结果他的论著中涉及这方面的前两篇成为了一个完整的法理学体系。

在格劳秀斯之后，有另一个知名作家，那就是霍布斯。他非常厌恶牧师；而他那个时代的顽固风气使他认为人的良心由宗教当局支配是英国在查理一世和克伦威尔时代所发生的纷争与内战的原因。为了反抗牧师，他企图建立一种由政府来支配人的良心而且把行政司法长官的意志作为正当行动的唯一准绳的道德制度。按照霍布斯的看法，人类在文明社会建立以前处于战争状态，为避免自然状态所带来的灾难，他们同意服从一个共同的元首，并由该元首来解决一切纠纷。在霍布斯看来，服从共同元首的意志构成了文明政府，没有这种政府就不可能有道德，因而这种政府也就是道德的基础和道德的本体。

398 牧师们认为他们必须反对这个有害的道德学说。为了攻击它，他们力图证明：自然状态并不是战争状态；即使没有社会制度，社会也能生存，不过社会成员不像在有制度的情形下相处得那么和睦。他们力图证明：在自然状态下，人拥有某些权利，例如对于自己身体的权利、对于自己劳动成果的权利，以及要求他人履行契约的权利。为达到这个目的，普芬道夫写了一部巨著。[②] 这部著作第一部分的唯一目的在于驳斥霍布斯的理论，虽然它对于论述在自然状态下的法律或财产的继承是通过什么方法进行的实际上并不起什么作用，因为这种状态并不存在。

另一个论述过这个问题的作家是科齐乌斯男爵，他是普鲁士人。他的著作用对开本刊印出来的，共有五卷[③]，其中许多部分（特别是论述法律的部分）写得很精巧、很明确。在最后一卷，他叙述了一些德国体系。

就这方面说，除上述外，没有其他值得注意的体系。

---

① Grotius，II. 1. 2［第 2 篇第 1 章第 2 节］.

② *De Iure Naturae et Gentium*（1672），特别是 II. 2. 6 ff.，批判了霍布斯的《论公民》（*De Cive*）（1642）和《利维坦》（*Leviathan*）（1651）。

③ *Henrici de Cocceii Grotius Illustratus*（4 vol. folio，1774 - 1752），也包括他儿子的评论：*Samuelis de Cocceii Introductio ad Henrici de Cocceii Grotius Illustratum*（1 vol. folio，1748）。

手稿中有四行空白

法理学是关于法律与政治的一般原则的理论。

法理学所研究的四大对象是：法律、警察、岁入与军备。

法律的目的在于防止损害，而这乃是政府的基础。

警察的目的在于确保商品的廉价、维护公共安全和保持清洁。后二者涉及的内容过于琐细，不宜在这类讲座中讨论。所以，在警察这一项目下，我们将讨论国家的富裕。

把时间和精力贡献给公务的行政司法长官，也须得到报酬。为达到这个目的以及支付政府费用，必须筹措一些款项。这就是岁入的由来。在岁入项目下，所讨论的问题将是征收捐税的正当方法。岁入必须以赋税、关税等形式来自人民。一般地说，什么捐税能够在人民最不知不觉的情况下征取，便是最可取的捐税。下面我们打算说明，英国和其他国家的法律在什么程度上是为了适应这个目的而制定的。

除非政府能够防御外来的侵犯和攻击，否则连最好的警察也不能维护公共安全。法理学所以含有第四项的目的就在于此。在这一项目下，我们将说明各种武器及其优缺点、常备军组织、民兵等。 399

最后，我们将讨论国际法。国际法这一项目包括一个独立国家对另一个独立国家的要求、外侨的特权以及作战的正当理由。

第一部分　论法律

法律的目的在于防止损害。一个人可能在几个方面受到损害：首先，作为一个人；其次，作为家庭成员；再次，作为国家成员。

作为一个人，他可能在他的身体上、名誉上或财产上受到损害。

作为家庭成员，他可能在父子关系上、夫妇关系上、主仆关系上或监护人与被监护人关系上受到损害。监护人与被监护人的关系作为家庭关系看待，一直到被监护人能够照顾自己为止。

作为国家成员，一个行政司法长官可能由于人民的不服从而受到损害，而人民则可能由于被压迫而受到损害，等等。

一个人可能在以下方面受到损害：第一，身体上受到伤害、伤残、杀害，或人身自由受到侵犯。

第二，名誉的损害，或是由于虚假陈述而使他成为众人愤怒或责罚的对象，例如把他称为盗贼，或是由于贬低他的实际价值并使他看起来低于其业务水平。如果我们力图使人相信某一个医生没有医好病人反而医死了病人，那么这个医生的声誉就会受到损害，因为通过这样的谣言，他就会失去生意。但是，对于一个人的功绩，如果我们不给他应得的颂扬，我们并不会损害他。例如，我们说，作为哲学家，牛顿和笛卡儿是一样的，或者说，蒲伯和他同时代的一般诗人是一样的，我们并没有损害牛顿或蒲伯。我们这样说，没给牛顿和蒲伯以他们应得的颂扬，但我们没有损害他们，因为我们没把他们贬低到一般业务水平以下。一个人保护他的身体和名誉使其不受侵害的权利，叫作自然权利，或如民法家所说的自然人的权利。

第三，一个人可能在财产上受到损害。他对他的财产的权利叫作既得权利或叫作非固有的权利，这种权利有两种：对物权和对人权。

对物权是可向任何持有者要求的权利，它的对象是实物，例如一切所有物、房屋和家具。

400 对人权是可以通过诉讼向一个特定人提出要求，而不能向其他任何持有者提出要求的权利，例如一切债务和契约，只可向一个特定人要求清偿或要求履行。如果我买一匹马，并且卖主已经把它交给了我，那么即使原所有者又把它卖给了别人，我可向其他任何持有者提出要求；但是，如果卖主尚未把马交给我，则我只能向卖主提出要求。

对物权有四种：财产权、地役权、抵押权和独占权。

财产权是我们对所拥有的各种物件的权利。如果这些物件遗失或被盗窃或被强夺，可向任何持有者要求交还。

地役权是附着于他人财产上的权利。例如，我可自由通过在我的田地和公路之间的别人田地；又如，假使我的田地没有水给我的牲畜喝而我邻人的田地却有很多的水，我可把我的牲畜赶到他那边去喝水。这种把义务加在他人财产上的权利叫作地役权。这个权利原系对人权，但由于带有地役权的邻近产业往往会易手，在每次易手时为取得地役权要通过诉讼，这样不但不胜其烦而且需要费用，于是立法者把地役权定作对物权，可向任何所有者提出要求。后来，财产权移转时，地役权也就跟着移转。

抵押权是我们对于某些东西的担保品的权利，它包括所有典质和抵押。

大多数文明国家都把它看作对物权，而且允许人们用对物权名义提出要求。

独占权是像某一书商得在若干年内单独贩卖一部著作并且能够阻止其他书商在同一时期内贩卖这部著作那样的权利。在大多数情况下，这个权利是民法的产物，但在少数情况下，它是自然权利，例如在还没建立政府的猎人国，如果一个人追捕一只野兔已有若干时间，他便有追捕它的特权，能够阻止其他猎人带着一群猎狗去追捕它。

一个继承人在考虑占有带着很多债务的遗产是否对他有利的时候，也有阻止他人占有该遗产的独占权。

对人权有三种，如由于契约、准契约或过错行为而产生的权利。

契约的基础是，立约人使对方觉得有理由期望他践约。对方可以强迫立约人践约。

准契约是一个人对他为别人的事务所费的精力和金钱要求补偿的权利。如果一个人在公路上发现一块表，他有权利要求偿还他为了寻找失主而支出的费用。如果一个人借给我一笔款项[①]，他不仅有权利要求我偿还这笔款 401
项，而且有权要求相应的利息。

对任何人施加损害，不管是出于恶意，或是出于怠慢，在法律上就成为过错行为。一个人有权利向某一个特定人提出关于这种损害赔偿的要求。

上述七种权利的客体构成了一个人的全部财产。

自然权利的来源是十分明显的。一个人有权利保护他的身体及自由不受不正当的损伤或侵犯，这是毫无疑问的。但是，取得的权利，如财产权，则需要进一步的说明。财产权和政府在很大程度上是相互依存的。财产权的保护和财产的不平均是最初建立政府的原因，而财产权的状态总是随着政权的形式而有所不同。民法学家往往先讨论政府，然后说到财产权和其他权利。研究这个问题的其他作家[②]先说财产权和其他权利，然后讨论家庭和政府。每一种方法都有它特有的一些优点，但总的来说，民法学家的方法似乎略胜一筹。

---

① 作为合约（agreement）的一种结果，贷款是一个契约，而非“准契约”。斯密也许是被哈奇森误导了，哈奇森将“有风险的借贷”（advances upon hazard）视为准契约的关系。见 *System*，II. 82－83。

② 比较著名的例子包括 Hutcheson，*M. P.*，Books II and III，以及 *System*，Books II and III。LJ（A）遵循了哈奇森采用的顺序。

公　法

有两项原则使人们进入文明社会，我们把它们叫作权能原则和效用原则。每一个小社会或小团体，为首的总是一个才能卓越的人。在好战的社会里，他是个有超人一等的体力的人；而在文明的社会，他是个有卓越智力的人。高龄和长期拥有权力也有助于增强权能。在我们的想象中，高龄是和智慧与经验分不开的；而长期当权往往提供了一种行使权力的权利。但是，和上述那些比起来，雄厚的财富更能提供权力。这并不是由于穷人对于富人的倚靠，因为一般地说，穷人是独立的、能自食其力的。可是，穷人虽不想从富人那边得到利益，但他们却有尊敬富人的强烈倾向。这一原则在《道德情操论》一书中已经得到详尽的阐述。在那本书里，我指出，这种倾向是由于我们对我们的长辈比对我们的同辈或晚辈有更大的同情心而产生的：我们羡慕他们的优越地位，对他们的这个地位表示同情，而且力图增进他们的地位。

由于在伟大人物中间判断谁的体力和智力更为优异并不是那么容易，
402 所以比较方便、比较常见的方法是先考虑财富。很明显，一个世家，即在长时间内以财富闻名的家族，比其他家族拥有更大的权威。一个突然发迹的人总是使人不快的。我们嫉妒他处于比我们优越的地位[①]，而且认为我们也有权利像他那样享有财富。如果有人告诉我某人的祖父很贫苦，而且靠我家过活，那么我对于他的孙子处于比我优越的地位一定很不高兴，而且一定不愿服从他的命令。高龄、卓越的体力和智力、门第以及雄厚的财力，这四者似乎给一个人提供了管理他人的权能。

使人们服从行政司法长官的第二个原则是效用原则。每一个人都感觉到这个原则对维护社会正义和安宁的必要性。通过政府，连最贫苦的人受到最有钱有势的人的侵害时，也能得到赔偿。虽然在个别情况下可能有些枉法行为，正像实际上无疑存在的那样，但为了避免更大的祸害，我们往往还是甘心忍受。使人们服从政府的，正是这种公共利益感，而不是私人利益感。有的时候，我的利益可能在于不服从政府，而且希望政府垮台，但我知道别人的意见和我不同，不会帮助我去推翻政府，所以为着全体利益，我还是服从它的决定。

① Cf. TMS I. ii. 5. 1："一个突然发迹的人，一般会使我们产生不快，即使他有超乎寻常的美德；面对这样的人，我们通常会产生嫉妒，而这会阻碍我们真心实意地为他高兴。"

如果一个国家的政府具有悠久的历史，如果这个政府有正当的岁入来维持，而且由具有卓越才能的人来统治，那么这个政府的权威就达到完美的境地了。

在所有国家，这两个原则都在一定程度上起着作用，但在一个君主国家里权能原则占主要地位，而在一个民主国家里则效用原则占主要地位。英国的政体是君主和民主的混合政体。在英国，前些时候的辉格党和托利党也受到这些原则的影响：前者服从政府，因为他们意识到政府的效用以及他们从政府得到的好处，而后者则主张政府是神圣组织，认为反抗政府是犯罪，正如一个小孩反抗他的父亲或母亲是犯罪一样。一般地说，人们信奉哪一个原则由他们的天然气质而定。在一个狂放不羁、勇敢无畏的人的脑海中，效用原则往往占主要地位，而一个气质温和淳厚的人往往喜欢温顺地服从长官。

这一向是我国的一个公认的学说：契约是服从行政司法长官的根据。但事实并不是这样，这可从以下原因看出来。

首先，原始契约学说是大不列颠所特有的，但即便在人们从来没有想到过契约的地方，政府也存在着。就我国大多数人民来说，情况正是这样。
要是你问一个普通搬运工人或做散工的人，他为什么服从行政司法长官， 403
他会告诉你说，这样做是对的，别人都这样做，不这样做会受到惩罚；甚或会告诉你说，不这样做就违反上帝的意旨而犯了罪。但是，他不会告诉你说，契约是他服从的根据。

其次，当开始把某些政府权力根据某种条件委托给某些人的时候，那些委托者的服从可能是基于契约，但他们的后代跟契约没有关系，不知道有这个契约，因此不能拿契约来约束他们。诚然，可以说，你逗留在这个国家里，就意味着你默认了契约，因此得受它的约束。但是，你怎能不留在这个国家呢？你要不要诞生在这个国家里，这并没事先征求你的意见。况且，你怎能离开这个国家呢？大多数人除本国语言外不懂得别种语言，也不知道别国的情况，而且贫穷，不得不待在离出生地不远的地方干活糊口。所以，尽管他们有强烈的服从心，我们也不可以说他们已对契约表示同意。要是说一个人由于逗留在一个国家便已同意服从政府的契约，这样说等于把一个人带到船上，在他离岸很远的时候告诉他说，由于他留在船上，他已经签约服从船主。一个为人类所完全不熟悉的原则不可能成为某项义务的根据。人们对于行动所根据的原则，总得有所理解，哪怕这种理解是很模糊的。

再次，在原始契约的假设下，你离开这个国家，等于明白宣告不再是这个国家的人民，而且摆脱了对这个国家的义务。可是，每一个国家都主张，某些人是它的公民，并且处罚上述那样做的人。如果人民居住在一个国家里就意味着他们同意前述的契约，那么上述那样的做法便是最不公正的行为。再者，如果存在着原始契约这一东西，那么，外国人到一个国家来，喜爱这个国家甚于其他国家，就是最明白地表示同意契约了。但是，一个国家总是怀疑来自外国的人，认为他们对他们的祖国还有偏爱，不像出生在这个国家的人民那么可靠。英格兰法律深受这个原则的影响，所以没有一个外国人能在英格兰政府中任职，即使他已根据国会所通过的法令取得了英国籍。[①] 此外，假定有了上述契约，为什么国家还要求任何就职人员宣誓效忠呢？假定预先订了契约，为什么要再订一个契约呢？在所有国家里，不忠或叛国和背约比起来是个严重得多而且要受更严厉的处罚的罪，因为对契约来说，所要求的只是践约罢了。所以，背约和不忠是建立在不同的基础上，绝不能把不忠这种重大罪行纳入背约这种比较轻微罪行的范
404 畴内。因此契约不是服从政府的重要因素，而上面所说的权能原则和效用原则才是服从政府的重要因素。

我们现在来说明政权的性质，各种政体，在什么情况下产生了政权，以及政权是靠什么维持的等问题。

政体虽有各种形式，但可适当地分为以下三类：君主政治、贵族政治和民主政治。这三者又可按许多方式混合起来，我们通常是根据占主要地位的那一种形式来命名的。

君主政治是把最高权力和权能授给一个人。他爱怎样做就可以怎样做，可以媾和宣战，可以征课捐税，等等。

贵族政治是国内一定阶极，或是最有钱的家族，或是某特定家族，它享有选择行政司法长官来料理政务的权力。

民主政治是料理政务的权力属于全体人民的政体。

后二者可叫作共和政治，因此政体可分为君主和共和两种。

为了正确地理解政权，就必须讨论政权的最初形式是怎样，并研究其他形式是怎样从最初形式发展出来的。

① 1 George I, st. 2, c. 4 (1714).

在狩猎民族中，严格地说根本没有什么政权。这种社会只由几个独立家族组成，这些家族住在同一个乡村，说同一种语言，为了共同安全约定相守，但谁也没有权力统治谁。对任何犯罪行动，整个社会都休戚相关：如有可能，他们对双方当事人［加害方和受害方］进行调解；如不可能，他们把犯了罪的人赶出社会、把他杀死或把他交给被害的一方去泄愤。但他们没有真正的政权，因为在他们中间虽然可能也有一个极受他们尊敬并对他们的决定产生很大影响的人，但他们不能在未得到全体同意的情况下做任何事。

这样，在狩猎民族中不存在真正的政权，他们是按照自然法则而生活的。

造成财富不均的对牛羊的私有，乃是真正的政府产生的原因。在财产权还没建立以前，不可能有什么政府。政府的目的在于保障财产，保护富者不受贫者侵犯。在游牧时代，如果一个人有五百头牛，而另一个人连一头也没有，除非有政府保护富人对这些牛的所有权，否则他是不可能长久占有它们的。使贫富悬殊的这种财富不均，使富者对贫者具有很大的控制力量。那些没有牛羊群的人必须倚靠有牛羊群的人，因为他们现在不能再 405
靠打猎维持生活，从前可供打猎的野生动物现在都被驯服了，成为富人的财产。因此，占有若干牛羊群的人对于其他的人必定拥有很大的左右力量；因此从《旧约》我们看到亚伯拉罕、罗德以及其他族长简直是小君主。应该指出，财富不均对游牧时代所起的作用比它对此后时期所起的作用大得多。就现今来说，一个人可能把很大的财产花掉，而得不到从属者。他这样做，对于技术和制造都起着推进的作用，但不能使别人隶属于他。在游牧国，情况完全不同。他们没有花掉财产的方法，因为他们无法过奢侈生活；但是把财产的一部分赠给穷人，他们就可对穷人拥有很大的支配力，使穷人在一定程度上成为他们的奴隶。

我们现在来说明一个人怎样逐渐享有比别人更大的权力，以及酋长是怎样产生的。一个国家是由许多聚居在一起而且约定共同生活的家族所组成的。在他们的公共集会里，总有一个人对其余的人拥有很大的权力，在很大程度上支配着他们的决定。这正是在一个野蛮国家里酋长所享有的权力。由于酋长是一个民族的颁袖，他的儿子当然成为年青一代的首领，在他父亲死去时继承他的权力。这样，酋长地位变成了世袭的。由于社会的进展，各种情况使酋长的权力增加起来。酋长收到很多礼物，他的财富增加了，因而他的权力也增加了。在野蛮民族中间，谁要拜见酋长或是为着自己利益向酋长有所请求，就必须向酋长赠送礼物。在文明社会，赠送礼物的人总是比接受礼物的人地位高，但在野蛮社会，情况恰恰相反。

我们现在讨论政府所固有的各种权力，这些权力是怎样分配的，以及在社会初期它们的发展情况。

政府的权力有三种：立法权，即为着公共利益而制定法律的权力；司法权，即使各个人不得不遵从这些法律并处罚那些不遵从的人的权力；行政权，或像有些人所称为的那种中枢权力，包括宣战权力和媾和权力。

在政府最原始的形式中，所有这些权力都属于全体人民。诚然，立法权经过了很长一段时期才被采用，因为制定法律、订立规则，不但约束我们自己，而且约束我们的后代，以及从来没对所制定的法律表示同意的人，
406 这是政府所发挥的最高威力。至于司法权，当两个人产生纠纷的时候，整个社会就自然地出来调解；但当他们不能和解时，就把争吵的人赶出社会。在此社会的初期，犯罪是很少的，而且在那个时候惩罚和犯罪往往并不相称。

怯懦和背叛是首先要惩处的罪。在猎人国，怯懦被看作背叛，因为，当猎人外出时，倘若遭遇敌人进攻，而其中一些人却在这种情况下逃走，其他的人便会受到损害，因此逃走的人都按背叛惩处。

处罚一般是由牧师按照神的意旨来执行的，因为那个时候的政权是软弱无力的。同样地，宣战和媾和的权力属于人民，在宣战和媾和以前必须和所有族长商议。

虽然关系到每个人的司法权，在很长时期内是不稳定的，社会起初作为朋友出来调停，然后作为仲裁者出来裁断，但行政权的行使却很早就已经是绝对的了。当个人对这头牛或那头牛的财产权发生争执时，社会并不直接关心，但对宣战和媾和问题社会却非常关心。在游牧时代，社会绝对地行使了这种权力。在不列颠，我们能够看到司法权不稳定的痕迹，但看不到行政权不稳定的痕迹。当一个犯人被审问时，审问者问他愿选择怎样的裁决方法，或是通过决斗，或是通过探火、探热水等考验，或是按他的国家的法律来裁决。社会只要求他在做这个决定时不烦扰他们。在英格兰，上述问题还存在着，不过裁判方法现在不是任意做出的。在比较野蛮的时代，人们通常要求把手浸在沸水中作为裁判。在那个时候，几乎每一个人都能通过这个考验证明无罪，虽然现在简直没有人通得过这考验。当人们

的身体经常暴露在酷寒酷热和风雨中的时候，沸水对他们简直算不了什么；但现在我们已把自己的身体完全掩盖起来，热水必定能对我们发生完全不同的影响。上述裁判方法的选择证明了裁判法规的不健全性。我们知道，在英格兰，决斗裁判一直延续到女王伊丽莎白的时代。它不是经过法律或法院明令废止，而是逐渐地不知不觉地消失的。

上面已经说过，在渔猎时代和游牧时代，犯罪是很少的，而且人们也不把小的罪放在心上。在那种时代，那些引发我们时代许多涉讼的原因（如遗嘱的解释、财产授予的决定和契约而引起的争论）是从不会发生的，因为在那种时代，人们还不知道遗嘱契约等是什么。当这些发生而人们从事于不同活计的时候，争议就变得比较频繁了；但是，由于人们一般都从事于某种活计，除非这些争执给他们带来很大的损害，他们都不愿腾出时间来处理它们。这样，他们就得听任一切案件悬置起来引发各种不便，否 407
则就得想出对社会成员都合适的其他方法。他们所想出的最自然的方法乃是从他们中挑选一些人出来，把一切案件交给这些人去处理。当他们决定这样做的时候，在此以前就以其卓越的影响力出名的酋长，一定会保持其一贯的优越地位而自然地成为他们所选定的处理案件的人中的一个。另外还会选出若干人来和酋长一起去处理案件。在社会初期，这样选定的人在数目上总是很可观的。他们不敢把重要的事情托付给少数几个人去办，因而我们看到，雅典在同一时间内有五百个审判官。通过这个方法，酋长能进一步增加他的权力，而政治在一定程度上看来好像是君主政治。但这只是表面形态，因为最后的决定还掌握在全民手里，政治实际上是民主政治。

上面已经说过，宣战和媾和的权力最初是掌握在全体人民手里。但当社会发展，城市设有防御工事，备有火药库，筹集了资金，委派了将官以后，全体人民便不能再参加这种问题的讨论。这种职权或是交给法院，或是交给指定负责这项职务的另一批人，不过这个职权最初当然是先交给法院。这个权力应该叫作元老院的权力。古罗马元老院管理公共收入、公共建筑物等。但后来，古罗马的法院和元老院成为性质完全不相同的机构。对于雅典的亚略巴古（即最高法院），我们也可以这样说。

我们现在来考察一下社会初期的两个时期，即狩猎时期和游牧时期。

在一个渔猎国里，只能有少数人生活在一起，因为人多了就会在短时期里把国内全部猎物猎尽，因而缺乏生活资料。至多只能有二三十家人家住在一起，这些人家就构成一个乡村。为了共同防御和相互帮助，他们的乡村往往相距不远。当不同乡村的人发生争执时，便通过两村居民大会来裁决。因为每一个乡村都有它的领袖，所以整个国家也有个领袖。这个国家是各个乡村的联盟，而酋长们对各个乡村所做的决定有很大的影响，特别是在游牧者中间酋长有很大的权力。在游牧时代，世家比在其他时代更受到尊敬。权能原则起着强大的作用，而他们对维持法律与政权的效应也有最强烈的感受。

408 这两种国家在平时和战时的不同举动很值得我们注意。

猎人是英勇的，但他们的功绩总不是很大。因为只能有少数猎人一齐出外狩猎，所以他们的数目很少超过二百人。况且，他们所携带的给养，一般只能维持十四天。所以，来自猎人国的危险不大。我们的殖民地很怕猎人，那是没有正当理由的。诚然，他们可以通过他们的入侵给殖民地造成某种麻烦，但他们决不是十分可怕的。另一方面，人数多得多的游牧者能够生活在一起；在同一乡村里，可能有一千家。阿拉伯人和鞑靼人始终以游牧为生，他们曾好多次造成了最可怕的祸害。鞑靼人的酋长是极其可怕的，在他战胜了另一个酋长时，总会发生最可怕、最剧烈的变革。鞑靼头目带着他们的全部牛羊出征，谁被他们击败，谁就会失去人民和财富。战胜的民族往往赶着牛羊群继续进行征服工作，要是它带着大量的人进入了一个已开化的国家，那它就会成为完全不可抵抗的力量。穆罕默德就这样蹂躏了整个亚洲①。

野蛮民族和稍稍开化的民族之间存在着很大的区别。在那些土地没有划分而人都住在可以随身带走的活动棚舍里的地方，人们都不留恋土地，因为他们的全部财产系由活的东西组成，可以轻易地随身带走。正由于这样，野蛮民族总可以很容易地离开他们的国家。例如，我们看到，赫尔维蒂人、条顿人和辛布里人都发生过这种迁徙。在长时期内居住在中国万里长城以北的匈奴人，把居住在亚速海彼岸的东哥特人驱逐出去，后来又驱逐了西哥特人，等等。

我们已经讨论了政治的原始原则及其在社会最初各阶段的发展，并发现政治一般都是民主的，我们现在来讨论共和政治是怎样被采用的。一般可以这样说，如果一个国家其所处的地位不仅在农业耕作方面，而且在其

① 也许是笔记者或抄写者把“阿拉伯”误写成了“亚洲”。

他事业方面，都容易改进，那么这个国家就趋向于采用共和政治。

就鞑靼或阿拉伯来说，采用共和政治的可能性是很小的，因为鞑靼或阿拉伯所处的地理环境是很难改进的。这些地方大部分是山和沙漠，不能耕种，只适合于牧畜。此外，这些地方一般是干燥的，而且没有大的江河。在那些已经建立了共和政府的国家，特别是在古希腊，情况恰恰相反。古希腊的三分之二以海为界，而另外三分之一以高山为界。这样，他们和他 409
们的邻国有海道可通，而同时又不致受邻国的侵犯。大多数欧洲国家都有上述大部分优点。它们以江河和海的支流为界，因而适合于耕作和其他技艺。现在我们就可看到这种环境对于接受共和政治是怎样的有利。我们可以假定，在社会的摇篮时代，古希腊的政治发展和鞑靼以及上面提到的其他国家的政治发展，大体上是相同的。实际上，在特洛伊战争时代，古希腊处在几乎和上述其他国家相同的情况，因为在那个时候，土地耕种的很少，甚至没有耕种土地，而牲畜是财产的主要部分。在荷马史诗中，所有关于财产权的争论都涉及牲畜。在这个时期，在古希腊，正如在其他国家一样，酋长对他属下的权力是非常大的。在土地已经划分而耕种普遍实行的时候，居住在像古希腊这样的国家的人民当然会把他们的剩余产品卖给他们邻国的人民，这就刺激了他们的劳动积极性，但同时也引起他们邻国对他们的觊觎。所以他们必须想出办法来保卫自己免受侵犯，并保卫此前花了很大力量得到的东西。在一个适宜的地方对城市设置防御工事，比在全国边境设置防御工事来得容易，这也正是他们所想出的办法。他们在最适宜的地方建立设防都市，在被侵袭时带着牛羊群和可移动的东西躲在这些城市里，而且就在这些城市中发展技艺和科学。因此，我们发现忒修斯把雅典建为设防都市，而且要雅典人民把他们的一切货物带到那边，这不但增加了他对他们的权威，而且也增加了雅典城邦对其他城邦的权威。当人民同意这样聚居在都市的时候，部族酋长马上就会失去他们的权力，而政府就会变为共和政府，因为酋长的收入变得微少，不再超越于别人之上，因而不能使从前隶属于他们的人再依附他们。反之，人民的财富逐渐增加，而且当他们的财富接近酋长的财富水平时，他们就嫉妒酋长的威权。因此，我们看到连忒修斯本人也被撵走。在忒修斯以后有九个统治者，最初授予他们终身的统治权，但后来只持续统治十年。这样，雅典从酋长统治转变为类似君主的政治，又从君主政治转变为贵族政治。同样地，所有希腊城邦都经过了这个转变。正如上面所指出的，一般地说，酋长的收入变少，以致若干酋长的统治不能维持下去，只有少数握有大量财富的酋长组成了贵族政治。

应该指出，在古代贵族政治和现代贵族政治之间存在着相当大的区别。
410 在现代的威尼斯、米兰等共和国，政权完全掌握在享有三权的世袭贵族手里。现代和古代的贵族政治，执政者都由人民选举产生，所不同的是现代只有贵族才能获选。这个不同起因于奴隶制度。当有公民权的人的工作都是由奴隶来做的时候，他们能够参加公共评议，但当土地是由有公民权的人耕作的时候，下层阶级不能参加评议，而且为了自己的利益，他们力图避免参加评议。因此我们看到威尼斯人民希望摆脱评议。同样地，荷兰各城市主动地把评议权让给市参议会。市参议会因此被授予了全部评议权。

在古希腊和古罗马各共和国，上述情况没有发生。在初期，这些国家的人民虽然享有全部权力，但这些国家却叫作实行贵族政治的国家，因为它们总是从贵族中选择行政司法长官。的确，法律并没有明文禁止人民选举非贵族的人，但他们习惯于选举贵族，因为下层阶级靠着富人财产维持生活，因此变得依附于富人，并且把票投给施惠的人。贵族们可能在选举中发生争论，但他们总不会建议选举平民。这样，贵族的权力来自惯例，绝不是明文禁止选举平民的结果。

在雅典，梭伦制定法律，规定四个阶级中的几个较低的阶级都不得有被选举权；但后来，行政司法长官都从一切阶级中选举出来，而政治又变成了民主政治。

在古罗马，经过了很长一段时期才把被选举权给予全体人民。自从十人立法委员会派定以后，人民开始越来越多地侵蚀贵族的权力，而当军事保民官由人民选举时，他们更大地侵蚀了这种权力。这是技艺与制造业改进的结果。当一个人能够把过去用来养活一百个食客的款项花在自己的奢侈生活上的时候，他的权势当然减低了。此外，伟大人物往往要他们的奴隶操作各式各样的活计，因此裁缝和鞋匠既然不再倚靠他们，就不投他们的票了。平民领袖于是力图通过使他们能被选为行政司法长官的法律。但大多数平民在很久以后才同意这一点，因为他们认为把他们同阶级的人放在比他们高得那么多的地位是不适宜的。可是，经过了一段时间，平民领袖设法通过了一条法律，规定执政者中贵族和平民出身的人数应相等，就是说，从贵族和平民中各选一个执政官。

我们已经说明了上述共和国是怎样产生的，以及共和政治怎样变成了

民主政治。接着，我们要说明这种自由是怎样失去，而君主政治或类似的 411
政治是怎样被建立起来的。

处在上述情况的这些国家，都拥有自己的城市并在邻近地区拥有一块小领土，它们必须在自己的古代边界内闭关自守，或者通过侵略来扩大它们的领土。换句话说，它们必须是防御性共和国或侵略性共和国——这些名称是适当的。古希腊各邦是前者的好例子，而古罗马和迦太基是后者的好例子。我们现在要来说明每一个这样的国家是怎样失去了自由的，首先要证明那些防御性国家是怎样失去了自由的。

当一国的国民达到一定的文明程度后，他们就变得不适合于战争。当手工业达到一定程度的进展时，人民人数增加，但能够参加作战的人数却减少了。在游牧国，全国人民都能够出征；即使在他们变得比较有教养，开始分工，而且每一个人都有一块小田地时，他们还能派很多人出征。在这个时代，出征总是在夏天进行的。在播种和收成的间歇，年轻人要是不出征就没有事干。所有国内的事可由老年人和妇人来做，有的时候，当军队不在国境内，甚至他们也能把敌人打败。在一个经营手工业而主要由制造者组成的国家，就不能派那么多人出征，因为织工或缝工要是应召出征，这项工作便没有人做了。就英国和荷兰来说，在一百个人中几乎不能派一个人出征。在一百个居民中，五十个是女人，而在五十个男人中，二十五个是不适合于战争的。在上一次战争中，英国不能从一百个人中派二十五个人出征，谁要是回忆一下在二十五个他相识的人中有否失去了一个，就会相信这一点。按照这个原则，雅典虽是小国，但能一次派三万人出征（三万是很大的数目）；可是在手工业发展以后，却至多只能派一万人出征（一万不是很大的数目）。英国，尽管人民已有教养，但由于领土广大，还能派出很多的军队，但小的国家在这种情况下可以派去出征的人一定会减少。可是小国实行奴隶制却有一个优点，即奴隶制可以推迟其衰亡，这似乎是奴隶制的唯一优点。在古罗马和雅典，手工业都由奴隶来做，而斯巴达人甚至不允许有公民权的人接受机械操作的训练，因为他们认为这对他们的身体是有妨碍的。所以，我们看到，在喀罗尼亚战役中，虽然雅典人已有很高水平的教养，但由于所有行业都是由奴隶来做的，所以还能派很多人出征。我们可以说，在没有实行奴隶制的意大利各邦，他们很快就失
去了他们的自由。当一个国家由于小工业的发展而富裕起来时，必定把出 412
征看作很大的困苦，而我们的祖宗，却不把出征看作困苦。一个骑士只不

过是一个骑马的人，而一个步兵则是一个绅士。他们在国内惯于受苦，因而在他们看来出征并不怎么可怕。但是，当人们变得越富裕、过着越奢侈的生活时，有钱的人非在异常紧急时不愿意出征，因此必须使用雇佣兵和社会下层来参加战争。除非把这些人组成常备军而且建立严格的军纪，否则在战争中他们是不能信赖的，因为战争与他们的私人利益并没有很大的关系，要使他们坚决地从事他们的工作，非有严格的纪律不可。没有严格的纪律，绅士们能够把仗打下去，但乌合之众绝对不能。由于希腊公民不屑拿起武器，把国家交给雇佣兵去保卫，所以他们的军事力量削弱了，这是希腊政权衰亡的一个原因。另一个衰亡原因是作战技术的改良，它使一切变得岌岌可危。在古代，很难攻克一个城市，因为当时只有通过长时期封锁才能攻克一个城市。特洛伊的包围持续了十年之久，而雅典经得住海上和陆上的围攻达两年之久。在现代，围攻者比被围攻者占优势，而一个机巧的工兵能够在六星期内迫使任何城市投降，但在从前，情况不是这样。马其顿的菲力普大大改进了围攻技术，结果使得所有希腊城邦解体，服从外国的统治。古罗马在被围困时，比希腊坚持了更长的时间，因为古罗马的公民人数每天都有增加。在古罗马，任何人都能成为公民，因为做个公民并没有什么好处；但在雅典，极少数人享有公民权，因为公民权本身便是一笔小财产。可是，古罗马在变得更富裕并过着更奢侈的生活时，也遭遇到了其他国家类似的命运，只不过事情发生的方式有所不同罢了。在马略以前的时代，享有公民权的上层阶级出去参加战争。马略是第一个招募奴隶的人。他把获得自由的奴隶招募到他的军队里来，而且建立了严格的军纪。此前由绅士组成的军队现在变成由逃亡的奴隶和最下层人民组成。马略用这样的军队征服各省，并使它们敬畏他。在这个军队里，所有职位都由他支配，每一个人都受他栽培得到提升，因而都依附他。当这样的将军受到侮辱时，他当然向他的军队求援。他很容易劝使他的军队站在他这一边来反抗他们的国家。这正是马略所用的权宜手段。当马略不在罗马时，苏拉靠着他的影响把马略判处流刑并悬赏通缉他。马略向他的军队请援，
413 他们决定在任何情况下都跟着他走，趁苏拉在国外和米特里达提斯的军队作战的时候，开到罗马，攫取政权并打败了苏拉的党徒。不久以后，马略亡故。苏拉在征服了米特里达提斯以后，回到罗马，打败了马略党徒，把政体改变为君主政体，并自封为永久的“独裁官”（Dictator），但到后来，他豁达地辞去独裁官职位。三四十年以后，在恺撒和庞培之间也发生了同

样的事情。和苏拉一样，恺撒自封为永久的独裁官，但不像苏拉，他没有豁达地辞去这个职位。在恺撒死去以后，驻在意大利的恺撒旧部，并没有忘记恺撒所赐予的恩惠，聚集在他的养子屋大维周围，把最高权力授予屋大维。和上述大致相同的事情在我国克伦威尔身上也发生了。当议会嫉妒他并裁遣他的军队时，他也向他的军队请援，但他用了比罗马将军所用的更伪善的口吻向他的军队请援。结果，旧的议会被解散，他另委派了一个更合他心意的议会，而且把大权集中在自己身上。

这样，我们看到，由于机械手工业、商业和军事工业的发展，小共和国——防御性共和国或侵略性共和国——最后趋于解体的情况。接着，我们要讨论继共和政体之后的是什么政体。

在小共和国被别的国家征服以后，君主政体或征服者所喜欢的任何其他政体就建立了起来；但一般地说，政体总是仿照征服者自己国家的政体。雅典人总是建立民主政治，而斯巴达人总是建立贵族政治。的确，古罗马人做得更仔细，他们把征服地区分为几个行省，由元老院指派人员进行独裁统治。但是，当一个国家被自己人民征服时，情况便和上述有所不同。从权能的性质和行使权能的手段来说，都需要建立君主军政府或由军队力量支持的君主政治，因为必须使人民敬畏新政权，正如必须征服他们一样。这就是古罗马在帝国时期所建立的政体。这些皇帝把全部行政权掌握在自己手里，他们凭自己的判断宣战与媾和，甚至自己直接任命行政司法长官，或通过自己所控制的元老院来任命。但他们并不更改民法体系，是非曲直仍按先前方式来裁判。克伦威尔在我国也是这样做的，他用了为数不多的军队使人民敬畏他，但他允许法官仍按从前的方式裁判是非曲直。不但如此，通过废除监督权等措施，他对民法做了这样那样的改善，以至查理二世的议会所做的第一件事就是追认克伦威尔所制定的许多法律。

古罗马作家告诉我们，在最坏的皇帝图密善和尼禄统治下，法律却执行得 414
最好。对大多数人民非常关心的、长时间所习惯的东西不做很多更改，是符合所有新统治者的利益的。当人民在这方面得到满足时，就会比较容易推行其他方面的事情。特别是保持旧的法律体系，符合皇帝的利益。因此我们看到，所有行为失检的各省执政官都受到严厉的惩罚。在共和政体下，情况不是这样，犯最可耻的罪的乃是地方长官，正如我们从西塞罗讲演集中所看到的那样。①

① 特别是《反维勒斯》（*Against Verres*）的两个演讲。

军政府允许法律最严格地执行。诚然，在和皇帝直接相关的事件中，谁都不能得到公平的裁判，因为他想怎样做就可以怎样做；但在与他没有利害关系的事件中，他的利益就在于遵守旧的法律。

应该指出，在古罗马设立的军政府和亚洲设立的军政府之间存在着很大的区别。在古罗马，征服者和被征服者同是一个国家的人民。征服者自身懂得旧法律的良好效果，他们都极不愿意废除这些法律，所以他们只把这些法律加以改善。虽然亚洲政府也全是军政府，但情况却不是这样。土耳其、波斯和其他国家被没有一套完整的法律而且完全不懂得法律的好处的鞑靼、阿拉伯和其他野蛮民族所征服。他们指派自己的人民充任各项公职，这些人完全不懂得他们的职责是什么。一个土耳其帕夏或其他低级官员有权力裁决每一件事，他在他的管辖区域内像土耳其皇帝那样独断专行。当生命财产系于最低级行政司法长官的喜怒爱憎时，它们完全处在岌岌可危的状态。很难能想象还有一个比这更坏的、更暴虐的政府。

我们已经讨论了小共和国是怎样解体的，继小共和国之后的是什么政体，通过什么方法把帝国统治实施到被征服的共和国里来，以及这种统治是什么性质的统治。我们现在要说明君主军政府怎样遭到任何一个国家、任何一种政体所必定会遇到的解体。

在古罗马帝国统治时期，在手工业和商业方面已经得到了相当程度的进展。人民越是精通手工业和商业并熟悉其带来的奢侈生活，就越不想出征。另一方面，政府也看到，把从事制造的人召去出征，会影响它的收入。要是他们的近旁有野蛮民族，他们就可用比较便宜的价格雇用他们作为雇
415 佣兵，同时这样做不致妨碍他们自己产业的发展。古罗马人意识到这些事情，在毗邻罗马帝国的日耳曼、不列颠和北方野蛮国家招募军队。他们能够自由地在这些国家招兵，正如在上一次战争开始以前，荷兰人能够在苏格兰招兵一样。这样的做法持续了一段时期以后，他们发现，由于种种原因，更为简单的做法乃是和他们所利用的那些野蛮民族的酋长商量，给他们钱，叫他们率领若干人马从事这个或那个远征。假定野蛮酋长率领着他自己的人，掌握了请他出征的政府的全部军权，那么在这个政府稍有得罪他的时候，他就可倒过戈来征服那些利用他的人民，自封为他们国家的统治者。我们知道，所有西部各省几乎都是这样被占据的。在罗马人采取这种办法招来了野蛮人以后，我们看到大多数罗马行省都受到他们的蹂躏。在苏格兰，古罗马人建筑了城墙，派兵驻守，使他们的这个行省不受北方

掠夺者的侵扰。保卫这区域的驻军后来被召去防卫在那时也受到侵扰的高卢。有些历史学家告诉我们，不列颠人当时得到许可摆脱罗马人的羁绊；但就罗马人来说，给予不列颠任何地方以自由不可能是有利的，而就这个行省来说，不受罗马的保护也是不利的，因为他们事实上希望继续受到保护。无疑地，罗马人是要不列颠人自己保卫自己，因为他们暂时要保卫其他地方。可是，不列颠人不愿接受这个建议，而决定向撒克逊人请求援助。于是，亨吉斯特和赫沙带着被招募的大军到不列颠来，把罗马人①全部赶走，成为整个国家的统治者，占据整个国土，建立了撒克逊七头统治。这样，欧洲西部帝国便告覆灭，而君主军政府也瓦解了。我们知道，在罗马帝国的最后一百五十年内，常常从野蛮民族中招募军队，许多野蛮人酋长因此大大地增强了他们的势力。在霍诺里乌斯之后的帕特里西阿·伊利阿②，以及许多其他的人都取得了很大的权力。所有亚洲政权也由于同样的原因而瓦解了。他们从鞑靼雇用军队，自己经营手工业和商业，因为人民从商业所得的收入多于从战争所得的收入。意大利和一些其他国家通过红海跟东印度进行的商业，使他们变得非常富裕。古罗马和其他所有国家都愿意和邻近的野蛮头领磋商来保卫他们，而这便成为政权瓦解的原因。 416

我们已经讨论了有明确记载的古代政体，接着我们将说明在古罗马帝国崩溃以后的政体是什么，并叙述欧洲现代政府的由来。

在这个时期之后的政体，与上面提到的鞑靼政体，并无太大区别，尽管在罗马帝国覆亡以后占据了西方各国的日耳曼人对财产有更明确的理解，而且是比较习惯于土地的划分。国王和其他首领，在成为这个国家的征服者以后，为了自己的目的，当然会占有这个国家的大部分土地。他们按照自己的意愿把土地分配给他们的属下和扈从，而只留很小的一部分分给从前的居民。但是，他们没有把这些居民全部消灭掉，他们还对这些居民表

① 在说到罗马化的不列颠人时，“罗马人”一语可正确地加以应用；但在这里也许只是错误地用来替代“不列颠人”，因为稍后我们看到，在提到高卢人时，为了避免“罗马人”一语的不明确性，使用了“原居民”一语。

② 系“贵族伊蒂阿”(the patrician Aetius)之误，“Aetius”很容易抄错为“Aelias”。“patrician”(the patrician)可能是引自约南德《关于格蒂族的由来》一书中所用的短语，例如，“Aetius patricium 来自强族会统率军队”(第 34 章)，又如“Aetius patricium 有先见之明”(第 36 章)。“patricium”的头一个字母这样用大写字体印出来，如穆拉托里《关于意大利问题的作家》一书中所做的那样，对于不大熟悉后期罗马帝国术语用法的译者很容易引起误解。伊蒂阿比霍诺里乌斯晚一些。在霍诺里乌斯之后有势力的野蛮人首领是斯蒂里乔，亚当·斯密的讲演很可能提到他的名字，但被笔记者略去了。

现出一定程度的关心。在法兰克人占领高卢时，杀害一个法兰克人所需要偿付的罚金是杀害一个原居民所需要偿付的罚金的五倍。由于这些民族几乎是没有法律的，而且不受任何人管辖，所以到处不断发生掠夺，商业因此完全停顿了。

由于这样的原因，自主地政府便应运而生，并引进了财富不均的制度。所有这些自主地的领主都占有土地，不缴纳捐税、监护费等。这些大领主中，有一个几乎占有一州的土地。但由于他并不能获得这么多的土地所带来的好处，他感到有必要把土地分给他的臣属：他们或是给他一定的年金，跟随他出征，或是为他提供类似的服务。这样，他的收入变得那样的多，以至在无法过奢侈生活的当时，他花不了这么多的钱，只好用来养活为数众多的门客。这些门客是另一种的扈从，他们使他的威权增加，并能够保持内部的安宁，因为他们使佃户敬畏，而他们也敬畏佃户。这些领主有那么大的权力，以至任何一个人要向他们的臣仆追偿债务时，连国王也不敢派个使者到领主的领地迫使他们偿付债款。国王只能与领主洽商，希望领主主持公道。此外，这些领主在他们的管辖区内是各种财产权的最后裁判人，享有生杀予夺、铸钱和制定地方法规的权力。但是，这个权力在很大
417 程度上是介于国王和大领主之间的权力，如果其间没有其他权力存在，就不能保持适当的均势。除这些自主地领主外，还有很多有公民权的人，他们有权针对那些涉及他们自身利益的事项发表意见。每一个州分为若干百户村，每一百户村又分为若干十户村。每一个这样的村都有各自的法院，即十户村法院、百户村法院。在这些法院之上的是全民会议。十户村的上诉法院是百户村法院，而百户村的上诉法院是州法院。遇到低级法院不主持公道拒绝审理案件时，或遇到案件无缘无故拖得很久时，可向国王法院提出上诉。有时也可向全民会议提出上诉，全民会议是由国王、自主地领主、郡长或伯爵、主教、修道院院长等组成的。这就是在古罗马帝国崩溃之后在西欧出现的第一种政体。

接着，我们要说明自主地政府是怎样被推翻，而封建制度是怎样被采用的。由于这些大领主不断地相互作战，为了使他们的佃户能够跟他们出征，他们年复一年地把土地租借权给予佃户。到后来，由于同样的原因，佃户们取得了终身租借权。当这些大领主想要采取一个非常冒险的行动时，为了使那些跟他们出征的佃农的家属不至陷于贫困，同时也为了进一步鼓励佃农跟随他们，他们延长了这个土地租借权的期限，使佃农的子孙能够

终身享受。由于他们认为把一个先前的占有者撵出土地是很残忍的，所以这个租借权最终成为世袭的，并被称为永久租借权（feuda）。有永久租借权的佃户承担着一定的义务，主要的是服兵役。如果其继承人不能履行这项义务，就得指派一个人来替代他。正由于这样，就采用了监护制。如果继承人是女子的时候，封建贵族有权把她嫁给他所中意的人，因为他认为由他选择佃户是合理的。首先占有（prima seizin）是领主的另一种利得。当父亲死去时，儿子要公开宣布愿意接受土地租借权后才对地产享有权利。因此，领主有时把土地掌握在自己手中，并暂时享有土地的利益。继承人把土地收回时要付一笔款，这笔款叫作赎款。还有一个属于领主的利得，叫作土地归还（escheat），也就是说，在土地租借权成为世袭以后，如果没有继承人，土地就归还领主。如果继承人不能履行土地租借权所附带的义务，土地也得归还领主。此外，在他的儿子被俘赎回时或在他取得侍卫职位时[①]，在他的女儿出嫁时，以及在发生诸如此类的事件时，领主也可得到
小笔款项。使自主地领主把土地租借权给予他们的佃户而后来使租借权成 418
为世袭权利的这种原因，也使国王把他的大部分土地分给藩臣而让他们按永佃权保有这些土地。佃户所获得的永久租借权大体上和房地产永久租借权相同。诚然，他们要对领主缴纳上面所提到的各种利得，但他们和他们的后代占有了领主的土地。封建领地，就某些方面来说，可能不如自主领地，但不同之点是微不足道的，因此自主领地不久就变成了封建领地。到10 世纪前后，一切地产都逐渐成为按永佃权执业的了，而自主地领主，为了获得国王的保护，都放弃他们的原有权利来换取一块封建领地。

应该指出，有些历史学家认为封建法律起因于贵族篡夺，这种说法是十分错误的。他们说：贵族要把国王在高兴时所赐予的那些土地变成世袭的土地，使国王在不高兴时不能把他们撵出那些土地；封建法律的采用是由于国王权力的衰微。但实际情况恰恰相反：封建法律的采用正由于国王权力的增加，而封建藩臣能按采邑权利占有土地，也需要国王拥有大权。征服者威廉把所有英格兰自主领地变为封建领地；同样地，马尔科姆·肯谬尔*把苏格兰自主领地变为封建领地。这些乃是最好的证明。

在整个欧洲采用封建制度以后，所有类似平民政权的机构都被废除了。平民法院全被废除，十户村法院、百户村法院以及州法院都不准设立。一

---

① 当然应改为："当他被俘领主把他赎回时或当他的儿子取得侍卫职位时"。

* 应作坎莫尔。——译者注

切公务都由国王和大藩臣料理。普通人不得参加议会。其实，除世袭的藩臣外，谁也没有参加议会的权利。那些直接受封于国王的大藩臣被看作国王的僚友，称为参加伯爵会议的贵族。他们提出对于公务的意见，没有他们参与，任何重要公务都不能进行。通过任何法律之前，需要召集他们，并需要取得他们中大多数人的同意。男爵或更低的贵族，在他们的管辖区域内，也遵循同样的方法，那些受封于他们的人叫作参加男爵所主持的会议的贵族。同样地，男爵也需要和受封于他们的人磋商，因为这些人也是贵族。不得到这些人中大多数的同意，男爵不能进行战争，也不能制定法律。在王国内，除非得到几乎所有贵族的同意，否则什么都无法办到，因此这个王国成为以国王为首的贵族政治。

除这些我们在上面所说到的阶级以外，还有其他两个阶级，这两个阶级当时受到极端的鄙视。第一个阶级是贱民，他们耕种土地，而且是附属在土地上的农奴。第二个阶级是市邑居民，他们的地位和贱民大体相同，
419 或者只比贱民高一些。由于市邑归领主保护而领主对市邑拥有很大的权力，所以国王的利益在于尽量削弱领主的权力，而给予市邑以特权。亨利二世更变本加厉地规定，如果一个奴隶逃到市邑，并安分守己地住在那里满一年，他就可以变为自由民。他给予市邑许多其他特权，在这些特权中，使它们得到最大利益的乃是：在向国王缴纳一笔款项以后，它们就可取得组成法人团体的权利。它们是直接从国王那里得到这个权利的，最初每一个人向国王缴纳他那一部分的保护税，但后来改由市邑缴纳而由市邑向市民征收此项捐税，因为市邑认为征税是它分内之事。这样，随着市民人数的增加，这种负担日益减轻，而市邑变得日益富裕，其地位亦日益重要。在约翰王时代，制定了这样的法律：如果贵族把他所监护的人和市民结为夫妇，则他所失去的只是他的监护权。①

到这里为止，我们已经讨论了当时组成整个王国的几个阶级。接下来，我们将说明每一个阶级是怎样参与政务的，以及分配给各个阶级的究竟是怎样一份权力。每一个有一份或大或小的领地的人，都有权利出席御前会议，跟国王磋商公务，并提出关于公务的意见。在威廉·鲁弗斯统治的时期，出席议会的共有七百人。在亨利三世时代，制定了这样一个法令：不

---

① 不是约翰王，而是亨利三世。20 Henry III，c. 6（Statute of Merton，1236）. 这里所说的显然是指亨利三世 20 年第六号梅顿法规："贵族把他们所监护的人和贱民或可能被轻视的市民结为夫妇，就失去监护权"。

能出席议会的小贵族可以派代表出席。这些代表享受贵族的待遇，跟贵族一起出席同一议会。同样地，市邑后来也有权派代表出席议会，因为市邑已经变得富裕而强大，而且国王觉得，给市邑一定的权力来削弱贵族的势力，对自己是有利的。

在任何法律通过以前，除贵族外，还需征得市邑代表的同意。这些市邑代表相率坐在一间屋子里。那些和大贵族坐在一起，在地位上远逊于大贵族，且也并不比平民优越许多的小贵族，不久也参加到平民方面来。在那个时候，国王的收入往往不足以满足他的需要。这些收入主要来自：第一，御地；第二，由于军役而保有的土地；第三，封建利得，例如从监护未成年继承人而得到的利得；第四，罚款、罚俸、赎罪金等；第五，所有无主货物、无主财产等。这些就是国王收入的主要来源。但这些不足以供应政府日益增加的开支。上述两批平民议员，合在一起时，人数非常可观，而国王的大部分收入来自他们。国王不要小贵族参加所有议会会议，他高兴时就叫他们来，不高兴时就不叫他们来。当他叫他们来时，发出令状传唤他们。这就是通过令状或特许状封爵授勋的由来。就现在来说，这是把平民列为贵族的唯一方法。

我们已经说明了下议院怎样变得强大起来，接下来我们将说明贵族权 420
力衰落和政体变成专制政体的过程。就所有欧洲宫廷来说，贵族权力都由于同一原因而衰微，这个原因就是技艺和商业的发展。当一个人能够把自己的财产花在奢侈生活方面时，他就不得不遣散他的食客。他们在从前能够很容易地按照古代乡村的款待方式，养活一千个食客，可是现在要他们招待一个贵族过一夜，却不那么容易。沃里克伯爵理查德号称“立王者”，他每天所赡养的除佃农外还有四万人。但在过奢侈生活的时候，他就不能这样做。因此，贵族权力削弱了，而且在下议院还没有确立其权力以前就已经削弱了。由于这样，国王变得专横起来。在都铎王朝时，政府是非常专制的，不但贵族没落，市邑也失去了权力。

也许有人认为，由于技艺和商业的发展，国王也会失去权力；但是，如果我们稍稍留心考究，就会明白情况必定恰恰相反。当没有人能够花费一百英镑以上的时候，一个每年拥有四万英镑收入的人，不可能受到生活日益奢侈的影响。这正是国王的情况。他拥有一百万英镑收入，而他的臣民，没有一个能够花费三四万英镑以上。所以，国王除把他的钱用来赡养很多人外，没有其他花钱的方法。这样说来，奢侈生活一定会削弱贵族的权力，因为他们的财产和国王比起来是很小的。国王的财产既然和从前一样没有受到影响，他的权力一定会变为无限制的。虽然大多数欧洲国家的情况都是这样，但在德意志，情况却完全不同。德意志的君主是由选举产生的，因此君主没有那么大的权力。德意志比其他欧洲国家大得多。在封建政体瓦解的时候已经拥有很多财产的贵族所得到的比其余的人为多。因此，他们的财产增长到大大超过在地位上仅次于他们的人的财产，以至他们不可能把财产都花费在奢侈生活方面，因而他们能够赡养很多食客。所以在德意志，贵族权力还保留下来，但在英格兰，贵族权力已完全消失，而国王已拥有绝对的权力。

我们现在已经说明了英国政府是怎样变成专制政府的，接下来我们将讨论自由是怎样恢复的，以及英国人所获得的自由有什么保障。

亨利七世所颁布的允许贵族让与财产的法案[1]，已经把贵族和平民放在完全相同的地位。总是爱好名望的伊丽莎白女王常常不愿向她的臣民课税。为了支付她的紧急费用，她往往把御地卖掉，因为她知道她的子孙都不会
421 继承她的王位。因此，她的继承人，常常迫于需要，不得不向议会请求拨款。下议院现在已经变得很强大，因为他们代表全体人民。由于他们知道国王不能有所困乏，因此在付给国王款项时总要在一定程度上削弱国王的特权。在一个时候，他们得到了言论自由权，在另一个时候，他们迫使国王颁布了一项法令，宣布在制定每一条法律时都需得到他们的同意。国王由于迫切需要款项不得不接受他们的要求，这样，议会的权力就巩固起来了。在詹姆斯一世即位以后，不列颠享有一项特殊的有利条件，即领土以海为界，不需要有常备军，因此国王未能掌握能震慑人民和议会的权力。在那个时候[2]，规定每年给国王的钱有十二万英镑[3]。要不是由于查理二世不知理财，以致弄得和任何一个前王一般贫困，每年有一百二十万英镑收入是可以维持他的独立地位的。他的继承人更处于仰人鼻息的地位，结果不得不放弃王位，离开王国。这样，新的王室进来了。由于御地已经全部卖掉了，他们得完全倚靠捐税来支付费用，而且为了这个不得不讨好人民。从那以后，国王的收入尽管比从前大得多，但由于他的收入须经过议会同意，所以绝不会危害人民的自由。现在，这种收入主要是由以下三方

① 4 Henry VII, c. 24 (1490); Dalrymple, 136.

② 即复辟时期。

③ 应该是“120 万英镑”。

面构成：第一，皇室费，这完全供维持王室之用，不能给国王带来什么权力，也不会损害人民的自由：第二，一年征收一次的土地税和麦酒税，这些税的征收全以议会的意旨为转移；第三，作为偿还公债用的抵押基金，例如，由关税和国内消费税稽征人员征收的盐税、啤酒税、麦酒税等。这些税国王自己不能动用，必须解交财政法院，一般由有财产而公正廉直的人管理，这些人员拥有终身职位，而且完全独立于国王。他们也只能把款付给议会所指定的人，而且必须偿还对公共债权人的债务。上述抵押捐税的剩余充作偿还公债的基金。公债巩固了现今王室的政权，因为如果发生革命，公共债权人（他们都是有财产的人）的本金和利息就将化为乌有。这样，国家收入管理得井井有条，而不列颠也建立了一种合理的自由制度。议会是由二百个贵族议员和五百个平民议员组成的。下议院在很大程度上掌管着一切公务，因为拨款法案只能在下议院提出。这样，不列颠政体是权力有着适当限制的各种政体的完善的混合物，是自由和财产的完美 422
保证。

还有一些对自由的保证。被任命来执行法律的法官是终身职务，他们在很大程度上独立于国王。此外，国王的大臣如果失职，下议院就可以提出弹劾，而国王不能赦免他们。[①]《人身保护法案》是人民自由的另一个保证，使国王不能随心所欲地把一个人无限期地拘禁，也使一个未能在四十天内提审一个被拘禁者（如果该被拘禁者希望在此期间内被提审的话）的法官失去担任任何公职的资格。选举方法以及把一切有关选举问题的裁判权放在下议院手里的做法，也是对自由的保障。所有这些成规都使得国王不可能独揽大权。

除上述外，法院的设立，也是对自由的保证。我们因此将讨论这些法院的由来、它们的历史以及它们的现状。

在英格兰，乃至在整个欧洲，在封建法律被采用以后，王国的管理正像贵族管理他们的领地一样，而王国内执行法律的情况，也像贵族在其领地内执行法律的情况一样。正如贵族管家管理属于他的主人的那个州的事务那样，最高司法官管理着王国的一切事务。他任命各州行政司法长官和委派其他低级官吏。他自己是个大贵族。由于职位所给予他的权限，在英格兰以外的其他国家，他变得和国王有同样大的权力。但爱德华一世看出

① 也就是说，通过赦免他们使起诉中止。

了这种情形所蕴含的危险，并加以防止。所有各种民刑诉讼都是在国王出席下由最高司法官或王座法院来裁判的。国王参加的法庭，对民事诉讼案件的审理必难避免延搁。为此，把民事案件从这个法庭划分出来，并规定由威斯敏斯特普通民事诉讼法院来审理民事案件。刑事案件往往判决得比较迅速。的确，人们也许认为，一个有关人命的案件应该比其他案件有更长时间的辩论，但是这种案件往往激起公愤，因而必须早日执行刑罚。小的钱债案件是怎样裁判的，在旁观者看来无关紧要，但刑事案件，在他们看来却决然不同。当民事案件从最高司法官法庭划分出来，而最高司法官既拥有审判刑事案件的权力又拥有财政权力时，他的权力丝毫没有减少。后来，爱德华一世把最高司法官所管理的事务分归以下三个不同法院处理：王座法院、财政法院、普通民事诉讼法院。

423 在上述三个法院中，最后一个审理所有民事案件。第一个审理所有刑事案件，而且也审理由普通民事诉讼法院送来的上诉案件。它叫作王座法院，因为那时候国王常常出席该法庭。但现在国王不能这样做，因为由国王裁判破坏王国治安的案件是不适当的。财政法院裁判在国王和人民之间所发生的一切案件，国王对人民的债务或人民对国王的债务，以及任何有关岁入的案件。大法官法庭本来就不是法院。大法官只是裁判所依据的诉讼事实摘要或令状的保管者。我们将讨论诉讼事实摘要必须保存的理由。

爱德华一世废除了最高司法官的权力。他使用普通人士——一般是牧师——来做法官。由于案件要倚靠他们来判决，所以他们战战兢兢地行使职权，对于刑事案件和民事案件，往往犹豫不决地居间调停，在刑事案件中充作调解人，在民事案件中充作仲裁人，对于那些不能从最高司法官法庭找到前例的案件，不愿意加以裁判。由于这样，所有最高司法官法庭所据以进行裁决的诉讼事实摘要都被保存下来。保管这些摘要最初似乎是大法官的职责。如果一个人遇有要处理的诉讼案件，他就到大法官法庭去找书记官。书记官检查诉讼事实摘要，要是他找到一个与此案件适切的摘要，案件就依此裁决，要是找不到适切的摘要，案件就无法裁决。由此可见，大法官原来并不是法官。在苏格兰，英格兰大法官所执行的职务是由高等民事法庭来执行的。在英格兰，大法官把诉讼事实摘要送给行政司法长官，行政司法长官因此必须出席王座法院。在那个时候，法官处理诉讼的不规则性和不正确性会引起国王很大的猜忌，许多法官因此而受到严厉的惩罚。

有一次由于法官贪污，他向他们征收了 10 万英镑。为此，法官们审理案件时完全拘泥于大法官法庭的诉讼事实摘要，而且总是拘泥于大法官法庭的记录，甚至错拼的字也不敢更正。这样呆板地依照记录的做法，在没有法规代替某些记录的情况下还存在着。一个纯系拼写上的错误，虽然看来很明显，但在很多场合下却使整个审理工作变得无效。所以，法官们总是呆板地照诉讼事实记录判决，或在有法规时，呆板地照条文判决。以上所述乃是大法官法庭的由来及其权力。

在英格兰法律发展的过程中，各个法院开始争抢权力。我们下面将说明各个法院是怎样扩展自己权力，侵占其他法院的特权，以及大法官法庭是怎样增加它的权力的。审判刑事案件以及治安案件的王座法院，首先僭越权限，在诉讼人还未上诉之前，就直接审判民事案件。他们通过所谓违 424
法的令状（writ of error），就是说他们认为某人犯有侵害罪，侵入普通民事诉讼法院的职权。例如，一个人欠着十英镑债，不按指定日期偿清这笔债务，王座法院认为他有意躲避，就发出令状，拘传审问，并按上述侵害罪来处罚他。[①] 现在，有关契约的诉讼得由王座法院直接审理。王座法院就是按上述方式扩展它的权力的。由于它在地位上高于其他法院，其他法院无法侵害它的权限。

财政法院是按以下方式来攫取直接审理民事案件的权力：假定一个人欠了国王一笔款项（这是财政法院所管辖的业务），而且他不能清偿这笔债款，除非他的债务人先清偿对他的债务。在这种情况下，财政法院便以所谓拟制获得普通民事诉讼管辖权的令状，即他清偿能力不足为理由，对这个第三人提起诉讼。由于欠国王款项的人是很多的，并由于法官的利益来自判决费，而判决费的多少取决于法庭所受理的案件的多寡，所以他们总是热切地抓住这种扩大权力的机会。所有法院都企图通过迅速的裁决和正确的裁判来鼓励人们向它们提出诉讼。

接着，我们将说明大法官是怎样取得衡平法上的裁判权的。在技艺和商业发展以后，出现了许多从前没有发生过的诉讼，而法律的不完善给人民造成很大的不便。爱德华三世[②]发现有许多侵害行为是诉讼事实摘要或法

---

① 这里所叙述的诉讼程序，是根据“米德尔塞克斯法案”（Bill of Middlesex），而不是根据违法的令状来执行的。

② 事实上是爱德华一世，13 Edward I，c. 24（Statute of Westminster II，1285，the *in consimili casu* clause）。

院规则所没有包括到的。议会因此通过议案说，如果一个人向大法官法庭书记官索阅诉讼事实摘要，而找不到一个能给他提供任何解决方法的摘要，书记官应该寻找一些相似性质的摘要，并且根据这些做出一个可给控诉者提供赔偿损害方法的新的摘要。这实际上就是由大法官法庭给其他法院制定规则。但是，由于他们规定了审理案件所根据的诉讼事实摘要以及处理的方法，这就使诉讼者无须到其他法院去，而大法官法庭于是掌握了这些案件的裁判权。大法官法庭受理的并不是针对王座法院或普通民事诉讼法院的判决而提出的上诉，而是那些在普通法中找不到救济方法的案件。大法官因此取得了裁判所有衡平法案件的权力，而且受理大部分的民事案件。在这些案件中，首要的是关于合同的特定履行。按照普通法，如果一个人
425 依约必须交出一块土地，而后来拒绝这样做，他只需赔偿损失，而无须逐项履行契约。大法官法庭现在被看作良心法院，它可责成相关当事人逐项履行这个契约。其次，大法官法庭也处理普通法所不能处理的乱伦与信托上的欺诈行为。由于土地交教会保管使国王失去土地上的报酬，所以曾经通过了法案来反对这个做法。牧师们规定，土地应该交给那些会为着教会的利益来处置的人去保管。如果他们不履行任务，那就是信托上的欺诈行为，大法官准许主教把这个任务交给能够履行的人。同样地，当人们在那种事态下不得不把财产让与和财产没有关系的人时，大法官就把这种财产交还原主。此外，遗嘱、继承以及其他类似的事情，也属于大法官衡平裁判的范围。

当我们说到法院时，研究一下陪审员的由来，是适当的。当自主地政府刚开始时，各个法院还没完善，没有精细地审理案件的经验。在这个时候，任何人向法院提出倚靠他的誓言来判决的诉讼，他就必须带十二个宣誓保证人，向法院宣誓保证他的誓言是正确的。这个做法的遗风，现今在钱债诉讼中还存在着。在这些案件中，如果一个人能带着若干人宣誓保证他的誓言是正确的，他便胜诉了。应该指出，这种审判方法的不完善乃是引起决斗裁判的一个主要原因。一个贵族，或任何意志倔强的人，如果由于一些人在发誓的时候说假话而失去他的权利，当然宁愿通过决斗求上帝裁判，而不愿向法院提出诉讼。亨利二世首先规定，行政司法长官和若干熟悉罪情的人应该审理整个案件，被告应该由他们裁判。英格兰法律总是倾向于保护自由，而它在审慎地选择公正的陪审员这一方面，最值得称赞。被选定的陪审员，必须是住在犯罪所在地附近而能有机会熟悉罪情的人。

被告可拒绝大部分陪审员。他可拒绝陪审员中的三十个；而且当他怀疑行政司法长官偏私时，他可请个别陪审员或若干陪审员回避。被告可能有很多原因怀疑行政司法长官有偏私，这些怀疑是否适当由法院来决定。没有什么制度比陪审制度更能为生命、自由和财产提供保障了。一方面，法官是廉正人士，完全独立地工作，享有终身职位，但他们要受到法律的限制；另一方面，陪审员是你们的邻人，他们裁判和你们生命有关的事实。你们也可根据某些理由拒绝他们。英格兰关于陪审员的法律只有一个缺陷，在 426
这一点上它与苏格兰法律有所不同。在英格兰，陪审员必须全体一致，这使得陪审员的职务成为非常不愉快的职务。一个案件你可能看得比我清楚，而且事实可能与你和我看到的表象不同，但我们必须取得一致，因而在我们当中有一个人必须违背良心来宣誓。在刑事案件中，没有上述危险，因为人们一般都想保护无罪的人，都想保留人的生命。但在民事案件中，人们就不这么惴惴不安，不这么倾向保护无辜者，而且有许多人甚至是十分可疑的。贵族往往不愿意参加具有这么多不便之处的陪审团，因此只有普通人陪同法官审理案件。伟大人物往往不愿意常常被招来呼去，不愿意遭受到绅士所不能容忍的待遇。在这一点上，保证安全的法律做得有点过分了。在苏格兰，陪审员不需要全体意见一致，所以陪审职务没有这么不愉快。虽然一个人的意见跟大多数的意见不同，他可坚持自己的意见，无须勉强服从别人的意见，因此地位很高的那些人也愿意做陪审员。在大法官法庭所处理的诉讼案件中，不需要陪审员，苏格兰的高等民事法庭在民事诉讼方面已不设陪审员。

除上述法庭外，还有几个由国王特许设立的法庭。亨利八世设立了三个法庭：审理教士案件的高等宗教法庭，审理死刑以外的案件的星座法院，看管国王在监护费方面的利益的监护法院。查理二世在接受了一笔款项以后废除了最后一个法庭。现在，国王非征得议会同意不能设立法院。欧洲其他国家的法律都没有像英格兰的法律那么明确，因为英格兰法律有悠久的历史。巴黎议会只是到英格兰亨利八世时代才设立。不列颠议会是由很多人组成的，而且这些人都是非常体面的人。所有新的法庭都不愿遵守以前制定的规则。所有新的法庭都成为大的祸害，因为它们的权力在最初没有明确地加以厘定，因而它们的裁判必定是不严密的、不精确的。

这样，我们已经讨论了：（1）野蛮民族中政府的由来；（2）游牧民族中政府的由来；（3）由酋长率领的小部落的政府。贵族政治发生的方式，侵略性小共和国和防御性小共和国的崩溃，从及专制政治瓦解以后欧洲所发生的各种政体。

427 接下来，我们将讨论欧洲小共和国的由来，并讨论国王和人民的权利。

先讨论这些共和国的由来。在某些国家中，离政府所在地很远的省份有时会闹独立，如在查理曼时代日耳曼地区和法国的大部分地方都有这种情形。于格·卡佩是最高司法官，他把政权掌握在自己手里，但只使用法国国王这一称号。教皇找日耳曼诸国麻烦，在长时期内使奥托皇帝不能占领意大利。但是，当他占领意大利时，由于意大利离日耳曼诸国较远，他无法守住。每一个小城市都组成共和国，由它自己选择的议会来领导。一些建有很好防御工事的日耳曼城市，如汉堡等，取得同等特权，而且在一定程度上还保有这种特权。意大利各城市是由世袭的贵族统治的，尽管古代的共和国是完全民主的。在威尼斯，人民自愿放弃了管理政治的权力，如同荷兰人民一样，因为他们感到这不胜其烦。荷兰和瑞士共和国组成了联邦共和国，因为它们的力量依存于这种组织。

我们现在稍稍说一说关于这些共和国的投票方法。当选举票有 100 张而候选人有 3 个时，最不受欢迎的人可能当选。如果甲、乙和丙是候选人，甲可能得 34 票，乙和丙可能各得 33 票。这样，虽然有 66 票反对甲，他却当选了。当一个罪犯被提交给这个会议时，情况必定更是这样，因为 34 个人可能认为他犯有谋杀罪，33 个人可能认为他犯有非预谋［故意］杀人罪，而另外 33 个人可能认为他的行为属于意外杀人，但他必定会受到谋杀罪的处罚。为防止这个弊病，在某些共和国里，它们把问题简单化，就是说，把问题简单化为他是否犯有谋杀罪。如果有三个候选人，他们先举行一次投票，把这三个候选人中的一个淘汰掉。在他们的参议院里，议长没有审议投票权，只有决定投票权，因为他们不允许一个人有两个投票权。当两方票数相等时，便不能做出决定，但问题没有被否决，而是留待另一次会议决定。

我们现在讨论人民对国王应该怎样尽忠，以及对违抗国王的人的适当惩罚是什么。在任何国家里，企图推翻这个政权都被看作是严重的罪行，被称为叛逆罪。应该指出，在君主国的叛逆罪和共和国的叛逆罪之间有很
428 大的区别。就前者说，它是企图杀害国王本身，而就后者说，它是企图扼杀人民的自由。正是由于这个原因，暗杀行凶的准则能够在共和国建立起来，但不能在君主国建立起来。就君主国的利益来说，当权的人要加以保

卫，不管他的官衔、他的行动是怎样，而且不允许人们过问这些。因此，君主国的法律对于暗杀暴君是不利的。在共和国里，暴君的定义是十分明确的。他剥夺人民的自由，征募军队，征收捐税，而且任意残杀人民。由于不能把这样的人交法院法办，所以暗杀被认为是公正的。的确，现今欧洲的共和政府，并不鼓励这种暗杀行为，因为君主国树立了榜样，其他政权效仿了它们的榜样。按照我们现在的观念，克伦威尔的暗杀是最卑鄙的行为，但是如果榜样是由希腊和罗马共和国树立的话，看法可能完全不同。

我们已经说明了君主政府和共和政府之间的不同点，我们接着将讨论那些被看作叛逆的罪。

叛逆罪或危害国本罪有三种：第一，谋反罪，企图通过武力或叛乱推翻现政府。第二，通敌，把炮台、人质等交给敌人，或在政府要求交出驻防地时拒绝交出。这叫作叛国罪。第三，冒犯国王罪，这不像上述二者那么严重。这些是古罗马的各种叛逆罪。在皇帝统治下，这些罪往往被混合起来，连最小的罪，甚至用石头投击皇帝雕像，也要处死刑。在霍诺里乌斯统治下，阴谋反抗皇帝的大臣也算是犯叛国罪。①

英格兰法律看作叛逆罪的有下列几种：第一，杀害国王，想杀害国王，或提供武器反抗国王，有这些企图的人都处以极刑。尽管丢炸弹的阴谋没有实现，但阴谋者却要处死刑。如果他们所阴谋炸死的人不是国王，而是他人，他们就不会被处以死刑。第二，与皇后或长公主通奸，因为这是对国王的侮辱，而且使皇室可能有赝伪的后裔。如果不是长公主而是其他公主，所犯的罪就不那么严重。第三，征募军队反抗国王，帮助国王的敌人等。第四，企图在开庭时杀害大法官或巡回裁判法官；在非开庭期间，这只是重罪。但是，爱德华一世制定法令规定，仅仅打伤这些人，并不构成 429
叛逆罪。② 第五，伪造国玺，这被认为是篡窃政权，因为国务都是以加盖国玺来进行的。第六，伪铸钱币，但适当地说，这不应该看作叛逆罪，因为它并没有危及国本。这个罪只是伪造罪，通常是按伪造罪来处罚的。这些是宗教改革以前的各种叛逆罪。亨利八世自称为教会领袖，认为对宗教事务的统治权是国王大权的一部分，而且为着这个目的创设了高等宗教法庭

① C. 9. 8. 5 . [《法典》第九篇第八条第五节。]

② 按照爱德华三世 25 年第五号法规第 2 章，在开庭时杀害法官（不仅仅企图杀害）是重叛逆罪。

来裁判教士的案件——玛丽女王废除了这个法庭，但伊丽莎白女王又把它恢复过来。由于那时存在着某种来自教皇党的危险，天主教被认为是对政府生存的一个威胁，所以把教皇训谕、神的羔羊图像或其他可表明支持教皇权力的东西带进来，支持天主教神学院，或包庇天主教神甫，都被认为是犯了叛国罪。这个法律在当时虽是适当的，但现在应该废除，因为现在不再需要这个法律；至于容纳天主教神甫，现在几乎是一个根本不会引起人们注意的问题。

在内战和克伦威尔篡占时期，在什么程度上反抗政权是合法的，成为一个问题。王权党认为国王是可以独断专行的，而民权党则认为国王只是管事，人民要他走便可把他撵走。在复辟以后，王权党得势，而民权党不受欢迎。在革命时期，由于充分的原因斯图亚特王室被废，继任的是现今的王室。于是，王权党党徒被放逐，这对人心的向背有所影响，因此制定法令说，发表反对现今王室的言论就构成叛逆罪。[①] 现在这个法令完全不需要了，因为政府是那么巩固，根本不必在乎那些发表言论反对政府的人。

在苏格兰，法律关于叛逆罪的规定是很纷乱的。使人民对国王起反感，或使国王对人民起反感，都是叛逆罪。但自苏格兰和英格兰合并以后，苏格兰关于叛逆罪的法律已修改得和英格兰法律一致。这就是不列颠关于叛逆罪的法律。依据这些法律，那些犯了叛逆罪的人要受到最严厉的处罚。他被绞得半死、刳出脏腑，他的财产、他的妻子的妆奁（dowry）等都被充公[②]。他败坏了他的血统，因此他的儿子不得继承。

430 除上述外，还有另外一些违抗国王但不受到叛国罪处分而受到重罪处分的罪。第一，铸造不合规格的铸币和输出铸币。根据财富存在于货币这一观念，议会决定，每一个人得请求铸币厂免费把金银块铸为铸币。由于铸币从来不低于金银块的价值，所以存在着把铸币熔成金银块的诱惑。因此议会制定法案，宣布这种行为构成重罪。第二，企图通过任何方法（例如点金石）来增加铸币都构成重罪。第三，损坏国王的盔甲也构成重罪。[③] 第四，企图违抗国王的官吏也构成重罪。一般地说，对他人犯了重罪，对国王也犯了重罪。如果国王被扒窃，这就对国王犯了重罪，正如对平民犯

① 事实上，只有用书面方式发表反对王室的言论，才被认为是叛逆罪。

② 即“他的妻子失去了嫁妆（dower）”。

③ 31 Elizabeth，c. 4（1589）.

了重罪一样，不过上述的犯罪行为是指对国王作为国王来说的。

还有一些对国王犯的小罪，不构成重罪，而构成所谓侵害王权罪（premunire）。这一点需要说明。在约翰王和亨利三世时代，英格兰完全在教皇支配之下。他的使节把他的训谕带到英格兰来，并任意在英格兰募捐。因此在宗教改革以前，保卫国王的自由不受教皇侵害是必要的。有的时候，国王指派一个人担任有俸圣职，而教皇也指派人员，而且教皇所指派的往往被优先接受。为此，制定法律，禁止把教皇训谕从罗马带到英格兰，或把教皇呼吁书带到英格兰；任何人拒绝把圣职授予国王所推荐的人（presentee）就按侵害王权罪处罚，借以增强国王权力来抗拒教皇。惩罚的办法是没收货物与剥夺法律保护。当教皇宣布亨利八世是教会领袖以后，侵害国王对宗教事件的特权就构成侵害王权罪。[①]

除上述外，还有另外一些叫作隐匿罪的叛逆罪。隐匿罪或是消极的或是积极的。积极的[②]隐匿罪是，不揭发他人对国王本人、长公主或王嗣的阴谋。同样地，如果你听到阴谋和反叛的消息不予揭发，你也犯了重罪。消极的[③]隐匿罪是，伪造能在本国流通的外国铸币，例如葡萄牙铸币；但伪造法国或荷兰货币，不构成重罪，因为这些货币不能在这里流通。[④]

最后，还有另外一些违抗国王的罪，叫作轻蔑罪。轻蔑罪共有四种。第一，对于国王宫廷的轻蔑。在国王宫廷吵闹是对国王的大不敬。在法院 431
吵闹也要受严厉的责罚，因为在法院里的人易于激动，如果法律不加以严厉的制裁，那么法院就会受到扰乱。第二，轻蔑国王特权，例如，在合法征召时拒绝服从国王的征召，在职人员未经国王许可擅离国境，收到印有国玺的传唤拒绝前来，未经国王认可擅自接受外国国王的俸金（连作家未经国王认可也不能接受外国国王的俸金）。第三，对国王本人及其政权表示轻蔑（许多人都犯有这种罪），例如说国王是懒惰或胆怯的，或者说国王违反了加冕誓言，或者说不敬国王大臣的话。现在已不把这些看作轻蔑，因为政府是那么巩固，此类言论不可能对政权产生影响。第四，轻蔑国王尊号，或否认国王尊号，或宁愿称道觊觎王位者的称号，为觊觎王位者而干

① 5 Elizabeth，c. 1（1563）；Hawkins，I. 19. 23.

② 是“消极的”之误。Hawkins，I. 20.

③ 是“积极的”之误。

④ 按照玛丽女王 1 年国会第二次开会所通过的第六号法案（1553），伪造国王准予流通的外国铸币构成叛逆罪；按照伊丽莎白女王 14 年第三号法案（1572），伪造不能流通的外国铸币构成隐匿罪。

杯，或拒绝作效忠与放弃原有国籍的宣誓。这一切都被处以罚款或拘禁，但不按叛逆罪、重罪、侵害王权罪处罚，也不剥夺法律的保护。

我们已经讨论了人民对国王所犯的罪，接下来将说到国王对人民所可能犯的罪。但先说明谁是一个国家的人民，这样做是适当的。

关于谁享有公民权这一点，各国法律大不相同。在瑞士共和国里，除生来就是公民者以外，公民权是无法取得的。在古罗马，一个家庭可能在四五代中还保留着侨民身份。在雅典，除非父母亲都是公民，否则不能成为公民。应该指出，雅典人特别不轻易把公民权给予别人，因为享有公民权就享有很大特权。他们甚至不愿意把这个荣誉给予国王。当他们要对邻国国王表示厚意时，他们所做的只是豁免他的进口税。对于马其顿国王菲力普的父亲阿敏达斯，他们就是这样做的。由于外国人缴纳的进口税高于本国人所缴纳的，所以豁免进口税是不小的特权。在打败波斯人以后，他们的军队达到二万五千人，他们的国家治理得很好，许多亚洲城市向他们进贡。由于这样，他们的公民有权利参加审判，送他们的子女到公立学校受教育，分到某种款项以及许多其他利得。如果公民人数增加，这些特权就没有那么大的价值了，因此他们非常爱护公民权。我们知道，无论什么人到英格兰教区来，都必须提供不成为教区的累赘的保证。在自由民人数很少而选
432 举权掌握在几个人手里的小共和国里，市民权是很重要的。但在像罗马这样的大城市，市民权并不算什么，因此他们一下子把公民权赋予整个省的人民。在不列颠，一个在王国出生的人，受到法律的保护，能够购买土地，如果信奉国教，就能充任任何公职。在大的国家里，要成为某一国家的公民就必须出生在那一国家；在小的国家里只有公民所生的儿女才是公民。

同样地，各国对于没有公民资格的人的规定各不相同。按照古罗马和所有野蛮国家的法律，一个进入他们国境的人，他的财产都会被没收，而他自己则成为他所遇到的第一个人的奴隶。按照庞波尼的法律，如果他是从一个和罗马友好的国家来的，他就能得到法律所规定的待遇。在野蛮国家，对于外国人和敌人，他们使用同样的词语来表示。在古罗马，每一个外国人都是敌人（hostis）*，因为他们认为所有其他国家都是敌国，而一个来自这些国家的人则是间谍。利兹菲尔号兵舰在摩洛哥皇帝的国境内失事，由于我们和他没有盟约，所有船员都变成奴隶。我们国王按照那地方

* 按古拉丁语，hostis 一语，只含有“外国的”的意义。参见 LJ（A）。——译者注

的习惯，把他们赎回。当它们*发现输出自己货物和输入他人货物的好处时，它们当然允许跟它们交易的人在人身和货物方面得保安全，而且允许这些人在人身或货物受到损害时提出诉讼。以上就是外国人在大多数欧洲国家的现状。在不列颠，外国人不能购买地产，不能继承土地财产，也不能提出关于不动产的诉讼。他不能立遗嘱，因为这是财产权的最大延伸，甚至不能对死者表示敬意和深情。按照一个特定法规，外国商人（但不是小商人）可租借房屋。这是根据一个奇怪的原则来的，即认为这样做就可阻止我们自己的小商人留宿外国人。上述乃是外国人在大多数国家的状况。

在不列颠，取得公民权的方法有两个：第一，通过归化证明书，这是国王特权的一部分；第二，通过人籍法案，这是议会的决议。根据前者，外国人能够购买土地，而且把土地传给后代，如果他的后代是不列颠公民的话，但他不能继承，因为国王是外国人财产的继承者，他能够把自己的权利转让给他人，但不能剥夺应该继承的人的权利。归化侨民可继承遗产，但要全面继承，就需要有入籍法案，根据这项法案他享有自由民的一切特 433
权。威廉国王执政后，入籍侨民往往被封为贵族（peers）。由于许多荷兰贵族跟他到英格兰来，所以他会给他们一切特权也就不足为怪了。英格兰人民对于国王的这一偏私行为感到不满，便制定法令，宣布议会今后不能再通过给予这些权利的法案。因为在大多数国家，外国人不享有转让土地的权利，他们无须为此而提出诉讼。在英国和德意志，外国人不得立遗嘱。①撒克逊制定了一个非常公平的法律，即什么国家不允许撒克逊人民享受特权，撒克逊也不允许这些国家的人民享有特权。在古罗马，只有享有公民权的人才能立遗嘱。

应该指出，关于外国人，他们或是外国友人，或是外国敌人。如果若干外国敌人向国王发动战争，或损害他，我们不能按叛逆罪对他们提起公诉，因为他不是他们的合法君主，而且他们没向他宣誓效忠。如果他们不受国际法的保护，那就应该按军事法来处置他们。但是，由于住在这个国家的外国人受到法律的保护，他们就有对国王效忠的义务，所以可对他们按叛逆罪起诉并处罚。构成本国公民叛逆罪的行为也就是构成外国友人叛逆罪的行为。外国敌人，即来自和我们交战的国家的人民，要是向他们的

① 在英格兰，外国友人可以立遗嘱。

* 指前面几行提到的国家。——译者注

原来君主供给情报，也犯有叛逆罪。

我们已经讨论了谁是一个国家的人民，我们现在讨论主权者对人民所犯的罪，或对主权者权力的制约。

关于公法的这一分部，不可能说得很精确。一个人对另一个人的义务，已由各个国家的法律和法院做了十分明确的规定，但君主如果做错了事，却没有法官来判决。说要审判一个君主，就等于说存在另一个君主。在英格兰，人们能够确定，在什么情况下国王侵犯了人民的权利，或在什么情况下人民侵犯了国王的权利；但国王和议会的最高权力究竟高到什么程度，谁都说不清楚。同样地，在绝对统治权掌握在一个人手里的地方，没有人能够准确地说明掌权者不能做什么。上帝是君主的唯一裁判者，但我们不能够说他将怎样裁决。所有关于这个方面的决定都是由当权政党做出的，而不是由法庭冷静地做出的。他们的决定对于我们这方面的研究毫无助益。要想研究它，我们得研究政府的各种权力及其发展。

在社会刚开始时，所有政府权力都是极其不稳固的。多数人可以开战，但不能迫使少数人去参加战争，尽管这个权力是第一个发挥得很彻底的权
434 力。司法权和对外权比起来，不稳固的时间更长。在每一个国家，法官最初只是作为调停人来处理案件的。有的时候，被告得自己选择，是把案件交法官裁判，还是通过决斗、探热水等方式由上帝裁判。不但如此，如果被告对法官的裁判感到不满，可要求法官跟他在法庭决斗。然而，随着时间的推移，司法权逐渐变成了绝对权力。立法权一经采用就成为绝对权力，但在社会刚开始时，立法权并不存在，因为它是司法权扩大的产物。当司法权成为绝对时，人们一看到法官就肃然生畏，因为他们的生命、自由和财产都掌握在法官手里。塔西佗告诉我们，孔蒂利阿·维拉斯在征服了一部分日耳曼人以后，想建立法院来教化他们，但这激怒了他们，以致他们把他及其全军都惨杀了。在野蛮民族看来，法官是最可怕的。当财产可以估值、占有、移转的时候，就需要制定法官必须遵守的严格规则，禁止他们任意裁决案件。因此，立法权被用来限制司法权。在不列颠，国王享有绝对的行政权和司法权。但是，下议院可以弹劾国王的大臣，而国王所任命的法官后来也逐渐独立于国王。国王和议会享有绝对的立法权。但是，在一定情况下反抗某些滥用权力的行为，当然是合法的，不管政府是根据什么原则建立的。

假定政府是根据契约建立的，上述权力交托某些人掌管，而这些人严

重滥用权力，那么反抗显然是合法的，因为原始契约现在已被破坏了。但是，我们上面说过[①]，政府是根据权能原则和效用原则而设立的。我们也说过，在君主国权能原则占优势，而在民主国，由于人们常常出席公共集会和审判，效用原则占优势。由于上述民主国的政府似乎禁止权能原则，所以民选领袖很难取得很大的权力，非到他们得到很大权势以后，不允许他们继续任职。尽管这样，对于一些公职，还是表示尊敬，不管这些公职是由谁来担任。在不列颠，两个原则都存在着。

不论效忠原则是怎样的，反抗无疑是合法的权利，因为任何权力都不是完全无限制的。荒谬的行动可能使一个人和一个议会失去势力，而轻率的举动会使威严扫地。古罗马皇帝的愚蠢和残暴使不偏不倚的历史阅读者也赞同违抗皇帝的阴谋。

应该指出，反抗权在专制君主国家比在其他国家更常被行使，因为一个人和许多人比起来是更容易采用轻率措施的。在土耳其，在八年或十年时间内，政府很少没有被更换过。同一程度的滥用权力也使得反抗参议院或一个团体是适当的。必须承认，反抗在某些情况下是合法的，但要说清什么是专制君主可以做的、什么是专制君主不可以做的，那就非常困难。关于这个问题，存在着不同意见。洛克说，当君主违反人民意旨征税时，反抗是合法的，但是，除英格兰外，其他地方的人民对于这个问题是没有表决权的。在法国，只要国王下个命令就可征收捐税。就是在英国，人民的同意也只是象征性的同意，因为投票人的人数和人民的人数比起来是微不足道的。无疑地，过分繁重的捐税使反抗成为正当，因为谁都不允许君主取去他们财产的一半；可是，尽管君主不总是很守规矩，但如果他们有一定程度的节制的话，人民就不会发牢骚。没有一个政府是十全十美的，忍受一些不便总比企图反抗政府好些。另外一些作家认为，国王不能让与他的领土的任何部分。这个说法是以原始契约原则为依据的。按照这个原则，虽然人民愿意服从一个政府，但他们不愿意服从别人选择的政府。可是，这个说法是没有根据的。在法国和西班牙，国王把领土的大部分分给他的儿子，人民并没有反对。当西班牙将佛罗里达割让给我们时[②]，他们也没有提出什么反对意见。西班牙国王和俄国沙皇可以按照他们的意愿变更

435

① 12 ff. above.

② 这是 1762 年 11 月 3 日《枫丹白露和约》(Peace of Fontainebleau) 的成果，在 1763 年 2 月 10 日《巴黎和约》(Peace of Paris) 中得到确认。见 Introduction，p. 8。

王位的继承次序。一般来说，这乃是封建管辖区域的情况，这些区域可凭领主的意旨来划分。长子继承权问题直到最近才在日耳曼各公国发生。

据说，法国国王不能变更撒利族法典，按照这个法典，公主不能继承王位。这个法典确立了王子的权力，他们不允许他们以外的人继承王位。但是，如果法国是像现今英格兰王室继承王位时那样缺少贵族，撒利族法典可能如同其他法典那样很容易被修改。君主可以做什么，以及他不可以做什么，这是很难确定的。

但是，当最高权力是像英国那样被划分时，如果国王未经议会许可就做他原来应该征求议会同意的事情，议会就有权反对国王。

按议会权利的性质来说，可以通过强制力来保卫这个权利，否则就根本不成为权利了。如果国王征收捐税或在征税限期届满以后继续征收，他就犯有滥用特权的罪。

436 詹姆士二世曾企图对进口货物征收这样的税。但《权利请愿书》明白规定，在国会法案所规定的征税期限届满以后不得继续征收。当议会知道詹姆士二世将继承王位时，鉴于他是个罗马天主教徒，议会议定举行两种宣誓：其一，宣誓奉英国国王为主权人而否认罗马教皇的主权；其二，每一个接受公职的人得在接受公职三个月内，按英国国教所规定的仪式参加圣餐礼。詹姆士二世在军队和枢密院雇用了罗马天主教徒，此外他还指派了完全不合格的人充任国库职务，而且侵犯了大学的特权。对于他自己没有利害关系的事务，他也僭取权力，不顾法律。几个主教对于国王的这种举动表示异议，他们这样做只是行使每一个不列颠公民应有的权利，但被国王拘禁在伦敦塔里。再没有比这样粗暴地对待主教更震惊全国的事了。有一个叫夏普的从事反对天主教即国王所信奉宗教的宣传，国王命令伦敦主教停止他的职务。但主教只向夏普提出警告。国王对此感到不满，于是创设了高等宗教法庭（这个法庭从前曾设立过，但已经废除很久），传唤主教和夏普出庭。国王意识到人民对他的憎恶，而且认为这种憎恶是出于两种忧虑：其一，拥有教会土地的人担心国王会夺去他们的土地；其二，人民担心国王会改变国教。于是他宣布他将给人民以信教的自由，并且让每一个拥有教会土地的人继续保有土地。这明显地表明他有改变国教的意图。改变国教是世界上最难办的事。要改变宗教，必须先改变人民的观念，正如路德、加尔文、约翰·诺克斯以及宗教改革以前的另一些人所做的那样。詹姆士二世接着向军队呼吁，但他发现他们对他毫不同情。作为回应，他告诉他们说，他决不迁就他们，也不再征询他们的意见。他的这种举动激起了革命，这是不足为奇的。他被迫退位，因为全国倾向于立奥兰治公爵*为王。人民本来可以正当地推翻他的整个王室，但他们慷慨地放弃了污损血统、没收财产的严酷法律，把王位交给他的两个新教徒女儿。他们不接受她们的兄弟，因为他曾受过天主教教育，他们怀疑他是天主教徒。现今王室是最接近新教的君主的后裔，他们是通过议会法案而被立为国王的。议会制定的法律规定，任何王室后裔，除非他是新教徒，否则不得登上不列颠国王的宝座。这样，詹姆士二世由于侵害国家利益，被最公正地废黜了。

我们在上面已经讨论了作为国家成员的人。 437

由于教士和俗人是一个国家的两大类人，在人作为国家成员这一项目下，本来也可以讨论宗教法律以及上述两大类人各自的权利。此外，考虑到也可以将国家的人分为文人和武人，我们也可以在这里讨论军事法。但讨论这些问题就偏离了我在这里的主题。

家庭法

我们现在讨论作为家庭成员的人，为此我们必须分析一个家庭中所存在的三重关系，即夫妇关系、父子关系和主仆关系。我们首先探讨夫妇关系。 438

在各种动物中，两性的结合是出于繁殖和保种的需要。如对于四足动物而言，当雌的怀孕时，雌雄之间就不再有情欲。对于雌的而言，抚养幼小并非负担，因此并不需要雄类的帮助。在鸟类之中，也似乎存在着类似的婚姻关系。它们在相当长的时间内保持着情欲关系，并共同抚养小鸟。一旦小鸟能够自己谋生，它们的情侣关系便中止了。

对于人类而言，女性用母乳喂养小孩并非长久之计，因此需要丈夫的帮助，这使得婚姻关系得以永久存续。但在基督教尚未成为国教的国家，丈夫拥有无限的离婚权力，且无须对自己的行为承担责任。在古罗马，丈夫虽有权离婚，但会被视为有失体统。①

---

① Montesquieu，XVI. 16.

* 1688年，詹姆斯二世的儿子出生。詹姆斯二世信奉天主教，人民惧其子仍信天主教，新教徒迎立荷兰奥兰治公爵威廉及其妻玛丽（詹姆斯二世之女）为王，詹姆斯二世逃亡法国，史称光荣革命。1689年，英国国会通过《权利法案》，英国专制政体消灭，民主政治确立。——译者注

孩子们会长时间依靠父母，这种出于人本性的安排也是有其效用的，可以让孩子们放弃自己的爱好迁就他们，最终被训练成为有用的社会成员。就算碰上了无用至极的父母，孩子都会经历这种教育。

关于这个问题，我们打算探讨男女双方结合时彼此的义务、该结合如何开始和结束以及双方享有何种特别权利。

第一个义务是妻子对丈夫的忠贞义务。不贞是女人最大的罪。因为女人的不贞会给家庭带来私生子并导致继承人可能是私生子而非合法子女。但这种实际效用并非该罪行的真正依据。公众对于妻子的愤怒源于他们对其丈夫的妒忌的同情。因此，他们对妻子的不贞感到愤恨并想惩罚她。这种妒忌的感觉主要不是，或确切而言完全不是建立在私生子这一概念上。
439 妒忌并非来自不贞行为，而是源于丈夫将妻子的不贞视为对他的疏远并将本应对他的专爱与他人分享。这是他对这一问题的真正看法，也可以从下面的探讨中得到此结论。我们脑海中所存在的父亲这一概念，并非由使我们得以出生的肉欲行为所产生的，因该概念既令人憎恶，也荒诞无比。对于儿子而言，父亲的真正概念是他幼小时期的指引者，无助时的支持者，他的监护者、榜样和保卫者。这些都是子女的真正的感受。对于父亲而言，父亲脑海中的儿子的概念是，依靠他，在他自己家或由他担负费用养育成人并因此使之对他产生感情。但私生子之所以备受厌恶源于人们对其母亲的不贞的怨恨。

在人民野蛮和没有教养的国家，根本不存在妒忌。每一个出生的子女都会被认为是自己的子女。妒忌是一种因爱而生的微妙心理，且其程度因国家的不同而有所差别，这些不同的程度与人们的教养程度成比例。一般而言，什么国家不尊重女性，什么国家就不重视贞节，那个地方的人们的生活也最为放纵。鉴于此，我们发现梅纳雷阿斯怨恨巴里斯而不是海伦的原因是巴里斯带走海伦而非巴里斯诱奸她。在《奥德赛》史诗中，海伦在她丈夫面前毫无保留地说到巴里斯对她的行为。在斯巴达，妻子借给别人或借别人妻子是很正常的。当文雅渐长时，妒忌也随之而生，最终发展到将妻子关起来的程度，正如现在的土耳其人所做的一样。当人类变得更文雅的时候，当初因爱而将女人关起来的情感现在则转为允许妻子自由。在古希腊后期，女人可以去任何一个地方，这种对女人的钟爱发展到一定高度便产生了放纵，正如对贞洁的漠视会产生放纵一样。在所有野蛮的国家中，没有一个国家的女人比法国更为放荡。由此我们可以看到男人在社会的不同时期对女人的不同的自私的态度。在社会发展初期，女人作为娱乐对象，并不受到重视甚至被轻蔑。但作为理性动物而言，她们在这个时期所受到的重视比其他时期要多。在北美，当需要发动战争或做出其他重要决策时，男人都会与女人商量。[①] 现今，女人受到的尊敬很少。她们仅被免除那些会毁损美貌的工作。男人并不会免除他们朋友吃苦的工作，却愿意免除他们妻子从事类似工作。当不贞被视为是一种对丈夫的损害时，未婚女人则有必要受到一定的约束，以让她们在结婚后习惯于该约束。因此，私通要受惩罚。

我们现在来探讨两性结合是如何开始的。当婚后义务与婚前有所不同 440
时，标志婚姻开始的某些仪式则显必要。这些仪式在不同国家不尽相同。但一般而言，这些仪式与宗教有关，因宗教的仪式会产生最深的印象。在社会孕育时期，虽然人们似乎打算将婚姻视为永久性关系，但丈夫享有无限的离婚权力，尽管该权力的行使会被视为有失体统，除非妻子触犯重罪。政府为自身安全考虑，想方设法加强丈夫权力并使之尽可能成为家庭的独裁者。在古罗马，丈夫对于自己家庭的所有事务享有生杀予夺大权。

在古罗马，婚姻的产生有三种[②]：第一，通过面饼婚式，即一种宗教仪式；第二，通过独买，即由丈夫购买妻子；第三，通过惯例，即如果他和她同居已满一年，则他可依据时效拥有她，且他可以退婚。

在女人继承发生后妻子方享有离婚的权力。一个在婚前拥有大量财富、过着幸福生活并享有自主权的女人当然不会把所有财产都给予丈夫。因此法学家们设计出一种有利于女继承人的婚姻，这种婚姻叫契约婚姻。[③] 契约婚姻的双方当事人就契约的条款达成一致，然后丈夫即可带她回家。为防止丈夫根据时效而取得相关权利，妻子根据契约规定，每年会离开丈夫三四天，以保住财产。因此，妻子变得越来越独立，跟丈夫一样，享有独立的离婚权。这种婚姻是基于双方的同意，因此，如一方持有异议，即可解除婚姻。

这种形式的婚姻与现在的婚姻颇为相似，但也有重大的差异，即该形

---

① Lafitau，*Moeurs des sauvages amériquains*（1724），Ⅰ.477.

② Heineccius，Ⅰ.10.1.

③ *Deductio in domum*，这是一种表明婚姻双方同意结婚的仪式，但该仪式本身从来不是法律要求的。Cf. LJ（A）iii.8－9，above.

式的婚姻并不能让子女成为合法的子女，也不能保全妇女的荣誉。[①] 罗马式的婚姻形式产生极大的混乱。当双方分开时（这是经常发生的事），他们会
441 与其他人结婚，而女人往往连续嫁五六个丈夫。这会败坏他们的道德，以至于在罗马帝国即将衰亡时，几乎没有一个伟人不戴绿帽。这种混乱已达到非常严重的地步，以至于在基督教被确定为国教后，离婚的权力受到了一定的约束。居住在欧洲西部的塞西亚民族则完全禁止离婚。但在勃艮第，丈夫依然享有很大的权力。根据他们的法律，丈夫虐待妻子会被处以罚金，而妻子有不良行为时则会被处死。

大体上，民事法庭只接受滔天罪行，其他小的案件则由牧师审理。这无疑赋予牧师很大的权力。当民事法庭不制裁违约时，牧师却以伪证罪处罚触犯者。当夫妇双方相处不谐时，牧师会要求他们忏悔赎罪。随后，除非犯有通奸或一方害怕受到另一方身体伤害，否则不得行使离婚权力。但这种离婚并非完全的离婚，而仅是脱离夫妇关系，因为离婚后的双方不得与他人结婚。完全离婚，即离婚后可以与他人再次结婚，源于三个原因：第一，如果他们属于同血统等亲之内[②]，除非获得教皇特许，否则婚姻无效；第二，与其他女人有婚约；第三，男人性冷淡或女人系石女。

除上述变动，牧师也对其他婚姻规定做出修改。毋庸置疑，由男人制定的法律并非完全利于女人。他们认为，丈夫的不贞应当跟妻子的不贞一样，同样受到处罚。他与她一样，并没有权力离婚。通奸、残暴和威胁被认为是分居而非离婚的理由。[③]

教会法是依牧师的指示制定而成的。牧师大多情况下照搬罗马法，因为只有他们懂得拉丁文和保存着罗马法的残余文献。起初，连教会法也不要求举行结婚仪式，因为晚期的罗马法已经废除面饼仪式和买卖形式而只要求订立契约。因此，教会法在很长时间内要求结婚只需要入门礼，不管该契约是现在的还是将来的。现在的契约有如他们说我娶你为妻或我接受
442 你为夫。而将来的契约有如他们说我会跟你结婚。如果人们宣告他们已经结婚或将要结婚，则可通过证人或誓言证明有上述婚契。教皇英诺森特三世制定法律，规定所有的结婚必须在教堂进行。虽然这种结婚方式被认为是唯一一种体面的结婚形式，但也有其他形式被采用，且在某种情况下也

① 实际上，和夫权婚姻一样，这也是合法婚姻，子嗣为法律所承认。

② 即对某种程度近亲的婚姻的禁止。

③ 如与 LJ（A）iii. 13 之前的相应部分相比较，这一非常简洁的段落的含义将更为清晰。

是有效的。如果一个人先以将来的契约结婚，然后在教堂举行结婚仪式，而第一个妻子直到结婚预告发出后才提出反对意见，则第一个婚姻无效。如果第一个婚契是现在的契约，则第二个婚姻无效。这就是英格兰在晚近婚姻法颁布前的情况。

如果将来的婚契能得以证明或者男人拒绝承认他的誓言，该婚姻在某些国家也会被认为是有效的。现在的婚契则在任何一个地方均为有效，特别是当他们订立婚契后同居。所有这些规定均来自教会法。跟我们的规定一样，违反教会法会受到教会的责难。

在英格兰，离婚的规定由国会制定通过，妻子不贞并非离婚的理由。而在苏格兰，离婚则容易得多。

对于这些教会法的规定，新教徒从来没有严格遵守过，因为牧师本身也结婚。此外，爱情曾被视为荒诞的激情，而今却变得庄严和高尚。作为证明，有一点值得注意，即古代悲剧从不以爱情为主题，而今爱情愈发高尚，且对所有的公共演出都产生一定的影响。这只能说是因为人的改变。

我们上述讨论的婚姻形式只存在于古罗马、基督教国家和其他少数国家。对于大多数国家而言，只要男人供养得起，他们就可以娶很多妻子。这自然会转到探讨一夫多妻制的由来。

应当指出，自愿离婚虽然带来不便，但并不完全违反正义原则。一个男人为了一些不像妻子与他人通奸那么重大的原因而离婚另娶是应该的，因为这些原因会使夫妻生活不幸福。他们的分开却能使他们中的任何一方过上很好的生活。一夫多妻制也是如此。如果一个女人愿意作为一个男人的五个、五十个或以上的妻子之一，而法律也允许她这样做，她并没有受到伤害，她只不过是得到她所预期的待遇而已。古代犹太人法律和东方法律均允许一夫多妻制。这种制度和自动离婚虽然并不完全违背正义原则，但建立或允许这些制度总是很不好的政策。

一夫多妻制会引起最激烈的嫉妒心，而这会破坏家庭安宁。妻子之间相互竞争，成为仇敌。子女们也没有受到很好的对待，妻子会抱怨她的孩子并没有得到应有的对待，原因在于她以自身对子女的感情作为父亲对子女的感情的衡量标准。然而，这种衡量并不成比例。因为父亲的父爱要分到 443
四十、五十个子女，而妻子们只需分给四或五个子女。实行一夫多妻制的地方必会有嫉妒的爱和嫉妒的利益。因此，这种地方急需安宁。也有人说东方皇帝的后宫是最安宁的地方，但该安宁源于最残酷的纪律——当叛徒被制服时，他们是很驯顺的。在非洲，我们看到最可怕的纷乱，这是因为他们的纪律不够严明。这些女人最大的痛苦在于她们完全被关闭起来，除了她们所厌恶的宦官外，并没有他人做伴。拥有后宫佳丽的男人貌似很快乐，其实未必。他一定也会有妒忌，而且由于他与她们之间存在着不平等的关系，他在家里也不可能有乐趣可言。同时他也没有机会在社交方面做出改进。你绝对不可以在土耳其人面前提及他的妻子，因为他的妻子不能让其他男人看到，如同图奈弗所言，即使医生也不例外。丈夫的这种严肃和拘谨必会对这个国家的习性产生负面影响。因为男人之间没有相互信赖，不能组成政党，从而使得政府必须且总是独裁政府。因为在他们的家庭里，他就是独裁的模型，没有父母的爱，也甚少有夫妇之情。除此之外，一夫多妻制可能会使种族趋于灭绝。因为很多男人并不能娶到妻子。而为了照顾诸多后宫佳丽，许多男人也会被阉割。据说，女人出生的人数多于男人。孟德斯鸠说，在东印度的班塔姆，女人和男人的出生比例是 10∶1。荷兰作家说，在几内亚海岸，女人和男人比例为 50∶1。日本较有根据的记载则说女人与男人的比例为 11∶9。如果这些地方确有这种比例关系，那么如不实行一夫多妻制，确实会有不便。

经过严谨调查，欧洲各地情况大致一样。一般而言，每 13 个男人便有 12 个女人，或者每 17 个男人便有 16 个女人。因男人更容易遇到危险，故二者比例大约相等。现在，如果欧洲各地情况没有差别，则我们有理由下结论说，其他任何地方也不会有差别。自然规律放诸四海而皆准，如地心引力定律在各个地方都是一样的，为何生殖规律不能一样呢？在上述的国家或地方中，可能确实存在着女人多于男人的现象。在宗教中心地和法院所在地，因为是有钱人所在的地方，女人必定多于男人。原因在于只有有钱人才会有安置妻妾的后宫并从其他地方购买女人。因此，没有实行一夫多妻制的国家的女人常被输送到这些地方。一夫多妻制源于专制政府的统治。当一个国家被野蛮人征服时，这些野蛮人会随心所欲地放纵自己，而一夫多妻制则是其中一种方式，因为没有制定法禁止这种现象。古迦太基或古罗马从没有一夫多妻，但土耳其曾有过一夫多妻。在任一国家，如有
444 自由，一夫多妻制便受驱逐。因为此种独占为自由人所不能容忍。而专制政府有利于一夫多妻制。孟德斯鸠注意到有利于一夫多妻制的另一因素是，在某些国家，女人八九岁便结婚，到了 30 岁便衰老。① 当她们美颜犹在时，

① 可能是抄写员错写为“20”。The MS. entry 暗示着他在这二者之间有过犹豫。

缺乏理解力。当理解力日益加深时，却容颜渐失。这样，她们不能成为长期的惬意的伴侣。也因此，男人需要不止一个妻子。破坏幼女的贞操可能是他们的习惯，但这一点并不能得到很好的验证。克利奥帕特拉嫁给奥古斯都时已36岁，但她仍能怀小孩。康斯坦提娅54岁才生小孩。然而，即使上述事实确凿[①]，也不能说一夫多妻制是合理的，而只能说自愿离婚不尽如人意。如果女人只有在十年到十二年内是有用的，男人另娶他人尚且合理，但同时娶几个女人则不合理。

存在着一夫多妻制的地方不可能有世袭贵族。因为在那么多个妻子当中，总有几个在差不多相同的时间生儿子，而这给长子继承权带来困难。因孩子众多，不可能所有的孩子都能得到父母之爱，而正是凭借这种父母之爱，他们才能长大立身。当子女过多时，情爱必会减少。我的朋友如有四或五个子女，我会关心他们。但如果他们有一百个子女，我就很难关心他们了。[②] 现今，世袭贵族是人民自由的很大保障，如国家的每一个角落都有贵族，当人民受到压迫，就会投奔贵族，推其为领袖。在东方国家则没有这种情况，每个人几乎都是暴发户，并不会受到尊重，只有皇室才会受到尊重。帕夏的家属在帕夏死后也要与平民混在一起。

有世袭贵族的国家不容易甚至根本不会被外人征服。他们也许会被打败一到两次，但在其自然领袖领导下会扭转败势。东方国家由于缺乏这些领袖，无力抵抗外来敌人。

一夫多妻制对于一国人口的增加极其有害。一百个女人嫁给一百个男人所生的子女必会比同样数量的女人嫁给两到三个的男人所生的子女要多。或有人持有异议，如中国和埃及，这些地方虽实行一夫多妻制，但人口依然稠密。但是这些国家都有关于促进人口增长的规定，而且也有其他因素有助其人口增加，如土质肥沃。

故此，我们可知，婚姻有一夫多妻和一夫一妻两种。对于后者，又可分为三种情况：第一，丈夫可任意离婚；第二，夫妻双方享有相等的离婚权力；第三，离婚权力完全掌握在民事裁判官手里。 445

在允许一夫多妻制的地方，妻子的命运完全掌握在丈夫手里。他可以任意地与之离婚或处置她。

法律关于一夫一妻制的规定，因其种类的不同而异。那种只能通过民

① 即女人到二十岁便衰老这一假定事实。

② 如与LJ（A）iii.42的相应部分相比较，该句含义将更为清晰。

事裁判官而非契约或协议才能解除婚姻的形式最为便当。诚然，在这种形式的婚姻中，只有被社会视为最可恨的缘由方可构成离婚原因。但就婚姻关系而言，限制过严总比松散限制要好。在共和国后期①，无限离婚权的使用导致了最为无序的后果。防止这些无序所产生的后果足以抵偿它可能产生的任何困苦。当夫妻双方均拥有离婚权时，虽然双方不会相互依赖，但至少他们的利益不会受到侵犯。

我们现在讨论不同种类的婚姻中，丈夫对妻子的财产或妻子对丈夫的财产享有何种利害关系。

在一夫多妻制的地方，妻子完全处于奴隶地位，对于丈夫的财产完全没有利害关系，只有在其丈夫死后，方有资格获得一笔抚养费。当只有丈夫享有离婚权时，妻子的财产成为他的财产，如同他自己的财产一般。当双方均有离婚权时，妻子所带来的财产牢牢在其掌控之中，丈夫除对该财产可加以管理外，并无其他处置权。丈夫死后，妻子也不能得到丈夫的财产，除非契约另有规定。对于一夫一妻制中离婚权掌握在民事裁判官手里的婚姻，丈夫的权力不像以前那么大，而妻子的权力则得到扩张，因为她在这种婚姻中更为独立。如果妻子拥有不动产，则丈夫可收取地租且该地租由其任意支配。如妻子死去，且留有一儿子，则丈夫是这个儿子的当然监护人，可终身享有其亡妻不动产租金的权利。

在英格兰，丈夫在生时可任意处置妻子的准不动产，但如果他在生时没有对此加以处置，在其死后，该财产归于妻子，而非其继承人。

他可以任意处理这些准不动产，抵押贷款也是如此。如果丈夫要求偿还债务，则其可任意处置该笔款项。但如果他在生前并没有提出要求，他死后该款项归于其妻子。如妻子先死且其丈夫事先并没有处置这些准不动产和抵押贷款，则这些财产归于妻子的亲属。如果丈夫先死，妻子享有其
446 地产的三分之一，不管他有没有子女，这些会被认为是她的寡妇产。在英格兰，她可享有全部财产的三分之一②，而在苏格兰，她只享有其丈夫拥有的证券、金钱、动产和过去租金的三分之一，有息债券则归属子女。

在苏格兰，征得妻子同意，丈夫可变卖妻子的土地。但在变卖之前，妻子必须先到法院接受讯问，宣告同意出卖土地。如此一来，她的遗嘱执行人才不能提出要求。在苏格兰和英格兰，丈夫并没有义务偿还妻子所借

① 罗马共和国。

② 如有子女，则享有土地和动产的三分之一。如没有子女，妻子可获得丈夫动产的一半。

之钱，除非该钱是为生活费用所借。以此观之，妻子如同用人，因用人如以主人名义购买粮食，则主人必须偿还该笔款项。在苏格兰，丈夫可获取令状禁止妻子以他的名义借款。在英格兰，只要丈夫口头宣称其对借款不负责任即已足够。如果夫妻双方分居，丈夫甚至无须支付妻子购买粮食的钱。

我们现在来探讨什么人可以结婚。直系尊亲和直系卑亲永远不能结婚。没有能比母亲与其儿子结婚更违反人性的了。如母子结婚，则母亲在地位上低于儿子。而且由于双方年龄的差距，婚姻的目的也很难达到。因此，除非在邪教盛行之处，否则此种婚姻绝不被容许。同理，父亲与女儿结婚也是乱伦。但值得注意的是，父亲与女儿结婚并不像母亲与儿子结婚那样违反人性，因为父亲在作为丈夫时仍拥有高的地位。因而我们可以看到，很多野蛮国家仍然容许父亲与女儿结婚。但作为女儿的父亲、监护者和教导者，其将女儿变成爱人并与之结婚依然不符合人性。此外，母亲也绝不会喜欢可能代替其地位的女儿，没有任何事情比这更能破坏家庭幸福的了。

同理，伯叔父与侄女或姑母与侄子也从不结婚。虽然在古罗马和迦太基，他们有时会发特许证，允许伯叔父和侄女结婚，但该结婚特许证从不发给姑母和侄子。

旁系亲属如兄妹的结婚的禁止似乎主要基于政治观点。因为他们一起长大，如不加以适当限制，很可能有共同堕落之险。出于同样理由，如堂兄弟和堂姐妹在同一个家庭抚养长大，他们也会被禁止结婚。

在雅典，一个人可以跟同血统姐妹结婚，但不可以跟同母异父的姐妹结婚。很多名人都是这样结婚的，比如西门和他父亲的女儿厄尔皮尼斯 447
结婚。①

根据英格兰法律，已故的叔祖父的妻子可跟她丈夫的侄孙结婚，因为就亲属关系而言，他们相差四等。

基督教法律把姻亲与血亲同等看待。妻子的姐妹是丈夫的姐妹，妻子的姑母也是丈夫的姑母。这种规则与其说是自然规则，倒不如说是警察规则，因为一个男人与其妻子的姐妹结婚并不违反自然。在东印度的很多国家，这种婚姻比比皆是，因为他们认为，妻子的姐妹可能会成为其子女最好的继母。但我们也可以提出答辩说，这会完全阻碍姐姐（妹妹）与其妹

① Cornelius Nepos，V. 1. 2；cited by Montesquieu，V. 5.

夫（姐夫）家庭之间的来往。可以预料，如果她没有结婚且没有子女，完全可以住在他家里照看他子女。教会法和民法则对姻亲[①]持不同看法。民法将兄弟姐妹看作是共同家系中的一等亲，而堂兄弟姐妹看作二等亲。教会法则按亲疏程度划分，兄弟是二等亲，因父亲是一等亲，而兄弟是另一等亲。同样，堂兄弟是四等亲。教会法从家系的两面计算，而民法只从一面计算。当民法说二等亲禁止结婚时，教会法则说四等亲禁止结婚，他们所指的都是堂兄弟姐妹。教皇经常不理会这些法律，并以此扩大他的权威和增进他的利益。

我们已经探讨了各种不同类型的婚姻，我们现在需要探讨没有婚姻的后果。婚姻的效果在于让子女合法化。我们因此必须考虑合法子女与私生子女的区别。合法化可使子女获得可继承之血统，并凭此能继承他们父亲及其亲属。而一个私生子没有可继承之血统，在其父亲死去且没有遗嘱的情况下不能继承。因为人们并不知道他的父母是谁，同时也因为非法出生的子女不享有继承之权。作为私生子，他不能继承其他人，其他人也不能继承他，他与其他人并无关联。如果他死后既没有遗嘱，也没有子女，他的妻子可获得他动产的一半和地产的三分之一，其他财产归国王所有。但如果他有子女，则其妻子可获得全部财产的三分之一，但国王仍被视为财产的最后继承人。

448 在苏格兰，还有另一个困难。由于国王是私生子的继承人，私生子不能立遗嘱，允许私生子立遗嘱等同于剥夺国王作为其继承人的权利。但国王可以向其颁发合法化证书，让他可以立遗嘱。原因在于国王既然享有继承权，其当然可以任意处置这一权利。但是这个证书或议会法案之外的东西并不能赋予其可继承之血统。只有议会通过的法案才能做到这一点。

教会法和民法通过以下方式恢复私生子的血统：

第一，事后结婚。即与为他生了私生子女的女人结婚。由于纳妾曾经盛行，制定法规定，如与妾结婚，则可使她的子女合法化。随后，查士丁尼将此规定立为永久的法令。

第二，献身于教会职位。当子女愿意在教区承担一定工作时，如执事[②]，他们可获得继承父亲的资格，但不能够继承父亲的亲属。

---

① 很可能是“血亲”之误。在这一部分的说明中，“民法”和“教会法”二词错用，实际情况和正文所说恰恰相反。

② 什长，市政官员。

第三，纳为养子。比如，古罗马人可收养他人的儿子，那个儿子也接受他为自己的父亲。他们有权利收养任何自由人，而私生子被认为是自由人。因此，只要私生子同意，他们即可收养其为养子。

第四，诏敕，这与合法化证书大致相同。

第五，遗嘱。通过遗嘱他们或许只能继承父亲的遗产。

教会法将上述的事后结婚这一方式传播到除英格兰以外的其他国家。英格兰牧师在当时并不受欢迎，他们与国王联合起来反对贵族。因此，事后结婚在英国并不能将私生子女合法化。

关于事后结婚这一合法化方式，教会法规定了一些古罗马没有施行过的限制：通奸所生的子女不能继承。即一个女人在她丈夫活着时与他人通奸所生的子女，或一个人的妾在他的妻子还活着的时候所生的子女均无继承权，即使他们事后结婚。血亲相奸所生的子女也无继承权，除非获得教皇颁发的将这些子女合法化的特许证。因此，在一夫一妻制盛行的地方，私生子并无继承权。而正是这一点使得一夫多妻制不能在任何国家流行。因为如果允许私生子有继承权，男人就不愿意受束于合法婚姻的种种不便。有个完全在其控制之下的妻子，在自己开心的时候再娶他人，这更为方便。

手稿中有三行空白

我们现在来探讨父子关系，它是我们要讨论的人作为家庭成员的第二 449
种关系。

父亲对其子女的权力，无论是自由还是财产，起初都是绝对的。他可以自由决定是否抚养他的子女。如果他拒绝抚养，也并非不正当。法律禁止损害他人，但对于仁德行为并没有固定的法律。[①] 法律只能禁止父亲在子女出生时将他们处死，但对于父亲遗弃他们的行为却无能为力。同理，在古代，父亲也可自己决定是否救回挨饿的或被野兽攫去的儿子，等等。古罗马曾对此做出相关规定，但并未得到遵守，直至基督教确立后这一习惯才被废除。在实行一夫多妻制的中国，他们往往不得不遗弃婴孩，一般是把婴孩溺死。因为父亲享有完全的权力决定是否抚养他的儿子，如果他确定要抚养儿子，则他对儿子享有绝对的管理权。在古罗马，父亲对子女有

① Cf. TMS Ⅱ. ii. 1. 3 - 5.

生杀予夺和出卖的权力。此外，不管儿子所得为何，均归于父亲。如果儿子结了婚，他的子女也被视为祖父家庭的成员。父亲对儿子的这种权力不久被削弱，因为儿子和他的母亲的亲属有一定的关系。有时候儿子可继承舅父，故舅父自然会照顾他。根据努玛·庞比利阿斯法，如果儿子结了婚，则父亲不再有权出卖他。《十二铜表法》也确实提到父亲这一特权，但很可能是针对那些没经过父亲同意而结婚的儿子。同样，父亲对子女享有的生杀予夺大权也逐渐消失。父亲只能执行国家关于死罪的法律，他可以夺取司法官的权力，自己处罚儿子。但如果国家法律认为他儿子犯了罪，则父亲不能赦免儿子的罪。从这可看出，父亲在这方面的权力并非绝对的。父亲的这种权力日渐减弱，最终完全消失。父亲只能照本宣科地宣读司法官做出的裁判，不这样的话他可能在某些形式上出错并导致整个判决无效。这与我们苏格兰的绅士大致相近。即绅士有权无须通过任何法律的形式占有佃农的物品，但因为他们不知道应该怎么做，他们也只好像其他人一样向民事法庭请求依法处置。

同样地，父亲对儿子的财产的权力不久也消失了。我们发现，在很早
450 的时候，根据马尔西安法，父亲有义务为他们的儿子寻找合适的妻子和提供适当的财产。如果父亲拒绝，则政府会强迫他们去做。这表明婚后财产必定是属于他们自己的财产。法律似乎是根据这样的观点制定的：妻子会带来一笔财富，因此，但也是合理的是，丈夫也应该拥有独立于他们父亲的财产。故此，父亲只能对未婚子女拥有无限权力，而这并非不合情理。在古罗马，父亲的权力并非专断，因为我们经常发现他们会因为没有恰当照顾子女而受到控诉。而如果他们可以任意处置子女，上述控诉则几乎不可能发生。

最早把和父亲无关的财产权给予儿子的是尤利乌斯·恺撒，其次是奥古斯都。起初，他们把在战争中获取的东西和军役特有产占为己有。后来他们把在文艺和工艺方面所得的东西归为己有。阿德里安和查斯丁尼先后把这一财产权利推广到一切不是从他们父亲处得来的东西上。所有的赠与和遗产都完全由他们自己处置。

我们也发现父亲对儿子继承权的剥夺是受到限制的。只有在特定情况下，父亲才享有这个权力。

古罗马帝国衰亡以后，父亲对儿子和妻子的权力受到削弱。当儿子跟父亲一起住时，父亲对儿子的权力，大体跟我们现在一样，他有监督和注

意儿子品性的权力。但当儿子离开家庭时，他就没有那么直接关心他了。父亲对于儿子享有这样的特权：他可作为儿子的家庭教师，但与其他家庭教师不一样的是，他对儿子的疏忽和过失并不承担责任。这是父亲对儿子拥有的自然的权力。父亲有义务抚养他的子女，而子女在父亲衰老或体弱多病时，也有义务赡养父亲。

我们现在来讨论关于主仆关系的法律来由。主仆关系是我们所打算讨论的人作为家庭成员的第三种关系。

我们知道，让丈夫对妻子享有权威的原则也是父亲对儿子享有权威的原则。正如丈夫的权力因他妻子有了可诉苦的朋友而被削弱一样，父亲的权力也因儿子有了可诉苦的朋友而减弱。但对于奴隶而言，情况却大不相同，他们不能诉苦，跟任何人也没有关系，因缺乏支持而不得不陷入奴隶的状态。于是，我们发现主人对奴隶有生杀予夺大权，这种权力跟他对妻 451
子和儿子的生杀予夺权截然不同。因为后者只局限于刑事案件，而前者是完全专断的。此外，由于主人可任意支配奴隶自由，奴隶不能拥有财产。奴隶已有的或能够获取的任何东西均归他的主人。奴隶与主人签订的契约对主人并无约束力，除非该契约得到主人的默认。奴隶只能为他的主人创造财富。如果我答应给一个奴隶 10 英镑，那么我有义务将此款给予他的主人。除这些不利条件，古希腊和古罗马以及今天的黑奴还有很多其他的不利条件，只不过这些没有被注意到而已。

第一，他们被禁止结婚。他们可跟女人同居，但不能结婚。因为只要主人不乐意，两个奴隶的结合便不能继续下去。如果女奴不能生育，则其主人会将她赠与另一人或卖掉。在西印度的奴隶当中，根本不存在永久性的结合。女奴全都是妓女，且她们并不因此而感到羞耻。

第二，奴隶制度会带来比上述更大的不幸，因为一个信奉多神教的奴隶不能得到适当的宗教庇护。如同没有自由和财产一样，奴隶没有上帝。多神教由许多地方的神所组成。每一个地方都有它自身的神。奴隶不属于任何地方，因此任何地方的神都不会关照他们。此外，异教徒不能空手求助神灵庇护。奴隶没有什么可以供奉神，因此他们也不期望神会施舍恩惠。那些在寺庙供使唤的奴隶是唯一得到神灵庇佑的奴隶。主人为他们祈祷，但这种祈祷如同主人为他们的牲畜祈祷一样。每个人的迷信与他的生命、财产和自由的不确定性以及无知成一定的比例。赌徒和野蛮人最为迷信。一个因生命、自由的不确定和无知而耽于迷信的奴隶，却被剥夺可镇定他感情的东西，这真是非常痛苦的。因此，发现一个能主宰世间一切事物的上帝的宗教自然会被奴隶所接受。我们也由此发现，犹太教虽然有其存在的理由，但它最不适于非犹太人的皈依者。原因在于他们从不属于救世主所来自的亚伯拉罕家系，也不能与犹太人同起同坐，只能成为不履行摩西律例的皈依者，且有很多食物禁忌。然而，即使犹太教有这么多缺点，也不妨碍它在古罗马奴隶中快速传布。基督教被引进时，因没有这些缺点，在奴隶中传布得更为迅速。

我们很容易认为奴隶制度已经完全根除，因为在世界的某些地区，我
452 们对奴隶制度一无所知。但直到现在，奴隶制度也几乎很普遍。世界上只有西欧这一小片地区没有奴隶制度。但这一小片地区与其他盛行奴隶制度的大洲相比微不足道。我们将探讨，在世界的某些地区，奴隶制度是如何被废除的，以及它在其他地区仍然存续且可能继续存续的原因是什么。

应当指出，一切社会的初期均有过奴隶制，这或许是因为人类本身固有的残暴性。无论建立何种类型的政体，奴隶制总被保留并成为该政体的一部分。一个自由政府的成员绝不会制定损害他们利益的法律，而废除奴隶制恰巧损害了他们的利益。在君主制国家里，废除奴隶制有较大的可能性，因为只有一个人是立法者，废除奴隶制的法律既不会延展到他身上，也不会削弱他的权力，即使这可能会减弱他臣属的权力。比起自由政府，奴隶在专制政府所受到的待遇要好点。因为在自由政府，每一部法律均由主人制定，而他们是绝对不会制定损害他们自身利益的法律的。在君主制国家，君主则容易受感动并因此对奴隶们大发慈悲。当奥古斯都看望维迪阿·波利沃时，有一个奴隶不小心摔破了碟子，他马上跪在奥古斯都面前，祈求保护，以免被剁成肉酱扔进鱼塘。奥古斯都对此非常震惊，立即释放了波利沃的所有奴隶。虽然毫无疑问地，波利沃是不喜欢他客人的这一举动的。在阿德里安和安东尼统治时期，曾经制定了几部有利于奴隶的法律。但在共和国时期，连一部这样的法律都没有。奴隶制在君主统治下虽然逐渐削弱，但并未完全废除。原因在于没有一个人拥有足够强大的权力一下子剥夺国人最大部分的财产，因为这势必引起全面的叛乱。

在富裕的国家里，奴隶经常受到虐待。因为奴隶的数量远超过自由人，故需要最残酷的纪律进行管制。如果一个自由人在家里被杀害，则其所有的奴隶均会被处死。数名作家告诉我们，在古罗马的夜晚，只能听到奴隶被主人责打而发出嚎叫的声音。奥维德告诉我们，负责看守大门的奴隶被

用链子拴在大门上，负责耕种的奴隶则被捆绑在一起，以防逃跑。更为残酷的是，当一个奴隶因年老而丧失劳动能力时，他会被扔在一个专用的近城的岛屿上等死。

比起文明社会，野蛮社会对奴隶的待遇要好点。在一个未开化的国家，由于贫困，任何人能豢养得起的奴隶的数量并不多。因此，他们的纪律也不像奴隶众多时那么残酷。此外，在野蛮国家里，主人也会跟奴隶们一起劳作，所以主人和奴隶们比较接近平等。在古罗马早期，奴隶与他们的主人同吃共作。奴隶们如行为不检，唯一的惩罚是背着横木走遍市镇或乡野。 453

在奴隶数量众多而被严格监视的牙买加和巴巴多斯，即使是轻微罪行，他们所受到的惩处也是非常可怕的。而在北美洲，奴隶则受到极为温和、人道的待遇。

我们已经表明，社会越文明，奴隶所受到的待遇越苛刻。自由和富裕增加他们的痛楚，极度的自由是他们最大的束缚。由于奴隶在人类中占据非常大的部分，在一个蓄奴制被确立的国家里，有人性的人皆不会希冀自由。

即使对自由人而言，奴隶制也是一个很坏的制度，这一点几乎无须证明。因为算上豢养奴隶所需的费用的话，一个自由人为日薪所付出的工作量在比例上要比奴隶的工作量大。在古老的意大利，即使是在最肥沃的地区，一块由奴隶耕种的土地，其主人也只得到该土地产量的六分之一。而在我们的贫瘠地区，一个地主却能得到土地产量的三分之一，而且佃户还能过上很好的生活。奴隶耕种只为自己，土地产量归于主人，因此他们并不关心如何进行最有效的耕种。一个自由的佃农，除缴纳一定数额的租金，其余归自己所有，因此他会更有动力勤勉劳作。我们的殖民地，如由自由人耕种，结果必会好得多。

奴隶制的缺陷可从我国的矿工和盐工窥见一二。他们确实享有奴隶没有的特权。他们的财产在支付生活费用后归自己所有，虽然主人可把他们跟企业一起出让给他人，但他们本身不能被转让。他们也享有结婚和信教的权利。但他们完全没有自由。如他们获得自由，无疑将给其主人带来好处。日工的工资一般是 6 便士到 8 便士。而矿工的工资是半克朗。如果他们是自由人，他们的工资便会下降。在纽卡斯尔，工资不超过 10 便士或 1 先令。但矿工往往会离开日工资半克朗的煤厂而跑到纽卡斯尔，因为那里工资虽低，但可享有自由。

奴隶制还有另一祸害，那就是它会将自由人的数量减少到难以想象的程度，因为每一个奴隶都占据着一个自由人的位置。初看，财富不均似乎是不幸的事情，故需要制定法律纠正这种现象。一般认为，一个人每年的必要开支是 10 英镑。但一个地主绅士每年有 10 000 英镑，这笔钱可以养活 1 000个人。表面看，我们会认为这个地主绅士是怪物，竟然吃掉这么多人的粮食。但如留心观察，却会发现他是个对别人有帮助的人，而且他所吃所穿与他人无异。他每年 10 英镑也可以生活，而他的 10 000 英镑可以养活
454 1 000 个人，他雇用这些人，目的在于通过各种办法提升他的 10 英镑的作用。这也为各种制品提供制造的机会。当他雇用奴隶时，好比从 10 000 英镑中拿出 10 英镑。这些奴隶中必定有一个是裁缝工，另一个是织工，再一个是铁匠，等等。如此一来，每一个奴隶都占据了一个自由人的位置。

我们现在来探讨奴隶制在世界的某些地区是如何被废除的。本国和邻国的奴隶主要是耕种土地的，即所谓附着于土地上的农奴。他们只能跟土地一起出卖。由于他们的劳动所得只够维持生活，故土地耕种得很差。为补救这个缺陷，实行了由地主借给佃户耕具等物的办法。佃户自己没有牲畜，地主会把牲畜和其他耕具借给他们，在租借期满后交还给地主。收获时，地主和佃户平分这些农作物。这就是第一种自由佃户，他们无疑是解放了的贱民。在此种习惯持续了相当长一段时间后，佃户有了一定积蓄并能够与地主谈判订立契约，由他们给予地主一笔钱来换取若干年的租佃。不管土地能生产什么，他们都愿意冒这个险。这无疑有利于地主，因为他无需花费，土地的耕种逐年变好。而对于佃户而言，那一半的产量也好过他们交给地主的任何一笔钱。[①] 根据封建法，领主对其属下有绝对的统治权。和平时期，他是裁判官。战争时期，他们必须跟随领主出征。当政权日渐巩固时，君主会想方设法削弱领主的权力。因为这种权力在某种场合下对君主是个威胁，而且也会妨碍人们请求君主主持公道。由于古代贱民是随意可以撤换的佃户，他们必须向主人履行一定的义务，并完全受主人控制。因此，君主制定法律，废除这些义务，但他们作为可随意撤换的佃户的身份却保留下来。最后，他们的权利逐渐扩大并最终成为根据官册享有土地的人。

另一个导致奴隶制被废除的原因是牧师的影响。但这绝不是基督教的精神，因为我们的地主都是基督徒。任何削弱贵族对下层阶级的权力的事

---

① 即除了另一半之外，以前需要上缴给地主的那一半产量现在也可留给佃户。

物都会增加牧师的权力。由于牧师一般受到平民的爱戴而不为贵族所宠，牧师必会竭尽全力扩大平民的权利，特别是当他们可能因此而有利可图时。因此，我们看到英诺森特教皇三世鼓励所有地主解放他们的奴隶。故此，牧师与君主的合力加速了西欧奴隶制的废除。可供证明的是，我们也发现 455
在一些国王和教会权力不大的国家，奴隶制仍然盛行。在波希米亚、匈牙利和那些国王由选任产生而没有很大权力且教会也没有权力的国家里，奴隶制依然存在，因为宫廷没有足够强大的权力解放贵族的奴隶。

在人作为家庭成员的情况下，我们要进一步说明和探讨奴隶是如何取得的，以及我们国家的家奴地位是怎样的。同时，我们还要提到家庭的某种特殊情况。

奴隶可以五种方法获得：第一，几乎在所有国家里，战俘都是奴隶。如果征服者没有处死他们，则他有权将那些战俘变成奴隶。第二，在战俘变成奴隶后，由于没有人去解救他们，他们的子女也会变成奴隶。第三，犯有某种罪行的人会成为奴隶。有时会成为受害人的奴隶，有时则成为公众的奴隶。第四，在古罗马共和国，债务人也可被判为奴隶。如果他们不能偿还债务，则必须为他人工作以偿还债务，这在当时被认为是合理的。所有实施奴隶制的国家里仍然存在这种现象。第五，有一种叫自愿奴隶，即一个贫民出卖自己，做他人奴。当一个人出卖自己为他人做奴时，他的身价归于买主。但当一个人负有债务而不得不做奴隶时，他可能会害怕受到虐待而不愿意成为债权人的奴隶。此时只要他人愿意替他偿还债务，他可以把自己卖给此人。古罗马的公民经常负债，因此变得完全隶属于那些地位高于他们的人。许多古罗马公民除了从他们所投票的候选人那里获得一些报酬外，并没有其他收入，而这些报酬并不足以维持生活。所以他们经常向其投票的候选人借钱，候选人也乐意借钱给他们，以使他们为他奔走。由于这样，他们不能投票给其他候选人，除非能够还清所欠的债务。但很少人愿意这么做，因为他们所欠的钱往往超过他们所投的票的价值。

在古罗马共和国中叶，法律明文禁止上述最后两种取得奴隶的方法。前者被一个称之为财产让与的法令所禁止，而后者被一个关于不允许任何自由人出卖自己的法律所禁止。

西印度的奴隶制违反法律而产生。当西班牙征服印度时，伊萨贝拉和斐迪南花尽心思，极力避免西印度人陷入奴役状态。他们意图将西印度变成殖民地，与之通商并教导他们。但哥伦布和科尔特斯却没有遵守法律的

456 心意，拒绝听从伊萨贝拉和斐迪南的命令，而将西印度人变成奴隶。如此，奴隶制便在某种程度上在西印度人中确立了。

我们现在来探讨仆人的地位。在我国，黑人是自由人。[①] 如果你的黑奴暗中被盗走，你不能提起诉讼，主张身价，而只能要求赔偿由此而导致的损失。同样地，如果一个黑人被杀死，谋杀者犯有杀人罪。虽然黑奴在这里可以享有自由人的权利，但你可以强迫他回到美洲。在那里你可以像以前那样收为奴隶。[②] 黑人之所以享有自由人身份，并非源于基督教，而是源于我国的法律。因为在我们这里，根本没有奴隶制这回事。

我们中间最具有依赖性的是奴仆。他们在不断延期的契约的规定时间内供我们使唤。他们几乎享有与他们的主人一样的权利，如自由、工资等。主人有权利对他们进行适当的惩罚。如因该惩罚而导致奴仆死亡，主人不犯有谋杀罪，除非该惩罚行为使用攻击性武器、有预谋或者理由莫须有。[③] 仆人在得到主人明示或默认后，可为他取得财产。如仆人以主人名义购买或销售物品，在货款没有清偿或交付的情况下，主人有权提起诉讼。正因为主人与仆人之间存有这种特殊关系，他们对于很多被认为是犯了罪的行为可以互相辩护。如果主人或仆人为保卫对方而杀死其他任何人，则该行为属正当防卫。[④] 如果主人在契约未满之前死亡，则其遗嘱执行人负有付清仆人工资的义务，并维持他们的生活。

学徒在很大程度上与仆人相似。唯一的区别在于师傅收取学徒的学费，并因此有义务教他工艺。如果拒绝教授，则学徒可提起诉讼，要求师傅赔偿时间和其他损失。

我们现在来探讨家庭的特殊情况。

---

① 该评论可能源于大法官亨利于 1762 年所做出的判决，该判决重申一准则：无论何人，一旦踏入英格兰之地，即为自由人。这一准则也为首席大法官霍尔特于 1706 年所确认，但该准则一直以来备受质疑（参见下一注释）。

② “altered”一词以不同的墨水和笔迹出现在附近的页边空白处。1729 年，总检察长菲利普·约克爵士和副检察长查尔斯·塔尔博特认为，由西印度群岛进入不列颠群岛的奴隶不能成为自由人，因此可被其主人强迫返回种植园（Morison's *Dictionary of Decisions*，14547 中有报告）。该意见的第一部分为大法官亨利所反对（见前注）。第二部分最终为曼斯菲尔德勋爵（Lord Mansfield）于 1772 年在 *Sommersett* 一案中所推翻。随后，苏格兰最高民事法院于 1778 年在 *Knight* v. *Wedderburn* 一案中也遵从曼斯菲尔德勋爵这一判决（见 Morison's *Dictionary of Decisions*，14545）。

③ Hawkins，Ⅰ. 29. 5.

④ Hale，Ⅰ. 40. 2.

当父亲死去而留有未成年子女时，他们应该得到照顾。即使在弃婴之风盛行的时代，当婴儿暂时被留下时，人们也认为将其处死是非常残酷的行为。孩子无所依靠时，因没有医院或慈善机构可供收留，必须要有一个人保护照料他。根据法律规定，这个人就是父亲这一边血统关系最密切的亲属。早期，这种照顾只是抚养他，因为没有什么财产可供管理，母亲也回到他父亲的家庭里。当孩子到十三四岁时，这种监护即停止。因为孩子到这个年龄便可独自谋生。[①] 457

但当人们拥有一定财产时，情况稍显复杂。即使孩子达到可独自谋生的年龄，他也不能管理财产。因此，有必要将监护孩子的时间延长到 14 岁之后。根据罗马执政官制定的法律，孩子到 14 岁时，可自己选择他的监护人或保护人。保护人未经被保护人同意不得有所行为。监护人则可以不经被监护者的同意而有所行为，但在被监护人成年以前，监护人须对自己的行为负责。起初，几乎只有疯子和白痴才会有监护人，因为有监护人显得不太体面，故没人愿意接受监护人。随后，法律规定，被保护者未到 21 岁的，其未经保护人同意而所做的一切行为均无效。因父亲这一边血统关系最为密切的往往是第二继承人，故将儿子托付给他被认为是不恰当的。英格兰法律将此立场发挥至极致，规定如父亲生前将某项财产留给儿子，则不能把儿子托付给他照顾。根据我们的法律，在此情况下，该财产应当由第二继承人管理，因为他很可能会尽最大努力谨慎保管它。而继承人会托付给一个比较疏远的亲戚去照顾，这个亲戚会尽力照顾他，因为他不可能从继承人的死亡中获利。

我们现在要说到家庭中的一些罪行以及对它们特殊的惩治。

妻子对丈夫的不贞应处以最耻辱的惩罚。丈夫不贞，从来没有被处以极刑，而妻子不贞也只有在极度妒忌心盛行的地方才被处以死刑。在我国，一个女人因为私通而被送上断头台被认为是荒谬的。

强迫婚姻和强奸一般会被处以死刑。[②]

---

① 罗马法有一关于对未适婚人的监护的规定，针对那些已到 14 岁但无家长约束的男孩，他们此时已成为成年人并具有完全行为能力。后来，相关机构或人士会给 14～25 岁间的年轻人指派监护人（这个职位最早是为管制疯子和举债的浪子而设立的），这个年龄段的人被视作“minors”（未成年人），而不是“pupils”（未到发育年龄的人——按法律规定一般男子为 14 岁，女子为 12 岁——译者注）。

② Hawkins，Ⅰ.41，42.

重婚是对前妻的侮辱，因而也会处以死刑。① 由于家庭成员间存在着最
458 为亲密的关系，如果妻子杀死丈夫，会被认为是一种轻的叛逆罪。根据英格兰法律，该刑罚是被活活烧死。②

如果奴隶杀死或企图杀害他的主人③，其刑罚也是一样的。

至此，我们已经把关于作为家庭成员的人说完了。

私　法

459 我们前面已经解释了权利的性质，并将权利分为自然权利和既得权利。前者无须解释，后者则可分为对物权和对人权。对物权包括财产权、地役权、抵押权和独占权。我们首先探讨财产权。

财产的取得方式有五种：第一，通过占有，即占有不属于任何人的东西。第二，通过添附，即当一个人对某物享有权利时，对另一物也拥有权利。如有马便有马蹄铁。第三，通过时效，即因长期地、不间断地占有属于他人之物而享有的权利。第四，通过继承我们的祖先或任何其他人，无论是根据遗嘱还是没有遗嘱。第五，通过自愿让与，即一个人将其权利转让给另一个人。

我们首先来探讨占有。占有的法律因社会阶段的不同而异。人类社会历经狩猎、畜牧、农耕和商业四个阶段。如果一些人因海难而漂流到孤岛，他们最初的生存依赖是土地上所生的野果和能够捕杀的野兽。然而，这些不可能时时够用，所以他们驯养野兽，以便随时利用。斗转星移，这些也不够用。他们看到土地能够自然生出大量的蔬菜时，便想开垦土地，以增加更多产量，农业便应运而生。但农业需要经过不断的改进才能成为一个国家的主要产业。这种常态有一例外，那便是，北美洲居民开垦一小块土地，但却没有饲养畜牧的观念。随后，商业时代取代农耕时代。由于人们现在可以只进行一种劳动，他们会将自己所生产的剩余产品与他人交换自己所需要的物品。占有必定因社会发展的不同阶段而有所不同。

当旁观者同意我占有某物，并赞同我用武力捍卫占有该物时，占有似乎就有了充分的根据。如果我采摘了一些野果，在旁观者看来，我随心所

---

① 1 James Ⅰ，c. 11（1603）.

② Hawkins，Ⅰ. 32；Ⅱ. 48. 6.

③ “他的主人”应改为“她的主人”，因根据上下文意，此处只适用于女仆人而非男仆人杀害（而不仅仅是企图杀害）她的主人。

欲地处理它们也是合理的。

在猎人中间，占有首先需要注意的是：占有的构成要素是什么？占有何时开始的，是始于发现野兽之时，还是在实际占有该物后？法学家们对这一问题的看法不尽相同。有些法学家认为应当将猎获物的一部分分给那些曾经打伤过该野兽的人，即使这些人已经放弃追逐而另外的人继续坚持。但所有法学家均同意，如一个人追逐另一个人已经在追逐的野兽，则该人 460 侵犯后者的财产权。对此有些法学家认为，如果前者打伤了逃走的野兽，则其应分得一部分，因为他使捕获这个野兽变得更加容易。在野蛮人中，财产始于占有，也终于占有，因为他们有这样一种观念：不在自己身体周围的东西似乎不属于他们自己。

在牧羊人中，财产权的观念进一步扩大。不仅他们带走的东西属于他们所有，就连放在他们小屋里的东西也归属他们。他们认为，那些养成了回到他们那边习惯的牲畜也是属于他们的。当大部分牲畜都被占有时，他们认为这些都是属于他们的，即使有些牲畜已经没有回家的习惯，而且他们在牲畜走失的一段时间内也有权提出要求。但财产权观念因农耕而得以扩充。当最初需要开垦土地时，没有人对土地享有任何财产权利。靠近他们小屋的一小片土地归属全村所有，土地生长的果实也为全体村民均分。我国现在仍有公有土地的遗迹。在很多地方，都有一块属于几个人共同所有的土地。在土地收成后，许多地方都允许牲畜随意地在土地上吃草。私有土地财产直到土地按公共协议划分才出现。这种现象一般是在城市开始建设的时候出现。因为每个人都愿意他所居住的房子（即永久的东西）完全归他所有。动产在社会初期即可占有，但土地要到实际划分以后才能被占有。一个阿拉伯人或鞑靼人在辽阔无比的地方驱羊赶牛时，他不会认为这片土地的粒粒沙尘归他所有。

但是，根据许多国家的法律规定，有些东西是不能被私人占有的。根据不列颠法律，宝藏和无主物属于国王，原因在于这些位高权重的人所拥有的自然势力，只要不违反最为明显的正义规则，他们可占取一切能够占取的东西。同样道理，海洋和河流也不能由私人占有。除非政府颁发给你的特许状中有明确规定，否则你不能从流经你地产的江河中捕捞大鱼。一个四周有几个国家环绕着的大海不能由一个国家独有，而是所有国家都应享有一部分管理权。但任何国家均有权阻止他人在自己海湾捕鱼，或阻止他国战舰驶进本国海岸。

添附与其说是基于其效用，不如说是基于它和它所依赖的物不相连即不合宜这一理由。我所购买的母牛的奶，对于我而言，可能不具有很高价值。但如他人享有用此牛奶喂养他的小牛的权利，则是非常不恰当的。最重要的增加物是土地财产上的增加物。土地所有权是依据土地的划分或社
461 会把耕种某一块地的权利转让给另一个人的社会转让。基于此种权利，他对于土地生产的任何东西，包括树木、果子、矿物等均享有权利。任何江河的冲积地自然也属于附近土地的所有者。但如果增加的土地面积很大时，这在低洼地区经常见到，该增加的土地所有权归属政府。附近土地的所有者如想拥有该块土地，得向政府购买。

添附的主要争议在于什么时候主物归我，添附物归他人，或者说当二者混合时，该混合物归谁？法律有一原则，即任何人不能从他人的损失中获益。如有一人不慎在我的土地上建造房子，虽然这些建造材料是他的，但我占有这所房子或要求对方赔偿损失却是合理的。一般而言，添附物从属于主物。但在某种情况下，作品比原料更有价值。此时，物质让位于形式（*substantia cedet formae*）。但法学家们并不愿意直接违反一般的、既定的原则。因此，为规避这一原则，当主物变成新的种类，即具有新的形式和名目时，他们把这一新物交与添附物的主人。但也有例外情况。按照拉丁语，图画和画图用的木板同属一种类，两者都叫作书板。因此，尽管图画对木板有所改进，但其仍然归属于没有多大价值的木板的主人。但添附物最通用的规则是这样的：当它能够恢复到原始形式但又不会降低其价值或给添附物的主人带来任何重大损失时，主物的主人即可正当地提出对它的权利。但当它不能恢复到原始形式时，法律公正地认为该物归属于添附物的主人，而只要求他对原物的主人做适当的补偿。

时效是基于这样一种依据，即大家所认为的所有者对其长期占有物的眷恋之情以及原所有者对于他长期没有占有之物的冷淡之感。基于时效所得的权利，须符合四个条件：第一，善意。如果一个人意识到他对一个东西的权利并没有根据，那么剥夺他这种权利并不是什么侵害行为。即使中立的旁观者也会同意我们这样做。第二，正当所有权。正当所有权并非意味着各方面均是正当的，因而它就能够确立所有权而不需要其他条件。正当所有权意味着一个人有合理的依据认为该东西归他所有，比如他能够提出某种特许状。如果他没有这种所有权的根据，却对某项财产主张权利，那么任何公正旁观者都不会对他表示同情。第三，不间断地占有也是时效

的必要条件。因为如果原所有人经常向其主张该项财产的权利，则意味着原所有人并没有放弃他的权利。第四，只有存在着有权主张该项财产的人时，占有的时间才有作用。因此，如财物所有人是未成年人、疯子或被放逐的人，则最长时间的不间断占有也不构成权利。

正当所有权是善意的证明，而善意是正当所有权的必要条件。根据罗 462
马法，只有在最初占有时才需要善意。即使后来你感觉到所有权存在问题，但时效已经发生。大自然并没有为时效规定具体期限。因此，它因一个国家的财产稳定性的不同而有所差异。在古罗马，不动产的取得时效，在一个时期是两年，随后需要更长时间。在我们国家，几乎不可能让那些不断向邻居主张权利的封建领主承认这种性质的法律。他们非常愿意恢复极其古老的要求权。最后，当他们决定期限时，他们会尽可能延长期限，即40年。在罗马人当中，任何人的占有，在其占有所需的期限内如因外敌入侵而中断，则他必须重新计算占有的时间。根据英格兰法律，除非原所有人提出请求，否则时效不因任何事项而中断。国王很少允许他们的要求权因时效而丧失，至少他们认为不间断的占有时间再长也不足以让他们丧失要求权。然而，不知何时开始的占有在任何情况下皆可获得要求权。

继承或是法定，或是根据遗嘱。根据某些法学家的说法，法定继承意味着法律应该把死者的财产分配给那些死者会给予的人。但这包含有遗嘱继承的意思，即按死者意愿分配遗产，是发生在法定继承之先的，而这与事实相反。在野蛮社会，一个人在其生前很难享有完全的财产权利，因此不可能设想着他拥有处置他死后财产的权力。在所有国家，早在遗嘱出现以前，死人的亲属就已经可以继承死人的财产。古罗马的十二铜表法和雅典的梭伦法律似乎是最早采用遗嘱继承的。但在此之前，这两个国家很早就有法定继承。嫡亲继承人总是被认为具有优先权利，但这种权利绝不是根据想象中的死者遗嘱。如果我们上溯至社会初期考察继承，我们会发现，这种继承，与其说是对人的关系，不如说是对物的关系。如父子共同生活，并共同取得财产。在父亲死后，子女对这些财产享有共同的权利。这种权利的享有源于财产取得时他们所付出的劳动，而非他们与父亲的关系。因此，母亲和子女会继续占有这些财产。在古罗马人当中，因妻子被看作女儿，故也得以继承一份遗产。如子女已经在外成家，或脱离家庭，则不能继承遗产。因为他们并没有与家庭的其他成员合作去获取财产。由此可见，当家庭成员以此种方式共同生活时，有必要禁止堂兄弟姐妹结婚。当妻子、

463 儿子和孙子住在同一家庭时，如果大家都同样地继承遗产，这就叫按人数继承。但如果孙子只继承他父亲那部分的话，就叫按家系继承。如果一个人有三个儿子，他们都已经死去。但长子留下一个儿子，次子留下两个儿子，三子留下三个儿子。那么，按照前一规则，当他们祖父死去时，每一个人可获得祖父遗产的六分之一。但按照后一规则，长子的一个儿子可得三分之一，次子的两个儿子可得三分之一，三子的三个儿子也得三分之一。孙子如同他们父亲的代表。这种代表权与按家系继承是一样的。在古罗马，代表权的采纳益大损小、扶强欺弱。而在不列颠则恰恰相反。[①] 在古代罗马人中，母亲死去时，儿子不能继承她的财产。原因在于母亲被看作是家庭中的一个女儿，她所有的东西均属丈夫。如果丈夫先死，则妻子跟她的子女共分他的遗产，然后回娘家，另继承她的父亲。但在较为文明的古罗马帝国时代，母亲能够继承儿子，儿子也能够继承母亲。古时候，儿子死去，任何人均不能继承，因为他和他所有的东西均属于父亲。恺撒首先制定法律，规定儿子在战争中或通过学问艺术所获得的任何东西可归其所有。

因上系亲属可继承下系亲属，下系亲属可继承上系亲属，同系亲属可相互继承，因此，可继承的人有三类：直系尊亲、直系卑亲和旁系亲属。起初，旁系继承只限于关系最为密切的血亲，如果他拒绝继承，则遗产归公。[②] 但后来，执政官将此种继承扩展至七等血亲。[③] 一个兄弟死去，另一个兄弟可继承，这是因为他们与父亲的关系。即他们都属于他们父亲的家系。也正因此，直系尊亲的继承必定优先于旁系亲属的继承。但直系卑亲的继承权利比上述任何一种权利有着更充分的依据。原因在于儿子对父亲的要求权明显要比父亲对儿子的要求权更有依据。这样说来，动产继承的原则是基于古代家庭中的财产共有。

我国家庭情况与上述不一样，因此，我国法律与古罗马法律有很大的差别。在我们这里，妻子的地位比女儿重要得多，因此她所继承的财产也比女儿要多。当丈夫死去时，其财产平均分为三份。一份归属已死去的丈
464 夫，一份属于妻子，一份属于子女。但丈夫与妻子的份额财产有一不同点：丈夫能够通过遗嘱处置他那份财产，而妻子不能。一个在外面居住的儿子的地位与古罗马中脱离了家庭的儿子的地位有所不同，他可以跟他的兄弟

① 如与 LJ（A）i. 98 的相应部分相比较，本句意思更为清晰。

② 归于本氏族或死者氏族的成员：《十二铜表法》，V. 5。

③ Heineccius，Ⅲ. 5. 5.

一起继承。但如果他已获得父亲的一部分财产，在他父亲死后，他必须将此财产交出来，作为父亲的共同财产进行划分。此外，孙子不能像古罗马人那样代替他们去世的父亲来继承。但英格兰法律允许代表权，而且当直系尊亲是男性时，允许直系尊亲享有优先于旁系亲属的继承权。

我们现在来探讨封建法律所采纳的不可分割之继承。当那些征服古罗马帝国的民族居住在西欧时，财富不均也不可避免地随之而来。由于高贵的人除将其财产用来养活租地人外，并没有其他可供花费的方式。因此，他们对租地人必定拥有巨大的影响力。他们把土地分给他们的依靠者，其目的仅在于养活这些人。顺带指出的是，撒克逊的田地一词暗含粮食的意思。领主们权势在握，是他们所管辖的区域内唯一的执法者。政府考虑到自身利益，也只好将此权力交与他们，因为这是维持治安的唯一方法，而且领主是平时和战时的领袖。直到 1745 年，这种权力在苏格兰高地仍然存在，某些绅士能够带领数百人出征。由于领主们没有其他方法处置他们的土地，他们就把一些土地暂时交给佃农耕种，他们想退佃时就可退佃。他们也把另一些土地交给佃农终身使用，但佃农死后须将土地归还领主。

牧师的圣俸似乎是以领主所授予的土地的收入作为基金的，而且保留使用 benefice 一词。通过给予佃农终身使用土地的办法，领主得到了佃农的忠诚。由于上述第二种土地是终身租借地，该土地的财产权自然会延伸至已故佃农的儿子，这种租借逐渐演变成世袭，租借地也变成采邑。由此，租地人变得更加独立。如果一个领主死去，遗留有未成年子女，则国王会在其未成年时期内指派一个人来充当佃农的领袖，并将土地所得收归自己支配。当佃农的继承人是女人时，领主有权帮她选择丈夫，原因在于她的丈夫要成为他的佃农，由他指定选择可谓合理。由于领主是男系继承人的监护人，继承人结婚须征得领主同意，这也是被认为合理的。由于封建领主占有未成年继承人的土地，在后者能收回土地以前，他必须缴纳领地继承税。这是国王法庭或领主法庭所采用的。未成年继承人在收回土地之前，必须到此法庭宣誓效忠于国王或领主。此外，在占有土地之前，他还必须保证服从领主。如此，在服兵役、表敬意、矢忠诚、受监督、遵结婚、缴纳税等条件下，他们才能保有领主的土地。自主的土地没有这些徭役，但出于保护财产安全考虑，他们会请一个高贵的人来保护他们的财产免受强 465
夺，因此，大部分土地会变成采邑。基于同样原因，拥有大地产的人会向君主缴纳采邑费并宣誓效忠。

由此可见，在社会初期，取得某项财产，即便是小的财产，必定困难重重。也正因如此，再也没有比分产的结果更坏的了。将法兰西王国分割的结果已然很坏，但划分私人财产的结果将会更坏。然而，由于其余儿子的反对，长子继承权或财产的不可分割经过一段相当长的时间后方被采用。在德国，直至上世纪才完全采用。然而，因形势所逼，土地财产终于成为不可分割之财产。而既然只有一个儿子具有优先权，那么该人自然是长子。这个特定优先权必须给予一个完全没有争议的人。因为如果把它给予一个聪慧或英勇的人，会引起激烈的争议。但在兄弟之间，谁的年龄最大则是毫无争议的。在社会初期，高龄备受重视。直至今日，在鞑靼人当中，国王并不是由他的儿子所继承，而是由王室中年纪最大的人所继承。

长子继承权一旦采用，由于以下原因，必会导致代表继承：使弟弟们最初感到难受的是他们的哥哥享有优先权。而让他们更加难受的是，一旦哥哥死去，他的儿子，一个婴孩，也比他们具有优先权。因此，许多地方会为此争吵，甚至会有一对一的决斗。布鲁斯和巴里奥也曾为此争吵。巴里奥因是长女的后裔，故有最充分的根据。但布鲁斯与这个家族的关系要比巴里奥密切些。长子继承权的实施遇到种种困难，因此最初曾采用另一种继承方法，即当父亲死去时，他的财产由长子继承。但如果他死去之时，子女尚未成年或者他的父亲健在，则继承的不是他的儿子，而是他的兄弟。但这种继承方式也有其不合理的地方，即当年纪最小的弟弟死去时，他的儿子却比哥哥们的儿子享有优先继承权。依据罗马法，孙子只能继承他父亲的那一份额，他可以作为儿子来继承，但不能作为长子来继承。兄弟们当然认为他们跟父亲的关系要比孙子与他的关系密切些。但是，正如孙子继承权会使兄弟权利蒙受损失一样，取消孙子在他父亲假定还活着的情况下的合理期望同样也会使之遭受困苦。这种情况到后来使得人们采用直系继承方法。当这个困难不复存在时，旁系继承的争辩也销声匿迹。在封建
466 领主制下，女人因不能服兵役而丧失继承资格。但在需要其他服役的地方，她们能够继承土地。

采邑分为两种：男性采邑和女性采邑。女人不能继承王位的法国属于前者，英格兰则是后者的例子。

在苏格兰关于旁系继承的法律中，有一些细节非常怪异。[①] 三兄弟中，

---

① Stair，Ⅲ.4.33. 除了继承外，在战斗中胜出是获得土地的另一种方法。

如果第二个死去，则其财产由第三个兄弟而非第一个继承。因为他们认为第一个已经有足够的生活费。相反，新取得的财产由顶头兄长继承，而非长兄继承。按照英格兰法律，在同父母的兄弟中，长兄可获得新取得财产的一半。而在其他国家，长兄并不享有这么大的优先权。

我们必须指出，长子继承制不利于农业发展。如果全部土地由几个儿子来分，则每一个人对其分到的部分土地所做的改进必然比一个人对全部土地所做的改进要好得多。此外，佃户绝不会像耕种自己土地那样耕种租借地。长子继承制对家庭也有不利之处。因为它只对一个人提供生活费而置其他人于不顾。如此一来，其余的人在几代之内会沦为乞丐。不过，对于君主的继承而言，有一明显好处，即它可防止王室兄弟间的一切危险争夺。

一些国家还施行或曾施行过其他种类的继承。例如，在某些国家，由年纪最小的儿子继承父亲。直至今日，在我们佃户中也有类似的继承，年纪较大的儿子长大后生活不成问题，因此由年纪最小的、尚和父亲一起生活的儿子来继承父亲。

法定继承已说了很多，我们现在来探讨遗嘱继承。应当指出，遗嘱继承是财产权最大的延展，因此，它经过了很长一段时间才被采用。一个人健在之时，自然有权交与他人处置自己的财产。但遗嘱是假设他在——认真说来——自己不拥有权利时处置一项权利。我们不能说立遗嘱者是转让他的权利，因为继承人只有在他没有权利的时候才能取得遗嘱上的权利。普芬道夫异想天开地认为这是源于灵魂不灭。在古罗马，遗嘱的采用是渐进式的。最初只允许没有子女的人订立遗嘱，即便如此，也须事先征得市民同意。这与立嗣大致相同。当一个即将死去的人想把财产留给他的一个被放逐的儿子时，他得事先请求邻人在他死后将财产交给那个儿子。邻人会尊重他的请求，但并非基于他的遗嘱，而是基于对死者的尊敬。我们当然会乐意记住朋友的临终之言并为之实现，那时肃穆庄严的情景会深深烙印在我们的脑海里。此外，我们假如进入死者身体[①]，设身处地地想，如果 467
我们的临终遗言并未得到执行，那将会是多大的痛苦。正是这种感受使人们自然倾向于把一个人的财产权延伸至其身后。

这似乎是遗嘱继承的根据。不遵守父亲的意愿是一种不敬行为。但剥

① Cf. TMS Ⅰ.i.1.13：我们对逝者感受的想象源于“我们让自己活着的灵魂借宿（如果我可以用这个词的话）在他们无生命的身体中”。

夺他儿子的继承权并不对该继承人造成损害，因为并不存在着为他的利益而制定的法律。况且，他的被放逐也意味着他已被断绝了对继承的一切合理冀望。但违背死者的意愿会让死者受到侵害。设身处地地想，如果死者复活，他将感到何等的痛苦。

应当指出，遗嘱继承制是人道的一个相当大的进步。野蛮民族绝不会施行遗嘱继承制。在十二铜表法公布之前，古罗马人并没有订立遗嘱的权利。我们的撒克逊祖先也没有通过遗嘱处置土地的权利。在《旧约》历史中，我们也从未看过有这种行为。对于死者的尊敬只能在涉及直接继承人的情况下才产生，故遗嘱上的权利起初并没有扩展到直接继承人以外的人，除非遗嘱上指定的继承人拒绝承继时，方可指定另一继承人。这是对上述权利的延伸。再者，如一个人死去后把他姐妹的儿子作为继承人，为防财产由不合适的亲属所继承，立遗嘱者可以做出规定：如果该幼年人在一定年龄死去，财产由另一个人承继。这叫幼年人的替换。[①] 这样，财产权得以进一步扩张。

在财产权的所有扩张中，限嗣继承扩张最大。给予一个人处置其身后财产的权利，已是对财产权很大的扩张，但与限嗣继承相比，这些权利仍显得微不足道。社会初期的家庭形态与现在大不一样。由于那时候的妻子完全受丈夫支配，充其量也是相当于女儿的地位，所以除自身劳动外，她几乎很少能增加丈夫的财产。但当女性继承发生，女人拥有财产时，她会先与丈夫订立契约，然后才结婚。根据契约，丈夫须保证给予妻子良好待遇，并在她死后，将她的一部分遗产归于她的亲属。这样便产生了一种使双方处于同等独立地位的新型的契约婚姻。家庭事务的这种大变动一开始自然受到男人的反对，由于该变动的首要原因是女性继承，他们便想方设
468 法阻止女人拥有财富。正因如此，古罗马制定了把事情恢复到以前状态的法律，该法律叫沃科尼法律（Vaccinian Law）。而为规避这个法律，人们创造出一种委托制。当一个人想要把财产遗留给法律不允许的人时，他会先把财产遗传给另一个人，并取得该人的庄严承诺，以后会把该财产转移给他所要给予的人。奥古斯都曾制定一部法律，规定受托人须交还财产，并且为此任命一个执行官进行督促。接受这种财产的人叫作受托继承人。接受交还财产的人叫作真正继承人。故此，财产权延伸至第一继承人以外的

① Pupillary substitution：cf. LJ（A）i. 154，above.

人。当他们成功踏出这一步，就很容易继续推进并施行限嗣继承制。

最早将限嗣继承引进现代法律的是牧师，因为他们的教育背景使他们熟悉古罗马的习俗。由于他们是这个主张的宣传者，他们自然成为遗嘱的解释者和执行者。直至狄奥多西和瓦伦廷①即位，他们的这种权力才被剥夺。在英格兰，征服者威廉则将此权力归还给他们。

根据我国的习惯，如果一个人死时留有妻子和子女，则他可以通过遗嘱处置他的财产的三分之一。如只有妻子而无子女，则能处置其财产的一半。采用封建制度后，通过遗嘱处置土地只能像兵役一样先征得领主的同意。英格兰本来没有基于遗嘱的限嗣继承制度，而只有基于土地保有权的限嗣继承制度。一个人为了他自身和他的后嗣保有财产，但如果他没有后嗣，则不能转让该财产，而只能把财产归还领主。但如果他有后嗣，则可以转让财产。如此一来，领主就被剥夺了财产复归权。后来制定了一部法律，让领主获得这个权利。

总体而言，永久的限嗣继承最为荒谬，因为它绝不符合遗嘱继承的原则。人们只有在脑海里仍留有鲜明印象时，才会对一个死者怀有敬意。对财产享有永久处置权显然荒谬。地球及其丰饶属于每一代人，上一代不能享有束缚下一代的权利，这种财产权的扩大是不太合理的。限嗣继承的发展无声无息，因为人们并不知道死者的权利究竟会延伸至什么程度——如果死者有权利的话。限嗣继承的最大适用范围只限于那些在死者去世时活着的人。因为死者对于还没出生的人不可能有什么情爱。

限嗣继承不利于农村的改善。在没有施行限嗣继承的地方，土地总是耕种得很好。限定继承人没有耕种土地的打算，而且他们往往也不能耕种土地。相反，一个购置土地的人却有耕种土地的打算。一般而言，土地的新购置者都是最好的耕种者。 469

自愿让与须符合两个条件：

第一，转让者和受让者宣告他们的意图。

第二，转让物的实际交付。

大多数情况下，没有后者，前者不具有约束力。因为无占有即无权利。如果一个人事先借他人物品，后又购买该物品，此时无需交付，因为他已

① 5世纪早期东罗马帝国和西罗马帝国的君主无疑分别是狄奥多西和瓦伦廷，故这里应该是这两位皇帝。但如果这里所指的是398年的第四届迦太基会议的规则，那是他们的前任阿卡狄乌斯和霍诺里乌斯统治时期。

经占有该物品。尽管你有权要求对方遵守或履行契约，但在占有该物之前，你对该物并不享有权利。比如我向一个人购买一匹马，但交付之前，对方将此马转让给第三方，此时我只能对原卖主主张权利，而不能向占有者提出要求。但如果那匹马已交付给我，我则可向任何人主张权利。所以，无交付则不能移转财产。格劳秀斯说得对，在抵押物转让时，不需交付条件，因为此种情况下，那个人已经占有了这个抵押物。在法国，如果一个人宣告要捐赠某种物品，但在交付前已经死去，此时该捐赠物品仍然归属继承人所有。这也是西哥特人的习惯。

在转让土地或其他大件物品时，如何才算是交付很难确定。这种情况下由于不可能有实际交付，因此，我国采取象征交付：如一穗谷子或一捆谷草象征着整片田地，一块石头和草根则象征着直达地中心的地产，门户钥匙象征着房屋，等等。根据苏格兰法律，如果几块土地同时转让，则必须把每一块都授予受让者。根据英格兰法律，在县法院转让时，授予一块则等同于授予全部。在苏格兰，必须在土地上进行授予。而在英格兰，则只要在看得见那片土地的地方进行授予即已足够。除了交付，为安全起见，也必须订有说明转让条件的凭证或契据。直到这个习惯被晚近法律废除以前，租地人或占有者非经领主同意，不得转让土地财产。由于他愿意服兵役才能保有土地，所以土地必须交还领主，再由领主交给买主。原因在于当时人们认为由领主选择租地人是恰当的。但后来，情况的发展使得有必要接受债权人的要求权，而他们往往利用这个需要规避法律规定。卖主出具一份借款借据，但不说明是买卖契约。通过这个办法，土地就被认为归债权人所有，而领主也不得不承认此债权人是他的租地人。同样道理，由
470 于租地人容易受到新领主的欺压，所以原领主非经租地人同意不得处置他的土地。因此，如果任何一方未经另一方同意而转让他的任何土地财产，他即失去他的权利。

在苏格兰，租地人对其领主承担的义务持续的时间要比在英格兰更长。这可能源于两地政治情况的差异。英格兰向来倾向于民主政治，而苏格兰则倾向于贵族政治。在社会变得十分巩固后，不需要有相互的同意，因为不管领主是谁，租地人均会受到法律的保护。

内战时还有一种新的交付方式。一个人如果把他的地产转让给另一个人而土地仍然归自己使用，那么他不会因此而丧失权利，因为受让人被看作是地主的管家，并以他人名义占有该地。

第二种对物权是地役权，即一个人把义务加在另一个人财产上的权利。这种权利起初是对人权，因为他是两个人缔结契约的产物。我需要一条通往市镇之路，但如果一个人的土地挡住我的出路，那么我必须与之协商，以取得通行权利。这个契约只产生一种对人权，尽管通过这个契约，他在转让土地时须一并转让义务。但这里有个问题，即因为这块土地被转让出去，而受让人拒绝我使用那条道路，我却不能根据从转让人那里取得的权利起诉他。我必须先追究原所有人，然后他又向受让人进行交涉，最后我才能跟受让人打交道。但如果这片土地经多次转让，那将十分麻烦和不便。为克服这一困难，法律遂把地役权变成对物权，以使之具有对世效力。地役权或是乡村的，比如通往城镇或江河的道路的权利，在他人牧场放牧的权利。地役权或是城市的，比如我有把屋梁靠在你的三角墙上的权利，我有要求底层房屋主人建筑坚固的墙以支撑住我的墙的权利，等等。这些本来都是对人权，只是因为法学家的创造才变成对物权。土地终身租赁权以及其他许多东西都是地役权——或者恰当地说，都是对人权。将封建义务加在他人身上的权利也是对人权。因此，每一个新的租地人都必须重新表示对领主的服从和效忠。

封建法律刚开始时，如果土地所有者不履行各项义务，那他会失去永久租借地。同样道理，如果租地人侵入领主土地，则其租借地须归还领主。租地人的权利是基于领主的契约书，该契约书的各项条款均须得到遵守。每一个新的占有者都必须表示愿意履行原有契约。当租地人变得独立并拥有地产时，我们就可以说他们享有直接所有权（*dominium directum*），但不享有功用所有权（*dominium utile*）。[①]

典当和抵押是为担保债务清偿而设置的。最初，它们并不是对物权，471
后来法律将之视为对物权。典当权的客体是动产，而抵押权的客体是不动产。如果一个典当品不在特定时间内赎回，则典当者会失去对该物品的权利。光景不好时，人们自然会怠惰。这种怠惰使古罗马人想出债务人不偿还债务即失去对典当品的权利的办法。依此办法，债权人取得对典当品的合法权利，当典当品的价值高于债权时，债权人会将超出部分归还债务人。按照英格兰法律，如果没有约定限定日期，则典当品在交当人死去时归收当人所有。[②] 对于不动产而言，土地只能抵押，不能交付。债务人如不能偿

① *Directum* 和 *utile* 应该调换。

② M. Bacon, *New Abridgement of the Law*, s. v. Bailment, Ⅰ. 239.

还债务，则失去对该土地的权利。罗马法在这方面与我们的法律大致相同。如债务人在债权人提出偿还要求的数个月内不能清偿债务，则债权人可将土地收为己有，作为清偿整个债务及为此而导致的罚款之用。但非经长期占有，债权人对抵押土地的权利仍然不稳固。因为抵押人在相当时间内仍有赎回的权利。但在赎回时，因核查旧账等会有很多麻烦，因此，英格兰法律规定，抵押品的赎回期限为20年。

担保权实质上是因契约而产生的另一种抵押权。它通过民法而变成对物权。古时，根据担保权，地主在佃户破产时有权扣留佃户的家具和全部农具，并有权向任何所有者主张权利。这源于地主借农具给佃户这一习惯。按照这一习惯，田地上所有的农具均属于地主。现在，地主只享有优先权，而且我们国家也不像古罗马时代那样有那么多的担保权。所有的抵押权本来都是对人权，它们只是因为民法的规定而变成对物权。

独占权是对物权的最后一种。独占权中有个继承权，它并不是民法的产物，而是自然的产物。继承人比任何其他人具有优先要求属于死者的财产的权利。如果他的继承资格被承认，则上述财产就是他的财产。此外，如果一个人首先追猎一只野兽，他就享有追猎这只野兽的专有权利。任何人中途加入追猎，就会因侵害第一个追猎者的专有权利而受到惩治。[①] 1701年，一艘英国战舰跟一队由战船保驾护航的法国商船交战。当英国战舰即将捕获他们之时，一只苏格兰私掠船把这些快要被捕获的轮船带走。诉讼由此而生，最终苏格兰轮船被判犯有侵害财产权的罪。但仔细推敲，我们可发现这仅仅是侵害权利而已。

虽然上述的独占权和其他的独占权是由自然现象而产生的，但一般而
472 言，它们是民法的产物，比如各种垄断和专利公司。这些垄断和专利虽然曾增进国家的利益，但现在却不利于国家。一个国家的财富在于量多价廉的粮食，但上述垄断和专利会使每一样东西都变得昂贵。当若干屠户享有卖肉的特权时，他们可随心所欲地确定售卖价格，而我们必须向他们买肉，无论价格高低。事实上，这种垄断与专利同样不利于屠户。因为其他行业也会组成团体。如果他们抬高牛肉价格，他们就必须高价购买面包，最终受损的是大众。对于大众而言，一切东西都不像以前那样容易得到，一切工作也不会做得像以前那样好。城市不适宜居住，而近郊则人口增加。但

① Cf. LJ（A）i. 28－29，above.

是，在14年内独享有售卖一本书或一台机器的权利并没有那么坏的影响，因为这是对功劳者的适当和充分的奖励。值得注意的是，地役权和独占权均可由时效获得。

我们现在已经谈论了很多不同种类的对物权。我们现在要探讨一下那些基于契约、准契约或疏忽过失而导致的对人权。

契　约

因契约而产生的履行义务是基于诺言而生的合理期望。诺言与单纯的意图宣告不一样，比如我说我想为你做一件事，但因某种原因而没有做到，我并没有违反契约。诺言则是你向所允诺的人宣告你一定会履行。因此，诺言会产生义务，对该义务的违反则构成侵害。

违约是一切侵害行为当中最为轻微的一种，因为相对于依靠他人手里的东西，我们自然会更依靠自己所占有的东西。一个被抢去5英镑的人会认为他所受到的损害比因契约而失去5英镑的损害要大得多。因此，在野蛮时代，除扰乱社会安宁罪外，其他各种罪行只受到轻微的惩治。直到社会有很大进步，契约才能据以起诉，违约才须加以纠正。原因在于，当时契约并不受重视，且语言文字也不明确。

第一种可据以起诉的契约，是造成很大的损害且立约人当时确曾打算履行的契约。因此，在古希腊人和古罗马人中间，那些隆重庄严订立的契约是首先可据以起诉的契约。在他们中间，除非双方亲自出席，否则契约不能订立，书面的期票对他们也不具有约束力。

正如罗马法中，只有诺言没有契约不能起诉，按照英格兰法律，为使 473
诺言生效，最初必须要有对价或理由。当时认为坚持践约是不礼貌的行为。如果一个人允诺给予他的女儿一笔钱，这是有理由的，因此他有义务履行其诺言。但如果他允诺给予其他任何人的女儿一笔钱，那则是没有理由的，除非对方是他的亲属，否则该诺言不能构成诉讼的根据。如果我向你提出诺言，这不能据以起诉。但如果我紧接着又允诺不会忘记我前面的诺言，那么后者就具有约束力，因为前者的诺言成为了后者有约束力的理由。[①]

按照民法，第一种可据以起诉的诺言是在法庭面前所做的意图明确的诺言，因而每一个诺言都是在法庭具结的。所谓具结，是指债务人与债权

① 这一直与英国法大相径庭，虽然在*Rann* v. *Hughes*（1778），7T. R. 一案重申之前，曾有将对价原则朝此方向改变的意图。

人一起到法庭，并承认欠债权人一笔款项。具结书一份给债权人，另一份给法庭书记官。当债权人提出一份具结书，且该书与另外一份相符时，他就可追回欠款。后来，在贸易中心城镇的行政司法长官面前具结就足够了。[①]

第二种可据以起诉的契约是实物契约，即约定由一方交付某个东西，另一方应以原物、铸币或价值偿还的契约。这种实物契约有四种类型：消费借贷、使用借贷、寄托和出质。

消费借贷就是将来要以价值如货币偿还的物。这种契约不久就可据以起诉。

使用借贷是指借用人只要以原物归还借主，无须给予报酬。比如借用一匹马，借毕归还即可。

寄托是交给另一个人保管但不允许其使用的物品。

出质是担保债务的物品。

所有这些基于两厢情愿的合同均可据以起诉。这些合同也可以分为四种：买卖合同、租赁与雇佣合同、合伙合同和委托合同。在购买方面，如果你没有履行契约，则会失去定金。出租与雇佣以前包括租借地屋、日薪、建筑物以及几乎一切和社会有关的东西。如果委托契约是无偿的，则最初不能据以起诉。如果是有报酬的，则几乎如同上述的使用借贷。如果对借
474 用物品支付小额钱款，则变成出租和雇佣。消费借贷并不包含利息，除非契约明确规定要付利息，否则无须支付利息。

除上述外，罗马法中还有一种契约叫无条件契约。即没有任何对价或理由的空虚的诺言，这就产生了可对抗原告的抗辩。由于契约剥夺了每一个人都要享受的自由，所以一个小小的抗辩就可使他们恢复自由。本来关于契约纠纷的诉讼只能向宗教法庭提起[②]，但后来也可向民事法庭提起。普通法根据荣誉与道德的原则进行裁判，它甚至强迫人们履行那些没有理由的诺言。这为民法所仿效。根据我们的法律，如果一个诺言能够被确证的话，允诺者就必须履行。一般而言，在衡平法院未设立以前，法律只允许人们提出赔偿损失的诉讼。的确，法庭的本意在于赔偿损失。所以如果一个人拒绝履行，则只需要赔偿对方因此而蒙受的损失，但衡平法院却强制人们履行契约。

---

① M. Bacon, *New Abridgement of the Law*, s. v. Execution, Ⅱ. 330 - 332.

② 这是一个夸大的说法。

古今契约差别极大。在古代，为保证契约得以履行，人们认为诅咒和最为隆重的仪式也不足够，因此，他们想出了喝掺血的水、相互刺胳、祭坛面前允诺、折断稻草和其他能够使立约人留下深刻印象的仪式。而现今，几乎所有的东西均可使契约具有约束力。

契约存在着一些让法学家们焦虑的问题，特别是货币偶然贬值的问题。比如说我借到100英镑时，硬币价值是每英镑四两，但后来却贬值到每英镑二两。此时我是该用100英镑新硬币偿还呢，还是以200英镑新硬币来偿还？当政府改变硬币价值时，一般都是为着满足某种紧急的需求。比如，在1703年①，法国皇帝需要1 000万克朗，但只能筹到500万。政府因此提高货币价值，以500万来支付1 000万。由于政府允许私人用新的硬币支付，所以损失不会很大。硬币的贬值使得各种货物和粮食在一段时间内便宜起来，因为一切东西均可以新的硬币支付。所以，正如旧币可以适用一样，新币也可以适用。

准契约是基于归还的义务。如果你在路上拾到一块表，根据财产权你有义务将该表归还给失主。因为一个人不因他人占有其丢失物而丧失权利。但如果你我结清账目，并向我付清我们认为应当偿还的一笔款项，但后来发现你并没有欠我那笔款，此时你如何要回这笔钱？你不能根据财产权提 475
出要求，因为你已经割让了那笔钱。你也不能根据契约主张权利，因为你我之间并没有订立契约。但很明显的是，我从你的损失中获益，因此我应当归还。

同样道理，如果一个人突然接到国家命令，来不及安排律师处理正在进行的诉讼就要离开。而一个他的朋友鉴于答辩是必需的，虽未受委托，却担此答辩任务，那么他应该向这位朋友支付费用。罗马法中的反诉也基于同样原理。如果你借给我一匹马，而我因此支付特别的费用。根据借出物契约，你有权要求我将马匹原样归还，但我也能通过反诉要求你支付该特别费用。

其他许多情况也适用这一原则。如果一个人向他人借钱，并以他所认识的三个人作为担保，承担共同连带责任。当他破产时，债权人可向最具有偿还能力的担保人索偿。而这个担保人根据归还义务也有权要求其他两

---

① 最后一个数字不太清楚，可能是“5”。在LJ（A）ii. 81的相应段落的日期是1701年，但（正如那里所提及的）关于改铸硬币的时期事实上似乎可能是1709年。

个担保人偿还他们各自担保的款项的三分之一。苏格兰法律将此更推进一步。[①] 如果一个破产者拥有两块土地，并有两个债权人甲和乙。甲的担保品是两块土地，而乙的担保品只有那块较好的土地。甲有权随意从这两块土地中任取一块作为债务清偿。这意味着甲可以从作为乙的担保品的那块土地中获得清偿。乙在这种情况下因无所取偿，法律规定，甲须把另一块土地担保品交给乙。罗马法中的保护也基于同样的原则。

我们现在来讨论第三种对人权，那就是和过失有关的权利。

过失有两种：一种是因该责备的意图而犯的过失，一种是因疏忽大意而犯的过失。

损害当然会引起旁观者的情感。因此，只要能得到旁观者的同情，对冒犯者的惩罚就是合理的，这是惩罚的天然标准。应当指出的是，我们最初赞同惩罚并非基于我们对公共福利的考虑，而是基于我们对被害人愤懑的同情。以下例子可以清晰看出，惩罚不可能基于公共福利。在英格兰，羊毛被认为是公共财富的源泉，因此，输出羊毛会被判死刑。即便如此，人们仍像以前那样输出羊毛，即使人们相信输出羊毛有害于国家，但不能找到陪审员和证据来定犯者的罪。输出羊毛本来并不是罪行，因此不可能
476 让人们认为输出羊毛应被判死刑。同样道理，如果一个哨兵因擅离岗位而被处极刑，虽然该惩罚是公正的，而且因擅离岗位很可能会导致很大损害，但人们绝不会赞同该判决，像他是窃贼或强盗那样。

愤懑不但能促成惩罚的实施，而且也能指出惩罚的方式。如果冒犯者没有因其对我们的伤害行为受到惩罚，而且如果他不知道他所受惩罚是因其伤害行为，那么我们的愤懑就得不到平息。一个罪行总是对某种权利的侵犯，不管该权利是自然权利或既得权利，是对物权或对人权。契约的不履行本身并非罪行，除非涉及欺诈意图。

对任何人能犯下的最大罪行是杀人罪。对该罪行的惩罚自然是死刑。死刑的依据并非在于赔偿，而是合理报复。在每一个文明的国家，杀人者一直以来都会被处以死刑。但在野蛮国家里，金钱上的惩罚也被接受，因为那时的政府软弱无力，惧于与私人争斗，而只能从中协调。尤其是在狩猎时代，政府徒具虚名，一个有权势的人也只能劝服双方达成协议。当一个人杀死另一个人时，全部社会成员聚集一起，建议一方做出赔偿，另一

---

① Kames, *Essays upon Several Subjects in Law* (1732), Ⅱ ('*Beneficicum cedendarum actionum*'); Kames, *Principles of Equity* (1760), Ⅰ.1.2.1; Erskine, Ⅱ.12.29.

方接受该赔偿。在美洲，当家庭的一个成员杀死另一个成员时，社会并不会干预他们，因为他们认为这不会影响社会安定。但当一个家庭攻击另一个家庭时，社会就会加以关注。直到很久之后，政府才能召唤一个人并要求他必须做什么事。因为只有经历很长一段时间，人们才会愿意顺从政府的这种绝对权威。在所有国家的法律中，我们都能看到古代政府这种软弱无力的残余。

当政府愈发有权时，政府不但可以强迫杀人者对被害人的亲属做出赔偿，也能要求他对公众做出赔偿。因为公众在那个时候为他提供保护，使之免受相关人的报复。这也是日耳曼人在古罗马帝国衰落时的刑法的情况。

现在，日耳曼人在这方面远比美洲人进步得多。虽然他们很少对罪犯处以极刑，但是他们的刑罚在某种程度上似乎与其所犯罪行成比例。他们根据每一个人的身份订出赔偿数目。杀死国王的赔偿是一个数目，杀死奴隶的赔偿又是一个数目。赔偿与被害人及其亲属的显贵程度成比例。王宫的调停费用报酬，也是按这种比例增减。杀死一个大贵族家庭成员所缴纳的赔偿数目，大于杀死一个小贵族家庭成员所缴纳的赔偿数目。扰乱国王安宁所缴纳的罚款，大于扰乱小贵族或大贵族所缴纳的罚款。如果伤害者拒交罚款，则他会被交给被害者，由之泄愤。如果他无力缴纳罚款，则他 477
须寻求朋友帮助。由于这种赔偿并不足以抵消所犯罪行，政府在获得权力后，会向犯罪者收取上述附加赔偿，作为罪犯得以自由的代价。由此，君主获得赦免罪犯的权利，因为君主本来并没有赦免罪犯的权利，正如其本来不能免除未清偿的债务一样。

古时候，犯罪可从两个角度看待：一是侵犯一个家庭的罪，二是扰乱社会治安的罪。只有政府能够惩罚那些扰乱社会治安和杀害国王的任何臣属的人。上述对于政府的那一部分赔偿随后变为死刑。犯罪者被国王赦免后，即恢复自由之身，受害人亲属不再享有控诉他的权利。在英格兰，犯罪者既可由国王惩治，也可由受害人家属惩罚。当人们向国王提出控诉时，国王不能赦免罪犯。但因为这种控诉很难实现，人们很少甚至从来没有使用过这种控诉。如果一个人被杀害，只有他的妻子能提出控诉。如果他的妻子是从犯，则他的合法继承人可提出控诉。但在控诉过程中，如出现任何一个错误，比如文字错误，诉讼就不能继续进行。因为修正法规关于法庭可以不理睬文字错误的规定并不适用于控诉。以前，对于伤残或伤害的案件，往往会提出控诉。

根据英格兰法律，杀人罪有数种。杀人罪一词起初有偷偷摸摸之意，因为谋杀一般是暗中进行的。随后，各种可以重罪论处的杀害行为均以杀人罪名之，并且以赔偿作为惩罚。杀人行为或是事先预谋，或是一时触怒，或是偶然闯祸。在这些类型当中，只有第一种可称之为杀人，第二种是误杀，第三种是意外杀人。而意外杀人往往可以被宽宥且具有正当性。为保护自己而杀人是指当两个人争斗时，一个人为保卫自己而杀害对方。这是可被谅解的，但并非正当杀人。正当杀人有两种：第一，为保护自己身体、财产或房屋而杀人。这种杀人与为保护自己杀人有所不同。因为这种正当杀人没有发生争斗，而只是在公路上或在一个人自己的房屋里遭到攻击。第二，为帮助警察或司法官而杀人。

以上是杀人罪的各种不同种类。我们下面来说明不同种类的杀人罪的性质。当一个人埋伏等待并杀害另一个人时，这是故杀。同样，如果一个人未受挑衅而杀死另一个人，也是故杀。根据英格兰法律，没有殴打就没有挑衅，仅仅恶言相向或恫吓威胁不足以构成挑衅。但是，如果一个人先打你，而你还手并将之打死，这不是故杀，而是误杀。如果一个人在开枪射杀家禽或做其他犯罪行为时，无意将他人杀死，这是故杀。只要有犯意
478 或存心，就是故杀。如果一个人在上午受到挑衅，在下午杀死对方，这是故杀。但如果他受到挑衅，退几步后立即向前杀死对方，则不是故杀，而是误杀。为保卫自己而杀死他人的，如没有逃脱机会，则不受惩罚。但如果一个人有后退和拔剑时间的，那就该受处罚，因为此时他本可以逃脱。苏格兰法律并不区分误杀和故杀。在英格兰，误杀是由于所谓牧师的特权而开始规定的。当政府权力日渐增强时，他们会更为严厉地惩罚各种犯罪，以减少扰乱社会治安的可能性。但牧师却抗辩说，这与上帝旨意不符。由于他们的权力源于基督和教皇，他们不同意在民事法庭答辩。他们声称，圣经不把没有预谋或没有存心的罪行看作故杀，并且引用圣经中申命记第十九章作为证明。因此，当任何一个牧师犯罪时，主教有权把他从世俗政权中要回来。如果犯罪的牧师能够获得 12 个人宣誓证明其无罪，那么他可以免罪，否则由主教判处他是否可以改造。如果他不可改造，则会被撤职。按此方式，主教能够把牧师、教区小吏、教会委员或其他和教会相关的人要回来。但后来，民事法庭只允许主教要回那些能够阅读的人。因为是否能够阅读与牧师一职有较为直接的关联。安娜女王后来把由于牧师的特权而产生的关于误杀的权利延伸至所有的人。

至于意外杀人，犯者会失去财产，但他有权为此而提出诉讼，获取赦宥。对于正当杀人，一个人必须对法庭可能提出的罪行作无罪辩护。如果他有证据支持，法庭就不再传讯。

我们愤慨的对象不仅限于有生命的东西，也包括无生命的东西。在许多地方，尤其是在雅典，伤害人命的剑或工作也被看作嫌恶物，并因此而被销毁。

根据英格兰法律，如果一个人从一个房屋[①]上跌下而死，这个房屋就依供神物律例被没收以供神用。供神物含有将物给鬼的意思。正如圣经隐喻中，他在心里祝福上帝含有他诅咒上帝的意思。后来，牧师将供神物作慈善用。如果一个人被一个静止物件所伤，则伤人的物件会被没收。如果他是从静止的马车上跌下致死，则只没收车轮。但如果马车是走动的，则连 479
车带马都被没收。但有一个长久的疑惑：伤害人命的轮船是否应该被充公？因轮船船员极易遇到危险，人们很难同意伤害人命的轮船应充公入官。

一个人也可能会因为身体割断、四肢切断、胁迫殴打或束缚自由而受到伤害。本来按照罗马法，将一个人殴打致残或切断四肢所要缴付的赔偿数额与杀人是一样的。但如果犯罪者寻求朋友帮助，也无法凑齐需缴纳的赔偿金，则会被交与受害者，受到同等对待——这是撒利族法典告诉我们的。同样道理，在许多民族，特别是在伦巴底族，各种伤害均可以赔偿了结。损害一个牙齿，须缴纳一定数额的赔偿金，如果是损害前齿，则须缴纳更多的赔偿金。损害两个牙齿，须缴纳另一数额的赔偿金。但值得注意的是，受害者即使被打落二十个牙齿，也仅能要求三个牙齿的赔偿金。他们为身体的每一个部分都明确标价。在古罗马人当中，如果一个人不能够缴付他所应当缴纳的赔偿金，那他会按照复仇规则让对方得到满足。比如他打对方几下，对方也会打他几下。这种以眼还眼、以牙还牙的惯例持续了相当长一段时间。总体而言，这种同态复仇是合理的，但在某种情况下则不恰当。因为如果一个人的手臂在角斗中被折断，为了抵偿，把对方的手臂若无其事地折断，这实在令人难以忍受。此外，某些情况下，这也不太现实。比如一个男人致一个女人堕胎，为示惩治，我们不能以同样方式要求对方堕胎。因此，这个惯例日渐消失，另一种惩治措施，即按照赔偿者的经济状况厘定罚金被采用。在古罗马，执政官要人们接受这种罚金，

① 也许是抄写员将“马”（horse）误写为“房屋”（house）。

但在某些国家，上述惯例持续了更长的时间。直至今日，这种惯例的残余仍可在荷兰看到。当一个人的身体的任何部分受到伤害并致其不能服兵役时，施害者会受到更严厉的惩治。

根据考文垂法案，出于存心或预谋而致他人毁容者可被判死刑。通过此法案的原因如下：约翰·考文垂爵士在议会里对国王说了失礼的话，威尔士亲王①和其他一些人，也许得到国王的允许，对他设伏，并割掉他的耳朵，毁伤他的面孔。议会立即制定法律，规定预谋毁坏他人容颜应处以极刑。但这个法律只被执行过一次，一个叫柯克的人埋伏等待谋杀他的兄弟，但并没有杀死他，而仅致他面容毁伤。根据考文垂法案，他被判定犯有故意伤害罪。他提出抗辩，说他的意图并非毁坏他容颜，而是杀死对方。但法庭从他使用的工具中推定他既有杀害意图，也有伤残的想法。

一个人也会因受胁迫和殴打而受到伤害。当一个人感到身体可能会受
480 到伤害时，这是胁迫。当他已经实际被打时，这是殴打。起初，恶语相向并不会受到惩罚，除非与此同时挥拳胁迫、拿出工具等等。最初，对这些罪行的惩罚是支付一笔和解费，但现在的惩罚则是罚金和监禁。

一个人也可能会因自由受到束缚而致身体受损。因此，每一个国家的法律都特别注意保障人身自由。我们国家的行政司法长官没有恣意拘禁他人的权力。当有合理嫌疑时，行政司法长官照理应该有权拘禁，但一个无辜的人可能因此会遭受一定程度的伤害。完全保障人的自由最为困难，如果一个人能够提出事实原委减轻嫌疑，除非犯下死罪，否则可获得保释。如果他提出的保释事项不够充分，行政司法长官却准许保释的，则为不正当。但如果是充分的，行政司法长官又不准许保释，则该受处分。如果一个人被错误地拘禁超出应当审理的时间，则应按超出的日数以及他的身份进行赔偿。在英格兰，如果一个人是在巡回审判开庭后的一天被监禁的，那么40天后他就可以享受《人身保护法》的权益。就是说，他将被送至伦敦，费用由自己承担。如果他自己无力承担费用，则必须等待下一次的巡回审判。在苏格兰则没有实施人身保护法的必要，司法长官如果要审理一个人，就可审理这个人。而且无论如何都要把这个人送到爱丁堡的国王法庭去受审。所有这一切均是自由政府对自由的保障。但对于专制政府而言，行政司法长官的意志就是法律。

---

① 事实上是查尔斯二世的儿子蒙茅斯公爵。Cf. LJ (A) ii. 124 - 125, above.

应当指出的是，一个人因为恐惧而做出的保证是没有约束力的。除非他主动做出保证，否则该保证无效。但是，如果一个人有被控诉的危险，而他为避免控诉做出保证，则该保证是有效的，因为此时他的恐惧在程度上不被认为是严重的。

强奸或强迫婚姻会被处以死刑，因为受害女人为此受到的耻辱只有死刑才能抵偿。法律虽然禁止强迫婚姻，但如果那个女人后来同意，除了国王，她的亲朋就不能提出控诉。

一个人可能会因为言语和文字上的侮辱而致其声誉受损。在众人面前受到的侮辱是真正的损害。言语上的侮辱，叫口头侮辱；文字上的侮辱，叫书面侮辱。法律对于这些侮辱均给予救济。按照古代法律，侮辱的惩处与胁迫殴打是一样的。在众人面前的侮辱是最为恶劣的罪。5英镑或10英镑的轻微罚款绝对不能够补偿这种侮辱。在法律不能公平处理的地方，我们当然就想自己来解决，这也是欧洲产生决斗的原因，但这种决斗方式带来了新的损害。我不但必须被人打一耳光，而且也须冒着生命危险，否则我会声名狼藉。应该指出的是，在苏格拉底的时候，人们对于当面揭穿谎 481
言的侮辱毫不在乎，苏格拉底自己也不客气地当面揭穿人家的谎言。

对于口头上的损害，古代法律和现代法律均给予赔偿的惩治。当一个人被口头攻击时，他可向法院提起诉讼。如果他被诬陷犯有伪造文书罪、盗窃罪或其他任何罪行，他有权获得充分的赔偿，因为他可能因此诬陷而受到更大的损害。同理，一个人的权利或所有权遭受破坏时，他会受到损害。比如，我说你对于自己的房屋没有权利如同我对你的房屋没有权利一样，这就是损害。因为这可能会鼓励那些声称对你的房屋拥有权利的人。即使这是事实，也不过是五十步与一百步之差，并不能使我免受起诉。但有一些罪行只能在宗教法庭提起诉讼，比如男人骂女人是妓女。

比起口头上的损害，书面上的损害受到更为严厉的惩罚，因为书面损害的恶意更为处心积虑。书面上的侮辱性诽谤可据以起诉，但同样的语言以口头形式表达，则不一定能引起诉讼。对诽谤和讥讽的惩罚因政府的性质而异。在贵族政府统治下，它们会受到严厉的惩治，小诸侯可能因辱骂性诽谤而受到致命的损害。但一个自由国家的国王及其大臣，则绝不会由于诽谤而受到损害。在希腊政府和古罗马，很长一段时间内，诽谤并不受惩治。[1] 奥古斯都

① 这一句明显有遗漏。Cf. LJ（A）ii. 142－143，above.

最终恢复了诽谤法，诽谤者会被处以极刑。一般而言，处于顺境的人对这些诽谤不以为意，只有在不得不辩明无罪时才会注意到这些。

一个人可能会在实际财产或随身财产上受到损害。对于实际财产，他可能会在不动产或动产上受到损害。对于不动产，他可能会由于他人的故意纵火或侵入房屋而受到损害。纵火有两种，或是在别人屋里放火，或是在自己屋里放火而使火延伸到其他房屋。依据古罗马、英格兰和苏格兰法律，纵火者会被处以极刑。如果失火因疏忽而产生，则不受惩治。侵入房屋是用暴力夺取他人地产，各国法律在这方面有非常严厉的规定，以致被夺取地产的人可使用暴力夺回其财产。[①] 这源于封建习惯，当时，贵族和他们的佃农经常相互夺取土地，故只有通过这种暴力方式才能取回自己的土地。后来，法律做出规定，如果任何人能够证明他的地产被暴力所夺取，则该地产应归还于他。[②] 但如果该地产已被暴力占有者占有三年，则原所有人不但要证明该地产被别人暴力夺取，还须证明他对这块地产享有真实权利，才能收回该地产。

482 一个人的动产可能会由于盗窃、强夺和海上强夺而受到损害。盗窃是暗中窃取他人财产，它当然不会引起使人要处以死罪的那种程度的愤慨。所以在很长一段时间内，盗窃并不以死罪论处。按照古罗马法，盗犯须交还盗取的物品，且加倍返还。如果他偷了一只羊，他要交还两只羊。但是，古罗马法对现行盗窃犯和非现行盗窃犯做出特殊区分。前者是人赃并获，因此须交还等同于盗窃物价值四倍的东西，而后者只需交还等同于盗窃物价值两倍的东西。据说，这个规定借鉴自斯巴达人。斯巴达人教导他们的年青一代如何盗窃和隐藏，他们认为这样可以锻炼年青一代战时所需的诡诈。但是，斯巴达人从不鼓励他们盗窃。举行宴会时，他们从不为年轻人准备食品，而是期待着他们会从父亲桌上偷取足够的东西来吃。他们可以盗窃一些琐屑的东西，比如面包皮，但不能偷其他东西。古罗马人对现行盗窃犯惩罚的力度要严于非现行盗窃犯的原因是，野蛮民族往往根据罪行所激起的愤懑程度来惩治犯者。自 13 世纪以降，这种罪行会被处以死刑。大领主的佃农不断侵入临近的领地，掠走战利品。当政府权力在握时，它自然会以最严厉的刑罚惩治那些最容易犯的罪，以制止这种罪行。巴巴罗沙皇帝开了先河，以死刑惩治盗窃犯，并为其他文明国家所效仿。但这种

① Hawkins，Ⅰ. 64. 1.

② 5 Richard Ⅱ，c. 7（1381）；15 Richard Ⅱ，c. 2（1391）；8 Henry Ⅵ，c. 9（1429）.

刑罚过于严酷，因盗犯只是卑鄙人物，其行为不会激起很大愤懑，甚至在一定程度上也似乎不足以引起愤懑。根据旧的苏格兰法律，一个拥有土地的绅士行窃会被认为犯有叛逆罪，因为这些人被看作是窃犯和流氓的教唆者和帮凶；再者，他们相互讨伐，似有篡夺王位之嫌，因此会被认为犯有叛逆罪。根据英格兰法律，盗窃少于一先令的会被处以枷刑，多于一先令的则处以死刑。在苏格兰，则需要窃取比一先令多得多才会被处以死刑。在我们这里，只有窃取属于个人的东西才算盗窃。一个在森林里偷鹿或在远离鸽笼的地方偷鸽子的人不会受到惩治，这直到一个晚近法规的颁布才有所改变。[①] 但侵入他人家宅，即使没有偷走价值一先令的东西，也会被处以死罪。这些惩治在当时很有必要，但现在却显得过于残酷。起初，政府软弱无能，难以惩罚罪犯。但对于那些和社会利益相关的案件，它也不得 483
不加以调停。但当政府拥有更多权力时，它却对因纪律松弛而造成的放肆行为施以更严厉的惩罚。因此，我们看到，《十二铜表法》几乎对所有的罪行都以死罪论处。在欧洲，当赔偿惯例废止后，他们把所有的罪行都作为叛逆罪论处：拥有土地的人行窃、奴仆杀死主人、副牧师杀害主教或丈夫杀死妻子[②]等均以轻微叛逆罪论处。后来，只有那些与国事相关的罪才被看作叛逆罪，而盗窃罪也逐渐回归其本意。

强夺因使人惶恐不安而受到更严厉的惩罚。任何理由都不能拯救犯者，即使他在强迫一个人把货物卖给他后，假装要买那个人的货物以掩盖对该人的侵害行为。[③]

直至今日，海上强夺受到的惩罚仍然很严厉。

一个人也可能因他人欺诈或伪造文书而致其所有物受到损害。非法欺骗本来并不以死刑论处，而是以一种不名誉的刑罚惩治，如枷刑。但有些欺骗行为因其对基础设施和安全造成重大损失，则会对犯者处以死刑。比如，如果一艘已投保的船只失事，就很难证明这是因为欺诈而发生的。但如果该艘船只投了全额保险，则很可能是故意失事。因此，为震慑商人，法律对这种欺诈行为以死刑论处。以前有一问题，即轮船应该在它起航的口岸买保险，还是在目的地的口岸买保险，后来决定它应该在起航的口岸购买保险。如果格拉斯哥的一个商人把一艘载有价值 3 000 英镑的货物运往

---

① 可能是 24 George Ⅱ，c. 34（1751），应用于苏格兰。

② 应该是“妻子杀害丈夫”。

③ Hawkins，Ⅰ. 34. 10.

弗吉尼亚，这些货物到达弗吉尼亚后价值可达 4 000 英镑以上。这种情况下如果允许商人以 4 000 英镑以上的价值投保，则他很可能会受此诱惑而故意使轮船失事。如果他自己费尽力气将货物运往弗吉尼亚，很可能得不到高于 4 000 英镑的钱，因他可能会遇到赖皮的债务人，而这损失不可能从保险人那里获得抵偿。同理，古时候，盗窃犁上的任何东西均会被处以死刑①，因为这些东西非常容易被盗。

在英格兰，一个破产者如自首且交出所有财产，他即可被免除债务。但如果他因欺骗债权人而没有交出所有家财，则可被处以死刑。②

伪造文书也是死罪，但没有人抱怨该惩治过于严酷。因为当契约可据以起诉之时，除非禁止伪造契约，否则财产绝无保障。但并非所有伪造文
484 书的行为均是死罪，只有伪造见票即付的契据时，才会以死刑论处。因为伪造关于土地转让的契据很容易被发现，可能在造成损害以前就被发现。

伪证罪不以死刑论处。

对人权的取得方式有数种，因此，对人权消灭的方式也有数种。第一，通过清偿按照契约或准契约的约定所应偿还的债款。因债务一旦履行，即可满足对方。第二，通过免除，即使该债务并未清偿。这也适用于犯罪，如果国王或被害人选择放弃控诉或宽宥，则犯者获得自由。第三，通过时效。如果债权人在一定时期内未对债务人提出偿还要求，则债务人不必偿还债务。这是非常合理的规定，因为如果债权人在长时间内没有提出清偿债务的要求，则债务人会认为不必清偿该债务。按照苏格兰法律，如果债权人在 40 年内没有对债券的本金或利息提出偿还要求，则该债券会因过时而合理失效。一个一般谨慎的人，对于自己的事情，如果还想继续参与的话，不会将之忽略长达 40 年之久。按照法律的严格规定，如果债权人在第 39 年对其利息提起请求，则其本金也失去时效效力。罪行也可因时效而消灭，这是合理的，不管对这些罪行的惩罚是出于对被害者的愤恨所产生的同情，还是为公共福利考量或是满足大众。愤懑在几年内会逐渐消失，而且一个在我们法律所规定的 20 年期间内表现一直良好的人，也不可能对公众产生危险。根据英格兰法律，控诉的时效为一年，但公诉的时效却不止一年，因为国王是出于公共安全而非满足私人愤懑的考量而提出起诉的，

---

① Sir G. Mackenzie，*Laws and Customs of Scotland in Matters Criminal*（1678），Ⅰ.19.9，citing Act，1587，c. 82（A. P. S. Ⅲ. 460）.

② 5 George Ⅱ，c. 30（1732）；Hawkins，Ⅰ.57.

所以法律偏袒他的要求。但无论如何，对一个人在 40 年前犯下的罪提出公诉是不合理的，因为现在的他可能与 40 年前的他判若两人。此外，过去的事已经逝去，惩罚和警戒的目的也已完全落空。叛逆罪本身可因超过几年的时效即可消灭。此外，从法律的愤懑角度看，如果一个人已被判刑，但他逃走了。此时他可以之前宣判的刑罚执行，因为逃走被认为是新犯的罪。但实际情况可能并非如此，事实上，一个人如果回来后安居乐业，他很少会遇到麻烦。我们有这样一个例子：一个伯爵，他曾经在 1715 年被宣判过，后来回到本国，过着与世无争的日子，直到 1745 年参加叛乱，才被按前判处以死刑。卡梅隆博士在苏格兰也遭遇同样的命运。在每一个国家，如果一个人时隔 20 年才回来，就不会遇到麻烦。如果司法官干涉他，则会引起人们的反感。

在这方面还需要讨论的是关于刑法的一些一般性意见。

愤懑似乎最能说明对罪行的惩罚。如果一个人用手枪向街上射击，尽 485
管没有造成伤害，但出于公共福利的考量，也会将之绳之以法。根据各国法律，该行为仅会受到较为轻微的惩治，但如果出现伤亡，惩罚就重得多。理由显而易见，因为除非造成实际上的伤害，否则愤懑绝不会达到很高程度。有些行为虽然本身属于犯罪行为，但由于没有造成危害后果，故不加惩处。一个人在闹市里骑着一匹难以驾驭的马并不会引起群众不满，但如果他杀害了任何一个人，愤懑就会达到很高程度。同理，供神物虽是无生命的东西，却被认为是讨厌的东西。很多情况下，为非作歹的人往往成为愤懑的对象。总体上而言，愤懑是一般的天性，它与心情无关。

某些特定人群不受惩罚，比如白痴、疯子和小孩。对于疯子的举动，我们并不感到愤慨。但对于一般人的同样举动，我们会有所愤懑。我们认为，对于他们的罪行，唯一的恰当惩治是限制他们的自由。

关于作为一个人的人所可能受到的损害，我们所要说的就是这些。

我们已经谈论了作为一个国家成员、一个家庭成员和作为一个人的人，我们现在要讨论警察，即法理学的第二个分支。

手稿中的 202 页均为空白

第二部分　论警察

警察是法理学的第二个分支。警察（police）一词是法语的名称，源于
486 希腊语 πολιτεια（公民权），其本义是政府政策，但现在仅指政府次要部门的管理，如保持清洁、维护治安、做到价廉物丰等。前两者，即清扫街道灰尘的适当方法和执行有关防止犯罪的规则以及与维持城市治安队的方法有关的法律，虽然这些有用，但只不过是很平凡的问题，并不适宜在这个一般性的讲演中加以讨论。我们只需在探讨第三个问题之前，对前面两个问题提出一两点意见即可。

我们发现，警察最多和警章最繁的城市，未必总是最安全的城市。在巴黎，关于警察的规章非常多，以至于数卷篇幅也难以载完。相反，伦敦只有两三个简单的警章。但在巴黎，几乎没有一个晚上不发生命案。而在更大的城市伦敦，一年只有三四起命案。由此，人们可能会倾向于认为，警察越多，治安越差。但其实不然。在英国和法国，在封建时期，甚至到伊丽莎白时代，贵族家里养有大批食客，以监督震慑佃户。这些人如果被驱逐，除了掠夺外，无法维生。因此，社会秩序也大不安宁。法国现在仍然保留着这些封建残余，这也是两国之间出现上述差异的原因。巴黎贵族比我们的贵族养有更多的仆人。这些人经常因自己的行为或主人的喜怒无常而被驱逐。他们极度贫困，被驱逐后不得不犯下滔天罪行。在格拉斯哥，几乎没有人拥有一名以上的仆人，那里的命案就少于爱丁堡。在格拉斯哥，几年才发生一起命案，而在爱丁堡，这种纷扰无年不有。因此，防止犯罪，关键不在于警察，而是尽可能减少仰食于人的人数。使人类陷入堕落的，莫过于依赖。提升人类诚实品性的，则非独立莫属。商业和制造业的确立
487 是防止犯罪的最佳政策，因为它们有助于提高人们的独立性。从事商业和制造业所得的工资比从事任何其他方面的工作的工资要高，因此，人们会变得更为正直。当人们可以通过正直、勤劳的途径丰衣足食时，没有人会愿意冒险拦路抢劫。巴黎和伦敦贵族的品行并无两样，但巴黎平民却不能与伦敦平民相比，因前者的依赖性大于后者。同理，苏格兰平民和英格兰平民也有所不同，尽管两国贵族的品行并无优劣主次。

到此为止，上述两个问题是属于警察部分的一般性问题。本讲演的下

面部分将限于价廉和物丰，或者说如何尽最恰当的办法获取财富和达到富足。价廉实际上与物丰是同一回事。水便宜的原因在于取之不尽，而钻石昂贵的原因在于它稀罕难得（它的真正用途似乎还尚未被发现）。要知道怎样才能以最恰当的方式获取便利品，我们须先探讨如何才能致富。而在说明这个问题之前，我们必须说明什么是人类必须满足的自然需求。如果我们的意见与一般观点有所不同，我们至少应该对此不同的原因进行说明。

大自然已给各种动物提供了足够的不需要后期加工即可维持生命的东西。食品、衣服和住所构成所有动物的全部需求。对于大多数动物而言，大自然已为它们提供了足够的且符合它们环境需求的衣食住物资。唯独人是那么敏感，以至于没有一种东西可投合他的心意，他发现所有的东西均需改进。虽然野蛮人的习惯表明人可以进食生的东西，但在知道火的作用后，他发现经过烹煮的食物更加健康和易于消化，而且还可以保护他免受严重疾病的侵袭。但不仅食物需要改善，人的虚弱体质可能会因为呼入空气的冷暖过度而感到不适。空气虽然不易改善，但也必须加以调节以使之符合人的体温，由是便有人造空气。人的皮肤不能经受酷烈天气，即使在一些气温高于体温而不必穿衣遮体的地方，也要将皮肤染色或涂油，以抵御烈日和暴雨。但总体而言，人类所需要的东西毕竟有限，这些东西也可以通过个人的单独劳动来供应。对于上述的必需品，每一个人都可以自力 488
更生，比如养殖牲口和种植水果作为粮食，制作皮革作为衣服等。

正如人的微妙的身体需要比其他动物更多的供应一样，人的同样微妙或者说更为微妙的头脑也需要更多的供应。所有工艺均是为此提供服务的。在各种动物中，只有人是这样敏感，以至于一件物品的色彩都可使他感到不适，对不同物件的排列组合则可使人感到愉悦。这种愉悦源于爱好美观。美观主要由以下三点构成：适当变化、优雅组合和简单排序。没有一件无变化的东西可取悦我们：一个很长的同一式样的墙壁会让我们感觉不愉悦。然而，过于纷繁复杂的东西，比如堆满各种各样物品的花坛也会让我们感觉不愉悦。单调让人乏味，多变虽让人为之一振，却易精神疲惫。优雅的组合也会让东西格外可喜。当我们看到各种东西毫无缘由地组合起来时，当我们看到这些组合在一起的东西既没有适当的相似也无显著的对比时，我们总是感到可惜。如果不注意排序的简易，使得整体不易了解，这也会伤害我们微妙的品位。

此外，模仿和绘画使得东西更加可爱。看到草原、树木、森林和其他类似东西时，我们会感到赏心悦目。物品的多样性也使得它们更为逗人可爱。我们对每天习以为常的东西无动于衷，宝玉钻石之所以受人珍视也是源于这个原因。出于同样理由，这也可以解释为什么印第安人那么欣赏我们的金色铜和玩具，以至于用宝玉和钻石与我们交换这些东西时，竟喜出望外，认为占了便宜。

这些构成嗜好并使我们喜怒哀乐的特质是许多琐碎的需求的根源，而这些需求并非我们不可或缺的。人类的辛勤劳动并不在于取得那三种简单必需品即衣食住的供应上，而是意在获取符合我们优雅、细致的爱好的便利品上。改进和增加那些成为我们必需的主要对象的物品是产生各种各样工艺的根源。

以供应粮食为主要目的的农业，不但引起土地耕种，也引起树木的栽植和亚麻、大麻以及其他诸多类似东西的生产。各种制造业也因此而生，这些制造业也具有很大的改良余地。从地下开采出金属，并以之作为工具制造材料，上述的许多工艺正是使用这些工具进行工作的。商业和运输业也是从属于同一个目标，它们收集各种工艺的制成品。同样地，这些行业
489 也使其他附属技艺应运而生。如写作，可记载形形色色的交易。几何，可提供多种有益用途。法律和政府似乎也只有这个目标：它们保护那些已积累巨资的人，让他们能够安享劳动果实。由于法律和政府的这种作用，一切技艺欣欣向荣，而贫富不均也因而产生并持续下去。法律和政府也使人们能够安居乐业，不受外敌侵袭。智慧和美德也因供应这些需求而得以彰显光辉。因为法律的制定和政府的成立是人类谨慎与智慧的最大结果，所以原因的影响绝不能和结果的影响有所不同。此外，和我们一起生活的人的智慧与正直为我们指出了何谓正当行为以及如何行为才算正当。他们的勇敢捍卫了我们的安全，他们的善行满足了我们的需求，由于这些如同神赐的美质，饥者有其食，寒者有其衣。因此，根据上述，一切东西都从属于我们三种生活必需品的供应。

在劳动没有分工的野蛮国家，一切东西均是为了满足人类自然需求。但在民族渐开化、劳动已分工后，人们所分配的供应更加丰富。也正因如此，不列颠的一个普通日工的生活享受要比印第安酋长更加优裕。一个普通日工所穿的毛织衣服，需要很多准备工作——在衣服使用之前，得用到剪羊毛者、拣羊毛人、纺织者以及染匠、织工和裁缝等等。而这些工作所需的工具则涉及大量的技工——纺织机制造者、机械安装工、制绳者，更

不必提泥瓦匠、采伐工、矿工、冶工、铁匠和锻工等这些技工了。除了他所穿的衣服之外，想想他房子里的家具，他所用的亚麻布制品，所穿的鞋，所烧的从地下挖掘或从海外运来的煤，所用的厨房器皿和各种碗碟，供吃用的面包和啤酒所使用的人，即播种的人、酿酒的人、收割的人和面包师，他家中玻璃窗以及制造玻璃窗所需要的工艺——没有玻璃窗，我们就不适宜居住在北方的气候下。当我们检查一个普通日工日常使用的便利设备时，我们可以发现即使他过着平凡简单的生活，也需要大批人的帮助。但他的日子与君主贵族的奢侈生活相比，其优劣仍有天壤之别。但是，欧洲君王生活超过平民生活的程度，远没有欧洲平民生活超过野蛮部族酋长生活的程度大。可以理解，有钱人为什么可以过着如此优裕的生活，那是因为他们能够指使很多人为他们服务，农民的勤劳耕种也是在为他们服务。在一个野蛮的国家里，每一个人都享受自己的劳动成果，但他们的贫穷比起任何地方有过之而无不及。

正是劳动分工增进国家富裕。在文明的社会，虽然有劳动分工，但这种分工并不平等，因为许多人没有任何工作。财富的分配也非基于工作的 490
轻重。商人的工作很轻，但他的财富比他所雇用全部职员的财富还多。而这些职员的财富又比同等数量的工匠的全部财富多六倍，即使后者的工作比前者的工作要繁重。在屋内安闲工作的工匠，要比劳累不歇、走来走去的苦工更有钱。故此，谁负担社会最艰难的劳作，谁的受益反而最少。

我们下面探讨一下劳动分工是如何增加产品数量的，或者说，财富是如何源于劳动分工的。为了清楚说明这个问题，我们先看下某些制造业已实行劳动分工的效果。如果一枚扣针的所有部分均由一个人制造完成，则意味着该人须采掘、熔铸矿物和削磨铁丝，这得花费一年的时间。因此，这枚扣针的价格也须足够维持他一年的生活。以低价计算，这枚扣针至少卖6英镑。但如果分工已达到这种程度，即有现成的铁丝，他每天能制作20枚扣针。假如工资每天10便士，一枚扣针须卖2便士。[①] 这样一来，扣针的制作须由许多人分工协作。剪铁丝、磨尖铁丝、制斜头、镀金等成为专门职业。两个或三个人专制斜头，一个或两个人负责安置针头，等等。直到扣针放在纸中为止，一共有18种操作。通过这个分工，每个人一天可不费气力地制造2 000枚扣针。麻织品和毛织品的制作也基于同样道理。但

① 这里显然为铁丝的价格留出了余额。

有些工艺不可能实行如此精细的分工，因此也不能与其他制造业和技艺齐头并进，比如农业和畜牧业，这是完全由于季节循环的关系。这种循环使得一个人只能在一个短时期内从事一种工作。在季节变化没那么明显的国家，情况又有所不同。在法国，谷物产量比英国多，且便宜。而在英格兰，我们的玩具却比法国的要好。因为玩具的制造不用依赖天气，且可以实行分工。

当劳动是这样分工，且一个人能制造出那么多产品时，超过他们生活所需的剩余产品的数量将是巨大的。这些多出来的剩余产品足以使每个人换得比在单干的情况下多四分之一的东西。[①] 这样，商品愈加廉价，而劳动
491 愈加昂贵。但应当指出的是，社会的富裕并非由劳动价格所决定。社会的富裕在于能以少量的劳动制造出更多的产品。因此，一个制造业已有很大发展的富裕国家，其可通过低价销售的方式取得优于贫穷国家的有利地位。如非因长途运费和捐税的关系，中国的棉织品和其他商品会比我国制造的卖得便宜。

我们不能通过对劳动所付的货币或铸币报酬来判别劳动贵贱。在一些地方，一便士可以买到其他地方 18 便士才能买到的东西。在莫尔卧人的国家里，尽管日工资只有 2 便士，但这个劳动报酬却比我们某些产糖的岛屿好得多。在这些岛屿上，人们虽然日工资有四到五便士，却过着忍饥受饿的生活。因此，铸币并非恰当的衡量标准。此外，人类的劳动虽然有些用来增加产品数量，有些用来增加货币数量，但二者成功的机会并不等同。一个农民，如果耕种适当，他的生产量就一定会增加。而一个矿工一再挖掘，也很可能一无所获。因此，商品增加的比例必定大于金银增加的比例。

但同样地，因劳动分工而付出的工作量，可因以下三个因素而大大增加：(1) 熟练程度的提高；(2) 从一个工作换到另一个工作的时间损失的减少；(3) 机器的发明。我们现在按照这个顺序来讨论这些因素。

第一，当任何一种劳动转化为简单操作后，频繁的动作会使人不知不觉地提高操作的熟练程度。一个不习惯于制造铁钉的乡下铁匠，即使废寝忘食地工作，每天也只能制造三四百只铁钉，而且质量一定低劣。但如果一个儿童习惯于此项工作，则一天可制造两千只，且质量要好得多。可是在这个非常复杂的制造业中，技巧的熟练程度绝不可能与其他技艺相比。

① 该句单独看的话，会有点晦涩。这句子很可能是记录者根据一系列与 LJ (A) 和 ED 中相似的数字说明所总结出来的综合结论。

一个铁钉制造者需要更换姿势，一时要吹风箱，一时要更换工具，等等。因此，铁钉生产量决不会像已经化为简易操作的扣针、纽扣等物的生产量那么大。

第二，从一个工作换到另一个工作时，总是难免会损失一些时间，即使这些工作之间有密切关系。一个从事阅读的人，在开始写作之前，也须休息一段时间。拥有一小块土地的织工也是如此。当他离开织机去田地耕种的时候，总会先闲逛一下。闲逛是乡下工人的普遍习惯，他们是最会闲逛的。播种、收割、打谷等工作的性质悬殊，他们自然养成懒散的习惯，因此很少能使操作熟练起来。如果一个人专注于某项工作，不必时不时地转换工作，则其工作量必定会大大提高。

第三，机器的发明也使得工作量大为提高。使用犁来耕种，两个人和 492
三匹马一天完成的工作量，胜于 20 个人在没有犁的情况下一天的工作量。使用水磨机后，一个磨坊主和他的一个工人完成的工作量相当于 12 个以上的工人使用手磨机的工作量，即使二者均使用机器。这种劳动分工无疑促进了机器的发明。如果一个人一生只从事两三种工作，则其必定竭尽心力寻求完成这些工作的便捷途径。但如果他精力四散，我们就不能期待他能够这样成功。我们没有关于机器发明的全部历史，因为大多数机器起初都会有缺点，它们经过使用者的逐渐改良，性能才逐渐提升。第一把犁的制造者很可能是农民，虽然它的改良者可能是另一些人。发明用轴支撑磨顶的人很可能是个长期使用两块石头磨麦的可怜的奴隶。发明以手推转磨轴的人很可能是个磨轮机工。但是发明利用水力来推动外轮的人必定是个哲学家。哲学家的任务除了思察一切外，并无他事。跟上述人一样，那些发明利用前所未有的新的力量来协助人类工作的人，他们对事物必定具有宏博的认识。不管他以前是不是技工，也不管他在发明以前是什么样的人，他必定是个哲学家。火机、风车和水车等都是哲学家的发明。哲学家技巧的提高也源于劳动的分工。根据不同的部门，他们分为机械方面的哲学家、伦理方面的哲学家、政治方面的哲学家、化学方面的哲学家等等。至此，我们说明了劳动生产量是如何因机器的使用而增加的。

我们已经说明了劳动分工是富裕的直接原因。我们紧接着探讨是什么东西引起劳动分工，或者说劳动分工主要是源于人性的哪种本质。我们难以想象分工是人类绞尽脑汁的结果。诚然，西索特里曾制有法律，要求人人均须继承他父亲的工作。但这明显违反人性，且不能永久施行。每一个人都希望成为绅士，不管他的父亲是何职业。那些最强大的人在社会喧扰中击败了弱者后，必然会有一些足以保卫他们地位的人。因此，出于各种必要的原因，有若干人处于上层，就得有若干人居于下层；处于上层的人必和居于下层的人一样多，而分工无论如何细化，也并不过分。但这并不是分工的缘由。分工的直接根源是人类喜好交换东西的癖习。这种癖习唯人类独有，而不为其他动物所有。没有人见到过一只狗（最精明伶俐的动物）用骨头与它的伴侣交换另一种东西。诚然，两只猎狗共逐一只野兔时，
493 它们之间似乎有某种默契或契约，但这仅仅是它们之间存有共同爱好而已。如果一只牲畜想要与人交换或获取某样东西，它只能通过撒娇求媚取悦于人。与此相似，人如想获得他所心仪的东西，也是把具有足够诱惑力的东西陈列在前，以打动他的心。这些行为言下之意即是：给我所欲，遂你所愿。人想从他处获取某种东西，并不是像狗那样，寄望于他人善心大发，而是利用他人的利己主义。只有乞丐才会依赖他人的好生之德，纵然如此，如果他完全依赖于他人的菩萨心肠，也会在一个星期内饥寒致死。

由于喜好以物易物，人们会把自己的多余物品与他人的多余物品进行交换。因此，在一个以猎人为主的国家里，如果一个人有制造弓箭的天赋，且制作得比邻居好，他就先把弓箭送给他们，之后获得他们的猎物作为酬谢。这样继续下去，他无须出门打猎也可以过得很好，因为他的剩余产品能够更好地给他换来生活必需品。

人类这种喜欢以物易物的倾向并非基于天赋与才能的差异。到底人们的天赋与才能是否不同也存有疑问。至少其不同程度，远比我们所感觉的要小。与其说分工是才能的结果，不如说才能是分工的结果。搬运工和哲学家在他们刚出生的四五年内，恰当地说，他们的才能并无不同。当他们从事不同职业时，他们耳闻目染，见识日益增长，见解也日渐不同。既然人们喜好以物易物，以满足自己生活的需要，形形色色的才能失去必要性。因此，在野蛮人当中，性格总是高度一致。在其他的同类动物中，它们之间的才能差异要比搬运工与哲学家在染习知识之前的差距大得多。大驯犬与长耳狗的力量迥异。这些动物虽然各有才能，但却不能使之成为共同财富，它们也不能利用这种不同才能生产东西以供交换。因此，这些不同的才能对它们而言毫无用处。

人类却恰恰相反，他们可以根据各自生产的产品的数量和质量进行交换。哲学家和搬运工彼此之间都有用处。搬运工可为哲学家搬运东西，减

轻其负重。而哲学家则发明火机，降低搬运工的燃煤费用。至此，我们已经讨论了才能的差异并非人们喜好以物易物这个倾向所建立的基础，但这个倾向却是分工的根源。这个倾向的真正根基是人类天性中普遍存在的喜好说服他人的本质。当一个人提出某些论点试图说服他人时，他总是期待着这些论点能够产生适当的效应。如果一个人提出某种关于月亮的意见，即使并非正确，如遭遇到反对时，也总是垂头丧气。而当他所要说服的人赞同他的意见时，他就兴高采烈。因此，我们应该尽力提高说服他人的能 494
力，事实上我们也正在不知不觉地践行着。既然我们毕生都在锻炼这个说服能力，必然会获得一种便捷的方法来以物易物。正如之前所说，牲畜之间要说服对方，只能通过取得说服对象的欢心才能达到目的。诚然，牲畜有时似乎也会同心协力，但它们之间从来没有发生过交换东西的事。猴子们劫掠果园时，会把果子从一个猴子扔给另一个猴子，直到把果子藏好为止。但在分赃时，总是相互争夺，并往往导致伤亡。

根据上述，我们可以发现，劳动分工的程度总是与商业的范围相称。如果只有十个人想要某种商品，则该商品的生产分工绝不会达到像在有一千人需要这种商品下的规模。再有，旨在增进财富的劳动分工，总是随着一个国家的交通改善而日臻完美。如果道路上盗贼四起、寸步难行，则商业必不能继续发展。自从英格兰在四五十年前大修道路后，该国财富突飞猛进。水路运输是另一种便利的交通方式，利用水路运输，只需要一艘船的消耗费用和五六个人的工资费用就可以把重达三百吨的货物从一个地方运往另一个地方，而且这比使用一百辆马车——每辆马车使用六匹马和配备一个马夫——要快得多。因此，劳动分工是国家财富增加的一个重要原因。而国家财富的增加与人们的勤劳程度相称，与金银的数量无关。人们的辛勤，总是与分工的精细成比例。

我们已经说明了引起国家富裕的原因。在进一步探讨这个问题时，我们将讨论以下几点：

第一，什么因素决定商品价格。

第二，货币有两种功能，一是作为价值尺度，二是作为商业工具。

第三，商业历史。我们将在此部分探讨是什么东西阻碍了古代和现代财富的快速增长。此外，我们还会探讨这些东西对农业、手工业和制造业的影响。

最后，商业精神对政府、国民性格和习俗的影响，不管该影响是好是坏。我们还将讨论补救这些坏影响的措施。现在就按照这个顺序进行讨论。

每一种商品都有两种价格：自然价格和市场价格。这两者似乎没有联系，但实质上却息息相关，它们都受到某些因素的支配。当人们被劝诱从事某个职业而非另一个职业时，他们必须在雇佣期间从该职业获取足以维
495 持生活的收入。一个制箭者，在他继续从事这个职业期间内，必须确保有多余的箭可供交换，以维持生活。但这个原则的运用，在不同的行业差异很大。因为有些行业，比如裁缝业和纺织业等，仅凭临时的观察和些许的经验是学不会的。像普通日工的工作那样，需要经历很长时间和忍受长期痛楚才能学会这些职业。当一个人开始学这些工艺时，在相当长的一段时间内，他的工作对于他的师傅或任何其他人都没有贡献。因此，他须给他的师傅一定的报酬，以作为他的生活费和补偿在学艺中所糟蹋的东西。当他开始执业时，他的所得须能覆盖他所付出的费用，即制造工艺所花费用和学工艺时的学徒费用。由于他的生命价值最多不会超过十年或十二年的年收入，因此，他的工资必须很高，否则就有收不回全部本钱的危险。但还有许多需要更多广博知识的工艺，而这些知识在学徒期间很难学到。一个铁匠和织工即使没有算术背景，也可以学得很好。但一个钟表匠却需要了解若干学科才能学好这门工艺，比如算术、几何以及天文学中关于时差的部分等。所以钟表匠的工资要高点，以补偿他的额外学习费用。总体而言，人文学科的职业均有类似情况，因为人们花费大量时间接受教育，但最终成功的可能十个人当中不到一个。也正因如此，他们的工资必须较高，要与他们所花的费用及所冒的不能长寿的风险、不能掌握熟练技巧处理业务的风险成比例。在律师行业中，二十个人当中，甚至没有一个人能够获得这样的学识和掌握熟练技巧以赚回所付出的教育费用。正如我们说的，这些人甚至连律师袍的钱也赚不回来。像一般人所想一样，律师的收费并不很高，律师费按比例收取确实是很低的。吸引人们当律师的并非出于贪图财富收入，而是获取社会地位。律师所享有的尊严和声望也应该被看作是律师报酬的一部分。

同理，如果我们以同样角度看待，金银的价格也不算过高。因为在开采金银矿时，失败的可能性很大。假设有两批同样人数的人，一批种麦，一批采矿。前者的收入定比后者多，因为在四五十个采矿工中，可能只有二十个有所收获，当然，其中有些人可能会大发横财，但种麦者每一个人都会有所收获。因此，总的来说，种麦的那批人所得的收入一定比采矿那

批人的收入要多。诱惑人们从事采矿的是抱着一种有朝一日能够发财致富的理想情怀。

当一个人劳动所获得的收入，足以维持他在劳动期间的生活、支付教
育费用、补偿不能长寿和营业失败的风险时，那么，这个劳动的收入就是
他劳动的自然价格。当一个人能够获得劳动的自然价格时，即意味着他能 496
够得到足够的鼓励，商品的生产也因此能和需求相称。

商品的市场价格则受其他情况所支配。当一个买者到市场购买东西时，他绝不会询问卖者商品的生产费用是多少。商品的市场价格，取决于以下三种情况：

第一，对该商品的需求情况。没有用处的东西是没有需求的，它不是欲望的适合对象。

第二，与需求量相比，该商品的供应情况。如果商品供应缺乏，则价格上涨。如果供应充足，则价格下跌。这也是为什么钻石宝玉价值连城而更有用的铁却价格低廉的原因，但这主要取决于最后一个原因。

第三，对商品有需求的人的贫富。当一种商品的供应量不能满足每一个人的需求时，商品竞购者的财富是该商品价格的唯一决定因素。

人们传说的阿拉伯沙漠中商人和挑夫的故事即是例证。商人花一万达克特向挑夫购买一定数量的水。这里，商人的财富决定着水的价格。因为如果他没有这么多的达克特，他就不可能花费这么多的钱。如果他财力较小，则水的价格也会相应降低。当商品稀缺时，该商品的卖者必然会满足于购买它的人的财力，这与拍卖差不多。如果两个人同样喜欢一本书，那么谁较有钱，谁就能买走这本书。因此，稀缺的东西总是流入富裕的国家。只有法国国王才有雄厚的财力购买价值数千英镑的巨钻。依此原则，商品价格的高低，取决于购买者的贵贱。

只有具有一定财力的人才会购买金器皿。

购买银器的人则属于另一个群体。银器皿的价格取决于大多数人的购买力。谷物和啤酒的价格则取决于全世界人民的购买力。也正因如此，普通日工的工酬对谷物的价格有很大的影响。当谷物价格上涨时，日工的工酬也上涨，反之亦然。当谷物供应短缺时，如同在海上航行般，总会引起饥荒，并导致价格突升猛涨。此时谷物成为上层社会的购买品，底层社会的人民只能以大头菜和马铃薯为食。

至此，我们已经讨论了每一种商品都有的两种价格：自然价格和市场

价格。正如上述所指出的，这两种价格表面上相互独立，实则有密切关联。497 这一点可从下面的说明中看出。如果某个商品的市场价格非常高，劳动者能得到丰厚利润，那么该商品便充斥整个市场，产量也会越来越多。这样一来，较低阶层的人们也能购买该商品。这如同十颗钻石变为一万颗钻石，钻石就会成为大众消费品，因为此时的钻石将非常廉价，其市场价格也会跌至与其自然价格等同的价位。再者，当市场的某种商品存货过多时，该商品的生产者将得不到足够的报酬，也就没有人去生产。人们不能从生产该产品的劳动中获取足够的报酬维持生活，因为它的市价已跌破其自然价格。据说，当谷物的价格下跌时，工人的工资也应该下降，因为此时他的报酬太高。的确，如果粮食在长时间内廉价，由于有更多的人从事这项工资很高的劳动，那么，该劳动的工资自会下降。但是我们发现当谷物价格上涨两倍时，工资却分文不涨，这是因为这些工人无路可走。仆人的情况亦是如此。

从上面所述，我们可以发现，倾向于使市场价格高于其自然价格的政策，必然也是使国家财富趋于减少的政策。高价与物稀实质上也是一回事。当商品充裕时，就可以售给较低阶层的人们，他们也买得起这些低价的商品。但如果商品稀缺，他们便无力购买。因此，从商品是社会的便利品角度而言，如果只有少数的人拥有商品，则整个社会难有欢乐可言。所以，凡是使商品市场价格高于其自然价格的事物，必会减少国家财富。比如：

（1）对工业所课的一切的税，以及对皮革、鞋（人们最反感对该物课税）、盐、啤酒或酒（因为任何国家都有酒）所课的税。人是多愁善感的动物，必须有一种东西能够帮助他排忧解虑，重振精神。据说对啤酒课税是为防止醉酒。但如细心观察，我们可发现课税并不能防止醉酒。在一些酒价便宜的国家，如法国、西班牙，人们往往很清醒。而在酒价昂贵的北方国家，人们醉酒并非啤酒的缘故，而是喝酒精含量很高的酒所致。除非他自己选择喝啤酒，否则没有人会强迫他喝的。

（2）垄断品也会破坏国家富裕。垄断品的价格总是高于足以鼓励人们从事该劳动的价格。当只有某个或某些人享有从外国进口某种商品的权利时，这种进口商品的数量必定少于在没有限制的情况下所进口的数量。因此，这种垄断品的价格将会很高，因经营该商品而维持生计的人也会很少。如果有很多人同时售卖一种商品，则该商品的价格将会下降。在一些垄断企业，如哈德逊海湾公司和东印度公司，它们可随心所欲地制定商品价格。

(3) 享有独占权的公司也有上述效果。屠宰商和面包商可以任意提高货物的价格，因为只有他们的公司可在市场上出售肉和面包。因享有这个 498
独占权，他们的肉不管好吃与否，都会卖得出去。也正因如此，需要一个官员来规范价格。对于一些可自由售卖的商品，比如大幅布料等，不需要官员进行规范。但对于面包商则有必要，因为他们可通过协议肆意规定制作多少面包和售卖多少价钱。但即使设有官员进行管理也还不够，因为他不得不从宽规定价格，否则将会有“治不得法，越治越糟糕”的后果，没有人愿意制作面包，而这将导致饥荒。因此，面包商和酒商总是有利可得。

如同将市场价格提升到自然价格以上会减少国家财富一样，市场价格跌至自然价格以下也会有同样影响。

运用法律或规章将商品价格压低至自然价格以下的措施只可适用于出口商品。比如政府给予粗麻布一定的补贴，使之价格低于 12 便士一码，从而可出口售卖。这些麻布之所以能够以低于足以鼓励人们从事生产它的价格售予外国人，是因为人们偿付了麻布的大部分价格。同样地，当一夸脱的谷物以低于 40 先令价格销售时，政府会给予每夸脱 5 先令的补贴。这相当于人民支付了八分之一的价格，所以谷物就能够以便宜这么多的价格在国外市场销售。由于可获得补贴，这种商品容易出售，产量也因此增加。但另一方面，补贴破坏了所谓的产业自然平衡。因为人们从事生产这种商品的倾向，并不与该商品的自然需求相称，而是与自然需求和附加补贴相称。它不但对这种商品本身产生影响，而且会把从事没有得到这么大鼓励的货物的生产的人吸引过去，进而打破产业平衡。

人们劳动的直接产品都是粮食的狩猎时代已然过去，取而代之的是制造业的蓬勃发展。但制造业开始发展后，一切东西的生产均需要很长一段时间。在纺织工购进亚麻后，要等很久才能把布匹运到市场销售。因此，为了能够继续经营下去，各行各业均需储备一定数量的粮食、衣服和住宅。

我们假设有一定数量的粮食、衣服和住宅——事实上每个国家都有这种储备，那么，所雇用的劳动人数也须与这个数量成比例。如果一个商品的价格低于其自然价格，而另一种商品的价格高于其自然价格，那么，考虑到各行业存在着自然的关系，所剩以供养全民的粮食、衣服和住宅这些储备的数量也将减少。因此，对某一行业给予补贴，就会减少其他行业的衣食住储备量。这也是给予谷物补贴的实际后果。

谷物价格下跌，农场租金也自然下跌，但谷物补贴（该补贴与土地税
499 同时施行）意在提高地租。这在一段时间内确实产生过效果，因为谷物无论是在国内还是国外出售，佃农都可以得到价格保障。这种补贴虽然可以鼓励农业，降低麦价，但却抬高了草价。因为麦一增产，草就减产。

草价上涨，依赖于青草的牲畜的肉价也定会上涨。因此，麦价下跌，必定会导致其他商品价格上涨。诚然，麦价由 42 先令跌至 35 先令，但干草的价格却由 25 先令涨到 50 先令。干草涨价后，养马出现困难，运费也会上涨。而任何使运费上涨的因素都会减少市场上的商品供应。因此，总体上而言，最好的政策莫过于听任其自由发展，不发补贴，也不对商品课税。

我们已经讨论了支配物价的情况，这是我们所要探讨的第一个问题，我们现在来讨论第二个问题，即货币首先作为价值的尺度，以及它作为交易的媒介。

当人们经营多种货物时，其中一种货物须作为价值尺度。假设只有三种货物——羊、麦和牛，我们很容易记住它们的相对价值。但如果我们有一百种不同类型的货物，在比较其中一种货物时，就会有九十九个相对价值。人们很难记住这么多价值，就自然会选取其中一个货物作为共同衡量标准与其他货物做比较。首先被选取的货物当然是人们所熟悉的货物。因此，在荷马的时代，我们发现黑牛与羊就是（价值衡量的）标准。一个人的盔甲值九头牛，而另一个人的盔甲则值一百头牛。在古希腊，黑牛是共同价值标准。在意大利，尤其是在托斯卡纳，一切东西都会与羊做比较，因为羊是他们主要的商品。这也是我们所说的价值的自然标准。

同理，数量也有自然标准，比如英寻、腕尺和寸等。它们源于人体的长度，并曾盛行各国。但稍加观察，人们会发现人臂长短不一，无法比较。因此，一些对此细心观察的人便四处寻找更为精准的标准，以使同等的数量具有同等的价值。当人们交易的货物种类多、数量大时，这种较为精确的标准显得更有必要。当交易仅限于几码之时，一寸之差，无关紧要。但当交易达数千码时，便需要更为精准的标准。我们发现，一些交易规模不
500 大的国家仍有这种不精准的残余。在粗糙的商品交易中，天平的铸造无足轻重。

自此之后，由于需要这样一种共同衡量标准，以使同样数量具有同等价值，金属大体上似乎被认为最适合充当这个标准。在各种金属中，金银的价值最易确定。因为钢的硬度很难确定，而金银中含有多少贱金属却可

通过化验准确得知。因此，金银被作为比较各种货物的最准确标准，也因此被认为是最适当的价值尺度。

金银成为价值尺度后，也变成交易的工具。很久以前，人们须把货物运到市场上出卖，但除非价值尺度同时也是商业工具，否则货物交易就不能适当进行。在放牧时代，牛羊作为交易媒介并没有什么大的不便，因为全国土地都是公地，饲养牛羊几乎无须付出费用。但当土地被划分和出现劳动分工后，这种交易媒介便遭遇极大的不便。屠宰商和鞋商有时并不需要交换货物，农民的土地也只能供养自有的牛。如果用一头牛向一个格拉斯哥商人交换他的一种商品，他会感到困难。为解决这个问题，人们把已作为价值尺度的东西同时用作交易的媒介。而金银具有一切的优点：它们保存时不会有损耗、不会发生损坏，而且便于携带。但金银的效用并非完全来自其作为交易媒介的作用。金银虽从未作为货币使用，但与其他金属相比，它们更为贵重、更为美观、更为光亮且更适合于制造器皿（除非一些锐利器皿不适合用金银制造）。因此，金银成为最适当的价值尺度和交易媒介。但为使它们更适合充作这些用途，必须想方设法确定它们的重量和成色。起初，称金银的天平并不精准，因此，常常会有欺诈行为发生。后来，这种情况逐渐得到改善。

但一般的买卖行为不会允许为确定金银成色而进行的试验。由于金银即使含有大量混合物，它们仍然拥有很好的色泽。因此，为便利交易，必须想出一种便利方式以确定金银的重量和成色。而铸币能最有效地达到这些目的。人们发现，如果在铸币上打上印记，使人一见就知道它们的重量和成色，这样就可便利交易。这种印记就是首先刻在铸币上的印记，也是 501
最重要的印记。

因此，每个国家的铸币似乎都以相当于金银的重量的名称为名，而且它们含有所表示的重量的单位。英国的镑最初似乎是有一磅重的纯银的意思。由于以金兑银很方便，因此后者经常被当作价值尺度和交易媒介。因为财产不能有两个标准，而我们大部分的交易都是以银为标准进行的，所以我们从不说一个人的财产有多少几尼，而总是说一个人有多少镑的财产。

应当指出的是，数量的标准总是愈来愈大，价值的标准则愈来愈小。英镑原值63先令，现在已经贬值到原来的三分之一。但衡量数量的标准却扩大了，这主要是出于政府利益的需求。面包商和酒商的利益在于尽可能地缩小数量标准，而负责监督他们的政府官员在标准缩小的时候，就会把标准提高一些。我们所有来自罗马尺、罗马英寻、罗马寸等的标准，现在要比原先的大了很多。与此类似，所谓（英国）金衡制，即由当时商业最繁华的香槟省特鲁瓦城传来的量衡，产生了一个较重的量衡。因为在采取一个量衡标准时，往往会采用它的铸型。而这会使得交易不太准确，所以规定铸型就显得格外有必要。由是，常衡规定为13盎司，但这13盎司并不容易划分，后又改为16盎司，同时调整盎司使之与它相称。

数量的标准因此逐渐变大，我们下面来讨论价值的标准是如何变小的。

当政府拥有铸币权时，它自然也要承担铸币费用。私人如想铸币，须减小它的真值，否则无利可得。此外，因为没有一个人能拥有足够强大的权威，使得他所铸造的币在市场上充当一般支付手段，所以他必须伪造政府印章。由于政府已承担铸币责任，他们必须想方设法防止他人欺骗并杜绝伪造国王印章和侵犯国王权利。此外，由于事关公众信心，有必要防止一切欺骗行为，因为政府需要强迫人们按照铸币的面额价值接受它，如果任何人拒绝接受铸币作为法定货币，则债务人可免除偿还债务的义务，而债权人则犯了重罪。①

502 在野蛮时代，政府面临各种诱惑，降低铸币成色，或者用造币厂的术语来说，叫“抬币”。比如，在需要偿付公债或支付军饷等重要时刻，政府需要两百万枚铸币，但只有一百万枚可供使用。此时它可收回流通的铸币，并重新改铸，加入更多的掺杂物，使之变为两百万。这种操作办法曾盛行于各个国家，但英国例外。英国并没有像其他国家那样经常改造铸币。因此，英国铸币的价值只降到原先的三分之一左右，而其他许多国家的铸币，则仅值以前的十五分之一。

这种做法有很大的不便。降低铸币成色会妨碍商业的发展，至少使商业发展困难重重。人们必须重新计算要给予多少的新币，才符合一定数额的旧币。人们也无意将商品运到市场售卖，因为他们无法得知商品售卖价格，商业因此萎靡不振。此外，降低铸币成色也会使公众对政府失去信心。由于担心以后可能只收回一半的钱，没有人会借钱给政府或与政府打交道。因为政府本身也有欺骗行为，每个人自然也能行骗，用新币偿还旧债，而这种偿债明显不能完全偿清债务。但出于以下原因，降低铸币成色短时期内也有好处。货币有两种用途：一是偿还债务，二是购买物品。当铸币降

① 事实上从未把拒绝接受法币看作重罪。Cf. the formulation in LJ（A）vi. 115，above.

低成色时，10 先令就可偿清 20 先令的旧债。但如果把新币带到国外市场使用，它仍具有原来的价值。一切日工工资都是以新币支付的。生活必需品的价格须以大多数人能够支付的价格为准。因此，这些生活必需品的价格在短期内将会降低。但是，国王在短期内占小便宜，长远看则吃大亏。降低成色，使得一枚铸币变成两枚铸币固然可以为国王带来利益，但这无疑将会减少他的收入，因为一切的税赋也是以新币缴纳的。为防止这种损失，法国以及所有其他国家，通过公告，在不改铸铸币的情况下将铸币所兑换的货币数提高一倍。在收回铸币后和发出铸币前，提高铸币价值。在缴纳下期税款之前，又降低铸币价值。[①] 与提高铸币价值相比，降低铸币价值总会有更大的不良影响。提高铸币价值会损害债权人利益，而降低铸币价值则损害债务人利益。但照理来说，应该要照顾债务人的利益。如果我本来只负债 10 英镑，但却不得不付 15 英镑，这样一来，一般产业会受到重挫。

大多数国家的铸币都使用铜币、银币或金币。我们甚至不得不以 6 便士币作为支付手段，而这有时会造成困扰和时间浪费。各种铸币的价值并非由政府随意决定，而是由金银的市场价格所决定的。同样，金银的比价也 503
是根据金银市价而定的。

这比价有时会有所浮动。比如，几尼有时候值 22 先令，有时则值 20 先令。与其他国家相比，英国的金价比银价上涨较多，这使得银的价值较低。而这是一个真正麻烦的根源。银既然能在国外买到比国内更多的金，把银运到国外去买金运回，而这金可在国内买到比国外更多的银。人们将此作为一门生意，长此以往，金币与日俱增，而价值日渐减少。不久以前，有人曾提出建议解决这一问题，但因太过复杂，当时的人们决定听任其发展而不加干涉。

我们已经说明了什么东西使得货币成为价值尺度。但应该指出的是，劳动，而非货币，才是价值的真正尺度。国家的富裕在于商品数量和交易便利，下面就来探讨这个问题。

货物流通所需要的货币愈多，货物的数量愈少。假设苏格兰所有的谷物、牲口和货币等总值两千万英镑，但需要一百万英镑现金进行货物流通。这样就只剩下一千九百万英镑的粮食、衣服和住所等物资。换言之，与没

---

① 该论据是：通过增加一定重量的硬铸所兑换的里弗赫（一种记账货币，不是实际铸币）的数目，提高铸币的价值。同样，通过减少一定重量的铸币所兑换的里弗赫的数目而减低铸币的价值。

有使用货币的情况相比，人们所有的这些东西减少了一百万英镑。因此，显而易见的是，一个国家的货币增加，该国的贫困也会随之增加。货币本身是死的，它并不提供生活用品。从这个角度来看，货币如同一个国家的公路，它本身并不生产谷物和青草，但它能促进谷物和青草的流通。如果我们能够节省公路所占的土地，我们就能够大大提高货物数量，从而增加货物的市场供应。同理，一片地区的富裕并不在于有多少条公路，一个国家的富裕也不在于用以实现货物流通的货币的数量，而在于生活必需品的丰富。因此，如果我们能够把国内一半的货币运到国外换成货物，与此同时，又能供应国内流通的需要，那么我们的财富将会有极大的增加。因此，银行的设立和纸币的发行会产生良好的效果。不难证明，银行的设立有利于一国的商业。假设苏格兰的全部财富如同上述的总值两千万英镑，其中两百万英镑作为流通媒介，剩下一千八百万英镑是货物。此时，如果苏格兰银行发行两百万英镑钞票，保留其中的三十万英镑作为应急准备，那么
504 将有一百七十万现金在市场流通。此外，还有两百万的钞票。可是，市场中自然流通的数量仅需两百万英镑，再也容纳不下更多的流通媒介，多出来的数量将运到国外以换取衣食住等物资。显而易见，这样将使国家富裕，因为不管进口的货物是什么，这些货物无疑将增加国家的财富。① 反对纸币的唯一理由是：它会消耗国内金银储量。因为它不能在国外市场流通，因此需要用金银购买国外货物，这无疑有其正确性。但如果我们细想，会发现，国家并不会因为金银的消耗而发生真正的损害，因为国家的富裕并不在于铸币的数量，而在于生活所需要的货物的充裕。凡是有助于增加这些货物的东西，对一国的财富均有一定的促进作用。

货币并不能用作生活必需品，它本身并不提供衣、食、住，但我们可以用货币换取这些物资。如果我们把国内所有的铸币都运往国外，那么我们的货物就会相应增加。在发生突发事故时，我们也能够以超出一般人所想象的速度快速收回流往外国的铸币。货物往往可以带来货币，一个国家的货物只要有所增加，就有力量在必要的时候通过把货物运往国外交换金银而增加铸币数量。事实可以证明这个推论。我们发现，欧洲各国的商业因银行的设立而长足发展。在我们国家，每个人都可以感觉到银行设立后的便利。在我们美洲殖民地，大多数贸易都用纸币进行，而这些殖民地也非常繁荣。

---

① 此处到下文（即休谟提出观点）之间的绝大多数内容，并没有在 LJ（A）中找到直接的相对应的内容。Cf. p. 380 above.

银行设立的最初动机是便利货币转移，这也是阿姆斯特丹银行现在唯一的目的。当商业高度发展时，金银的运送会耗费大量时间。当一个大商人需要运出一两万英镑货币时，他几乎须花费一周的时间点算几尼和先令。银行汇票则可以解决这些问题。在阿姆斯特丹银行建立以前，商人缓解点算巨额货币或现金的办法是把一定数额的货币装在袋子里，以备不时之需。此种情况下，你要么信任商人的诚实，要么对袋中的货币重新点算。如果你选择相信商人，则欺诈行为会层出不穷。如果你选择重新点数袋中货币，则麻烦依然存在。阿姆斯特丹银行的设立即是为解决这一麻烦。它是这么操作的：你把一定数额的钱存进银行，银行会给你一张相应款项的汇票。这笔钱一直存在银行里，非常安全，原因在于这汇票通常能卖得高于票面 505
的价格。因此，这笔钱一直存在银行里无疑对你有利。银行没有设立分支机构办理付款业务，因为几乎没有人会要求银行付款。因此，阿姆斯特丹银行有助于促进商业发展，它的票据只能在当地流通。银行所在地的信用也不会因为银行而受到丝毫损害。1701年[①]，法国军队侵入乌得勒支，存户突然向阿姆斯特丹银行提取存款，荷兰上下大为震惊，以为银行即将倒闭，但它最终安然度过。在这之前，社会流言，怀疑银行挪用存款经营生意，但此次发现该行付出的货币，大部分是在五十年前被临近的大火烫焦变色的货币。因此表明，当时流言没有根据，银行信用也未受损害。有人说阿姆斯特丹银行存库中有八千万到九千万英镑的现金随时可供支用，但有一位聪明人通过比较阿姆斯特丹和伦敦两市的商业情况，证明该说法并不正确。[②]

与阿姆斯特丹的银行组织相比，不列颠的银行组织大为不同。在不列颠，银行只保留六分之一的存款作为应急所用，剩余存款被用作商业交易。起初，不列颠银行的经营方针与阿姆斯特丹的无异，但后来银行董事们可任意提取资金作商业用，于是逐渐发展成现在这种情况。

银行破产所造成的危害并非一般人所想象的那么严重。假如苏格兰所有的货币均由一个银行发行，该银行破产后，只有很少的人会因此遭受重创，大多数人不受影响。因为人们手头上持有的现金或纸币一般只占据他

---

① 事实上是1672年。

② Nicholas Magens, *The Universal Merchant* (London, 1753), 32－33. Cf. also the same author's *Father Explanations of some Particular Subjects... contained in the Universal Merchant* (London, 1756), 24－27.

们全部财富的一小部分。整个国家的财富也不会受到很大的损失，因为只有不到百分之一的国家财富会以货币形式存在。防止因银行破产而导致不良后果的唯一办法是尽可能地鼓励银行设立，不给予一个银行垄断的权利。当一个国家有多个银行设立时，同业间必然会有竞争心理，它们会不断地相互突然挤兑，这使得它们会提高警惕，准备充分现金以备不时之需。如果苏格兰只有一家银行，由于没有竞争对手，它可能会更加积极，也可能会因管理不当而导致破产。但如果有多个银行，则可避免这种风险。即使一家银行破产，每个人所持有的它的票据也一定不多。由上述可知，银行
506 有利于一国的商业发展，限制银行是项糟糕的政策。

一些撰写政论性文章的作者，曾经发表文章说明银行和纸币的危害性。一个姓孟的伦敦商人，也以此论调发表一篇文章[①]，反驳一本以前所写的采取相反立场的书。他断言英国将因其货币外流而破产，金银也会因纸币盛行而流向国外。我们所拥有的其他一切货物也将因维持生活所需而愈来愈少，最终耗竭。货币不会腐烂，可保存至千秋万代。只要我们保有大量货币，世界一日不灭，我们的财富也安全无虞。在当时，这种推论甚受肯定。但如果从上面所讨论的国家财富性质而言，这无疑是荒诞的。

---

① 事实上孟氏并没有发表过任何旨在揭发“银行和纸币的危害性”的文章。斯密在这一段落里明显被严重误报，很可惜在LJ（A）中也没有相对应的内容。为了重构斯密的实际观点，最好的出发点莫过于他在ED（国富论早期草稿，35－36，见下）中关于这部分章节讲义的归纳。在关于货币作为商业工具和交换尺度这一总标题下，他的目的是提出三个虽然独立但又紧密相连的观点：第一，需要用以流通一国产品的贵重金属的数量越多，该国的食物、衣着和住所的数量就越少；第二，任何使得一国产品流通所需的贵重金属的数量减少的发明（比如银行和纸币）都非常有利于该国；第三，一国的富裕既不在于也不取决于该国的贵重金属的数量。在不同种类的商品中，没有哪种必然比其他的更受欢迎。在此第三点的次标题下，斯密论述了他在ED中称之为“从假设和实践两方面同时证明相反观点的坏影响”。在本注释所指的那段讲义里，斯密显然先从假设讨论“相反观点的坏影响”。——即大致以经济学理论进行分析。他可能通过唤起学生他之前在第二点次标题所作的讲义入手讨论这一问题，大意是那些反对纸币的政论家（比如休谟和哈里斯）的根据是它会使国家的金银流失，而这一根据暗含着采纳（在某种程度上至少是）富裕在于并取决于贵重金属的数量这一观念。他可能继续以更为明确的形式，论述早期的作家如孟氏主张通过对外贸易吸引“财富”背后的同样的观念。很可惜，记录者显然弄不清头绪，误以为孟氏主张纸币是有害的——以及“货币不会腐烂”这一观点。斯密事实上通常将之归咎于洛克。根据这一分析，紧跟本段的下文也就顺理成章。下文自然讨论祁氏一书关于贸易差额与一国财富的关系，这也是孟氏所关注的。随后，通过回应孟氏和祁氏的观点，斯密概括并评论了休谟关于在国际贸易中硬币流动机制的著名理论——虽然在该段最后一句中，斯密对休谟关于纸币的观点提出了批评。下一段（该段内容在LJ（A)中被重新讨论）可能是最为背离主题的。紧接着是针对洛克关于“货币永远不会腐烂”这一观点进行讨论。

时隔不久，祁先生如同上述那位伦敦商人那样，为同样目的写了一篇
文章。[①] 他尝试论证英格兰最终会因与他国通商而陷入破产。他估计英格兰 507
与他国之间的贸易差额总是不利于我们。因此，在几乎所有的对外贸易中，我们总是吃亏。这些贸易会使得我们的货币不断流失，也终将使我们陷入破产。[②] 依照上述观点，这个看法显然也属荒诞。虽然我们没有制定任何条例限制对外贸易，但这个国家的财富已扶摇直上，且一直在增长。他提出一些建议，防止我们因对外贸易而可能产生的危险，但政府如果无知到采纳他的观点，则很可能会使我们变得贫穷。

休谟曾发表数篇文章，指责这些和类似学说的荒谬性。[③] 他巧妙地证明，在任何一个国家，货币的数量须与货物的数量维持一定的比例关系。当货币的数量超过上述比例时，货物的价格就会上涨，从而使得其他国家的货物能以低于我国货物的价格出售，导致我国货币流向外国。反之，无论什么时候，如果货币的数量低于上述比例，货物价格下跌，我国的货物也能以低于他国货物的价格出售，从而使得大量货币流向我国。由此可见，在任何一个国家，货币与货物的数量须在一定的比例关系中徘徊。[④] 休谟先生的论证非常巧妙，但他似乎有一些认为国家富裕在于货币的倾向。这一看法已在上面论述过。[⑤]

对于这个问题，我们也可以指出：人类的勤劳总会增加货物和货币，即使二者并不总是以同一比例增加。人类的劳动总是为他们的爱好而进行，而物的增加量与人类生产它们的能力大小成比例。谷物和其他类似东西的生产，总是比黄金宝石的生产要多，原因在于前者更在人类辛勤劳动所能达到的范围之内。只要适当耕种，地球上几乎任何一块土地都可以生产谷
物，但黄金却不能随处可得。即使发现金矿，它也深藏地下，需要花费大 508
量时间和艰辛劳作才能开采出些许黄金。故此，货币数量的增加绝不可能

---

① Joshua Gee, *The Trade and Navigation of Great-Britain Considered* (1729). 祁氏的意图当然不是证明“银行和纸币的危害性”，参见前注。

② Cf. op. cit.，“结论”（分开标页码），16：“通过商业贸易，一个国家可以积累大量财富。而疏忽大意也会让国家财富渐渐流失耗尽。我之所以更愿意提这一点，是因为在我看来，如今我们的状况恐怕是财富出得多进得少。”

③ 斯密在此涉及的可能不仅仅是休谟的论文《论贸易平衡》中关于他打算讨论的论据，也包括《论货币》和《论商业猜忌》论文。

④ ‘Of the Balance of Trade’, *Essays*, Ⅰ. 333 - 334.

⑤ 这里参考的可能是休谟在其论文中反对纸币的观点。Cf. *Essays*, Ⅰ. 311 - 312 (‘Of Money’) and Ⅰ. 337 - 338 (‘Of the Balance of Trade’).

与货物数量的增加成比例，国家愈富裕，货币价值愈低。在野蛮国家，货币价格昂贵，他们除劫掠所得，并没有其他货币，因为他们不知道如何在自己国内制造货币。但是当一个国家的技艺发展到一定程度，货币的价值便会降低，他们会开始寻找挖掘矿产并自己制造货币。从古罗马帝国衰亡到西印度的发现这段时间，货币价值非常高且不断上涨，发现西印度后，货币价值才有较大的降低。

洛克先生也曾发表一篇文章，说明任由货币流失的严重后果。他的观点是基于国家财富在于货币这个理念，但与其他人不同的是，他能较为科学地探讨这个问题。

他与孟先生一样断言，如果一个国家没有货币，则该国终将破产，因为一切货物终会耗尽，而货币却可永世长存。关于这个问题，我们可以指出，富裕在于货物，而不是在于货币。理由是货币不能当作生活必需品，而货物可用以维持生活。货物的可消费性（如果我们可使用这个词的话）是人类辛勤劳动的根源。一个勤勤恳恳的民族所生产的东西，总会比他们所消费的要多。不难证明，一个国家的现金只占据国民财富的一小部分。按通常设想，不列颠流通的现金约有三千万英镑，但每年消费总量可达一亿英镑，假设这个岛国的人口有一千万人，每人估计每年花十英镑作生活费（这是非常低的估计），就可得到上述数据。因此，流通中的货币在国民财富中所占的比例非常小。[①] 但流通中的现金很可能没有三千万英镑这么多，如有，那上述比例将会更小。

有些支持国家财富在于货币这一观点的人会说，当一个人不再从事贸易后，他会立即将所有存货换为现金。但他这么做的原因显而易见，因为
509 货币是交易媒介，他可以此更为便利地换取生活必需品和工艺美术品。就算是守财奴，他把黄金锁于箱中也是出于这种动机。只有蠢蛋才会为了货币而储存货币。他之所以把货币留在身边，是因为可以随时给自己和家庭供应必需品。因此可见，财富在于货币这一观点显然不当，这一观点在实践方面也导致很多具有危害性的不当措施，其中几个措施如下。

基于上述理念，政府禁止铸币出口。这个禁令严重损害英国的商业，因为不管在任何国家，超过流通需要的货币，无论多少，都是无用之物。

---

① 抄写员在此有所遗漏，根据 LJ（A）所述（参见 LJ（A）vi. 138），斯密在此并非以三千万英镑和高达一亿英镑的年度消费总量作为对比，而是在三千万英镑和可以设想的已经产生“年度消费”的“储备”的价值——约十亿英镑进行对比。

在威廉王朝时期，有两种铸币：一种是轧有花边的铸币，一种是没有轧花边的铸币。没轧花边的铸币常被切掉边缘处而造成混乱，议会因此规定一切被剪削的铸币须送造币厂重新改铸，政府也为此花掉二百万英镑左右的铸造费。由于政府承担这笔费用，因此，它认为禁止铸币出口是合法正当的。但商人对此有所抱怨，于是政府允许他们出口些许铸币，但人们老是抱怨货币不敷所用。为解决这一问题，政府开设铸币机构，任何人均可免费拿金银来铸成货币。这一措施的结果是，由于铸币的价值不能超过其所含的金属的价值，大量的铸币被熔化出口。为杜绝这一现象，政府宣布熔化铸币以重罪论处。但由于熔化铸币简单易行，因此，该法律规定很容易被规避。这个规定的直接结果是，有更多的铸币被运送出口。如果政府规定，金银铸造成货币须付出一定的代价，或者所有把金银送往铸币机构的人须支付一笔手续费，则上述问题可轻易解决。可惜没有人想到做此规定。任何和上述规定相似的规章都是荒谬的。因为如果任由事态自由发展，则任何国家都不会担心缺乏足够的货币供货物流通所用。所有禁止货物出口的措施不但总不得其效，且往往适得其反。比如，葡萄牙禁止出口货币，犯者以死刑论处。由于他们只有很少的货物与我们交换，因此，他们的对外贸易必将停滞。如果他们试图走私，则英国商人必会抬高货物价格，以补偿他可能败露的风险。而即使货物价格昂贵，葡萄牙商人也无他 510
法，只能购买，因此自然是吃亏的一方。总而言之，这种禁令不利于一国商业发展。所有不必积存而积存的货币如同死货，乃无用之物，它本来可用在对外贸易中以增加国家财富。此外，它还会抬高货物价格，致使他国能在国际市场以低于我们的价格出售货物。

应当指出的是，禁止货币出口是西班牙和葡萄牙贫穷的一个重要原因。当他们获得墨西哥和秘鲁的银矿后，认为只要牢牢掌握这些源源不断的白银，不让其外流，就可对欧洲发号施令，因此，他们严禁货币出口。但这种做法适得其反，因为货币积累过多，超出流通所需，就会对国家产生非常不利的影响。而且，他们不可能完全阻止金银的出口，因为贸易差额必定不利于他们。换言之，他们购入的货物一定比卖出的货物要多，而这个差额只能以货币支付。所有货物的价格都涨到惊人的高度。葡萄牙人购买英国布匹时，除支付该布匹的自然价格外，还须支付运费和和承担一定的风险，因为没有一个人在英国港口见过西班牙或葡萄牙船只，所有运往这两国的货物均由我们自己负责运输，交给那边的代理商销售。除运费和保险费外，对方还需偿付英国商人因禁运而可能被没收货币的风险。一切没收风险和罚金都必须由货物来抵偿承担，这无疑给这些国家的实业带来灾难性的影响，同时也使他们的制造业陷入停滞状态。虽然西班牙有世界上最好的布料，但没有人在其他任何国家看到过一块西班牙布匹。如果他们掌握了我们所拥有的技术，那么他们就能独占欧洲市场。当一位将军率领一支身着西班牙制造的服装觐见英王时，和西班牙做这些商品买卖的国家注意到了这些服装布料。一般而言，除了刀和盔甲，西班牙并不输出其他工业制造品，因为他们的钢是全世界公认的最好的钢。他们所出口的仅仅是天然的产品，比如水果、酒等。

在威廉王朝时期，不列颠也曾施行过类似的禁令。由于当时货币被认为是财富的组成部分，积累货币便成为众目关注的事体。政府免费为人民拿来的金银铸造铸币，这些铸造费高达一万四千英镑左右，但这笔钱花得
511 实在冤枉。另外，货币的出口也得到很大的鼓励。因为金银可免费铸造，而铸币的价值不能高于金银的价值。此外，金银块可自由出口，人们就熔化这些铸币块并运送出国。直到现在为止，仍有很大的诱惑力吸引人们这样做。一盎司纯银按铸币价格为 5 先令 2 便士，但同样的银块往往可卖到 5 先令 6 便士。而熔化铸币并无损失，如此一来，一盎司便可得 4 便士的利润。由于这种原因，我们很少甚至从未见过新铸的先令币。与金相比，银的数量非常少也是由于这个缘故。

认为一国的富裕在于货币的观点还产生其他不良后果。一些祸国殃民的条例规定就是依据这一观点颁布施行的。导致货币外流的贸易被认为是不利的，而引起货币增加的贸易则被认为是有利的。因此，前者被严厉禁止，而后者受到大力提倡。由于法国被认为比我国生产更多的生活便利品，我国从法国进口很多东西，而法国甚少需要购买我国的产品，这种贸易逆差不利于我们。因此，英国通过高关税的办法，禁止了几乎所有对法贸易。西班牙和葡萄牙向我们购买的产品多于我们向他们购买的产品，这种贸易顺差有利于我们。因此，对这两国的贸易，不但得到允许，还得到大力提倡。我们只需要稍加思考，就可发现这种规定的荒谬性。

任何两国进行的交易，必须有利于双方利益。贸易的本意在于以自己所有的货物交换对己更有用的东西。当两个人进行交易时，毋庸置疑地，交易双方肯定有所得益。一个人拥有多于个人所需的货物时，他会将一部分货物与他人交换，以获取更有用的货物。交易另一方也是出于同样的动

机与之交易。因此，双方都可从交易中获得好处。国与国之间的交易也是如此。英国商人想从法国进口的货物，肯定比他们卖给法国的货物具有更大的价值，我们购买货物的欲望本身已足以证明这些货物比起货币或其他卖给法国的货物有更大的效用。诚然，货币可永世保存，而葡萄酒或细麻纱等不久就会消耗掉。但如果勤劳不用在生产一些具有效用的或可增进人类便利或舒适的东西，那它用处何在？如果我们不能享用勤劳的果实，不能用勤劳之手让更多的人过上更美好的生活，那它用处何在？此外，如果我们有钱购买外国商品，那将这些钱存在国内，用处何在？如果货物流通需要这些钱，那就不会有更多的钱。如果已经有足够的流通媒介，那就不需要更多的钱。如果只需要一定数量的流通媒介，那为何仍要投放更多的 512
钱进入流通领域？

再者，禁止向国外出口货物会严重损害国内产业。勤劳的动力在于人们享有以劳动果实换取自己心仪物品的自由。如果这种自由受到限制，人们也不会积极改进制造技术。如果我们禁止向法国输送谷物和布匹，那些专为法国生产谷物和布匹的产业必将陷入停滞状态。我们固然可以这么说：即使对法贸易毫无障碍，我们也不是以本国货物交换法国货物，而是以钱换取法国货物。因此，人类的勤劳并不会备受打击。但如果我们稍加深思，就会明白，最终的结果是一样的。阻碍人们花钱的自由，就是阻碍因钱带来的制造业的发展。因此，所有国与国之间的猜忌和偏见，无一不对国家商业造成极大的伤害，无一不对国家富裕造成极大的限制。在战时，我们与法国的关系经常处于这种状态。

一般而言，国家之间的相互猜忌和互不通商对最富有的国家危害最大，这如同自由贸易越发达，其获得的好处越多一样。比如当一个富人与一个穷人进行交易，如果他们谨慎行事，那么双方都会变得更富有，但从比例上而言，前者财富的增长要比后者的多。同样道理，一个富有的国家与一个贫穷的国家相互通商，前者所得利益更大。因此，禁止通商对富有国家的危害最大。由于我国对所有法国货物都课以很高的关税，我国对法贸易实际上已被禁止，但鼓励对法贸易才是明智之策。如真的要禁止对外贸易，那也是禁止与西班牙和葡萄牙的贸易，因为这样做会更有利于英国。与英国相比，法国人口更多，土地更为辽阔，各种手工业和制造业更为发达，与之通商，将会使我国的工业得到进一步的发展。由于上述劳动分工的缘故，两千万人在一个大社会里通力协作制造出来的货物，要比仅仅拥有两三百万人的社会所制造出来的货物多一千倍。因此，如能消除各种民族偏见，建立一个自由、畅通无阻的贸易市场，无论对我国还是法国，都有好
513 处。总而言之，我们从来没有听说过有任何一个国家因这种贸易差额而陷入破产的。当祁先生出版其著作之时，我国与所有国家的贸易关系均处于逆差地位，只有与西班牙和葡萄牙的贸易关系是例外。当时很多人认为我们将在数年后沦落为一个赤贫国家。确实，自查理二世以来，所有政论家都为此大声疾呼。但事实恰恰相反，我们比以前更为富有。如有需要，我们可以筹集到比任何时候都要多的资金。一位前任内阁成员在一年内可征收到两千三百万英镑，这比歌德芬勋爵在安娜女王时期征收六百万英镑要容易得多。

法国和荷兰的作家也信奉这一原则，经常以毫无根据的恐吓恫吓他们的国民，但法国和荷兰仍然持续繁荣。

应当指出的是，如果这种贸易经营得法和谨慎行事的话，一个国家不会因为与外国通商而变得贫穷。使一个国家变得贫穷的原因与使一个人变得贫穷的原因大同小异。

当一个人的消费超过他的劳动收入时，除非另有取财之道，否则他必一贫如洗。同理，如果一个国家的消费超过它的生产，贫穷在所难免。假如一个国家每年生产九千万英镑的东西，但它每年要消费一亿英镑。如此一来，它每年所花的、吃的、喝的和消耗掉的东西就比所生产的要多一千万英镑，它的财富会因此逐渐减少，直至一无所有。

认为国家富裕在于货币的荒谬观念还会产生另一不良后果。即只要对进出口贸易加以留意，就可发现，人们在国内无论如何消费，都不会减少国家财富。这也是曼德维尔学说的依据，他认为，私人的恶德即公众的利益。在国内花的钱，都是花到我们每个人当中，并没有一分钱流到国外。但明显的是，如果一个人只消费而不工作，把本钱用光，那么在年底结算时，国家的财富也会相应减少。如果他只消费掉本金的利息，就不会有什么危害。因为他的本钱还在，还可用于促进产业发展。但假如他连本带息一起花光，则最后将空空如也。为说明这个问题，我们可以进行假设。假设我父亲死时，没有留下任何现金，而只留给我价值一千英镑的生活必需品和便利品。这跟他留给我一千英镑现金无异，因为我以后总是会用这些钱购买这些必需品和便利品的。我跟一帮无所事事的人一起吃喝玩乐，最终把这些财产全部消费掉。我这种做法，不但会让我陷入贫穷，也会使国

家丧失一千英镑的财富，因为这一千英镑的消费并没有任何产出，如同化为乌有。为了进一步阐述这种行为对国家造成的危害，我们再做一个假设。假设一个岛国受到一批鞑靼人入侵，而该岛上的居民仍然过着四处流浪的 514
游牧生活，很少或没有任何勤劳的观念。在这里，他们发现他们可随意拿走各种货物，他们披上华服，吃掉、喝掉和消耗掉一切可以拿到的东西。最终的结果是这个岛国必将由最富有的国家沦落到最贫穷的国家，并退回到上古时代。那三千万英镑也许还会存在一段时间，但所有的生活必需品都已消耗殆尽。这个假设表明，国内消费不会妨碍国家富裕的观点是多么荒谬。

根据凡是在国内的一切国家支出均无害于国家富裕的原则，对德战争被认为是一个可怕的灾难，因为它耗尽了国家的货币。同理，陆战的危害也被认为比海战的要大。但如果稍加思考，我们会发现，国家的财富无论是怎么花，还是花到什么地方，对于国家而言并无二致。如果我购买价值一千英镑的法国酒，并在进口后全部喝完，国家将因此丧失两千英镑，因为钱花掉了，酒也喝光了。但如果我在国内消耗掉价值一千英镑的物品，国家只丧失一千英镑，因为物品虽然耗掉，但货币依然存在。就维持一支在外作战的军队而言，无论是货币支付，还是货物供给，它们因同是消耗而并无差别。但也许用钱来支付是较好的政策，因为货物更能满足国内人们生活的需要。出于同样理由，陆战和海战也并无不同，如同一般所想象的那样。

基于上述考虑，似乎应当通过各种手段把不列颠宣布成为自由港，使其对外贸易畅通无阻。如果可能的话，以其他方式支付政府费用。废除一切的税收、关税和消费税等。应当允许与所有国家进行贸易的自由，允许与所有国家交易任何货物的自由。

基于上述同样原则，有些人还为公债辩解。他们说，虽然我们目前所负公债已达一亿英镑，但我们是欠自己的，至少我们对外国人负的债务非常少，这如同右手欠左手，总体而言，并无危害或危害很小。但值得注意的是，这一亿英镑的利息是由勤劳的人们来支付的，且被用于维持那些被雇来征收这笔款的游手好闲的人。如此一来，我们简直是通过课税以勤劳维持懒惰。假设没有发行公债，通过谨行俭用，英国会比现在更富有，我们的产业也不会因那些靠这个生活的懒人的压迫而受到损害。假如酒商不必经常缴纳不正当的税，他就可以把这笔钱放贷给勤勉的人，而这些人可能从此笔钱中博取六厘或七厘的利润，并给予酒商高于政府所付的利息。这样，这笔钱就可用于促进国家福利。但在要缴纳繁重税赋的情况下，每 515

一个商人都会减少经营规模。因为他在售出货物之前必须缴纳一定的税。这样势必减少他的资金，使得他的经营不能扩到像在没有税赋的情况下那么大。为了平息这种异议，罗伯特·华波尔爵士试图证明公债并无不利。但像他这样才华横溢的人，照理应该能看出情形是恰恰相反的。①

最后一个需要注意的不良影响是劳先生提出的观点。劳先生是一位苏格兰商人，他认为国家的富裕在于货币，金银的价值可任意确定，取决于律令和契约。他设想可把价值的观念写在纸上，而这比货币还好。如果这个设想可以实现，将会产生极大的便利，因为政府届时可为所欲为，招募士兵，发放军饷和支付任何费用。劳先生在1701年向苏格兰议会提出这一计划②，但未被采纳。他便前往法国，奥尔良公爵对他的计划大感兴趣。在他的著作中③，他赞同上述作家所说的，贸易逆差对一国不利，因为贸易逆差会耗尽一国的货币。为扭转这种不利局势，转危为安，他向苏格兰议会提出如下计划：

由于我国的金银数量不多，他认为可以撇开金银使用其他办法创造货币，即发行纸币。根据此想法，他建议在爱丁堡设立一土地银行。需要指出的是，劳先生关于土地保有和土地性质方面的观点，有诸多错误。该土地银行只需要备存两三万英镑以应付小额需要，并以土地为根据发行钞票。银行对每两亩可耕地，发行一张同等价值的钞票。如有特别需求，一部分可用货币支付，一部分则以土地支付。通过这种办法，苏格兰的全部土地在短期内将如同二十先令般，辗转易手。由于这个计划并没有施行，因此很难说会产生什么后果，但无疑会带来下述困难。假设苏格兰的土地租金收入每年为五百万英镑（虽然实际收入多于此数目），以二十年计算，苏格兰土地价值应达一亿英镑。也就是说，苏格兰将有一亿英镑的通货。但如果流通中只需要一百万英镑，那意味着剩余九千九百万英镑无所用处，因为这些多余货币不能流到国外。但即使有这么多的货币，也不能多养一个
516 人。因为，一方面，衣食住等物资并没有得到增长，另一方面，每件商品

① 据称休谟反对华波尔（不久成为奥佛德勋爵），'Of Public Credit'，*Essays*，Ⅰ.362，note 2（1768年后的版本中有一段落遗漏）。

② 事实上是1705年，正文所述的日期是劳先生提出组织苏格兰贸易委员会的建议及其理由（Law's *Proposals and Reasons for Constituting a Council of Trade in Scotland*）的日期（现在认为这篇文章出自William Paterson）。

③ *Money and Trade Considered*；*with a Proposal for Supplying the Nation with Money*（1705），especially ch. Ⅶ.

的价格都将比现在高九十九倍。

劳先生并没有如愿以偿，便于 1714 年前往法国。如同上面所说的，他得到时任法国摄政王奥尔良公爵的垂青[①]，因此得以设立一银行。该银行起初只能发行 600 万里弗赫或 30 万英镑[②]。自此之后，他不断扩大规模，发行了许多钞票，以致法国的通货不久都是该银行所发行的钞票。劳氏计划之所以能获得成功，是因为这些钞票可用于缴纳租税。考虑到法国繁杂的税种及其征收制度，这个因素在法国所起的作用，比起在英国所起的作用大得多。由于这个因素和其他情况，特别是在法国不断调整铸币价值的情况下，劳氏发行的钞票总与金银保持同等价值。约在这个时候，等同于 8 盎司纯银的 28 里弗赫铸币被提升至 60 里弗赫。由于铸币的每次突然增值都会有减值的出现[③]，人们遂日夜盼望着减值的来临。劳先生的钞票是以所谓当天的货币兑付的。他不承认英镑可兑付他的钞票，而只承认以半克朗或一克朗兑付他的钞票。这是一种使他的钞票与金银保持同价的非常巧妙的办法。假设我国的铸币价值升值一倍，半克朗就会变成一克朗。这样，钞票就会与货币同升共减。[④]

由于劳先生想把钞票的价格维持在高于其票面的价值，他采取了下列办法。他发行可以在图尔铸造的 20 苏里弗赫可兑现的钞票[⑤]，这样，当该铸币逐渐减值时，他只需要付原来的一半。市场和其他地方都不太接受这个铸币，因为大家都认为它会减值，即使它在一定时间内并不减值。这有利于劳氏计划，并使得钞票的价格高于票面价值。也正因如此，银行的信用得以建立。劳先生的下一步计划是减少法国公债。那时法国公债已达两亿里弗赫[⑥]，他预料贬值必将来临，便采取另一个办法抬高钞票价格。他获得与加拿大通商贸易的特权，成立密西西比公司专营此项业务，并将非洲公司、土耳其公司和东印度公司并入其中。他又以一千两百万里弗赫承包了

---

① 事实上，奥尔良公爵在 1715 年 9 月 1 日路易十四死时成为摄政王。

② P. Du Verney，*Examen du livre intitulé Réflexions politiques sur les finances et le commerce*（1740），Ⅰ. 207ff.

③ Cf. 243 above.

④ 镑如同法国里弗赫，当时并非特定铸币，而是记账货币。通过改变每 20 先令里的含银量，就可以改变它的价值。

⑤ *livre tournois* 是指在图尔铸造的 20 苏的里弗赫。

⑥ 应该可能是 20 亿里弗赫。这数据比较接近 Dutot 提供的数字。见 Dutot，*Réflexions politiques sur les finances et le commerce*（1738），in E. Daire，ed.，*Économistes financiers du XVIIIe siècle*（1843），806。

517 烟草专卖和一切其他的赋税。[①] 由于法国的所有赋税均由一个人承包，政府不设税收官吏，包税者一个人既要收税，又要办理稽征事宜。包税者是法国最富有的人，他必须善于理财和管理税收。劳先生承担了这个任务，并垄断了全国的商业，很难估计他从中赚取了多少利润。

他打算贷给政府八九千万英镑，这很容易办到，因为他只需要发行这么多的钞票即可，但他知道这些钞票不久便会回流到他的手上。为防止这种情况，他再一次施展才能，我们来看下他成功到什么地步。他所创设的公司看来兴旺发达，股票市价很高。于是他发行新股，每股定价为 500 里弗赫，并认可每张海军债券或政府债券可认购一股。这使得这些债券的价格回升至其票面价格。这些债券曾在长时间内远远低于其票面价格，当时的法国政府身处前所未有的尴尬地位。本应用以偿还海军债券的本金利息被挪作他用。一国之君的身价，从未降落到像路易十四那么低。在乌得勒支和约签订后，他向荷兰政府借 800 万里弗赫，但他不仅要给荷兰 3 200 万里弗赫的债券，还要找若干商人提供担保。[②] 鉴于此，海军债券价格如此低落一点也不出奇，因为利息既不给付，本金也遥遥无期。劳先生发表公告，允许票面价值 500 里弗赫的海军债券，可购买公司一股。因此，海军债券的价格得以回升。这时，人们仍然对密西西比公司的获利可能性抱有期望。劳先生在数日之后，又发行新股。这一次每股价格是 5 000 里弗赫。之后第三次发行新股时，每股价格涨至 1 万里弗赫。此时，他已有能力贷款给法国政府 16 亿里弗赫，并收取每年三厘的利息。[③] 如果他到此收手，还可能履行所有义务。但他之后的所作所为使得前功尽弃，因为他发行的股票不可能长期维持如此高的价格。

但他认为很多人的全部身家都存放在银行里，他有必要想方设法维持股票的高价。他发行钞票，使法国通货增加一倍，物价随之扶摇直上，导致任何对外贸易都不利于法国。劳氏之所以能够发行这么多的钞票，是因为他设立一机构，以 9 000 里弗赫的高价收购 500 里弗赫一股的股票[④]，但有关系的谨慎行事之人反对这一计划。确实，这个计划开启了劳氏银行信用下跌并逐渐走向灭亡之门。劳氏没有偿付本金的义务，他只需要每年从利

---

① Du Verney，op. cit.，Ⅰ. 249，该文提供的数据是 5 200 万。

② Cf. Dutot，op. cit.，805.

③ Du Verney，op. cit.，Ⅰ. 250，273，289.

④ Ibid.，Ⅰ. 280 - 281.

润当中发给股东每股 200 里弗赫的股息。他本可以任由股票跌至每股 500 里 518
弗赫的原价，除了声誉受损，并不会产生其他重大损失。但他坚持收购股票，导致一方面发行大量钞票，另一方又不可避免地回收钞票，这使得他被迫在巴黎各处设立机构收买钞票。面对这种压力，他企图通过不断改变铸币价值，消除人民兑现的念头，同时唤起人们厌恶金银的情绪。[①] 他提高金的价值，但因为铸币的价值不可能维持比金属的价值高很多的水平，当它大幅贬值时，人们就弃之不用。如果一个人拥有 2 万几尼，因担心贬值，他会把这些钱拿到银行兑换纸币。同样的担忧也会阻止这些纸币回流到银行，因为人们去银行兑现时，换回来的将是铸币。通过这种方式，劳氏不仅可以防止钞票回流至银行，也使得他的银行金库几乎装满了全国的黄金。为了彻底实现这一目的，他不容分说地发布公告，禁止任何人藏有超过一定数量的金银。[②] 他同时也废除了当时实行的输出铸币须受重罚的规定，允许任何人免缴关税，运出铸币。[③] 故此，大量铸币流向荷兰。劳先生这样对自己解释：国内必须要有交易媒介，目前而言，纸币、金和银都是交易媒介。如果金银全部输出到国外，只剩下纸币，那么纸币就成为唯一的交易工具。他认为颁发公告禁止持有一定数量金银的做法，既能将一部分金银收回银行，又能将一部分输出国外，实际上可达到只剩下纸币作为交易媒介的效果。他设想着人们到时将不得不接受钞票。可是，在经历过许多权宜之计后，他最终发现这个办法并不可行。他因此兑出了大量的货币，却每况愈下。在勉强维持了几个月后，他最终不得不公告钞票折半兑现。如果他持之以恒——如同某些人所设想的，其结果可能没那么糟糕透顶。在这一公告发布后，银行信用一溃千里，钞票也在瞬间一文不值。[④]

这使得很多人陷入破产。英国如有一家银行破产，绝不会造成如此严重的危害，因为英国人很少会持有巨额钞票。[⑤] 一个拥有 4 万英镑的人，身边很少有价值 500 英镑的钞票。但是劳氏银行的破产，对法国上下造成了极其可怕的混乱。绝大多数法国人的全部财产都以钞票形式存在，如今却沦落至家徒四壁、两手空空的地步。只有股票经纪人不受波及，他们早已卖

---

① Ibid.，Ⅰ. 316.

② Ibid.，Ⅰ. 335.

③ Ibid.，Ⅰ. 320 - 321.

④ Ibid.，Ⅱ. 6 - 8.

⑤ Cf. 250，above.

掉股票，或用劳氏发行的钞票购买所有具有价值的货物和大量的土地，虽然价格极高，但仍可从中发财致富。

519 我国的南洋计划并不能与劳氏计划相提并论。没有人负有参与该计划的义务，政府也与之无关，因此，它所导致的损失也相对轻微。劳氏最后的公告因引起轩然大波而不得不取消，但银行的信用却一去不复返，即使银行恢复全额兑现也无济于事。不过，通过提升铸币价值和采取其他权宜手段，他从5月坚持到10月，然后不得不离开法国。[①] 他历经苦难才得以脱身，全部货物也被没收，不久便去世。[②]

劳氏这一惊人的计划基于两个原则：国家富裕在于货币和货币价值可由人们共意决定。根据这两个原则，他认为只要把货币的概念与纸币结合，不但可轻而易举地增加国家财富，也可使政府实现货币所能实现的任何成就。

劳氏这一计划并非卑鄙无耻的计划，他是真心确信这一计划能够成功，从而上了自己的当。人们以为，劳氏会从中捞取好处，但事实却恰恰相反。如果奥尔良公爵多活几天，他或可重振旗鼓，卷土重来。因为他们已经商定，准备重新起用他。但公爵已逝，他们认为不实施该决议更为妥当。

劳氏计划风靡全欧。英国南洋公司也受其影响而成立，虽然最终被证实为骗局，但如果它的规模与劳氏计划相当，其危害则可与后者相比。南洋公司成立于安娜女王时代后期，以与南洋一带进行交易买卖为目的。为此目的，它购买了大部分国债。但它的股本并不大，利润期望也不高，人们并未对之抱以期望。因此，它的失败也未使国家蒙受重大损失。

关于物价问题，我们只剩两点需要讨论，即利息和汇兑。

一般认为，利息率取决于金银的价值。[③] 而金银的价值受制于它们的数量，即数量增加时，金银的价值减少，反之亦然。但稍加考虑，我们会发
520 现，利息率取决于财货的数量。约在发现西印度时期，利息率一般是一分或一分二厘。自那开始，利息率逐渐减少。原因很简单：在封建制度下，不可能会积累大量财货。试想当时构成全部人口的三种人即农民、地主和商人的情况，就可知道原因。农民土地的租期并不固定，取决于地主的喜

① 1720年12月。

② 事实上，他直到1729年才去世。

③ 在17、18世纪，诸多作家（包括洛克、劳氏和孟德斯鸠）认同这一观点，但休谟对之持批判态度。见 Hume，'Of Interest'，*Essays*，Ⅰ.320 ff。

怒。农民也绝不会变得富有，因为地主随时准备着剥削他们的一切所有。因此，农民也没有动力去获取财富。地主的财富也不会有所增加，因为他们游手好闲、好逸恶劳，且时不时地卷入战争旋涡中。商人则备受各阶层的压迫，他们甚至无力保护勤劳的果实不受他人的掠夺和摧毁。因此，那时候不可能有财富积累。但在封建政体衰亡以后，这些阻碍勤劳的因素也随之消失，货物积累逐渐增加。我们可以进一步发现，一个行业贷给另一个行业的东西，与其看作是货币，不如看作是货物。毫无疑问，一个人贷款给另一个人时，交付的是货币。但后者借到款后，会马不停蹄地拿去换取货物。因此，能够使你贷出更多款的是货物的数量。

利息率完全取决于这种情形。如果有能力放贷的人少，而需要贷款的人多，则利息必定上涨。但如果有足够多的存货，使得许多人有能力放贷，则利息率必将相应降低。

汇兑是商人发明的便利异地支付款项的办法。假设我欠伦敦某商人 100 英镑，我向格拉斯哥银行申请购买一张对伦敦商人所开的汇票，抬头人是我的债权人，为此我不但要支付银行 100 英镑，还须缴纳酬劳费。这个酬劳费被称为汇兑价格或汇水。从格拉斯哥汇款到伦敦的汇兑价格有时是 2%，时高时低。从伦敦汇款到格拉斯哥的汇兑价格有时是汇款金额的 4%或 5%。从格拉斯哥汇款到西印度殖民地，汇兑价格经常高达汇款金额的一半。汇兑价格总是取决于两地之间货币运送的风险。但是由于纸币作怪，汇兑费用经常大于补偿风险所需的费用。从格拉斯哥运送 100 英镑到伦敦，费用只需 15 或 16 先令，但由于苏格兰的通货大部分是纸币，将纸币兑换成金银也有种种不便，商人宁愿选择多付 2%的汇兑费用，也不愿将金银兑为现金，再将这些现金运送出去。这也是弗吉尼亚和格拉斯哥之间汇兑价格如此之高的原因。美洲殖民地的通用货币都是纸币，但由于资金不充足，纸币的 521
市价比票面价值低 40%或 50%。每一次汇款，你必须支付汇兑费用、因运输风险而产生的费用、银行的利润和因钞票价值下跌而产生的费用。这就是汇兑价格上涨的原因。当其价格超过保险的代价时，就是由于一国货币的价值低于另一国货币的价值。这也是在密西西比公司存续期间，法国与荷兰之间汇兑价格如此高昂的原因。当时的汇兑价格高至 80%或 90%。劳氏计划使得法国货币流失，流通媒介都是纸币，银行信用也一蹶不振。这些因素使得法荷两国之间的汇兑价格涨至惊人的高度。

我们现在来探讨下一个问题，即财富增长缓慢的原因。

当我们看到劳动分工的效果以及因分工而致技艺迅速改进时，我们对各国依然持续贫穷落后感到困惑。这背后的原因可从两方面探讨：天然的妨碍和政府的压迫。

未开化的野蛮民族，对分工的效果浑然不知。一个不断从事不同工作的人要经过相当长的一段时间才能生产出比维持他一个人生活所需多一点的东西。在劳动分工实行之前，有必要积累一定的财富。一个没有财富积累的人绝不会有能力从事制造业。一个人必须存有起码一年的粮食，他才会从事农业。因为他只有等到农业季节结束后才能享有劳动的果实。与此类似，在猎牧社会，一个人必须有一定的积蓄可供生活需求时，他才会放弃普通的、供以每日生活费的职业，从事新的工作。众所周知，即使在文明社会，从白手起家到进入小康之家是何其困难。如果还想从这些无需技艺或技巧的职业中发财致富，那更是谈何容易。因此，搬运工和普通日工往往终生贫困潦倒。在社会早期，由穷至富更是困难重重。一个野蛮人所能获得的，仅能勉强糊口度日。他并没有任何资本可供创业，除依靠双手努力工作外，没有其他东西可供维持生活。无怪乎他在贫瘠的国度里继续潦倒。在文明社会，即便是最下等的工人，在很多方面也比野蛮人好得多。他在劳动中可以得到更多的帮助，他只需从事某个特定工作，日积月累，便达熟练地步。他也有机器和其他工具可供使用，这对工作很有帮助。一个印第安人连一把锄头、一把锹子或一把铲子都没有，他除了自己的劳动
522 外，一无所有。这就是各国财富增长缓慢的一个重要原因：劳动分工实行之前须有一定的财货积累，但彼时财货不可能有大的积累。

另一个原因可归咎于政府的性质。正如上述，在社会早期，政府软弱无力。经过很长一段时间后，政府才有足够的权威保护人民的劳动果实，使之不受邻人掠夺。当人们发现他们的财产有随时被掠夺的危险时，他们自然丧失勤奋劳作的动力。此时也不可能有大量的财富积累。因为好逸恶劳的人占据大多数，他们依赖于勤劳者，并消耗掉他们所生产的东西。当政府的权力强大到足以保护劳动果实时，另一阻碍又从其他方面产生。野蛮国家彼此之间战乱不断，一个国家总是不停地侵略和掠夺另一国家。因此，私人财产虽然得以免受邻人掠取，但又陷入战乱，遭受外敌侵袭的危险。在此情况下，也不可能积累大量财富。应当指出，野蛮国家总是比文明国家更常发生残暴事件。在鞑靼人和阿拉伯人当中，一大帮人总是到处游荡、恣意掠夺，所到之处，土地无不成为废墟，动产无不被掠走。在古

罗马帝国衰亡之时，德国就处于这种状态。就财富增进而言，再也没有比这更大的阻碍了。

我们下面来讨论政府压迫措施所产生的影响。先谈农业方面的，再谈商业方面的。

农业是一切技艺当中最有利于社会的。任何妨碍农业发展的东西，均是对公共利益的极大损害。农业的产量比其他任何产业的产量都大。全英国土地租金的年收入有两千四百万英镑，由于地租一般占土地产量的三分之一，因此英国全年土地产量价值可达七千两百万英镑左右，这比起棉织业或毛织业的产值要大得多。英国每年的消费量约合一亿英镑，假如从这一亿中扣掉农业产值的七千二百万，那英国其他各产业的产值只剩两千八百万英镑。因此，任何妨碍农业发展的措施，均是对财富增长的极度损害。

妨碍农业发展的一个重要因素是大量土地被私人控制。如果一个人所拥有的土地超过自己的耕种能力时，那么这一部分土地在某种意义上就是
荒地。当一个野蛮民族占领一个国家时，有权势的人会瓜分这些土地，而 523
较低阶层的人们则一无所得。凯尔特人和撒克逊人先后占领我们岛国时，就是这样做的。

当有权势的人对土地进行瓜分并分得大面积时，这些土地就由奴隶耕种，但这很不利于耕种。奴隶除了出于畏惧惩罚而不得已进行工作外，并没有其他动力。如果他可以逃避惩罚，一定不愿意去耕种。他即使竭尽全力、勤勤恳恳地进行耕种，也没有获得报酬的希望。由于他所有的劳动果实均归属于主人，他自然失去辛勤劳动的动力。一个年轻的奴隶为了讨主人欢心，起初可能会稍加用心劳作。但他不久便会发现一切都徒然无用，因为他无论如何表现，总是遭受虐待。因此，使用奴隶进行耕种时，土地不会有多大的改善，因为他们没有辛勤劳作的动力。

当土地由贱民进行耕种时，也是如此。地主把一块土地给贱民耕种，并允许他从土地产出收入中取得部分满足生活需求，但剩下部分须全部交给地主。这种做法同样不利于农业的发展，因为贱民如同奴隶，除可以满足生活需求外，并没有其他动机让自己辛勤劳作。凡是使用奴隶进行土地耕种的，都可以用这个理由加以反对。诚然，在西印度的某些岛屿，他们也使用奴隶进行耕种，土地却有很大的改善。但如果他们使用自由人进行耕种，费用会少很多。另外，如果不是他们的糖业利润那么高，农场主也不可能承担得起奴隶的费用。在巨额的利润面前，使用奴隶的费用显得微

不足道。在北方的殖民地，他们就很少使用奴隶。尽管他们那里非常繁荣兴旺，但土地一般还是由地主亲自耕种，这是最有利于促进农业发展的途径。处于最优环境的佃户也得缴纳地租，因此，他用于改善土地的资金也就相应减少。当一个国家向外派出移民时，它可防止广大土地集中于某个人手上。但当野蛮人占领一个国家时，因不受法律约束，绝大部分土地由最具有权势的人占据。因此，在野蛮人当中，农业不可能得到快速的发展。

上面已经说过①，贱民耕种土地的制度废除以后，取而代之的是由地主将种子农具等物借给佃农耕种的制度。地主给农民一块土地，并借给农具等物。年末，佃农须将产量的一半交给地主。但佃农并没有资金去改善土地耕种，即使有资金，他也没有动机去改善土地。因此，这种制度也不利
524 于农业发展。同理，什一税因其拿去农民产出物的十分之一，也是农业发展的障碍。但前述制度需要农民上缴一半产量，相比而言，它更妨碍了农业的发展。法国现在大部分土地仍然实施这种佃户耕种制度。据说在苏格兰高地的某些区域，也存有这种佃户。

另一种耕种方式是使用像我们现在这样的佃农。一些依靠地主借出农具等物的佃农通过节俭和聪明积累了一些黄金，他们遂向地主提出缴纳固定数目的地租。随着时间的推移，现在的耕种方式也逐渐采用，即使这种方式在相当长一段时间内产生了诸多不便。如果地主转让其土地，那么新的地主可不受租佃契约的约束，佃户因此经常被赶出农场。地主为了可随心所欲地赶走佃户，还发明了一种办法，即与另一地主合谋签订土地转让协议，把土地转让给对方，在逐出佃户后收回土地。由于佃农时刻处于被逐出农场的危险，他们也丧失了改善农业的动力。除英国外，现在欧洲其他国家仍然存在这种情况。在苏格兰詹姆斯三世时期②，英格兰亨利七世时期，这种契约视为对物权。③

除上述外，还有其他几种妨碍农业进步的情况。起初，所有佃农须以实物缴纳地租。这在收成不好的年头，可能会使佃农沦于破产。如允许以货币缴租，即使产量减少，也不损害佃户，因为歉收时谷物价格必然上涨。但只有在社会文明发展到一定的高度，货币才会成为交易的唯一媒介。

另一个障碍是封建领主有时会允许国王向他们的佃户进行摊派，这严

---

① 140-141，above.

② 事实上是詹姆斯二世，Act，1449，c. 18（A. P. S. Ⅱ. 35，c. 6）。

③ 1498或1499年。见 A. Fitzherbert，*New Natura Brevium*，220 H。

重打击了佃户的积极性。此外，在封建贵族统治的政体下，没有什么措施可阻止地主剥削佃户和随意提高租金。在这方面，英格兰比其他国家略胜一筹，因为凡是终身年收入有40先令的人都拥有选举议会成员的投票权，因享有这个权利，如果他佃耕一块农地，就可免受剥削。

还有几种情形一起使得土地垄断继续存在。很早确立的长子继承权使得土地不可能被分割，财产世袭制直到现在仍然有不良影响。在封建法律下，财产转让的繁冗规定也阻碍着农业的发展。其他任何东西，不管数量多寡，均可在瞬间完成转让。但购买四五英亩土地，却需要花费大量时间检查文件才能取得法律权利。这为土地垄断起着推波助澜的作用，也妨碍 525
了土地的改良。

如果废除买卖土地的所有形式和手续，那么每个拥有少量资金的人会购买土地。如此一来，土地必将多次辗转易手，它也将得到更好的改善。为什么购买一千亩土地不能像购买一千码布匹那么容易呢？这是没有道理的。将土地交易排斥在市场之外，必定会妨碍土地的改善。一个商人购入一小块土地后，没有不想对之进行改善以便进行最大利用的。但旧世家很少有资金或意愿去改善他们的土地，除了环绕他们房子的一小块游乐场。

几乎所有的国家都实行过许多错误的政策，使得农业发展备受阻碍。我们的祖先看到每隔两三年就发生一次大饥荒，于是防患于未然，禁止谷物出口。现在欧洲大多数国家仍然实行这一未雨绸缪的政策，但这个政策恰恰就是他们所要防止的饥荒的原因。在土地最为肥沃的西班牙，丰收时，农民并不去收割，而任由谷物腐烂垂地，因为这些谷物一文不值。产生这种现象的原因并不是一般人所想象的农民的懒散。事实上是农民发现今年谷物销售不佳，便不愿冒险种植明年的庄稼，所以任由土地荒草肆意生长。结果次年发生饥荒，于是农民又播下大量种子，超出下一季所能卖出的数量。值得注意的是，这也是古代意大利人口减少的重要原因。谷物严禁出口，违者重罚。但谷物进口则受到鼓励，进口谷物者可获重赏。结果是，意大利农民因市场没有保证，而不积极生产。在古罗马帝国后期，历届皇帝曾采取多种措施，促进农业耕种，但由于不知道人们贫困的真正原因在于每天从埃及和非洲其他地区进口大量的谷物，这些努力付之流水，并不见效。卡里古拉和克劳狄斯将土地无偿分给士兵，但条件是对这些土地进行耕种。但由于缺乏其他动力，他们对这些土地的改良可谓微乎其微。维吉尔发表了农事诗，试图将土地耕种变为一种时尚，但其努力也付诸东流，因为外国进口的谷物的售卖价格总是比国产谷物的售卖价格要低。在西塞罗的《论文集》第三篇中①，我们发现，加图说他宁愿从事畜牧业，也不愿耕种土地。西班牙国王也动用一切权力，鼓励人们改良土地。菲利普四世为了使农业成为一时风尚，亲自下田耕作。他已为农民做了一切事情，除了为他们的产品提供良好的市场渠道。他给若干农民授予爵位，他甚至荒
526 唐地试图压迫商人，对他们课以重税，以借此强迫他们下乡耕作。他认为，按比例算，城市人口增加，乡村人口必然减少。但这种观点是十分荒谬的。城市人口稠密会使乡村人口也变得稠密，原因在于它会鼓励更多的人勤劳耕作，因为城市里的每一个市民均需要乡下农民提供粮食。越多的人迁往城市居住，可谓是乡村蒸蒸日上的象征。临近人口稠密城市的乡村，是居民最多的地方，也是土地耕种最为完善的地区。上述所有这些情况已经并将继续妨碍农业——最重要的产业——的发展。

我们也注意到，任何一个国家的制造业越多，农业就越有大的改善。因此，凡是阻碍制造业发展的因素，也会妨碍农业的改善。证明允许谷物自由进出口有利于农业发展并不困难。在英格兰，自从允许谷物出口以后，国内积谷不但增加，而且价格也逐渐下降。出口补贴在其他方面确有坏处，但在促进谷物生产方面却有推动作用。在荷兰，谷物的价格比任何其他地方都便宜，产量也比任何其他地方都要丰富，原因在于谷物可自由进出口。如果没有不恰当的规定，欧洲任何国家的谷物除能供养自己外，还有所剩余。

工商业发展缓慢，也是出于类似的原因。在实行奴隶制的地方，制造业由奴隶进行。由奴隶从事制造业的效果，绝不可能与由自由人从事制造业的效果相比。因为前者之所以从事劳动完全是出于对惩治的畏惧，而且奴隶也不可能发明机器以便利工作。拥有资金的自由人，如果认为某个东西有助于推动工作的完成，他便会做出那个东西。比如，一个木匠认为刨子比刀更好用，他就会去铁匠那边定做一把刨。但如果一个奴隶提出这样的建议，人们会骂他是懒惰的流氓。从来就没有为便利奴隶工作而进行任何的试验。目前，土耳其人和匈牙利人都在开采同种类的矿产，这些矿产位于同一座山脉的前后两面。但匈牙利人开采的矿要比土耳其人开采的矿多很多，这是因为前者雇用自由人，而后者使用奴隶。当匈牙利人挖矿遇

① 事实上是 *De Officiis*，Ⅱ.89。

到挫折时，他们会想方设法攻克这些难题。但土耳其人除派遣更多的奴隶前来开采之外，无计可施。[①] 在古代社会，由于一切工艺均由奴隶进行，不可能会发明机器。在古罗马帝国衰亡以后，这种情况波及整个欧洲。

在一个野蛮的社会里，只有战争才是高尚的。在史诗《奥德赛》中， 527
人们经常通过问尤里西斯是强盗还是商人来侮辱他。[②] 那时候商人受人憎恨和讨厌。但一个海盗或强盗却因尚武精神而受到尊重。我们应当指出，在人类本性中，那些对社会最有益的本性，却不被视为最高尚的。对性欲的饥渴，是人类生存攸关的欲望。但对这些欲望的表达，却无一不受到鄙视。[③] 同理，驱使人们相互交易的本性——即使这些是技艺、商业和分工的基础——也不受欢迎。无偿帮助他人或平白无故地赠送东西给他人总被认为是慷慨和高尚的，而以物易物则会被鄙视。原因很简单，因为这些原则和观念已经天然地牢牢树立了起来，它们并不需要那些不那么牢固的原则所需要的额外的力量。

在野蛮时代，这种对以物易物的鄙视达致极点。即使在开明社会，这种鄙视心理也未完全消灭。在我们国家，即使是一个小商贩，至今在某种程度上也会被人厌恶。在社会早期，商人和技工备受鄙视，无怪乎只有社会最底层的人才会从事这些职业。即使到了被解放的奴隶开始从事这些职业时，他们也不可能积存大量财富，因为他们受到政府严厉的压迫，须付出一定代价才能获得经营许可证。在《英格兰土地清丈册》（Dooms-day-Book）中，我们可以看到每一郡所有不同种类的商人中，有多少人从属于国王，多少人从属于主教，以及他们要付出什么样的代价才能取得经商资格的认可。

这种鄙视商人的心理严重阻碍了商业的发展。商人是制造业者和消费者的媒介，纺织工不可能亲自到市场上销售布匹，而是需要人帮他们做这些。这个人必须拥有雄厚的资本，才能购买布匹以维持纺织工的生活所需。但当商人的地位如此低下，且要缴纳重税才能取得经商权利时，他们不可能积累劳动分工和改善制造业所需的资金。

那时候唯一能从经商中赚到钱的是犹太人。犹太人被视为流浪恶棍，没有购买土地的权利。他们除了成为技工或商人，别无他路。他们不会因

---

① Montesquieu，XV. 8.

② Cf. p. 224 above.

③ Cf. TMS I. ii. 1. 1 – 2.

经商而损害声誉，因为他们已经因信奉的宗教而臭名远扬，不会因经商而
528 更加声名狼藉。即使如此，他们也受到沉重的压迫，结果迟迟不能实现富裕。

契约法律的不完备性，也是妨碍商业发展的一大因素。契约是可以提起诉讼的权利当中的最后一种，因为法律原先只对当场签订的契约提供救济，对其他契约并不给予补偿。而现在一切重要的交易均以委托的方式进行，除非委托合同可据以起诉，否则交易无从进行。根据契约提起诉讼首先只限于立约人的动产，不适用于其土地和人身，但这些动产、货物往往价值不高。诚实是野蛮人最为稀罕的美德，推广诚实和准时的美德乃是商业之本义。

妨碍商业发展的又一个因素是交通不便。那时贵族门客遍布全国，这些门客好逸恶劳，懒散成性，寄生于贵族。他们的横暴无理和我行我素使得在外出行很不安全。此外，当时也没有好的公路，水路的欠缺也使得交通诸多不便。今日的亚洲和其他东方国家也是这种状况。与内地国家通商时，商人通常以车马载着人货，成群结队而行。这些商队往往包括数以千计的商贩，以相互保卫。在我国，一个人从爱丁堡动身前往阿伯丁，往往要提前立好遗嘱。如果前往外国，那更加危险重重。每个国家的法律，对外国人或异地人都有所不利。这些人想在异国他乡要求赔偿损害，恐怕是困难重重，甚至可以说是希望渺茫。这种情况稍有好转后，海上运输仍然荆棘丛生。当时海盗被视为高尚职业，人们也不熟悉航海技术，随时会因此招惹危险。这些风险的代价最终转移到货物的价格上，导致货物的市价比自然价格高出一截。这自然严重妨碍了商业的发展。

我们祖先所认为的好的制度，也具有同样的效果，这就是遍及欧洲的集市和市场。在16世纪之前，一切的商业交易都是通过集市进行的。巴塞洛缪集市、莱比锡集市、香槟省的特洛伊集市，甚至格拉斯哥集市，都是当时人人街谈巷议的集市。这些集市处于最中心位置，因此最适合商品交易。所有的布匹和牲口都从乡村运到这些约定的集市，为了避免买者失望而回，这些货物会在某个特定日期运到，在其他日期并不对外出售。那些在城乡之间往返奔波，抢购商品，以图高利的哄抬物价者[①]，会受到严厉的惩罚，因为这些人的出现会诱惑他人不把货物运送到集市销售。在只身外

① 即那些买下全部商品，后提高价格出售以谋取利润的人。

出，险阻重重的情况下，集市或有其必要性。但即使没有集市，买者和卖 529
者也会挖空心思，相互交易。便利的交通工具和其他促进交易便利的设备，要比那些将买卖者集中于某个固定市场并限定在某段时间进行交易的办法好得多。一切的集市，不管过去如何有必要，现在已是明日黄花。在集市产生的原因已经消除的今天，如依然保持这一不合时宜的旧制度，则显得荒诞无比。

另一个妨碍商业发展的是贸易中心城镇。贸易中心城镇享有在其区域内单独售卖某种货物的特权。当加来还属于英国城市时，它在很长一段时期内都是羊毛交易的贸易中心城镇。由于人们需长途跋涉将羊毛运到这个城市，羊毛价格必然很高。但对于一个城市而言，能成为贸易中心城镇当然有很大的好处。因此，国王会将此好处赐予他最喜欢的城市，并在该城市不听从他旨意时撤销其特权。贸易中心城镇具有一切集市所具有的缺陷，除此之外，它还有一个缺陷，即某种货物的交易只限于在一个特定的区域进行。这无疑会减少交易自由和劳动分工。

出口税和进口税也会妨碍商业。起初，商人为人所不齿，法律也漠视他们，想征收多少税就征收多少税。但这些税必须以货物为课征对象，因此货物价格自然上涨，销量相应下降，制造业受到影响，劳动分工也会受到阻碍。

一切垄断和享有独占权的公司，不管最初出于什么正义目的，都会产生同样的不良后果。与此类似，由政府强制施行的学徒法也有不良的影响。人们原先认为，市场上之所以充斥着大量次品布匹，是因为纺织工没有受到适当的训练。于是，政府立法规定[①]，一个人必须当足七年学徒才可以正式织布，但这并不能使次品布匹在市场上销声匿迹。你不可能自己检查一大匹布，这需托付给盖印的检验员进行检查，你也必须依赖于他的信用。此外，对某种商品进行补贴而对另一种商品进行打击，最为阻碍共同富裕和妨碍商业发展。

在讨论政策对人民习惯的影响之前，我们先来探讨一下税收问题。实际上，税收是导致财富增长缓慢的原因之一。

在社会早期，一切公务均由不支薪的行政司法长官执行，他们为自己能拥有崇高的地位而感到满足。即使在今日，鞑靼人、阿拉伯人和霍屯督

① 4 and 5 Philip and Mary, c. 5, sec. 22 (1558).

人也依然如此。这些官员只收取主动赠送的礼物，这往往产生不良后果。
530 但只要一个主动赠送，一个愿意接受，这种情况便无法阻止。古罗马帝国的各省省长也是以此方式获取收入。当政府变得非常复杂以至于需要占用行政司法长官全部时间处理公务时，他们无疑须获得报酬。如果这种报酬非由公家提供，他们必定会寻找其他危险的途径来获取。没有人会慷慨得一文不取。当百姓有所诉求时，他们须赠送礼物。礼物最为贵重者，其诉求最容易得到准许。

当政府有所发展时，就得设立弹药库、建造船只、修葺宫殿和其他办公建筑，因此必须课征税收。的确，古罗马人最初并不依赖税收筹措战费，那是因为士兵无需薪饷。在野蛮国家，情况也总是如此。每一个雅典人参军作战，均需自筹费用。这与我们封建诸侯时代的情形大致相同，参军作战是每个佃户和封臣的义务。但这种办法并不能持续很久。因此，我们看到它在罗马就被废止了，而这也是古罗马帝国衰亡的重要原因。

各省省长强征暴敛，以致人心涣散，当国家有难，需要人力时，大家袖手旁观，不肯为国献身。

在土地私有化之后，总会划分一部分土地作为维持政府经费所需。古希腊的各个自由邦都有这种土地。亚里士多德认为私人土地应该环绕在王室土地周围①，因为那些居住在城市附近的人总是拥护战争并对防御很有信心。而敌人一旦宣战，总是首先入侵临近边界的土地。我们发现，在所有未开化的国家里，都有指定专供君主使用的土地，而这些土地自然无须缴纳税费。我们将会说明，这是一个很坏的政策，也是导致财富增长缓慢的其中一个原因。

我们先设想一下，需要多少土地才能维持英国政府的开支。和平时期，英国政府每年的支出约三百万英镑，而英国全部土地的年收入达两千四百万英镑。这样，英国只需将土地收入的八分之一收为己有即可维持政府全年的运作。但如果我们进一步设想这些土地将如何耕种，那么维持英国政府运作所需的土地的数量更是惊人。假设它的耕种跟其余土地的一半一样好（出于各种原因，实际情形并非如此），那么，政府须将全国土地的四分之一收为国有。如此一来，土地产量将会大量减少，所能养活的人数也会相应减少。在政府支出增多时，依靠地租维持政府运作是最坏不过的办法。

---

① Cf. p. 22 above.

我们也发现，文明国家的政府支出，要比野蛮国家的政府支出大很多。当 531
我们说一个政府的支出比另一个政府的支出大时，相当于说前者在建设方面比后者进步。当我们说一个政府的开支很大而人民又不受压迫时，相当于说这个国家的人民很富有。在文明的国家，很多政府开销很有必要。而在未开化的国家，这些开销可有可无。文明的国家必须要有军队、舰队、防御工事建筑、公共建筑物、法官和收税人员等。如缺乏这些，社会秩序必将混乱。依赖地租维持这些开销可谓是世界上最不妥当的办法。

所有的赋税可分为两种：一种是财产税；一种是消费税。这些税是使人民分担政府费用的两种办法。土地税属于前者，货物税属于后者。

财产可分为三种：土地、货物和货币。征收土地税最为简单，因为一个人拥有多少土地是很明显的。然而，除非采取断然手段，否则很难对货物或货币课以税赋。对于一个商人而言，要他交出经营账簿进行审查无疑是种压制，但只有通过这种手段才能了解他的财产收入。强迫商人交出账簿确实侵犯了他们的自由，并使其信用受到损害，进而导致非常不幸的结果。经商的人所处的环境，有时比从事其他行业的人所处的环境差得多。但如果仅仅因为这一点困难而只对土地征税不对货物和货币课税，那将造成极大的不公平。虽然对货物和货币课税须采取强迫手段，但已经有数个国家采用此法征收税赋。比如法国，为了查明人民的经济状况，每一张票据的过户，每一次交易的买卖，都要在公证人面前进行，并记录在公证人的账簿里。因此，土地、货物和货币都一样课税。在英格兰，只有土地才须课税，其他两种财产无须课税。原因在于，对其他两种财产课税几近暴政，会引起自由人的极大愤慨。除土地税外，其他税一般都是以商品为对象而征收的。然而，这种课税比土地税更不公平。人们的消费，往往与其财力大小无关，而是与其豪爽程度成正比。在对商品课税时，它们的价格必然上涨，商人的联合必定受到阻碍，人为的缺货也因此而发生，生产积极性必将降低，货物产量也将减少。土地征税有一优点，即稽征费很低。英国全部土地税的稽征费用只有三千英镑或一万英镑。收税员由各郡绅士推选而出，他们得提供担保品，以保证所收税款完整缴入国库。海关税和
消费税收入丰厚，但多数耗于维持稽征人员的经费。这些稽征人员必须要 532
有督察员加以监督，督察员上面还有收税员，监督收税员的则是监督官，监督官直接对国库负责。为养活这些官员，所征税额必须远远超出政府的需求，而这明显是个缺点。

土地税的另一个优势是不会致使商品价格上涨，原因在于土地税不是以谷物和牲畜的价值为基数计算，而是以地租为基数计算的。如果由佃户交付税款，那他就可按照租金比例少缴很多地租。而消费税会引起物价上涨，减少有能力经商的人数。假设一个人购买了价值一千英镑的烟草，他必须缴纳一百英镑的税。他的经营力量显然因此而减少了一百英镑。由于经商须有较大的资本，经商之人会越来越少。相对穷人而言，富有的人处于优越地位。前面已经说过，在英格兰，审查某些特定的人的经济状况侵犯了人身自由，一般认为不妥。因此，政府不对货物或货币进行课税，而是以消费为对象征税。不管这种做法有多少优点，它显然具有不公平这一缺陷。一个地主不仅每年要支付土地税，还要缴纳大部分的消费税。因此，首先反对战争的是地主，因为战争的开支必然由地主承担。另一方面，有钱人可从战争中获利，他们因此反对地主。这或许是保皇党继续存在的原因。对财产课税自然没有区别，但对消费征税则必有差别，因为这些消费税有时由商人支付，有时由消费者缴纳，有时也由进口商承担，他们会将此税款加在货价里，转嫁给消费者。在荷兰，一切货物都得存放在国家仓库里。仓库钥匙，一把存在海关，一把由货物所有者保存。如果货物是出口外销，则无须缴纳税费，如果是在国内销售，那消费者不但要付货款给商人，也要向海关报税。这个办法与闻名遐迩的华波尔消费税计划大同小异，而这一计划也是促使华波尔最终垮台的原因之一。华波尔认为应该向荷兰学习，制定一般的消费税法，规定所有货物均需存放在国家仓库，只对在国内销售的货物课税。这个计划虽然有诸多不便之处，比如货物所有人因不能完全控制其货物而会心神不安，但这种办法却让荷兰比起欧洲其他国家占有很大的优势。在某种意义上讲，荷兰人可以说是欧洲人的运输商。他们从巴尔干半岛和其他廉价的地方运来谷物，从盛产葡萄的地方进口葡萄酒，储存起来待价而沽。哪里缺乏这些物资，就出口到那里。但在
533 英格兰，一旦你进口货物，就必须缴纳税款，之后你才可随心所欲地售往任何地方。如此一来，商人可能在相当长一段时期内不能得到应有的报酬，因此只能提高货物价格以获补偿。而荷兰商人无须缴纳出口外销货物的税款，因此，他们能够以低于英国或任何其他国家商人所索的价格出售货物。

但消费税与财产税相比，也有其好处。因为消费税的缴纳无声无息，人们并没有感觉到这一负担。但是一个有一千英镑地租收入的人，他对于缴纳一百英镑土地税就有强烈感觉。反对消费税的呼声之所以不高，是因

为消费税是向商人征收的，但他们通过货价的方式转嫁给消费者，而消费者购买货物时对这一税负转嫁并无感觉。当我们购买一磅茶叶时，我们绝不会想到它的大部分价格是上缴给政府的税。因此，我们心甘情愿地支付该价款，似乎这个价格就是它的自然价格。与此类似，当啤酒的课税增加时，它的价格必定上涨。但人们所怨恨的并不是政府，而是酒商，尽管前者才是应当怨恨的对象，这是因为人们混淆了税额价格和自然价格。因此，向商人征收消费税似乎最符合自由精神，也最受英国政府喜欢。在荷兰，他们买一桶酒时，先向酒商支付酒价，然后向消费税征收员缴纳税款，好像是向其申请饮酒许可证一样。我们这里实际上也是如此，只不过我们没有马上感觉到而已。我们以为我们所支付的都是酒价，但从未想过，如果我们无须支付税款，不到六便士就可以喝到一瓶葡萄酒。

消费税比财产税还多一个优点。如果一个人每年有一百英镑的地租收入，而这块土地价值可能更高，他可能每年须缴纳二十英镑的土地税。这笔税款必须在每年的特定时间向征收员缴纳，但由于很少人会如此自觉，保留这笔款项在身边以备上缴，他就会向人贷借二十英镑以备缴用。当他第二次缴纳税款时，他不仅需要缴纳土地税，还要支付上一年度所借的二十英镑的利息，于是他只好抵押土地。如果进行一次调查，我们将会发现很多地主已经破产了。防止这种情况的最佳途径莫过于把土地税视为地租的一部分，由佃户缴纳。消费税则不会产生这种弊端。当一个人挥霍无度、铺张浪费时，他可马上紧缩消费、勤俭节约。因此，与财产税相比，消费税更为合适，不会使人陷入穷途末路之困境。

值得注意的是，不管是消费税还是财产税，它们推动或阻碍勤劳，取
决于征收的方法。在英国，土地税是固定、统一的税收，它并不会随地租
的上涨而增加，而地租是根据土地改良情况而定的。所以英国土地后来虽 534
有改进，但其土地税仍然照旧。在法国，土地税随着地租的增长而相应增
加。这无疑很不利于地主，其影响与英国的什一税相似。当我们知道我们
勤劳耕耘的产品须与分文不出的人共享时，我们就不愿意对土地进行本来
打算要做的改良。与法国相比，我们是更为优秀的理财家。我们比法国更
具有优势，还体现在以下几点。

在关税征收方式方面，我们胜于法国。我们的关税由商人一次付毕，货物一经海关登记，即可凭其税照，通行全国，不受干涉，除缴纳一些过境税等，无须缴纳其他费用。而在法国，货物每经一个地方，均需缴纳一

次税。每次缴纳的税即使不比我们一次缴纳的税多，也等同于我们一次性缴纳的数额。他们的关税对国内外贸易均有妨碍，而我们的关税仅对对外贸易有所阻碍。

我们的税制优胜于法国的另一点是我们采取委任制，而法国采用包税制。包税制意味着最终流入政府的税款不及所收的一半。在英格兰，征收七百万英镑的税款所花的费用不足三十万英镑。而在法国，每年大概征收税款两千四百万英镑，但作为政府运作费用的只剩下一千二百万英镑，其余的或充作稽征费，或流入包税者口袋。在英格兰，除了海港和少数区域外，其他地方都不需要设置收税官吏。支付这些官吏的费用等同于法国包税者获得的利润。在办理收税方面，我们设有各级人员，他们薪俸固定，并无其他报酬。但在法国，出价最高者即可得到包税人的位置。包税者须在某个特定的时间事先垫付税款，所以存有不能收足所包数额的风险，他得到丰厚的利润也因此理所当然。此外，在这种竞标中，投标人数并不多，因为只有那些经验丰富、身家殷厚、言而有信和能够提供担保物的人才有资格竞标。在投标人数较少的情况下，他们可能会互相勾结，串通一气，以较低的价格承包所有的税。总体而言，我们发现，英国人是欧洲最高明的理财家，他们的稽征制度比其他任何国家都要恰当。

关于这个问题，一般而言，出口税的危害大于进口税。如果一个国家的居民因不堪出口税负而难以对外销售劳动果实，他们只能在国内销售，辛勤工作的动机也必将减弱。反之，进口税可以刺激国内同类货品的生产。
535 比如，对汉堡亚麻布征收进口税阻止了它的大量进口，且刺激国内生产更多的亚麻布。不过，总的来说，一切的进口税都有这种弊端，它使得国内产业趋于不自然。一个产业使用的资本较多，必然减少另一个产业的资本。但出口税的危害仍然大于进口税。

这也是西班牙贫穷的一个重要原因。他们对每一种出口的货物都课以重税，以为通过这种办法可以将税款转嫁给外国人，而对进口货物征税就意味着该税由本国人民承担。他们没想到这样一来会增加出口货物的负担，从而限制这些货物的消费，损害国内的产业。

作为讨论赋税问题的结束，我们可以发现，财富在于货币这一偏见在赋税方面产生的危害并没有想象中那么大，甚至产生了一些并非十分不便的规章制度。对于那些向我们取走货物多于给予我们货物的国家，它们通常提供制造品给我们。相反，那些给予我们货物多于从我们这里取走货物的国家，或者说那些贸易差额对我们有利的国家，它们通常提供原材料给我们。比如，我们向俄罗斯输出上等麻布和其他工业制造品，这些少量的工业制造品却让我们可以换到大量的原材料。这种贸易无疑是十分有利的，因为这些未加工的货物可以创造就业机会。英国政府扶持那些以货币支付差额的对外贸易部门，完全是基于财富在于货币这一荒唐的观念。

关于赋税方面，还有其他一些种类。但由于它们性质大同小异，所以没有探讨的必要。我们已经探讨了关于赋税的一般观点，下面接着讨论公债的性质以及公债价格的涨跌。由于赋税和公债之间具有很密切的关系，这样的讨论并非不合适。

革命结束不久，政府出于需要，不得不向其国民借款，利息高于一般的利率，并在数年后还本。作为指定偿还利息的基金，源于对某些特定商品的课税。最初，这些税的年限取决于借款的年限。但政府通过各种手段，将借款变为永久性的借款，这些税也变成永久性的税赋，基金也因此成为了抵押品。它们虽然成为永久性的抵押品，不能再以此借贷新债，但只要把旧债还清，它们仍然是可以赎回的。当开征这些赋税时，如果规定这些税将永远持续下去，势必引起很大的震动。但上述的演变却无声无息，以至于人们毫无怨言。起初让人震撼的东西，之后会因习惯而变成自然，习惯为一切事务的存在赋予了合理性。 536
上面所述，即是某些税为何开征以及如何演变成现状的来龙去脉。

私人之间借款，债权人可随时要求债务人偿还本金及利息。但对于政府借债，债权人则没有这个权利。政府会给你永远可得三厘或四厘年金的权利，但你没有要求返还本金的权利。乍一看，债权人接受这种条件似显奇怪，因为他将永远收不回本金。但实际上这对他有利。如果你在战时借给政府一千英镑，由于急需用钱，政府可能会不得不付你五厘的利息。战争结束后，政府仍将每年继续支付这笔利息。你有权售卖公债，但这笔利息旱涝照收、永保无虞，而且任何人都比不上政府那样准时支付利息。你往往可以将一千英镑的公债卖到一千一百英镑或者更高的价钱。政府发现公债可以高于票面的价格转让，且人民也因此喜欢认购公债，便决定利用这种情况，偿清以五厘利息借入的债务——这些债务本来就是可以随时偿还的，再以较低的利息借入新债。这使得与政府签订借款协议的人有所警觉，他们察觉到政府这一意图后便不再认购公债，除非有一部分利息，比如四厘中的二厘，是不能取赎的。因此，在所有公债中，有一部分是不能赎还的。这使得人们可继续以高于票面的价格销售公债。

在威廉国王、安娜女王时期和乔治一世初期，由于存在发生革命的危险，公债价格的高低取决于政府的信用。最近已没有发生革命的风险，但即使在这样一个和平年代，公债的价格有时也比其票面价格低 10%、20%甚至 50%。有时则比其票面价格高 10%、20%或 50%。没有人会想到政局的改变可能会给本金带来损失。那为什么在没有显著原因发生的情况下，公债每天的价格会如此涨跌无常呢？为什么消息的好坏会对公债的涨跌产生如此大的影响呢？真正原因如下。

在战火纷争时期，每一次的败仗都会使和平更为渺茫，而每一次的胜仗则让和平更为接近。在战争持续的情况下，政府需要一定的收入，会征收更多的税和发行新的公债以应所需。由于战时的公债利息必然上升，每个人都会争先抢购新发行的公债。而那些持有旧公债的人预料利息会涨，觉得此时卖掉公债会对自己有利。因此，在战时，销售公债的人就会增加，结果导致公债价格下跌。另一方面，当和平曙光渐现时，因发行新公债没
537 有希望，那些持有旧公债的人并不乐于卖掉。结果是卖者减少，公债价格上涨。战云密布时期，每一个有资金的人都会争先恐后地抢购公债，因为没有其他投资途径比这更有利。他们也许能获得七厘或八厘的利息，其中也许有二厘或三厘是不可赎回的，而且往往还有中到彩票的希望。一个持有只给三厘利息的公债的人，会想方设法卖掉公债，以谋新利。因此，这些公债常常以低于票面的价格出售，从而导致公债价格下跌。

但在战争时期，出于以下原因，即使是新发行的公债，也可能低于票面价格。

由于很多公债持有者都是商人，他们将资金投放于政府，以便在政府遇有急需时，变卖公债，取得好价钱。而这种时机大多发生在战争时期，因此他们经常在战时出售公债，结果导致更多的公债涌入市场，新发行的公债价格则自然跌至票面价格以下。

但正如上面所述，在战时，由于资金没有什么好的投资去向，人们会争相购买新公债。即使财力不雄厚者，也会认购大量新的公债，以期公债价格上涨，然后在交货之前转让出去，赚取差额利润。但当情况不能如愿以偿，他们只有想方设法卖掉公债以维持信用时，他们不得不以低于票面的价格出售公债。新发行的公债的价格就是因为这样而下跌的。熟悉证券业务的证券经纪人则伺机而动，特别是当认购新公债的人力、财力并不宽裕时，这些人不久将会被迫抛售新购进的公债，而证券经纪人则视此为购买公债的最佳时机。

无论任何时候，证券经纪人这种投机买卖行为对公债价格的涨跌均具有重大的影响。这种投机买卖的交易方式如下：一个可能连一千英镑都没有的人，往往会购买十万的公债。由于这些公债是分期分批发出的，这个人寄望于公债价格上涨，从而在交货之前卖掉获利。但如果公债价格下跌，他则陷入破产。因此，他会在证券交易所散布流言，说什么战争即将胜利、和约即将签订等之类的。相反，那些想着购买公债因而希望价格下跌的人，则会释放一些使公债价格尽量下跌的消息。比如战线将继续延长、政府正筹备发行新公债，等等。也正因如此，战时报纸充斥了各种敌人大举入侵和其他闻所未闻的计划的消息。以证券交易所的术语来说，购买公债的人 538
是看涨的人，即多头（bull），抛售公债的人是看跌的人，即空头（bear）。多头占据优势时，公债价格看涨；空头占据优势时，公债价格便看跌。

这种投机买卖公债的行为为政府所禁止。因此，法律规定，卖方如不交割，则法律不予救济。[①] 为什么可以强迫人们交割价值一千英镑的货物，而不能强迫人们交割一千英镑的公债，这没有什么必然的理由。但自从南洋公司骗局被揭穿后，政府认为这样可防止类似的诈骗行为，但事实上并不可行。同样道理，所有禁止赌博的法律都不能阻止赌博。虽然法律对超过五英镑以上的赌债不予救济[②]，但无论赌债多大，欠债人也会准时偿还，因为好赌之人须讲信用，否则没有人会跟他赌博。公债的投机买卖也是如此。那些言而无信的人，迟早会遭人唾弃。用证券交易所的术语来说，这些人被称为“跛脚鸭”。这里没必要探讨每个具体的公债，因为它们的性质大同小异，担保物也是相同的。如果指定作为支付某一个特定公债利息的基金无力支付，那么这笔钱将由偿债基金来支付。偿债基金是由其他基金的剩钱汇总而成的。这两种基金在支付便利方面或许有些许差别，但差别不大，因此不值得我们深入探讨。

我们现在来讨论关于警察的最后一部分，即商业对人们习惯的影响。

无论商业在一国何时萌芽发展，诚信与守时都与之相随。这些美德在未开化的国家里几乎闻所未闻。欧洲各国中，最精通经商之道的荷兰人最守诺言。英格兰人虽然比苏格兰人更守信用，但也不能与荷兰人相提并论。而在苏格兰，偏远地区的人民又比不上商业发达地区的人民。产生这种差

---

① 7 George Ⅱ，c. 8（1734）.

② 根据 9 Anne，c. 14（1710），十英镑以上的赌债的担保是无效的，如输者还清了这个债务，可向赢者索回。

别的原因并非一般人所想象的出于国民性。并没有什么天然的理由可以说明英格兰人或苏格兰人不能像荷兰人那样重合同守信用，这种差别是出于利己心理的驱动。这种心理支配着每个人的行为，并引导着他们以利己的原则采取某一行为。无论是英国人还是荷兰人，他们都深深地带有这种烙印。一个商人生怕失去信用，为此他总是小心谨慎地履行合同义务。当一个人每天需要签订二十个合同时，他不可能通过欺骗左邻右里获得巨额利益，因为一旦他的奸诈面孔被识破，失败便在所难免。对于那些从不经商的人而言，我们发现他们时常会欺诈牟利，因为他们一次侥幸成功的欺诈
539 所带来的利益可能远大于因此而遭受的损害。那些我们称之为政客的人，他们在诚实和守约方面并非最为突出，更不必说各国大使。他们在外交上稍占便宜，人们就赞不绝口，而他们也自鸣得意。原因在于一国与他国打交道，一百年可能也就那么两三次，偶有一次行诈成功，所得的好处也远大于因名誉受损而导致的利益损失。自路易十四以来，法国在英国的声誉并不好，但法国的利益与荣耀并不因此受到丝毫影响。

但如果国家之间的交往，如同商人般，每天都要打一两次交道，那他们就会小心翼翼、行事谨慎，以维持名誉。当一个人频繁与他人交易时，他宁可对每个交易都诚实守约，也不寄望于从一次交易中图谋不法利益。一个懂得自己真正利益所在的谨慎商人，宁可牺牲自己的应得利益，也不愿招惹是非。像后者这种类似的事，既受人鄙视，也很罕见。当大部分人是商人时，诚实与守时总是盛行。因此，诚实与守时也是商业国家的主要美德。

但这种商业精神也会产生一些不良现象。首先它会限制人们的视野。当劳动分工达致极点时，每一个人只需要做某项简单的工作，因此他的全部心思都集中于此，脑子里想的也仅限于此，除非一些东西与此项工作有直接关联。当一个人的心思花在多个工作上时，他的见识与视野会悄无声息地增长与开阔。正因如此，一般认为，乡村技工要比城市技工拥有更广泛的知识。前者可能是个多面手，既是装修木匠，又是建筑匠，同时也是桌椅制造匠。因此，他的心思必须用在许多截然不同的东西上面。后者可能仅仅是个桌椅制造匠，他的全副身心都集中在这一工作上。由于他没有机会比较各种不同的东西，他对于超出本行之外的事物的见解绝不会比乡村技工的见解深刻。这如同一个将全部心思的十七分之一或十八分之一都花在一枚扣针上的人①，

① Cf. 213 - 214 above.

这种人的见识必然有限。制造业的分工，已经细化到这等程度了。值得注意的是，在每一个商业国家，下层人民都非常笨拙，荷兰平民尤其笨拙，而英格兰人的笨拙更甚于苏格兰人。这是个普遍的规律，城镇居民的才智不及乡村人，而发达国家的人民的才智又比不上贫穷国家的人民。

另一个与商业相伴随的弊端是教育大受忽视。在富裕的商业国家，分工的细化使得所有职业都变成一些非常简单的操作，这为年纪轻轻的儿童提供了就业机会。在我们国家[①]，劳动分工确实不够发达，即使是最下等的 540
搬运工也会读写，这是因为教育费用不高。而且，一个六七岁的孩子，除了学习读书，也没有其他事情可做。但商业发达的英格兰并非如此。在伯明翰，一个六七岁的儿童每天可赚三便士或六便士，父母发现让他们的孩子早点工作于己有利，这样一来，自然忽视了教育。诚然，底层的孩子所接受的教育不会很高深，但即便如此，也能带给他们巨大的好处，这种教育的缺失将成为他们的终身不幸。通过这种教育，他们学会读写，这就给予他们和宗教接触的利益，而这正是教育的一大优点。因为宗教不但能让他们变得虔诚，也为他们提供静思冥想的东西。由此，我们可发现乡村学校的好处，不管人们如何轻视它，我们也得承认它是个好机构。让儿童早工作，除了剥夺他们受教育的机会，还产生另一个弊端，即孩子会发觉父亲受惠于他，从而不服从父亲的命令。当他长大成人后，他也没有可借以娱乐的知识。不用工作，休闲之时，他就会喝酒闹事，以消磨时光。因此，在商业发达的英格兰地区，我们发现绝大多数的商人已堕落到如此可耻的地步：他们工作半周，就可维持一周的生活，而教育的缺乏，使得他们在剩下的半周里除了沉湎酒色，别无他事。因此，我们或许可以这么说：给世人提供衣着之人自己却衣衫褴褛。

商业的另一个不良后果是它让人变得胆小如鼠，失去尚武精神。在一切商业国家里，分工极为细致，每个人的全部心思都花在一个特定的事情上面。比如说，在大的商业城市，经营亚麻布的商人有好几种，汉堡亚麻布的经营和爱尔兰亚麻布的经营就属于不同的职业。有些律师专门接受高等法院的案件，有些律师专门接受民事法院的案件，而有些律师则专门负责大法官法庭的案件。他们每一个人很大程度上都不了解邻近同业的人所做的事情。同样地，战争也成为一门职业。一个人只有时间钻研一种业务，如果强迫每个人都去学习军事技术，参与实际战斗，那将会带来极大的不便。因此，保

① 即苏格兰。

卫国家的重任就交给那些无所事事的人。大部分人都已丧失崇武尚斗的勇气，他们的心思不断用于享乐，以致玩物丧志，变得越来越懦弱和胆怯。

以上这些都被一般的经验所证实。1745年，四五千苏格兰高地人，赤
541 手空拳，占领了苏格兰的较发达地区，没有遇到当地厌战的居民的抵抗。他们侵入英格兰，震撼全国。如果不是因为常备军出来抵抗，他们可轻而易举地篡取王位。二百年前，这种举动必会激起全国公愤。我们的祖先英勇好斗，他们的精力绝不会消磨在工艺与商业上。即使面对最可怕的敌人，他们也斗志昂扬，随时做好抵抗准备。也是出于这个原因，四五百人的军队就可时常蹂躏莫卧尔帝国。不计其数的中国军队也常常败于鞑靼之手。在这些国家，劳动分工与奢侈风气已达致极点，它们没有常备军，人民都潜心笃志于研究和平艺术。荷兰如移除四周障碍物，就如同容易上钩的捕猎物，很容易被征服。在本世纪初，荷兰的常备军被敌人打得丢盔弃甲、落荒而逃。其余荷兰人并不想重整军队，保卫国家，而是计划放弃国土，迁往东印度。① 一个商业国家，很可能在海外拥有强大的力量，置有军舰和常备军保卫自己。但当这些海陆军被击溃，敌人侵入国家时，征服便轻而易举。罗马和迦太基也是这种情况。迦太基在国外的战争频频告捷，但当战火弥漫至国内时，他们便打不过罗马人。这些是商业精神的弊端：人们的思想备受束缚，以致不能深谋远虑。教育被轻视或至少被忽视，英勇气概几无所存。如何解决这些问题，值得我们认真关注。

到此为止，我们已经讨论了法理学的前三个部分，即法律、警察和岁入。我们现在来讨论法理学的第四个部分，即军备。

手稿中333页剩余部分空白

第三部分　论军备

542 在社会早期，国家安全不需要警察保卫，警察也不需要特殊的配备。一旦有外敌入侵，全体国民会奋起而抗之。和平时期作为首领的人，在战

① 是1672年，见 Hume，*History of Great Britain*（1757），Ⅱ.226。

争时期自然也保持着他的影响力。但分工实行以后，需要一部分人留守家园，从事耕种和其他技艺，其余人出去打仗。当土地成为私有、阶层区分在一定程度上出现后，土地耕种自然由最下层阶级的人民承担，而不费体力、较为体面的兵役则由最上层阶级的人民担任。因此，我们看到，一切国家在其发展初期均有相同情形。罗马骑士最初就是军队里的骑兵，奴隶和没有纳税的人没有资格参战出征。与此类似，在我们祖先中，只有那些被称为骑士的人才会被征用来保卫国家，古时贱民从未被看作国家兵力的一部分。当国家由讲究尊严的人保卫时，并不需要纪律约束，因为这些人会出于尊严执行他们的义务。但当手工业和制造业逐渐发展，人们发现从事这些工作也可以爬上尊严的地位时，富人出于贪婪本性，认为出外征战对其不利，便专心致志于这些曾被积极分子和野心家鄙视的技艺。一个能在家中赚到两三千英镑的商人，自不愿出外打仗。但对于无所事事的古代骑士而言，出外打仗是一种消遣。当改进手工业和制造业被认为值得上层人士关注时，保卫国家的职责自然落到较低阶层的人民身上，因为没有人能够强迫富人去做他们不喜欢做的事情。在古罗马，当骑士不再服役时，替而代之的是最低层阶级的人民。在我们国家，取代封建民兵的是另一最低层阶级的人。这就是各国兵役制的发展情况。在狩猎、游牧国家，甚至在农业已有所发展的国家，全体人民会一同出征打仗。当手工业和制造业已有所发展时，全体人民不能都出外打仗。由于这些手工业和制造业耗费体力，工资不高，出外征战的都是最上层阶级的人。后来，当手工业和制造业进一步发展，工资有足够吸引力时，保卫国家的职责便落到最低层阶
级的人身上。[1] 英国目前就是这种状况。当全体人民出外征战时，并不需要 543
军队纪律，因为他们地位平等，且有明显的共同目标，完全无需军纪。当最上等的人出外征战时，尊严可代替纪律。但当最下等的人承担保卫国家的职责时，则需要最为严明的军纪。因此，我们可发现，所有常备军都有森严的纪律。一般而言，他们有必要受到严厉的约束，以使他们对长官的畏惧多于对敌人的畏惧。正是出于对长官和军法的严厉惩罚的畏惧，他们才会安分守己。他们之所以能英勇作战，也是出于这个原因。在上次战争中，八百名普鲁士士兵为坚守隘口，面对数千名奥地利士兵，足足抵抗了一整天。但在夜里退却时，全都逃跑了。这种英勇行为的基础是什么？它

① Cf. Hutcheson，*M. P.*，Ⅲ. 8. 5.

不是出于爱惜荣誉，也不是出于热爱祖国，更不是出于尊敬长官，因为这些不足以使他们舍生忘死。他们之所以奋不顾身、英勇作战，完全是出于对长官的畏惧。这些长官如同利刀，悬挂在他们头上，使他们不得不唯命是从。这也顺带证明，我们的性格是可以改造的，我们自鸣得意的勇气也是依赖于外在环境的。我们还可进一步看到这种畏惧原则能够达到什么样的程度。如果一个温和、慈蔼的副官的继任者是一个英勇、凶狠且专制的副官，新的副官的制服也足以让人望而生畏。要经过一段时间，士兵才会发觉新副官不像前任那么令人可怕。常备军就是按照这种方式建立起来的。一国如无常备军，就易被外敌征服。唯一一点需要指出的是，常备军的招募须以最恰当的方式进行，以尽量减少其对国家造成的不利。但不管人们对常备军多么不满，在社会的某个阶段，它还是不可或缺的。担任政府职务的拥有土地的绅士所统率的国民军，是绝不会为任何人而牺牲国家自由的。这种国民军无疑是对抗外敌、保卫国家的最可靠军队。

常备军有两种。第一种是政府把军职给某个特定的人，他每招募到一名士兵，即发给一份军饷。我国的常备军也属于这种类型。它比第二种类型的常备军的危险要小。第二种类型是政府与一位将军签订协议，由后者率领众兵保护政府。这是意大利某些城市共和国的常备军的类型。这些城市共和国政府与手工业欠发达地区的酋长达成协议，由于酋长下属军官均效忠于他，而他却独立于政府，因此他完全掌控了雇兵。但像我国这种类
544 型的常备军，就不容易发生倒戈相向、反叛政府的事。因为这些军官都是有体面的人，他们在国内也有很多社会关系。

但在某种情况下，比如对王权有所争执时，常备军也会对人民自由构成威胁。我们国家就发生过这种事情，因为常备军往往站在国王这一边。军人的天职是服从领袖，他由国王任命，并领国王发的薪饷，自然会认为应效忠于国王。但如果建立常备军的方式恰当，就不致发生这样的危险。在瑞典，由于有良好的常备军，他们就没有这种危险。关于常备军的问题，我们的讨论到此为止。如要继续探讨关于常备军的薪饷问题和其他情况，将是无止境的话题。

我们已经按照计划探讨了关于法律、警察、岁入及军备的自然法。我们接着要探讨我们所计划的最后一部分，即国际法或者说国与国之间的关系。

手稿中338页剩余部分空白

第四部分　论国际法

须先指出的是，讨论一个国家所应当遵守的或应当和其他国家共同遵守的规则，不能像讨论私法或公法那么精细。我们发现，每个国家已有相当明确的关于财产的规定。关于君主权限和人民义务方面，各国也大多一致。但在国际法方面，几乎没有一个规则得到所有国家的一致认同[①]，或在任何时候为一切国家所遵守。这也不足为怪，在一个没有最高立法机构和执法官吏可解决争端的情况下，不确定和无规则性难以避免。 545

国际法有平时国际法和战时国际法两种。平时国际法在前面已经讨论过了。即关于外国人权利方面，他们的人身和财产应该得到保障，但他们没有立遗嘱的权利，他们死后所有的财产归属于国王。[②]

关于战时适用的法律或规则，我们按照下列顺序加以讨论。

(1) 战争的正当理由是什么，或者根据拉丁语，何时可以发动战争(quando liceat bellare)。

(2) 战时，一国对另一国可进行何种合法行为。或根据拉丁语，战争可进行到什么程度 (quantum liceat in bello)。在这一标题下，我们将探讨古代政府和现代政府的不同做法，以及后者在这方面所产生的重大变革。

(3) 交战国对中立国所应持的态度。

(4) 国家之间大使的权利。

首先，什么时候可以发动战争。一般而言，凡是成为向法院提起诉讼的根据事由，都可以成为战争的正当理由。[③] 提起诉讼的根据事由一般是某种完全的权利受到侵犯，这种侵犯本来可通过武力获得赔偿。事实上，在野蛮社会，赔偿也是通过武力获得的。但在现代社会，是非曲直由法官裁判，以避免因人人使用武力进行报复而破坏社会秩序。如果一个国家侵犯

---

① Grotius，Ⅰ.1.14.

② 88－90，above.

③ Grotius，Ⅱ.1.2；Hutcheson，*M.P.*，Ⅱ.15.6 and *System*，Ⅱ.350 ff.

他国财产，杀害或囚禁他国公民，在他国公民受到侵害时拒绝公正处理，他国君主须向前者索求赔偿，因为保护本国国民不受外敌侵犯是政府天职。如赔偿要求遭到拒绝，就有发动战争的根据。同理，违反契约规定，如一个国家在债务到期后不对另一国家清偿债务，也构成战争的正当根据。比
546 如，假设普鲁士国王拒绝偿还上次战争中英国贷给它的款项，那英国可名正理顺地对它宣战。[①] 一国君主伤害他国君主或人民，或一国人民伤害他国人民且拒绝给予合理赔偿，也可构成战争的理由。在构成诉讼的根据即是发动战争的根据这一原则中，似乎只有一个例外，那就是准契约。在这种情况下，确实很难决定战争是否合理。我们也没有发现因违反准契约而发动战争的例子。必须承认，准契约的采用是衡平法上权利的极度扩张。除罗马法外[②]，准契约上的权利从来不是完全的权利，也从未被采用过。在英格兰，当主人不在家的时候，如果你替他修理房子，那么你只能凭他的良心获取修理费，因为你没有向法院提起诉讼的权利。同理，如果一个俄国人替一个英国商人做了一件事，并因此使后者避免重大损失，随后俄国人可向英国商人索求报酬。如果后者拒绝给付报酬而前者向法院提起诉讼，法院将告诉俄国人，他必须依赖于英国商人的名誉获得这个报酬。除此之外，所有可作为适当诉讼根据的事由均可使战争正当化和合理化。

战争可进行到什么程度？当一个国家受到另一个国家的侵犯时，它可报复到什么程度，这并不是一个容易确定的问题。对这个问题的回答，古代国家和现代国家大不一样。一般而言，当侵犯明确、显著或蓄意，且拒绝赔偿时，那么报复就显得必要和公正。少数情况下，即使没有提出赔偿，也可合法进行报复。如果一个强盗蓄意杀你，那你可竭尽全力阻止他，这完全是合法的，因为他杀人的意图非常明显。同理，如果一个国家似乎密谋侵犯另一国家，即使没有造成实际损害，后者可要求前者宣布意图和提供保证——如果该要求不致使对方陷入尴尬的话。当普鲁士国王得知撒克逊选帝侯和匈牙利女王共谋侵犯他的领土时[③]，他没有提出要求就起兵攻占对方领土，但这种做法也是完全正当的。如果他先警告他们，再出兵，则

① 自1758年4月起，腓特烈大帝每年获得670 000英镑的财政援助，但因与腓特烈政策存有分歧，布特于1762年终止该援助。

② 即无因管理（negotiorum gestio），未经他人授权而为其管理事务，管理人产生之费用可有权获得补偿。

③ 在1756年，即英法七年战争伊始。

是天大的笑话。但是对于到期债务，如果没有事先要求赔偿而径直出兵，
则不合理。只有在债务国敷衍推诿，迟迟不偿清债务的情况下，战争才是 547
合法的。我们现在来稍微详细讨论一下，在战争中什么样的行为才是合法的。假如任何国家的一个国民受到另一国民的伤害，那么伤害他的人自然是报复的对象，包庇保护他且拒绝赔偿的政府也是报复的对象。但后者国家的大多数国民都是无辜和不知情的。在最近的英法战争中，无论是英国人还是法国人，二十个人当中没有一个人知道法国人触犯了我们什么利益。这样，我们根据什么样的公平原则没收法国人货物，且用尽办法折磨他们呢？这绝不是基于所谓的公正和公平原则，而是基于当时的需要。在这种情况下，需要就是公正的一部分。哈奇森先生非常巧妙地说明了这个问题。[1] 但如果我们仔细查验他的观点，会发现他的推论所赖以成立的基础并不恰当。他说，每个民族都为自己的利益支持和拥护政府，如果一个政府侵害邻国的君主或人民，而这个政府统治下的人民继续支持和捍卫他们的政府，那么，他们就与这个政府成为共谋，应该与之共受惩罚。依据罗马法[2]，如果一个人为了自己的利益而豢养奴隶，当这些奴隶伤害别人时，主人只有两种选择，要么赶走奴隶，要么替奴隶赔偿。与此类似，一个民族要么与侵害他国的政府同生共死、承担责任，要么舍弃该政府。应该指出的是，这个推论虽然很巧妙，但所列举的两种情况在性质上并无相似之处。一个主人可任意处置他的奴隶，他既可驱赶他们，也可以替他们赔偿损失。但一个民族在大多数情况下却无能为力，无法做到上述任一选择。维持政府的目的往往不在于保护民众，而在于保护政府本身。任何公法都不允许民众有推翻君主统治的权利，即便在君主权限争辩如此激烈的英国，人民也没有推翻君主统治的权利。如此说来，一个民族怎能为他们无权过问的伤害承担责任呢。认为整个民族是合理的报复对象的真正原因是，我们对疏远的人的感情，没有对亲近的人的感情那么深。我们曾被法国伤害，我们对法国的报复，不仅针对其政府，也针对其国民。由于人类有不分青红皂白的天性，法国遂成为我们不合理的报复对象。如果英法发生战争，丹麦人的感想必定和我们一样，对罪与非罪不加区别，混为一谈。但这显然
与我们对待自己同胞的公正原则大相抵触。我们在对待自己同胞时，宁可 548
放过十个罪人，也不愿错杀一个无辜者。

---

① Hutcheson, *M. P.*, Ⅲ. 9. 4; *System*, Ⅱ. 355 ff.

② 即所谓交出加害者原则（the principle of noxal surrender）: *Inst.* 4. 8.

另一个原因是，直接向造成伤害的臣民或君主要求索偿往往很困难，因为他们一般都身处一国中心，且保卫森严。如果我们可以抓到他们，毋庸置疑地，他们自然会是我们报复的首要对象。但如果这种办法不可行，我们就只能采取其他报复手段。我们已经由于我们的关系而遭受无妄损失，也让他们因为他们的关系而吃到平白无故的苦头吧。战争时，不公平之事常有，但这也是在所难免的。

关于战争暴行可进行到什么程度，古代国家和现代国家的做法大不一样。野蛮人即使不杀死战俘，也可任意处置他们。因为那些参与战争的人被认为是强盗和社会和平的破坏者，因此，对他们的这些惩罚并不过分。就是在古罗马人当中，战争一旦开始，就不允许求和或投降。一切东西均归属征服者，他们可任意处置这些东西。在西塞罗时代也是如此。因此，他提出，战争开始后接受对方投降是人道主义的最大扩张。[①] 在古代，暴力和诈欺被认为是战时的最大美德。但在现代，对待敌人的人身和财产的习惯已大有改善。现在不再以战俘为奴隶，也不再施虐于战俘。敌方的军官可凭宣誓而获得释放。在英法战争中，法国对待我们的受伤战俘，比起对待他们自己的受伤士兵还要好。[②] 确实，在这方面，没有一个国家比我们更加仁慈的了。我们本来对拘留在爱丁堡和其他地方的法国战俘每天发放六便士，但考虑到因合同转包，最终交到他们手中的钱不够维持他们的生活时，我们就很慷慨地捐献了一万英镑给他们。总体而言，现在战俘所受的待遇，与其他人民并没有什么差别。

与此类似，交换战俘条约也是我们在人道方面有所改善的证明。[③] 在交换战俘条约中，士兵和水手都有各自规定的价值。每次战争结束后，双方按照议定的价值交换战俘。被俘人数较多的国家须根据该议定价值和超过的人数支付相应的差额。不错，在最近的英法战争中，我们拒绝和法国签订战俘交换条约，也正因此明智决策，他们的海军很快便徒有其表，因为我们所俘获的法国水手，远比他们所俘获的我国水手要多。毋庸置疑，古代被围困的城市宁愿殊死抵抗也不屈降于对方，是因为当时的不人道使得
549 他们认为负隅顽抗也胜于俯首系颈、拱手而降。但现在的被困者非常了解

① *De Officiis*，Ⅰ.11.35，cited by Grotius，Ⅲ.11.14.

② 例如，参见 *Gentleman's Magazine*，1759 年 1 月，42。

③ Cf. Hume，'Of the Populousness of Ancient Nations'，*Essays*，Ⅰ.402.

弃甲投戈后所受的待遇，他们也明白投降后不会有很大的危险。[①]

这种高度人道的做法是在教皇时代才开始实行的。我们从未在古希腊人和古罗马人中间发现过类似的做法，即使他们成就斐然。教皇被认为是基督徒的共同教父，教士全归其管辖，他通过使节与欧洲各宫廷保持联系，因此，欧洲各宫廷之间的关系变得更紧密，他也迫使各宫廷之间更人道地互相对待。十字军东征使绝大多数欧洲君主共同出师，讨伐异教。他们认为那些异教徒应得到最为残酷的待遇。但当他们自己相互争斗时，由于有过并肩作战的经历，他们认为基督徒和异教徒应区别对待，对基督徒应采用更人道的措施。由此，近代国家在对待俘虏的人身方面与古代国家有所不同。

保障战俘财产安全，与其说是人道主义的结果，毋宁说是出于策略的考量。当法军入侵德国时，法军统帅规定，所有安分守己、不揭竿而起反抗法军的人的人身和财产均可得到保障，如法军伤害农民，将视之如同伤害本国农民一样，会受到严厉处置。但在海战中，情况并非如此，海军大将对能够截获的商船都加以扣押和掠夺。但许多商人如同农民一样无害，为何受到如此待遇呢？原因在于，不抢掠农民符合侵略国统帅的利益。因为入侵者长途跋涉、劳师远征，如随军携带粮食，则困难重重。如能使敌军农民留守家中，则军队不必采用其他方法便可得到粮食供应。也正因如此，对于农业发达的国家而言，战争并非无利，许多农民可因战致富。当荷兰沦为战场时，所有农民成了富翁。因为敌人占领期间，农民无须缴纳租金，粮食也卖得特别贵。然而，农民的致富是以地主和上层阶级的人的牺牲为代价的，这些人在这种情况下一般都会陷入破产。这种情况发展到这样一种程度，即那些远离祖国，游离于他乡的贫苦大众，一听到战争，就纷纷回国，不肯离开国土。而海战中的情况又有所不同，因为每艘战船都得自带粮食，不能指望与之交战的船只供应粮食。

现代各国交战习惯有所改善的另一原因是两个交战国之间的以礼相待，或更为恰当地说，是敌对双方彼此之间的侠气。有此礼仪和侠气，两国即使交战，也无须召回大使。

在古代，杀死敌对国的将军是英勇豪气的体现。[②] 但在今日，再没有比

① Grotius，Ⅲ.12.8；Hume，loc. cit.

② Grotius，Ⅲ.4.18.

550 这种做法更令人臭名昭著、名誉扫地的了。当法国国王亲自率兵围困某城堡时[①]，该城堡总督专门派人前来询问国王所处的位置，以禁止士兵向该处发炮。诚然，当撒克逊诸侯告诉普鲁士国王他们所处的位置，请求不向该处发射炮弹的时候，普鲁士国王拒绝了这一要求。但普鲁士国王之所以拒绝该要求，是因为诸侯所处的地方同时也是主要弹药库所在地。如果说一个国家中，有什么人能比其他人造成更大的伤害，那非国王和将军莫属。那为什么现在跟以前不一样，认为杀害国王和将军的行为是不合法的呢？原因很简单：对敌对国有权势的人表示敬意符合君主国的利益，因此在今日树立了榜样。而奉行相反政策的共和国，却在以前就开了先河。[②]

这种使我们不轻易发动战争的政策，也使我们在征服一个国家后比以前更为宽大。在古代，敌人的全部财产会被没收，且可由征服者任意处置。也正因如此，古罗马在征服一个国家后，往往要派出新的移民前往居住。现在则不一样，被征服的国家的唯一变化是换了主人，这些国家的民众可能要缴纳新的税种，遵守新的规定，但被征服的国家并不需要新的人口。征服者一般会允许他们继续保留原有的宗教和法律，这种做法比起以前要好得多。现在交战国之间也不像以前那样满腔怒火，因为火器拉远了他们的距离。[③] 在过去，他们总是兵戎相见、短兵相接，因此，彼此之间必定义愤填膺、怒不可遏。此外，双方的肉搏战，也会增加双方伤亡人数。

第三，我们下面来探讨交战国对中立国应采取的态度。[④]

对中立国采取的公平原则是：由于中立国没有伤害交战国任何一方，因此他们也不得受到后者的伤害。如英法交战，荷兰应如平时一样，有权与两国通商，因为它并没有伤害两国。除非偷运违禁品或试图闯入被围困的城市，否则中立国有权与交战国的任何一方通商，不受他国干涉。但中立国的船只不能保护敌人的货物。同样，交战国船只上的中立国的货物也不能被没收。

关于收回已失去的东西，古代国家和现代国家的政策大相径庭。[⑤] 在古代，战时的政策是，我们总是理直气壮，对方总是无理取闹。因此，凡是

---

① 路易十四：A. M. Ramsay, *Histoire de Henri de la Tour d'Auvergne*, *Vicomte de Turenne* (1735)，Ⅰ.416。

② Cf. 79 above.

③ Hume，*Essays*，Ⅰ.401.

④ Hutcheson，*M. P.*，Ⅲ.9.5；*System*，Ⅱ.357 ff.

⑤ Grotius，Ⅲ.6.3；Ⅲ.9.15.

从敌人那里夺取东西，总是取之有道，凡是被敌人夺走东西，则是无理被夺。假设一个迦太基人把战时从一个罗马人那里夺走的船只卖给另一个罗 551
马人，船只的原所有人如有机会，即可索回该船只。因为根据上述原则，该船是被无理夺走的。但现在情况有所不同。我们认为战时所做的一切均是公正与公平的，因此，我们既不能要求敌人归还夺走的东西，也不想他们要求拿回被夺走的东西。如果一艘英国船只在交战时被法国夺走，并被卖给荷兰人。当该船只开到英国港口时，原英国船主看到它时也将置若罔闻，视而不见，不会主张要求归还。因为当该船只落入敌人之手时，他就对它不再抱有任何希望。

应当指出的是，交战国对中立国的态度因海战和陆战而异。这种差别对待主要是出于策略的考量，与人道无关。当一支军队溃败，对方紧追不舍而进入中立国领土时，除非该中立国有力量驱使双方出境，否则将沦为战场，并且不能得到任何赔偿，或只能获得很少的赔偿。但在海战中，即使被夺取的船只来自最弱小的国家也要归还。一般的说法是，掠夺中立国海上商船对商业危害最大。但这个说法不能令人信服，因为陆战对商业的危害更大。真正的原因是，在陆战中，一个弱小的国家并没有力量维护它中立国的地位，而在海战中，即使是最弱小的国家，也有这种力量。因为，一个小小的炮台，就足以迫使最强盛的国家尊重其海港的中立地位。

第四，我们最后来讨论一下大使的权利。

当国家彼此之间有诸多事务需要磋商时，便有派遣使者传递消息的必要。这种使者就是大使的滥觞。在古代，由于国家之间商业贸易较少，只在特定情况发生时才派遣大使，任务完成即束装回国，这种大使就是现在的特派大使。我们在古罗马或古希腊并没有发现有常驻使节这种人员，那时候大使的全部职责是在某个特定时刻签订合约、缔结同盟，等等。首先对外派遣常驻大使的是 17 世纪初的西班牙国王斐迪南。“大使”一词也是从西班牙的动词“ambassare”（即派遣的意思）演化而来的。[①] 其实，教皇在很久以前就派有使节常驻欧洲各国宫廷，现在各国常派遣大使到其他国家的原因，就是以前教皇派遣使节到欧洲各国宫廷的原因。教皇跟欧洲各国均有往来，他的大部分收入也源于这些国家。由于这些国家时常企图侵犯他的权益，他发觉有必要派遣专人驻在他国宫廷以保障他的权益，教皇因

① Wicquefort，*L'Ambassadeur et ses fonctions*（1681），4.

此获得各种利益。当商业推广到欧洲，各国的权益问题包括一国货物在他
552 国如何缴税等已经解决时，一国的商人经常与他国商人发生争执。这些商人在他国如同陌生人，易受伤害。他们自己也常有此感受。因此，有必要派遣一个本国人专门常驻各国宫廷以保障本国人民的权利。前面已经说过，在古代，由于国与国之间来往较少，没有必要派遣常驻使节。现在，商人几乎每天都有事情需要交涉，因此有必要派遣一个具有一定权力和权威的，且可自由出入宫廷的人来防止他们发生争执。我们刚才已经说过，最先派遣大使的是西班牙国王斐迪南。起初，邻国对他派遣驻在宫廷的大使心存戒备，而他也装作没有权利派遣大使的样子。但他先依据某个特定事件派遣大使到他国，然后又提出各种问题，最后通过这种方法把大使留在当地。这种行为不久便被其他国家先后仿效，且在欧洲各君主之间普遍流行。各国不但欢迎他国派遣大使，而且认为一国不派遣大使是对本国莫大的冒犯。格劳秀斯根据对古代习惯的研究，反对驻节大使，并称之为驻节间谍。[1] 但如果他仍活在人世，他会发现在盘根错节的商业交往中，如果没有一个具有权威地位、熟稔当地情况和能够解释是非曲直的人从中斡旋，安抚各方抱怨，很可能连一个月的和平也难以为继。派遣大使，有利于维护和平。同时，通过大使提供的情报，一个国家可避免在毫不知情的情况下遭受他国的突然袭击。此外，如果一国与他国发生争端，召回大使，也可通过驻在其他国家的大使获得情报。一般而言，大使长目飞耳、消息灵通，对欧洲的一切情况了如指掌。

虽然一个国家可凭借其大使的影响力和勤勉获得一定的优越地位，但这一点在很长时期内并没有被注意到。近年来谈论颇多的均势问题在当时闻所未闻。每一个君主都忙于国内事务，无暇顾及他国事体。在驻节大使成为一种制度之前，欧洲各君主几乎没有途径获得情报。但自 16 世纪以来，欧洲各国分为两个联盟：一个是包括英国、荷兰、匈牙利和俄国等在内的联盟，另一个则是包括法国、西班牙、普鲁士、丹麦和瑞典等在内的联盟。这样的联盟一直存在着，有时一个国家退出一个联盟而另一个国家加入这个联盟。比如，现在的普鲁士与英格兰同在一个联盟，匈牙利则与法国在
553 另一个联盟。在 15 世纪，意大利各大家族也建立了类似联盟的组织。这些国家的驻节大使使得任何一个国家不能从海上或陆地压制另一个国家，他

[1] Grotius, Ⅱ. 18. 3, criticizes ambassadors; Cocceius's note ad loc., quoting Wicquefort, refers to their role as spies.

们成立了一种类似于古希腊的近邻同盟会议的组织。他们有权对相关事宜提出意见和进行协商，但无权做出任何决定。通过结盟，他们可以威胁任何妄自尊大和蛮横无理的国家。邮局对于获取情报也非常重要，因为无论是战时还是平时，邮局都对各国开放，可自由通信。这不但便利商业，也有利于各国获悉一切动态的情报。

大使人身不可侵犯，且不受驻在地法院的管辖。[①] 如果他负有债务或伤害他人，债权人或受害人须向大使所属的政府提出交涉。1718 年荷兰政府逮捕俄罗斯大使时，俄罗斯政府提出抗议，认为这违反了国际法。[②] 大使购买货物也免缴关税，因为一国之君无须缴纳关税，代表一国之君的大使当然也无须纳税。当一个大使密谋企图破坏驻在国的和平时，他可能会被拘禁。作为敬意和维持大使的尊严，大使所在的使馆可作为罪犯避难处。但他必须谨慎使用这项特权，且仅对欠债者和小过失犯者提供保护。如果他庇护罪大恶极者，则会被剥夺该项特权。大使的仆人也享有一些特权。如果这些仆人负债不还，法院可加以逮捕。但事实上法院从未主动这么做。

一国派驻他国使节的各种名称源于西班牙语。那时候的西班牙宫廷是全世界最注重礼节的宫廷，西班牙服饰也为各国竞相仿效。由于大使须拘泥于各种礼仪，在执行职务方面，他不可避免地会受到种种妨碍。一个负有协商重要事项职责的人不可能有那么多的时间花在无休止的各种拜访和回访上，全权公使由此而产生。全权公使不必拘泥于各种礼仪，任何人可随时与之洽谈各种事宜。他们的尊严不久便获得提升，使得他们不能亲自处理各种事体。全权公使这个职位持续了一段时间后，便改为普通驻节大使，地位仅次于特派大使，高于公使。公使驻在他国，执行自己的职务。 554
他有权处理和他本国有关的一切细小事务。

领事是一种特殊的司法长官，他有权对涉及本国商人的一切事务做出判决，并在管理不周、执法不严的地方保护这些本国商人的权利。

以上是一国派驻国外的外交人员的职称和职务，他们因商业推广而产生，现在则是绝对必要的了。

到此为止，我们已经讨论了自然法和国际法。

---

① Hutcheson，*M. P.*，Ⅲ. 10. 2；*System*，Ⅱ. 367.

② 正如 Cannan（279）所指出的，记录人可能将下述案件混淆了：1717 年荷兰逮捕瑞典公使，1708 年英国因债务关系逮捕俄国大使，1718 年法国逮捕西班牙大使。

附　录

概　述

561　本附录的前三个文件由斯科特教授发现，由其加以注解和评论，并在他的《作为学生和教授的亚当·斯密》一书中以《国富论部分早期草稿》的标题出版。[①] 斯科特教授发现这个草稿的情形以及这些文件的物理特征在此书中已有详述[②]，这里只补充一点。斯科特识别出学院抄写员于1762年抄写的委员会关于院长及校长权力的报告的手稿[③]，我们可以确认他在识别这方面的判断，并能提供一份写于1759年的手稿作为进一步的证明。这份手稿是《道德情操论》的修订本，准备收入第二版，也是由同一个抄写员抄写的。[④]

---

① Scott，317－356.

② Ibid.，317－322.

③ Ibid.，318.

④ 该手稿含在斯密一封收信人为吉尔伯特·埃里奥特爵士的信40里，日期为1759年10月10日。

另外两份文件是关于分工的文字片段，也是由斯科特发现的（“一些属于亚当·斯密的书信”）[①]，并由其不加以注解和评论、毫无二致地收录在《作为学生和教授的亚当·斯密》一书中。[②] 片段 FA 是单独一张对开纸，共四页（每页长 315 毫米，宽 203 毫米），写满文字，只差一点就到了最后一页的页脚。片段 FB 也是单独一张对开纸，尺寸和格式与 FA 相同，不过文字只占了两页半多一点。这两份文件明显由同一个人书写，也有同一个水印。这水印似乎与《国富论部分早期草稿》的水印相同，但笔迹却不一样。

《国富论部分早期草稿》似乎代表着亚当·斯密将其在《法理学讲义》中的“经济学”题材转变为书的形式的一种预备和初步尝试——这个尝试很可能是在稍早于 1763 年 4 月的某段时间决定的，FA 和 FB 的起源却不太确定。但正如斯科特所猜想的那样[③]，它们似乎不太像是亚当·斯密在爱丁堡时期所写的。我们的判断是基于米克和斯金纳发表的一篇文章的观点。这篇文章对《国富论部分早期草稿》、FA、FB、LJ（A）、LJ（B）之间的关系有详细的研究。有兴趣的读者可予以参考。[④]

ED、FA、FB 抄本所采纳的原则（作必要的修改）与上面 LJ（A）和 LJ（B）的相同。

国富论部分早期草稿

第二章 国家富裕的性质与原因

很明显，没有他人协助分工，单凭一个人的劳动，很难为自身提供衣 562
食住等物资，而这些物资在一切文明社会里都是人所必需的，无论是高尚之贵族，还是低贱之平民。对不列颠或荷兰的普通日工的衣食住稍加观察可发现，他的生活比印第安人酋长还要优越，尽管后者掌管着上千赤身裸

① Scott，57.

② Ibid.，379－385.

③ Ibid.，57－59. 同时参见抄本第 379 到 385 页中的题注，每一题注均以“亚当·斯密非常早期的经济学文章，爱丁堡诸多讲义之一”为开头。

④ ‘The Development of Adam Smith’s Ideas on the Division of Labour’，*Economic Journal*，lxxxiii (1973).

体的野蛮人的生死自由。日工所穿的毛线大衣，虽然外表粗糙不光滑，但需要多个能工巧匠通力协作才能制造出来。为完成这件朴素的产出品，必须有牧羊者、牧畜业者、剪羊毛者、羊毛整理者、拣羊毛者、梳羊毛者、染工、粗梳工、纺工、织工、漂白工、裁缝工等诸多人同心协力，更不必说需要多少商人和运输者。他们居于偏隅之地，却需要将这些材料从一处运往他处。即便是为了生产这些非常朴素的东西，不知道还需要多少其他的劳动者啊！织工所用的纺织机、缩绒工所用的缩绒机这样的复杂机械我就不谈了，更不谈需要靠多大规模的商业贸易、来往航运、船只建造、船帆缝制、绳索制作过程，染工才能用上各种染剂，这些染剂药材常常来自天涯海角。我只谈需要多少道不同的劳动工序，才能生产出如羊毛剪这样的简单器械。矿工、熔铁炉制造者、烧炭工、伐木工、制砖工、泥水匠、熔铸工人、轧钢工、铁匠，这些人需要把彼此不同的行当结合起来才能制造出剪刀。我们可以同样细究他的衣着和家具：贴身穿的粗麻衬衫、脚上的鞋、睡觉的床、组成床的各个部分、做饭用的炉箅子、烹饪用的煤（从地底开采出来，也许经过海运或是长途陆运才到了他手里）、厨房里的其他用具、餐桌上的一切陈设、盛放和分取食物用的陶或锡盘以及刀叉。再细考生产面包和麦酒供他吃喝需要多少工人：耙犁人、播种人、收割者、打谷者、麦芽制造者、碾磨工、酿酒商、面包师傅以及为他们各行提供特有工具的工匠，接着再细端聚光热、隔风雨的玻璃窗，回想完成这项美好发
563 明所需要的知识和技艺：没有这项发明，世界的北部地区根本就没法生存，至少现在居住在那儿的那些柔弱、娇嫩的人类不行。我们如果细究他所用的各种不同的便利品和奢侈品，并考虑到投入每一样东西的各种劳动，我们就会意识到，若是没有成千上万人的通力协作，连文明国家里的一个最寒微的人的生活所需也无法得到供给，哪怕他的这种所需如我们极其错误的想象中一般简单朴素。诚然，与显要人物的极尽奢华生活相比，他的生活无疑显得极其简单和朴素，但事实也有可能是，一个欧洲君主的生活不会比一个勤俭节约的平民优越很多，因为后者的生活超过了北美野蛮民族的首领。

为何在一个文明社会里，有钱有势的人所得到的生活必需品和舒适品优越于在一个野蛮、与世隔绝的国家里，一个人凭借其个人劳动所得到的生活？要解释这种现象并不困难。可想而知，一个能指挥上千人为之劳动的人，其生活肯定优越于一个仅靠自力更生的人。但对于那些劳动者或平

民而言，他们如何也能得到较好的供给，则似乎没那么容易明了。在一个文明社会，穷人的劳动，不仅是为了自己生存，也服务于上等人的锦衣玉食。那些支撑着好逸恶劳的地主虚荣的地租，全都是平民起早贪黑、辛勤劳作赚回来的。富人自我放纵、极尽奢侈淫逸，而这莫不来源于他们向商人提供财物所收取的利息。同样，那些依赖于宫廷的懒散轻浮的家臣也是靠纳税人的劳动为他们提供衣食和住所。相反，在野蛮人当中，每一个人都自食其力，他们当中没有地主，没有放债者和收税人。因此，如没有被相反事实推翻的话，我们自然会料想到，每一个野蛮人的生活必需品和便利品比起一个文明社会里的下等人所拥有的东西要丰富得多。

加剧这种困境的重要因素是一百个或十万个劳动者似乎应当按相同比例承担供养责任，供养一百个或十万个人，这意味着每个劳动者供养一个人。因此，假设我们将劳动生产的各种物品公正平分，我们可以预料到，每一个人所得到的东西并不比单个劳动者自力更生所得的东西要好。就一个大社会的劳动生产而言，从来不会有公正平均分配这回事。在一个由十万个家庭组成的社会里，可能会有一百个家庭完全不劳动，但他们却通过暴力或更为守序的法律压迫，比社会其他任何一万个家庭雇用更多的社会劳动力。在这种巨大的不当使用劳动力的背景下，剩余产品的分配也绝不 564
可能按照每个人的劳动比例进行。恰恰相反，劳动付出最多的人反而所得最少。一个大部分时间都用来休闲娱乐的富有商人，他从交易中所获取的利润，远远超过所有做业务的店员和会计员。这些人尽享欢愉，除了不得不到场外，几无辛苦可言。他们获取的劳动果实，三倍于同等数目的工匠的收入。而后者在前者的指示下，劳作更为艰辛和勤奋。此外，这些工匠工作时一般都有一定的保护，以免遭受风吹雨打，也有很多机器可供协助，以便利工作。他们获得的收入多于那些受制于土壤和季节变化的贫穷劳动者。后者虽然为其他一切社会成员的共同财富提供原始材料，且支撑了整个人类社会，但他觉得自己仿佛受尽压迫、处于社会的最底层，无人知晓。在这种压迫性的不平等当中，与那些最受尊敬和最有能力的野蛮人所能获得的相比，我们如何解释文明社会最底层、最受歧视的成员竟更为富足。

分工使得每个人只能从事某一特定的业务。它本身已足以解释文明社会里为什么会产生富裕的上等人。尽管财产分配不平等，财富也能惠及最底层的社会成员。让我们分析一下劳动分工在一些个别的制造业里所产生的效果，我们就可以更容易明白分工在一般的商业社会里是以何种方式运作的。我们举一个非常简单的例子，假如一枚扣针的所有部分均由一个人制造完成，那意味着他须从矿产中挖出金属，分离矿石，锻造该金属，并将之磨成细小的棒子，然后抽成小的丝线，最后再将这金属线制成扣针。一个人即使竭尽全力，一年也可能只做成一枚扣针。因此，这枚扣针的价格，至少等同于一个人在一年里的生活费用。假设他一年的生活支出为 6 英镑——这是一个具有如此巧妙独创能力的人的可怜的收入，那一枚扣针的价格也应该是 6 英镑。假如像现在这样，一个人可以直接拿到待加工的金属丝，我猜想，他竭尽全力，每天可能会制造出 20 枚扣针。按一年工作 300 天计算，扣针的生产量可达 6 000 枚。这是一个多么巨大的提升啊！他一天的生活费也因此取决于 20 枚扣针的价格。我们假设他每天的生活支出是 10 便士——这比上述的要好很多。那么每枚扣针的价格至少是半便士。考虑到金属丝的价格和商人的利润，一枚扣针的价格大概是一便士，与第一种情形的扣针价格相比，这个价格低得微不足道，但与现实价格相比仍然十
565 分惊人。对于扣针制造者而言，为了准备这个小小的奢侈品，必须要在许多人当中进行恰当的细密分工，一个人拉直，另一个人切截，第三个人削尖线的一端，第四个人磨另一端，以便装上圆头。要做圆头，需要三到四个人。装圆头、导针线，乃至包装，都有专门的职业。当这些细小的操作以此方式在约 18 个人当中进行分工时，他们很可能一天制造出 36 000 枚扣针。换言之，每个人制造出 36 000 枚扣针的 1/18，即每人日产量 2 000 枚。假设一年工作 300 天，那每个人一年可制造 600 000 枚扣针。这比上述第一种情形下，劳动者须自己制造各种设备和材料所生产的扣针的数量多 600 000倍，也比上述第二种情形下，劳动者直接改造待加工的金属丝所生产的扣针数量多 100 倍。在此情况下，每个劳动者的年度费用并不是依据第一种情形下一年一枚扣针，也不是依据第二种情形下一年 6 000 枚扣针的价格计算，而是依据一年 600 000 枚扣针的价格计算。因此，制造扣针的雇主，不但可以提高劳动者的工资，也可以前所未有的低价销售扣针。扣针的销售价格不会是第一种情形下的一枚 6 英镑，也不会是第二种情形下的一枚 1 便士，而是普遍以几十枚扣针半便士的价格出售。

分工对其他各种工艺及制造业具有如同上述细小制造业一样的效果，也会以同样的方式生产大量的产品。在一切富裕的社会，农民不过是农民，制造者也不过是制造者。生产一件完整的产品所需要的劳动，往往分由多个劳动者担任。以麻织业和毛织业为例，从亚麻和羊毛的生产到呢绒的染

色或麻布的漂白和烫平，各部门所使用的不同劳动者是如此的多啊！的确，
农业因其本身性质所限，难有细密的分工，无法像制造业那样，各种工作
泾渭分明。木匠与铁匠这两种职业通常是截然分立的，而畜牧者的业务与
种稻者的业务却不可能像前者那样完全分开。纺工与织工总是由不同的人
分开担任，但锄耕、耙掘、播种和收割却往往由一个人兼任。农业上的不
同劳动，随着季节的变化而循环。要指定一个人只从事某一种劳动，事实
上并不可能。在土地耕耘良好的国家，由于打谷者和挖沟者常年有业务，
他们的工作往往被视为完整的交易，与其他农业劳动明显不同且截然分开。
造犁者以及所有其他农具的制造者，如生产镰刀的铁匠、车轮制造者、马
车制造者，也是如此。就是农业内部这种细密分工的不可能性，使其阻碍 566
本身的改善，并难以跟上制造业的发展步伐。最富裕的国家，固然在农业
和制造业方面优于邻国，但在制造业方面的优越程度必定大于农业方面的
优越程度，即使农业具有更大的价值。法国产麦省生产的谷物，其品质之
优良与英格兰生产的谷物无异，但其价格却低于英格兰，至少在平常季节
是这样。但英国的玩具、手表、银制刀叉餐具、门锁和铰链、扣环和纽扣
等都非常精确、坚固和完美，远胜于法国。而且，在品质同样优良的情况
下，英国货物的价格比法国低廉得多。

劳动的分工，虽会引起很大的财产不平等，但不同工艺的参与，会使得产品数量激增。在一切文明的社会里，这使得普遍的财富惠及最下等的平民。由于分工所生产的产品数量如此之多，以至于不但可以满足游手好闲、挥霍放荡的贵族，同时也有剩余产品供给工艺者和农民。每一个人的劳动所制造的产品的数量是如此之多，以至于他的劳动不但可以养得起好逸恶劳之人，也有足够的剩余产品与其他劳动者的产品相互交换，获取自己所需的一切必需品和便利品。比如，我们可以回到之前提到的关于扣针的例子。扣针每一百枚价值一便士，这接近于某些类型扣针的价格。根据之前的假设，扣针制造者日产量 2 000 枚，这意味着每天可创造 20 便士的价值。算金属丝、工具消耗和雇主抽成一共是 5 便士，剩下 15 便士就是工匠的收入，足够他购买所有的生活必需品和便利品。如果他用 500 枚扣针支付金属丝、工具消耗和雇主抽成的费用，自己留下 1 500 枚用以交换所需的其他工匠的产品，情况也是一样的。就财富而言，不管我们认为一个人是拥有某种货物还是拥有与此货物等额价值的财产，都是一样的。我们假设，随着分工的进一步细化和技艺的不断改进，扣针制造者的日产量升至 4 000

枚。在此情况下，虽然这些扣针价值减少四分之一，售价每百枚 3 法新*，但工匠每天创造的价值却有 30 便士。他的雇主可能拿走 10 便士，或者 1 333枚扣针的价值，作为抽成和费用支出，制造者仍留有 20 便士，或者 2 667枚扣针的价值，作为工资。产品的价格会逐渐减少，而劳动者的工资却日益上涨。国家会有更充足的供应，劳动者也会得到更多的报酬。我并
567 不是说这些费用严格按照上述的方式进行分配，但他们可能会以这种方式进行。

通过这种方式，在一个富裕的商业社会，劳动费用会愈发昂贵，而产品愈发便宜。粗鄙的偏见和肤浅的考虑一般认为这两种情况不相容，但实践却发现它们充分和谐。社会有财力给雇员以良好的待遇，高昂的人工费应被视为是社会繁荣的证明。它还应被看作是公共财富的核心成分，或者说真正的公共财富就存在于此。在一个国家，若是财富可以很容易地创造，或者是一份小小的活儿，只要经过适当和明智的利用，就能为任何一个人提供大量的生活必需品和便利品，如果这样，这样的国家就是真正富裕的国家。显然，没有什么东西可使财富普及于每个人或分发到社会的所有成员。国家富裕是全民的富裕，是对劳动的极大奖励，除此无它。因此，国家的富裕能够提供极大的便利。但这种劳动需要熟练的技巧和判断力——这源于大社会里劳动力的联合一致。总而言之，这些劳动力由无数机器予以协助，生产了大量的财富，同时也付出了大量的艰辛劳动，这远远超过其所得的回报。因此，社会愈富裕，劳动就总是愈昂贵，而产品愈廉价。如果一些富裕国家由于其他较为贫穷的国家的技工和商人，以微薄的利润、廉价的劳动力低价销售产品，导致失去一些制造业和商业部门，这很少仅仅是因为一国富裕而他国贫穷所引起的。我们可以确定，同时有其他因素造成了这种现象。富裕的国家一定是在政策上有什么重大失误。它要么是通过不合理的关税和做法压制了贸易或制造业的某一支，要么是允许了官员抽成这种无耻行为，这常常比他们征的什么税都叫人恼火。或者它进行征税，生活必需品的价格必然上抬，导致生活变得更加艰辛，于是劳动费用被推到反常的高度，远远超出该社会据其财力能主动提高的幅度。如果没有犯这种类似的错误，那么正如一群人中，比起穷苦一点的对手，富有的商人总能压价竞争，富有的制造者总能暗中削弱对手一样，在各大社会

* 法新，英国旧铜币，1 法新等同于四分之一便士。——译者注

中，一个富裕的国家，在与穷国的商业和制造业竞争中，就像富商战贫商一样大有优势，或者优势更大。

有了分工，同等数量的劳动者所能完成的工作量比以往增加很多。这出于以下三个原因：第一，劳动者的技艺因专攻而日益提升；第二，由一种工作转到另一种工作所耗费的时间的节省；第三，许多便利于劳动的机械的发明，使得一个人能做许多人的工作。

劳动者技巧的提升，势必大量增加他所能完成的工作量。分工的结果， 568
使得每个劳动者只需进行一种非常简单的操作，而这种简单的操作持续终生，这无疑能极大增进劳动者的熟练程度。一个很少或从未制过铁钉的铁匠，虽然能够在上百个操作中熟练使用铁锤，这在别人看来，并不是很难，但我敢说，他即使竭尽全力，一天最多也只能做出二三百枚铁钉，而且还是粗制滥造，质量低劣。一个打制马蹄铁、修补门锁和门环、制造和修补铁铲以及其他一切农用具的乡村铁匠，当他手头上没有特定工作时，就利用时间制造铁钉。这样的人，如果全心尽力去做，一天可制造出 1 000 枚左右的铁钉，而且质量还可以。我见过一个十九岁的男孩，他一辈子只打造铁钉，12 个小时内就可做出 2 300 枚铁钉。这相当于上述第一个例子的 8 倍，比第二个例子多出两倍有余。但是，制钉绝非最简单的操作。同一个人，他要调整火力、鼓炉、烧铁、挥锤打制，打制钉头时还得调换工具。这些都要耗费大量时间。尽管如此，一个熟练的劳动者，一分钟可打制出近 4 枚铁钉。比较起来，制造扣针和金属纽扣所需的各项操作要简单得多，而以此为终生职业的人，其熟练程度也高得多。因此，在这种制造业中，有些操作的迅速程度简直令人不可思议，如未曾亲眼目睹，你绝不会相信人们竟然有如此能耐。

由一种工作转到另一种工作，往往要耗费一定的时间，因节省这种时间而得到的利益，比我们骤看时所想象的要大得多。不可能很快从一种工作转到使用不太相同的工具且在相隔遥远的地方进行的另一种工作。同理，一个耕作小农地的乡村织工，由织机转到耕种，再由耕种转到织机，一定会耗费很多时间。如果这两种业务能在同一个厂坊内进行，无疑可以减少很多时间损失。但即便如此，损失依然很大。人从一种工作转到另一种不太一样的工作时，通常会闲逛一会儿。当他开始新工作时，很少能全神贯注、精神饱满地投入工作。他会心不在焉，而且在一段时间内，与其说他是在工作，不如说是在打发时间。一个精神饱满、活跃积极的人，在高压力下工作时，能飞快地从一种工作转到另一种，完成大量不同业务。但即便这个抖擞、活跃的人，不被使劲催促，也达不到如此境界。在日常业务过程中，从一种工作转到另一种工作时，和懒散的家伙一样，他也慢悠悠的，打发敷衍，虽然程度不同，但态度是一样的。拖沓、懒散和粗心大意这些习惯，对于每半小时就要换一次工作和工具，且一生当中几乎每天都
569 要从事二十种不同工作的农村劳动者而言，可以说是自然养成的，甚至也可以说是必然形成的。这种种习惯，使得农村劳动者经常无所事事，游手好闲。即使事情十万火急，也不会有多大的干劲。因此，即使不是他那生疏的技艺，单是这些习惯就必定会大大减少他所能完成的工作量。

使用适当的机械能在多大程度上简化和节省劳动，这必定是大家都能感受到的。两个男人三匹马，再加上犁具，他们所能耕种的工作量多于二十个男人使用铲子所进行的耕种。通过使用风车和水车，碾磨工和雇工能轻松自如地进行工作，所碾的谷物的产量也比八个人艰辛劳作，用手磨机所磨的产量要多。用手磨机研磨是最累的工作，古代人一般让奴隶做这活儿，而且就连奴隶，若是没犯什么大错，一般也不会被罚去做这个苦工。但是，手磨机本身已是一个非常巧妙的机械，大大节省了劳动。而且比起那些用臼，或者在没有机械的协助下徒手在两块硬石中间进行磨碾成粉的方法，它所能完成的工作量要大得多。双手磨石这方法不但在所有未开化的国家里普遍流行，也存在于我国一些边陲地区。这些简化和节省劳动的器具的发明，有不少很可能都源于劳动的分工。当人们全神贯注、集中脑力于某个特定的目标时（劳动分工的必然结果即如此），大脑比在将注意力分散各处时更有可能发现实现目标的最佳捷径。第一个发明出原始、简陋形式的犁的很可能是个农夫。之后对之进行的改良，有些大概要归功于犁匠（此时制犁已经成为专门的一个行业）的心灵手巧，有些则来源于农夫的聪明才智。这些改良都不是多么复杂，并不超出我们对后者能力范围的估计。犁中最为精妙的条播犁，就是一个农夫发明的。根据现存也许是最原始简陋模式的手磨，我们可以推测，某个不幸的奴隶，被迫仅凭臂力用两块石头磨谷子（方法就和如今的画家研磨颜料差不多），很可能就是他首先想到用一个转轴支撑上面那块石头，然后再用一个曲柄或者把手来水平转动它。根据如今的手磨样式推测，把转轴一直插到下面不动的磨盘，将之与滚轮相连，第一个想到这样做的也许是个磨匠，或者那个主要或是专门靠造磨为生的人。他之所以改造原先那架原始简陋、一个普通奴隶就有

能力发明的机器，是由于劳动的进一步分工。这些改良带来了许多的好处：这样一来，所有的机械设置都在下面的磨盘上了，上面的磨盘就空了出来，方便添加给料漏斗、储料箱和传输槽，以及曲柄或把手，曲柄或把手带动齿轮垂直转动。比起带动曲柄水平转动，把人力用在推动其垂直转动上效 570
力更大。这些不同的改良很可能不是由同一个人发明创造的，而是因年月的涤荡，经验的丰富，由许多不同的技工相继发现的。它们当中一些较为简单的东西，比如储料箱和鞋子，很可能是碾磨工的发明物。但一些较为复杂的东西，比如说嵌齿轮和小齿轮，则很可能是磨坊技师的发明物。它们有着一个非常聪慧的技工所拥有的最为明显的智巧的印记。他是第一个想到用曲柄或把手代替用水力推动的外在车轮。此外，他是第一个想到利用风力来达到同样目标的人，而这除了哲学家或思想家能想到外，其他劳动者是无法做到的。这些哲学家或思想家从事的是什么都不做，但什么都观察的工作。因此，他们常常能够结合利用各种完全不同和相隔甚远的物力，而一些物力已为人知，也有特定用途，将它们有效利用，这并不超出一个机灵的工匠的能力范围。但想一下那些将新颖的、未曾用过的物力适用于实践的人，这些人属于知识渊博、见多识广的人，而不是单纯的技工。当一个技工能有如此发明时，他就不仅仅是一个技工，而是一位真正的哲学家，不管他名义上的职业是什么。只有真正的哲学家，才能发明灭火泵，并首先想到利用物力的本身性质产生如此大的效果，而这在以前闻所未闻。许多次一点的技工，使用着很不错的编织机，之后可能会发现一些比最初所使用的卓越的发明更好的方法。那些以同样方式首先发明风力机和水力机的人必定是哲学家，即使这些机械现在非常普遍，极为普通，许多次一点的技工可能随后也会对其加以改善。随着社会的进步，哲学或推测会像其他职业那样，很自然地成为某一特定阶层的人们的专门工作。跟其他职业一样，它也有很多不同的分支，有力学方面的哲学家、化学方面的哲学家、天文方面的哲学家、物理方面的哲学家、纯哲学方面的哲学家、伦理方面的哲学家、政治方面的哲学家、商学方面的哲学家和批判方面的哲学家。哲学上的这种分工，如同其他行业的分工一样，提高了技巧，也节省了时间。每一个人都擅长于自己的领域，这不但会增加整体的成就，而且也会大大增进科学的内容。

引起上述诸多利益的分工，原本不是人类智慧的结果，尽管人类智慧预见到分工会产生普遍富裕并想利用它来实现普遍富裕。它是不以这广大效用为目标的一种人类的特定的原则或倾向缓慢而逐渐造成的结果。这种倾向，为人类所共有，亦为人类所特有，即互通有无，物物交换，互相交
571 易。这种倾向为人类所特有是显而易见的，其他各种动物都找不到这种习性。其他各种动物，似乎都不知道这种或其他任何一种协作。两只猎犬同逐一兔，有时表面上看像是在相互协作：它们把兔逐向对方的方向，或在对方把兔逐到它那边时，加以拦截。但这种协同动作并非契约的结果，而是在某一特定时间，它们的欲望对于同一对象的偶然的一致。从来没有人见过一种动物，会以某种姿势或自然呼声，示意其他动物：此为我有，彼为你有，我愿以此换彼。一个动物，如想从某个人或其他动物那里获得某物，除投其所好、博取对方欢心外，并无其他说服手段。小犬要想进食，就得向母犬百般献媚；家狗要想得食，就得做出种种娇态，以唤起餐桌上主人的注意。我们人类有时也采取这种手段，当没有其他适当方法能使他的意愿得以满足时，他就会使出各种阿谀奉承的手段，博取对方的善意。但由于时间不允许，这种手段只能偶尔为之，不能用于多个场合。一个人尽其毕生之力，恐也只能博得几个人的好感，而由于人类本性所需，人们随时都有获得多数人协作和援助的必要。但其他动物，几乎都能独立生存，在正常自然状态下，并不需要其他动物的协助。当有不寻常的灾难降临时，其凄惨悲伤之哀嚎有时会唤来同类的帮助，甚至有可能打动人类前来解救。但是，若是碰上那种外界帮助必不可少的情况，动物一般就没什么指望了，多半得不到帮助，只有死路一条。通常情况下，这种事儿难得发生一次。而大自然一贯简练节约，根本没有好好想过要给这种情况安排什么特殊应对措施，就像对于在茫茫大海上遇上海难的人，她也不施以援手一样。她已经想到，她的主要目的，即每一种动物的延续与繁殖①，不会因为这些不寻常的、特别的意外所阻断。动物一到壮年期，就几乎无需其他动物的帮助。但人类几乎随时随地都需要同胞的协助。而仅仅依赖于他人的恩惠，那肯定是徒劳无功的。他如果能激起他们的利己心，告诉他们，给他做事的同时也是有利于自己的，那他要达到目的就容易多了。无论是谁，如果他要与他人做买卖，他须先提议：请给我所要的东西，你也将获得你想要的东西。这句话是一切类似交易的通用语言。我们所需要的相互协作，很大部分是通过这种方式取得的。我们每天所取得的食物和饮料，并非出于屠

① 在 TMSⅡ. ii. 3. 5. 中，斯密写道“自然的两大目的，个体的抚养以及物种的繁殖”。

夫、酿酒师和面包师的恩惠，而是源于他们的利己心。我们不会说唤起他们利他心的话，而会说唤起他们利己心的话。我们绝不会说自己有需要，而是说对他们有利。除了乞丐，没有一个人会主要依靠他人的恩惠过生活。即便是乞丐，也不能一味依赖他人。诚然，乞丐所有生活物资的供给，来源于善长仁翁的慷慨解囊。这种慈悲之怀虽然最终能够提供乞丐所需的一切东西，但这没有也不可能随时随地地满足他的需求。他的大部分临时需求与其他人一样，是通过契约、交换和买卖得到的。他拿别人施舍的钱去购买食物，拿别人给他的旧衣去交换更合身的衣服，或交换一些食物或住所，或先把旧衣换成货币，再用这些货币购买自己所需的食物、衣服和住所。 572

由于我们所需要的相互协作，大部分是通过上述这种交易和买卖的方式取得的，所以最初产生分工也正是因为人类要求相互交换的这个倾向，而分工是文明社会整体富裕的基础。在狩猎或游牧民族中，有个善于制作弓矢的人，有时会与猎人交换兽肉或家畜。他后来逐渐发现，以弓矢与他人进行交换所得到的兽肉或家畜，要比自己亲自去野外打猎多得多。为自身利益考虑，他逐渐专注于制造弓矢，并因此成为一个类似兵器制造者的人。另外一个人，则擅长于建造小棚屋或可移动房屋的框架和顶。因此他习惯了同一个部落的人常请他去帮忙，给他家畜兽肉作为回报，直到他终于发觉，专事这个工作于己有利。于是，他便成为一个类似建筑木工的人。同样方式，第三个人成为铁匠，第四个人成为制革者，皮革是野蛮人的主要衣料。这样一来，每个人都可以把自己劳动生产的不需要的剩余东西与他人劳动生产的剩余东西进行交换。这也使得人人都能够全心投身于某个特定的职业，并在各自的业务上磨炼和发挥自己的天赋资质或才能。

人类天赋才能的差异，实际上并没有我们所感觉的那么大。人们壮年时在不同职业所表现出来的极不相同的才能，很可能是分工的结果，而不是分工的原因。两个人什么样的差异能够比哲学家与普通搬运工的差异大呢？但他们这种差异很可能起因于习惯、风俗和教育，而不是天资。他们生下来，在五六岁以前，彼此天性颇为相似。亲朋好友也很难在他们之间发现任何显著差别。大约在这个年龄，或此后不久，他们就从事于截然不同的职业，于是他们之间才能的差异，慢慢地显现，并逐渐扩大。结果， 573
由于受到虚荣心的驱使，哲学家简直不愿意承认他们之间有任何相似的地方。然而如果人类没有互通有无、物物交换和相互交易的倾向，每个人都须亲自生产自己所欠缺的一切必需品，人人都需自力更生。所有人的工作和任务全然相同，而因工作差别所产生的品性的巨大差异也就不复存在。正因如此，野蛮人之间的品性的相似度远远大于开化民族的相似度。在野蛮人当中，几乎没有分工，各种职业也因此没有显著区别。而在开化的民族里，各种职业纷繁多样，每个职业之间的任务也极少有相似的地方。奥西恩笔下的诸多英雄，他们的品性是多么的完美统一。相反，荷马所歌颂的那些英雄则个性不一。奥西恩描写的是狩猎时期人们的英勇事迹[①]，而荷马描绘的是两个民族之间的斗争，虽然这两个民族与真正的开化民族相距甚远，但比游牧民族开化多了。他们开垦土地，建造城镇。在史诗里，他提及很多不同的交易和职业，如砖石工、木匠、铁匠、商人、占卜者、牧师和医生等。正是这种互通有无、以物易物、相互交易的倾向，不仅造成了不同职业的人们彼此之间天赋与才能的巨大差异，也使得这种差异各有所用。许多同种但不同属的动物，它们得自天性的天赋资质的差异，比人类在未受习俗熏陶和未受教育以前得自自然的天赋资质的差别大得多。就这种天赋资质而言，哲学家与搬运工的差异，比猛犬与猎狗的差异，比猎狗与长耳狗的差异，比长耳狗与牧羊犬的差异，小得多。但这些同种不同属的动物几乎没有相互利用的机会。猛犬的强力，决不能辅以猎狗的敏捷，或是辅以长耳狗的聪慧，或是辅以牧羊犬的柔顺。它们因为欠缺交易的能力和倾向，不能把这些不同的天赋才能组合成一个共同的资源，因此，它们也就不能增进同种的幸福。各动物至今为止，仍然是各自为生，各自保卫自己。自然赐予它们种种才能，它们却不能因此受益。而人类却完全相反，即使是极不相似的才能，他们也能交相为用。本着互通有无、以物易物、相互交易的一般倾向，他们把各种才能所生产的不同东西，结成一个共同的资源。搬运工可为哲学家所用，他不仅可为后者挑背东西，减轻负
574 担，也促进几乎一切的产品交易和制造，而这些产品也为哲学家所需。这些贫穷的、受人鄙视的劳动者，他们在所有的城镇里都有特定的职业，有人负责将货物从一个地方运输到另一个地方，有人负责包装和拆卸，他们在各自分工的业务里，拥有更强的能力，也更为熟练和迅捷。正是有这些劳动者，我们从任何一个商店或仓库买的任何东西，价格越来越便宜。如果这些货物在售卖之前，运输、包装和拆卸由能力不强、不够熟练的人操

① “在奥西恩诗篇中，我们可清楚地发现我们处于不同时期社会的第一阶段，在此阶段中，狩猎是人们的首要职业，也是他们获得生存的主要方式”。见 Cf. Hugh Blair, *Critical Dissertation on the Poems of Ossian*（1763），17。

作，那这些商品将会变得昂贵。因为这些人同样的工作量需要付出更多的时间，也必将获得更多的工资，而这些工资也会反映到商品的价格上。另一方面，哲学家同样也能为搬运工所用。哲学家不但可以跟其他人一样，成为搬运工的顾客，他在很多其他方面也能为搬运工所用。如果哲学家的思索改进了机械工艺，那因此带来的利益无疑可惠及最下层的平民。有了灭火泵，无论是谁从事烧煤的职业，他都能因此获得更有利的讨价还价的地位。有了风车和水磨机的发明和改善，吃面包的人也受益匪浅。即使是那些没有推动发明和改进的思索也非一无所用，它至少可以保留那些发明和改进并将之传续到下一代。他们可以解释这些发明创造的依据和理由，不致让那些有用的知识逐渐消失。此外，在富裕和商业社会里，思考或推理与其他职业一样，成为一门特定的只有少数人从事的职业。他们用尽一切为大多数劳动者所拥有的想法和推理服务于大众。随便找一个普通人，让他不偏不倚地审视一下他所拥有的非自己专业领域的知识，他就会发现，他的几乎所有知识都是二手得来的，其来源或是书本，或是年轻时接受过的书面教育，或是与某个学识渊博的人的几次对话。他会发现，只有极少一部分知识才是他自己观察或思索的结果，其他的知识都是他“买来”的，就像他的鞋袜是从那些专事制造和销售这种货物的人那里买来的一样。正是以此方式，他获得了关于宗教、伦理和政府等重要科目的概况，也有了关于个人幸福或祖国福祉的笼统观念。他关于这些重要问题的整体知识体系，追根溯源几乎都是他人辛勤劳作的成果。从这些人手里，他自己，或是那些负责他的教育的人，通过交换，用自己工作的部分成果换取知识，其方式与换取任何其他商品并无二致。

接下来几章的内容

第三章　交易的规则或决定货物价格的情形，关于下述问题的探讨

第一，足以诱使劳动者从事任何一项特定工作的价格。该价格须充分 575
满足以下条件：（1）能维持他的生活；（2）可以偿付他为此而付出的教育费用；（3）可以补偿他可能面临的风险，包括不能存活足够长的时间以获得这些补偿费用的风险，以及他虽能活很久，但不能继续交易的风险。关

于乡村劳动力的价格，关于手工艺品的价格，关于设计独特的工艺品的价格，关于自由职业的价格，关于银矿的利润。

第二，由市场确定的价格，以及由以下因素调整的价格：（1）任何一种特定货物的供需情况；（2）与供需相应的货物的充裕或稀缺情况；（3）需求人的贫富情况。

第三，这两种价格的联系。在相当长的一段时间内，市场价格决不能高于或低于足以鼓励劳动者从事工作的价格，除非公共政策出现重大失误。公共政策的目的在于，当价格太高时，阻止劳动的价格与其保持一致。当价格太低时，又迫使劳动价格高于其自然价格。

第四，国家或公共财富在于与劳动工资成比例的商品的廉价。任何促使它们价格高于刚好鼓励劳动者从事工作的价格的事物，都会减少国家或公共财富。如行业的消费税以及其他税收、垄断。

第五，所有国家都有一种所谓的行业自然平衡，即人们有根据工作的需求从事相应某项职业的倾向。任何打破这种平衡的东西都会伤害国家或公共财富，不管这些东西是设法阻止某些产业，还是极力鼓励其他产业。如法国国王颁布敕令，禁止耕作新的葡萄园，以及其他国家也颁布类似荒谬的法律规定，如对某种特定商品的出口或生产进行补贴。诚然，这种补贴会使商品变得廉价，因为政府支付了其中一部分价格，但其他产品的价格会变得昂贵。总体而言，产品的价格会有所提高。如对玉米的补贴，会使得玉米价格下跌，玉米农场的地租也会因此下降。但该数量的减少会促使草农场的地租上涨，从而使得肉贩售卖的肉的价格、干草的价格和饲养马的费用上涨。马车的费用也会因此提升，而这会使得国家的内陆商业处于窘困的境地。

第四章　货币的性质、起源及历史：货币首先作为价值尺度，其次作为交易媒介的探讨

关于第一点，除讨论法国、英格兰和苏格兰的铸币的一般历史外，我没有什么新颖的或特别的要讲。我们将探讨这些国家铸币所历经的不同的变化、它们的产生和效果，但不讨论那些被称为商品的货币价格。人类生产从来都是平均分配在促进白银和商品成倍增长上的。但比起让白银增长，人类更有能力让商品增长。可想而知，后者数量的增长比例必定大于前者。
576 因此，货物的货币价格应当每时每刻都在持续下跌。但事实并非完全如此。

在野蛮和愚昧时期，货物价格极其低廉，因某种原因，价格逐渐上升，直至社会达到文明和改善的某个特定高峰。当社会继续发展，拥有更多财富和改善时，货物价格又开始下跌。在过去的近一个世纪里，英格兰的货物价格总体上处于下跌状态，如果不施以人为的不恰当的关税和不正当的专营，它们会跌得更厉害。尽管中国和莫卧尔帝国有大量的金银，但它们便宜的货物价格是这些国家拥有巨额财富的结果。

关于第二点，在解释了贵重金属作为商业的通用工具或交易媒介，以及这些金属是如何自然而然地具有上述用途后，我将试图探讨以下几点：

第一，货币的唯一效用是使货物流通，即让衣食住行等货物流通，但货币本身并非衣食住行。在任何一国的全部财货中，转化为货币，承担流通功能的财物比重越大，它的衣食住等物资就越少，这个国家就越贫穷和虚弱。货币如果只作为货物的流通媒介，就是一大笔呆滞资产，没有任何产出。大概可以将之比作一条公路：尽管公路有助于促进这个国家的禾草和谷物产品流通，从而间接为提高它们的产量做出了贡献，但它本身既不能种草也不能产谷。

第二，任何一种能够让一国以少于必要的货币数量使其产业流通的发明必定具有极大的好处，因为节省下来的货币可用于购买国外货物，从而使更多的人能够饥有食，身有衣，住有宿，不愁生活与工作。这些产业所产生的利润将继续增进公共财富。银行和钞票就是此类发明。它们让我们可以隔空交流，照样顺利地完成交易，这就好像是给我们开了条条大路一样。因此，除非出于防止欺诈和滥用的必要，如果通过专营专卖或其他限制措施束缚这些发明，必将妨碍公共财富的发展。古代和现代银行的沿革发展。

第三，无论是国内还是国外，国家财富，或者国家富裕的效应既不在于也不取决于货币量，甚至与金银储量无关，而在于国家本身。不同种类的商品中，没有哪种必然比其他的更受欢迎。从假设和实践两方面同时证明相反观点的坏影响。

在理论上，它产生了孟先生和祁先生二人的学说体系，曼德维尔的学说也是基于前者的体系而建立的，休谟则试图反驳他们。

在实践上，它产生以下影响：

(1) 有些国家禁止出口谷物或金银条。这种禁止幸好总是不起作用。 577
即使有所效用，迄今为止，也只是使国家变得更加贫穷。首先，一个国家的金银无论再多，超出其产业所制造的货物的流通所需，也如同死宝，一无所用。但如果这些金银允许输出国外，那么自然就会有更多的人通过对外贸易拥有衣食住和就业机会。国内产业也会因生活必需品和便利品的大量增加而真正促进国家富裕。其次，金银的不必要的累积，会使这些金属的价格相对于其他货物而言变得低廉，这会导致所有货物价格的上涨。在其他国家的货物价格较为低廉的情况下，货物价格高涨的国家，无论是在国内还是国外，均会面临他国的低价销售，从而使得国内产业停滞，农民、制造工人和商人停止工作。西班牙和葡萄牙因此禁令和其他一些原因而遭受此种悲剧。

（2）不合理限制某些特定商业部门和不合理鼓励其他商业部门。他们一方面声称将货币与国外交换消费的货物会使我们的货币流失，另一方面声称将货物与国外交易，获取真金白银，能使我们更加富裕。这些观念是多么拙劣、低级和愚笨。第一，能使一个国家与另一个国家不断打交道的商业的每一个部门都是也必将是有利于双方的。它们将各自没那么需要的东西与对方交换自己更需要的东西，将本国一些价值不大的东西与他国换取一些本国价值较大的东西。各国因此而增进真正的财富，同时也增强了各国对其国民的衣、食、生活和就业等的提供能力。第二，任何限制交易自由的东西均会阻止产业发展，也会妨碍分工，而后者是社会富裕的基础。大家都承认一切出口禁令都会阻碍产业发展，然而，禁止进口也一定有同样的效果，因为无论你是禁止我在我能获得最大利益的地方交易商品，还是禁止我换取能让我获得最大利益的商品，效果都是一样的。比如，如果你禁止进口法国葡萄酒，你就阻碍了一切可与之交易的产品的组织劳动。至于是用那劳动制造一块阔幅布，还是从巴西进口黄金，对于国家富裕而言都是一回事。如果那些布料超出国内消费需求，则必须销往国外。如果那些黄金也超出国内流通媒介所需或所给，那跟布料一样，这些黄金也须输出国外，换取可供国内消费的货物，那为什么不换取法国葡萄酒呢？第三，每一个行业所制造的产品，如非意外毁坏或被外敌掠夺，都必须也应
578 该在国内消费，不管是实质上被消费还是历经一次、二次、三次或是三百次的交换。这不仅不会拿走或减少国家因此而得的利润，正是这种情况会使所有的产业让国家有利可得。由于这些产品仅用于国内消费，更多的人可维持其生活和获得就业，与之前的艰苦生活和无业相比，这些人的生活会更加惬意，国家在各个方面也因此而更加美好。第四，从来没有一个国

家因为贸易差额而陷入破产。国家之所以陷入破产，是因为其国民每年消费量超出其产业的年度生产量，且该国没有任何对外贸易。第五，缺乏货币，没有一个国家的产业和富裕能够长久持续。货物对货币的掌控需要大于货币对货物的掌控需要。第六，一切特别的扶持措施都会破坏商业和制造业的产业的自然平衡，也会阻止财富的增长。如英国对法国、葡萄牙的贸易，跟与葡萄牙的自由贸易相比，与法国的自由贸易可使大不列颠更为富裕，因为法国更为富有，可以提供更多的产品，也会向我们输入更多的货物，从而使得两国的贸易方式更为多样化，也具有更多的价值。这无疑会鼓励大不列颠出现更多的产业和产生更为细密的劳动分工。只有满怀愤懑和民族偏见才会使人另作他想。关于英国商人。

（3）认为国家财富在于货币的理念已经产生了现行的致命的观点，即我们在国内肆意挥霍，也绝不会有害，因为这些钱都挥霍在我们国内，而非流失到国外。一个人花掉钱，意味着另一个人得到这笔钱。一批生活便利品和必需品在国内被浪费，或是同样一批物品或者购买这批物品的资金在国外以同样的方式被浪费，两者都造成公共财富的减损，且没什么差别。无益的海战几乎同徒劳的陆战一样于公共财富有害。

（4）两个错误观点，一个是国家财富在于货币，另一个是贵重金属的价值是由制度和契约决定的，这两个错误观点一起构成了著名的劳氏体系。这位先生以为，就像某国家的国民现在认同一种特定纸币代表一笔特定数目的钱一样，一些适当的措施会让他们渐渐认定一种纸币对应一个特定价值，甚至更喜欢那张纸而不是那笔钱。如果这个设想能够实施，那掌控纸币发行的政府就可以刺激产业生产，增加军备，支付军饷，配备合适的军舰。这些费用支出的代价仅仅是建造一个造纸厂。关于这些设想的自大以及劳氏体系主要运作的过程及分析。关于南洋计划。

第五章　关于财富增长缓慢的原因

财富增长缓慢有两个原因，一个是天然障碍，一个是政府的压迫或判断不当。

人类最初的贫困和愚昧是财富增长缓慢的天然障碍。与个人一样，国家由小康迈向富裕远比由贫困步入小康容易。谚语有云，钱能生钱。个人如此，国家也一样。原始财富积累困难重重以及面临各类突发状况。当初发觉这些（如今看来是再普通不过的发现）的历程艰难缓慢。国家不总是 579

可以模仿、照搬富有邻国的创造和改良，因为要实施这些经常需要大笔资金，而国家却不具有这个资本。

人类几乎不可避免地受制于政府的压迫或判断不当，这在社会初期特别明显，也使得天然障碍大量增加，而这些障碍本身并不易被克服。政府的压迫和失误对农业和工艺商业都有影响。

第一，农业在一国举足轻重。它每年生产的价值超过任何其他的工艺。土地的耕种取决于耕种者拥有的种植原材料与待耕种的土地面积间的比例。因此，任何阻止耕种者积累财富或者在他们积有一定财富后便阻止他们继续从事该种行业的，均会妨碍农业的发展。

一个独立国家的首领，无论是通过征服还是其他方式，将任何一个国家殖民后，一旦有私有产权的观念，他们就不会空着一块土地。受人类贪婪本性所驱，他们会不断夺取大片土地，即使超过他们耕种的能力。同样出于这种贪婪，他们不愿与自由人分享这些土地的利润，对于一些超出他们能力范围而无法耕种的土地，他们试图借助于战俘或用其他某种方式购买的奴隶，这些奴隶从来不能积累资金。

由奴隶进行的耕种

由奴隶进行耕种的土地绝不会物尽其用，由奴隶完成的工作总是比由自由人完成的工作昂贵。内容涉及古希腊和古罗马奴隶耕种产出少，费用高的情况；我们的撒克逊和诺曼祖先的农奴制度；关于德国和波兰的耕农、俄罗斯的庄稼人以及苏格兰那些在煤矿和盐矿的工人。还会讲到虽然在巴巴多斯以及其他一些出产糖和烟草的殖民地，劳动也几乎完全由奴隶完成，但那些地方的耕地产量极高，这是因为前者完全由英国人、后者由英国人
580 和法国人垄断。因此他们享有类似于专卖的权利，耕种方式虽奢侈浪费，却有超高的利润做保障。会讨论到奴隶在甘蔗种植园进行的耕种需要的巨大的支出，以及种植园主获得的更为过分的利润。种植园主在更北的殖民地，主要耕种谷物和印第安玉米，利润并没有前者那么多，因此雇用奴隶进行耕种并不符合他们的利益。但宾夕法尼亚州、新泽西州和新英格兰地区*比弗吉尼亚州更为富裕，人口更为稠密，尽管其烟草普遍价格较高，是利润较高的作物。

---

* 美国东北部六州的统称。——译者注

由古代分益佃农或使用钢弓的佃户进行耕种

从全球整体而言，只有很小一片地区由于种种原因而废除奴隶制，代替奴隶耕种的自然是古代的分益佃农或使用钢弓的佃户。在租约开始时，领主会给予佃农一定数量的牛，在租约结束时，佃农须将此数量的牛以同样良好的品质归还领主。佃农们就用这些牛来耕地，最终的农产品他们要和地主分。收割下来的谷子成捆绑地堆在田里，双方轮流挑选他们要的那捆。这样的佃农绝不可能使土地得到最大效益的利用。原因在于：第一，除非有极大困难，否则他们不可能积存财富；第二，即使他们有所积累，他们也不会用于改进土地，因为那些对土地没有任何投入的领主也照样与他们共分利润。西欧的大部分地区都是以这种方式进行耕种——这些仅占世界一角的地方已废除了奴隶制，特别是法国，约六分之五的土地仍然由这种佃户进行耕种。

由名副其实的农民进行的耕种

在某些地方，取代分益佃农或使用钢弓的佃户的是名副其实的农民，或者那些拥有终身或某个特定年限的租约，一开始以实物支付，后来以货币支付的佃户。这些佃户似乎原来是分益佃农，尽管面临不少压迫，他们也积累了一些财产，可用于土地。鉴于此，他们向领主提出签订这种契约。这些农民，拥有一点财产，且无须担心租金的立刻上涨，他们既能够也愿意对土地进行改进，但他们的劳作仍然面临各种困难和挫折。土地租约是基于契约而签订的，它本来也自然仅赋予佃户个人权利。该权利可对抗出租方以及他的继承人，但却不能对抗土地购买者。因此，如果一个佃农对他所租赁的土地做出某种改进，使其价值大大提升，那么他可确信，他将
被真正的或假装的购买者所赶走。论述英格兰和苏格兰的法律首先规定， 581
土地租约可对抗购买者，但这个政策仅为大不列颠所特有；介绍其他使佃农备受挫折劳作的情况；介绍以实物缴纳租金的弊端以及首先采用以货币缴纳租金的困难；介绍按年限计算或随时终止的租约；论述全欧洲的佃户长期受地主的意愿左右，为他们提供服务，地主随心所欲，佃农不堪重负；介绍某些国家约束或废止上述状况的法律，阐述制定这些法律的政治原因，并分析在这些国家，佃户在多大程度上依然需要继续提供这类服务；介绍征收权；介绍所有佃农均需缴纳的随意的和过高的税，这种情况在何种程度上仍然存在于诸多国家；论述法国领主及君主征收的租税以及其对农业的影响；论述在英格兰，法律赋予某些佃户可投票选举国会议员的权利对

农业的益处。该选举权利可使地主和佃户之间建立相互独立关系，并迫使前者在涉及自身利益，试图增加租金或以其他形式强取佃户利益时保持谨慎。英格兰人享有的自由高于苏格兰人。

欧洲各国首领最初占有的土地可永久持有，这源于以下三个不同原因：第一，古代封建政府对土地转让所施加的各种限制依然广泛存在，即使该政体已全然消失。该限制所要求的种种繁冗的形式仅针对土地，而不包括其他财产，即使后者价值连城。第二，通过限定继承和财产恒继。第三，通过长子继承权。一些殖民地财富得以迅速增长的理由，在于这些殖民地的土地因某种措施未被独占，大部分土地的耕种由土地所有者而非农民进行。介绍英国北美殖民地。

关于其他阻碍土地耕种的情况；关于什一税；关于古代欧洲几乎所有地方根据古老的治安法颁布的谷物出口禁令。古罗马完全建立后，也时常禁止谷物出口，加上西西里岛政府、埃及政府和南非政府每年向其人民发放极为廉价的谷物——这如同奖赏进口一样会产生阻碍国内耕种的效果，这两种情况使得古意大利人口减少。用老加图的话说："当被问到若使拥有土地，怎样最能获利，那人回答：'把牲口养好。''稍次一点的呢？''把牲口养活。''第三位的呢？''把牲口养糟。''第四位？''种庄稼。'"①

关于劳动分工的第一个残篇（FA）

582 对于同样的工作量需要付出更多时间的人而言，他们需要获得更多的工资，而这些工资必将反映到商品的价格上。另一方面，哲学家也为搬运工所用。哲学家不仅可以跟其他人一样，成为搬运工的顾客，他在很多其他方面也能为搬运工所用。如果哲学家的思索改进了机械工艺，因此带来的利益无疑可惠及最下层的平民。有了灭火泵，无论是谁从事烧煤的行业，他都获得更有利的讨价还价的地位。有了风车和水磨的发明和改善，吃面包的人同样也受益匪浅。即使是那些没有推动发明或改进的思索也非一无所用。它至少可以保留那些发明和改进并将之传续到下一代。他

① 斯密凭其记忆引用这段对话。西塞罗的原文与此在文字上稍有差别，但意思一致。

们可以解释这些发明创造的依据和理由，不致让那些有用的知识逐渐消失。

分工起因于交换能力，因此，分工的程度总是与交换的能力成比例。每一种行业总是或多或少以较为理想的方式进行。换言之，每一种行业会按照市场的广狭比例——市场的广狭与交换能力明显是一回事，尽其所能，对各自行业的内部进行较为精准的划分。当市场过小时，一种职业不可能与另一种职业截然分离，但在市场较为广阔时，这种分离却自然产生。比如，在一个小村落里，不可能存在像搬运工这类职业。因为在这样的村庄里，所有的从一个房子到另一个房子的挑重工作，对于一个全职的搬运工而言，一年也没有一个星期的时间完全被人雇用。即使在市场较为广阔的城镇，这种业务也很少会与其他职业完全分开。同理，在远离城镇的荒凉的小村庄里，每个家庭都须自己烘烤面包、酿造啤酒，在这上面花自己的钱，费自己的功夫，并因此打断自己的工作，同时需要养活一大批仆人，而若不是因为这个，根本是不需要这么多仆人的。在一些荒山野岭，比如苏格兰高地的大部分地区，我们同样不能期望在二十或三十英里内找到两个铁匠、木匠或泥水匠。零星散居在离上述任何一个工匠十或十五英里之
外的人家，只好学会亲自动手做许多小活计；若是他们住在人口稠密的地 583
方，这些活计很容易就可以雇到某位工匠做。而现在，他们的财力只允许自己在特别的情况下去请工匠。在北美的一个大多数是猎人的野蛮部落里，能够顺利存活的最多的人数几乎不超过一百人或一百五十人。在这个部落里，各村庄相隔甚远，彼此走动不但困难重重，而且危机四伏。因此，即使是同一个种族，不同村庄之间也很少交流，除非遇有战事或相互捍卫。在这样的国家，一种职业不可能完全脱离其他职业。一个人可能在某一特定方面比谁都熟练灵巧，但由于缺乏市场，他能生产出来的大部分产品都找不到出路，既卖不掉也无法换其他产品，因此他根本不可能把全部精力都投入在自己擅长的职业上。这就导致了贫困，这在这种社会是不可避免的。在鞑靼人的部落或野蛮的阿拉伯人那里，他们大多是牧羊人，能够很
方便地群居。他们并不以危险的追捕为生，而是依赖于在临近的村庄田野 584
里吃青草的牛羊的奶水和肉。靠近好望角的霍屯督人是世界闻名的最野蛮的牧羊民族，但他们任何一个村庄，据说人数一般能多达五百人。鞑靼人的一个游牧部落的人数则通常是前者的五、六甚至是十倍。因此，在这些国家里，他们很少与国外通商，国内市场也相对较为广阔。我们可以预料

到这里会有一些类似分工刚开始时的东西。因此，根据科尔本先生的说法[①]，即便在霍屯督的村庄，也有铁匠、裁缝甚至医生等职业。从事这些行业的人，他们虽非完全却主要以各自的职业为生，这使得他们明显区别于其他人。在鞑靼人和阿拉伯人当中，我们发现有更多的各种职业开始独立的迹象。因此，一般认为，霍屯督人比北美的民族更为富有，但次于鞑靼人和阿拉伯人。农业的发展先于完全的分工。同等数量的土地，不仅可以生产谷物，而且还能喂养更多的牛。更多的人也因此可以舒适地聚居在一起，国内市场也因而变得更为广阔。铁匠、泥水匠、木匠、织工和裁缝不久便发现，不用亲自耕种土地符合他们的利益，他们可以用各自从事的行业所生产的产品与农民交换那些他们曾经生产的谷物和牛羊。农民不久后也发现，无须为了制造家用衣服、建造或修葺自己的房屋、修缮或制造农具或家具而中断自己的耕种，他们可用谷物和牛羊作为报酬，雇请其他专门的技术工人来协助。

关于劳动分工的第二个残篇（FB）

585 10个人驾船从利斯港出发，载重200吨货物，通常6天（但经常3天就足矣）能抵达同一个市场。有了水运，从爱丁堡到伦敦，8人或10个人，要比用396匹马拉的66辆窄轮马车和132人护送，或者320匹马拉的40辆宽轮马车和80个人护送的货物要多，且时间更短。而且，将载重200吨的货物由爱丁堡运往伦敦，如果选择最便宜的陆运，也需要负担80个人3个星期的生活费和320匹马40辆马车的维持费，后者费用虽然低于前者，却具有很大价值。若选水运，同样载重的货物，同样的路程，所负担的也不过是8到10个人14个晚上的生活费以及载重200吨货船的消耗费。假如爱丁堡与伦敦之间，除陆运外，没有其他交通方法，那么除了那些价高轻便的货物外，便没有什么其他商品能在这两地之间进行运输了。这样，两地间的商业交往，还没有现在的1%，对彼此之间的产业发展所提供的刺激也不够现在的1%。若只有陆运，世界上相隔甚远的地区之间的商业，也必定

---

① Peter Kolben (or Kolb), *The Present State of the Cape of Good Hope* (German edn., 1719; English edn., London, 1731). 斯密在此段落对霍屯督的评论很可能来源于英文版一书，即卷1第216页；第十九章关于铁匠和裁缝以及第二十五章关于医生。

无法进行。很少有贵重的货物，能够负担得起由伦敦运至中国广州的陆上
运费，而现今两地之间的商业交往如此广泛，以至于这些交往对双方的产
业发展都大有促进。因此，工艺和产业的改良，总是首先发轫于水运便利
的地方，我国北美殖民地大规模的种植园，都是沿着海岸和河岸而建，很
少扩建到离此很远的地方。苏格兰詹姆斯六世曾说法夫郡如同镶有金花边
的粗糙羊毛外衣，当时的法夫郡属于内陆，非常贫瘠，但海岸地带却得到
了充分的开发。这种说法也适用于大部分北美殖民地。在全世界所有国家
中，开化最早的似乎是地中海沿岸各国。地中海是世界至今为止最大的内
海，没有潮汐，除偶有风起浪涌外，也没有波涛。而且海面平滑，岛屿星 586
罗棋布，离对面海岸也很近，在罗盘针尚未发明，造船术尚不完善，人们
不敢远离海岸，视惊涛骇浪为畏途之时，地中海最为适宜初期航海。地中
海沿岸各国中，农业耕种最好或制造业改良最大的，应是埃及。上埃及的
繁盛区域，都在尼罗河两岸的五六英里内。在下埃及，尼罗河分成很多大
小不一的支流，只要略施人工，这些支流，就像现在的荷兰，不但可在各
大城市间，而且在各重要的村庄间，甚至在几乎所有的村野各农家间，提
供水上交通。内陆航行和商业往来如此广泛和便利，难怪埃及发展如此之
早。中国沿海省份和东印度孟加拉各省似乎在很早的时候便有农业和制造
业。所有这些国家，与埃及大同小异，内有无数条水道，为它们提供了极
为广阔的内陆航行。

参考文献[①]

Abu'l Ghasi (Husain), *Shajarat al Atrak*: Eng. trans. *The Genealogical History of the Tatars*, in *A General History of the Turks, Moguls and Tatars with a description of the countries they inhabit, made English from the French* (2 vol., London, 1729–1730), 216

Acts and Ordinances of the Interregnum, 1642–1660, ed. C. H. Firth and R. S. Rait (3 vol., London, 1911), 237

Afranius in *Comicorum Romanorum Fragmenta*, ed. O. Ribbeck (Lipsiae, 1898), 180

Ammianus Marcellinus, 364 (ASL)

Aristotle, *Nicomachean Ethics*, 88 (ASL)

① ASL indicates that *an* edition of the work (or the collected works of the author) was in Smith's library, as reported in J. Bonar's *A Catalogue of the Library of Adam Smith*, 2nd ed., London, 1932, or H. Mizuta's *Adam Smith's Library* (with a check-list of the whole library), Cambridge, 1967. Q indicates that an edition of the work was bought for Glasgow University Library when Smith was Quaestor, according to the Quaestor's accounts printed in W. R. Scott's *Adam Smith as Student and Professor*, pp. 179–184.

—*Politics*, 22, 192, 371, 530 (ASL)

Bacon, M., *A New Abridgement of the Law* (5 vol., London, 1736 - 1766), 80, 471, 473 (Q)

Bible, 116, 118, 166, 167, 180, 205, 478 (ASL)

Bielfeld, Baron J. F. von, *Institutions politiques* (2 vol., La Haye, 1760), 5, 230 (ASL)

Blair, H., *A Critical Dissertation on the Poems of Ossian, the Son of Fingal* (1763), 573

Bolingbroke, Lord (Henry St. John), *Remarks on the History of England, from the Minutes of Mr Oldcastle* (1730 - 1731), in *Works* (4 vol., Philadelphia, 1841), 270 (ASL)

Bosman, W., *A New and Accurate Description of the Coast of Guinea, containing a particular account of the rise, progress and present condition of all the European settlements upon that coast* (London, 1705), 154

Bouquet, P., *Le Droit public de France, éclairci par les monumens de l'antiquité* (Paris, 1756), 52, 251, 252, 253

Burnet, G., *History of His Own Time* (1724; 6 vol., Edinburgh, 1753), 118, 325, 327, 328, 329 (ASL)

Caesar, *De Bello Gallico*, 218 (ASL)

Callis, R., *Reading on Sewers* (2nd ed., London, 1685), 26

Cannan, E. (ed.), *Lectures on Justice, Police, Revenue and Arms delivered in the University of Glasgow by Adam Smith* (Oxford, 1896), *5*, *6*, *7*, *8*, 553

Cantillon, R., *Essai sur la nature du commerce en général* (1755), 354 (ASL)

Chambers, E., *Cyclopaedia, or an Universal Dictionary of Arts and Sciences* (1728; 4th ed., London, 1741), 342 (ASL)

Charlevoix, P. -F. -X. de, *Histoire et description générale de la Nouvelle France, avec le Journal historique d'un voyage fait par l'ordre du Roi dans l'Amérique septentriornnale* (3 vol., Paris, 1744), 21, 106, 201

Du Verney, J. Paris, *Examen du livre intitulé Réflexions politiques sur les finances et le commerce* (1740), 516, 517, 518 (ASL)

Echard, L., *History of England, from the first entrance of Julius Caesar and the Romans to the conclusion of the reign of King James the Second and the establishment of King William and Queen Mary* (3 vol., London, 1707–1718), 299

Encyclopédie ou dictionnaire raisonné des sciences, des arts et des métiers, par une société de gens de lettres, ed. D. Diderot and J. d'Alembert (17 vol., Paris, 1751–1765), 342 (Q)

Erskine, J., *The Principles of the Law of Scotland* (Edinburgh, 1754), 33, 168, 191, 475 (ASL)

Euripides, *Hippolytus*, 149 (ASL)

Fitzherbert, A., *The New Natura Brevium* (1652), 524 (ASL)

Florus, *Epitome Rerum Romanarum*, 313 (ASL)

Forbes, W., *The Institutes of the Law of Scotland* (2 vol., Edinburgh, 1722–1730), 133

Gee, J., *The Trade and Navigation of Great-Britain Considered* (Glasgow, 1729), 392, 506, 507, 513, 576 (ASL)

Gellius, Aulus, *Noctes Atticae*, 64, 122, 145 (ASL)

Gentlemen's Magazine, 302, 307, 548

Gilbert, G., *An Historical View of the Court of Exchequer and of the Kings Revenues, there answered* (London, 1738), 275, 276, 277 (ASL)

Glanvill, *Tractatus de Legibus et Consuetudinibus Regni Angliae*, ed. G. D. G. Hall (London, 1965), 89, 256

Grotius, H., *De Jure Belli ac Pacis libri tres* (1625), 26, 32, 36, 38, 72, 93, 104, 105, 136, 150, 292, 397, 545, 548, 549, 550, 552 (ASL)

Hale, M., *The History of Pleas of the Grown* (2 vol., 1736; 2nd ed., London, 1778), 110, 111, 112, 114, 117, 295, 299, 385, 456 (ASL)

cession of Henry VII (2 vol, London, 1762), 51, 239, 245, 248, 249, 255, 257, 261, 275, 276, 279 (ASL)

— *The History of England under the House of Tudor* (2 vol., London, 1759), 262, 266, 270, 332 (ASL)

— *The History of Great Britain* (2 vol., Edinburgh, 1754 - 1757), 541 (ASL)

— *A Treatise of Human Nature* (1739 - 1740), ed. L. A. Selby-Bigge (Oxford, 1888), 25, 31, 87, 93, 334 (ASL)

Hume, Baron D., *Commentaries on the Law of Scotland re trial of crimes* (2 vol., Edinburgh, 1800), 109

Hutcheson, F., *An Inquiry into the Original of our Ideas of Beauty and Virtue in Two Treatises: I Concerning Beauty, Order, Harmony, Design. II Conterning Moral Good and Evil* (1725; 5th ed., London, 1753), 9, 335 (ASL)

— *A Short Introduction to Moral Philosophy*, translated from the Latin (1747; 2nd ed., Glasgow, 1753), 8, 9, 10, 87, 93, 102, 133, 141, 401, 542, 545, 547, 550, 553 (ASL)

— *A System of Moral Philosophy* (2 vol., London, 1755), 8, 9, 87, 93, 102, 141, 290, 324, 401, 545, 547, 550, 553 (ASL)

Julian, *Misopogon*, 364

Justinus, *Epitoma Historiarum Philippicarum*, 220 (ASL)

Kaempfer, E., *The History of Japan*, trans. J. G. Scheuchzer (2 vol., London, 1727), 155

Kames, Lord (Henry Home), *Essays on the Principles of Morality and Natural Religion* (Edinburgh, 1751), 87 (ASL)

— *Essays upon several subjects concerning British Antiquities* (Edinburgh, 1747), 46, 47, 58, 253, 259, 261 (ASL)

— *Essays upon several subjects in Law* (Edinburgh, 1732), 32, 475

— *Historical Law-Tracts* (2 vol., Edinburgh, 1758), 64, 69, 81, 97, 107, 116, 118, 283 (ASL)

— *Principles of Equity* (Edinburgh, 1760), 475 (ASL)
Kolben, P., *The Present State of the Cape of Good Hope* (German ed., 1719; English ed., London, 1731), 352, 583

Lafitau, J. F., *Mœurs des sauvages amériquains, comparées aux mœurs des premiers temps* (2 vol., Paris, 1724), 106, 201, 439
La Mare, N. de, *Traité de la police, où l'on trouvera l'histoire de son établissement, les fonctions et les prérogatives de ses magistrats, toutes les loix et tous les règlemens qui la concernent* (4 vol., Paris, 1705 - 1738), 332
Law, J., *Money and Trade Considered* (Edinburgh, 1705), 333, 387, 515, 519, 578 (ASL)
— *Proposals and Reasons for constituting a Council of Trade in Scotland* (1701; now attributed to William Paterson), 515 (ASL)
Lea, H. C., *Superstition and Force. Essays on the wager of law, the wager of battle, the ordeal, torture* (1866; 3rd ed., Philadelphia, 1878), 211
Libanius, *Orations*, 364
Livy, 41, 206, 227, 228 (ASL)
Locke, J., *Second Treatise, of Civil Government* (1690), 17, 20, 142, 200, 208, 316, 317, 323, 338, 370, 381, 435, 506 (ASL)
— *Some Considerations of the Consequences of the Lowering of Interest and Raising the Value of Money* (1692), 508, 519
Longinus, *On Sublimity*, 123 (ASL)
Lothian, J. M. (ed.), *Lectures on Rhetoric and Belles Lettres delivered in the University of Glasgow by Adam Smith* (London, 1963), *4*, *9*, *11*
Lysias, *Orations*, 165, 229 (ASL)

M'Douall, A. (Lord Bankton), *An Institute of the Laws of Scotland in Civil Rights* (3 vol., Edinburgh, 1751 - 1753), 38, 46, 74, 127 (ASL)
Mackenzie, Sir G., *The Institutions of the Laws of Scotland* (1684; 4th ed., Edinburgh, 1706), 85

— *The Laws and Customes of Scotland in Matters Criminal* (Edinburgh, 1678), 106, 122, 129, 133, 298, 483

— *Idea Eloquentiae Forensis Hodiernae* (1681) in *Works* (2 vol., Edinburgh, 1716-1722), 82

— *A Vindication of the Government in Scotland during the reign of King Charles I, to which is added the Method of proceeding against Criminals* in *Works* (2 vol., Edinburgh, 1716-1722), 284

Macpherson, J., *Fingal, an ancient epic poem in six books, together with several other poems composed by Ossian* (London, 1762), 573 (ASL)

— *Temora, an ancient epic poem in eight books composed by Ossian* (London, 1763), 573 (ASL)

Madox, T., *The History and Antiquities of the Exchequer of the Kings of England, from the Norman Conquest to Edward II* (London, 1711), 275 (ASL)

Magens, N., *The Universal Merchant*, trans. W. Horsley (London, 1753), 505 (ASL)

— *Farther Explanations of some Particular Subjects... contained in the Universal Merchant* (London, 1756), 505 (ASL)

Mandeville, B., *The Fable of the Bees*, Part I (1714), Part II (1729), ed. F. B. Kaye (2 vol., Oxford, 1924), 339, 341, 348, 355, 393, 513, 576

Meek, R. L., 'New Light on Adam Smith's Glasgow Lectures on Jurisprudence', *History of Political Economy*, viii (1976), *4*, *33*

— *Social Science and the Ignoble Savage* (Cambridge, 1976), *33*

— and Skinner, A. S., 'The Development of Adam Smith's Ideas on the Division of Labour', *Economic Journal*, lxxxiii (1973), *34*, 561

Melon, J. -F., *Essai politique sur le commerce* (1734) in *Économistes financiers du XVIIIe siècle*, ed. E. Daire (Paris, 1843), 101 (ASL)

Meursius, J., *Themis Attica, sive de legibus atticis* (Trajecti ad Rhenum, 1685), 49, 116

Montesquieu, Baron (C. L. de Secondat), *De l'esprit des lois* (1748), 38, 41, 67, 128, 145, 147, 151, 154, 155, 156, 164, 165, 167, 173, 182, 184, 200, 210, 211, 245, 306, 312, 313, 438, 443, 444, 447, 519, 526

trans. by J. Barbeyrac (2 vol., Amsterdam, 1720 - 1734), 8, 9, 18, 29, 30, 36, 38, 63, 93, 100, 104, 105, 136, 290, 324, 367, 371, 398 (ASL)

Quoniam Attachiamenta, ed. Lord Cooper (T. Cooper), Stair Society, XI (Edinburgh, 1947), 24

Radevicus, *De Gestis Friderici* in *Rerum Italicarum Scriptores*, ed. L. A. Muratori (25 vol., Mediolani, 1723 - 1751 (vol. VI), 18

Rae, J., *The Life of Adam Smith* (London, 1895), *2*, *3*, *7*

Ramsay, A. M., *Histoire de Henri de la Tour d'Auvergne* (2 vol., Paris, 1735; English trans. 2 vol., London, 1735), 550

Rapin, P. *The History of England*, trans. N. Tindal (3rd ed., 4 vol., London, 1743 - 1747), 118, 330 (ASL)

Recueil des voyages qui ont servi à l'établissement de la Compagnie des Indes Orientales (2nd ed., Paris, 1725), 154

Regiam Maiestatem. The Auld Laws and Constitutions of Scotland, faithfullie collected furth of the Register and other auld authentick Bukes, from the Dayes of King Malcolm the Second untill the Time of James the First, by Sir John Skene (Edinburgh, 1609); ed. Lord Cooper (T. Cooper), Stair Society, XI (Edinburgh, 1947), 58, 89 (ASL)

Reid, T., *Statistical Account of the University of Glasgow* (*c.* 1794) and letters—both in *Works*, ed. Sir W. Hamilton (Edinburgh, 1846), *12*, *13*, *14*, *17*

Richardson, W., *Discourses on Theological & Literary Subjects, by the late Rev. Archibald Arthur ... with an Account of some Particular of his Life and Character* (Glasgow 1803), *3*, *12*, *17*

Sacke, G., 'Die Moskauer Nachschrift der Vorlesungen von Adam Smith', *Zeitschrift für Nationalökonomie*, IX (1939), *27*

Sallust, *Bellum Catilinae*, 97 (ASL)

Scott, W. R., *Adam Smith as Student and Professor* (Glasgow, 1937), *2*, *9*, 561

Tournefort, J. P. de, *Relation d'un voyage du Levant* (2 vol., Paris, 1717); trans. J. Ozell (London, 1718), 153, 443

Tytler, A. F. (Lord Woodhouselee), *Memoirs of the Life and Writings of Lord Kames* (2nd ed., Edinburgh, 1814), 2, 9

Valerius Maximus, 174 (ASL)

Vattel, E., *Le Droit des gens, ou principes de la loi naturelle appliqués à la conduite et aux affaires des nations et des souverains* (2 vol., Leide, 1758), 309 (ASL)

Villani, J., *Historia Universalis* in *Rerum Italicarum Scriptores*, ed. L. A. Muratori (25 vol., Mediolani, 1723 - 1751) (vol. XIII), 156

Virgil, *Aeneid*, 149 (ASL)

— *Georgics*, 525 (ASL)

Walpole, H., *Letters*, ed. P. Toynbee (19 vol., Oxford, 1903 - 1925), 302

Wicquefort, H. van, *L'Ambassadeur et ses fonctions* (La Haye, 1681), 551, 552

索引

翻译说明

《亚当·斯密全集》的翻译是个艰苦而漫长的过程，这个过程也是对一个人意志的磨练，《亚当·斯密全集》的出版是许多译者经过多年的努力完成的，他们是：冯玉军、郑海平、林少伟、高燕、徐蕾、杜金妹、李云、刘凤、董晓燕、韩松涛、高晓宇、李天启、崔瑜、王小宽、马牧野、张婧媛、付高升、贾拥民、陈叶盛、刘兴坤等。

图书在版编目（CIP）数据

法理学讲义/（英）亚当·斯密著；冯玉军等译. —北京：中国人民大学出版社，2017.8
（亚当·斯密全集）
书名原文：Lectures on Jurisprudence
ISBN 978-7-300-24937-7

Ⅰ.①法…　Ⅱ.①亚…　②冯…　Ⅲ.①法理学-文集　Ⅳ.①D90-53

中国版本图书馆 CIP 数据核字（2017）第 220017 号

北京市社会科学理论著作出版基金重点资助项目
亚当·斯密全集
法理学讲义
[英] 亚当·斯密　著
R.L. 米克　D.D. 拉斐尔　P.G. 斯坦　编
冯玉军　郑海平　林少伟　译
Falixue Jiangyi

出版发行	中国人民大学出版社		
社　　址	北京中关村大街 31 号	**邮政编码**	100080
电　　话	010－62511242（总编室）		010－62511770（质管部）
	010－82501766（邮购部）		010－62514148（门市部）
	010－62515195（发行公司）		010－62515275（盗版举报）
网　　址	http://www.crup.com.cn		
经　　销	新华书店		
印　　刷	涿州市星河印刷有限公司		
规　　格	180 mm×250 mm　16 开本	**版　　次**	2017 年 10 月第 1 版
印　　张	40.5　插页 3	**印　　次**	2019 年 9 月第 2 次印刷
字　　数	685 000	**定　　价**	138.00 元